丽水市财税志

（1991—2018）

《丽水市财税志》编纂委员会　编

方志出版社
Publishing House of Local Records

图书在版编目(CIP)数据

丽水市财税志：1991—2018 /《丽水市财税志》编纂委员会编.—北京：方志出版社，2022.12

ISBN 978-7-5144-5055-2

Ⅰ. ①丽… Ⅱ. ①丽… Ⅲ. ①地方财政—经济史—丽水—1991-2018②地方税收—经济史—丽水—1991-2018 Ⅳ. ①F812.755.3

中国版本图书馆CIP数据核字(2022)第237740号

责任编辑：刘方圆
责任校对：刘玉霞
责任印制：梅中英
出 版 者：方志出版社
地　　址：北京市朝阳区潘家园东里9号(国家方志馆4层)
邮　　编：100021
网　　址：http://www.zgfzcb.cn
发　　行：方志出版社图书营销中心(010-67110500)
印　　刷：丽水市旺盛印刷有限公司
开　　本：889毫米×1194毫米　1/16
印　　张：32.25印张　插页2.75印张　地图2幅
字　　数：697千字
版　　次：2022年12月第1版
印　　次：2022年12月第1次印刷
定　　价：180.00元

《丽水市财税志》编纂委员会

顾　问：吴树奎　何赤峰　陈志雄　刘志伟　张少荣

主　任：潘建青

副主任：魏叶华　阎家骥　叶芳儿　张　栋　季飞云　阮美莲　孙海敏

委　员：丁　勇　丁硕科　王　华　王巧平　朱金山　刘克华　江　潮　李小涛　汤延武　杨志崇　吴　龙　吴小波　张　芳　陈丽慧　陈国伟　周蕴华　练素红　赵　晔　胡荣炎　徐　佳　翁傅华　黄丽蓉　程　军　詹　翔　蔡溢洋

《丽水市财税志》编辑部

主　　编：叶芳儿

执行主编：余小平

编　　辑：朱金山　汤陈生　胡超逸　钟建伟

城区鸟瞰图（丽水市地方志研究室提供,摄于2010年）

地图审核号：浙S（2010）221号

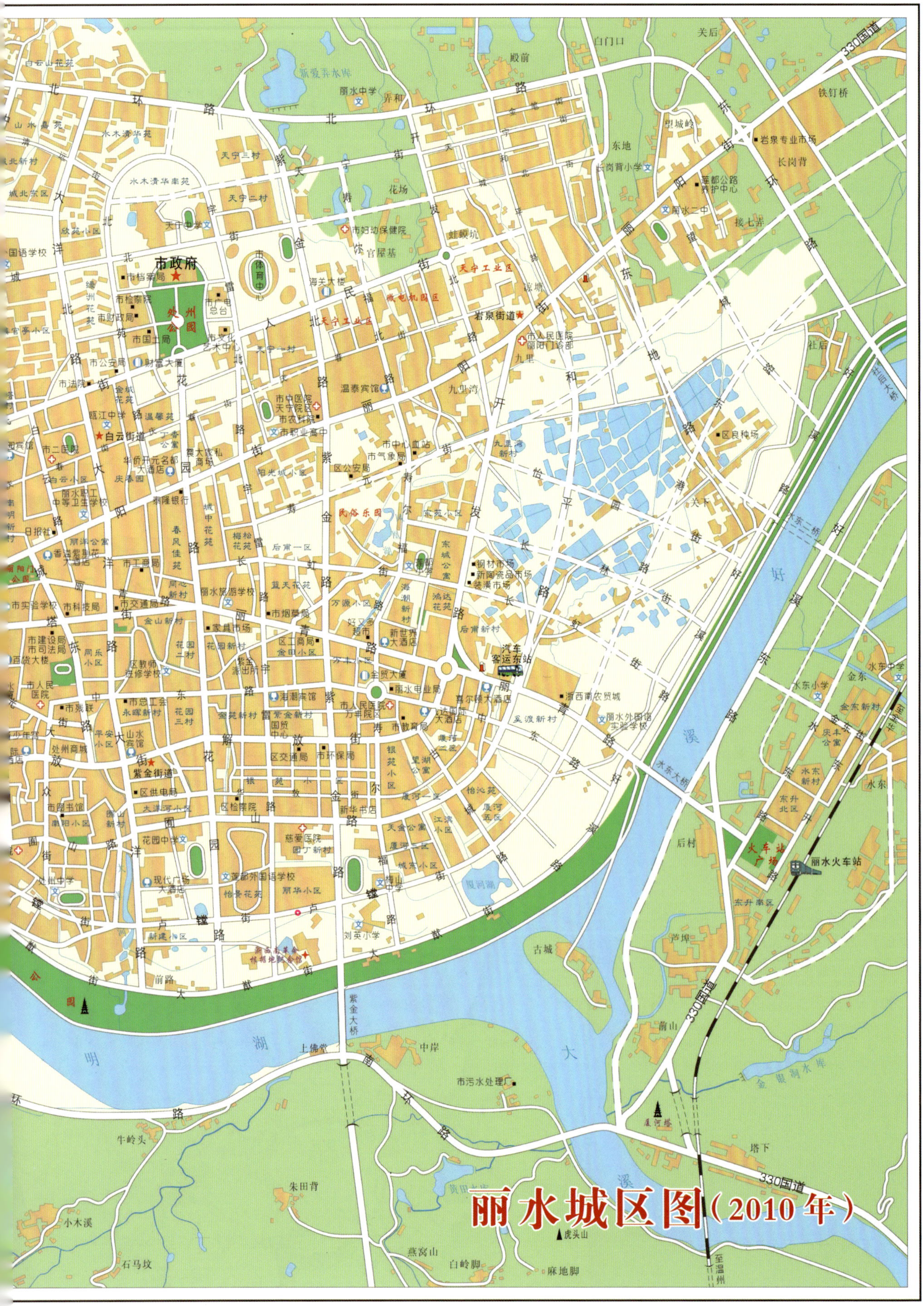

地图审核号：浙S（2010）221号

领导关怀

1998年11月6—7日，国务院体改办主任、财政部原部长刘仲黎（前中）到丽水地区调研“两保两挂”财政体制（市财税陈列馆提供）

2009年6月4—5日，财政部副部长李勇（前中）到龙泉市调研农村金融工作（市财税陈列馆提供）

2012年3月23日，财政部国库司司长翟钢（前中）到纳爱斯集团有限公司调研（市财税陈列馆提供）

2006年10月31日，财政部金融司副司长（主持工作）孙晓霞（右上）到丽水市调研地方金融改革发展（市财税陈列馆提供）

1999年9月5—6日，省财政厅厅长、省地税局局长翁礼华（前左四）到丽水地区调研财税工作（市财税陈列馆提供）

2017年9月26日，省财政厅厅长、省地税局局长徐宇宁（前左二）到庆元县调研财税工作（市财税陈列馆提供）

2015年4月15日，省地税局副局长劳晓峰（左三）到丽水市调研地方税收工作（市财税陈列馆提供）

2006年2月16日，省财政厅厅长、省地税局局长黄旭明（前中）到景宁畲族自治县调研村级组织办公场所建设（市财税陈列馆提供）

2012年2月29日至3月2日，省地税局常务副局长单美娟（左）到丽水市开展税收宣传“四进”活动。图为单美娟为丽水学院授牌（市财税陈列馆提供）

2006年6月20日，市委书记楼阳生（右二）到市财政局、市地税局调研财税工作（市财税陈列馆提供）

2017年7月17日，市委书记史济锡（前左）调研“最多跑一次”改革（市财税陈列馆提供）

2002年10月14日，市委书记丁耀民（中）到市财政局、市地税局调研财税工作（市财税陈列馆提供）

2008年5月6日，市委书记陈荣高（前右三）到市财政局、市地税局调研财税工作（市财税陈列馆提供）

2018年3月2日，市委书记张兵（右一）到办税服务厅调研，看望一线干部职工（市财税陈列馆提供）

2001年11月13日，市委副书记、市长谢力群（左四）到市行政审批中心财税窗口调研（市财税陈列馆提供）

2006年4月6日，市委副书记、市长刘希平（右下）出席全市财政局、地税局局长座谈会（市财税陈列馆提供）

2011年4月13日，市委副书记、市长王永康（左二）到市财政局、市地税局调研财税工作（市财税陈列馆提供）

2013年4月12日，市委副书记、市长黄志平（左二）到市财政局、市地税局调研财税工作（市财税陈列馆提供）

2017年5月22日，市委副书记、市长朱晨（左三）调研“最多跑一次”改革（市财税陈列馆提供）

2018年2月22日，市委副书记、市长吴晓东（前左二）调研财税“放管服”工作（市财税陈列馆提供）

历任主要负责人

段村夫

专署财粮处处长

1949.7—1951.11

李长秀

专署财政科科长

1950.6—1951.3

吴胜义

专署财政处处长

1951.4—1951.11

专署税务局局长

1950.6—1951.11

顾振麟

专署财贸办党组书记、主任

1963.5—1968.11

杨　才（军代表）

丽水地区革委会生产指挥组财贸办公室主任（兼）

1968.11—1970.9

侯振标

丽水地区革委会生产指挥组财政金融局革命领导小组第一副组长（主持工作）

1970.7—1971.10

丽水地区财政局党组书记、局长

1979.5—1983.11

张　锐

丽水地区财政金融局革命领导小组组长

1971.10—1973.3

刘少华

丽水地区财政金融局革命领导小组组长

1973.3—1977.12

丽水地区财政金融局党组书记、局长

1978.1—1979.5

金醒生

丽水地区财税局党组书记、局长

1984.10—1989.12

（1983.11—1984.10主持工作）

吴树奎

丽水地区财政税务局
党组书记、局长
1990.12—1997.9
（1989.12—1990.12 主持工作）
丽水地区财政局、地税局
党组书记、局长
1997.9—2000.7
丽水市财政局、地税局
党组书记、局长
2000.7—2001.3

何赤峰

丽水市财政局、地税局
党组书记、局长
2001.3—2012.4

陈志雄

丽水市财政局、地税局
党组书记、局长
2012.4—2015.4

刘志伟

丽水市财政局、地税局
党组书记、局长
2015.4—2017.5

张少荣

丽水市财政局、地税局
党组书记、局长
2017.5—2018.11
丽水市财政局
党组书记、局长
2018.11—2019.1

（市财税陈列馆提供）

注：1952年1月，丽水专署撤销后，撤销专署财政处和专署税务局；1963年5月，丽水专区恢复后，成立丽水专署财贸办公室，下设财政组。

财税干部职工合影

1997年9月15日，地区财政局、地区国税局、地区地税局全体干部职工合影（市财政局档案室提供）

2000年7月20日，市财政局、市地税局挂牌成立，全体干部职工及各县（市、区）局主要负责人合影（市财政局档案室提供）

2007年2月5日，市财政局、市地税局全体干部职工合影（市财政局档案室提供）

2018年6月20日，市财政局、市地税局全体干部职工合影（市财政局档案室提供）

印　　模

件附
浙江省人民政府专署税务局印

一九八三年十月廿二日

一九九四年十一月十七日

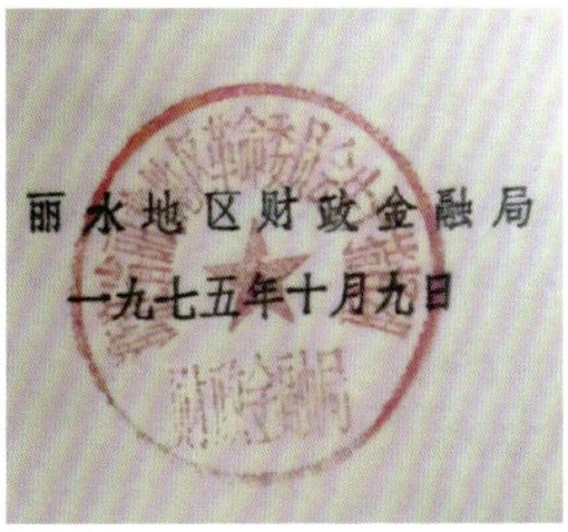
丽水地区财政金融局
一九七五年十月九日

启用印模
一九九七年七月七日

丽水地区财政局
丽水地区税务局
一九九一年一月十九日

一九七七年五月廿一日

丽水市财政局
二000年七月二十一日

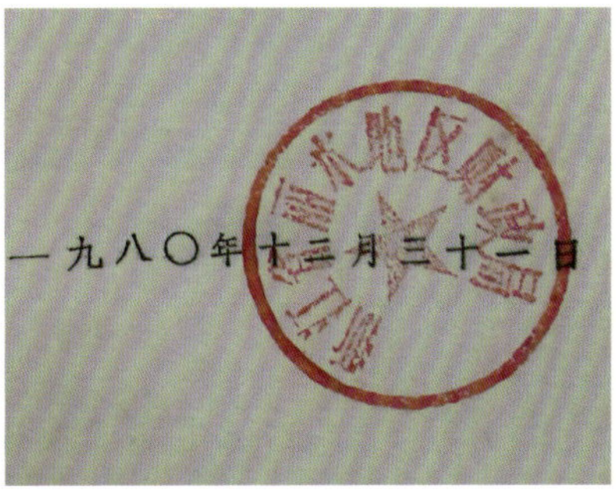
一九八〇年十二月三十一日

一九九四年十一月十七日

丽水市地方税务局
二000年七月二十一日

（市财税陈列馆提供）

荣誉记录

全国文明单位
中央精神文明建设指导委员会
2017年11月

2001-2005年全国法制宣传教育
先进单位
中共中央宣传部　中华人民共和国司法部
二〇〇六年五月

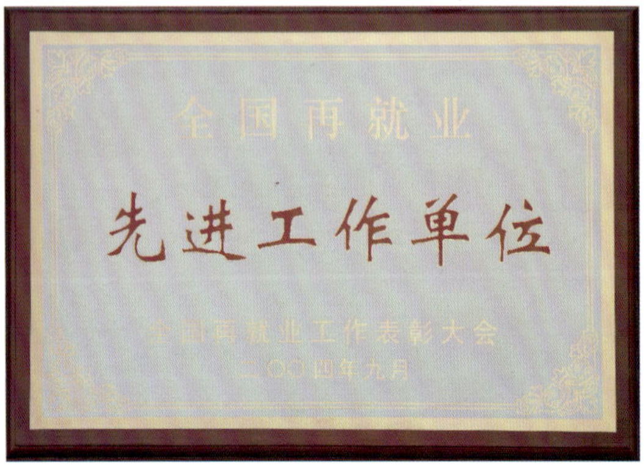
全国再就业
先进工作单位
全国再就业工作表彰大会
二〇〇四年九月

工人先锋号
中华全国总工会

青年文明号
共青团中央
二〇〇六年三月

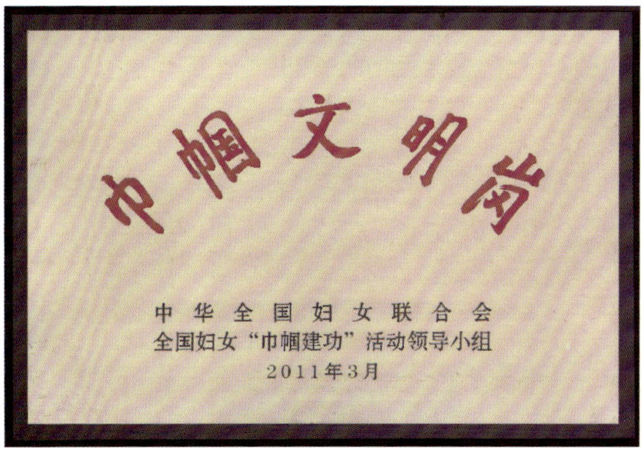
巾帼文明岗
中华全国妇女联合会
全国妇女“巾帼建功”活动领导小组
2011年3月

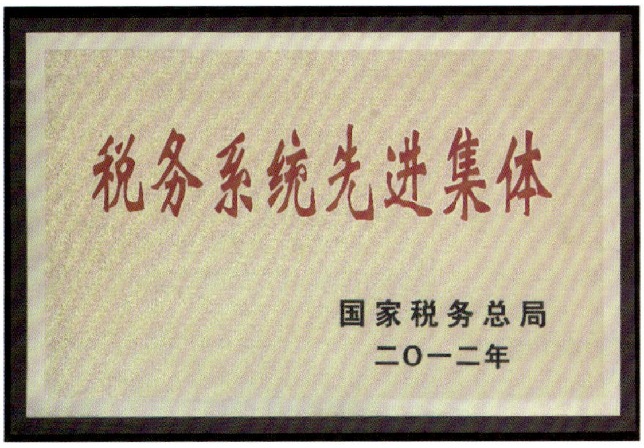
税务系统先进集体
国家税务总局
二〇一二年

全国三八红旗集体
中华全国妇女联合会
2013年2月

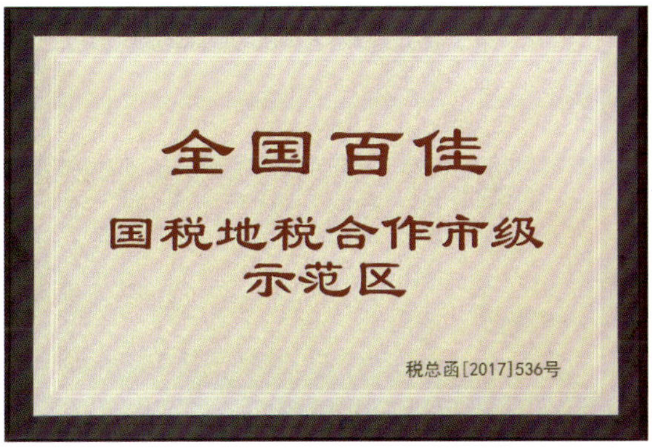
全国百佳
国税地税合作市级
示范区
税总函[2017]536号

荣誉证书
浙江省丽水市财政局、地方税务局：
荣获2017年“我与宪法”优秀微视频作品征集
展播活动 优秀奖
二零一七年十二月

文明单位
中共浙江省委
浙江省人民政府
二〇一三年一月
丽水地区财税局
全省老干部工作先进集体
中共浙江省委
浙江省人民政府
一九九一年
1996-2000
浙江省"三五"普法
先进单位
中共浙江省委 浙江省人民政府
二〇〇一年六月
浙江省地税系统二〇〇三年度
基层文明单位
浙江省地方税务局
二〇〇四年
全省财政系统
先进集体
浙江省人事厅
浙江省财政厅
二〇〇六年十二月
2006-2010年浙江省法制宣传教育
先进单位
中共浙江省委
浙江省人民政府
全省效能建设创新创优
示范典型
中共浙江省纪律检查委员会
浙江省监察厅
浙江省机关效能建设工作办公室
二〇一〇年一月
2010-2012年创先争优
先进基层党组织
中共丽水市委
2012年8月
二〇一一年度
青年文明号
浙江省地方税务局
共青团浙江省委员会
二〇一二年九月
先进集体
浙江省巾帼建功和双学双比活动协调小组
二〇一四年二月
文明单位
浙江省精神文明建设委员会
二〇一五年一月
浙江省地税系统
先进集体
浙江省人力资源和社会保障厅 浙江省地方税务局
二〇一六年十二月

（市财税陈列馆提供）

丽水市财税办公场所变迁

继光街与中山街路口（20世纪50年代）（市财政局档案室提供）

丽营弄42号（20世纪70年代）（市财政局档案室提供）

灯塔街177号（1982—1996年）（市财政局档案室提供）

丽阳街568号（1996—2007年）（市财政局档案室提供）

北苑路190号（2007年起）（市财政局档案室提供）

促进企业发展

1991—2018 年，丽水市财税部门累计安排企业扶持资金 127.63 亿元，累计减免税 108.29 亿元。通过加大财政扶持企业投入和税收减免，促进企业转型升级、科技创新、品牌建设、做大做强，推动企业发展。

2017 年，纳爱斯集团有限公司厂区（市财税陈列馆提供）

2018 年，艾莱依集团有限公司丽水总部（市财税陈列馆提供）

2018 年，丽水市万地集团现代商贸中心（市财税陈列馆提供）

2018年，丽水绿谷信息产业园（市财税陈列馆提供）

2018年，丽水经济技术开发区（市财税陈列馆提供）

支持基础设施建设

撤地设市以来，丽水市财政部门通过加大财政性基本建设投入、盘活存量资金及多方筹集资金等举措，为基础设施及重点项目建设提供财力保障。2002—2018年，丽水市直累计安排财政性基本建设资金693.46亿元，促进了丽水市城市面貌、居住环境、生产生活和交通条件的极大改善，助力丽水大花园建设。

2006年1月完工的丽水市紫金大桥（市财税陈列馆提供）

2014年，丽水市花园路街景（市财税陈列馆提供）

2015年10月建成并对外开放的丽水市博物馆（市财税陈列馆提供）

2009年10月建成并投入使用的丽水市体育馆（市财税陈列馆提供）

2017年1月投入使用的丽水市高铁站（市财税陈列馆提供）

支持生态建设

丽水市财政部门积极筹措生态环境治理和生态旅游项目建设资金，全市有旅游资源单体2365个，其中优良级353个，已创成22家AAAA级景区，缙云县仙都景区成功创建国家AAAAA级旅游景区，1891个美丽乡村镶嵌在绿水青山间，犹如一幅幅美丽的风景画。

2009年，丽水市南明湖生态景观（市财税陈列馆提供）

2017年，遂昌县仙侠湖风貌（遂昌县财政局提供）

2017年，庆元县百山祖自然保护区（庆元县财政局提供）

2018年，缙云县仙都景区（缙云县财政局提供）

2015年，莲都区九龙湿地公园（市财税陈列馆提供）

支持农业综合开发

1996年，丽水市开始纳入国家农业综合开发序列，通过土地治理、产业化经营和园区试点项目的实施，为推进丽水市现代农业发展发挥了积极作用。1996—2018年，全市农业综合开发总投资33.34亿元，其中各级财政投入25.43亿元。

2018年，景宁畲族自治县东弄村畲家田园综合体（景宁畲族自治县财政局提供）

2016年，“丽水山耕”养生食材推介会现场（市财税陈列馆提供）

2016年，莲都区国家农业综合开发现代园（莲都区财政局提供）

2014年，龙泉市黑木耳特色园（龙泉市财政局提供）

财政奖补政策

2010—2018年，丽水市共实施村级公益事业“一事一议”财政奖补项目5307个，其中村庄道路1749个、小型农田水利设施412个、村民饮用水475个、环卫设施562个、村容村貌改造534个、村民公共活动和服务场所1016个、发展村级集体经济项目177个。项目总投资34.03亿元，其中各级财政奖补资金21.96亿元。“一事一议”财政奖补项目村级覆盖率达100%。

2014年，青田县祯旺乡上垟村农民安居小区道路和排水一事一议项目（青田县财政局提供）

2018年，景宁畲族自治县景南乡东塘村村庄美化一事一议项目（景宁畲族自治县财政局提供）

2017年，松阳县陈家铺村一事一议助推美丽乡村建设项目（松阳县财政局提供）

2018年，云和县石塘镇长汀村一事一议助推美丽乡村建设项目（云和县财政局提供）

保障民生事业

2010年起，全市财政支出中用于医疗卫生、科学教育、社会保障、脱贫攻坚等民生相关支出占一般公共预算支出2/3以上，支持教育、卫生、社会保障、脱贫攻坚等民生事业发展，持续增强人民群众的获得感和幸福感。

2016年始，丽水市实施涉农补助通过社保卡一卡通发放（市财政局档案室提供）

2004年始，丽水市实施保障性住房建设。图为城中安置公寓二期（北区块）（市财政局档案室提供）

2017年，丽水市怡福家园养老院（市财政局档案室提供）

2010年始，丽水市推进居家养老服务工作。图为缙云县居家养老服务中心（缙云县财政局提供）

2017年，丽水市中心医院（市财政局档案室提供）

2013年，丽水市实验幼儿园（市财税陈列馆提供）

2017年，丽水中学（市财税陈列馆提供）

2005年始，丽水市实施农村中小学爱心营养餐工程。图为莲都区巨溪小学学生享用营养餐（市教育局提供）

2017年，丽水学院（市财税陈列馆提供）

财税法治建设

财税法治建设是推进依法理财治税的重要手段。丽水市财税部门积极开展现行财政、税务、会计法律法规和政策宣传，加强财政税收执法监督检查、重大税务案件审理，办理行政复议和行政应诉，推行依法行政，全社会财税法律意识明显增强。2006年，市财政局、市地税局获“四五普法全国先进单位”称号。

2009年9月，市财政局举办政府采购业务知识培训班（市财税陈列馆提供）

2015年9月，市财政局举办新《中华人民共和国预算法》培训会（市财税陈列馆提供）

1992年始，丽水地区税务部门每年4月集中开展税收宣传月活动（市财税陈列馆提供）

1990年，丽水地区参加首届全国（丽水赛区）会计知识大赛人员合影（市财税陈列馆提供）

1998年，丽水地区首次税务行政复议听证会现场（市财税陈列馆提供）

2017年，市地税局办税服务厅一隅（市财税陈列馆提供）

财政管理改革

1991年以来，丽水市财政部门不断深化财政管理改革，加强财政管理。通过完善财政体制机制，深化公共预算管理改革、政府非税收入管理改革、财政预算绩效管理改革、政府采购制度改革、国有资产管理改革、国库集中支付改革、农村税费改革和农村综合改革等，建立健全公共财政运行体系。

1998年8月，地区财政局首次举行地区本级行政事业单位车辆采购竞标会（市财税陈列馆提供）

1999年8月，地委、地区行署召开地区本级落实“收支两条线”推行综合财政预算管理动员大会（市财税陈列馆提供）

2001年7月，市财政局举行市属国有企业（单位）财务总监委派仪式（市财政局档案室提供）

2009年9月，市政府召开丽水市直财政国库集中支付改革动员大会暨节支工作会议（市财税陈列馆提供）

财会队伍建设

丽水财政部门切实加强财会队伍建设。2018年年末，全市会计从业人数3.74万人。其中初级会计专业技术资格6601人，占17.65%；中级会计专业技术资格2545人，占6.80%；高级会计专业技术资格381人，占1.02%；教授级高级（正高级）会计专业技术职称3人。

1993年8月，中华会计函授学校丽水分校学员合影（市财政局会计处提供）

1993年始，丽水地区组织参加全国统一的会计专业技术资格考试。图为无纸化考试现场（市财政局会计处提供）

1996年1月，丽水地区会计工作“双先”表彰合影（市财政局会计处提供）

2014年始，丽水市组织开展会计领军（后备）人才培养。图为培训现场（市财政局会计处提供）

2015年11月，举办会计素质与财务监管业务专题培训班（市财政局会计处提供）

2017年4月，丽水市大中型企事业单位总会计师素质培训现场（市财政局会计处提供）

党建引领发展

丽水市财税部门坚持“靠党建强身、靠业务立足”，秉承“工匠精神”，全体财税干部职工主动践行财税初心、担当财税使命；坚持“财为政服务”的工作理念，推进财税事业高质量发展，为丽水市经济社会发展提供保障；坚持强化“两个责任”，严格落实党风廉政建设责任制，推进惩防体系建设；坚持“依法理财治税”，优化财税服务，树立财税部门良好形象。

2002年4月，市财政局、市地税局举行党风廉政建设责任书签订仪式（市财税陈列馆提供）

2014年4月，市财政局、市地税局主要负责人与县（市、区）局主要负责人签订党风廉政建设责任书（市财税陈列馆提供）

2016年3月，市财政局、市地税局主要负责人与县（市、区）局主要负责人签订党风廉政建设责任书（市财税陈列馆提供）

2018年3月，市财政局、市地税局主要负责人与分管负责人签订党风廉政建设责任书（市财税陈列馆提供）

2007年始，市财政局、市地税局每年组织党员干部参加党员服务一条街活动（市财税陈列馆提供）

2017年10月18日，市财政局、市地税局组织干部职工收看中共十九大开幕会（市财税陈列馆提供）

2018年4月，市财政局、市地税局组织干部到嘉兴瞻仰南湖革命纪念馆（市财税陈列馆提供）

2017年8月，市财政局、市地税局举行“最多跑一次”先锋党支部、党员突击队授旗仪式（市财税陈列馆提供）

丽水市财税陈列馆

2018年11月，丽水市财税陈列馆建成并正式开放（市财税陈列馆提供）

契约文书

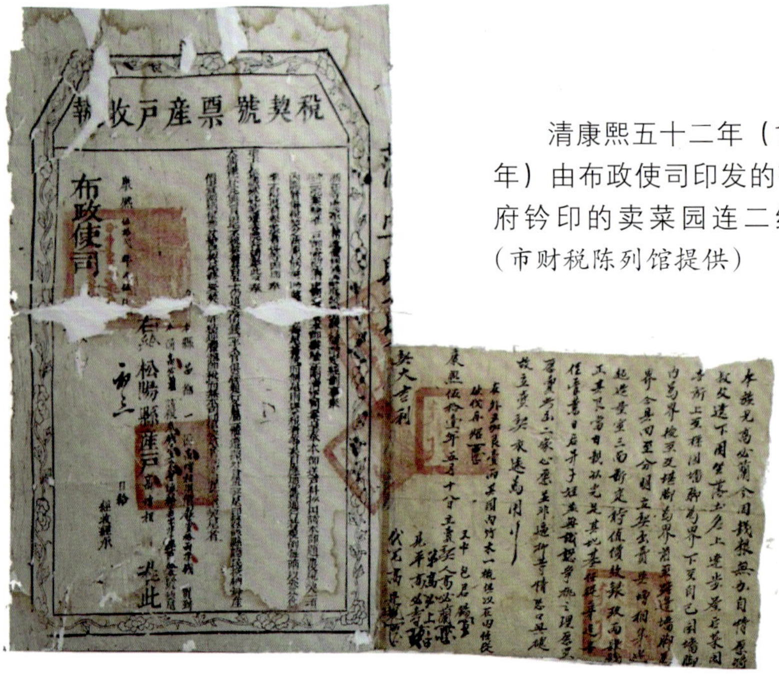
稅契號票產戶收執

布政使司

清康熙五十二年（1713年）由布政使司印发的有官府钤印的卖菜园连二红契（市财税陈列馆提供）

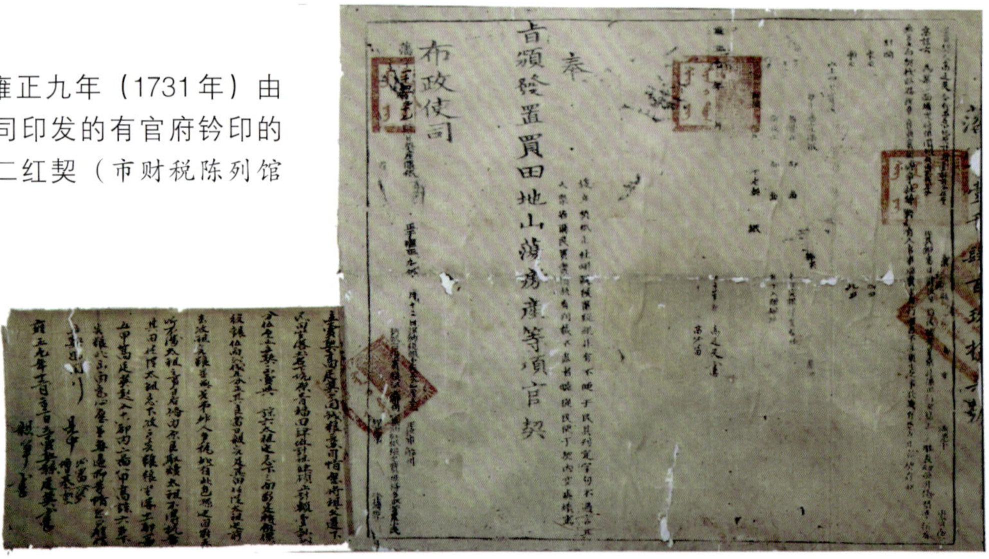
布政使司

奉

旨頒發置買田地山蕩房產等項官契

清雍正九年（1731年）由布政使司印发的有官府钤印的卖田连二红契（市财税陈列馆提供）

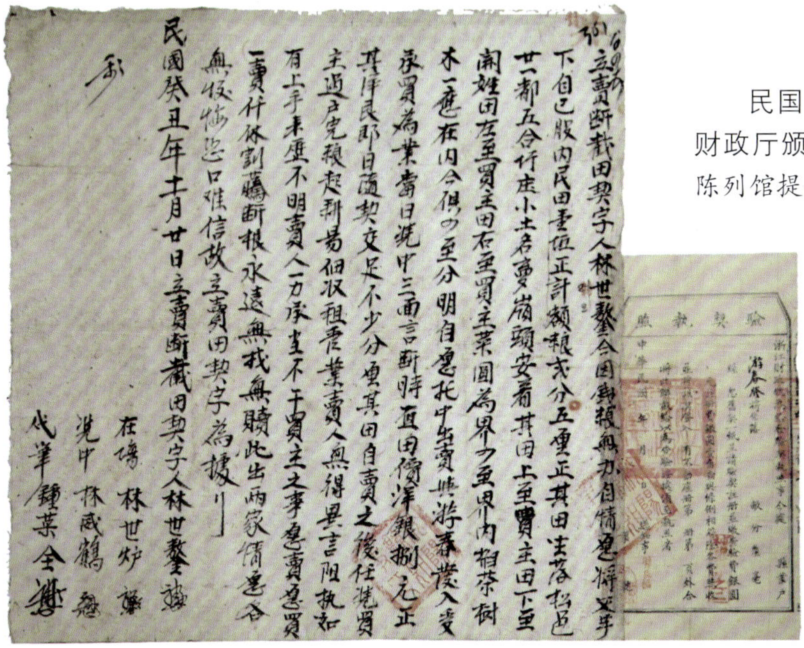

民国二年（1913年）浙江省财政厅颁发的验契执照（市财税陈列馆提供）

1953年松阳县政府印发的契本契（市财税陈列馆提供）

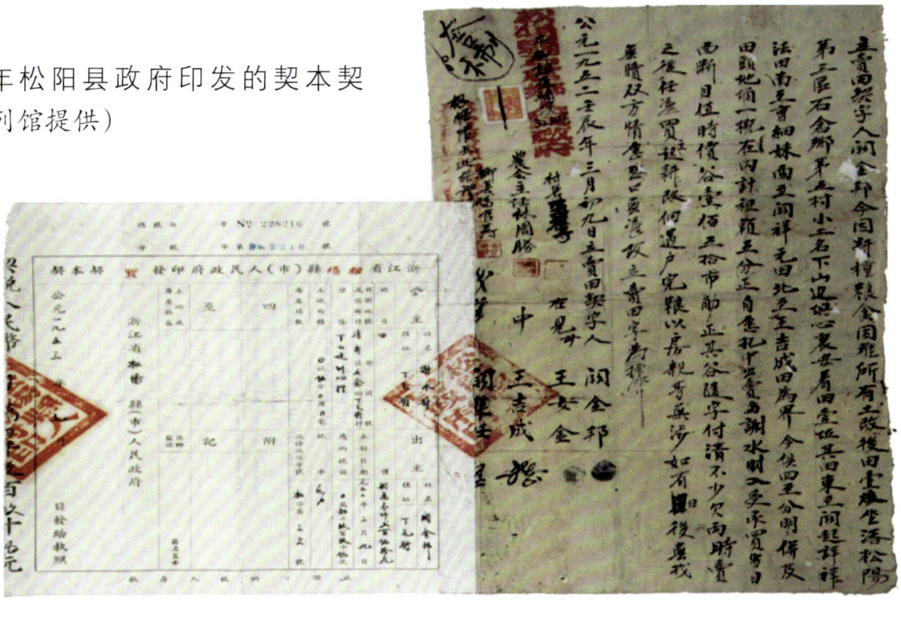

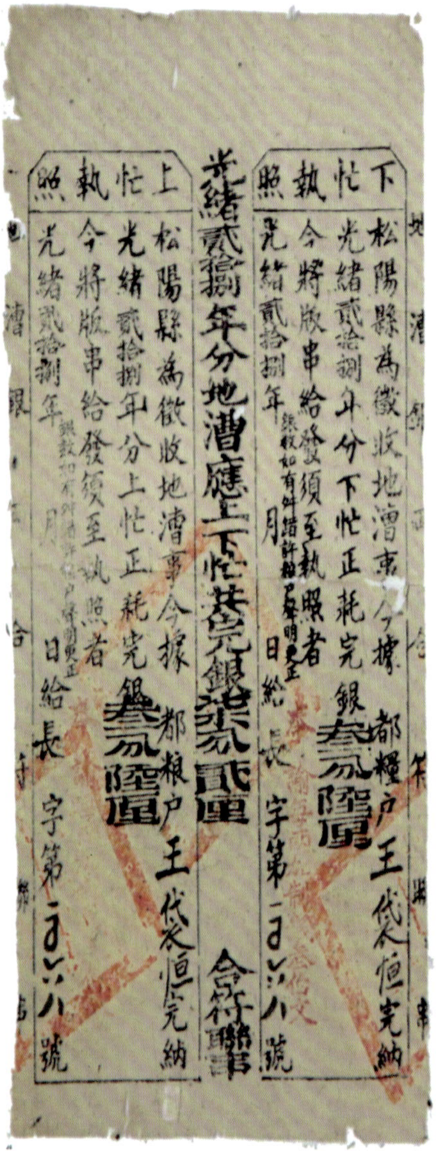
下忙執照
松陽縣為徵收地漕事今據 都糧户王代恒完納
光緒貳拾捌年分下忙正耗完銀
今將版串給發須至執照者
光緒貳拾捌年 月 日給 長 字第 號

光緒貳拾捌年分地漕應上下忙共完銀
合符聯

上忙執照
松陽縣為徵收地漕事今據 都糧户王代恒完納
光緒貳拾捌年分上忙正耗完銀
今將版串給發須至執照者
光緒貳拾捌年 月 日給 長 字第 號

清光绪二十八年（1902年）松阳县上忙下忙田赋执照串票（市财税陈列馆提供）

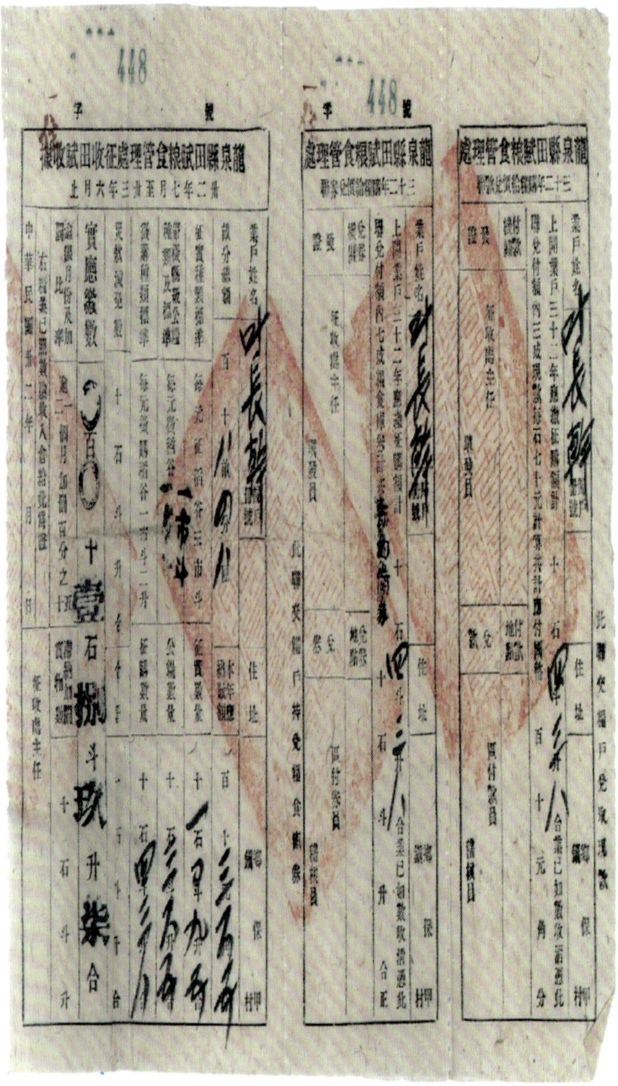
龍泉縣田賦糧食管理處征收田賦收據
龍泉縣田賦糧食管理處
龍泉縣田賦糧食管理處

民国三十二年（1943年）龙泉县“田赋三征”串票（市财税陈列馆提供）

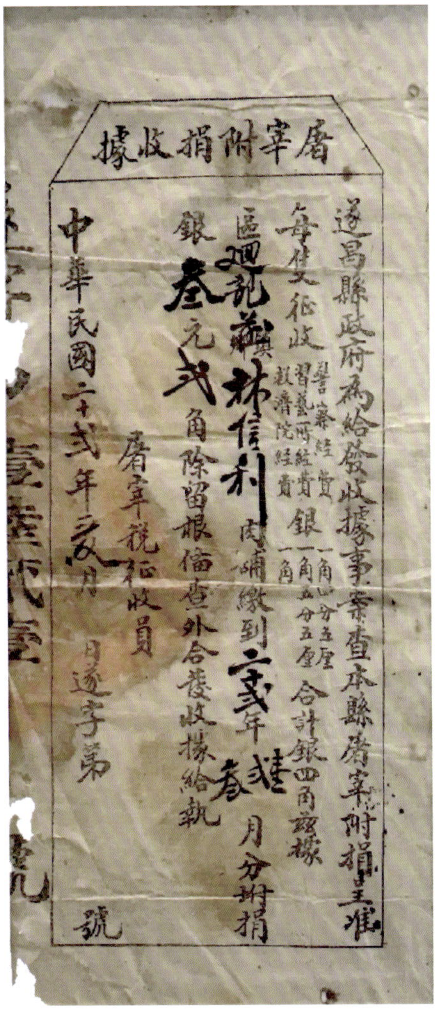
屠宰附捐收據

民国二十二年（1933 年）遂昌县屠宰附捐收据（市财税陈列馆提供）

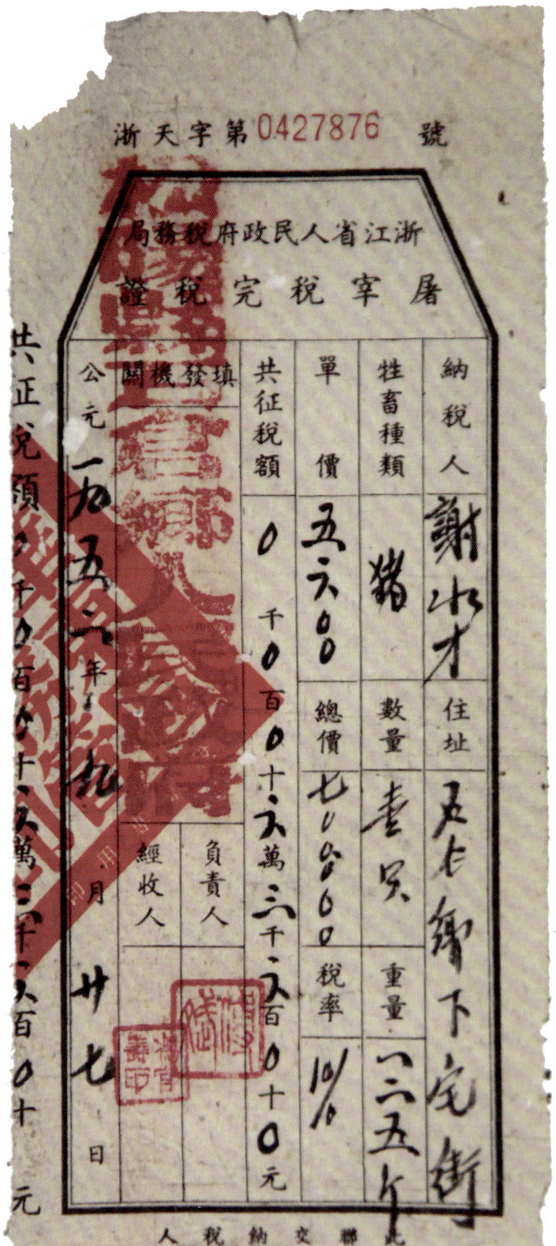
浙天字第0427876號

浙江省人民政府稅務局

屠宰稅完稅證

納稅人	牲畜種類	單價	共征稅額	填發機關
謝水才	猪	五六00	0千0百0十六萬三千六百0十0元	
住址	數量	總價	負責人	經收人
五七鄉下完街	壹只	七00000		
重量		稅率		
一二五斤		10%		

公元一九五二年九月廿七日

此聯交納稅人

1952 年松阳县屠宰税完税证（市财税陈列馆提供）

1980 年屠宰税印章（市财税陈列馆提供）

国库券

（市财税陈列馆提供）

印花税票

清代印花税票（市财税陈列馆提供）

民国时期印花税票（市财税陈列馆提供）

中华人民共和国第一套印花税票（市财税陈列馆提供）

算　　具

可挂式算盘

青瓷算盘

扇形算盘

圆柱体算盘

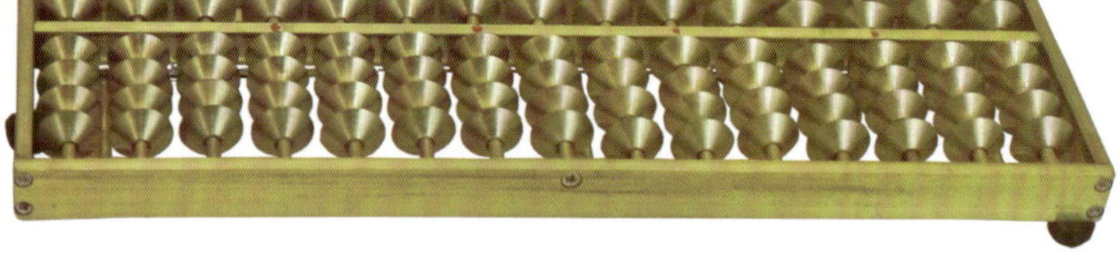

金属算盘

长方形算盘

（市财税陈列馆提供）

序

古人云：财者，为国之命而万事之本。

《丽水市财税志（1991—2018）》历时十余载，终于定稿付梓了。编撰此志，不仅是记述财税历史、把握财税脉搏的时代要求，也是弘扬财税精神、传承财税文化的内在需求，更是展现财税发展的标志性成果，也将为研究财税发展规律提供有价值的参考。

盛世修志，志载盛世。《丽水市财税志（1991—2018）》以丰富翔实的财税史料，全面、客观、系统地记录和展示了1991年至2018年期间丽水市财税事业的发展足迹。廿八载春秋事，廿八载辉煌史。秀山丽水图自强，丽水与时代同步、与祖国同行，逐步成长为现代化新兴城市，绘就了一幅波澜壮阔的发展画卷。如果说第一部《浙江省丽水地区财税志》记录了丽水财税变迁历史，尤其是中华人民共和国成立以来丽水市财税部门艰苦奋斗的创业历程和改革奋进的兴业历程，那么《丽水市财税志（1991—2018）》展现的则是丽水市财税部门开拓进取的创新历程和争创佳绩的发展历程。一张张报表、一组组数据浓缩着丽水财税人的心血与汗水；一笔笔收支、一件件实事诠释着丽水财税人的责任与担当；一项项荣誉、一幅幅画卷承载着丽水财税人的光荣与梦想。

生财为发展，聚财为百姓。丽水财税事业发展进程中的每一次重大变化，既是贯彻丽水市委、市政府决策部署的科学实践，也是研究生财聚财用财之道的有益探索。一方面，坚持积极培植财源，加强税收征管，大力组织收入，财政收支规模不断扩大，全市财政总收入从1991年的2.29亿元增长到2018年的211.18亿元，有效助力了丽水市经济社会快速健康发展；另一方面，坚持党委政府决策部署到哪里财政保障就跟进到哪里，优化支出结构，加大民生事业投入力度，完善公共财政预算体系，构建现代财政制度，为丽水市经济高质量绿色发展提供了坚强的财政保障。

欲明大志，必先知史。《丽水市财税志（1991—2018）》在继承首部《浙江省丽水地区财税志》篇章布局的基础上，与时俱进地进行了优化设置，充分体现了发扬传统与尊重历史、整体统一与相对独立的有机结合。全志共3篇36章约70万字，百余幅照片，从财税这一视角打开了一个了解丽水、认识丽水的独特窗口，融科学性、可读性、收藏性和实用性于一体。

修志问道，以启未来。2018年国地税机构合并，财政与税务进一步分设，丽水财政工作进入新篇章。全市财政部门坚持以习近平新时代中国特色社会主义思想为指导，认真贯彻落实中央、省、市各项决策部署，忠诚使命、求是挺进、植根人民，坚持修志为用、修用并举，把修志、读志、用志紧密结合起来，将财税志成果转化应用到财政工作中，续写丽水财政高质量发展新华章，为丽水创建革命老区共同富裕先行示范区贡献更多的财政智慧！

是为序。

丽水市财政局党组书记、局长 潘建青

2022年9月19日

凡　例

一、指导思想

本志以马克思列宁主义、毛泽东思想、邓小平理论、“三个代表”重要思想、科学发展观、习近平新时代中国特色社会主义思想为指导，坚持辩证唯物主义和历史唯物主义的立场、观点和方法，遵循《地方志工作条例》和《地方志书质量规定》，全面、客观、系统地记述1991—2018年丽水市财税改革发展的历史与现状，力求资料完整、准确、真实，旨在存史、资政、育人。

二、起讫时间

本志记述上限起于1991年1月，下限至2018年12月。为彰明因果关系和记述完整性，有些内容适当上溯或下延。本志是1995年出版《浙江省丽水地区财税志》的续志。

三、地域范围

本志记述范围为2018年丽水市行政区域范围。丽水市辖莲都区（2000年7月撤地设市前为县级丽水市）、龙泉市、青田县、云和县、庆元县、缙云县、遂昌县、松阳县、景宁畲族自治县。

四、体裁

采用述、记、志、传、图、表、录等体裁，以志体为主。

五、结构

本志设总述，为全志之纲；设大事记，为全志之经。按照继承延续和创新发展相结合的原则，采用大篇章结构，篇下设章，章下设节，节下设目。事以类从，横分门类，纵述史实，全志分3篇36章。1994年，国地税机构分设，故分设前税务为合述，分设后单述地税。

六、文字、文体

本志文字以国务院批准的《简化字总表》为准，采用规范化现代语体文，表述力求准确、朴实、简洁、流畅，直接引用资料使用原文文体。

七、纪年

本志民国及以前采用历史纪年，并括注公元纪年，中华人民共和国成立以后采用公元纪年。

八、数字、标点符号、计量单位

本志数字用法、标点符号、计量单位执行国家标准《出版物上数字用法》（GB/T 15835—2011）、《标点符号用法》（GB/T 15833—2011）和《国际单位制及其应用》（GB3100—1993），固定用语中的计量单位，转换后难以表述的计量单位沿用历史习惯单位。

九、货币

本志货币币值均为人民币币值。

十、专用名词、术语

本志财政、税收专用名词、术语，采用国家统计部门规定的名称及分类定名。

十一、资料

本志资料取之于丽水市财政地税部门档案资料，以及有关单位档案、地方文献、统计年鉴等，经考订核实后入志，除引文和重要资料外，一般不注明出处。照片除署名外，均由市、县财政地税部门办公室提供，或自行摄影翻拍。

十二、数据

本志统计数据来源于丽水市各年度财政总决算报表、税收会计统计报表、社会保险基金决算报表等。

十三、统计口径

本志书提及丽水市市直、市本级、市级的财税表格数据统计口径。市直是指丽水市党政机关、人民（群众）团体、企事业单位等直属部门。市本级是指丽水市直和丽水经济技术开发区（功能区）。市级是指丽水市本级和莲都区。2000年，丽水撤地设市前，称地直、地区本级、地级。撤地设市后，2013年前，市直包含开发区，市本级包含莲都区和开发区。

十四、简称

财税法规及有关名称重复出现时，各章节首次出现使用全称，其后出现直接使用简称；有关财税机构、单位2018年的简称均以“有关机构、单位全称与规范化简称对照表”为准；有关机构、单位2018年前的简称及其他简称采用社会上通行、不产生歧义者，且全卷保持一致。如：2000年7月丽水撤地设市前，丽水地区财政局简称为“地区财政局”，丽水地区税务局简称为“地区税务局”（1994年国地税机构分设后，丽水地区国家税务局简称为“地区国税局”，丽水地区地方税务局简称为“地区地税局”）。2000年7月丽水撤地设市后，丽水市财政局简称为“市财政局”，丽水市国家税务局简称为“市国税局”，丽水市地方税务局简称为“市地税局”。

目　　录

第一篇　财　政

第二篇 地方税务

总　述

丽水地处浙江省西南部，古名处州。据明代《名胜志》记载："隋开皇九年，处士星见于分野，因置处州。"2018年，丽水市市域面积1.73万平方公里，是全省陆域面积最大的地级市（占全国的1/600，全省的1/6），辖莲都区、龙泉市、青田县、云和县、庆元县、缙云县、遂昌县、松阳县、景宁畲族自治县，全市总人口约270万人。

丽水是浙江的生态绿谷，是华东地区重要生态屏障，有着独特的生态优势。丽水是积淀深厚的文化之都，是浙江省历史文化名城、中国地级市第一个民间艺术之乡，历史文化遗存丰富。丽水是生态旅游胜地，全市共有旅游资源单体2365个，其中优良级353个，已创成22家AAAA级景区，1891个美丽乡村镶嵌在绿水青山间，犹如一幅幅美丽的风景画。丽水是历经革命洗礼的红色热土，作为浙西南革命老区所在地，是全省唯一所有县（市、区）都是革命老根据地的地级市。丽水是朝气蓬勃的发展之城，是"绿水青山就是金山银山"理念的重要萌发地和先行实践地。中共十八大以来，全市上下全面奏响"丽水之干"最强音，以"绿起来"首先带动"富起来"，进而加快实现"强起来"，精彩书写丽水高质量绿色发展的时代答卷。

1991—2018年，是丽水市经济体制转型的关键阶段和经济社会突飞猛进发展的重要时期，丽水市财税部门在市委、市政府的坚强领导下，在上级财税部门的关心指导下，遵循"划清边界，厘清事权，做好蛋糕，集中财力办大事"的理财观念，逐步建立健全公共财政体系，构建税收征管、税务稽查、纳税服务机制，积极发挥财税职能作用，有效保障了财税收支的稳健运行，为丽水市经济社会高质量绿色发展做出了积极的贡献。

一

财政是国家治理的基础和重要支柱。1991—2018年，丽水市财政紧紧围绕经济建设这一中心，遵循经济发展与财政工作的客观规律，把抓财源建设与促进经济社会发展作为财政工作的主线，建立完善财政体制，积极探索生财、聚财、用财之道，构建可持续的财政收入增长机制；稳步推进财政改革，全市公共财政框架体系基本建立，支出结构调整取得新进展，财政财务管理水平不断提升，财政工作逐步走上科学化、规范化、法治化轨道。

开拓创新，完善财政体制机制　1991—2018年，丽水市财政部门积极贯彻执行浙江省"两保两挂"财政政策、区域统筹发展激励奖补政策、绿色发展财政奖补政策等体制机制，财政体制历经多次改革创新和不断完善，逐步建立健全公共财政体系，保证全市重点建设和兼顾各县（市、区）、各部门以及其他各项事业的资金需要，为丽水市经济社会实现较快发展奠定了坚实基础。

建立健全较为规范的省对丽水市本级财政体制。1991—1993年，丽水地区及所辖各县（市）先后实施"核定收支、分级包干"财政体制。1994年，贯彻实施"分税制"改革。1995年，贯彻执行浙江省对丽水等欠发达市（地）、县（市）“两保两挂”财政政策。2000年，丽水撤地设市后，贯彻执行浙江省对丽水市本级财政“两保两挂”和“收一块、挂一块”双重政策。2003年，浙江省取消市本级与县（市）地方财政体制收入挂钩补助政策，全面实行“两保两挂”政策。2008年，将“两保两挂”政策调整为“分类分档激励奖补机制”。2012年，贯彻执行浙江省区域统筹发展激励奖补政策，进一步激发设区市扶持所辖县（市）发展的积极性，达到推进区域统筹发展、普遍增进民生福祉的目的，在省管县体制的基础上，打通了市与县之间的“通道”，建立激励与约束兼容、效率和公平兼顾的区域统筹发展激励奖补机制；建立省对市、县（市）地方财政税收收入增长奖补机制。2015年，浙江省将“地方财政税收收入增长奖补机制”调整为“第三产业地方税收收入增长奖补政策”。2017年，贯彻落实浙江省《关于建立健全绿色发展财政奖补机制的若干意见》，建立生态补偿长效机制。2018年，市级区域统筹发展收入奖补不再与所辖县（市）地方财政税收收入当年增收额挂钩。改为设区市当年度通过一般公共预算自有财力安排的对所辖县（市）在符合《浙江省基本公共服务体系“十三五”规划》明确的八类基本公共服务的财政补助，按其占全省各设区市对所辖县（市）补助总额的比重，确定省激励资金，直接奖励到县（市）。1991—2018年，全市一般公共预算转移性收入（上级补助收入）1794.08亿元。

建立健全较为规范的丽水市对莲都区财政体制。2000年，市委、市政府出台《市本级与莲都区部分事权划分的决定》，以区域管理和企业隶属关系为原则，确定财政收入的划分。2001年，建立丽水市对莲都区财政体制，实行“核定收入、差额补助、超收分成、两保两挂”办法。2003年，为更有效地调动市、区两级财政积极性，市财政局对收入范围和体制补助基数等作了明确。2005年，调整市对莲都区财政体制，在原收入范围的基础上，纳爱斯集团有限公司实现的上划中央增值税、消费税“两税”从市、区8：2分成调整为2：8分成，地方财政收入从市、区7：3分成调整为2：8分成，与其相应的扶持资金兑付比例随之同步更改。2007年，调整市对莲都区社保资金转移支付补助、水阁学校经费、社区工作经费和社区工作者岗位津贴等有关经费。2011年，市对莲都区财政体制作了较大调整。扩大市对莲都区税收分成相关内容。2014年，将原开发区范围内分成给莲都区的建筑业、房地产业营业税30%部分，纳入开发区财政收入范围。至2018年，莲都区仍执行2014年确定的财政体制。

建立健全较为规范的丽水市对经济技术开发区财政体制。浙江丽水经济技术开发区为省级经济开发区，于1993年设立，下辖水阁工业区。2004年，丽水市为促进开发区发展，充分调动其积极性，研究建立市对开发区“核定收支、挂钩补助、开发单列、自求平衡”的财政体制。2007年，市对部分内容进行调整。提高开发区经常性经费补助标准，水阁学校上划市教育局，新一轮财政体制中教育费附加不再列入开发区财政收入，增加开发区社会事业发展定额补助，并逐年增长。2011年，调整完善市对开发区财政体制，扩大开发区财政收入范围。2014年，再次调整完善市对开发区财政体制，将企业注册登记地在开发区范围的企业缴纳的税收收入纳入开发区地方财政收入。至2018年，开发区仍执行2014年确定的财政体制。

建立健全较为规范的县（市）财政体制。浙江省为省管县财政体制，省对丽水市级和丽水下辖县（市）财政体制基本相同。1991—1993年，丽水地区各县（市）实行始于1985年“划分税种、核定收支、分级包干”的体制。1994年1月起，丽水全区各县（市）全面实施分税制财政体制，根据事权与财权相结合原则，按税种划分中央财政收入与地方财政收入。是年起，丽水各县（市）地方财政收入比基数增长部分，省与县（市）按2：8分成，省得20%，县（市）得80%（云和、景宁、青田免上解）。2002年1月起，实施所得税收入分享改革，企业所得税和个人所得税，中央、地方各分享50%，2003年起，改为中央分享60%，地方分享40%。1995年，省对经济欠发达的17个县（市）实行“两保两挂”财政政策［含丽水地区9个县（市）］。2008年，省政府完善“两保两挂”财政政策，建立“分类分档激励奖补机制”，对欠发达的丽水市实行激励奖补政策。2012年，省政府将“分类分档激励奖补机制”调整为“地方财政税收收入增长奖补机制”。2015年，调整为“第三产业地方税收收入增长奖补政策”。

建立健全较为规范的乡镇财政体制。1991—1993年，丽水地区各县（市）根据乡镇收支规模采取统收统支、收支挂钩、超收分成、收支包干四种财政体制。1994年，部分乡镇开始实行分税制财政体制。1995年起，“两保两挂”政策延伸到部分乡镇，部分乡镇仍实行“核定收支、收支包干、定额上缴（或定额补助）、超收分成”体制。至2000年，丽水市195个乡镇中，实行分税制体制乡镇98个，继续实行原体制乡镇97个；分成上解乡镇5个，定额补助乡镇190个。2002年开始，随着农村税费改革、农村综合改革的实施，乡镇财政体制不断调整完善。2006年，全市撤扩并调整乡镇，全市195个乡镇调整为181个，其中实行分成上解乡镇14个，定额补助乡镇167个。2013年年末，全市172个乡镇，实行“乡财乡用县管”的133个，实行分税制体制的34个，其他5个。2018年年末，全市172个乡镇，实行“乡财乡用县管”的88个，实行分税制体制的84个。

增收节支，提升财政综合实力　1991—2018年，丽水市财政总收入1670.26亿元，其中上划中央收入664.06亿元，占财政总收入的39.76%，一般公共预算收入（包括上解省财政）1006.20亿元，占财政总收入的60.24%；全市政府非税收入1075.88亿元；全市一般公共预算支出2887.33亿元。2018年，全市财政总收入211.18亿元，是1991年2.29亿元的92倍，年均增长18.24%，其中一般公共预算收入130.01亿元，是1991年2.29亿元的57倍，年均增长16.14%；一般公共预算支出432.02亿元，是1991年3.69亿元的117倍，年均增长19.29%。收入结构持续优化，全市财政总收入占GDP比重从1991年的7.22%提高到2018年的15.59%，一般公共预算收入占财政总收入的比重从1994年的49.50%提高到2018年的61.56%。全市财政总收入1999年为10亿元；2007年超50亿元，为56.05亿元；2011年超100亿元，为100.09亿元；2018年超200亿元，为211.18亿元。全市一般公共预算支出1991年仅为3.69亿元；1997年突破10亿元，达10.38亿元；2006年突破50亿元，达55.30亿元；2009年突破100亿元，达112.87亿元；2014年突破200亿元，达217.27亿元；2018年突破400亿元，达432.02亿元。2018年，全市民生类支出341.39亿元，占一般公共预算支出的比重为79.02%，超过2/3。

集中财力办大事，促进经济平稳增长　1991—2018年，丽水市各级财政部门贯彻落实积极财政政策，发挥财政优化资源配置作用，集中财力办大事，有效促进地方经济社会发展。全市各级财政部门积极争取中央、省专项资金，构建国资营运机构，发行地方政府债券等，集中力量支持重点公共基础设施建设，全市财政累计安排经济建设支出1055.15亿元。撤地设市后进入“大投入、大建设、大发展”阶段，2003年，丽水市本级开始试编基本建设预算。2002—2018年，市直累计安排基本建设支出693.46亿元，为丽水城市防洪工程、市区绕城公路、金温铁路扩能改造工程、处州公园、白云山森林公园、九龙湿地公园、博物馆、体育中心、花园路综合改造等一批重点项目建设提供资金支持，有效保障全国文明城市、中国优秀旅游城市、国家园林城市、国家森林城市、国家卫生城市、省级历史文化名城成功创建。2001年起，加强支持各类所有制企业发展，理顺市场经济条件下国家与企业的分配关系，完善财政支持企业发展政策体系，推进“生态经济化、经济生态化”，全面助力加快建设现代化生态经济体系，推进优质财源培育工作，通过财政、土地、金融、税费优惠政策和优质服务“4+1”组合，帮助优质财源企业做大做强；认真贯彻落实各类税费减免政策，切实减轻纳税人的负担。1991—2018年，全市落实税收优惠政策减免108.29亿元，全市兑现企业扶持资金127.63亿元（其中市本级55.47亿元）。积极探索政府和社会资本合作PPP模式，获“浙江省政府和社会资本合作示范市”称号，设立规模7亿元的浙江丽水生态产业基金，发挥基金撬动作用，有效促进产业转型升级。

保障和改善民生，促进基本公共服务均等化　1991—2018年，丽水市各级财政部门按照构建公共财政框架体系的要求，把保障和改善民生作为财政工作的出发点和落脚点，不断优化财政支出结构，建立健全财政资金在保障公共需要、提供公共产品、服务公共利益方面的长效机制，推进基本公共服务均等化。全市用于科学事业支出53.42亿元，教育事业支出544.26亿元，医疗卫生、社会保障和就业支出493.81亿元，农林水支出424.69亿元，节能环保支出56.20亿元。完善新型农村合作医疗制度和惠民医院财政补助政策，扩大医疗救助对象，建成财政医疗电子票据管理平台，构建与地方经济社会发展水平相适应的大社保体系，全市居民最低生活保障从2000年的月人均80元提高到2018年的月人均700元。深化农村税费改革和农村综合改革，在全省率先实现全市范围涉农补贴社保卡“一卡通”发放，扎实推进田园综合体建设，支持打赢精准脱贫攻坚战。全面助力生态文明建设，为守护“绿水青山”，奋力开辟“绿水青山”新境界提供了良好的财力支撑。

加强财政管理改革，建立健全公共财政运行体系　随着社会主义市场经济体制机制的建立和完善，丽水市各级财政部门努力践行“绿水青山就是金山银山”理念，财政管理改革步伐不断加快，在部门预算、国库集中支付、政府采购制度、财政支出绩效评价等公共财政管理改革的建立和深化过程中，形成运行有序、管理规范、约束有力、科学高效的财政运行机制。

深化公共预算管理改革。1995年，丽水地区贯彻执行《中华人民共和国预算法》及其实施条例，坚持量入为出、收支平衡的原则，实行复式预算编制制度。2001年，丽水市本级按照“分步实施、稳步推进”的改革要求，试编市农业局等5个部门的部门预算，后不断扩大范围，并全市推开。2007年，始编政府性基金收入预算。按照“三个子”（收入一个笼子，预算一个盘子，支出一个口子）公共财政改革要求，进一步完善预算体系，建设政府财力整合体系。2014年，市本级始编国有资本经营预算。至此，构建起政府公共预算、政府性基金预算、社会保险基金预算、国有资本经营预算、基本建设预算组成的全口径预算体系，夯实预算编制基础，强化预算执行进度管理，逐步建立全面规范透明、标准科学、约束有力的预算制度。2015年，丽水市贯彻执行新修订的《中华人民共和国预算法》，严格财政预算编制和执行，加强存量资金管理。2018年，推进全口径预算编制，将基本建设预算、土地出让金预算纳入全口径预算管理。同时，为提高财政预算的透明度，2001年，丽水市本级开始在《丽水日报》公开全市和市本级财政预算执行情况。2011年，丽水市本级、所辖9县（市、区）全部公开财政预算。2013年，全市各级政府预决算全部公开。2015年，市本级财政预决算公开内容进一步细化。2018年，全市各级政府四本预算按支出功能分类细化至项级。

深化政府非税收入管理改革。1991年，丽水地区执行《浙江省预算外资金管理办法》，规定预算外资金征收、使用和管理范围。1993年，将83项行政事业性收费项目纳入预算管理，预算外资金的范围逐步缩小。1996年，明确预算外资金是国家财政性资金，实行"收支两条线"管理。2003年，实行全口径预算，将政府所有收支全部纳入统一管理，消除游离于预算外的政府收支。是年，财政部首次提出政府非税收入概念，对管理范围作出界定。2015年，启动政务网统一公共支付平台建设，全市基本确定代收机构和代收银行。2018年，落实减负降费政策，及时清退涉企各类基金、行政事业收费1.40亿元。1991—2018年，全市非税收入1075.88亿元，其中预算外收入9158万元，财政基金收入4.08亿元，政府性基金收入1068.02亿元，国有资本经营收入2.86亿元。

深化农村税费改革和农村综合改革。2002年，丽水市按照浙江省确立的"减调改稳、合理负担、转移支付、配套进行"的农村税费改革思路，开展农村税费改革。2004年，根据省委、省政府《关于统筹城乡发展促进农民增收的若干意见》，丽水市对在农业税计税土地上种植的粮油作物免征农业税，全面停止执行义务工和积累工制度。2006年，全国取消农业税，《中华人民共和国农业税条例》废止，在中国农村存续两千多年的古老税种宣告终结。是年，根据省委、省政府统一部署，市委、市政府印发《关于全面推进农村综合改革的指导意见》，实施以"深化乡镇机构改革、深化农村教育管理体制改革、深化乡镇财政管理体制改革、加强乡镇债务管理、建立村级组织运转保障机制"为主要内容的农村综合改革，全市基本建立城乡统一税制，在制度层面实现农民税费零负担。2010年起，根据省财政厅的部署，丽水市全面实施村级公益事业"一事一议"[①]财政奖补政策。

深化预算绩效管理改革。2001年，丽水市本级对专项资金实行"按项报批、专款专用、专门核算、追踪问效"的管理办法。2002年，市财政局制定《丽水市直行政事业单位财政性资金绩效跟踪评价试行办法》。2003年，市本级对专项资金进行跟踪问效。2008年，市财政局将业务处室绩效评价工作情况纳入一类目标考核。2009年，市政府将财政支出绩效列入一类目标责任制考核。2011年，市政府印发《关于加强财政支出绩效管理工作的若干意见》，明确目标任务、评价

① "一事一议"指财政奖补引导、村级自筹投入、社会专资支持的村级公益事业建设多元化投入机制。

重点、评价方法、时间安排和强化绩效评价结果应用。2016年，市财政局制定《丽水市直预算绩效目标管理暂行办法》，规定市直预算单位在编制预算时，对计划使用财政资金的单位及其项目应设定预期应达到的业绩目标、预期产出的效益和效果。2018年，加强整改反馈和报告公开，评价结果与预算挂钩。2006—2018年，全市完成绩效评价项目7931个，评价金额450.14亿元，其中市直完成绩效评价项目1514个，评价金额54.37亿元。不断深化“预算编制有目标、预算执行有监控、预算完成有评价、评价结果有反馈、反馈结果有运用”的预算绩效管理机制。

深化财政监督检查。1995年，丽水地区开展清理“小金库”专项检查。2009—2010年，开展“小金库”专项治理。2011年，全市开展“小金库”复查和重点检查。2014年，全市开展贯彻执行中央八项规定、严肃财经纪律和“小金库”专项整治。2015年，深化“小金库”专项治理，落实浙江省委巡视反馈意见，建立完善防治“小金库”的长效机制。2001—2017年，丽水市财政部门先后组织开展财政预算、资金拨付、财政存量资金、预决算公开、行政事业单位财务会计、企业财务会计、会计师事务所执业质量等专项检查。2018年，市财政局整合检查项目和检查力量，对涉及行政事业单位的各类检查统一组织、统一处理，避免多头检查、重复检查，统一开展行政事业单位公款竞争性存放、财政票据管理、内控制度建设、会计信息质量专项检查。建立健全财政监督规范化制度化体系，形成事前、事中、事后全方位各个环节的监督，与财政法治建设、财政信息化建设相结合，构建预算编制、预算执行、预算监督“三位一体”的财政运行机制。

深化国有资产管理改革。20世纪90年代初，丽水财政部门对国有企业资产管理主要是做好产权登记和资金管理，1994—2003年，国有企业和集体企业产权制度改革时期，财政部门主要做好企业改制中的资产评估、资产核销、资产剥离、资产提留和股权设置等监督管理，2004年起，随着国有企业产权制度改革基本完成，丽水市财政部门对国有企业监管重心转向国资营运机构监督管理。对行政事业单位国有资产主要是开展资产清查登记管理和国有资产收益收缴管理。1998年7月，丽水地区国有资产投资经营公司成立，为丽水地区本级首家履行资产经营、资本运作、存量资产盘活的国资营运机构，地区财政局履行国资营运机构的监管职能；2006年，市级国资营运机构管理体制调整，市财政局履行国资营运机构等非经营性国有资产监管职能，市国资委履行经营性国有资产监管职能；2010年，政府融资平台核实清理；至2016年年末，市本级有国有资产营运机构16家，2017年，市本级国有资产营运机构进行市场化改革。

深化政府采购制度改革。1998年，地区行署委托地区财政局，首次对地区本级预算安排的11辆小汽车采购实施公开招标。2002年，市财政局制定市本级政府集中采购目录。2003年，贯彻执行《中华人民共和国政府采购法》。2005年，市直行政事业单位公务人员出差杭州市实行定点住宿管理。2011年，市本级实行公务用车定点保险、定点加油、定点维修的集中采购。2016年，全市全面开展党政机关公务用车制度改革。2017年，省财政厅启动政府采购云计算服务平台（简称“政采云”平台）全面推广仪式。2018年，推进政府采购数字化转型，全面建设“政采云”平台。1999—2018年，丽水市政府采购预算金额560.21亿元，实际采购金额501.52亿元，节约财政资金58.68亿元，节约率10.48%。

深化会计集中核算和财政国库集中支付改革。2000年，市委、市政府印发《关于在市直行政事业单位实行会计集中核算的通知》，在市直行政单位、财政性资金为经费主要来源的事业单位、社会团体中实行会计集中核算制度。2001年，各县（市、区）级会计核算中心相继成立，会计集中核算制度全面推行。2014年年末，市县两级全部完成集中核算向自主核算转轨。2009年，市本级全面推行财政国库集中支付改革。2012年，全市9个县（市、区）国库集中支付改革全面铺开。2010年，市府办转发市财政局、市监察局、人民银行丽水市中心支行《丽水市预算单位公务卡制度改革实施方案》，推行公务卡制度改革。2018年，全市个人公务卡发卡量5.07万张，激活卡率78.30%，累计公务卡刷卡消费量2.20亿元。

深化会计管理改革。丽水市财政部门贯彻执行《中华人民共和国会计法》，完善财务会计制度。1993年起，地区财政局组织参加全国统一的会计职称考试。是年，执行《企业财务通则》《企业会计准则》。1998年，执行《财政总预算会计制度》《事业单位会计准则（试行）》《行政单位会计制度》《事业单位会计制度》。2005年，执行《企业会计制度》。2007年，实施修订后的《企业会计准则——基本准则》。2010年，全面实施《企业内部控制配套指引》，基本形成企业内部控制规范体系。2017年，取消会计从业资格证认定，不再组织会计从业资格认定及考试、证书核发和换发、调转登记等。2018年年末，全市会计从业人数3.74万人，其中初级会计专业技术资格6601人，占17.65%，中级会计专业技术资格2545人，占6.80%，高级会计专业技术资格381人，占1.02%，教授级高级（正高级）会计专业技术职称3人。1999年，根据政府机构改革要求，各类会计师（审计）事务所与原挂靠单位在人员、财务、业务、名称等方面彻底脱钩，全区原10家会计师事务所与9家审计事务所脱钩改制后成立12家会计师事务所。2018年年末，全市12家会计师事务所中，有限责任会计师事务所8家，合伙会计师事务所4家；资产评估机构5家；执业注册会计师105人、资产评估师47人。

二

税收是指国家为实现其职能，凭借政治权力，按照法律规定，通过税收工具强制地、无偿地参与国民收入和社会产品的分配和再分配取得财政收入的一种形式，税收收入是财政收入的主要组成部分。1991—2018年，丽水市税务部门坚持税收“取之于民，用之于民”的理念，开展“精准帮扶企业、振兴实体经济”专项行动，进一步降低企业成本、减轻企业负担、优化发展环境，引导企业对接资本市场，为企业解困帮扶，努力培植税源，依法组织税收收入。坚持国地税合作共享机制，实现国地税数据兼容共享，被国家税务总局确定为全国百佳国税地税合作市级示范区。坚持提高效能优化服务，开展“便民办税春风行动”，努力破解制约纳税人办税的“瓶颈”，开展“最美服务标兵”评选活动，强化“标杆”引领，进一步提升办税服务厅的服务能力、服务水平和服务效率，着力提升纳税人满意度，推动执法规范化、文明化。

贯彻落实税收法规，深化税收制度改革　1991—1993年，丽水地区延续20世纪80年代的工商

税制，国营企业实施“利改税”后，工商税收入占比逐步加大。其间，丽水地区征收的税种有增值税、营业税、个人所得税等39个税种。1993年1月，施行《中华人民共和国税收征收管理法》。1994年1月，全国统一实行分税制，分税制将税收收入划分为中央税、地方税和中央与地方共享税，建立中央税收征管体系和地方税收征管体系，地区税务局分设地区国税局和地区地税局。实施新税制后，建立以增值税为主体，消费税和营业税为补充，以公平、中性、透明和普遍征税为特征的现代流转税体系，统一企业所得税制度，简并个人所得税。税制改革后税种减少到25个，丽水地区征收的税种有增值税、消费税、营业税、企业所得税、个人所得税、外商投资和外国企业所得税、资源税、房产税、城市房地产税、土地增值税、城镇土地使用税、车船使用税、车船使用牌照税、城市维护建设税、印花税、屠宰税、固定资产投资方向调节税、农业税、农业特产税、契税、耕地占用税。2012年1月，实施营业税改征增值税试点。2016年5月，全面推行营业税改征增值税，原营业税纳税人全部纳入营改增范围。这是自1994年分税制改革以来，财税体制又一次深刻变革。1991年起，丽水市地税（财税）部门先后征收（施行）的税种有42个，陆续停征（划转、改征）29个。2018年7月，丽水市国地税机构合并后，原地税部门征收的企业所得税、个人所得税、资源税、房产税、城镇土地使用税、土地增值税、城市维护建设税、印花税、车船税、烟叶税、环境保护税、契税、耕地占用税等13个税种由合并后的税务部门征收。随着改革开放的深入和社会主义市场经济体制的建立和发展，经国家多次税制改革后，税制结构得到了简化，形成了一套以流转税为主体，所得税次之，其他税种为补充的税制体系。

坚持税收执法规范化，依法组织税费收入 丽水市各级地税部门认真贯彻落实国家税收法律法规，依据丽水市国民经济发展有关指标、税收负担率、财政预算安排等因素编制税收计划，在依法组织税收收入的同时，承担丽水市规费（基金）的征收职能，税（费）收入规模持续扩大。1991—2018年，全市地税部门组织的税收收入737.73亿元，其中收益税类税收272.22亿元，占比36.90%；流转税类税收207.77亿元，占比28.16%；财产税类税收99.91亿元，占比13.54%；行为税类税收61.14亿元，占比8.29%；资源税类税收4.56亿元，占比0.62%；农业税类税收91.79亿元（不含2010年前财政部门征收24.09亿元），占比12.44%；其他税收3400万元，占比0.05%。全市征收的规费（基金）主要包括社会保险费（五项）以及多项政府性基金，其中社会保险费收入545.21亿元，教育费附加收入28.33亿元，地方教育费附加收入16.03亿元，水利建设专项资金收入15.46亿元，残疾人就业保障金收入7.16亿元。2018年，全市一般公共预算税收收入105.12亿元，首次突破100亿元大关。

加强重点税源监控，推进税费征管改革 1995年年底前，丽水地区实行以专管员管户制度为核心的税收征管模式，集税收征收、管理、检查于一身，“一员进厂、各税统管”。1996年起，建立“以纳税申报为基础，以计算机网络为依托，集中征收、重点稽查”的征管模式，取消专管员管户制度。1998年起，养老、医疗、失业、工伤、生育五项保险费逐步改由地方税务部门征收。1999年，加强重点税源监控，建立市级重点税源监控数据库。2001年5月，开始实施新修订的《中华人民共和国税收征收管理法》。2002年，市地税局导入ISO 9000质量管理体系，全面规范税收执法和内部管理，建立国家税务总局、省地税局、市地税局、县（市）地税局、地税分局五级重点税源监控数据库。2003年，建立“以纳税申报为基础，以计算机网络为依托、集中办税、优质服务、科学管理、重点稽查相结合”的地方税收征管新格局。2006年，市地税局、市国税局实行联合办理税务登记，并在市行政审批中心实现国税、地税、工商、质监四部门联合办证。同时，建立社会保险费缴费单位自行申报缴纳制度，全面推行网上申报、“一户通”缴费等，实现征收机构、征缴流程、缴费基数、参保登记、登记场所统一，“五费合征”企业全覆盖。2010年6月，落实财政部、国家税务总局《关于加快落实地方财政耕地占用税和契税征管职能划转工作的通知》精神，全市“两税”征管职能由财政部门划转到地税部门。税收征管历经专管员“管户制”向“管事制”的转变，到浙江地税信息系统（1998版、2002版、2006版、龙版）的推广应用，征管制度不断完善。

优化办税服务，提高办税服务效能 1996年起，丽水地区各县（市）相继设立办税大厅，改善办税服务条件；推行涉税事项“一窗式”办理、即时办结、限时办结、网上办理等服务举措，提高办事效率；2000年起，建立税收征管新格局，实现以办税服务厅为标志的纳税人自行申报纳税制度。并先后推广应用浙江地税信息系统（1998版、2000版、2006版、龙版）以及“金税三期”税收征管软件，提升征管水平和服务效能。2002年10月，浙江地税语音特服热线电话12366在丽水市正式开通，2017年7月，丽水“浙江财税12366”语音特服系统全面升级，正式切换启用国家税务总局热线系统。2015年，全市地税系统全面推行办税服务厅“弹性服务制”，加强纳税服务平台整合，探索纳税个性化服务，建立纳税人之家、纳税服务志愿者队伍、纳税人学校等。2017年，开展涉税事项“最多跑一次”改革。2018年，全面落实省国税局、省地税局“一窗通办”工作要求，通过增设业务通办窗口、扩大通办业务范围、除专业窗口外的综合窗口均采用“一窗一人一机两系统”等形式，率先实现全市办税服务厅“一窗通办”全覆盖。通办窗口占比80%以上，办税提速50%以上，确保纳税人“进一个厅、取一个号、到一个窗、办全业务”。市地税局于2009年、2011年先后两次获全省地税系统纳税人满意度调查第一名。

加强税务监督检查，维护税收秩序 税收检查，是税务机关依法对纳税人、扣缴义务人和其他税务当事人履行纳税义务、扣缴义务及税法规定的其他义务等情况进行的检查和处理，是税收征收管理的重要组成部分。1991—1997年，全区每年开展一次税收财务物价大检查。1992年10月，全区20世纪80年代中期设立的13个税务检查站全部撤销。1993年，建立税务稽查制度，成立地区税务稽查支队。1997年9月，丽水地区国地税机构进一步分设，地区地税局稽查支队（分局）成立。1998年起，不再开展税收财务物价大检查，税务稽查从一年一度的税收财务大检查，到成立税务稽查机构，实行“征管、稽查”两分离到“征收、管理、稽查”三分离，以及“选案、检查、审理、执行”四分离，税务稽查不断加强；实行大要案分级审理，规范稽查执法，维护税收秩序，打击偷逃税行为，营造公平税收环境。2000年7月，丽水撤地设市，成立市地税局稽查局，承担市本级地方税收稽查职责，指导全市地方税收稽查工作。2014年起，试行集中选案、集中检查、集中会审、分级执行的“三集中一分级”稽查模式。2017年，以全省地税稽查体

制改革试点为契机，率先建立市一级地税稽查体制，撤销8个县（市）地税局稽查局，实行市县（市）“一级稽查”模式，为全省改革提供了可借鉴、可复制、可推广的“丽水样板”。2018年7月，国地税机构合并，市地税局稽查局并入国家税务总局丽水市税务局。

落实税收优惠政策，支持地方经济发展　1991—2018年，丽水市先后执行国家对新办企业、福利企业、高新技术企业、残疾人就业、再就业扶持、涉外企业、第三产业、公益事业、农林牧水（养殖）项目及老、少、边、穷地区的税收减免政策。通过各类税收优惠政策的实施和税收减免，调节收入分配，促进地方经济的良性循环和发展。其间，全市减免税合计108.29亿元，其中营业税16.02亿元，企业所得税28.30亿元，个人所得税3.97亿元，城市维护建设税9706万元，房产税5.20亿元，城镇土地使用税5.51亿元，土地增值税12.09亿元，其他税收36.23亿元。

三

丽水市财税部门坚持以马克思列宁主义、毛泽东思想、邓小平理论、“三个代表”重要思想、科学发展观、习近平新时代中国特色社会主义思想为指导，不断提高“依法理财治税”的能力和水平，为丽水经济社会发展作出积极贡献。1991—2018年，丽水市财税部门秉承“工匠精神”，将专业技能作为看家本领，全体财税干部职工坚持“财为政服务”，推进财税事业高质量发展，为丽水经济社会发展提供保障；坚持强化“两个责任”，严格落实党风廉政建设责任制，推进惩防体系建设；坚持依法理财治税，加强财税法治建设，优化财税服务，树立财税部门良好形象。市财税局先后获国家级荣誉11项，省级荣誉59项，市级荣誉42项。

发挥党的领导核心作用　1991—2018年，市财税部门先后组织开展“三讲”、保持共产党员先进性、科学发展观、党的群众路线教育实践、“三严三实”等学习教育活动，增强政治意识、大局意识、核心意识、看齐意识，坚定道路自信、理论自信、制度自信、文化自信，坚决维护习近平总书记党中央的核心、全党的核心地位，坚决维护党中央权威和集中统一领导。认真贯彻执行党的路线、方针、政策，紧紧围绕市委、市政府的各项战略部署和中心工作，积极推进改革、稳定、发展大局，引领丽水财税改革发展方向，创造性地做好财税工作，为促进经济发展、民生改善、生态文明建设提供财力保障。不断开展党的学习教育活动，充分发挥基层党支部的战斗堡垒作用和党员的先锋模范作用，团结带领全体党员和干部群众开创财税工作新局面。坚持在基层一线工作中培养、磨炼干部，选派干部参与重大事项、重要工作，并把交流挂职作为锻炼干部的重要平台。1991—2018年，共选派干部56人次，充分体现财税部门及财税干部的担当作为和优良作风。

加强党风廉政建设　1996年，地区财政局、地区国税局、地区地税局首次聘请兰光谅等22人为行风建设监督员，聘期两年，后形成制度，每隔二至五年聘任一次，至2018年共有7批次101人次受聘于丽水市财政地税系统党风（行风）建设监督员。1999年，地区财政局、地区地税局成立党风廉政建设责任制和反腐败工作领导小组，实行“一把手”负总责，分管领导分工负责的领导机制，履行“一岗双责”[①]。2000年，市财政局、市地税局领导与科处室负责人签订党风廉政建设责任书，此后每两年一签。2003年，开展“廉洁从政、艰苦奋斗”主题教育活动。2004年，制定《丽水市财政地税系统“四条禁令”和科级干部诫勉谈话制度》。2005年，制定《丽水市财政地税系统2005—2007年教育、制度、监督并重的惩治和预防腐败体系实施办法》。2006年，组织开展社会主义荣辱观教育活动。2010年，组织开展“讲党性、重品行、作表率”活动，着重解决党员干部在党性、作风、能力方面存在的突出问题。2011年，全市财政地税系统开展违法违纪案件整理工作。2012年，全面落实惩防体系工作规划，制定廉政风险防控示范点建设实施方案，构建廉政风险防范制度。2013年，以“作风建设提升年”为抓手，加强内控机制建设，通过梳理权力、排查风险、规范流程、强化操作等程序，规范机关权力运行，完善权力防控管理办法。2014年，开展“严纪律、正作风、作表率”集中行动，坚决纠正“四风”[②]方面存在的突出问题，整治“酒局”“牌局”。加强对领导干部廉洁自律情况监督检查，落实科级干部重大事项报告制度。2015年，强化党风廉政建设主体责任，落实党组书记第一责任人责任，按照“一岗双责”要求，严格执行“三书两报告”[③]制度。深化行政审批制度改革，建立权力清单制度，完善廉政风险防控考核办法，将考核结果与干部选拔、任用等相结合，推动风险防控长效机制建设。2016年，开展“为官不为”专项治理检查。2017年，针对违规收送礼品、公车私用、违规参加“两局”的现象，组织党员干部赴市看守所开展警示教育。2018年，全市财政地税系统执行“六严禁十不为”的工作禁令，开展“四风”问题及“为官不为”问题自查。

深化财税机构改革　1994年9月，全国税制改革，地区税务局分设为地区国税局、地区地税局，与地区财政局合署办公，一套班子，三块牌子。1997年9月，国地税机构进一步分设，国税局实行垂直管理体制，地税局实行省以下垂直管理体制。2000年丽水撤地设市，地区财政局更名为市财政局，与市国资局、市地税局合署办公，内设22个职能科室，3个税务基层单位，5个下属事业单位，2个企业单位。2018年7月，机构改革，国地税机构合并，设立国家税务总局丽水市税务局，市财政局与市税务局分设，市财政局内设18个职能处室，7个下属事业单位（其中4个参公管理），2个企业单位。各个时期，按照“三定”方案[④]以及具体工作职能调整内设机构，干部的选拔任用引入“民主、公开、公平、竞争”机制。强化干部队伍建设，财税干部素质不断提升。同时，加强财务会计队伍建设，为科学理财、依法理财治税提供可靠的人力资源。

加强财税法治建设　组织制订并实施年度财税法治宣传教育工作计划，组织开展一年一度的税收宣传月活动，举办财税法治培训班，重点开展《中华人民共和国预算法》《中华人民共和国政府采购法》《中华人民共和国税收征收管理法》及其实施细则的宣传贯彻，财税系统依法理财

---

①“一岗双责”指一个单位的领导干部应当对这个单位的业务工作和党风廉政建设负双重责任。

②“四风”指形式主义、官僚主义、享乐主义和奢靡之风。

③“三书两报告”制度是为推动党风廉政建设责任制贯彻落实而建立的工作机制，其主要内容是《责任分工报告书》《牵头任务函告书》《落实责任制建议书》《牵头单位专项工作落实情况报告》《负责领导专项任务落实情况报告》。

④“三定”方案指财税机构改革中人事编制“三定”，即定编、定员、定责。

治税的能力不断增强。加强督查督办，认真做好上级机关的重要工作部署以及各项目标任务和工作责任制的贯彻落实。认真组织办理人大代表建议和政协委员提案。

加强信息化建设　加强财税信息化、数字化建设，实现省、市、县（市）各级财政地税部门之间及财政地税部门与市、区各行政企事业单位间的计算机联网。推广应用金财工程一体化系统、资产管理信息系统、“政采云”平台、浙江地税信息系统、浙江地税因特网办税服务系统等，推行预算管理、国库集中支付、政府采购、资产管理的信息化，纳税申报网络化，实现税银库联网。公文处理系统实行无纸化办理。

发挥群团组织作用　各群众团体团结在党组织周围，围绕财税事业中心工作，发挥桥梁纽带作用，起着联系职工、教育职工、维护职工合法权益的作用；推动财税文化建设，广泛开展文体等健康活动，极大地丰富和活跃广大财税干部职工的文化生活。各学会组织发挥学术团体的作用，坚持“双百”①“双为”②方针，深入开展财税科研活动，不断提升课题论文质量，促进课题成果转化应用，通过全体会员的积极参与和共同努力，本着求真务实的精神，充分发挥“智库”作用，助推财税改革发展。

纵观丽水财税改革发展，经国家多次对财税体制改革后，构建起可持续的财政收入增长机制；全市公共财政框架体系基本建立，财政财务管理水平不断提升，财政工作逐步走上科学化、规范化、法治化轨道；税制结构得到了简化，并趋于合理，形成了一套以流转税为主体、所得税次之、其他税种相互配合的税制体系，丽水财税体制总体上适应政治、经济、社会发展的要求。展望未来，丽水财政部门将落实中共中央、国务院、省委、省政府和市委、市政府的决策部署，坚持依法理财治税，继续做好“生财、聚财、用财”三篇文章，不断提升丽水财政综合实力，以“财政作为”全面厉行“丽水之干”，为丽水加快跨越式高质量发展，创建革命老区共同富裕先行示范区作出更大贡献。

① “双百”指百花齐放、百家争鸣。

② “双为”指为人民服务、为社会主义服务。

大事记

1991年

1月1日　丽水地区开征固定资产投资方向调节税，停征建筑税。

1月19日　地区财税局分挂地区财政局、地区税务局两块牌子。

3月1日　丽水地区本级公费医疗实行专用病历卡制度。

3月30日至4月2日　全省财政补贴县增强自给能力理论研讨会在缙云县召开，省财政厅副厅长钱宝荣出席。

5—6月　丽水地直单位开展国有企业开办集体企业产权归属清查。

5—7月　丽水地区开展社会福利企业清理整顿。截至7月，共清理整顿社会福利企业121户，其中合格71户、限期整顿24户、撤销26户。

6月6日　财政部到丽水地区检查粮食财务情况。

8月7日　丽水地区信托投资公司成立，并选举产生董事会，地区财税局局长吴树奎为董事长，地区建行行长张抗松为副董事长。

9月5—10日　省财政厅厅长宋少祥、副厅长卢钦寿到丽水地区调研经济建设和财税工作。

9—11月　丽水地区开展个体工商户、私营企业税收专项检查。截至11月，共检查2.03万户，其中重点检查3445户，补税罚款97万元，清理漏管户86户。

12月17日　云和县发生暴力抗税案。兰某某等5人驾驶拖拉机偷运木料冲击双港联合检查站，围攻殴打税务检查人员，煽动群众敲砸检查站，致使税务检查人员受伤4人。暴力抗税案发生后，省委副书记、省长葛洪升作出“依法严惩不法分子”重要批示。1992年6月，云和县人民法院公开宣判，分别判处兰某某等5人有期徒刑7年、4年、3年、2年、1年，赔偿损失6100元。

12月　丽水地区清理整顿税务检查站，清理撤并后保留13个。

同月　丽水地区开展会计工作达标升级活动，会计工作达标单位188家。

1992年

1月　丽水地区施行《国家预算管理条例》，加强财政支出预算管理。

3月　丽水地区国有资产评估中心成立，与地区会计师事务所合署，受地区财政局监督管理。

4月18日　地区行署出台《扶持乡镇集体工业企业发展意见》18条措施，对新办工业企业、技术改造、新产品开发等给予增值税、产品税、企业所得税1—3年减免。

4月28—29日　丽水地区税务检查站工作会议在丽水市召开，部署文明检查、文明执法工作。

4月　丽水地区税务系统开展国家税务局确定的全国第一个“税收宣传月”，组织开展征文、演讲比赛等活动。自此，每年4月定为“税收宣传月”。

5月21日　财政部农税局局长吴建武到丽水地区调研指导农税征管工作。

5月23日　《地区行署鼓励行政事业单位创办经济实体的意见》出台，对新办企业给予免征1—3年所得税，不核减创办实体单位行政事业经费拨款，新办实体上缴税收由财政按60%—70%比例核定给部门，补充行政经费。

7月28日　遂昌县蔡源乡政府组织干部到大柯村征收农林特产税，受到300余名不明真相人员围攻。

8月31日　《地区行署鼓励外商投资优惠政策》出台，对外商投资企业，从获利年度起，企业所得税实行“二免三减半”。

9月19日　丽水地区财务开发公司举行成立仪式，地委副书记、地区行署专员赵仲光出席。

10月1日　丽水地区运输公司所属县（市）企业管理体制下放各县（市），下放企业上缴地区税收基数124.80万元，其中青田县12.50万元、云和县12万元、龙泉市36.30万元、庆元县16万元、缙云县11万元、遂昌县21万元、松阳县11万元、景宁畲族自治县5万元。

10月9日　丽水地区财税所长会议召开，交流研究乡镇财政和税收征管工作，地委副书记、地区行署专员赵仲光出席。

10月　丽水地区13个税务检查站全部撤销。

12月　丽水地区开展粮食财务亏损清理，粮食亏损挂账（平价）3239万元，本年度技术性处理挂账1016万元，合计4255万元。

1993年

1月1日　丽水地区施行《中华人民共和国税收征收管理法》，取消纳税鉴定，改为税种登记。

3月26日　地委副书记、地区行署专员徐培金到地区财政局调研财政预算安排和财政预算管理情况。

6月10—20日　地区财政局举办《企业财务通则》《企业会计准则》及分行业财务制度、会计制度培训班，全区6600人次参加。

6月14—17日　全区财税系统老干部第六次研讨会在松阳县召开，丽水地区财税系统研讨会理事会成立，侯振标为理事长。

7月1日　丽水地区施行《企业财务通则》和《企业会计准则》。

8月　浙江省中华会计函授学校丽水分校教务委员会和直属函授站成立，吴树奎兼任分校校长。1994—1999年，缙云、青田、龙泉、景宁、遂昌、庆元、松阳、云和函授站相继成立。

9月20日　地直机关房改动员大会召开，标志着全区住房制度改革全面启动。

10月1日　丽水地区开展行政事业单位工资制度改革，实行行政职级工资制。

10月　丽水地区实行税务登记全国统一代码，全面换发税务登记证。全区换证3万户，新注册登记3000户。

12月28日　地区财税局综合办公大楼举行奠基仪式。1996年9月17日，财税综合大楼落成暨花园大酒店开业，地区财税办公地点从灯塔街177号搬迁至丽阳街568号。该大楼共9层，建筑总面积6676平方米，总投资1700万元。

12月　丽水地区开展减免税政策清理，共清理越权减免税文件、会议纪要19件。

1994年

1月1日　丽水地区实施新税制，推行“分税制”财政体制，其中增值税（75%部分）、消费税归中央，其余归地方。税制改革后，有税种25个，丽水地区征收的税种有21个。

同日　丽水地区开征地方水利建设专项资金。

6月8日　丽水地区粮食价格改革工作会议召开，研究落实粮食挂账和补贴政策，地委书记陈仲方，地委副书记、地区行署专员徐培金出席。

9月　地区财政局、地区税务局分设为地区财政局、地区国税局、地区地税局，“三块牌子、一套班子”合署办公。

11月17日　地委书记陈仲方听取地区检察院、地区财税局关于龙泉市出口骗税查处情况汇报。

11月28日至12月5日　省财政厅厅长、省地税局局长翁礼华到丽水地区各县（市）调研分税制财政管理体制实施情况。

11月30日至12月2日　浙西南财税系统第五次老干部研讨会在丽水市召开。

12月起　地区财政局、地区国税局、地区地税局围绕“脱贫致富奔小康”主题，树立“发展是硬道理”思想，开展解放思想大讨论活动。1995年4月结束。

1995年

1月　丽水地区施行《中华人民共和国预算法》，实行复式预算编制制度。

3月24日　丽水地区预算外资金专项清理工作会议召开，地委副书记、地区行署专员徐培金，地区行署副专员吕子春，地区纪委书记陈川出席。

4月6日　地委书记陈仲方，地委副书记、地区行署专员徐培金，地区行署副专员吕子春到杭州与省财政厅厅长翁礼华、副厅长卢钦寿、总会计师庄锦秋会谈，确定省对丽水地区本级实行“收一块、挂一块”的财政新体制。年内，省财政厅对全区各县（市）实行“两保两挂”财政新体制。

4月13日　丽水地区首次国税局长会议在丽水市召开，地区行署副专员吕子春出席。

6月26日　地委决定建立地区财政局、地税局纪检组，陈宝洪任组长。

6—10月　丽水地区开展“小金库”清理。

7月10日　省国税局、省地税局批复设立丽水地区税务师事务所。

10月　首部《浙江省丽水地区财税志》由新华出版社出版。

11月15—16日　地区财政局、地区国税局局长会议召开，研究落实省财政确定的县（市）

“两保两挂”财政新体制。

12月19日　省财政厅副厅长钱宝荣到丽水地区调研，检查省财政扶持丽水3500万元农业开发资金（低息）落实情况，并帮助地区木材厂解决技改资金100万元。

1996年

1月1日　丽水地区停征国家能源交通重点建设基金、国家预算调节基金。

1月9日　丽水地区会计工作会议召开，表彰地级会计工作先进集体12个，会计先进工作者37人，地区人大工委主任徐松林、地区行署副专员吕子春出席。

2月9日　丽水地区清产核资表彰大会召开，地区行署副专员吕子春出席。

3月13日　国家农业综合开发办公室批准“丽水地区30万亩旱粮生产基地建设项目”。

4月　地区国税局查处缙云县“八一”实业公司骗税案，涉案金额8500万元（虚开增值税发票），企业法人胡某某以诈骗罪获刑9年。

4月16日　丽水地直机关事业单位开始实施“个人医疗账户与统筹资金相结合”的公费医疗管理办法。

4月17—19日　丽水地区财税系统思想政治工作会议暨行风建设责任制签约仪式在丽水市举行，地区行署副专员吕子春出席。

6月4日　丽水地区财税系统首届乒乓球赛在丽水市举行。

7月1日　地区税务直属分局办税大厅投入运行。

同日　地委组织部、地区财政局、地区国税局、地区地税局联合召开全区财税系统干部管理工作座谈会。

7月8日　地委书记陈仲方到地区财政局、地区国税局、地区地税局调研指导财税工作。

10月8日　《人民日报》报道丽水地区税务直属分局税收征管改革（IC卡应用）情况。

11月3—5日　省财政地税行风建设检查组到丽水地区检查指导。

12月3—5日　全省财政信息工作会议在丽水市召开，省财政厅副厅长陈桂祥出席。

1997年

2月　地区财政局制定《丽水地区本级财政从严控制支出总量，优化支出结构，确保财政收支平衡》，推出6条措施。

3月19—20日　丽水地区税收征管改革会议召开，部署落实“以纳税申报和优化服务为基础，以计算机网络为依托，集中征收，重点稽查”的新征管模式，地区行署副专员吕子春出席。

3—12月　根据地委部署，全区财税系统开展“奉献于事业、服务于人民”主题活动。

6月25日　地委副书记、地区行署专员徐培金，地区行署副专员吕子春到地区财政局调研指导，研究地区运输公司、供销社、粮食局、玉溪电站、商业大楼等财政扶持政策。

9月17日　地区编委批复地区财政局增挂地区国有资产管理局牌子。2001年7月，撤销丽水市国有资产管理局，其职能并入市财政局。

9月18日　首次丽水地区财政地税局长会议召开，地区行署副专员吕子春出席。

9月　丽水地区国地税机构进一步分设。其中地区本级、景宁畲族自治县、龙泉市、庆元县、遂昌县、松阳县于9月5日前分设；青田县于9月15日分设；丽水市（县级）于9月22日分设；缙云县于9月29日分设。

10月1日　丽水地区实施《浙江省实行〈中华人民共和国契税暂行条例〉办法》，契税适用税率为3%。

11月5日　省“两保两挂”财政政策座谈会在杭州之江饭店召开，省财政厅邀请丽水地区9个县（市）书记、县（市）长及财政局局长参加，省政府副秘书长蔡惠明，省财政厅厅长、省地税局局长翁礼华，地委书记陈仲方出席。

12月31日　地区国税局、地区地税局少年税校（地区实验学校）成立。

1998年

1月1日　丽水地区开征文化事业建设费，费率为3%。

2月4日　地委副书记、地区行署专员钟小毛到地区财政局、地区地税局慰问财税干部。

4月17日　丽水地委会议研究财政预算工作。会议决定，地区财政局要加强对各县（市），特别是困难县（市）财政工作的指导，总结和完善“两保两挂”政策，全面完成1998年财政收支工作任务。

4月24日　丽水地区本级财政工作会议召开，地区行署副专员吕子春出席。

4—9月　地区纪委、地区财政局、地区农业局、地区审计局等6个部门联合开展全区1995—1997年涉农资金专项执法监察检查。

6月1日　《丽水地区本级机关事业单位会计代理办法（试行）》《丽水地区本级政府采购制度（试行）》实施。

6月8日　丽水地区取消自1985年开始的每年一度税收财务物价大检查。

6月12日　省审计厅审计组40余人到丽水地区各县（市）开展粮食财务挂账清查审计。主要清理审计农发行和粮食系统财务挂账及其他不合理占用贷款问题。

6月25—28日　国家税务总局稽查局和省地税局稽查总队到松阳县调查生猪税收征管情况。

6月　丽水地区本级实行基本建设资金财政专户管理。

6—9月　丽水地区地税系统开展漏征漏管户清查，查出漏征漏管户3025户。

7月20日　地区地税局税务违法案件举报中心成立。

8月9—10日　浙江省部分县（市）“两保两挂”财政政策座谈会在丽水市召开，省财政厅厅长、省地税局局长翁礼华，省财政厅副厅长王彩琴，地区行署副专员吕子春出席。

8月21日　丽水地区本级10家单位11辆小车首次实行政府采购，6家经销商进场竞价。

8月　财政部驻浙江省专员办事处丽水组撤销，其职能并入地区财政局。

9月　丽水地区地税系统开展征管户管档案资料清理整顿，1999年1月结束。

10月　丽水地区地税部门开始征收企业职工基本养老保险费。

11月6日　省财政厅出台丽水地区新的“两保两挂”财政体制。地区本级继续实施“收一块、挂一块”办法，5年不变。

11月6—7日　国务院体改办主任刘仲藜，省财政厅厅长、省地税局局长翁礼华到丽水地区考察调研“两保两挂”财政体制。

11月12—13日　浙江省“两保两挂”财政政策座谈会在青田县召开，全省实行“两保两挂”地（市）县（市）长及财政局局长参加会议，省财政厅厅长、省地税局局长翁礼华，地区行署副专员吕子春等出席会议。

是年　地区财政局、地区地税局推行政务公开和办事制度公开（简称“两公开”），制定公开承诺自律制度，向社会公布。

1999年

2月8日　地区行署召开地直纳税大户座谈会。

4月2日　地委书记丁耀民到地区财政局检查指导工作，对财税工作提出“严格依法治税、确保完成收入、确保工资发放、确保收支平衡”的要求。

5月4—28日　丽水地区财政地税系统计算机应用培训班举办，3期143人参加培训。

5月7日　丽水地区地税基层所核编工作会议召开，落实省下达全区基层税务所741名工作人员定编。

6月11日　丽水地区行政事业单位财务公开制度全面推行。

7月15—16日　丽水地区财贸县（市）长、财政局局长会议召开，研究乡镇财政建设和管理体制等，地区行署副专员吕子春出席。

8月12日　丽水地区预算外资金管理中心正式挂牌成立。

同日　地区本级落实“收支两条线”、推行综合财政预算包干管理动员大会召开。

9月4日　丽水地区各县（市）分管县（市）长、财政局局长会议召开，部署全区财政工作，地区行署副专员吕子春出席。

9月5—6日　省财政厅厅长、省地税局局长翁礼华到丽水市（县级）、缙云县调研指导工作。

9月21日　丽水地区地直“收支两条线”工作座谈会召开。

9月　丽水地区安排落实欠发企业离退休人员养老金、单位职工增资、提高保障水平资金2468万元，于9月15日前预发到个人。

10月27日至11月1日　地区财政局、地区地税局“丽水地区财税50年”图片展在地区文化宫展出。地委书记丁耀民等到现场观展。

10—12月　地区财政局、地区地税局开展以“讲学习、讲政治、讲正气”为主要内容的党性党风教育，着重解决理想信念、宗旨观念、民主集中制、廉洁自律等问题。

12月8日　地区财政局、地区地税局制定党组会议、局长办公会议、局务会议议事规则。

是年　丽水地区会计师事务所、税务师事务所清理脱钩和改制工作完成。

2000年

1月1日　丽水地区暂停征收固定资产投资方向调节税。对个人独资和合伙企业停征企业所得税，改征个人所得税。

1月　丽水地区地税部门浙江地税信息系统（1998版）广域网联网开通，地区直属征管分局浙江地税信息系统启用。

2月1日　地区地税局直属征管分局办税服务厅与地区建行实现税银联网。

2月12日　地委副书记、地区行署专员谢力群到地区财政局、地区地税局调研指导财税工作。

3月4日　丽水地直机关所属企业脱钩改制和资产清理动员大会召开。

3月13日　丽水地区国有资产经营公司董事会第一次会议，审议通过公司章程和总经理人选，地区行署副专员吕子春出席。

4月12日　丽水地区本级完善财政预算包干管理。

5月9日　丽水地区基层税务人员过渡为国家公务员573人，其中丽水市（县级）86人，龙泉市76人，青田县50人，庆元县68人，缙云县70人，遂昌县66人，松阳县69人，云和县33人，景宁畲族自治县51人，地区本级4人。

6月23日　地委副书记、地区行署专员谢力群，地委委员、常务副专员吕子春到杭州与省财政厅厅长翁礼华、副厅长王彩琴对接丽水撤地设市后财政体制调整方案。

7月1日　丽水地区施行新修订的《中华人民共和国会计法》。

7月18日　省地税局《关于丽水地区及丽水市地方税务局机构和基层征收机构（单位）编制的批复》，撤销地区地税局、原丽水市（县级）地税局，成立市地税局，原丽水市（县级）地税局的基层征收和稽查机构的所属人员及编制同时划入市地税局。市地税局下设征管一分局、征管二分局，地区地税局稽查局随市地税局而更名，其机构级别不变。

7月20日　市财政局、市地税局挂牌成立。市政府负责人吕子春、省财政厅副厅长沈继宁、省地税局税政三处处长劳晓峰出席挂牌仪式。

同日　市委、市政府下发《关于市本级与莲都区部分事权划分的决定》，明确莲都区不设地方税务机构，工商税收由市统一征收，分别入库。

同日　丽水市县（市、区）财政局局长会议召开，研究财政工作举措。

8月11日　市委常委会研究市直会计核算中心组建方案。8月25日，市预算会计核算中心承办银行发标会召开；9月1日，市预算会计核算中心承办银行评标会召开，市工商银行中标。

9月30日　中共丽水市委办公室等首批30家市直行政事业单位实行财政统一发放工资。

11月28—29日　浙江省“两税一费”会议在丽水市召开，省地税局副局长钱子辉出席。

11月28—31日　省地税局征管改革“三到位”检查验收组到丽水市本级、龙泉市检查验收征管改革“三到位”情况。

11月　丽水市机构编制委员会批准成立丽水市预算会计核算中心。

12月20日　市财政局、市地税局办公自动化ODPS系统上线试运行。

12月　丽水市直行政事业单位325辆公务用车实行定点加油。

2001年

1月1日　市委办等15家市直行政事业单位首批纳入会计集中核算。

1月3日　市委书记丁耀民到市地税局征管一分局办税服务厅调研。

同日　丽水市本级会计证、税务登记证、产权登记等审批事项进入市政府审批中心办理。

1月11日　丽水市第一届人民代表大会第一次会议审议通过《2000年丽水市和市本级财政预算执行情况及2001年全市和市本级财政预算草案的报告》。此后，每年的财政预算报告均提交人民代表大会审议。

2月1日　丽水市停征粮食附加税和粮食补偿金。

4月6日　根据丽水撤地设市后事权、财权划分，确定莲都区以1999年收入实绩为基数，实行“核定收入，差额补助，超收分成，两保两挂”财政体制。

5月1日　丽水市施行新修订的《中华人民共和国税收征收管理法》。

5—9月　丽水市开展《中华人民共和国会计法》执法检查。

6月4日　市财政局确定付宫萍等56人具有市国有企业财务总监资格。

6月29日　市政府发布第5号令《丽水市市属国有企业（单位）财务总监委派制试行办法》，8月1日施行。7月29日，市直国有企业（单位）财务总监委派仪式举行，向市国资经营公司、城建公司、供排水公司、防洪工程指挥部、53省道龙丽公路指挥部委派首批财务总监5人。

7月　丽水市税收财务大检查办公室撤销。

同月　市财政局根据省财政厅的统一部署，由国企处牵头做好全市统一报表汇总工作，包括行政事业单位、国有企业、城镇集体企业、商贸企业、外商投资企业、粮食企业、地方金融企业、国有建设企业、集体金融企业、政府外债等报表的会审、分析、报送工作。2007年起，报表分别由归口业务处（室）会审报送。

7—8月　市财政局、市地税局首次开展中层干部竞争上岗，3位干部提任副科级。

8月17—18日　市财政局、市地税局召开中心组学习会，市委常委、常务副市长吕子春作《大胆实践“三个代表”重要思想，努力开创财税工作新局面》报告。

8月20日　丽水市财政税收工作会议召开，市委常委、常务副市长吕子春出席。

8月21日　省委、省政府确定在“十五”期间暂停征收欠发达地区屠宰税和农业特产税，由此造成当地财政减收部分，按2000年实际数额由省财政实行转移支付予以弥补。9月起，丽水市暂停征收屠宰税和农业特产税。

8月21—22日　财政部部长助理李勇到龙泉市调研。

9月20日　市委书记丁耀民到市财政局、市地税局调研。

9月24日　省人大财经委、省财政厅调研组到丽水市开展财政收支预算执行、贯彻落实《中华人民共和国会计法》《浙江省预算外资金管理条例》调研。

10月18日　市委副书记、市长谢力群到省财政厅对接丽水商业学校、浙江林业学校体制下放后财政管理体制事项。

10月　市财政局首次试编市农业局、市林业局、市卫生局、市教育局、市科技局2002年度部门预算。

同月　市编委批准成立丽水市财政投资工程预决算评审中心。2006年9月26日，更名为丽水市财政项目预算审核中心。

11月8日　中共丽水市财政局地税局直属机关委员会成立，李嫔任书记。

11月13日　市委副书记、市长谢力群到市财政局、市地税局调研指导工作。

11月21日　市政府召开专题会议，听取市财政局关于所得税分享改革情况汇报。

12月13日　市财政局、市地税局内设机构名称由科更名为处，行政级别不变。

12月31日　根据省财政体制微调，市政府对莲都区财政体制作出调整。

2002年

1月1日　丽水市实施所得税收入分享改革，企业所得税和个人所得税，中央与地方按五五分成，2003年始，调整为六四分成。

2月4日　市编委批复市财政局国资企业处增挂丽水市财务总监管理中心牌子。

2月21日　市编委批复增设市财政局、市地税局信息中心，属科级事业单位，定编5人，领导职数1名；市预算外资金管理中心定编4名，领导职数1名。丽水市国债服务部撤销。

3月18—30日　审计署驻上海特派员办事处检查组对丽水市2001年度所得税入库情况进行专项检查。

3—4月　市财政局、市地税局开展中层干部竞争上岗，3位干部提任副科级。

4—8月　丽水市开展集贸市场税收专项检查。

5月23日　市委常委会研究财政增收节支工作。

5月24日　市地税局制定《丽水市地方税收发票管理实施办法》，对印制、领购、开具、取得和保管发票的单位和个人作出规定。

5—12月　市财政局、市地税局开展转变作风年和调查研究年活动。

7月19日　财政部条法司副司长李绍钢到青田县调研侨联资产界定管理工作。

8—12月　市地税局导入ISO 9000质量管理体系。12月30日，经浙江万泰认证公司审核，市地税局ISO 9000质量管理体系成功导入。

9月29日　市政府发布第30号令《丽水市预算外资金管理办法》，11月1日实施。

10月1日　丽水市直14个行政事业单位试行集中支付自主核算。

10月14日　市委书记丁耀民到市预算会计核算中心调研。

10月15日　丽水市施行《中华人民共和国税收征收管理法实施细则》。

11月11日　全市增收节支工作会议召开，市委常委、常务副市长吕子春出席。

2003年

1月1日　丽水市施行《中华人民共和国政府采购法》。

1月　丽水市直单位实行“同城同待遇”政策，机关事业单位工作人员、离退休人员、企业离休干部的生活补贴、岗位补贴、目标考核奖按省定标准80%执行。各县（市、区）相继实施，松阳县按省定标准70%执行、目标考核奖不执行，其他县（市、区）执行标准同市直。

1—9月　市财政局、市地税局开展二轮审批制度改革，保留审批事项4项、核准事项4项、审核事项6项、备案9项、不列入审批事项6项。

3月11—13日　浙江省地税“两税一费”会议在丽水市召开，省地税局副局长单美娟出席。

5月21日　市地税局制定《丽水市本级受“非典”影响突出行业税收优惠政策具体措施》，受“非典”影响突出行业包括饮食业、旅店业、娱乐业、出租车业等。

5月23日　丽水市本级实行国债还贷准备金管理制度，明确还贷准备金按年初已使用但尚未偿还的国债转贷资金余额的5%筹集。

同日　市财政局确定省烟草公司丽水分公司等28家单位为全市第二批内部会计控制示范建设单位。

6月1日　市财政局制定《市本级国有土地使用权出让金收支管理暂行办法》，规范土地出让金收支管理。

6月13—15日　省财政厅厅长、省地税局局长黄旭明到丽水市开展财政体制调研，市委副书记、市长谢力群陪同。

7月7日　丽水市人民政府办公室印发《关于进一步加强政府采购工作的通知》，部署政府采购工作。

7月15日　市地税局首次税务听证会举行。

7月16日　浙江省财政系统先进事迹报告会在丽水市举行。

10月10日　丽水市直全面推行部门预算改革动员大会召开，市委常委、常务副市长吕子春，市人大常委会副主任张福新出席。

10月18—19日　丽水市财政地税系统首届乒乓球赛在丽水市举行。遂昌县局、丽水市局、缙云县局分获团体前三名，韦恩军、吕英伟分获男单冠、亚军，马淑云、李菊芳分获女单冠、亚军。

11月3日　市委副书记、市长谢力群到省财政厅，与厅长黄旭明对接省对市县财政体制事项。

11月18日　丽水市增收节支工作座谈会召开，市委常委、常务副市长吕子春出席。

2004年

1月1日　丽水市对在农业税计税土地上种植粮食和油菜的农业收入免征农业税。

1月　市地税局开展货物运输业纳税人和货运发票管理清理整顿。

3月18日　市财政局、市地税局新综合办公大楼动工。2007年2月5日，办公地点分别从丽阳街568号、解放街513号等搬迁至北苑路190号新综合办公大楼。该大楼主楼共16层，其中地上15层、地下1层，东面附楼4层，西面附楼3层；建筑总面积25352.15平方米，其中地上面积22271.82平方米；总投资9153.21万元。

3—12月　市财政局、市地税局开展机关效能建设。

4月1日　丽水市地税系统24个征管局（中心税务所）均更名为税务分局。

4月4日　市委副书记、代市长刘希平到市财政局、市地税局调研。

4月27日　市政府出台《丽水市乡镇财政体制机制改革指导意见》，部署乡镇财政体制机制改革工作。

4月30日　丽水财税网站（外网）开通。

6月　丽水市开展党政机关及事业单位用公款为个人购买商业保险清理工作。2005年1月结束，全市共涉及清退单位198家，清退资金203.59万元。其中市直单位8家，清退资金80.72万元。

6—9月　市财政局、市监察局、市纠风办联合开展清理整顿统一着装工作，共清理未经国务院批准着装单位23家，由单位收存制式服装60套、制式标志905套。

8月9日　市政府发文部署增收节支工作。

9月1日　丽水市本级房地产开发以预售方式转让房地产，暂按预收金额1%征收土地增值税。

9月　市地税局开展减免税普查工作。

10月1日　丽水市开征建筑用石资源税，税额1元/吨。

10月10—11日　浙江省财政预算执行情况分析会议在丽水市召开，省财政厅总会计师魏跃华出席会议。

10月16日　市委副书记、市长刘希平在市地税局上报的《前三季度地方税收执行情况分析》材料上批示："此分析比较详尽且有深度。2004年以来，在面对税收困难比较大的情况下，地税局做了大量工作。望今后再接再厉，拓展渠道，把该收的税收上来，为促进我市经济和社会发展创造良好条件。"

10—12月　市财政局、市地税局开展中层干部竞争上岗，3位干部提任副科级。

11月2—5日　省财政厅厅长、省地税局局长黄旭明到丽水市本级、龙泉市、景宁畲族自治县、松阳县开展2005年财政工作思路调研。

12月1—2日　浙江省财政系统反腐倡廉书画展在丽水市展出。

12月27日　市政府对丽水经济开发区实行"核定收支、挂钩补助、开发单列、自求平衡"财政体制。

2005年

1月1日　丽水市本级房地产转让税收政策调整，对账证不健全的单位转让房地产和个人转让非普通住宅的所得税预征率由原来2%调整为1%。个人出售现住房应缴纳的个人所得税纳税保证金由原来2%调整为1%。转让房地产的单位和转让非普通住宅的个人应缴纳的土地增值税预征率由原来的2%调整为3%。

同日　丽水市本级行政事业单位公务用车实行定点保险。

1—6月　市财政局、市地税局在全体党员中开展保持共产党员先进性教育活动。

2月3日　市委副书记、市长刘希平到市财政局、市地税局慰问基层财税干部。

2月24日、4月13日　市政协主席施基城到市财政局、市地税局检查指导保持共产党员先进性教育活动。

3月8日　省财政厅、省地税局保持共产党员先进性教育报告团到丽水市作先进事迹报告。

4月　丽水市本级企业职工基本养老、医疗、工伤、生育、失业保险费由市地税局负责征收。

同月　丽水市地税系统贯彻实施国家税务总局《欠税公告办法（试行）》，对企业和单位欠税信息每季度公告一次，个体工商户和其他个人每半年公告一次。

5月15日　市委理论学习中心组学习会召开，财政部财政科研所副所长苏明作“中国当前财政形势与财政政策取向”专题讲座。

6月24日　市编委批复原合署办公的市财政局预算处（国库处）分设为预算处、国库处，增加科级领导职数1名、行政编制1名。

7月1日　市委财经工作领导小组成立，市委书记楼阳生任组长。领导小组下设办公室，市财政局局长任办公室副主任。

7月11日　市委书记楼阳生，市委副书记、市长刘希平到省财政厅，与厅长黄旭明对接新一轮财政体制。

10月1日　丽水市直行政事业单位公务人员赴杭州市公务住宿实行定点采购管理，后扩大到全市。

12月4—5日　市委副书记、市长刘希平到省财政厅，与厅长黄旭明对接省财政补助事项。

12月6日　市财政局、市地税局制定《2005—2007年教育、制度、监督并重的惩治和预防腐败体系实施办法》。

是年　青田县率先实行“乡财县管”制度，推行“两保一奖”财政体制。

2006年

1月1日　《中华人民共和国农业税条例》废止。

同日　全市开征建筑用砂资源税，税额1元/吨。

1月　市财政局、市地税局行政执法责任制全面推行。

2月6日　市人大常委会主任焦光华到市财政局、市地税局调研。

2月14日　市委书记楼阳生在《我市一月份地税部门组织收入情况》上作出批示："国、地税部门都实现开门红，表示祝贺。"

2月16日　省财政厅厅长、省地税局局长黄旭明到景宁畲族自治县调研村级组织办公场所建设。

4月6日　全市财政地税局长座谈会召开，市委副书记、市长刘希平出席。

4月30日　市编委批复同意市国有资产管理办公室更名为市非经营性国有资产管理办公室。

4月　丽水市施行《中华人民共和国烟叶税暂行条例》，开征烟叶税。

5月1日　根据省政府《关于开征地方教育附加的通知》精神，丽水市开征地方教育附加，缴纳增值税、营业税、消费税的单位和个人按照实际缴纳税额的2%征收地方教育附加。

5月22日　市政府决定，市财政局承担管理经营性国有资产职能划归市国资委，行政事业单位国有资产仍由市财政局监管。

5月24—26日　浙江省财政投资评审工作座谈会在丽水召开，省财政厅总会计师魏跃华出席。

5月　市财政局、市地税局开展社会主义荣辱观教育活动。

6月20日　市委书记楼阳生到市预算会计核算中心调研。

6月28日　市委、市政府印发《关于全面推进农村综合改革的指导意见》，全市全面推进农村综合改革正式启动。

7月7—10日　省咨询委副主任、省财政厅原厅长、省地税局原局长翁礼华到丽水市本级、云和县、龙泉市调研新农村建设。

7月31日至8月4日　市委、市政府组织3个督导组到县（市、区）督导农村综合改革工作。

8月22日　省人大财经委员会主任徐培金到市财政局调研财政预算工作。

9月28日　市政府出台《关于进一步深化政府采购制度改革，推进政府采购工作的意见》，逐步把政府投资的建设工程、大型会展、培训、会务接待、物业管理等纳入政府采购范围。

10月1日　市地税局启用"浙江省税务征管信息共享应用系统"。市国税局、市地税局、市工商局、市质监局开展联合办理税务登记，统一窗口受理税务登记，统一税务登记代码，统一税务登记证件，统一税务登记表式，统一信息采集标准。

10月31日至11月1日　财政部金融司副司长孙晓霞到丽水市调研地方金融改革发展情况。

12月7日　市委副书记、代市长陈荣高到省财政厅，与厅长黄旭明对接省财政补助事项。

是年　市财政局开展政府采购领域、注册会计师资产评估行业商业贿赂专项治理工作。

2007年

1月1日　丽水市全面实施政府收支分类改革，建立新的政府收入分类体系和政府支出功能分类体系，以及新的支出经济分类体系。

同日　丽水市施行《中华人民共和国车船税暂行条例》，按新税额标准征收车船税，由保险经办机构代收代缴。

同日　执行市政府《关于推进市本级社会保险费五费合征工作的实施意见》，市本级基本养老、基本医疗、失业、工伤、生育保险费，实行企业申报缴纳、地税机关统一征收办法。

2月7—8日　省财政厅厅长、省地税局局长黄旭明到丽水市本级、景宁畲族自治县、缙云县慰问基层财税干部。

4月9日　市政府召开专题学习会，省地税局副局长劳晓峰应邀作《中华人民共和国企业所得税法》讲座。

4—12月　市财政局、市地税局开展作风建设年活动。

5月10—11日　浙江省地税法规工作会议在丽水市召开，省地税局常务副局长单美娟出席。

6—7月　浙江地税信息系统（2006版）征管软件开始在市本级及各县（市）陆续上线运行。

8月20—21日，国务院农村综合改革工作领导小组办公室主任赵杰到青田县调研乡镇债务化解工作经验。

8月21日　浙江省财政地税系统先进事迹巡回报告团到丽水市作先进事迹报告。

9月13—14日　省财政厅厅长、省地税局局长黄旭明率省“作风建设年”活动检查组到丽水市本级、龙泉市检查指导。

9月15日　丽水市本级国有土地使用权出让收支开始全额纳入地方政府性基金预算管理。

9月27—28日　第三届全国会计知识大赛丽水赛区总决赛在丽水市举行，庆元县代表队获团体第一名，龙泉市代表队杨金堂获个人第一名。

10月　市财政局、市地税局开展中层干部竞争上岗和一般干部双向选择工作，至2008年4月结束，共有80位干部（其中科级干部31人）进行交流，交流面为39%，5位干部提任副科级。

11月1日　丽水市本级城镇土地使用税土地等级划分和适用税额标准调整：中心市区（南环路以北至北环路、教工路以东至站前路和东环路）划分为小城市一级，每平方米年税额9元；除中心市区以外的市区及各办事处所辖的其他地区为小城市二级，每平方米年税额6元；各建制镇行政区域为小城市三级，每平方米年税额3元。

12月13—14日　省财政厅厅长、省地税局局长黄旭明到景宁畲族自治县、云和县、松阳县调研，慰问基层财税干部。

2008年

1月1日　丽水市施行《中华人民共和国企业所得税法》，统一内、外资企业所得税。

同日　市地税局制定实施《税收执法过错责任追究暂行办法》。

同日　丽水市本级个体工商户税收统一实行“定额加发票超额”方式管理。

2月18日　丽水市财政拨付各县（市、区）冰冻灾害救灾款300万元。

3月10日　丽水市直多渠道筹措社会保障资金机制建立，资金来源为国有资产收益、国有土地有偿使用收入、政府统筹预算外资金等。

3月14—15日　财政部干部教育中心主任欧文汉到丽水市本级、缙云县、青田县调研财政教育工作。

3月28日　市委书记、市长陈荣高到省财政厅对接省财政补助事项。

4月1日起　丽水市本级执行“两个减负”，免收税务登记工本费。

5月6日　市委书记陈荣高到市预算会计核算中心调研效能建设。

5月　丽水市财政拨付支援汶川大地震救灾资金100万元。市财政局、市地税局干部职工捐款73.18万元，其中党员交纳“特殊党费”42.06万元。

6月15日　市编委批复单独设置市财政局农业综合开发办公室，增加行政编制1名，核增科级领导职数1名。

7月2日　市政府与钱江水利开发股份有限公司签订《丽水市水务项目投资合作协议》，经省国有资产管理委员会批准，丽水市供排水有限责任公司70%国有股权按评估价转让给钱江水利开发股份有限公司，盘活国有资产收入9441万元。

8月9日　市政府批转《丽水市财政国库管理制度改革方案》，9月1日试点，改革主要内容为建立国库单一账户体系，以国库集中收付形式缴拨财政资金。至2010年年末，市直222家预算单位全面实行国库集中支付改革。

8月13日　市财政局、市地税局、市经贸委举办财政税收扶持政策培训班，市直工业企业负责人和财务负责人200多人参加。

8—12月　市财政局、市地税局开展财税政策执行情况评价工作。

10月6日　财政部中国财税博物馆馆长翁礼华到市财政局、市地税局作财税文化专题讲座，250余人参加。

10月16日　市编委批复在市预算会计核算中心的基础上设立市财政国库支付中心，核增编制10名、科级领导职数1名。

11月21日起　丽水市本级房地产开发企业、房地产转让土地增值税预征率（征收率）统一调整为0.5%。

11月　丽水市财政拨付婴幼儿奶粉事件医疗救治费67.38万元。

12月9—10日　省人大财经委员会副主任钱宝荣到丽水市本级、缙云县调研财政工作。

12月17日　丽水市直规范公务员津贴补贴工作动员会召开。

2009年

1月14日　市委书记陈荣高到省财政厅对接省财政补助事项。

1月　丽水市规范公务员津贴补贴工作方案开始实施。

2月　丽水市地税系统开展企业减负“春雨”专项行动。

3—8月　市财政局、市地税局在全体党员中开展深入学习实践科学发展观活动。

4月1日　丽水市本级参加企业职工基本养老保险的用人单位，其基本养老保险费单位缴纳部分的比例从19%调整为14%；城镇个体劳动者基本养老保险费缴费比例从20%调整为18%。

4月20日　副省长陈加元对《丽水市创新机制抓好社保“五费合征”工作的做法和成效》作出批示：“丽水社保五费合征工作做得细、有创新，应予肯定。”

4月27—29日　全国金融支持集体林权制度改革和林业发展现场会在龙泉市召开，财政部金融司司长孙晓霞出席。

4月30日　市政府发文部署市本级企业分离发展服务业工作，对企业分离发展服务业予以政策扶持。

5月5日　丽水市欠税管理工作座谈会召开。5月31日，市地税局制定《加强市本级欠税管理的若干意见》。至年末，全市清收欠税1.09亿元，其中市本级6700万元。

5月19—20日　国家税务总局法规司副司长徐万甫到丽水市本级、缙云县、青田县调研税收法制工作。

5—12月　市财政局、市地税局开展“提高工作效率，提高服务水平，降低公务支出，降低行政成本”活动。

6月2日　财政部农业司副司长褚利明到龙泉市调研完善国家扶贫战略和政策体系。

6月4—5日　财政部副部长李勇、金融司司长孙晓霞到龙泉市调研农村金融工作。

6月17日　市政府成立市治理“小金库”工作领导小组，办公室设在市财政局。

7月5日　市财政局、市地税局举行首次“青春献财税”沙龙活动。

8月10—12日　省国税局、省地税局、省税务学会、省国际税收研究会在缙云县召开全省2009年税收理论政策研讨会，省国税局局长钱宝荣、省地税局常务副局长单美娟出席。

8月15日晚　丽水市财政地税系统“颂歌献祖国”文艺调演在莲都区会议中心举办。

8月27日　市政府发文部署清理整合和规范财政专项资金管理，按照“存量调结构、增量调方向、以增量调存量”原则，清理整合和规范财政专项资金管理。

9月11日　省财政厅下达丽水市地方政府债券（二期）资金5.50亿元，用于金温铁路扩能改造项目，其中市本级1.12亿元、缙云县1.31亿元、青田县3.07亿元。

10月27—28日　省财政厅调研组到景宁畲族自治县、云和县、松阳县开展2010年财政地税工作思路调研。

11—12月　市财政局、市地税局开展中层干部竞争上岗，3位干部提任副科级。

2010年

1月1日　丽水市本级城镇个体劳动者、自由职业者、其他依法自行参保人员基本养老、医疗保险费实行按月征缴。

3月3—4日　浙江省“大集中”工程规费业务工作座谈会和规费征管工作座谈会在丽水市召开，省地税局副局长王俭出席。

3月25日　省委书记赵洪祝在《网上舆情摘报》（2010年第32期）报道的《乡财县管的“青田模式”受国务院关注》上批示：“请敏尔同志阅，要注意总结青田乃至丽水市的一些做法。”2006—2010年，全市共化解乡镇债务1.18亿元，全市乡镇财政全部实现“零负债”。

3—12月　市财政局、市地税局开展“讲党性、重品行、作表率”活动，着重解决党员干部在党性、作风、能力方面存在的突出问题。

5月11日　市政府第69次常务会议听取市地税局关于企业欠税情况的汇报。6月13日，市政府制定强化欠税管理措施。

5—12月　市财政局、市地税局开展深化“作风建设年”活动。

6月2日　市财政局增设资产管理处，撤销非经营性国有资产管理办公室，农业税收征收管理处更名为农业税收政策管理处。

6月　丽水市本级契税、耕地占用税征管职能由财政部门划转到地税部门管理。

7月30日　浙江省村级公益事业一事一议财政奖补试点工作会议在青田县召开，国务院农村综合改革工作领导小组办公室主任王卫星、省财政厅副厅长金慧群、省农业厅副厅长赵兴泉出席。

8月16日　市财政局、市地税局《规范性文件评估暂行办法》试行。

9月7日　市政府批转《丽水市预算单位公务卡制度改革实施方案》。15日，市财政局、市监察局、中国人民银行丽水市中心支行联合制定《市级预算单位公务卡管理办法》。

10月12日　市政府第77次常务会议审议通过《莲都区土地出让金分成和基本医疗基金缺口市区分担机制》：从2009年1月开始，市直（不含开发区）商住用地土地出让金在扣除应缴税费后，以5.4%对莲都区实行补助；从2010年开始，对莲都区城镇职工基本医疗基金缺口部分，实行市、区5∶5分担。

11月3日　市政府出台《丽水市行政事业单位国有资产管理暂行办法》，2011年1月实施。

11月　“丽水财税‘12366’语音特服系统”升级改造。2011年6月15日，丽水市“浙江财税12366”语音特服系统开通上线。

12月16日　市政府出台《关于加快推进市本级公共财政管理改革的实施意见》，推进“收入一个笼子、预算一个盘子、支出一个口子”改革。

12月22日　市政府发文要求加强政府性投资项目竣工验收管理，加强合同约束力，将竣工验收作为项目完成的重要考核指标。

12月31日　丽水市财政系统预算编制类、预算执行（国库管理）类、预算执行（预算会计）类、基本建设财政财务管理类、信息化管理类等类型人才库建立，纳入人才库86人。

2011年

1月13日　市人大常委会发布实施《丽水市市级预算监督办法》，对市级预算执行的监督、预算调整的审查和批准、决算的审查和批准等作出规定。

3月2日　市财政局建立市直行政事业单位资产管理信息系统。

3月25—27日　财政部国库司司长翟钢到丽水市本级、龙泉市、松阳县、缙云县调研财政工作。

3月29日　市财政局部署市直预算单位公务卡改革扩面工作。至年末，市级220家预算单位实施公务卡改革，累计发卡4145张。

3—9月　全市开展财政专户清理整顿工作，撤并财政专户44个，其中市级10个。保留财政专户399个，其中市级35个。

4月13日　市委副书记、市长王永康，市委常委、常务副市长陈瑞商到市财政局调研指导财政地税工作。

4—10月　丽水市开展税收专项检查。

5月9日　市编委批复《丽水市财政局内设机构调整及其主要领导高配方案》，设立总预算局、预算执行局、财政监督局（绩效管理处挂牌）。同时，撤销预算处、国库处、监督检查处。财政“三位一体”组织机构改革到位。

5月31日　市委、市政府公务用车问题专项治理工作领导小组成立，市委常委、常务副市长陈瑞商任组长，办公室设在市财政局。

5—7月　丽水市开展“小金库”治理。全市检查3217户，检查面100%，重点抽查222户，抽查面6.9%。

6月3日　市政府调整莲都区、开发区财政体制，期限3年。

6—12月　市财政局、市地税局开展深化“作风建设年”暨民主评议行风活动。

7月18日　市政府发文部署财政支出绩效管理工作。

7—12月　市地税局开展支持服务业加快发展专项行动。

8—10月　丽水市开展城镇土地使用税和房产税税源清理工作。

8月28日　市编委批复市财政局设立财务总监管理中心、市级部门预算编制中心。

9月8日　市财政局制定《丽水市直国有资产收益收缴管理暂行办法》，规范和加强国有资产收益收缴管理。

9月19—30日　市纠风办、市财政局、市农业局联合开展强农惠农资金专项检查。

9月29日　市政府发文部署市本级企业分离发展服务业工作，加大对物流企业的支持。

10月19日　市纪委、市财政局等6个部门就严肃财经纪律强化行政事业单位会计信息质量作出部署。

11月15日　市委副书记、市长王永康在《市地税局连续两次获全省地税系统纳税人满意度调查综合得分第一》的专报信息上批示：“丽水经济目前虽然欠发达，但财税人精神与服务水平是一流的，值得市级各部门学习，也希望地税局再接再厉，成为创先争优的榜样。”市委常委、常务副市长陈瑞商批示：“这个荣誉来之不易，这个荣誉含金量高，这是老百姓对我市地税工作、财政工作的‘口碑’，应给予充分肯定，希望地税和财政工作再接再厉，再创佳绩！”

11月　丽水市地税部门对困难中小企业2011年11月的社会保险费实行临时性减征，全市享受保险费临时性减征企业5900户，减征金额1725万元。

12月1日　市地税局、市国税局、市工商局、市人力社保局、市质监局实行五部门联合办证。

同日　丽水市直事业单位绩效工资改革启动。

12月5日　市委副书记、市长王永康到省财政厅对接省财政扶持项目。

2012年

1月1日　丽水市实施工伤保险市级风险调剂制度和统一的工伤保险政策，行政事业单位按在职职工工资总额的0.2%缴纳工伤保险费。

2月29日至3月2日　省地税局常务副局长单美娟到丽水市开展税收宣传“四进”活动。

3月22—23日　全国部分省市2012年一季度财政运行专题调研会在丽水市召开，财政部国库司司长翟钢出席，并到相关企业调研。

4月1日　市地税局浙江地税信息系统（龙版）成功上线运行。

同日　丽水市本级实行存量住房交易最低计税价格管理。

5月9日　市财政局部署推进财政支农资金整合和统筹工作。

6月25日　市委办、市府办发文部署厉行节约工作。

同日　市人力社保局、市财政局、市地税局对市本级困难小企业实施社会保险“五缓三补贴”政策，执行期限至12月底。

7月13日　市委副书记、市长王永康到省财政厅对接联系工作。

7月24日　丽水市财税工作座谈会召开，市委常委、常务副市长陈瑞商出席。

8月13—15日　丽水市财政地税系统第五届运动会在遂昌县举行。

8月21—22日　省地税局常务副局长单美娟到丽水市调研浙商回归企业。

8—9月　市财政局、市地税局开展规范性文件清理，清理规范性文件142份，其中保留115份，全文废止20份，部分条款废止7份。

9月20日　市政府印发《丽水市营业税改征增值税试点工作方案》，成立营改增工作领导小组，市委常委、常务副市长陈瑞商任组长，办公室设在市财政局。

9—11月　丽水市本级开展个体工商户税收征管检查。

10月1日　《丽水市级预算单位公务卡强制结算目录》实施，全年采用公务卡结算报销业务6777笔，金额2427万元。

10月17日　省政府完善省以下财政体制，实行区域统筹激励奖补政策。丽水市奖补系数为1∶2，即市对所辖县（市）财政补助资金1，省财政相应奖励补助2，从2012年1月1日起试行。

10月18日　浙江省财政改革与发展座谈会在遂昌县召开，市委副书记、市长王永康出席。

10月22日　市委办、市府办发文部署加强市直财政专项资金管理工作。

10月　丽水市开展房产税和城镇土地使用税税源普查工作。2013年3月结束。

12月　市财政局、市地税局开展中层干部竞争上岗，15位干部提任副科级。

是年　2012年起，丽水市地税系统实行工作目标责任制考核。

2013年

1月29日　市委副书记、市长王永康到省财政厅对接财政工作。

2月6日　市编委批复市财政局、市地税局增设信息化管理处、财税咨询服务中心。

3月5—9日　省地税局常务副局长单美娟到青田县蹲点调研地税工作。

4月12日　市委副书记、市长黄志平到市财政局、市地税局调研指导工作。

4月24日　市政府发文部署加强乡镇财政建设工作，从完善管理机制、加强机构建设、规范预算管理等7个方面提出要求。26日，丽水市推进乡镇财政建设工作座谈会召开，市委常委、常务副市长陈瑞商出席。

7月30日　市委办、市府办制定《丽水市市直机关会议类别、规模、会议费标准》，8月1日起实施。

8月19日　市地税局部署加强个体经济税收征管，推进个体工商户转型升级。

8月22日　市编委批复市财政局增设市道路交通事故社会救助基金管理中心。

8月30日　丽水市在全省率先推行财政专项资金补助项目评审制度。

10月12日　举办丽水市财政地税系统“践行财税文化　共铸中国梦想”演讲比赛，13名代表参加比赛。

10月28—30日　省委第一巡视组巡视专员郭庄宁带领巡视组就省财政厅巡视工作到市财政局开展谈话和调研活动。

11月29日　市府办印发《丽水市市直财政专项资金管理试行办法》，明确财政专项资金使用和管理职责，规范财政专项资金的设立、管理、申报、审批、评价及监督。

12月1日　市财政局、市地税局FTOA公文处理系统上线运行。

12月18日　市本级营业税改征增值税试点期间财政扶持政策实施。因新老税制调整，税负确有增加的市本级企业，财政部门每季度按经审核的税负增加额拨付60%的扶持资金，年终清算。

2014年

1月1日　市本级行政事业单位工作人员福利费按工资总额（含津贴补贴）及离退休费（含补贴）的3.50%标准提取。2016年1月1日，按5%标准提取。

同日，丽水市税收专项检查试行集中选案、集中检查、集中会审、分级执行的“三集中一分级”模式。

2月28日　市财政局、市地税局组织干部职工捐款3.80万元，用于“五水共治”。

2—10月　市财政局、市地税局在全体党员中开展党的群众路线教育实践活动。

3月19日　市地税局规范个人转让非住宅房地产土地增值税管理。

4—9月　丽水市直开展财政专项资金清理，财政专项资金管理清单由121项整合为46项，并向社会公布。

5月6日　市政府印发《丽水市本级“五水共治”募捐资金筹集和使用管理办法》。至年末，全市共募捐“五水共治”资金8798万元，其中市本级2950万元。

6月13日　市政府明确市与莲都区财政体制，据此体制划分收支，调整政府性基金分成，明确增收分成比例及转移支付。从2014年1月1日起执行。

7月8日　丽水市直全面实行会计自主核算模式转轨推进会召开。9月末，市直81家未转轨单位全部实现自主核算模式。

同日　市委书记王永康，市委副书记、市长黄志平到省财政厅对接联系财政工作。

7月28日　省农村综合改革办公室批复：丽水市整体（含县、市、区）列入遂昌县“一事一议”财政奖补模式，助推美丽乡村建设，扩大试点范围，补助资金5600万元。

7—10月　市地税局开展2014年税收风险管理工作。

8月20日　丽水遭遇50年一遇特大洪灾。26日，省财政厅下拨莲都、青田等6县（市、区）救灾资金2300万元。27日，市地税局出台灾后恢复生产有关税收政策，办理受灾个体户停业申请27户，延期缴纳税款企业19户，减免2014年度房产税、城镇土地使用税44万元。

8月29日　丽水市开展欠税清缴工作。至年末，全市共清缴欠税3.39亿元，其中市本级9306万元。

8—9月　市财政局、市审计局联合开展贯彻执行中央八项规定、严肃财经纪律和“小金库”专项治理，全市1984家单位中查处“小金库”18个，违规金额1271万元。其中市本级250家单位，查处“小金库”8个，违规金额713万元。

10月14—16日　省财政厅调研组到丽水市开展2015年财政地税工作思路调研，市委副书记、市长黄志平等陪同。

10月17日　市政府完善市本级房地产宏观调控政策，对2014年10月18日至12月31日购买家庭唯一普通商品住房（含二手住房）的，由市财政按房价1%的比例给予补贴。享受政策补贴2420户，补贴资金2399万元。

10月22日　市政府发文部署全面推进预算绩效管理工作，建立“预算编制有目标、预算执行有监控、预算完成有评价、评价结果有反馈、反馈结果有应用”的预算绩效管理机制。

10月27日　市政府调整资源税征收政策，市级建筑用石的资源税单位税额标准从原来的1元/吨提高到3元/吨。

11月27日　市政府发文部署政府向社会力量购买服务工作。

11—12月　丽水市开展地方政府存量债务清理甄别工作。12月31日，完善政府性债务“借、用、还”管理机制，规范举借和偿还政府性债务行为。

是年　市地税局开展以“提速”为主题的“便民办税春风行动”，此后每年开展，2015年、2016年、2017年的主题分别为“规范”“改革·合作”“提升·创响”。

2015年

1月1日　丽水市本级城镇土地使用税税额标准分别由每年每平方米3元、6元、9元提高为4元、8元、12元。

1月27—29日　省地税局常务副局长单美娟到丽水市调研重点税源企业。

1月　《丽水市本级国有资本收益收取管理试行办法》《丽水市本级国有资本经营预算管理办法》施行。

1—3月　市财政局、市地税局开展办公用房清理整改工作。

4—12月　市财政局、市地税局在县处级领导干部中开展“三严三实”专题教育。

5月5日　丽水市地税系统办税服务厅推广“弹性服务制”。

5—7月　市财政局开展单位公款存放管理专项检查。

6月3日　市财政局部署开展政府购买服务扩面试点。

6月25日　丽水市小微企业“助保贷”“税易贷”业务战略合作协议签约。

7月14日　丽水市本级推行科技创新券制度，当年发放总量350万元。

7月15日　市委常委扩大会议专题学习新颁布的《中华人民共和国预算法》，省委党校教授王晓杰主讲。

8月14日　市委副书记、市长黄志平到市财政局、市地税局调研指导工作。

8月18日　丽水市金融投资控股有限责任公司及丽水市生态经济产业基金管理有限责任公司成立，公司注册资本分别为1.08亿元和2.40亿元，市政府授权市财政局监督管理。

8月20日　市政府发文部署开展市级优质财源培育工作。

同日　市政府发文部署推进财政支农体制机制改革工作。

8月27日　市国税局、市地税局建立国地税合作工作联席会议制度。

9月1日　市财政局制定《丽水市市直预算绩效管理办法》，加强预算绩效管理。

9月11日　市地税局制定《扶持外贸企业发展政策措施》60条，包括政策扶持、企业培育、纳税服务等。

9月22日　市财政局举办《中华人民共和国预算法》培训会，市本级预算单位财务负责人245人参加。

10月12日　市编委批复丽水市财务总监管理中心增挂市政府和社会资本合作（PPP）指导服务中心牌子，为全省首家。

10月29日　丽水市本级财政资金实行竞争性存放管理。12月31日，市本级行政事业单位公款实行竞争性存放管理。

11月13日　莲都区里东村发生严重山体滑坡，市财政拨付专项救灾资金300万元。市财政局、市地税局干部职工捐款4.90万元。

12月14日　市地税局、市国土局建立以地控税、以税节地工作机制。

12月16—17日　省地税局常务副局长劳晓峰到丽水市调研指导地税工作。

12月19日　市地税局、市国税局、市市场监管局联合部署"个转企"百日专项行动。

12月30日　丽水生态经济产业基金设立，规模10亿元，后减为7亿元。

2016年

2月2日　市委书记史济锡到市财政局、市地税局看望慰问财政地税干部职工。

2月18日　丽水市"金税三期工程优化版"推广应用。

3月2日　丽水市财政地税系统党风廉政建设工作会议召开。

3月5日　市财政局、市地税局修订完善工作规则、会议制度、收文处理规则、财政主要业务工作流程等4个内部管理制度，促进工作规范化、制度化，提高办事效率。

3月9日　浙江省湿地生态补偿制度政策座谈会在丽水市召开。省财政厅副厅长王广兵、省林业厅副厅长王章明、副市长任淑女出席。

3月10日　市财政局、市地税局"归零翻篇开新局"主题大讨论活动动员大会召开，动员部署为期3个月的大讨论活动。

3月24日　市委书记史济锡，市委副书记、市长朱晨，市委常委、常务副市长毛子荣到省财政厅对接财政工作。

3月25日　市地税局印发《丽水市地税系统绩效管理考核办法》，加强全市地税系统绩效管理工作。

4月9—10日　国家农业综合开发办公室领导、省财政厅副厅长王广兵到莲都区、龙泉市调研农业综合开发工作。

4月12—15日　省财政厅、省地税局调研组到丽水市本级、青田县、庆元县、松阳县调研，市领导史济锡、陈瑞商、葛学斌、杜光旻分别参加。

4月14日　丽水市直财政专项资金实行信用负面清单管理办法。

4—6月　市财政局、市地税局开展副科级领导干部竞争性选拔工作，10位干部提任副科级。

5月1日　丽水市营业税改征增值税试点全面推开。

5月6日　市财政局、市地税局在全体党员中部署开展"两学一做"学习教育。2017年7月，建立"两学一做"学习教育常态化、制度化长效机制。

6月7日　市财政局、市地税局开展内部控制建设。

6月21日　丽水市首个政府产业基金投资项目——莲都区古堰画乡项目成功落地。

6月　市地税局开展"两学一做——问需求、优服务、促改革"活动，集中上门走访纳税人1313户，电话访问790户。

7月14日　市纪委、市财政局联合印发《关于进一步推进公款竞争性存放管理切实解决领导干部"以权揽储"问题的通知》，规范和推进公款竞争性存放管理工作。

7月29日　丽水市财政地税工作会议召开。

8月15日　丽水市直实行预算绩效目标管理。

9月9日　市财政局、市发改委联合对丽水汽运集团等3家市本级公务用车租赁服务定点单位授牌，定点单位将承担起公务用车改革后公务、应急租车保障。

9月29日　市财政拨付救灾资金200万元，支持遂昌县北界镇苏村上村自然村山体滑坡灾后重建。

9—10月　市财政局、市地税局开展公务用车改革，涉改车辆23辆（含局属事业单位2辆），保留一般执法执勤用车6辆，国地税机构合并后，均划归税务。

10月25—27日　省财政厅副厅长沈磊一行4人到丽水市开展2017年度财政工作思路调研。

11月4日　市财政局、市地税局完善重大事项集体决策规程，提高重大事项决策科学化、民主化水平，深化惩治和预防腐败体系建设。

11月14日　市地税局实行行政执法公示制度。

11月25日至12月9日　市委第一巡察组集中进驻市财政局、市地税局巡察党组织工作。

11月　丽水市暂停向企事业单位和个体经营者征收地方水利建设基金。

12月16日　丽水市信息产业基金暨绿谷信息产业投资合伙企业（有限合伙）协议签约。

2017年

1月12日　市委书记史济锡在《我市一般公共预算收入首次突破100亿元》的专报信息上批示："2016年，全市财税系统始终紧扣中心、大局，积极主动应对新情况、新要求，工作标杆高、工作举措实、工作成效好，要充分肯定！谨向全市财税系统的干部职工致以衷心的感谢。希望你们在新的一年里再接再厉，继续主动积极作为，再创佳绩！"

1月20日　市财政局、市地税局党风（行风）特邀监督员座谈会召开。

2月10日　丽水市本级优质财源培育企业沙龙举行，14家成员单位、27家企业参加。

3月3日　市财政局印发《关于进一步加强市直行政事业单位国有资产管理的通知》，加强市直行政事业单位国有资产管理，维护国有资产的安全和完整。

3月14日　全市财政地税局长座谈会召开。

3月28日　市财政局、市地税局"最多跑一次"改革工作推进会召开。

4月1日　市地税局印发《关于推进地税加快改革发展的若干实施意见》。

4月21日　丽水市本级政府采购监督检查实施"双随机一公开"。

4月　丽水市开展地税系统稽查体制改革。撤销所辖8个县（市）地税局稽查局，县（市）不再保留地税稽查职能，在8个县（市）设立市地税局稽查分局，县（市）按地税所专项行政编制数的10%上划到市地税局，共77人。

7月10—14日　市财政局、市地税局开展主题为"财税担当　榜样力量"的全市先进典型事迹巡回宣讲。

8月4日　丽水市地税系统"岗位大练兵、业务大比武"选拔考试举行，71人参加。

8月22日　市地税局、市国税局联合部署全市税务系统“税务青年成长大课堂”活动。

8—10月　市财政局、市地税局组织开展“读一本好书、提供一个金点子、争创一个工作新亮点”活动。

8—12月　丽水市政府采购平台“政采云”推广实施。9月12日，省财政厅厅长、省地税局局长徐宇宁在丽水市财政局上报的材料《共托“政采云”　共创“云时代”》上批示：“为丽水有力、扎实推广应用‘政采云’平台点赞。”

9月26日　省财政厅厅长、省地税局局长徐宇宁到庆元县、龙泉市调研经济社会发展和财税收支运行情况，听取意见。

10月23日　丽水市地税系统下抓两级、抓深一层工作机制建立，落实全面从严治党主体责任。

10月24—25日　省财政厅厅长、省地税局局长徐宇宁到青田县、景宁畲族自治县调研经济社会发展和财税收支运行情况，听取意见。

10月26日　省财政厅副厅长邢自霞一行5人到丽水市开展2018年度财政工作思路调研。

11月30日　市委书记史济锡在《丽水地税在全国纳税人满意度调查中排名前列》的专报信息上批示：“满意度调查高说明工作真正做得好，要表扬。望再接再厉！”市委副书记、市长朱晨批示：“这次纳税人满意度调查排名前列不是偶然的，是我市财税系统努力工作的结果，请继续努力，做好‘营改增’后的税收工作。”

2018年

1月1日　丽水市施行《中华人民共和国环境保护税法》，开征环境保护税。

1月17日　丽水市全面实施“征前减免”税费优惠管理方式改革，深化地税系统“放管服”改革和“最多跑一次”改革，减轻纳税人负担。

1月　丽水市财税陈列馆筹建，11月28日开馆。

2月2日　丽水市会计专家库建设启动。5月，确定丁继红等61人为丽水市会计专家库成员。

2月24日　全市财政地税工作会议召开。

3月1日　市财政局、市地税局组织170名干部职工到之江监狱开展警示教育。

3月8日　全市财政地税系统反腐倡廉建设工作会议召开。

3月13日　国家税务总局环境保护税征管督导组一行5人到丽水市调研督导环境保护税征管工作。

3月　市财政局、市地税局部署开展“争先进位大赶超”活动。

4—6月　市地税局、市教育局、市广播电视总台联合开展“税收故事在我身边”希望杯故事大王评选大赛。

5月7—11日　丽水市财政地税系统后备干部培训班举办，72人参加。

5月8日　丽水市级财政专户社保资金存放管理机制建立。

5—7月　市财政局、市地税局开展“书香财税、共享悦读”主题读书日活动。

6月2日　市财政局、市地税局财税趣味运动会在丽水职业技术学院举行，442人参加。

6月　丽水市“政采云”制造精品馆开馆实施。

7月12日　省财政厅厅长徐宇宁在《勇于改革　服务至上　丽水财政深入推进部门间“最多跑一次”改革》专报上批示：“丽水市局根据财政工作、财政业务的特点，把‘深化最多跑一次改革’和‘上门服务至少一次’活动结合起来，明确目标、简化流程、优化机制、落实责任，实现部门间办事‘最多跑一次’。丽水财政局的改革精神、改革办法可嘉可取。”是年，市财政局推进部门间“最多跑一次”改革，55个财政工作事项整合精简18项，实现“零跑”或“最多跑一次”27项。

7月28—30日　财政部国际财金合作司副司长张政伟到丽水市调研指导工作，参加生态产品价值实现机制国际研讨会，到景宁畲族自治县调研。

7月　国地税机构合并，市财政局与市税务局分设。

8月21日　省财政厅厅长徐宇宁到缙云县调研经济社会发展和财政收支运行的情况。

9月4日　省委“政采云”督查组组长、省财政厅党组成员、省金控公司总经理杜祖国一行到丽水市督导“政采云”推广运用工作。

10月18日　省财政厅党组成员、省金控公司总经理杜祖国一行4人到丽水市开展2019年度财政工作思路调研。

11月20日　市财政局部署推进“清廉财政”建设。

11月28日　丽水市本级加强国库集中支付动态监控管理。

12月3日　丽水市本级加强预算单位现金（备用金）管理。

12月14日至2019年1月13日　市委第一巡察组集中进驻市财政局巡察党组织工作。

12月29日　市财政局规范政府向社会力量购买服务办法。

第一篇

财　政

概　述

财政是国家为满足社会公共需要而进行的政府性分配活动，是国家治理的基础和重要支柱。丽水财政努力践行“绿水青山就是金山银山”理念，坚持稳中求进总基调，努力克服经济运行中的诸多困难和不利因素，着力做好生财、聚财、用财“三篇文章”，走出了一条符合时代要求，具有鲜明丽水特色的公共财政改革发展之路。坚持创新财政体制机制，积极贯彻执行浙江省“两保两挂”财政政策、区域统筹发展激励奖补政策、绿色发展财政奖补政策等体制机制，建立完善市对莲都区、市对经济开发区财政体制，为丽水市经济社会实现较快发展奠定了坚实基础。坚持依法理财治税、努力培植财源、大力组织收入、深化财政改革、加强财政管理、优化收支结构，收入的质量和水平不断提高。坚持“财为政服务”，紧扣、紧贴、紧跟党委政府中心工作，集中财力办大事，将有限财力用在“刀刃上”，坚决做到党委政府决策部署推进到哪里，财政服务保障就跟进到哪里，有效促进了地方经济社会发展。坚持“为民理财”，按照“保基本、兜底线、建机制”的原则，确保财政支出增量的2/3以上用于民生，支持教育、卫生、社会保障、脱贫攻坚等民生事业发展，持续增强人民群众获得感和幸福感。坚持构建现代财政制度，推进“收入一个笼子、预算一个盘子、支出一个口子”（简称“三个子”）公共财政管理改革，建立预算编制、执行、监督“三位一体”框架体系。深化预算管理改革，建立包括一般公共预算、政府性基金预算、国有资本经营预算、社会保险基金预算的全口径政府预算体系，夯实预算编制基础，强化预算执行进度管理，逐步建立全面规范透明、标准科学、约束有力的预算制度。深化政府采购制度改革，推进政府采购数字化转型，建设“政府采购云平台”，建设农业扶贫馆，开启丽水“电商扶贫”新模式，打造生态产品价值实现机制改革的“丽水样板”。深化会计集中核算和财政国库集中支付改革，建立国库集中收付制度。深化会计管理改革，贯彻《中华人民共和国会计法》，完善财务会计制度。深化农村税费改革和农村综合改革，切实减轻农民负担。深化财政预算外资金“收支两条线”和政府非税收入管理改革，推广应用非税收入征管信息系统，实行“单位开票、银行代收、财政统管”的管理模式，收入直接解缴财政专户，支出按计划审批使用。深化预算绩效管理改革，形成“预算编制有目标、预算执行有监控、预算完成有评价、评价结果有反馈、反馈结果有运用”的预算绩效管理机制。1991—2018年，全市财政总收入1670.26亿元。其中上划中央收入664.06亿元，占财政总收入的39.76%，一般公共预算收入（包括上解省财政）1006.20亿元，占财政总收入的60.24%；全市政府性基金收入1075.88亿元；全市一般公共预算支出2887.33亿元。

本篇主要记载财政管理体制、财政收入、财政支出、预算编制、预算执行、财政综合管理、行政事业财务管理、企业财务管理、农业财务管理、基本建设财务管理、社会保障事业财务管理、国有资产管理、会计管理、政府采购管理、财政监督等内容。

第一章　财政管理体制

财政体制是规定中央与省、省与市县（市）、市与区各级政府之间财政分配关系及管理权限的重要制度，其实质是处理财政分配关系的集权与分权问题，是地方财政有效运行的基础和前提。财政体制的核心问题是各级政府之间的收支划分。丽水市财政体制历经多次改革创新和不断完善，逐步建立健全公共财政预算体系，保证全市重点建设和兼顾各县（市、区）、各部门以及其他各项事业的资金需要，促进地方经济健康发展。1985—1993年，丽水地区及所属各县（市）先后实施“核定收支、分级包干”财政体制。1994年，实行“分税制”财政体制。1995年，浙江省对丽水等欠发达市（地）、县（市）实行“两保两挂”财政政策。2000年，丽水撤地设市后，浙江省对丽水市本级财政实行“两保两挂”和“收一块、挂一块”双重政策，并对挂钩范围和比例作了相应调整。2003年，浙江省取消丽水市本级与县（市）地方财政体制收入挂钩补助政策，全面实行“两保两挂”政策。2008年，将“两保两挂”政策调整为“分类分档激励奖补机制”。2012年，调整为“地方财政税收收入增长奖补机制”。2015年，调整为“第三产业地方税收收入增长奖补政策”。建立健全较为规范的市对区财政体制，增强基层政府公共服务能力，为莲都区和经济技术开发区经济社会发展奠定了坚实基础。

第一节　市（地）财政体制

一、省对丽水地区本级财政体制

（一）定额补助体制

1991—1993年，浙江省对丽水地区本级实行定额补助体制，按前年度核定的收支基数，除产品税、增值税、营业税（“工商三税”）收入全部留给地区以外，支大于收的部分，省财政每年给予定额补助（体制补助），1991年328万元、1992年885万元、1993年928万元。

（二）分税制财政体制

1994年1月，丽水地区根据国务院《关于实行分税制财政管理体制的决定》和省政府《关于实行分税制财政体制的通知》，开始全面实施分税制财政体制。该体制以1993年为基期年，按税种划分中央财政收入、地方财政收入和中央与地方共享收入，并确定地方财政收入基数和中央税收返还基数。

财政收入及基数的确定　实行分税制后，地区本级财政收入包括地属企业增值税的25%部分、营业税、所得税和国有企业上缴利润；地属单位和个人缴纳的其他税收，包括个人所得税、城镇土地使用税、固定资产投资方向调节税、房产税、车船使用税、印花税、屠宰税、农业税、农业特产税、耕地占用税、契税、遗产与赠与税（未开征）、土地增值税、资源税、城市维护建设税、排污费专项收入、国有土地有偿使用收入；其他各项收入（包括收入退库）以及与中央、省、地按固定比例分成的收入（主要是教育费附加、国家能源交通重点建设基金和国家预算调节基金）。

地区本级地方财政收入基数，按1993年地方决算总收入扣除固定比例分成收入（包括国家能源交通重点建设基金、国家预算调节基金、教育费附加收入）、专项收入（排污费）、中央和省上划收入后的数字确定。从1994年起，丽水地区地方财政收入比基数增长部分，省与地区按2∶8分成，省得20%、地区得80%。

中央增值税、消费税“两税”税收返还基数的确定　1993年，按丽水地级财政实际收入以及税制改革和中央、省、地之间收入划分情况，核定1993年中央从地区净上划的收入数额（即消费税+增值税75%+非银行金融企业所得税）。中央净上划的收入全额返还给丽水地区，并以此作为省对丽水地区的“两税”收入返还基数。1993年，地区本级“两税”返还基数为873万元。1994年以后，“两税”收入返还额在1993年基数上逐年递增，递增率与中央对本省的税收递增率一致。如1994年以后中央净上划收入达不到1993年基数，则相应扣减税收返还数额；如完不成递增目标数，则由地方赔补短收部分的70%。税收返还与上划中央收入考核，以税收递增率与上划中央收入增长率挂钩，比例为1∶0.3，即上划中央收入每增长1%，税收返还数增长0.3%。税收返还数比基数增加部分，省与地区按2∶8分成，省得20%、地区得80%。

定额补助和定额上缴继续保留　1994年实行分税制体制仍保留了原省对丽水地区本级的定额补助和专项补助体制，定额补助以1993年为基数（928万元），同时原体制中向中央作贡献款作为基数继续上缴。

1993年丽水地区本级财政包干体制结算一览表

表1－1－1　　单位：万元

项　目	金额	项　目	金额
一、决算收入	1790	二、定额补充	—
减：固定资产投资方向调节税	15	参与分成收入	1778
中央四部门“三税”	—	加：定额补助	928
省下放的趸售县电力产品税	—	减：贡献税	43
粮食财务包干指标	-22	地方应得体制分成收入	2663
外贸退库指标	-15	加：不列入“分税制”范围的收入	34
不列入“分税制”范围收入	34	加：城建税	—
城建税	—	地方可用财力	2697
参与分成收入	1778	—	—

1994年丽水地区本级分税制财政体制结算一览表

表1-1-2　　单位:万元

项　　目	金额	项　　目	金额
一、地方财政决算收入	1259	4.非银行金融企业所得税短收赔补	—
1.减:固定比例留用收入	47	1994年实际完成数	51
a.国家能源交通重点建设基金	—	1993年基数	51
b.国家预算调节基金	—	三、原体制递增上解或定额补助	—
c.排污费	6	1.1993年财政收入递增上解基数	—
d.教育费附加	41	1994年财政收入递增上解数[基数×(1+5%或5.5%)]	—
2.调整后地方财政收入	1212	2.定额补助	928
减:1993年地方财政收入基数	919	四、地方可用财力	2833
地方财政收入增加额	293	地方财政收入留用	1153
3.增加上交省20%	59	市地县税收返还收入	772
地方财政收入留用(2-3)	1153	定额补助	928
二、税收返还收入(1-2-3-4)	772	减:原体制上解	—
1.1994年税收应返还收入	877	贡献款	43
a.税收返还基数	873	地方应得体制分成	2810
b.上划“两税”基数	848	加:固定比例留用收入	47
c.上划“两税”目标数	1009	减:地方出口退税负担20%部分	24
d.1994年上划“两税”完成数	860	五、往来结算	—
e.上划“两税”增长率[(d-b)/b×100%]	1.43	1.应上解省总数	126
f.税收应返还收入[a×(1+e×0.3)]	877	2.省应补助总数	4222
2.税收返还增加额上交省	1	3.预算内补助已拨部分	—
3.短收赔补	104	4.省拨调度款	4141
a.比基数短收赔补(b-d)	—	5.年终欠省(+)或省欠(-)	45
b.比目标短收赔补	104	6.省借周转金	400
差额(c-d)或(c-b)	149	7.与省往来	445
赔补额(c-d)×70%或(c-b)×70%	104	—	—

“收一块、挂一块”和“两保两挂”政策　1995年起，浙江省财政在分税制体制基础上，对丽水地区本级实行“收一块、挂一块”财政政策。“收一块”，即丽水地区本级所属企业和单位按分税制划分的地方收入全部归地区财政，并免于增收应上缴省20%部分；“挂一块”，即以1994年省对地区本级的定额补助（体制补助）、困难补助、粮食亏损专项补贴、外贸人员经费专项补

贴、省代扣下放各县（市）汽车运输公司收入的总额2290万元为补助基数，与全区9县（市）1994年调整后的地方财政收入实绩1.65亿元挂钩，挂钩比例为14%［1994年省对地区本级的补助总额2290万元÷1994年全区9个县（市）地方财政收入实绩16500万元×100%］，即全区9个县（市）地方财政收入每增加100万元，省财政对丽水地区本级财政补助增加14万元，省对地区本级的奖励以全区奖励总额的5%计发。财政补助与辖区9个县（市）地方财政收入挂钩，是浙江省扶持丽水地区本级财政的特殊政策。

1999年，省对丽水地区本级（另外还有衢州、舟山、金华三市）在“两保两挂”基础上增加“一保一挂”。“一保”即要求确保所辖县（市）当年财政收支平衡；“一挂”指城市建设补助（含地管县经费）与当年全区范围内增收部分上缴省财政的金额挂钩，挂钩比例为当年全区范围内增收上缴省财政部分（增收总额的20%）的25%（增收总额的5%）。2003年，省对市（地）、县（市）财政管理体制进行调整，将“两保两挂”补助和奖励、“三保三挂”城市化专项补助政策整合归并为新“两保两挂”补助和奖励政策。

城建税增收上缴返还补助　1999年起，为支持地级市城市基础设施建设，对超过1993年城建税基数上缴省部分予以结算返还。

二、省对丽水市本级的财政体制

（一）省对丽水市本级体制的调整

2000年，丽水撤地设市、撤市（县级丽水市）设区后，原地、市财政合并，财政实行省管市、市管区的管理体制，在分税制财政体制的基础上，省对丽水市的财政体制作了相应调整。调整的内容为：保留原上缴政策、适当提高“两保两挂”补助计算基数、调整“挂一块”挂钩分成范围和比例、挂钩奖励政策。保留原上缴政策，从2000年起，每年定额上缴3571万元［其中原丽水市（县级）老体制上缴1314万元，原丽水市（县级）1999年地方财政收入增收上缴20%即2257万元］，丽水市地方财政体制收入比上年的增收部分上缴省20%。适当提高“两保两挂”补助计算基数，考虑到原地区本级地方收入增收上缴省的实际情况（1999年以前免缴），拟将地区本级1999年地方财政收入（4178万元）作为“两保两挂”补助计算（模拟）基数。加上原丽水市（县级）1999年补助基数（698万元），两者合计后作为丽水市“两保两挂”补助的计算基数，2000年起按地方财政体制收入增长与补助增长以1∶0.5的比例计算补助数，扣除计算（模拟）基数4178万元后为实际补助数。调整“挂一块”挂钩分成范围和比例，地市合并后，从原挂钩的9个县（市）调整为8个县（市）的地方财政体制收入，挂钩比例从原来的14%调整为19.60%［原地区本级1999年挂钩补助6760万元÷8个县（市）地方财政体制收入34520万元×100%］。挂钩奖励政策，市本级“两保两挂”奖励继续和市辖8个县（市）“两保两挂”奖励挂钩，比例仍为5%，该政策从2000年起执行，一定三年不变。

（二）地方财政收入的确定

2003年，根据《浙江省人民政府关于进一步完善地方财政体制的通知》，明确市、县（市）收入为中央和省级以外的收入，包括市、县（市）增值税25%、企业所得税40%、个人所得税40%、营业税、城市维护建设税、农业税、契税等，以及市、县（市）各项非税收入。

2008年，根据《浙江省人民政府关于完善省对市县财政体制的通知》，明确市、县（市）收入为中央和省级以外的收入，包括增值税25%、企业所得税40%、个人所得税40%、营业税、城市维护建设税、房产税、城镇土地使用税、土地增值税、耕地占用税、契税等，以及市、县（市）各项非税收入。

2012年，浙江省调整全省金融业和电力生产企业税收收入预算分配管理体制。根据《浙江省人民政府关于完善财政体制的通知》，明确市、县（市）收入为按属地除中央和省级以外的收入，包括增值税25%、企业所得税40%、个人所得税40%，全省银行及保险、证券、典当、担保、租赁、信托等非银行金融企业缴纳的营业税40%，其他营业税，城市维护建设税、房产税、城镇土地使用税、土地增值税、耕地占用税、契税等，以及市、县（市）各项非税收入。

2016年，国务院调整增值税中央与地方分享比例。根据《国务院关于印发全面推开营改增试点后调整中央与地方增值税收入划分过渡方案的通知》，明确所有行业企业缴纳的增值税均纳入中央和地方共享范围，地方按税收缴纳地分享增值税的50%。市、县（市）级收入为按属地除规定为中央和省级以外的收入，包括增值税50%、企业所得税40%、个人所得税40%，全省银行及保险、证券、典当、担保、租赁、信托等非银行金融企业缴纳的增值税20%，城市维护建设税、房产税、城镇土地使用税、土地增值税、耕地占用税、契税等，以及市、县（市）各项非税收入。

（三）税收返还基数的确定

税收返还基数分增值税、消费税、所得税、成品油税费、出口退税等几个部分。

增值税返还基数部分　2016年起，上划中央增值税不再实行增量返还，改为以2015年返还数为基数，实行定额返还。丽水市级上划中央增值税净返还9516万元。

消费税返还基数部分　2015年起，上划中央消费税不再实行增量返还，改为以2014年消费税返还数为基数，实行定额返还。丽水市级消费税定额返还1710万元。

所得税收入返还基数部分　2002年，企业所得税和个人所得税，中央与地方按五五分成。2003—2018年，改为中央60%，地方40%。以2000年企业所得税和个人所得税实际入库数乘以1998—2000年三年平均增长率作为2001年的基数，丽水市级企业所得税基数6794万元，个人所得税基数4550万元，所得税返还基数为6820万元。

成品油税费返还基数部分　2009年起，根据财政部《中央对地方成品油价格和税费改革转移支付办法》有关规定，结合浙江省实际及原省与市县公路养路费等“六费”收入分成体制，省财政厅核定返还数。丽水市级成品油税费改革返还基数994万元。

出口退税上解基数部分　2004年，建立中央和地方共同管理出口退税机制。以2003年出口退税实退数为基数，对超基数部分予以返还，由中央和地方按75：25的比例共同负担。2005年起，中央与地方改按92.5：7.5的比例负担。2014年，市、县（市）出口退税超基数部分按7.50%计算上缴，出口退税地方负担比2013年增加的部分，中央、省财政各分担50%。此项政策暂执行一年。2015—2018年，出口退税（包括出口货物退增值税和营业税改征增值税出口退税）全部由中央财政负担，市、县（市）2014年原负担的出口退税基数，定额上解中央。丽水市级出口退税上解基数1815万元。

（四）收入激励奖补政策

主要包括“两保两挂”政策、分类分档激励奖补机制和第三产业地方税收收入增长奖补政策。

全面实行“两保两挂”政策　2003年，省取消市本级与县（市）地方财政体制收入挂钩补助政策，全面实行“两保两挂”政策，即以2002年补助数为基数，补助收入与市本级（含莲都区）地方财政收入增长挂钩。2003年挂钩比例为1：0.5，即地方财政收入每增长1%，体制补助增长0.5%，2004年为1：0.4，2005年为1：0.3；奖励按丽水全市地方财政收入增收额5%计算，其中4%用于发展资金，1%用于考核奖励。

分类分档激励奖补机制　2008年，省将“两保两挂”政策调整为“分类分档激励奖补机制”。丽水市本级及所辖县（市）在确保实现当年财政收支平衡、确保完成各项职责任务（重点是教育、卫生、社保等有关全面改善民生、促进社会和谐方面）的前提下，实行省补助与其地方财政收入增长挂钩，奖励与其地方财政收入增收额挂钩的办法。具体补助办法：市县地方财政收入每增长1%，省补助按一定系数相应增长。全省32个市县补助系数分0.4、0.3、0.2三档，丽水市级享受第二档（0.3）政策。具体奖励办法：省对丽水市级按全市地方财政收入比上年（环比）增收额的一定比例实行奖励。奖励分为发展资金和考核奖励两部分。丽水市级按全市地方财政收入增收额挂钩计算，挂钩比例为增收额的5%，其中4%用于发展资金，1%用于考核奖励。2012年，省分类分档激励奖补机制从与地方财政收入挂钩改为与地方财政税收收入挂钩，奖励挂钩比例提高到增收额的10%，其中9%用于发展资金（提高的5个百分点用于对所辖县市转移支付），1%用于考核奖励。

第三产业地方税收收入增长奖补政策　2012年，实行“地方财政税收收入增长奖补机制”；2015年，调整为“第三产业地方税收收入增长奖补政策”。丽水市及所辖县（市）在确保实现当年财政收支平衡、确保完成民生改善等政府职责任务的前提下，实行省激励补助与其第三产业地方税收收入增长率挂钩，奖励与其第三产业地方税收收入增收额挂钩的办法。补助办法：市、县（市）第三产业地方税收收入每增长1%，省补助按一定系数相应增长。补助系数分0.4、0.3、0.2三档，丽水市级享受第二档（0.3）的政策。奖励办法：省对丽水等29个市、县（市）按其第三产业地方税收收入当年增收额的一定比例给予奖励。丽水市级按全市第三产业地方税收收入增收额挂钩计算，挂钩比例为增收额的15%。同时取消考核奖励。

（五）区域统筹发展激励奖补政策

2012年，为进一步激发设区市扶持所辖县（市）发展的积极性，达到推进区域统筹发展、普遍增进民生福祉的目的。在省管县体制的基础上，打通了市与县之间的“通道”，建立了激励与约束兼容、效率与公平兼顾的区域统筹发展激励奖补机制。一方面，适当提高省分类分档激励奖补机制中发展资金奖励与设区市全市地方财政税收收入增收额挂钩比例（欠发达地区设区市从4%提高到9%，发达地区设区市从4.5%提高到7%），增加的发展资金奖励主要用于所辖县（市）区域统筹发展；另一方面，省区域统筹发展激励奖补资金与各设区市对所辖县（市）年度财政补助资金挂钩。奖补系数比例分为两类三档，丽水市奖补系数为1：2，即市对所辖县（市）财政补助资金1，省财政相应奖励补助2。计算省补助资金时，设区市对所辖县（市）财政补助资金应扣除设区市地方财政税收收入增长奖补机制中新增挂钩比例的发展奖金。

2015年，市级区域统筹发展收入奖补与所辖县（市）地方财政税收收入当年增收额挂钩比例提高到15%。奖补资金必须用于所辖县（市）统筹发展。市级通过一般公共预算安排给所辖县（市）统筹用于基础设施建设、产业发展和民生改善等有利于促进区域统筹发展的转移支付资金，奖补系数为1：2，即市对所辖县（市）财政补助资金1，省财政相应奖励补助2。计算省补助资金时，市财政对所辖县（市）安排的财政补助资金应扣除省给予市的区域统筹发展收入激励奖补资金。

2018年，市级区域统筹发展收入奖补不再与所辖县（市）地方财政税收收入当年增收额挂钩。改为设区市当年度通过一般公共预算自有财力安排的对所辖县（市）在符合《浙江省基本公共服务体系“十三五”规划》明确的八类基本公共服务的财政补助，按其占全省各设区市对所辖县（市）补助总额的比重确定省激励资金，直接奖励到县（市）。

2012—2018年，丽水市级财政补助县（市）12.40亿元，各县（市）获省奖补资金25.90亿元。

（六）绿色发展财政奖补政策

2017年，省政府办公厅出台《关于建立健全绿色发展财政奖补机制的若干意见》，建立生态补偿长效机制，主要有出境水水质奖补政策、森林质量财政奖惩政策、省级公益林补偿政策、单位生产总值能耗扣罚政策等。2017年、2018年丽水全市分别获省绿色发展财政奖补资金31.40亿元、35.40亿元，其中市级分别为1.68亿元、2.07亿元，资金全部统筹用于生态保护和绿色产业发展。

2006年丽水市及市本级“分税制”公共财政体制一览表

表1－1－3 单位：万元

项目	全市	其中:市本级
一、一般预算收支	—	—
(一)地方财政收入	249411	81554
1.地方财政决算收入	249411	81554
减:(1)专项收入	8040	2150
(2)混库调整数	7	7
2006年地方财政体制收入	241364	79397
2002年地方财政体制收入	108568	40516
2002年农业税收实绩	2102	329
调整后2002年地方财政体制收入	106466	40187
2006年地方财政收入当年增收额	134898	39210
2006年当年增收上交省(按比例)	17879	7842
2.2002年地方财政体制收入增收上交省	17332	8636
减:扣除数	349	66
2002年农业税收实绩	2102	329
调整后2002年地方财政体制收入增收上交省	16983	8570

续表1-1-3

项 目	全 市	其中:市本级
2006年当年增收上交省	17879	7842
(二)税收返还收入	29489	6374
1.2006年税收应返还收入	31557	7075
(1)2006年上划“两税”收入	118909	28496
(2)2005年税收返还基数	29421	6593
(3)2005年上划“两税”基数	95411	22914
(4)上划“两税”增长率(%)	24.63	24.36
(5)税收应返还收入	31557	7075
2.税收返还增加额上交省	2068	701
1993年税收返还基数	16510	3568
(三)一般预算转移支付补助合计	372990	85570
1.上划增值税、消费税净返还补助	29489	6373
2.上划企业所得税、个人所得税基数返还补助	19776	6820
3.各项专项追加补助	124302	23359
4.各项结算及其他补助	199423	49018
(1)固定结算项目补助	25239	4011
(2)“两保两挂”补助	118865	33332
体制补助	78901	25576
固定补助	39964	7756
其中:增资补助	13973	2003
(3)“两保两挂”发展奖励	4300	1884
(4)“两保两挂”个人奖励	1075	471
(5)一般财力转移支付	14876	1561
(6)优化收入结构奖励性转移支付	2445	1468
(7)2006年度调整工资转移支付补助	6307	345
(8)城建税返还补助	860	860
(9)电力增值税分成结算	98	—
(10)中石化、中石油分成结算	282	72
(11)财力性专项补助	14683	3660
其中:农村中小学食宿改造工程奖励性补助	4583	160
(12)罚没收入体制结算	1035	423
(13)矿产资源补偿费	302	39
(14)固定财力补助	6550	250
(15)其他补助	2506	642

续表1-1-3

项　　目	全　市	其中:市本级
(四)上解支出	48506	21387
1.地方财政收入增收上解	17878	7842
2.固定上解	20341	10047
(1)原体制包干上解	2854	1313
(2)二项定额上解	504	164
贡献款	480	140
外贸出口退税上解	24	24
(3)2002年增收上解省	16983	8570
3.出口退税基数上解	2053	344
4.其他上解	8234	3154
(1)垫付粮食挂钩贴息	121	—
(2)农税“三代手续费”结算上解	31	21
(3)省属监狱、劳教经费分级负担扣缴结算上解	105	97
(4)预算周转金扣款	197	—
(5)2006年上划收入上解	7	7
(6)交通公路资金扣款上解	7773	3029
二、基金收支	—	—
(一)省基金补助收入	47656	11872
(二)基金上解支出	—	—

三、市对莲都区财政体制

2000年，根据市委、市政府关于《市本级与莲都区部分事权划分的决定》，以区域管理和企业隶属关系为原则，确定市、区两级财政收入的划分。市级财政收入包括中央、省、市属行政、事业、企业缴纳的税收和其他财政收入，城市规划区内区属行政、事业、企业、个体工商户缴纳的城市维护建设税、土地收入、契税、耕地占用税。区级财政收入包括城市规划区内区属行政、事业、企业和个体工商户缴纳的税收收入（不含城市维护建设税）和其他财政收入，城市规划区以外区属行政、事业、企业和个体工商户所缴纳的税收和其他财政收入，土地收入、契税、耕地占用税，农业税、农业特产税。市、区两级共享收入：纳爱斯集团有限公司所缴纳的税收实行市与区地方税收7：3分成，上划中央两税8：2分成。2001年，市对莲都区建立“核定收入、差额补助、超收分成、两保两挂”财政体制，并经多次调整、完善。

2002年，市财政局对部分事项作了明确。教育费附加收入分成：市直征收的教育费附加，扣除上解省库28%后，61%补助莲都区，39%留市直。2002—2004年市直征收的教育费附加每年补助莲都区800万元（含市直补助的61%部分）；并补助莲都区专项经费2002年600万元，2003年

500万元。兵役义务费收入分成：市直征收的兵役义务费，20%补助莲都区，80%留市直。水利建设专项资金收入划分：地税部门征收的属于市直收入范围的水利建设专项资金归市；属于莲都区范围内的水利建设专项资金结算给莲都区；国土资源部门征收的，在城市规划区以外的建设用地水利建设专项资金，由市国土资源局核定后划入莲都区财政。契税、耕地占用税收入分成：以城市规划区为界，城市规划区以外的收入归属莲都区，城市规划区以内的收入归属市级。水阁办事处上划市、区行政体制，原属水阁镇范围的企业划归市直管理。

2003年，为更有效地调动市、区两级财政积极性，考虑区财政实际困难，市财政局对收入范围和体制补助基数等作了明确。在维持原莲都区收入范围的基础上，市直建筑业和房地产业营业税收入按市、区7∶3的比例分享。对水利建设专项资金收入划分进行调整，即对水阁、联城、富岭、碧湖等水利基础设施项目的补助由市直有关部门负责落实，再按征收额的12%补助莲都区（执行至2005年）。鉴于兵役义务费已停征，其市与区分成自行终止。

2005年，调整市对莲都区财政体制。在原收入范围划分的基础上，纳爱斯集团有限公司实现的上划中央增值税、消费税“两税”从市、区8∶2分成调整为2∶8分成，地方财政收入从市、区7∶3分成调整为2∶8分成，与其相应的扶持资金兑付比例随之同步调整。根据2000—2003年莲都区外贸出口企业出口退税情况测算，莲都区出口退税基数为360万元，超基数部分由莲都区财政负担；提高莲都区“两保两挂”补助基数，将2002—2004年市补助莲都区的教育费附加800万元（以后市直征收的教育费附加不再进行市、区分成），列入“两保两挂”补助基数，并在2004年实际结算数基础上，将2005年“两保两挂”补助基数调整为7500万元；莲都区财政体制确立后，在当年财政收支平衡的前提下，实行市补助和奖励分别与地方财政收入增长率、增收额挂钩的办法，并确保工资、义务教育、社会保障、公共卫生、科技、社区、集中供养等资金投入和发放。“两保两挂”奖励，以地方财政收入比上年增收额（环比）的10%进行奖励，奖励分为发展资金和个人奖励两部分，其中8%为发展资金，2%为个人奖励；2005年“两保两挂”体制补助比例仍维持2004年水平，即莲都区地方财政收入增长1%，市补助0.4%。

2006年，规划区内（不含开发区，剔除市区行政事业单位闲置房地产、企业改制地块）土地出让净收益，按10%比例分配给莲都区。2007年，维持市对莲都区“核定收入、差额补助、超收分成、两保两挂”财政体制的基础上，调整市对莲都区社保资金转移支付补助、社区工作经费和社区工作者岗位津贴等有关经费，以及水阁学校经费。从2009年1月起，市直（不含开发区）商住用地土地出让金在扣除应缴税费后，以5.4%对莲都区实行补助。

2011年，调整市对莲都区财政体制。扩大市对莲都区税收分成相关内容。市、区按市直耕地占用税、土地契税、房屋契税（不含开发区耕地占用税、土地契税、房屋契税、应征未征税收、欠税）收入8∶2分成。是年起，市与莲都区的企业隶属关系作较大调整。将274家市直企业划给莲都区，划转企业缴纳的财政收入（不含城市维护建设税）作为莲都区财政收入，划转莲都区企业扶持资金由莲都区财政自行兑付。建立社会保障支出市、区分担机制。莲都区当年的新型农村合作医疗、城镇居民医疗保险、城乡居民养老保险等三项财政支出，剔除上级补助后比2010年度同口径支出的新增部分，市、区按1∶1比例分担。莲都区城镇职工基本医疗保险基金缺口，市、区按1∶1比例分担。建立“一事一议”支出市、区分担机制。将莲都区“一事一议”地方财政配套资金纳入市、区分担机制，市、区按1∶1比例分担。开发区当年地方财政体制收入超过2010年收入基数的增量，剔除原体制应上解省财政、企业扶持资金比2010年增加额后的差额，其中10%用于市对莲都区转移支付补助。建立重大政策性增支市、区分担机制。对2009年起新出台的涉及人员工资增资政策，莲都区财政当年用于其全额拨款人员增资（不含各项费用计提）的净增加支出部分（剔除省补助部分后），市财政分档给予补助：净增加支出在500万元（含）以下的，市财政不予补助；净增加支出在500万元以上的，市财政对超过500万元的部分按50%的比例给予补助。在政策出台当年，市财政补助通过年终结算转移支付给莲都区，并从次年起作为市对区定额补助（按上年实际补助数），纳入市、区财政体制。规范土地出让金分成体制，市直（不含开发区）商住用地土地出让金在扣除应缴税费后，以5.4%的比例对莲都区实行补助。

2013年，丽水市将城管执法、文化广电、安全生产监管等15项市区职能调整给莲都区。按“财随事走”的原则，市补助莲都区基数2500万元。同时，给予莲都区处州执法分局2014年数字软件执法系统一次性补助170万元。

2014年，丽水市将原开发区范围内分成给莲都区的建筑业、房地产业营业税30%部分，纳入开发区财政收入范围；以2013年开发区范围内的建筑业、房地产业营业税30%部分扣除上缴省后的余额420万元为基数，固定补助给莲都区。调整政府性基金收入分成体制：市级地方教育附加收入分成比例，以3000万元为基数，基数内部分仍按市、区6∶4比例分成，当年实际收入超基数部分按市、区4∶6比例分成；属莲都区企业、个体工商业户缴纳的地方水利建设专项资金划归莲都区；市本级地方水利建设专项资金收入部分，按市本级年度地方水利建设专项资金预算10%的比例，以水利建设项目切块补助给莲都区，保留市本级地方水利建设基金预算中安排莲都区水利项目补助200万元；市本级年度残疾人就业保障金支出预算按不低于25%安排给莲都区，其中150万元直接补助区财政，其他部分由市残联统筹安排用于莲都区残疾人事业，若当年累计用于莲都区不足25%，不足部分由市财政于次年划拨给区财政；市财政核拨给莲都区的体育彩票公益金基数提高到50万元；市本级计提的农田水利建设资金（按规定上缴后）50%切块给莲都区财政，用于莲都区小型农田水利建设，每年定额补助莲都区农田水利建设基金1000万元的政策不再执行。调整粮食政策性亏损定额补助基数：按莲都区实际兑付粮食收储公司补贴剔除利息支出后的三年平均数710万元为基数作固定补助，增亏不补、减亏留用。开发区城乡居民养老保险和医疗保险支出由市财政转移支付给莲都区，并纳入市、区体制结算。城市规划区外土地出让金归莲都区所有，市本级（不含开发区）商住用地土地出让金在扣除应缴税费后，以5.4%的比例对莲都区实行补助。

2015年，根据中央增值税、消费税“两税”改革，丽水市相应调整莲都区增值税、消费税“两税”返还政策，消费税不再实行增量返还，改为以2014年消费税返还数为基数，实行定额返还；增值税继续实行增量返还。返还基数的确定以2014年“两税”应返还数，及增值税占上划“两税”的比例计算确定。同年，根据省对市激励奖补政策的调整，相应完善市对莲都区激励奖补政策，在莲都区“确保当年财政收支自求平衡、确保完成政府职责任务”的前提下，实行市激励补助与莲都区第三产业地方税收收入增长率挂钩，奖励与莲都区第三产业地方税收收入增收额挂钩的办法，即莲都区当年比同口径计算的上年第三产业地方税收收入每增长1%，市补助增长（挂钩系数）0.4%；市对莲都区奖励以莲都区第三产业地方税收收入比上年（环比）增收额的15%

计算，全部为发展资金。取消莲都区营业税增收返还奖励政策。支出范围划分：市本级党政机关运转经费、市本级经济发展、城市建设支出由市级财政承担；区党政机关、乡镇和街道办事处的运转经费、经济发展、乡镇（办事处）建设支出由区级财政承担。

至2018年，莲都区仍执行2014年确定的财政体制。

四、市对开发区（功能区）财政体制

浙江丽水经济技术开发区（简称开发区）为省级经济开发区，于1993年设立，下辖水阁工业区。2004年，丽水市为促进开发区发展，充分调动其积极性，研究建立财政体制。市对开发区实行“核定收支、挂钩补助、开发单列、自求平衡”的财政体制。

收入划分：开发区水阁范围内的市直各类企业所缴纳的各项地方税费（不含建筑安装业及房地产业税收、各项社会保险费收入、残疾人保障金收入、耕地占用税收入、契税收入），专项用于开发区企业扶持资金兑现，结余用于社会事业发展和基础设施建设。开发区收取的行政事业性收费、罚没收入及其他收入（含城市基础设施配套费），专项用于其事业发展。在确保当年财政收支平衡、确保完成市政府考核任务的前提下，实行补助（奖励）与开发区地方财政收入增收额挂钩，即按开发区范围内的市直各类企业所缴纳的地方税费比上年增收部分10%的比例补助，其中8%为发展资金，2%为奖励资金。

根据开发区“开发单列、自求平衡”的原则，市财政局将水阁开发区范围内的土地出让金，扣除成本，净收益全部拨付开发区（不含天宁开发区范围内的土地出让金）。按工业用地出让净收益的100%，商贸用地出让净收益扣除15%政府统筹后的60%返还开发区。开发区范围内的各项建设资金（含基础设施建设）通过工业及商贸用地土地出让、负债等自求平衡。在“保民生、保稳定、保重点建设”的前提下，市财政予以适当支持。

支出划分：开发区经常性支出、企业扶持支出和社会发展支出等由市财政根据开发区事权，对开发区实行定向补助。

其他事项：开发区暂不设立独立的国库，不独立对省结算。开发区争取省财政补助，由市财政统一办理。市属企事业单位、市属改制企业、迁入开发区企业财政收入归市级；其他企业迁入开发区的，以企业搬迁的地方财政收入实绩为基数，调整开发区的财政体制基数，增量部分属于开发区；迁入开发区范围的莲都区企业，以相关部门的确认单认定归属；原已由莲都区代管的水阁办事处区域内的社会低保、民政优抚仍由莲都区政府管理，由市财政局会同市民政局与莲都区财政局进行资金结算；水阁卫生院归属市中心医院，相关经费由市财政安排；开发区范围内的义务教育，仍由莲都区政府负责，开发区配合；除开发区及区属事业单位收取的行政事业性收费、罚没收入、其他收入外，市属单位设立在开发区的机构收取的专项资金归市级。

2007年，市对开发区在实行“核定收支、挂钩补助、开发单列、自求平衡”财政体制的基础上进行调整。提高开发区经常性经费补助标准；水阁学校上划市教育局，新一轮财政体制中教育费附加不再列入开发区财政收入；增加开发区社会事业发展定额补助，并逐年增长。

2011年，调整完善市对开发区财政体制。扩大开发区财政收入范围：将开发区耕地占用税、契税（不含耕地占用税、契税应征未征税收、欠税）纳入开发区财政收入范围；将开发区建筑安装业、房地产业税收收入（不含莲都区的建筑业、房地产业营业税30%分成部分）纳入开发区财政收入范围。将177家市直企业及原属莲都区的23家企业划给开发区。划转企业的扶持资金由开发区财政兑付。建立“一事一议”支出市、区分担机制，将开发区“一事一议”地方财政配套资金纳入市、区分担机制，市与开发区按1∶1的比例分担。从2011年起，开发区当年地方财政体制收入超过2010年收入基数的增量，剔除按原体制应上解省财政、企业扶持资金比2010年增加部分的差额用于市对开发区转移支付补助。建立重大政策性增支市、区分担机制，对涉及人员工资增资政策，开发区财政当年用于其全额拨款人员增资（不含各项费用计提）的净增加支出部分，市财政分档给予补助：净增加支出在50万元（含）以下的，市财政不予补助；净增加支出在50万元以上的，市财政对超过50万元的部分按50%比例给予补助。在政策出台当年，市财政补助通过年终结算转移支付给开发区，并从次年起作为市对开发区定额补助（按上年实际补助数），纳入市、区财政体制。减少社会事业发展补助，将原体制中市对开发区的社会事业发展定额补助从430万元减少到230万元。继续实行开发单列、自求平衡的体制，将开发区在水阁及东扩一期工程范围的土地出让金扣除规定项目后，全部拨付开发区；开发区在北城区的土地出让金分配，按商贸用地土地出让净收益扣除15%政府统筹后的60%返还开发区；开发区范围内的各项建设资金（含基础设施建设）通过工业及商贸用地土地出让、负债等自求平衡；开发区的政府性债务纳入市本级政府性债务收支计划，偿还债务所需资金由开发区自行筹措；开发区应编制年度财政性基本建设预算，报经市政府批准后执行。纳入开发区财政收入范围内的耕地占用税、契税按照当年实际入库数由开发区全额上解给市财政；纳入开发区财政收入范围内的建筑安装业、房地产业缴纳税收的地方财政收入部分，按照当年实际入库数由开发区全额上解市财政。开发区当年地方财政体制收入超过2010年收入基数的增量剔除按原体制应上解省财政、企业扶持资金比2010年增加部分的差额，开发区按40%的比例上解市财政，其中差额的10%用于市对莲都区转移支付补助。

2014年，调整完善市对开发区财政体制。将企业注册登记地在开发区范围的企业缴纳的税收收入纳入开发区地方财政收入。将原分成给莲都区的建筑安装业、房地产业营业税30%部分纳入开发区财政收入。建立开发区建筑安装业、房地产业缴纳地方税收收入增收分成机制，开发区区域范围内建筑安装业、房地产业（不含本次划转企业）缴纳税收的地方财政收入超过2013年部分（2013年部分作为基数，固定上解市财政），实行市、开发区7∶3分成，开发区分成所得用于偿还债务。将开发区地域范围内耕地占用税、契税的应税未税收入全部纳入开发区收入。建立开发区耕地占用税增收分成机制，开发区缴纳入库耕地占用税收入超过2013年部分（该部分作为基数，固定上解市财政），市、开发区按7∶3分成，开发区共享所得用于偿还债务。建立新增建设用地有偿使用费返还机制，省返还的新增建设用地有偿使用费原则上按上年度开发区土地出让金收入占市级的比例分成，开发区分成所得部分按新增建设用地有偿使用费规定使用。开发区在水阁、南城控制性详细规划区域和东扩一期工程范围的土地出让金，扣除规定项目后，全部拨付开发区。加大市对开发区的转移支付力度，2015—2017年，每年安排开发区生态建设转移支付1000万元，用于促进开发区合成革行业转型升级。实行增值税、消费税“两税”返还，根据2011—2013年开发区“两税”增量占市本级（不含莲都区）的比重确定返还基数100万元，返还比例逐年递增，递增率按开发区当年上划中央增值税、消费税“两税”收入增长率的1∶0.3系数确定，未达到2013年基数的，则相应扣减税收返还数额。建立工业亩均税收激励奖补机制，开发区工业土地亩均税收每增减1万元，市奖励或扣减补助资金300万元，所得收入用于工业企业转型升级。从2014年起，市对开发区人员经费补助形式改为固定补助1200万元，新增部分由开发区财政承担。至2018年，开发区仍执行2014年确定的财政体制。

第二节　县（市）财政体制

浙江省为省管县财政体制，省对丽水市级和丽水下辖县（市）财政体制基本相同。

一、分级包干体制

1991—1993年，丽水地区各县（市）实行始于1985年“划分税种、核定收支、分级包干”的体制。1991年各县（市）财政收入基数以1989年收入决算数为基础，财政支出基数以1989年地方按包干体制应得财力为基础，分别进行必要的因素调整后确定。各县（市）财政固定收入加共享分成收入之和与地方财政支出基数进行比较，如收入大于支出，差额部分统一换算调整成1991年上解数，从1992年起按规定比例递增包干上解；如地方支出大于收入，差额部分由省财政实行定额补贴，对贫困县给予适当照顾。

1991年，丽水市（县级）、龙泉市、遂昌县实行“比例递增、包干上解”的办法。即地方财政固定收入加产品税、增值税、营业税（“工商三税”）分成收入，收大于支换算为1991年上解基数，从1992年起按5%比例递增上解；超收分成比例分为两档：收入超过5%不足12%部分，90%留县（市），10%上解省；超过12%部分，80%留县（市），20%上解省；“工商三税”收入增长未达到递增上缴比例的，由县（市）自有财力补足上缴数。1993年，3个县（市）体制上缴数为2705万元，其中丽水市（县级）1245万元、龙泉市671万元、遂昌县789万元。其他各县，除松阳县1991年实行“定额分成”（按财政收入总额的6.20%上缴省财政125万元）外，均采用“定额补贴”办法。按1989年核定的收支基数，支出大于收入的部分实行固定数额补助。补助每年以一定的比例递增，其中景宁畲族自治县、云和县、青田县年递增10%，其他县5%。到1993年补助总数为3176万元，其中云和县577万元、青田县720万元、庆元县465万元、缙云县340万元、景宁畲族自治县1050万元、松阳县24万元。

二、分税制财政体制

1994年1月起，丽水地区各县（市）全面实施分税制财政体制。根据事权与财权相结合原则，按税种划分中央财政收入、地方财政收入和中央与地方共享收入。

财政收支范围　县（市）财政收入，包括县（市）属增值税25%、营业税、企业所得税和上缴利润、个人所得税、城镇土地使用税、固定资产投资方向调节税、房产税、车船使用税、印花税、屠宰税、遗产与赠与税（未开征）、土地增值税、资源税（不含海洋石油资源税）、城市维护建设税（含中央与省属企业缴纳的收入）、农业税、农业特产税、耕地占用税、契税、国有土地有偿使用收入、排污费专项收入、其他各项收入（含收入退库），以及与中央、省、地（市）按固定比例分成的收入（主要是教育费附加、国家能源交通重点建设基金和预算调节基金）。县

（市）财政支出，主要包括行政管理费、公检法支出、部分武警经费、县（市）企业技术改造和新产品试制经费、支农支出、城市维护和建设经费、文化教育科学费、卫生和社会保险等各项事业费，价格补贴支出和其他支出。

增值税、消费税“两税”返还　按照1993年市地县实际收入，以及中央、省、市地县之间的收入划分情况核定1993年中央从县（市）净上划收入数额（消费税+增值税75%+非银行金融企业所得税-中央和省下划收入）。1993年，中央净上划收入全额返还给县（市），并以此作为以后省对县（市）的“两税”返还基数，全区“两税”返还基数为1.65亿元。1994年后，税收返还在1993年基数上逐年递增，县（市）按1∶0.3的系数递增增加税收返还数，其中省财政集中20%。达不到年递增数，则地方财政赔补短收部分的70%。

1993年丽水地区财政包干体制结算一览表

表1－1－4　　单位：万元

项　　目	金额	项　　目	金额
一、决算收入	32684	5.加：不列入“分税制”范围分成收入	460
减：固定资产投资方向调节税	121	加：城建税	683
中央四部门“三税”	382	6.地方可用财力	12290
省下放的趸售县电力产品税	—	三、总额分成地区	—
粮食财务包干指标	-1783	1.参与分成收入	—
外贸退库指标	-15	2.减：总额分成上解	—
不列入“分税制”范围的收入	978	3.减：贡献款	—
城建税	1037	4.地方应得体制分成收入	—
参与分成收入	31964	5.加：不列入“分税制”范围的分成收入	—
二、递增包干上交地区	—	加：城建税	—
1.参与分成收入	14108	6.地方可用财力	—
1991年参与分成收入基数	11112	四、定额补助地区	—
2.减：体制上解	2705	1.参与分成收入	17856
（1）1991年体制上解基数	2237	2.加：定额补助	4105
（2）递增上解部分（5%或5.5%）	270	3.减：贡献款	225
（3）增收上解10%部分	114	4.地方应得体制分成收入	21736
（4）增收上解20%部分	84	5.加：不列入“分税制”范围的分成收入	518
3.减：贡献款	256	加：城建税	354
4.地方应得体制分成收入	11147	6.地方可用财力	22608

注：丽水、龙泉、遂昌三县（市）为递增包干上缴。

1994年丽水地区分税制财政体制结算一览表

表1－1－5　　　　单位：万元

项　　目	金额	项　　目	金额
一、地方财政决算收入	18467	赔补额(c–d)×70%或(c–b)×70%	961
1.减：固定比例留用收入	794	4.非银行金融企业所得税短收赔补	10
a.国家能源交通重点建设基金	2	1994年实际完成数	119
b.国家预算调节基金	37	1993年基数	126
c.排污费	120	三、原体制递增上解或定额补助	—
d.教育费附加	635	1.1993年财政收入递增上解基数	2705
2.调整后地方财政收入	17673	1994年财政收入递增上解数［基数×（1+5%或5.5%）］	2854
减：1993年地方财政收入基数	14953	2.定额补助	4296
地方财政收入增加额	2720	四、地方可用财力	34784
3.增加上交省20%	450	地方财政收入留用	17223
地方财政收入留用(2–3)	17223	市地县税收返还收入	15860
二、税收返还收入(1–2–3–4)	15860	定额补助	4296
1.1994年税收应返还收入	16895	减：原体制上解	2854
a.税收返还基数	16510	贡献款	480
b.上划“两税”基数	17034	地方应得体制分成	34045
c.上划“两税”目标数	19724	加：固定比例留用收入	763
d.1994年上划“两税”完成数	18360	减：地方出口退税负担20%部分	24
e.上划“两税”增长率[(d–b)/b×100%]	7.79	五、往来结算	—
f.税收应返还收入[a×(1+e×0.3)]	16892	1.应上解省总数	3834
g.超目标奖励	3	2.省应补助总数	40668
2.税收返还增加额上交省	64	3.预算内补助已拨部分	—
3.短收赔补	961	4.省拨调度款	38269
a.比基数短收赔补(b–d)	—	5.年终欠省(+)或省欠(–)	1435
b.比目标短收赔补	961	6.省借周转金	9500
差额(c–d)或(c–b)	1373	7.与省往来	10935

实施“分税制”后原体制的分配格局暂时不变，即原体制“递增上解”和“定额补助”继续保留。丽水市（县级）、龙泉市、遂昌县原体制上缴额作为基数继续上缴，并按5%比例递增。1995年以后取消递增，改为定额上缴。其他各县继续保留“定额补助”体制。原中央和省给县（市）的各项专款拨款继续下拨，县（市）向中央的贡献款继续上缴。

增收上解　1994年起，丽水地区各县（市）地方财政收入比基数增长部分，省与县（市）按2∶8分成，省得20%，县（市）得80%（云和、景宁、青田免上解）。

2002年1月起，实施所得税收入分享改革，企业所得税和个人所得税，中央、地方各分享50%，2003年起改为中央分享60%，地方分享40%。基数确定，以2000年企业所得税和个人所得税的实际入库数乘以1998—2000年三年平均增长率作为2001年的基数，丽水市8个县（市）企业所得税基数1.30亿元，个人所得税基数7850万元。全市8个县（市）“两税”返还基数为1.30亿元，其中青田县2056万元，云和县980万元，龙泉市1063万元，庆元县1074万元，缙云县2715万元，遂昌县3076万元，松阳县1047万元，景宁畲族自治县945万元。

“两保两挂”政策　1995年，省对经济欠发达的17个县（市）实行“两保两挂”财政政策［含丽水地区9个县（市）］。要求各县（市）在确保完成上缴中央“两税”（增值税、消费税）任务（1997年国地税机构进一步分设后改为确保完成逐步消化滚存赤字任务）和确保当年财政收支平衡的前提下，省对县（市）补助、奖励与县（市）地方财政体制收入增长率和增收额挂钩，即地方财政体制收入（以1994年为基数）每增长1%，省财政对县（市）财政补助（以1994年的体制补助、困难补助为基数）增加0.5%，地方财政体制收入环比每增加100万元，省对县（市）奖励5万元。2003年，省对“两保两挂”补助挂钩比例进行调整，即地方财政收入每增长1%，省挂钩补助比例2003年为0.5%、2004年为0.4%、2005年为0.3%。实行“两保两挂”财政政策后，省对丽水各县（市）的补助从1994年的9568万元增加到2000年的2.39亿元。

1995年省对丽水地区各县（市）“两保两挂”补助一览表

表1-1-6　　单位：万元

县(市)	地方财政收入	调整后地方收入	困难补助	体制补助	补助基数	1995年百元增收可得补助
丽水	4279	4102	350	—	350	4.26
青田	1279	1196	900	778	1678	70.10
云和	1054	1011	650	606	1256	62.10
龙泉	2964	2882	500	—	500	8.67
庆元	1037	964	650	465	1115	57.80
缙云	2150	2060	700	340	1040	25.20
遂昌	2258	2139	850	—	850	19.86
松阳	1442	1393	850	24	874	31.31
景宁	745	714	750	1155	1905	133.40
合计	17208	16461	6200	3368	9568	—

分类分档激励奖补政策　2008年，省政府为完善“两保两挂”财政政策，建立“分类分档激励奖补机制”，对欠发达的丽水市实行激励奖补政策。即原享受“两保两挂”县（市），在确保实现当年财政收支平衡、确保完成各项职责任务（重点是教育、卫生、社保等有关全面改善民生、促进社会和谐方面）的前提下，实行省补助与地方财政收入增长挂钩，奖励与地方财政收入增收额挂钩的办法。县（市）地方财政收入每增长1%，省补助按一定系数相应增长。补助挂钩系数分0.4、0.3、0.2三档。庆元县、松阳县、景宁畲族自治县列第一档（0.4），其余5个县（市）列第二档（0.3）。奖励与县（市）地方财政收入增收额挂钩，挂钩比例为增收额的10%，其中8%用于发展资金，2%用于考核奖励。

第三产业地方税收收入增长奖补政策　2012年，省政府将“分类分档激励奖补机制”调整为“地方财政税收收入增长奖补机制”；2015年，调整为“第三产业地方税收收入增长奖补政策”。县（市）在确保实现当年财政收支平衡、确保完成民生改善等政府职责任务的前提下，实行省激励补助与其第三产业地方税收收入增长率挂钩，奖励与其第三产业地方税收收入增收额挂钩的办法。补助办法：市、县（市）第三产业地方税收收入每增长1%，省补助按一定系数相应增长。补助系数分0.4、0.3、0.2三档，庆元县、松阳县、景宁畲族自治县列第一档（0.4），其余5个县（市）列第二档（0.3）。奖励办法：省对丽水等29个市、县（市）按其第三产业地方税收收入当年增收额的一定比例给予奖励。县（市）按地方第三产业地方税收收入增收额挂钩计算，挂钩比例为增收额的15%。

营业税增收上缴　2008年起，实行市、县（市）营业税当年增收上缴省部分予以返还奖励。省级金融保险业营业税当年增收部分给予市、县（市）20%奖励。新办电力生产企业缴纳的电力增值税25%，所在市、县（市）与省返还奖励比例由4∶6调整为6∶4。2015年起取消。

固定补助　浙江省将税务经费，代扣代缴、代收代缴和代征税款手续费等原单项结算的体制项目，以及2001年财力性专项增列“两保两挂”计算的补助数，以2002年决算数为基数，作为固定补助。

2018年丽水市税收返还基数一览表

表1－1－7　　　　单位：万元

项目	小计	市级	青田	云和	龙泉	庆元	缙云	遂昌	松阳	景宁
税收返还收入	90101	36895	11331	−429	12032	4650	6882	7552	7826	3362
上划增值税净返还	41138	9516	5709	1773	4255	2338	7300	3951	3306	2990
上划企业所得税、个人所得税基数返还	19776	6820	2056	980	1063	1074	2715	3076	1047	945
成品油税费改革基数返还	3945	994	417	190	429	238	524	492	513	148
消费税基数返还	2268	1710	4	1	3	1	513	16	19	1
营改增基数返还	22974	17855	3145	−3373	6282	999	−4170	17	2941	−722

注：税收返还收入包括增值税、消费税“两税”返还，企业所得税、个人所得税基数返还，成品油税费改革基数返还，消费税基数返还，营改增基数返还。

1991—2018年丽水市一般公共预算转移性收入（上级补助收入）分项目一览表

表1-1-8

单位：万元

年份	上级补助收入合计	返还性收入						一般性转移支付收入						专项转移支付收入
		小计	税收返还补助	所得税基数返还	增值税和消费税税收返还	成品油价格和税费改革税收返还	增值税“五五分享”税收返还	小计	省定额补助	体制补助	均衡性转移支付补助和县级基本财力保障机制奖补	重点生态功能区补助	其他补助	
1991	14312	—	—	—	—	—	—	4590	2251	—	—	—	2339	9722
1992	17181	—	—	—	—	—	—	7854	4742	—	—	—	3112	9327
1993	17410	—	—	—	—	—	—	9897	4104	—	—	—	5793	7513
1994	40668	15860	15860	—	—	—	—	14429	4296	—	—	—	10133	10379
1995	49268	17732	17732	—	—	—	—	18492	—	—	—	—	18492	13044
1996	60133	18539	18539	—	—	—	—	23219	—	—	—	—	23219	18375
1997	64727	18363	18363	—	—	—	—	25667	—	—	—	—	25667	20697
1998	74972	19297	19297	—	—	—	—	38181	—	—	—	—	38181	17494
1999	87559	20072	20072	—	—	—	—	42507	—	—	—	—	42507	24980
2000	109797	21585	21585	—	—	—	—	53571	—	—	—	—	53571	34641
2001	157695	22942	22942	—	—	—	—	98654	—	89944	—	—	8710	36099
2002	201084	37362	23571	13791	—	—	—	120553	—	85585	—	—	34968	43169
2003	245810	44614	—	19776	24838	—	—	138022	—	67366	—	—	70656	63174
2004	260390	51687	—	19697	26191	—	—	155007	—	77255	—	—	77752	53696
2005	299963	48522	—	19776	27673	—	—	167374	—	75722	—	—	91652	84067
2006	372989	49266	—	19776	29490	—	—	205904	—	110267	—	—	95637	117819
2007	482332	51240	—	19776	31464	—	—	266498	—	165850	—	—	100648	164594
2008	584238	52492	—	19776	32716	—	—	297841	—	147703	—	—	150138	233905
2009	795400	57273	—	19776	33552	3945	—	405597	—	116316	72175	—	217106	332530
2010	913179	58195	—	19776	34474	3945	—	504956	—	132452	81996	—	290508	350028
2011	1058526	61963	—	19776	38242	3945	—	690003	—	148211	93631	—	448161	306560
2012	1220876	66981	—	19776	43260	3945	—	785915	—	147765	107761	44442	485947	367980
2013	1332682	67295	—	19776	43574	3945	—	980959	—	161504	221892	46388	551175	284428
2014	1409787	66801	—	19776	43080	3945	—	1051988	—	160328	233391	53204	605065	290998
2015	1765737	67128	—	19776	43407	3945	—	1136920	—	186529	231774	107891	610726	561689
2016	1934815	75336	—	19776	51615	3945	—	1276064	—	198078	266052	115508	696426	583415
2017	2134418	90101	—	19776	43406	3945	22974	1506782	—	208980	308696	243334	745772	537535
2018	2234826	90101	—	19776	43406	3945	22974	1567870	—	235133	273865	271934	786938	576855
合计	17940774	1190747	177961	330128	590388	39450	45948	11595314	15393	2514988	1891233	882701	6290999	5154713

注：返还性收入中，2004年小计包括出口退税基数返还4718万元，免抵未调库归还收入1081万元；2005年小计包括免抵未调库归还收入1073万元。省定额补助中，1991年包括省定期定额补助80万元，1994年4296万元为原体制补助。1995—2000年决算总表未单列体制补助。2001年体制补助89944万元为过渡期转移支付补助。

1991—2018年丽水市一般公共预算转移性收入（上级补助收入）一览表

表1－1－9　　单位：万元

年份	上级补助收入合计	市补助县(市、区)	合计	市本级	莲都	青田	云和	龙泉	庆元	缙云	遂昌	松阳	景宁
1991	14312	—	14312	1430	1098	2087	1718	801	1318	1333	1205	1183	2139
1992	17181	—	17181	2162	1269	2215	1454	1089	1797	1909	1267	1708	2311
1993	17410	—	17410	2679	1065	2347	1812	958	1686	1464	1389	1456	2554
1994	40668	—	40668	4222	4387	5590	3194	3622	3438	4957	3819	3535	3904
1995	49268	—	49268	5323	4672	7474	4071	4119	4251	6116	4462	3885	4895
1996	60133	—	60133	6832	5654	8923	4947	4596	5281	6651	5387	5344	6518
1997	64727	—	64727	7942	5790	9235	5650	4945	4968	7383	5842	5474	7498
1998	74972	—	74972	8981	7751	10444	5833	6344	6907	7185	6345	6163	9019
1999	87559	—	87559	10132	9875	11400	6788	7665	8232	8858	7472	7034	10103
2000	109797	—	109797	19353	7987	13293	7622	10741	10449	10858	9227	8506	11761
2001	157695	—	157695	21023	24742	17608	10512	14167	13956	15864	12890	12101	14832
2002	201084	—	201084	28873	25387	22342	13162	17409	17834	22026	18415	15648	19988
2003	245810	—	245810	29694	32440	27161	19055	26499	23668	25734	20507	18721	22331
2004	260390	—	260390	30572	35429	31723	16840	24423	22920	27577	24490	20107	26309
2005	299963	—	299963	29608	42934	36842	18399	30649	29043	31635	26043	24268	30542
2006	372989	—	372989	28663	56907	44730	23751	37232	40425	38171	31517	30009	41584
2007	482332	—	482332	30331	76683	57558	32633	50390	43072	49045	48493	41633	52494
2008	584238	—	584238	29659	88980	66488	37161	63870	51312	63747	61794	57385	63842
2009	795400	—	795400	55422	103407	100549	52465	88180	70888	86568	78814	72886	86221
2010	913179	—	913179	112366	75499	105276	60341	106881	80428	100983	88979	85376	97050
2011	1058526	—	1058526	116273	88570	113909	70964	114538	111065	110652	106807	106462	119286
2012	1220876	10061	1230937	141667	96887	139522	83895	131616	126516	127666	121049	129752	132367
2013	1332682	18175	1350857	150867	113309	144897	93476	145670	136012	142699	140020	135908	147999
2014	1409787	18155	1427942	144442	119967	152376	98127	160259	141756	151959	151275	143201	164580
2015	1765737	20012	1785749	226198	139300	182969	107059	186685	218156	177761	171332	171668	204621
2016	1934815	196310	2131125	404380	178097	211474	114816	216255	219162	196403	198795	188450	203293
2017	2134418	219658	2354076	402803	193451	249506	148364	251117	207323	236876	211572	205164	247900
2018	2234826	227081	2461907	401742	199370	254682	171071	303608	219281	241996	230976	219282	219899
合计	17940774	709452	18650226	2453639	1740907	2032620	1215180	2014328	1821144	1904076	1790183	1722309	1955840

注：2015年前总决算市补助县（市、区）不包含补助莲都区；2016年起总决算口经调整，市补助县（市、区）包含补助莲都区。

第三节 乡（镇）财政体制

1991—1993年，丽水地区根据乡镇财政收支规模采取统收统支、收支挂钩、超收分成、收支包干四种财政体制。“统收统支”，即收入统一上缴，支出统一拨付；“收支挂钩”，即定收定支，收支挂钩，总额分成，一年一定或一定几年不变，多收多支，超支不补，结余留用；“超收分成”，即定收定支，收入上缴，超收分成，超支不补，结余留用；“收支包干”，即定收定支，收支包干，定额上缴（或定额补助），一年一定或一定几年不变。乡镇财政收入范围一般包括乡镇和村企业、联合体、个体户的产品税、增值税、营业税、工商所得税、农业税、契税、屠宰税、牲畜交易税、补税罚款收入和其他收入等。支出范围一般包括乡镇级农业、农机、畜牧、林业、水利、文化、教育、科学、卫生、计划生育、广播、抚恤等事业费和行政管理费。原部分县属事业单位和人员充实到乡镇的，仍由县主管部门核拨经费。

1994年，丽水地区部分乡镇开始实行分税制财政体制。1995年起，“两保两挂”政策延伸到部分乡镇，部分乡镇仍实行“核定收支、收支包干、定额上缴（或定额补助）、超收分成”体制。至2000年，丽水市195个乡镇中，实行分税制财政体制的乡镇98个，继续实行原体制的乡镇97个；实行分成上解体制乡镇5个，实行定额补助体制乡镇190个。2001年12月，省财政厅《关于进一步做好乡镇财政工作的意见》，将乡镇预算内、预算外、乡镇统筹、自筹资金全部纳入乡镇总预算会计统一核算，执行统一预算会计制度，实行乡镇综合预算管理。

2002年始，随着农村税费改革、农村综合改革的实施，乡镇财政体制不断调整完善。2004年4月，市财政局制定《关于完善丽水市乡镇财政体制机制改革意见》，提出乡镇财政体制实行分类指导，不搞“一刀切”。2006年6月，省财政厅《关于对部分乡镇实行“乡财乡用县管”的财政管理方式的指导性意见》，决定对“乡财乡用县管”的乡镇，实行“预（决）算共编、账户统设、集中收付、采购统办、票据统管”的方式，由县（市、区）级财政部门直接监管。2006年，丽水市撤扩并调整乡镇，全市195个乡镇调整为181个，其中实行分成上解体制的乡镇14个，实行定额补助体制的乡镇167个。2010年8月，省政府《关于加快推进公共财政管理改革的意见》，提出按照财力与事权相匹配的原则，完善县对乡镇财政管理体制和管理方式，理顺县（市、区）与乡镇的财力分配关系并适度向基层倾斜。2013年始，实施省财政厅乡镇财政管理规范化建设三年行动计划。是年，全市172个乡镇，实行“乡财乡用县管”体制的133个，实行分税制体制的34个，其他5个。2014年7月，贯彻省财政厅《关于进一步推进乡镇财政建设工作的通知》，加强乡镇财政机构、乡镇公共财政服务平台、就地就近资金监管等规范化建设。2018年8月，贯彻省财政厅《关于进一步加强乡镇财政管理工作的意见》，按照“一级政府、一级财政”的要求，逐步建立财政事权与支出责任相适应的差别化的乡镇财政管理体制。2018年年末，全市172个乡镇，实行“乡财乡用县管”体制的88个，实行分税制体制的84个。

第二章　财政收入

财政收入是政府行使职能的财力保证。20世纪80年代，丽水市国营企业实施“利改税”，工商税收入占比进一步提高。1992年，中央在浙江试点分税制财政体制；1994年，全国统一实行分税制，将税种划分为中央税、地方税和中央地方共享税，并建立中央税收和地方税收体系，分设国家与地方两套税务机构分别征管，财政收入划分为中央收入和地方收入。1997年，部分原属预算外资金收入纳入财政基金预算管理，原预算内地方财政收入称为一般预算收入，2007年，根据公共财政管理改革要求，一般预算收入分为税收收入和非税收入，到2010年，丽水市基本形成税收收入和非税收入（政府性基金预算收入、国有资本经营预算收入）为主组成的财政收入体系。2015年起，新的《中华人民共和国预算法》实施，一般预算收入改称一般公共预算收入。1991年，丽水地区财政总收入2.29亿元，2018年，全市财政总收入211.18亿元，是1991年的92倍，年均增长18.24%。

第一节　一般公共预算收入

1991—1993年，丽水地区财政收入不区分财政总收入与地方财政收入，主要包括农业税收收入、工商税收收入、企业收入、专项收入和其他收入。1994年，实行分税制财政体制后，税收收入划分为中央税（中央固定收入）、地方税（地方固定收入）以及中央与地方共享税（共享收入），从此财政收入有了财政总收入和地方财政收入的概念。财政总收入包括上划中央收入和地方财政收入。初期上划中央收入为消费税的100%和增值税的75%。2002年起，企业所得税和个人所得税实行中央与地方共享分成，中央与地方各50%；2003年改为中央60%，地方40%。一般预算收入包括农业税收收入、工商税收收入（包括增值税的25%，2003年所得税的40%）、企业收入（主要为国有企业计划亏损补贴，2007年后为国有资本经营收入）、专项收入、行政事业性收费（2003年后）、罚没收入和其他收入。2007年起，对一般预算收入决算科目进行调整，分为税收收入和非税收入两大项。税收收入税种有增值税、营业税、企业所得税、个人所得税、资源税、固定资产投资方向调节税（暂缓征收）、城市维护建设税、房产税、印花税、城镇土地使用税、土地增值税、车船税、耕地占用税、契税、烟叶税等。非税收入有专项收入、行政事业性收费、罚没收入、国有资本经营收入、国有资源（资产）有偿使用收入和其他收入。

1991年，丽水地区财政总收入仅为2.29亿元；1999年突破10亿元；2007年突破50亿元，达56.05亿元；2011年突破100亿元，达100.09亿元；2018年突破200亿元，达211.18亿元。其中一般公共预算收入2001年突破10亿元，达11.73亿元；2011年突破50亿元，达57.36亿元；2016年突破100亿元，达103.57亿元；2018年突破130亿元，达130.01亿元，较1991年年均增长

16.14%。2018年，全市财政总收入占地区生产总值的15.14%；一般公共预算收入占财政总收入的61.56%；一般公共预算税收收入占一般公共预算收入的80.85%，超过全省高质量发展指标体系评价标准（80%）。

1991—2018年丽水市财政总收入一览表

表1－2－1　　单位：万元

年份	全市	市本级	莲都	青田	云和	龙泉	庆元	缙云	遂昌	松阳	景宁
1991	22945	1301	4448	2458	799	4014	1550	2708	2801	2116	750
1992	23362	1406	4615	2451	876	3882	1679	2932	2722	1999	800
1993	32684	1790	6289	3243	1565	4843	2300	4880	3623	2992	1159
1994	37306	2119	7582	3511	1846	5313	2559	5471	4310	3289	1306
1995	46723	2735	9014	5039	2452	6253	3473	7013	5174	3509	2061
1996	57863	3484	11248	6768	3369	7135	4119	8285	6354	4081	3020
1997	64627	4233	12930	7683	3562	6818	3286	9678	7656	4750	4031
1998	80780	4972	18678	9565	4467	7127	3856	10454	8703	5493	7465
1999	100013	5872	26787	10365	5354	7861	4645	12661	10478	6785	9205
2000	128348	33726	10996	13370	6466	10065	5416	15954	13430	7585	11340
2001	179450	47430	16199	19628	9693	13112	6962	25676	19043	10026	11681
2002	209194	52798	12967	27123	11077	16000	7577	30754	23867	12012	15019
2003	256326	59492	18962	37169	13699	19236	9596	35676	30558	15038	16900
2004	263025	58720	19762	40455	14239	17894	9077	33773	33635	18018	17452
2005	348066	67130	30360	66013	19250	23613	11989	46061	40212	19684	23754
2006	432040	88604	40696	82250	23525	28057	15167	60054	45302	24679	23706
2007	560485	128949	62505	100680	28206	36168	19139	78402	51866	30379	24191
2008	634204	144701	74556	112233	31501	41657	20566	90083	57293	33636	27978
2009	655823	145766	86875	114838	32930	40726	21458	90148	58890	36050	28142
2010	768353	183119	102638	122987	34583	51581	26019	100980	67979	40428	38039
2011	1000875	234722	129190	157414	43256	67147	31529	133226	75141	48764	80486
2012	1126576	257631	140233	187991	52209	75780	35397	145480	83817	53011	95027
2013	1242211	279818	163439	204903	62713	85218	41379	157412	92526	59294	95509
2014	1350208	313878	187180	209426	68232	91888	48702	170421	95367	67273	97841
2015	1515987	374667	214305	222601	75806	103886	55912	179527	105376	77334	106573
2016	1648721	420063	232191	241732	76213	113246	63345	183631	114248	88630	115422
2017	1804584	470858	225916	260034	83607	128267	71115	200886	133890	99323	130688
2018	2111846	543758	257900	301649	94882	141616	83309	246826	172496	116390	153020
合计	16702625	3933742	2128461	2573579	806377	1158403	611121	2089052	1366757	892568	1142565

注：2000年以前丽水市本级为地区本级，莲都区为原丽水市（县级）。

1991—2018年丽水市一般公共预算收入一览表

表1－2－2　　单位：万元

年份	全市	市本级	莲都	青田	云和	龙泉	庆元	缙云	遂昌	松阳	景宁
1991	22945	1301	4448	2458	799	4014	1550	2708	2801	2116	750
1992	23362	1406	4615	2451	876	3882	1679	2932	2722	1999	800
1993	32684	1790	6289	3243	1565	4843	2300	4880	3623	2992	1159
1994	18467	1259	4279	1279	1054	2964	1037	2150	2258	1442	745
1995	24537	1745	5539	2263	1474	3410	1513	2872	2861	1659	1201
1996	32558	2356	7169	3569	2114	3888	2078	3726	3724	2062	1872
1997	37667	3053	7755	4085	2307	3933	2208	4458	4642	2870	2356
1998	47210	3508	10130	5640	2897	4324	2777	5470	5302	3481	3681
1999	60403	4178	15170	6835	3662	4854	3128	7078	6487	4375	4636
2000	76247	19806	6022	8926	4259	6260	3516	8763	8385	5001	5309
2001	117270	31979	10116	13764	6941	8768	4855	14151	12976	7284	6436
2002	121474	36202	7521	16279	6638	9215	4246	14616	11964	7323	7470
2003	147841	38362	11664	22606	8035	11180	5115	17703	15461	9009	8706
2004	161940	38269	12725	27102	8963	11932	5536	18832	17199	11087	10295
2005	200081	43573	17326	37825	11391	14784	7141	23368	21185	11264	12224
2006	249411	58036	23519	47390	13717	17453	9290	28471	23824	14473	13238
2007	326640	83842	34607	59802	16518	21862	11944	38384	27752	17858	14071
2008	361476	87604	39281	68987	18402	24785	12525	42700	30906	20045	16241
2009	374198	85151	43010	73922	19003	24870	12941	44467	31879	21933	17022
2010	449423	110712	53406	81270	20312	32067	15533	51350	36885	25476	22412
2011	573620	150042	72312	93244	24471	40855	18812	66214	41768	29225	36677
2012	646121	165692	83327	105442	28696	46409	21511	74401	46747	33046	40850
2013	736997	178198	97337	119086	33630	54513	25130	86976	55228	39071	47828
2014	809573	197639	108598	128629	36598	61381	30057	94876	60016	43818	47961
2015	945064	232871	124669	149328	42899	71445	35508	110080	71160	52591	54513
2016	1035667	255172	135803	159981	46640	78607	39101	121503	77978	58617	62265
2017	1129055	299086	135304	168400	51800	85032	42048	130521	83707	63070	70087
2018	1300106	345820	158312	191071	58890	91018	50500	153412	100968	72697	77418
合计	10062037	2478652	1240253	1604877	474551	748548	373579	1177062	810408	565884	588223

注：1991—1993年财政收入不区分财政总收入与地方财政收入，1994年实行分税制财政体制后，区分财政总收入与地方财政收入。2000年撤地设市前，丽水市本级为地区本级，莲都区为原丽水市（县级）。

1991—2018年丽水市一般公共预算收入分项目一览表

表1-2-3　　单位：万元

年份	地方收入合计	农业税收	工商各税	企业收入	专项收入	行政事业性收费	罚没收入	其他收入
1991	22945	1688	18522	676	436	0	1285	338
1992	23362	1792	20228	-468	561	0	962	287
1993	32684	1772	29709	-525	623	0	944	161
1994	18467	2919	16606	-2330	756	0	490	26
1995	24537	4109	22523	-4502	1138	0	1120	149
1996	32558	4858	29161	-5035	1333	9	2076	156
1997	37667	4874	33692	-5559	—	1	4227	432
1998	47210	6132	39815	-5867	1550	0	5303	277
1999	60403	7657	47454	-1795	2035	14	4314	724
2000	76247	7967	61607	-1652	2548	64	5713	0
2001	117270	8807	100001	-2089	3113	0	7245	193
2002	121474	14317	95067	-907	3824	0	9114	59
2003	147841	21238	105475	-328	4387	3353	12750	966
2004	161940	18847	114932	-704	5168	6550	16199	948
2005	200081	20386	147984	447	6788	5958	17544	974
2006	249411	21656	193390	533	8039	7340	17269	1184
2007	326640	29168	259506	332	9946	6763	19629	1296
2008	361476	25940	278704	-218	11573	13438	25197	6842
2009	374198	36788	280675	-368	13843	13710	28544	1006
2010	449423	49891	343558	-7401	17898	15383	21713	8381
2011	573620	70018	435097	-1062	22029	17489	23893	6156
2012	646121	63351	503835	-1062	25017	24488	23653	6839
2013	736997	91076	559612	-1062	23595	26457	27363	9956
2014	809573	88302	631292	-1062	23770	20792	30081	16398
2015	945064	116337	666978	-937	66492	32583	37153	26458
2016	1035667	141648	698916	-1062	70525	14143	59819	51678
2017	1129055	135231	754675	-1062	91090	20648	46967	81506
2018	1300106	162017	889167	-1014	91697	29042	67018	62179
合计	10062037	1158786	7378181	-46083	509774	258225	517585	285569

注：①1991—1993年为分税制前，企业所得税作为企业收入的其中数。丽水地区企业收入包括国营企业所得税类、国营企业调节税类、国营企业上缴利润、计划亏损补贴、承包收入退库等。财政收入不分中央收入与地方收入，财政总收入均作地方财政收入计。

②1997年“专项收入”列入“政府性基金”口径统计，不在地方财政收入之内。

一、企业收入

1993年前，丽水地区企业收入包括国营企业所得税、国营企业调节税、国营企业上缴利润、计划亏损补贴、承包收入退库等。1994年分税制改革后，丽水地区国营企业不再上缴利润，改为缴纳企业所得税，企业收入主要反映国有企业计划亏损补贴和国有资产经营收益。2007年后为国有资本经营收入。1994—2018年，丽水市企业收入为-4.58亿元。

1991—1993年丽水地区国营企业收入一览表

表1-2-4 单位：万元

年份	小计	国营企业所得税	国营企业调节税	国营企业上缴利润	国营企业计划亏损补贴	其中:粮食企业	国营企业承包收入退库
1991	676	2852	16	245	-2392	-1848	-45
1992	-468	2911	10	293	-3682	-3388	—
1993	-525	2267	-10	-68	-2714	-2039	—
合计	-317	8030	16	470	-8788	-7275	-45

二、工商税收收入

1991—1993年，丽水地区工商税收收入由工商统一税、产品税、增值税、营业税、集体企业所得税、城乡个体工商户所得税、私营企业所得税、个人收入调节税、城镇土地使用税、国营企业工资调节税、城市维护建设税、奖金税、房产税、车船使用税、屠宰税、印花税、盐税、固定资产投资方向调节税、资源税、牲畜交易税等组成。1994年，税制改革后，地方财政收入中，工商税收收入由增值税、营业税、企业所得税、个人所得税、资源税、城镇土地使用税、土地增值税、城市维护建设税、房产税、车船使用税、屠宰税、印花税、烟叶税、环境保护税等组成。1991—2018年，丽水市工商税收收入737.82亿元（不含上划中央收入），占同期一般公共预算收入的73.33%。

三、农业税收收入

丽水市采取增产不增税和逐渐减轻农业税负担的政策，农业税收入占一般预算收入的比重逐年下降，2001年9月起，丽水市暂停征收农业特产税；2004年起，全市对在农业税计税土地上种植粮食和油菜的农业收入免征农业税；2006年起，在全国范围内全面取消农业税。根据国务院《中华人民共和国耕地占用税暂行条例》要求，耕地占用税实行一次性课征税制及列收列支、专款专用，贯彻“取之于农，用之于农”的税收原则。契税源于土地、房屋等不动产所有权发生转移、变动时所征的税收，1997年起，随着房地产市场交易的活跃，契税收入逐渐增加。

1991—2018年，丽水市农业税、农业（林）特产税、耕地占用税和契税收入115.88亿元。其中农业税收入2.13亿元，农业（林）特产税收入1.66亿元，耕地占用税收入41.74亿元，契税收入70.34亿元。

1991—1993年丽水地区工商税收收入一览表

表1-2-5　　　　单位：万元

税种	1991年	1992年	1993年	合计
产品税	3183	3155	4671	11009
增值税	6332	7630	13175	27137
营业税	5773	6431	8689	20893
工商统一税	3	36	336	375
集体企业所得税	754	516	274	1544
城乡个体工商户所得税	329	379	461	1169
个人收入调节税	21	12	17	50
私营企业所得税	10	15	15	40
城市维护建设税	716	814	1038	2568
车船使用税	76	80	93	249
房产税	412	543	495	1450
屠宰税	60	56	46	162
牲畜交易税	2	1	2	5
城镇土地使用税	98	91	109	298
国营企业奖金税	12	5	6	23
国营企业工资调节税	34	27	11	72
事业单位奖金税	1	2	2	5
集体企业奖金税	8	4	3	15
印花税	75	91	78	244
盐税	1	7	0	8
固定资产投资方向调节税	0	0	121	121
资源税	0	0	3	3
工商税收税款滞纳金罚款收入	622	333	64	1019
合计	18522	20228	29709	68459

注：①本表数据系地市县级收入。

②1991—1993年一般产品税收入为地市县收入；1991—1992年中央电力企业产品税收入实行中央70%省级30%分享，1993年为地市县收入。

③1991—1993年一般增值税收入为地市县收入。

④1991—1993年一般营业税和城乡个体工商业户营业税为地方收入，1993年商业零售营业税和城乡个体工商业户零售营业税实行中央24%、地市县76%分享。

⑤1991—1992年固定资产投资方向调节税为省级收入，1993年为地市县级收入。

⑥1991—1993年城镇土地使用税实行中央50%地市县级50%分享。

⑦国营企业所得税作企业收入统计。

1994—2018年丽水市地方工商税收收入一览表

表1-2-6

单位：万元

年份	合计	增值税	营业税	企业所得税	外资和外企所得税	个人所得税	资源税	城市维护建设税	房产税	印花税	城镇土地使用税	投资方向税	屠宰税	土地增值税	车船使用税	烟叶税	环境保护税	其他税收
1994	16606	5778	4698	2035	4	1015	59	1192	721	116	237	234	95	0	117	—	—	305
1995	22523	7070	7139	2874	165	1337	71	1468	860	107	195	236	157	6	144	—	—	694
1996	29161	8059	10167	4318	51	1876	122	1805	977	168	197	334	195	17	144	—	—	731
1997	33692	8546	12013	6017	177	2529	79	1765	1247	111	207	367	238	23	109	—	—	264
1998	39815	10672	13676	5461	261	3486	76	3251	1540	135	238	578	244	28	169	—	—	0
1999	47454	12482	16196	7767	—	5112	99	2951	1619	180	200	279	262	34	273	—	—	0
2000	61607	16369	18995	13413	—	6386	84	3491	1718	250	215	33	289	43	321	—	—	0
2001	100001	19187	26141	34603	—	12376	128	4390	1948	282	213	-15	179	140	429	—	—	0
2002	95067	19693	40910	12877	—	11131	120	5934	2720	403	292	—	—	398	589	—	—	0
2003	105475	23607	47192	11937	—	10907	120	6516	2973	659	288	—	—	519	757	—	—	0
2004	114932	19309	53018	14071	—	11991	162	7840	4434	1155	415	—	—	1613	924	—	—	0
2005	147984	31565	60071	17531	—	15216	273	10189	5576	1375	1066	—	—	3962	1160	—	—	0
2006	193390	38096	77604	23264	—	19216	1815	12817	7507	2088	1946	—	—	7770	1037	230	—	0
2007	259506	47617	106570	32651	—	24611	1983	17331	8687	3074	2680	—	—	12711	1459	132	—	0
2008	278704	55046	97239	40358	—	27713	2421	18592	11013	3873	8377	—	—	10604	2936	254	—	278
2009	280675	60064	100339	33535	—	27096	1610	21337	12237	3990	10447	—	—	6288	3428	304	—	0
2010	343558	64235	131112	41587	—	32334	2238	27715	14068	6176	10229	—	—	9402	4317	145	—	0
2011	435097	84598	155222	59520	—	39493	2899	33332	17405	6584	13175	—	—	18009	4798	62	—	0
2012	503835	99822	193596	59873	—	40834	2841	37471	20103	7592	14163	—	—	21425	6085	30	—	0
2013	559612	112453	201705	70040	—	43649	3875	39576	21676	8151	15095	—	—	36379	6980	33	—	0
2014	631292	114685	225119	94359	—	49916	4457	41479	25764	10311	17418	—	—	39554	8195	35	—	0
2015	666978	120797	233486	94874	—	55744	5347	43018	26771	11917	25339	—	—	40238	9429	18	—	0
2016	698916	232209	122213	107627	—	59858	4044	46306	29003	10641	26509	—	—	49914	10583	9	—	0
2017	754675	361071	1269	118186	—	63003	4273	49443	34538	11379	25209	—	—	74243	12054	7	—	0
2018	889167	458486	2019	116583	—	74655	6397	60210	29586	12790	30914	—	—	84320	12743	9	455	0
合计	7309722	2031516	1957709	1025361	658	641484	45593	499419	284691	103507	205264	2046	1659	417640	89180	1268	455	2272

注：自2003年1月起，金融业营业税按征管归口由省地税局直属税务机关负责征管，缴入省国库，作省级收入。自2012年1月起，由市、县（市）征收的金融业营业税，40%部分缴入市、县（市）库，60%部分就地缴入省国库，分别作为市、县（市）级和省级收入；由省地税局直属税务机关征收的金融业营业税，先缴入省国库，市、县（市）应得部分，由省财政按季以调库方式下划给各市、县（市），作为市、县（市）级收入。自2005年7月起，中石油、中石化缴纳的城建税为省级收入。2016年5月全面推开营业税改征增值税后，补缴的营业税实行中央50%、地方50%分享。自2018年1月起，环境保护税收入实行省级20%、市县级80%分享。

1991—2018年丽水市农业四税收入一览表

表1-2-7 单位：万元

年份	合计	农业税	农业(林)特产税	耕地占用税	契税
1991	1688	855	644	116	73
1992	1792	908	618	186	80
1993	1772	882	604	209	77
1994	2919	1193	1303	308	115
1995	4109	1554	1791	608	156
1996	4858	2137	1800	711	210
1997	4874	2202	1838	552	282
1998	6132	2010	2181	549	1392
1999	7657	1898	2160	1361	2238
2000	7967	1804	2371	1670	2122
2001	8807	2245	1331	1666	3565
2002	14317	2102	1	5514	6700
2003	21238	1547	—	8867	10824
2004	18847	—	—	5637	13210
2005	20386	—	—	3888	16498
2006	21656	—	—	2963	18693
2007	29168	—	—	2706	26462
2008	25940	—	—	5141	20799
2009	36788	—	—	7693	29095
2010	49891	—	—	8649	41242
2011	70018	—	—	15858	54160
2012	63351	—	—	30836	32515
2013	91076	—	—	37632	53444
2014	88302	—	—	33750	54552
2015	116337	—	—	64368	51969
2016	141648	—	—	79878	61770
2017	135231	—	—	47540	87691
2018	162017	—	—	48555	113462
合计	1158786	21337	16642	417411	703396

四、纳入一般公共预算部分的非税收入

非税收入包括专项收入、行政事业性收费收入、罚没收入、国有资本经营收入、国有资源（资产）有偿使用收入和其他收入等。专项收入主要有排污费收入、水资源费收入、教育费附加收入以及探矿权采矿权使用费及价款收入。其他收入主要有利息收入等。1991—2018年，丽水市非税收入152.51亿元，其中专项收入50.98亿元、行政性收费25.82亿元、罚没收入51.76亿元、企业收入–4.61亿元、其他收入28.56亿元。

第二节　政府非税收入

丽水市政府非税收入历经预算外资金收入、财政基金收入、政府性基金收入，以至形成政府性基金收入预算、国有资本经营收入预算，与一般公共预算收入构成完整的公共财政预算体系的改革发展过程。2007年，始编政府性基金收入预算；2014年，始编国有资本经营收入预算，形成全口径公共财政预算。1991—2018年，丽水市非税收入1075.88亿元，其中预算外收入9158万元、财政基金4.08亿元、政府性基金收入1068.02亿元、国有资本经营收入2.86亿元。

一、政府性基金预算收入

政府性基金，是指各级人民政府及有关部门按照法律、行政法规和国家规定，为支持特定公共基础设施建设和公共事业发展，向公民、法人和其他组织无偿征收的具有专项用途的财政资金。政府性基金起源于预算外资金。预算外资金形成于20世纪50年代。1986年4月，国务院《关于加强预算外资金管理的通知》明确界定预算外资金的概念、范畴、管理模式和使用原则。

1991年3月，丽水地区执行省政府《浙江省预算外资金管理办法》，规定预算外资金征收、使用和管理范围。预算外资金收支范围主要包括行政事业性收费、主管部门集中的上缴资金、国营企业及主管部门收入、附加收入和乡自筹统筹资金等。1993年，根据财政部《关于对行政性收费、罚没收入实行预算管理的规定》，将83项行政事业性收费项目纳入预算管理，预算外资金的范围逐步缩小。1994年年末，丽水地区执行省政府修订后的《浙江省预算外资金管理办法》，规定各项预算外收入项目设置、范围确定、征收标准制定和调整。1996年，根据国务院《关于加强预算外资金管理的决定》，明确预算外资金是国家财政性资金，实行“收支两条线”管理。同时，国务院决定将养路费等13项数额较大的财政基金（收费）纳入财政预算管理。地方财政部门按国家规定收取的各项税费附加，从1996年起统一纳入地方财政预算，不再作为预算外资金管理。调整后的预算外资金收入主要包括行政事业性收费、基金、附加收入、主管部门集中的资金和乡自筹统筹资金等。

1997年，丽水地区开展预算资金专项清理检查。采取“条块结合，以块为主，分别负责”的方法，对工商、公安、城建、民政、劳动等部门开展交叉检查，查出擅自设立基金收费项目38项，隐瞒收入848万元，小金库131万元，应缴财政预算资金479万元，应缴财政专户资金7279万元，并相应作了处理。1998年，深化预算外资金管理改革。贯彻省财政厅《关于印发浙江省预算

外资金管理实施细则的通知》和地区行署《关于印发丽水地区本级预算外资金管理实施意见（试行）的通知》，制定《丽水地区本级预算外资金管理具体规定》。对地区本级预算外资金实行“专户管理、政府调控、核定收支、审核使用、结余奖励”的办法。1999年，取消预算外资金收入过渡户，只设支出户。2000年，丽水市清理规范政府性基金，全市范围开展各种政府性基金专项清理。共清理登记基金35项，资金2.03亿元。加强住房资金和土地出让金管理，做好调查摸底基础工作。2001年，落实“收支两条线”管理，把好收费（基金）项目关，继续开展收费（基金）项目清理，治乱减负。2003年，根据中共中央《关于完善社会主义市场经济体制若干问题的决定》，实行全口径预算，将政府所有收支全部纳入统一管理，消除游离于预算外的政府收支。同年，财政部首次提出政府非税收入概念，对管理范围作出界定。政府非税收入包括行政事业性收费、政府性基金、罚没收入、国有资源（资产）有偿使用收入、国有资产经营收益、彩票公益金和发行费、主管部门集中收入等。2004年，加强非税收入征管，推进“票款分离”征收模式；强化收入监督检查和审计成果利用；市直行政事业单位政府非税收入全面纳入部门预算，实行预算内外资金统筹安排，实现预算外资金收支脱钩。2005年，合理界定政府非税收入范围和内容，完善政府非税收入征管体系。2006年，加强政府非税收入年度计划管理，合理核定政府性基金收入计划。加强政府性基金和国有资源有偿使用收入征缴，市本级历年欠缴土地出让金全部清收。

2007年，市财政局合理核定单位收入指标和政府性基金收入计划，加强收入计划执行的监管。进一步加强政府性基金和国有资源有偿使用收入征缴，完善政府非税收入成本性支出管理。开始编制政府性基金预算，全市政府性基金收入28.34亿元，支出32.18亿元。2008年，以计划管理和票据管理为抓手，强化非税收入征管。开发应用“财政银行对账信息系统”，以信息化提升非税收入征管水平，做好土地出让金收支预算的审核、编制和执行。2009年，完善政府非税收入征缴机制，增强地方可用财力。推广应用新的政府非税收入征管系统。2010年，加强政府非税收入资金（基金）计划的审核、编制和执行，及时做好征收、清分、结算、划转、缴库工作。对出让土地实行首次缴款不低于总价款50%比例缴纳的方法。全市非税收入突破100亿元，达109亿元。是年12月，浙江省人大常委会颁布《浙江省政府非税收入管理条例》，明确政府非税收入是除国家税收、政府债务收入之外，由各级国家机关、事业单位、履行政府职能的社会团体和其他组织通过征收、收取、行政处罚、刑事处罚或者募集、受赠等取得的资金，是财政收入的重要组成部分。政府非税收入包括行政事业性收费、政府性基金、国有资源（资产）有偿使用收入、国有资本经营收益、罚没收入、彩票公益金、以政府名义接受捐赠收入和其他资金。2011年，完善政府非税收入征管信息系统，实现财政、执收单位、银行三方数据实时链接。完善票据档案，落实“以票控收”。2012年，贯彻落实《浙江省政府非税收入管理条例》，依托新的政府非税收入征管信息系统全面推广应用，加强政府非税收入征管。联合审计部门对市直单位开展“以票管费”检查。2013年，完善政府非税收入征管信息系统功能，探索“信息管费”方法，加大政府非税收入监控和征缴力度，加大土地出让金回收清欠力度。2015年，启动政务网统一公共支付平台建设，全市各县（市、区）基本确定代收机构和代收银行。2016年，落实收支国库管理和预决算制度，加大政府非税收入监控和征缴力度。2017年，落实调整政府非税收入政策，取消、调整部分政府性基金和行政事业性收费项目，减轻企业负担2.80亿元，其中市级8000万元。2018年，落实减负降费政策，及时清退涉企各类基金、行政事业收费1.40亿元。

1991—1996年，丽水地区县级以上财政部门掌握的预算外资金收入9158万元；1997—2006年，丽水市财政基金收入4.08亿元；2007—2018年，丽水市政府性基金预算收入1068.02亿元。

1991—1996年丽水地区财政预算外资金收入一览表

表1－2－8　　单位：万元

年份	决算数	本年收入						省地补助	上年结余
		合计	地方税费附加	企事业资金	粮食补偿金	水利专项	其他收入		
1991	2798	1388	155	564	385	—	284	46	1364
1992	2385	979	142	254	352	—	231	79	1327
1993	1167	1167	147	268	254	—	498	0	0
1994	1619	1619	199	278	214	75	853	0	0
1995	1903	1903	256	108	202	359	978	0	0
1996	3544	2102	272	—	245	393	1192	191	1251
合计	13416	9158	1171	1472	1652	827	4036	316	3942

注：1991—1996年为预算外资金收入，此表属政府性基金预算编制前的数据。

1997—2006年丽水市财政基金收入一览表

表1－2－9　　单位：万元

年份	合计	文教部门基金收入	农业部门基金收入	地方财政税费附加收入	其他
1997	1899	1261	0	432	206
1998	2621	1026	491	1104	0
1999	3507	1308	565	802	832
2000	3382	1264	618	679	821
2001	2989	818	847	455	869
2002	2315	337	1063	270	645
2003	2533	247	1437	325	524
2004	3623	126	2025	222	1250
2005	5969	3	3289	264	2413
2006	12006	2526	4271	316	4893
合计	40844	8916	14606	4869	12453

注：1997—2006年规范为财政基金收入，包括社保基金和上述基金，社保基金另表统计。此表属政府性基金预算编制前的数据。

2007—2018年丽水市政府性基金预算收入一览表

表1-2-10　　　　单位：万元

年份	合计	国有土地使用权出让金	国有土地收益基金	农业土地开发资金	城市基础设施配套费	污水处理费	彩票公益金	彩票发行销售业务费用	地方财政税费附加	其他收入
2007	283409	265041	1342	1616	—	—	—	—	265	15145
2008	146568	121651	1492	1004	—	—	8562	—	304	13555
2009	244213	214575	8706	527	—	—	2139	—	362	17904
2010	748064	686612	28972	2169	—	—	2972	—	404	26935
2011	846781	691984	32255	2351	7134	—	3451	—	10701	98905
2012	611260	363271	19120	1313	3433	—	4390	—	12014	207719
2013	1072778	698388	35438	2135	15174	—	5545	—	12359	303739
2014	1182118	656129	28430	1995	17613	—	5948	—	12965	459038
2015	964928	496595	10926	972	12270	3150	6807	138	—	434070
2016	880550	564581	21684	904	10488	6153	7601	1883	—	267256
2017	1623541	956079	39628	1682	18035	9327	8470	1738	—	588582
2018	2075940	1580367	50940	2422	23624	10562	9286	1848	—	396891
合计	10680150	7295273	278933	19090	107771	29192	65171	5607	49374	2829739

二、国有资本经营预算收入

2007年，国务院发布《关于试行国有资本经营预算的意见》。2010年，财政部首次公布《中央国有资本经营预算收支表》及说明。2013年，中央和地方国有资本经营预算实现汇总报审。2014年，丽水市本级始编国有资本经营预算。2014—2018年，全市国有资本经营预算收入2.86亿元，其中利润收入2963万元，股利股息收入1493万元，产权转让收入1.72亿元，清算收入3万元，其他收入6911万元。

2014—2018年丽水市国有资本经营预算收入一览表

表1-2-11　　　　单位：万元

年份	合计	利润收入	股利股息收入	产权转让收入	清算收入	其他收入
2014	621	263	23	—	—	335
2015	1826	630	112	—	—	1084
2016	4168	543	280	1492	—	1853
2017	3755	768	830	47	—	2110
2018	18180	759	248	15641	3	1529

第三节　社会保险基金收入

1997年，根据省政府《关于建立统一的企业职工基本养老保险制度的通知》，丽水地区将基本养老保险基金、医疗保险基金、工伤保险基金、失业保险基金和生育保险基金等5项社会保险基金，列入财政基金管理。各项社会保险基金纳入财政专户，实行“收支两条线”管理。2001年，丽水市本级开始试编社会保险基金预算。2007年起，丽水市全面试编社会保险基金预算，纳入社会保险基金预算的项目也逐步扩大，从原有的5项增加到8项。2010年，国务院发布《关于试行社会保险基金预算的意见》，明确要求从2010年起，编制社会保险基金预算，将基本养老保险基金、医疗保险基金、工伤保险基金、失业保险基金和生育保险基金5项基金纳入预算管理范围。1991—2018年，全市社会保险基金收入863.64亿元，其中企业职工基本养老保险基金404.10亿元，城乡居民基本养老保险基金48.76亿元，机关事业单位基本养老保险基金126.14亿元，职工基本医疗保险基金133.11亿元，城乡居民基本医疗保险基金113.18亿元，工伤保险基金14.05亿元，失业保险基金18.84亿元，生育保险基金5.46亿元。

第四节　乡（镇）财政收入

丽水地区乡镇财政收入由预算内、预算外和自筹资金收入组成。由于乡镇一级未设立金库，财政收入由县级财政根据乡镇财政体制结算给乡镇，因此乡镇财政一般公共预算收入包含上级补助收入，乡镇财政预算内收入主要是工商税收类收入、农业税收类收入、县级以上财政转移性收入（上级补助收入）和调入资金收入等。预算外收入主要是农业税附加、城市公用事业附加、教育事业费附加、税收分成、企业收入、事业收入、行政事业性收费、罚没收入、土地出让金收入等。自筹资金主要是乡镇企业、事业、乡镇统筹资金和土地征用费收入。其中乡镇统筹资金收入主要是教育费、牲畜防疫费、民兵训练费、优抚经费、小型农田水利建设费、排灌费（电费）、“五保户”困难户救济费、村干部工资统筹、社会公益事业建设费、交通道路集资、自来水集资、通信费等。1996年起自筹资金收入并入预算外收入项目。1997年开设财政基金收入，有文教部门基金、农业部门基金、其他部门基金以及原设在预算外收入的地方财政税费附加。

1991年，全区乡镇财政收入合计突破1亿元，为1.09亿元，占全区财政收入的47.54%。全区334个乡镇中，财政收入超百万元的有10个乡镇，分别是丽水市城关镇672万元，缙云县壶镇镇589万元，青田县温溪镇495万元，青田县鹤城镇349万元，丽水市碧湖镇200万元，缙云县新建镇172万元，龙泉市龙渊镇165万元，缙云县五云镇154万元，龙泉市住龙镇113万元，云和县云和镇117万元；财政收入在50万—99万元的有19个，10万—49万元的有29个，其余乡镇均在10万元以下。

2000年，全市乡镇一般预算收入合计3.92亿元，占全市一般预算收入的51.39%。全市195个乡镇中，一般预算收入排前10位的乡镇，分别是莲都区城关镇2759万元，青田县鹤城镇1135万元，缙云县五云镇978万元，缙云县壶镇镇940万元，松阳县西屏镇898万元，遂昌县妙高镇884

万元，龙泉市龙渊镇869万元，莲都区碧湖镇732万元，青田县温溪镇644万元，云和县云和镇607万元。

2010年，全市乡镇一般预算收入合计14.64亿元，占全市一般预算收入的32.58%。全市179个乡镇中，一般预算收入排前10位的乡镇，分别是缙云县五云镇1.39亿元，缙云县壶镇镇1.19亿元，松阳县西屏镇4603万元，青田县鹤城镇3705万元，遂昌县妙高镇3519万元，莲都区仙渡乡3463万元，云和县云和镇3355万元，青田县温溪镇3288万元，莲都区碧湖镇2833万元，青田县船寮镇2452万元。

2018年，市财政局开展规范化财政所创建考评，全市106家财政所评定为规范化财政所，新增90家，创建率从2017年11%上升到62%。全市乡镇一般公共预算收入合计71.51亿元，占全市一般公共预算收入的55%。全市172个乡镇中，一般公共预算收入排前10位的乡镇，分别是青田县鹤城街道6.38亿元，青田县温溪镇5.91亿元，缙云县五云街道3.17亿元，莲都区大港头镇3.01亿元，缙云县壶镇镇2.83亿元，莲都区碧湖镇2.48亿元，缙云县新碧街道1.73亿元，莲都区仙渡乡1.68亿元，龙泉市剑池街道1.64亿元，遂昌县妙高街道1.41亿元。1991—2018年，丽水市乡镇（街道）一般公共预算收入（含上级补助收入）411.82亿元，占全市同期一般公共预算收入的40.93%；预算外资金总收入34.42亿元，政府性基金总收入33.38亿元。

1991—2018年丽水市社保基金收入一览表

表1－2－12 单位：万元

年份	合计	企业职工基本养老保险基金	城乡居民基本养老保险基金	机关事业单位基本养老保险基金	职工基本医疗保险基金	城乡居民基本医疗保险基金	工伤保险基金	失业保险基金	生育保险基金
1991	2969	2969	—	—	—	—	—	—	—
1992	3637	3637	—	—	—	—	—	—	—
1993	5187	5187	—	—	—	—	—	—	—
1994	6700	6700	—	—	—	—	—	—	—
1995	9144	9144	—	—	—	—	—	—	—
1996	9863	9750	—	—	—	—	—	—	113
1997	11581	11386	—	—	—	—	—	—	195
1998	14364	12801	—	1328	—	—	—	—	235
1999	17956	13423	—	4299	—	—	—	—	234
2000	22503	17812	—	4446	—	—	—	—	245
2001	36167	20344	—	5877	6531	—	349	2832	234
2002	48914	23009	—	8241	13808	—	402	3178	276
2003	65780	30239	—	11824	19819	—	507	3021	370
2004	77491	34694	—	15182	23370	—	647	3296	302
2005	89464	40380	—	17774	26614	—	881	3330	485
2006	104738	49135	—	18658	31527	—	1151	3734	533
2007	125093	58070	—	24218	34943	—	1795	5193	874
2008	157103	77894	—	28305	40875	—	2666	6168	1195
2009	181277	89759	—	31900	47713	—	3956	6420	1529
2010	195849	94315	—	32771	52773	—	6509	7633	1848
2011	429873	211988	21948	41591	68089	66905	6927	9948	2477
2012	469278	181828	50589	48038	80689	80847	10081	13959	3247
2013	564630	211606	53810	58849	102535	101078	13473	19253	4026
2014	815978	391242	62632	76120	119529	122766	15160	23706	4823
2015	1019277	626697	71924	—	134265	144470	15913	19733	6275
2016	1239168	494474	71129	305626	164219	157409	17937	21234	7140
2017	1449012	678550	72769	257913	190937	203740	19522	17597	7984
2018	1463432	633982	82768	268417	172928	254593	22630	18129	9985
合计	8636428	4041015	487569	1261377	1331164	1131808	140506	188364	54625

注：本表数据取自社保经办机构报表。从2014年10月起，执行机关事业单位基本养老保险制度，对原地方机关事业单位养老保险基金（试点）进行清算，2016年的决算数中含转制过渡期（2014年10月至2015年12月）的结算数据。

1991—2018年丽水市乡镇一般公共预算收入分项目一览表

表1-2-13　　单位：万元

年份	收入合计	工商税收类收入	农业税收类收入	其他收入（包括非税收入、上级补助收入、调入资金收入）
1991	10907	4434	1397	5076
1992	15122	7133	1736	6253
1993	21636	10585	1985	9066
1994	22678	4974	2975	14729
1995	26329	8896	3536	13897
1996	29647	7420	4346	17881
1997	35176	8363	4750	22063
1998	34343	8782	4365	21196
1999	36473	7336	3839	25298
2000	39183	9061	3650	26472
2001	45680	8560	3006	34114
2002	50837	12240	2436	36161
2003	58565	13645	1786	43134
2004	57010	16877	43	40090
2005	55665	15822	40	39803
2006	57415	18547	16	38852
2007	70360	23836	11	46513
2008	92657	33467	8	59182
2009	92220	33259	0	58961
2010	146353	45650	530	100173
2011	166777	66982	0	99795
2012	252573	141854	6230	104489
2013	299497	164217	6680	128600
2014	325771	180802	7966	137003
2015	381046	188611	18570	173865
2016	447868	214362	24588	208918
2017	531327	254370	26476	250481
2018	715112	316190	33427	365495
合计	4118227	1826275	164392	2127560

注：①本表数据取自乡镇财政决算报表的一般公共预算收入（线下）表，年度收入合计中不含上年结余收入。

②1993年、1994年乡镇农业税收有退库，退在县级。

③2006年后的农业税收类主要是契税和耕地占用税。

1991—2018年丽水市乡镇财政基金和预算外资金收入一览表

表1-2-14　　单位：万元

年份	基金收入(含上级补助收入)	预算外资金收入				
		小计	行政事业收入(含各项附加)	乡镇自筹收入	乡镇统筹收入	其他收入(包括上级补助收入)
1991	0	3860	528	2220	454	658
1992	0	5040	261	3682	376	721
1993	0	5680	832	3786	398	664
1994	0	7867	1021	4813	651	1382
1995	0	10197	1365	6286	1238	1308
1996	0	11708	229	1089	935	9455
1997	1521	11995	2626	5199	1029	3141
1998	1021	10780	2207	5119	1368	2086
1999	0	15934	2764	1433	1069	10668
2000	0	15818	2864	1688	1506	9760
2001	0	16623	918	1760	4236	9709
2002	0	17976	1154	1445	569	14808
2003	22	22238	875	1222	0	20141
2004	86	24230	833	3109	0	20288
2005	112	20621	908	2985	0	16728
2006	176	24111	815	1812	87	21397
2007	75	31423	0	0	0	31423
2008	466	29955	30	0	0	29925
2009	3525	33544	0	0	0	33544
2010	6527	24588	1631	130	0	22827
2011	10856	—	—	—	—	—
2012	35903	—	—	—	—	—
2013	35223	—	—	—	—	—
2014	37731	—	—	—	—	—
2015	28127	—	—	—	—	—
2016	32199	—	—	—	—	—
2017	48063	—	—	—	—	—
2018	92163	—	—	—	—	—
合计	333796	344188	21861	47778	13916	260633

注：2011年后不再有预算外资金报表。

第三章 财政支出

财政支出是财政分配活动的重要环节，反映政府的政策选择，体现政府活动的方向和范围。丽水市财政支出以量入为出、以收定支为原则，地方财政支出与地方政府职责密切相关，其支出主要有上解支出，地方政府的行政支出、社会支出、经济建设支出等。1978年改革开放后，丽水市财政工作重心逐渐转移到以经济建设为中心，财政支出以“一要吃饭，二要建设”为原则，改善人民生活，支持经济和社会事业发展。20世纪90年代后期，丽水市树立公共财政的目标，调整和优化财政支出结构，财政资金逐步退出竞争性领域，重点保障政权建设、农业、教育、科技、公共卫生、社会保障、生态环保、文化以及重大基础设施建设等支出需要。2010年后，全市医疗卫生、科学教育、社会保障、脱贫攻坚等民生相关支出占比七成，有效推进了科教文卫、社会保障事业发展，切实增强了人民群众的获得感和幸福感。1997年，首次出现一般预算的概念，财政支出改称一般预算支出。2015年起，新的《中华人民共和国预算法》实施，一般预算支出改称一般公共预算支出。

第一节 一般公共预算支出

1991—2006年，一般预算支出分基本建设支出、企业挖潜改造资金、地质勘探费、科技三项费用、流动资金、支援农村生产支出、农业综合开发支出、农林水利气象等部门的事业费、工业交通等部门的事业费、流通部门事业费、文体广播事业费、教育事业费、科学事业费、卫生经费、税务等部门的事业费、抚恤和社会福利救济费、行政事业单位离退休经费、社会保障补助支出、国防支出、行政管理费、外交外事支出、武装警察部队支出、公检法司支出、城市维护费、政策性补贴支出、支援不发达地区支出、海域开发建设和场地使用费支出、车辆税费支出、专项支出、其他支出等类级支出科目，年度间会有个别科目微调。2007年起，政府收支分类改革，按支出功能分类，一般预算支出分一般公共服务、外交、国防、公共安全、教育、科学技术、文化体育与传媒、社会保障和就业、医疗卫生、环境保护、城乡社区事务、农林水事务、交通运输、工业商业金融等事务、其他支出（类）等类级支出科目，2008年后增加了采掘电力信息等事务、粮油物资储备管理等事务、金融监管支出、地震灾后恢复重建支出、国债还本付息支出、国土资源气象等事务、住房保障支出等类级科目，年度间类级科目会有调整或增加。

1991年，丽水地区财政支出仅为3.69亿元。1997年突破10亿元，达10.38亿元；2006年突破50亿元，达55.30亿元；2009年突破100亿元，达112.87亿元；2014年突破200亿元，达217.27亿元；2018年突破400亿元，达432.02亿元，较1991年，1992—2018年，全市支出年均增长

19.29%。2018年，全市民生类支出341.39亿元，占一般公共预算支出的79.02%。

1991—2018年丽水市一般公共预算支出分项一览表

表1－3－1　　　　单位：万元

年份	支出合计	其中				上解支出	增设预算周转金	其他支出	当年结余或赤字	年终滚存结余	净结余
		经济建设	文教科学费	行政管理费	其他经费						
1991	36850	9383	10063	8236	4410	1365	370	906	-397	305	-1629
1992	41703	9041	11695	9936	3977	2533	0	1292	-2760	-2455	-4358
1993	49473	11804	13720	12607	4482	1915	225	2228	-561	-3016	-6312
1994	60445	15140	19343	17189	4397	3835	100	-228	-3874	-6890	-11498
1995	72454	18934	21836	19292	5042	4486	0	2833	-296	-7186	-11895
1996	86635	22067	24673	24389	7146	5428	0	1192	3874	-3312	-11542
1997	103759	25642	29898	28738	7899	6281	0	5217	-4363	-7675	-13709
1998	115428	29740	33086	31445	9764	7140	0	3423	3765	-3910	-13181
1999	138404	37252	38504	37693	11364	10444	329	5039	4685	775	-11779
2000	165406	33761	44025	46977	14024	13449	12	6069	9788	10563	-7198
2001	238278	64736	59598	60675	16679	22003	0	11342	16311	26874	-3943
2002	297074	81885	80865	73675	16989	23601	0	10954	4464	31338	2190
2003	356005	88127	91960	90551	19932	32642	0	22596	7572	38910	1805
2004	386772	79718	109507	108239	20784	29254	0	18065	11128	50038	246
2005	459142	102312	121176	126256	26778	32808	0	16484	12508	62546	1717
2006	552968	120185	148262	141855	55551	48507	0	18969	24759	87305	-119
2007	708755	—	—	—	—	53827	0	24386	46390	133695	-112
2008	857748	—	—	—	—	59826	0	25471	28814	162509	-2167
2009	1128670	—	—	—	—	60669	0	29185	45221	207730	-7840
2010	1352045	—	—	—	—	74137	0	25951	-9210	198520	-7973
2011	1542833	—	—	—	—	96824	0	23816	26067	224587	-7853
2012	1679410	—	—	—	—	126742	0	15379	101865	326452	-7130
2013	1953767	—	—	—	—	137835	0	8582	-52076	274376	0
2014	2172733	—	—	—	—	150079	11052	9867	-58724	215652	0
2015	2793261	—	—	—	—	171465	-8307	13327	4706	220358	0
2016	3416717	—	—	—	—	194895	0	8900	-14900	205458	0
2017	3786403	—	—	—	—	202489	0	8954	25161	230619	0
2018	4320191	—	—	—	—	232911	0	4091	-32438	198181	0
合计	28873329	749727	858211	837753	229218	1807390	3781	324290	—	—	—

注：①1991—2006年，行政管理费类填列的是“行政管理费”+“公检法司支出”。

②2007年起，支出科目按功能分类另表统计。

1991—2018年丽水市一般公共预算支出分县（市、区）一览表

表1－3－2　　　　单位：万元

年份	合计	市本级	莲都	青田	云和	龙泉	庆元	缙云	遂昌	松阳	景宁
1991	36850	2756	4882	4849	2685	4472	3091	4285	3429	3257	3144
1992	41703	3442	5431	5509	3112	4685	3580	4859	3758	3887	3440
1993	49473	3977	6456	6393	3366	5141	4407	6720	4391	4624	3998
1994	60445	5379	7638	7853	4666	6503	5370	7059	5668	5545	4764
1995	72454	6643	8948	9743	5540	7173	6376	8773	6948	6135	6175
1996	86635	8699	10541	11612	6529	7815	7238	10787	8100	7515	7799
1997	103759	10619	11927	13891	8285	9543	8982	12244	9522	8921	9825
1998	115428	12330	13681	14682	8759	9932	9641	14487	10009	9729	12178
1999	138404	13700	21013	18273	9773	11634	11130	15678	12005	11113	14085
2000	165406	22927	19617	21267	11536	14763	12788	18448	14709	12873	16478
2001	238278	47295	23416	29575	17507	20303	17012	26004	21197	16996	18973
2002	297074	59161	29018	37898	19935	23780	20283	34308	25545	20936	26210
2003	356005	65814	33515	48466	26113	34099	26339	38211	28374	24789	30285
2004	386772	68493	38230	57380	24237	32039	26338	42393	32822	30100	34740
2005	459142	72879	43508	68748	28447	43077	33631	52211	40377	34347	41917
2006	552968	88872	54622	90047	35327	48247	43845	56626	47160	40791	47431
2007	708755	119366	69257	111980	46572	61862	46803	79178	61769	52408	59560
2008	857748	133902	84621	134957	57191	76619	57523	94722	75502	68406	74305
2009	1128670	184538	105729	199950	68854	98850	72996	125089	94957	88153	89554
2010	1352045	209911	121636	194315	82262	146058	92215	148060	124477	108135	124976
2011	1542833	230514	142505	210662	95880	140706	110986	172462	140069	129994	169055
2012	1679410	240613	156314	244214	104122	151276	130442	177253	152610	148274	174292
2013	1953767	275167	187327	269096	124583	181776	163361	201896	178212	182451	189898
2014	2172733	288965	208778	292725	132922	203976	184677	244622	207846	201380	206842
2015	2793261	456819	256790	347733	161741	268412	241717	289710	255202	253868	261269
2016	3416717	436036	306355	424986	207528	360060	267383	376690	348015	344598	345066
2017	3786403	451178	389645	457465	234295	413571	317822	426085	355812	373097	367433
2018	4320191	552862	431969	535430	250235	483660	329777	521537	411486	379950	423285
合计	28873329	4072857	2793369	3869699	1782002	2870032	2255753	3210397	2679971	2572272	2766977

注：2000年以前丽水市本级为丽水地区本级、莲都区为丽水市（县级）。

一、经济建设支出

随着经济体制及财政体制的变迁，丽水市基本建设支出所涵盖的内容和范围不断变化。计划经济时期，政府包揽了全部的经济建设支出，从基础设施建设到企业大型设备修缮，从科技支出到流动资金，涉及交通、工业、商业、农业等各个领域，计划外自有资金受到严格的控制。随着社会主义市场经济体制的建立和完善，以及公共财政体制框架的逐步确立，财政资金逐步退出市场竞争领域的基本建设直接投资，转而加大对教育、文化、卫生、生态等公共领域的建设投入。

1991—2006年丽水市经济建设费支出一览表

表1－3－3　　　　单位：万元

年份	合计	基本建设资金	流动资金	简易建筑费	“五小”企业投资及企业挖潜改造	科技三项费用	工业交通等事业费	商业流通事业费	农口经费	城市公用事业	城市维护	环保补助和排污费	其他
1991	9383	0	60	82	585	146	1009	17	4591	1700	1041	88	64
1992	9041	0	0	146	672	164	1620	20	4986	—	1280	153	0
1993	11804	0	0	125	1324	212	1068	23	5799	1955	1186	112	0
1994	15140	0	0	27	580	186	1567	21	6277	4575	1725	132	50
1995	18934	1011	15	30	543	226	1980	27	7088	4996	2700	200	118
1996	22067	1151	0	59	1496	358	1797	36	9582	4795	2340	216	237
1997	25642	1687	0	204	1990	418	1444	43	10423	5483	3133	240	577
1998	29740	960	0	120	3845	840	1777	106	11545	7190	2798	309	250
1999	37252	1462	0	215	6147	1646	1961	342	13316	8098	3356	272	437
2000	33761	2969	0	181	5710	1615	2364	467	16209	—	3818	428	0
2001	64736	12122	0	90	20503	2899	2902	591	19487	—	5827	315	0
2002	81885	16318	0	150	22925	4877	4915	752	24817	—	6723	408	0
2003	88127	26758	0	37	15094	5910	4302	852	26546	—	7919	709	0
2004	79718	14632	0	0	12853	7696	6183	1238	30218	—	6523	375	0
2005	102312	23278	0	130	11328	7746	6755	1443	43871	—	7150	611	0
2006	120185	21045	0	331	11949	9912	9986	1466	55731	—	8253	1512	0
合计	749727	123393	75	1927	117544	44851	51630	7444	290486	38792	65772	6080	1733

注：①2000年开始，决算报表有所变化，“城市公用事业”列无法取数。

②从2007年起，政府收支分类改革，按功能分类另表统计。

1991—2006年丽水市市级经济建设费支出一览表

表1-3-4 单位：万元

年份	合计	基本建设资金	流动资金	简易建筑费	“五小”企业投资及企业挖潜改造	科技三项费用	工业交通等事业费	商业流通事业费	农口经费	城市公用事业	城市维护	环保补助和排污费	其他
1991	1974	0	0	24	87	43	211	0	928	323	293	17	48
1992	2392	0	0	30	99	60	316	0	1100	436	322	29	0
1993	2487	0	0	30	182	72	259	5	1168	437	304	30	0
1994	3321	0	0	10	69	65	406	3	1367	817	559	25	0
1995	3774	260	15	0	90	94	307	7	1654	794	511	42	0
1996	4662	246	0	0	196	104	580	7	2112	768	589	60	0
1997	5214	294	0	65	283	145	546	22	2158	1149	492	60	0
1998	6514	306	0	30	455	187	386	61	2473	1978	516	122	0
1999	10511	243	0	45	2102	535	663	116	3040	2551	1143	73	0
2000	8481	1048	0	61	623	301	889	162	3606	—	1620	171	0
2001	24584	6425	0	0	8211	792	1179	201	4275	—	3468	33	0
2002	27071	5737	0	0	8390	1627	1915	242	5757	—	3310	93	0
2003	23103	5215	0	0	3098	1939	1338	282	6440	—	4511	280	0
2004	22448	3411	0	0	2706	2940	2137	524	8010	—	2691	29	0
2005	19712	1380	0	100	2040	2341	1743	604	8979	—	2456	69	0
2006	27741	4081	0	30	2575	2990	2110	641	11801	—	2778	735	0
合计	193989	28646	15	425	31206	14235	14985	2877	64868	9253	25563	1868	48

注：①2000年开始，决算报表有所变化，“城市公用事业”列无法取数。

②从2007年起，政府收支分类改革，按功能分类另表统计。

经济建设支出包括基本建设支出、支持企业挖潜改造支出、地质勘探费、科技三项费用、简易建筑费、工交商贸事业费和城市维护建设支出等。1991—2006年，丽水市经济建设支出74.97亿元，其中农口经费29.05亿元，城市维护建设费6.58亿元，工业交通事业费5.16亿元，环保补助及排污费6080万元，商业流通事业费7444万元，基本建设费12.34亿元，流动资金“五小”企业投资及企业挖潜改造11.75亿元，科技三项费用4.49亿元，简易建筑费1927万元，其他支出4.06亿元。丽水市市级经济建设支出19.40亿元，其中农口经费6.49亿元，城市维护建设费2.56亿元，工业交通事业费1.50亿元，环保补助及排污费1868万元，商业流通事业费2877万元，基本建设支出2.86亿元，“五小”企业投资及企业挖潜改造3.12亿元，科技三项费用1.42亿元，简易建筑费

425万元，其他支出9300万元。2007年起，一般预算内支出决算科目按功能分类进行调整，经济建设类支出不再单独统计。

二、农林水事务支出

1993年，《中华人民共和国农业法》颁布，明确国家财政每年对农业总投入的增长幅度应当高于国家财政经常性收入的增长幅度。当年，丽水地区财政支农支出5799万元，比上年增长16.31%，占当年财政支出的11.72%。1996年，省委、省政府印发《关于进一步完善农业投入机制增加农业投入的决定》，明确各级政府每年财政预算用于农业支出的计划安排和实际完成的增长幅度，必须分别高于财政经常性总支出计划安排和实际完成数的增长比例。是年，丽水地区财政支农支出9582万元，比上年增长35.19%，占当年财政支出的11.06%。2004年，中央1号文件首次提出要把解决好“三农”（农业、农村、农民）问题作为全党工作的重中之重。此后至2018年，每年中央1号文件均针对“三农”问题及精准扶贫、脱贫攻坚、乡村振兴等提出要求。丽水市贯彻落实中央各项“三农”政策，调整资金使用方向和投入重点，逐步扩大公共财政覆盖农村的范围，增加农业投入，财政支农投入进入高速增长期。2018年，全市财政农林水支出59.80亿元，占当年一般公共预算支出的13.84%。

2003年以前，财政支农支出包括支援农村生产支出、农业综合开发支出、农林水气象等部门事业费三大类支出，其中支援农村生产支出类包括小型农田水利和水土保持补助费、支援农村合作生产组织资金、农村农技推广和植保补助费、农村草场和畜禽保护补助费、农村造林和林木保护补助费、农村水产补助费、粮食自给工程资金等款级支出，农林水气象等部门事业费类包括农垦事业费、农场事业费、农业事业费、畜牧事业费、农机事业费、林业事业费、水利事业费、水产事业费、气象事业费、乡镇企业事业费、农业资源调查和区划费、土地管理事业费、森林工业事业费、森林警察部队经费、退耕还林补助费、其他农林水事业费。2003年调整为农业支出、林业支出、水利和气象支出三大类，其中农业综合开发支出类变为农业支出类下的款级支出。各部门事业费不单独作为类级支出，而是分别调整到相应类下的款级支出。农业支出类包括行业管理、自然灾害补助、农业生产资料补贴、农业资源和环境保护、土地管理支出、农业综合开发、其他等款级支出，林业支出类包括行业管理、森林救灾、天然林保护、退耕还林、森林生态效益、森工、造林、防沙治沙、其他林业支出等款级支出，水利和气象支出类包括水利行业管理、防汛岁修抗旱、水文水质水土水资源管理、水利建设、气象支出等款级支出。

2007年起，政府收支分类改革，按功能分类，环境保护单独一类，将天然林保护、退耕还林、防沙治沙等内容列入其中作为款级支出。国土资源事务与气象事务分别列入一般公共服务类下的款级支出。将原来的农林水三大类归为农林水事务一类，包括农业、林业、水利、南水北调、扶贫、农业综合开发、其他农林水事务等款级支出。款下的项级支出每年有小的微调。2010年，国土资源气象等事务单独列类级支出。1991—2006年，全市农口系统经费支出29.05亿元，占同期一般预算支出9.19%，年均1.82亿元，年均增长18.11%，其中市级农口系统经费支出6.49亿元，占全市22.33%。随着改革开放的推进、经济快速发展以及社会主义新农村和美丽乡村建设政策的实施，丽水市财政支农支出进入快速增长时期。

1991—2006年丽水市农口系统经费支出一览表

表1-3-5　　单位：万元

年份	合计	支援农村生产	农垦事业费	农场事业费	农业事业费	农机事业费	畜牧业事业费	林业事业费	水利事业费	气象事业费	乡镇企业事业费	农业资源调查和区划费	土地管理事业费	农业综合开发	其他
1991	4591	2797	3	5	799	90	94	299	258	9	39	71	88	0	39
1992	4986	2939	4	5	842	96	100	303	424	14	36	68	97	0	58
1993	5799	3473	0	3	918	100	114	395	525	65	37	40	105	0	24
1994	6277	3086	0	0	1376	130	146	445	755	82	34	26	147	50	0
1995	7088	3196	0	29	1367	106	129	480	703	76	56	16	143	778	9
1996	9582	3517	0	17	1767	135	146	661	932	100	50	35	161	1976	85
1997	10423	3598	0	18	2209	151	206	782	868	81	74	26	201	2145	64
1998	11545	4407	4	63	2552	243	226	1013	1126	97	75	18	257	1394	70
1999	13316	4208	0	35	3316	190	340	1331	1818	137	85	21	291	1480	64
2000	16209	5394	0	5	4034	206	325	1716	2411	158	89	24	333	1481	33
2001	19487	5786	0	15	5910	235	551	1821	2963	149	100	30	555	1287	85
2002	24817	7572	0	37	6859	287	439	1976	4965	232	37	30	773	1508	102
2003	26546	—	0	0	12168	0	0	4987	6528	274	0	39	868	1064	618
2004	30218	—	0	0	15045	0	0	5187	5731	410	0	22	1565	1514	744
2005	43871	—	0	0	16650	0	0	12813	8039	404	0	26	2130	1356	2453
2006	55731	—	0	0	28817	0	0	12549	7951	487	0	0	2015	1553	2359
合计	290486	49973	11	232	104629	1969	2816	46758	45997	2775	712	492	9729	17586	6807

注：从2007年起，政府收支分类改革，按功能分类另表统计。

2007年起政府收支分类改革，按农林水类统计。2007—2018年，全市农林水支出395.64亿元，年均32.97亿元，年均增长21.87%，其中市级农林水支出58.06亿元，占全市14.67%，年均4.84亿元，年均增长18.11%。1991—2018年，全市财政支持农林水事业累计支出424.69亿元。

支援农村生产支出　1991—2002年，丽水市支援农村生产支出5亿元，其中小型农田水利补助支出1.49亿元，支援农村合作生产组织资金1.81亿元，农村农技推广2402万元，农村造林和林木保护补助7892万元，农业发展专项资金支出4371万元，发展粮食生产专项资金支出561万元。2003—2010年，全市支援农村生产支出不再单列科目，改为农业经费支出，合计支出5.35亿元，其中技术推广及技能培训支出4.43亿元，自然灾害救助3599万元，农业生产资料补贴5318万元，农业资源和环境保护支出252万元。2011—2018年，全市农业经费合计支出31.06亿元。

1991—2006年丽水市市级农口系统经费支出一览表

表1－3－6　　　　　　　　　　　　　　　　　　　　　　　　单位：万元

年份	合计	支援农村生产	农垦事业费	农场事业费	农业事业费	农机事业费	畜牧业事业费	林业事业费	水利事业费	气象事业费	乡镇企业事业费	农业资源调查和区划费	土地管理事业费	农业综合开发	其他
1991	928	497	3	0	190	35	18	83	49	2	12	9	22	0	8
1992	1100	580	1	0	218	32	17	71	80	3	14	7	24	0	53
1993	1168	668	0	0	235	35	18	88	57	13	15	6	32	0	1
1994	1367	618	0	0	312	50	24	101	133	12	23	9	50	35	0
1995	1654	602	0	9	345	18	26	121	171	26	36	4	53	243	0
1996	2112	977	0	0	406	18	28	156	174	51	26	9	49	198	20
1997	2158	945	0	3	463	21	38	187	193	22	31	1	57	193	4
1998	2473	1012	0	9	512	24	45	257	290	31	31	1	64	192	5
1999	3040	1048	0	0	657	29	46	355	390	36	38	4	74	351	12
2000	3606	1400	0	0	980	26	57	317	404	57	42	2	92	224	5
2001	4275	1389	0	0	1211	37	124	419	506	49	55	2	158	325	0
2002	5757	1632	0	25	1710	49	84	522	1112	52	0	5	377	189	0
2003	6440	—	0	0	3059	0	0	1033	1404	108	0	7	350	363	116
2004	8010	—	0	0	4115	0	0	1160	1371	195	0	0	561	441	167
2005	8979	—	0	0	3658	0	0	1794	1296	164	0	5	977	471	614
2006	11801	—	0	0	6195	0	0	1852	1888	215	0	1	838	510	302
合计	64868	11368	4	46	24266	374	525	8516	9518	1036	323	72	3778	3735	1307

注：从2007年起，政府收支分类改革，按功能分类另表统计。

农林水气事业费支出　1991—2010年，丽水市财政用于农业、农机、畜牧、林业、水利、气象、乡镇企业、土地管理等各项事业费共计65.87亿元，其中农业事业费32.75亿元，农机事业费1969万元（2003年起并入农业事业费），畜牧业事业费2816万元（2003年起并入农业事业费），林业事业费16.08亿元，水利事业费14.52亿元，乡镇企业事业费712万元（2003年起并入工交事业费），土地管理事业费1.59亿元。2011—2018年，农业事业费支出20.56亿元，林业事业费支出16.19亿元，水利事业费支出25.82亿元，气象事业费支出3161万元。

农业综合开发支出　1994—2010年，全市农业综合开发预算内总支出（不含农业综合开发专户支出）8.29亿元，其中中央财政资金2.95亿元，省财政资金4.06亿元，市、县（市、区）财政资金1.28亿元。2011—2018年，全市农业综合开发预算内支出4.88亿元。

三、文教科学支出

1992年，浙江省实施“科教兴省”战略，各级财政加大对科教事业的投入，教育经费大幅增长。2000年撤地设市后，丽水财政调整优化支出结构，将教育、科技、文化事业等列为财政提供公共服务的重点保障项目。

1991—2006年，全市文教科学类支出85.82亿元，占同期一般预算支出27.15%，年均5.36亿元，年均增长19.64%，其中市级文教科学类支出20.65亿元，占同期一般预算支出25.01%，年均1.29亿元，年均增长20.85%，占全市24.06%。2007—2018年，全市文教科学类支出587.99亿元，占同期一般公共预算支出22.87%，年均49亿元，年均增长15.82%，其中市级文教科学类支出139.99亿元，占同期一般公共预算支出23.17%，年均11.67亿元，年均增长16.24%，占全市23.81%。

丽水市1991—2006年文教科学类支出一览表

表1－3－7　　单位：万元

年份	合计	文化事业费	文物事业费	教育事业费	党政干部培训费	体育事业费	档案事业费	地震事业费	广播电视电影事业费	教育附加费	其他文教事业费	科学事业费
1991	10063	363	52	8022	144	119	53	0	581	342	214	173
1992	11695	445	53	9392	182	125	64	0	759	381	80	214
1993	13720	453	53	11279	192	117	62	0	802	527	39	196
1994	19343	557	86	16041	276	182	100	0	1079	683	75	264
1995	21836	649	59	18191	299	153	153	0	1116	821	77	318
1996	24673	767	88	20168	380	175	161	0	1301	1103	100	430
1997	29898	1080	127	24520	451	269	187	0	1328	1262	158	516
1998	33086	1055	125	27372	499	245	305	0	1439	1331	142	573
1999	38504	1462	180	31226	716	257	267	0	1740	1734	164	758
2000	44025	1694	207	36047	561	260	317	2	1786	2157	157	837
2001	59598	1836	557	49070	640	331	362	5	2001	3409	193	1194
2002	80865	2594	319	67523	728	445	461	3	2422	4462	231	1677
2003	91960	2915	653	76880	935	430	540	3	2888	4081	412	2223
2004	109507	3409	604	91342	1060	527	600	3	3111	5336	834	2681
2005	121176	3947	716	100003	1177	774	765	3	3931	6174	456	3230
2006	148262	4895	943	119584	1380	673	1014	3	5108	9992	529	4141
合计	858211	28121	4822	706660	9620	5082	5411	22	31392	43795	3861	19425

注：从2007年起，政府收支分类改革，按功能分类另表统计。

丽水市市级1991—2006年文教科学类支出一览表

表1－3－8　　　　单位：万元

年份	合计	文化事业费	文物事业费	教育事业费	党政干部培训费	体育事业费	档案事业费	地震事业费	广播电视电影事业费	教育附加费	其他文教事业费	科学事业费
1991	2008	87	12	1519	51	24	11	0	136	72	12	84
1992	2451	89	13	1846	51	48	11	0	177	78	15	123
1993	2797	84	16	2129	61	35	14	0	208	138	10	102
1994	4097	155	21	3067	123	90	24	0	253	191	22	151
1995	4700	177	11	3578	130	54	28	0	271	269	7	175
1996	5339	220	8	3921	164	61	34	0	329	334	19	249
1997	6717	365	15	4876	202	82	65	0	334	433	83	262
1998	7949	259	19	6032	180	106	162	0	390	420	73	308
1999	9634	422	71	7141	363	58	69	0	458	601	77	374
2000	11162	579	52	8327	222	58	65	0	458	922	46	433
2001	15674	538	37	11855	208	107	101	0	451	1781	47	549
2002	22922	820	106	17919	246	190	136	0	456	2119	99	831
2003	21948	777	130	17456	370	121	161	0	602	1085	115	1131
2004	25772	925	239	20474	394	194	196	0	622	1273	306	1149
2005	28906	1127	151	22140	416	314	200	0	1022	2136	42	1358
2006	34382	1436	134	26623	475	236	462		924	1939	815	1338
合计	206458	8060	1035	158903	3656	1778	1739	0	7091	13791	1788	8617

注：从2007年起，政府收支分类改革，按功能分类另表统计。

文化事业费支出　文化事业费包括文化、文物、体育、档案、广播电视电影等事业费。1991—2006年，全市文化事业费总支出7.87亿元，其中文化事业费2.81亿元，文物事业费4822万元，体育事业费5082万元，档案事业费（2006年后并入一般公共服务科目）5411万元，广播电视电影事业费3.14亿元。同期，市级文化事业费总支出2.15亿元，其中文化事业费8060万元，文物事业费1035万元，体育事业费1778万元，档案事业费1739万元，广播电视电影事业费7091万元。2007年，政府收支分类改革后，以文化体育与传媒支出类反映支出，2007—2018年，文化体育与传媒支出62.92亿元，其中市级15.02亿元。

科学事业费支出　1991—2018年，丽水市科学事业费支出53.42亿元，占同期财政一般公共预算支出的1.85%，其中1991—2000年支出4279万元，占同期一般预算支出的0.49%；2001—2010年支出9.65亿元，是前10年的23倍，占同期一般预算支出的1.52%。2007年，政府收支分类改革后，以科学技术类统计，2011—2018年，全市科学技术支出43.34亿元，其中2018年，全市科学技术支出9.32亿元，占当年一般公共预算支出的2.16%。

1991—2018年，丽水市市级科学事业费支出18.57亿元，占同期财政一般公共预算支出的2.70%，其中1991—2000年支出2261万元，占同期一般预算支出的1.13%；2001—2010年支出3.08亿元。2011—2018年，科学技术支出15.26亿元，其中2018年市级科学技术支出3.32亿元，占当年一般公共预算支出的3.37%。

2006年，丽水市执行省政府关于省、市、县三级科普活动，专项经费人均0.20元、0.40元和0.60元，欠发达市、县分别为0.30元和0.50元，市本级当年安排科普专项资金75万元。

教育事业费支出　用于教育的支出按年均递增速度高于同期一般公共预算收入的年均递增速度安排。1991—2018年，全市教育事业费支出544.26亿元，占同期一般公共预算支出18.85%，其中1991—2000年支出20.22亿元，年均2.02亿元；2001—2010年支出131.15亿元，年均13.12亿元，是前10年的6.48倍。2011—2018年支出392.89亿元。1991—2018年，市级教育事业费支出123.16亿元，其中1991—2000年支出4.24亿元；2001—2010年支出30.30亿元；2011—2018年支出88.61亿元。

1991—2018年，随着教育事业的不断发展，全市各类学校的教育经费相应也有较大增长。高等学校教育经费从1991年的200万元，上升到2018年的2.77亿元，增长137倍；中学经费从2562万元上升到19.25亿元，增长74倍；小学经费从3597万元上升到22.13亿元，增长61倍；职业教育经费从311万元上升到6.82亿元，增长218倍；广播电视教育经费从26万元上升到3039万元，增长116倍；教师进修及干部继续教育经费从253万元上升到1.05亿元，增长40倍；教育附加费支出从342万元上升到1.73亿元，增长49倍。1991年教育部门管理的中等专业学校（松阳师范、龙泉师范、少数民族师范）经费支出195万元，到2000年中专撤销或兼并时支出862万元，增长3倍。除教育部门外，1991—1997年，丽水地区农业、工交、卫生等各项事业费中支出教育经费3012万元，其中农业学校501万元，工业学校663万元，工业技工学校168万元，卫生学校836万元。2006年，为支持民办教育的发展，市本级设立民办教育发展专项基金，安排民办教育专项资金180万元，2018年增加到1070万元。

2006年秋季起，实施城乡义务教育免收学杂费政策。2008年春季起，向学生免费提供义务教育教科书。2010年春季开始，免除农村义务教育阶段学校住宿费。2012年秋季起，对公办中等职业学校全日制正式学籍一、二、三年级所有在校学生免除学费（艺术类相关表演专业学生除外）。2017年秋季起，取消教育部门的义务教育阶段公办学校住宿费（城市学校）。2018年建立学前教育生均经费制度，生均公用经费最低标准为500元/年。

1991—2018年丽水市教育经费支出一览表

表1－3－9　　单位：万元

年份	小计	市本级	莲都	青田	云和	龙泉	庆元	缙云	遂昌	松阳	景宁
1991	8022	516	1003	1298	468	759	547	1362	702	773	594
1992	9392	620	1226	1414	520	880	643	1641	870	896	682
1993	11279	635	1494	1710	621	930	817	2185	973	1019	895
1994	16041	888	2179	2347	932	1466	1134	2930	1482	1482	1201
1995	18191	1070	2508	3147	1028	1557	1330	2801	1527	1557	1666
1996	20168	1189	2732	3085	1037	1821	1551	3905	1723	1710	1415
1997	24520	1546	3330	4031	1240	2485	1727	3928	2013	2118	2102
1998	27372	2272	3760	4245	1405	2468	1984	4497	2399	2362	1980
1999	31226	2554	4587	4705	1494	2790	2251	5180	2654	2706	2305
2000	36047	3412	4915	5511	1721	3283	2575	5767	3147	3144	2572
2001	49070	5352	6503	7586	2520	4396	3591	7657	4197	3961	3307
2002	67523	9235	8684	9338	3046	6079	4973	10379	5655	5646	4488
2003	76880	7145	10311	12768	4190	7453	5516	11155	7055	6233	5054
2004	91342	7918	12556	15600	5037	8323	6277	13078	8173	7921	6459
2005	100003	9435	12705	16273	5010	10776	6866	15213	8891	7842	6992
2006	119584	10385	16238	21563	6260	11069	8675	16719	10668	8919	9088
2007	159172	18044	19075	25975	7851	15176	11973	24919	13172	12151	10836
2008	192204	22640	20319	29566	9974	17292	14654	30343	16680	14247	16489
2009	215736	24607	25385	33391	11252	19874	15422	33365	17693	19337	15410
2010	239969	29975	26520	39758	11722	21622	16376	38829	19921	20211	15035
2011	282557	34227	28076	45363	12854	27029	19998	43057	23545	26308	22100
2012	367288	46406	40643	52175	17870	33967	29556	51446	30976	31952	32297
2013	385272	48323	41118	53714	19756	37806	25326	55050	36341	33817	34021
2014	421880	53172	44375	60421	20966	41490	30894	60672	38882	38609	32399
2015	522659	68765	55212	74514	24009	50354	35897	74077	45708	55161	38962
2016	589829	73053	57015	81604	30667	54617	46079	87020	53087	57564	49123
2017	670110	85344	57178	83364	35474	66798	63956	102289	60030	60330	55347
2018	689280	91141	62079	90532	34739	62335	60478	115705	63932	61652	46687
合计	5442616	659869	571726	784998	273663	514895	421066	825169	482096	489628	419506

四、卫生和社会保障费支出

2006年以前，卫生经费类包括卫生事业费、中医事业费、药品监督管理事业费、公费医疗经费等款级支出。社会保障补助支出类包括帮困解困、财政对社保基金补助、社保经办机构经费、城镇就业补助、国企下岗职工基本生活保障、其他社保补助等款级支出。抚恤和社会福利救济费类包括城镇社会救济费、救灾支出等款级支出。2007年起，政府收支分类改革，将原在文体广播事业费类的计划生育事业费款级支出，调整到一般公共服务类的人口与计划生育事务款级支出。取消抚恤和社会福利救济费类支出，将其作为社会保障和就业类的款级支出。2014年起，人口与计划生育事务款级支出从一般公共服务支出类调整到医疗卫生类，列医疗卫生与计划生育支出类的人口与计划生育事务款级支出。

1991—2006年，丽水市医疗卫生和社会保障类支出37.22亿元，其中卫生事业费9.66亿元，中医事业费5510万元，药品监管事业费5798万元，计划生育事业费3.38亿元，公费医疗7.38亿元，抚恤费3.02亿元，救济费3.69亿元，救灾费2.04亿元，退休人员经费2056万元（民政口），残疾事业费2196万元，城镇青年就业补助7149万元，下岗职工补助3562万元。2007年政府收支分类改革，分社会保障和就业与医疗卫生两个大类统计，2007—2018年，社会保障和就业支出219.09亿元，其中市级56.93亿元；医疗卫生和计划生育支出237.50亿元，其中市级57.84亿元。

五、行政管理费支出

1991—2006年，丽水市行政管理费支出56.75亿元，占同期一般预算总支出的17.95%，其中人大经费2.51亿元，政府机关经费41.89亿元，政协经费1.40亿元，共产党机关经费8.76亿元，民主党派机关经费7219万元，社会团体机关经费1.48亿元。市级行政管理费支出14.57亿元，占同期一般预算支出的17.65%，其中人大经费6374万元，政府机关经费10.42亿元，政协经费4970万元，共产党机关经费2.34亿元，民主党派机关经费3143万元，社会团体机关经费3616万元。2007年起，按功能分类，行政管理费列入一般公共服务科目，将原行政管理费统计范围扩大至发改、统计、财政、税务、审计、人力资源、海关、纪检监察、商贸、知识产权、民族事务、港澳台事务、档案事务等在内的统计口径。2007—2018年，全市一般公共服务支出337.74亿元，占同期一般公共预算支出的13.14%，其中市级86.89亿元，占同期一般公共预算支出的14.38%。

六、公检法司支出

公检法司支出，包括公安、国家安全、检察、法院、司法行政、监狱等部门经费支出。1991—2006年，丽水市公检法司支出27.03亿元，占同期一般预算支出的8.55%，其中公安17.93亿元，国家安全2265万元，检察3.00亿元，法院4.42亿元，司法1.44亿元，监狱48万元。市级公检法司支出9.33亿元，占同期一般预算支出的11.30%，其中公安6.28亿元，国家安全2123万元，检察9880万元，法院1.40亿元，司法4427万元。2007年起，公检法司支出列入公共安全科目，将原公检法司支出范围扩大至含武警、国家保密等在内的统计口径。2007—2018年，全市“公共安全”支出165.52亿元，其中市级52.84亿元。

1991—2006年丽水市卫生和社会保障费类支出一览表

表1－3－10

单位：万元

年份	合计	卫生经费						抚恤和社会福利费						社会保障补助		
		小计	其中					小计	其中					小计	其中	
			卫生事业费	中医事业费	药品监管事业费	计划生育事业费	公费医疗		抚恤	社会救济	救灾	民政部门掌握的退休人员	残疾事业		城镇青年就业	下岗职工补贴和补助等
1991	5520	3754	1673	147	0	548	1386	1599	494	405	527	83	0	167	84	83
1992	5631	4174	1881	122	0	551	1620	1370	489	421	280	67	0	87	87	0
1993	6365	4661	1992	113	0	600	1956	1645	537	477	343	72	0	59	59	0
1994	9021	5934	2571	188	0	745	2430	3044	964	565	1165	114	0	43	38	5
1995	9467	6559	2741	219	0	855	2744	2770	979	735	644	126	0	138	55	83
1996	11753	7894	2970	253	0	882	3789	3760	997	1008	1431	35	0	99	61	38
1997	13330	9434	3726	413	0	1082	4213	3831	1048	1057	1316	95	0	65	65	0
1998	14382	9572	3767	311	0	1217	4277	4060	1134	1437	993	142	80	750	106	422
1999	15709	10418	4234	335	43	1336	4470	4135	1520	1377	692	141	112	1156	122	603
2000	18360	11471	4466	304	60	1396	5245	4962	1788	1775	791	132	118	1927	144	818
2001	22427	13940	5100	480	177	1837	6346	6132	2058	2573	762	176	108	2355	75	661
2002	28594	15464	6318	390	783	2996	4977	8911	3084	3450	945	151	256	4219	186	301
2003	36426	20404	8508	403	854	3777	6862	9651	2907	3052	593	193	371	6371	1818	541
2004	43170	22584	9674	504	926	4442	7038	12560	3463	4873	1289	190	330	8026	1276	7
2005	55500	29154	14061	587	1397	5333	7776	16565	4108	6269	3040	172	331	9781	1248	0
2006	76517	40063	22879	741	1558	6226	8659	21659	4638	7437	5574	167	490	14795	1725	0
合计	372172	215480	96561	5510	5798	33823	73788	106654	30208	36911	20385	2056	2196	50038	7149	3562

注：从2007年起，政府收支分类改革，按功能分类另表统计。

1991—2006年丽水市市级卫生和社会保障费类支出一览表

表1-3-11

单位：万元

年份	合计	卫生经费						抚恤和社会福利费						社会保障补助		
		小计	其中					小计	其中					小计	其中	
			卫生事业费	中医事业费	药品监管事业费	计划生育事业费	公费医疗		抚恤	社会救济	救灾	民政部门掌握的退休人员	残疾事业		城镇青年就业	下岗职工补贴和补助等
1991	1231	957	504	23	0	82	348	233	57	85	36	27	0	41	28	13
1992	1298	1068	567	26	0	91	384	206	59	70	23	30	0	24	24	0
1993	1478	1236	586	25	0	105	520	221	56	63	24	31	0	21	21	0
1994	2070	1569	778	38	0	137	616	493	142	146	104	56	0	8	3	5
1995	2164	1645	849	35	0	184	577	510	143	134	85	57	0	9	9	0
1996	2592	2060	852	50	0	183	975	493	111	166	99	0	0	39	15	24
1997	2881	2351	998	40	0	231	1082	516	115	223	90	60	0	14	14	0
1998	3120	2165	902	43	0	224	996	573	134	209	78	65	32	382	26	180
1999	3493	2512	1096	82	27	280	1027	651	173	201	67	61	44	330	23	200
2000	4343	2912	1294	77	30	246	1265	894	232	302	77	68	59	537	18	216
2001	5438	4016	1798	152	136	355	1575	950	215	389	90	81	54	472	4	262
2002	7407	4930	2038	124	490	519	1759	1484	330	553	108	86	117	993	36	78
2003	11151	7065	3211	163	420	792	2479	1839	354	427	78	93	195	2247	567	500
2004	12138	6443	2850	141	435	908	2109	2309	390	758	198	102	174	3386	317	0
2005	14237	7370	3209	177	634	1065	2285	2672	727	1102	182	83	163	4195	220	0
2006	17094	8932	4555	260	634	1144	2339	3564	840	1243	455	44	210	4598	620	0
合计	92135	57231	26087	1456	2806	6546	20336	17608	4078	6071	1794	944	1048	17296	1945	1478

注：从2007年起，政府收支分类改革，按功能分类另表统计。

1991—2006年丽水市及市级行政管理费支出一览表

表1-3-12 单位：万元

年份	区域	合计	人大	政府机关	政协	共产党机关	民主党派机关	社会团体机关
1991	全市	6037	202	4644	108	793	0	290
	市级	1192	33	981	43	117	0	18
1992	全市	7326	275	5751	96	916	0	288
	市级	1462	55	1182	26	168	0	31
1993	全市	9592	401	7621	219	1117	0	234
	市级	2028	72	1643	33	254	0	26
1994	全市	13295	481	10486	285	1642	0	401
	市级	2489	81	1944	83	326	0	55
1995	全市	14585	645	11484	324	1619	0	513
	市级	2813	110	2171	72	327	0	133
1996	全市	18198	730	14204	368	2349	0	547
	市级	4334	173	3484	104	476	0	97
1997	全市	20863	906	15778	551	2873	0	755
	市级	5087	152	4190	162	422	0	161
1998	全市	23143	1056	17585	574	2995	432	501
	市级	5508	186	4242	128	605	181	166
1999	全市	26839	1271	19651	716	4200	408	593
	市级	6319	233	4775	193	852	137	129
2000	全市	31912	1338	24350	753	4357	417	697
	市级	7818	295	5990	196	997	191	149
2001	全市	42612	1981	31805	1037	6069	716	1004
	市级	10186	636	6921	393	1670	312	254
2002	全市	50812	2380	37845	1382	7133	864	1208
	市级	13484	747	9217	550	2265	420	285
2003	全市	60853	2801	44896	1563	9341	919	1333
	市级	17135	787	12134	661	2776	448	329
2004	全市	69110	3010	49701	1719	11864	1088	1728
	市级	19147	803	13261	695	3405	547	436
2005	全市	80267	3535	57139	2054	14227	1254	2058
	市级	21536	1017	14230	826	4317	600	546
2006	全市	92043	4052	65931	2235	16100	1121	2604
	市级	25116	994	17806	805	4403	307	801
全市合计		567487	25064	418871	13984	87595	7219	14754
市级合计		145654	6374	104171	4970	23380	3143	3616

1991—2006年丽水市及市级公检法司支出一览表

表1－3－13　　　　单位：万元

年份	区域	合计	公安	国家安全	检察院	法院	司法	监狱
1991	全市	2199	1268	0	281	456	194	0
	市级	612	388	0	80	99	45	0
1992	全市	2610	1627	0	335	446	202	0
	市级	750	491	0	97	111	51	0
1993	全市	3015	1872	0	384	502	257	0
	市级	949	644	0	113	128	64	0
1994	全市	3894	2191	0	585	764	354	0
	市级	1066	614	0	179	186	87	0
1995	全市	4707	2719	0	749	837	402	0
	市级	1270	726	0	207	229	108	0
1996	全市	6191	3770	0	940	1025	456	0
	市级	1747	993	0	341	291	122	0
1997	全市	7875	4993	90	1195	1083	514	0
	市级	2140	1229	74	423	270	144	0
1998	全市	8302	5112	112	1268	1261	549	0
	市级	2345	1270	93	471	357	154	0
1999	全市	10854	6879	128	1525	1622	700	0
	市级	3487	2169	100	595	425	198	0
2000	全市	15065	10501	157	1749	1886	772	0
	市级	5688	4133	130	597	612	216	0
2001	全市	18063	12523	179	2109	2260	992	0
	市级	6482	4765	170	664	553	330	0
2002	全市	22863	15966	205	2789	2608	1295	0
	市级	8201	5903	200	1089	620	389	0
2003	全市	29698	19066	258	3268	5516	1590	0
	市级	10727	7172	246	1001	1769	539	0
2004	全市	39129	26088	406	3940	6981	1705	9
	市级	13830	9557	394	1252	2055	572	0
2005	全市	45989	31400	387	4286	7883	2016	17
	市级	16439	11247	380	1301	2888	623	0
2006	全市	49812	33311	343	4622	9089	2425	22
	市级	17517	11512	336	1470	3414	785	0
全市合计		270266	179286	2265	30025	44219	14423	48
市级合计		93250	62813	2123	9880	14007	4427	0

七、支援不发达地区和援助其他地区支出

支援不发达地区支出，是支援老革命根据地、少数民族地区、边远地区、贫困山区的支出。主要用于帮助这些地区发展生产、兴修水利、修建道路、提高农村文教卫生水平等社会公益事业。1991—2006年，丽水市支援不发达地区支出2.55亿元。2007年，政府收支分类改革，不单设支援不发达地区支出。2012—2018年，单设援助其他地区支出，反映的内容为一般公共预算资金，其他性质的资金不在本科目反映。

2010年起，全市有援疆支出（列往来款）；2018年起，有东西部扶贫协作支出，与援疆支出均为对外援助支出（列往来款或援助其他地区支出）。2010—2018年，全市两项支出7.02亿元。

八、其他经费支出

1991—2006年，丽水市其他经费支出20.22亿元，占同期一般预算支出的6.40%，其中税务事业费8.34亿元，财政事业费2.29亿元，审计事业费8375万元，工商管理事业费1.94亿元。2007年起，其他经费列入一般公共服务科目。2007—2018年，全市一般公共服务支出337.74亿元。

1991—2006年丽水市其他经费支出一览表

表1－3－14　　单位：万元

年份	合计	价格补贴	支援不发达地区	税务经费	财政经费	审计经费	工商经费	劳动保障事业费	其他
1991	4410	1756	1104	932	195	90	275	0	58
1992	3977	1274	1146	881	244	75	310	0	47
1993	4482	1757	890	1155	226	105	307	0	42
1994	4397	704	891	1718	473	130	360	0	121
1995	5042	919	999	1772	621	149	396	62	124
1996	7146	2006	1531	1969	548	264	501	54	273
1997	7899	1441	1870	2474	745	361	602	80	326
1998	9764	1496	2890	3107	672	358	704	12	525
1999	11364	1440	2710	5312	472	278	507	31	614
2000	14024	2721	2835	5966	590	424	695	66	727
2001	16679	1606	4131	7229	1469	589	693	55	907
2002	16989	1492	2335	8439	1738	675	1108	53	1149
2003	19932	2718	544	9668	2186	940	2325	89	1462
2004	20784	1444	393	9711	3137	1246	2889	146	1818
2005	26778	2390	510	11730	4254	1275	3617	128	2874
2006	28567	2300	753	11303	5377	1416	4074	142	3202
合计	202234	27464	25532	83366	22947	8375	19363	918	14269

注：从2007年起，政府收支分类改革，按功能分类另表统计。

1991—2006年丽水市市级其他经费支出一览表

表1-3-15　　　　单位：万元

年份	合计	价格补贴	支援不发达地区	税务经费	财政经费	审计经费	工商经费	劳动保障事业费	其他
1991	816	370	45	148	38	58	147	0	10
1992	676	256	35	181	51	26	116	0	11
1993	630	240	21	239	17	40	60	0	13
1994	687	26	10	364	137	60	44	0	46
1995	935	138	39	268	299	69	44	0	78
1996	917	199	33	252	216	113	58	0	46
1997	1303	142	53	449	327	159	47	10	116
1998	1747	122	86	493	558	151	52	0	285
1999	1722	139	130	657	333	98	69	17	279
2000	2024	146	197	752	465	116	70	12	266
2001	3762	405	292	1335	1125	212	0	6	387
2002	4747	520	240	2025	1244	272	45	0	401
2003	4624	361	111	1741	1376	308	257	0	470
2004	5477	496	56	1711	1656	408	560	17	573
2005	9001	901	25	3574	2157	380	606	51	1307
2006	9361	668	165	2525	3592	450	672	46	1243
合计	48429	5129	1538	16714	13591	2920	2847	159	5531

注：从2007年起，政府收支分类改革，按功能分类另表统计。

2007—2018年全市一般公共预算支出一览表

表 1－3－16　　　　单位：万元

年份	科目名称	全市	市本级	莲都	青田	云和	龙泉	庆元	缙云	遂昌	松阳	景宁
2007	一般预算支出合计	708755	119366	69257	111980	46572	61862	46803	79178	61769	52408	59560
	一般公共服务	166630	40168	11992	25866	11083	13784	10904	15904	13041	11639	12249
	外交	0	0	0	0	0	0	0	0	0	0	0
	国防	1995	484	368	131	221	149	45	149	208	66	174
	公共安全	67291	16263	7398	9836	4563	4395	4286	7689	4977	4170	3714
	教育	159172	18044	19075	25975	7851	15176	11973	24919	13172	12151	10836
	科学技术	16437	3613	1622	2845	991	1064	1037	2159	1216	1178	712
	文化体育与传媒	22962	3545	1622	3175	2042	3115	1850	1860	2173	1623	1957
	社会保障和就业	40852	5292	6685	5987	2511	3388	2684	4759	3916	2647	2983
	医疗卫生	45307	5842	6444	9261	3478	3770	2954	4924	3667	2186	2781
	环境保护	11448	2002	365	583	1285	1266	643	1131	2073	1086	1014
	城乡社区事务	30529	9583	1556	3439	1392	2462	1517	2803	2881	2206	2690
	农林水事务	71818	5992	7273	9579	6237	9097	5372	6371	8579	6930	6388
	交通运输	20917	1894	1334	5894	1183	1626	1703	1704	1173	3185	1221
	工业商业金融等事务	29011	5663	1343	3548	1979	2131	1180	3854	4367	2287	2659
	其他支出(类)	24386	981	2180	5861	1756	439	655	952	326	1054	10182
2008	一般预算支出合计	857748	133902	84621	134957	57191	76619	57523	94722	75502	68406	74305
	一般公共服务	183499	37348	14741	29271	13845	15945	12481	17354	15026	12946	14542
	外交	0	0	0	0	0	0	0	0	0	0	0
	国防	2174	471	354	165	203	257	49	139	232	65	239
	公共安全	74474	15716	8693	10778	4830	4931	5009	7686	5905	5125	5801
	教育	192204	22640	20319	29566	9974	17292	14654	30343	16680	14247	16489
	科学技术	19339	3823	1960	3215	1011	1356	1667	2252	1394	1826	835
	文化体育与传媒	26738	3315	2315	3324	2455	3764	2028	2744	2297	1860	2636
	社会保障和就业	51463	6419	7713	7666	3503	4510	3105	5507	5791	3586	3663
	医疗卫生	57737	7156	7979	11087	5234	5849	3508	5704	4333	3885	3002
	环境保护	18999	3794	595	1281	2596	2575	1337	2744	2346	752	979
	城乡社区事务	43428	15778	2453	5290	1757	2739	2138	2711	2671	6028	1863
	农林水事务	104051	6058	10756	13292	7211	11848	8159	12583	12672	12617	8855
	交通运输	19469	1832	386	5602	737	3463	1222	300	1506	345	4076
	工业商业金融等事务	38532	8309	4280	5403	2128	1746	1727	4193	4064	4875	1807
	地震灾后恢复重建支出	170	170	0	0	0	0	0	0	0	0	0
	其他支出(类)	25471	1073	2077	9017	1707	344	439	462	585	249	9518

续表1－3－16

年份	科目名称	全市	市本级	莲都	青田	云和	龙泉	庆元	缙云	遂昌	松阳	景宁
2009	一般预算支出合计	1128670	184538	105729	199950	68854	98850	72996	125089	94957	88153	89554
	一般公共服务	197198	35657	16473	34075	14829	18153	12706	17629	16030	14756	16890
	外交	0	0	0	0	0	0	0	0	0	0	0
	国防	2794	729	289	495	183	201	49	134	239	228	247
	公共安全	79152	17076	9800	11990	5130	4923	5120	7941	6108	5953	5111
	教育	215736	24607	25385	33391	11252	19874	15422	33365	17693	19337	15410
	科学技术	21086	4108	2422	3620	1305	1663	1373	2455	1513	1622	1005
	文化体育与传媒	24012	3491	1730	3236	1927	3007	2125	2037	2090	2142	2227
	社会保障和就业	58498	5862	10074	11006	3214	5001	3421	6227	6115	4381	3197
	医疗卫生	86427	10916	12038	15460	6195	8531	5498	8862	5693	6685	6549
	环境保护	28140	5483	2124	2291	2027	2930	3718	2736	3034	1704	2093
	城乡社区事务	41808	16490	2867	4168	2133	2120	2522	4650	2323	2623	1912
	农林水事务	137481	8659	12588	17488	8867	20774	10595	13031	19109	14092	12278
	交通运输	163621	37959	2846	51785	5768	9393	8135	21242	9419	10468	6606
	采掘电力信息等事务	26723	9444	2350	3738	1589	1034	854	2133	2829	1662	1090
	粮油物资储备管理等	16293	2747	1532	1817	1700	1085	839	2164	1975	1384	1050
	金融监管支出	303	0	0	193	0	107	0	0	0	3	0
	地震灾后恢复重建支出	185	185	0	0	0	0	0	0	0	0	0
	国债还本付息支出	28	6	0	15	0	0	0	7	0	0	0
	其他支出(类)	29185	1119	3211	5182	2735	54	619	476	787	1113	13889
2010	一般预算支出合计	1352045	209911	121636	194315	82262	146058	92215	148060	124477	108135	124976
	一般公共服务	222073	44900	17156	37227	15772	20982	14746	20356	17022	16313	17599
	外交	0	0	0	0	0	0	0	0	0	0	0
	国防	3587	775	459	465	279	483	70	156	250	248	402
	公共安全	100214	22338	10848	12404	6816	7701	7027	11388	7677	7070	6945
	教育	239969	29975	26520	39758	11722	21622	16376	38829	19921	20211	15035
	科学技术	24478	4411	2496	4363	1314	2566	1848	2915	1667	1710	1188
	文化体育与传媒	36705	8300	2131	4996	1884	4719	3631	2767	2868	2281	3128
	社会保障和就业	80615	7433	10260	14754	4720	8852	5105	10091	7649	6357	5394
	医疗卫生	109726	13207	12961	18331	8778	14843	6335	9688	7843	11854	5886
	环境保护	30095	7200	525	1390	2974	3954	1794	4086	3574	2708	1890
	城乡社区事务	47847	11446	7158	4556	4134	2576	1972	4372	7264	3045	1324
	农林水事务	179070	13053	14383	20234	10420	26281	16909	21240	23210	17116	16224

续表1－3－16

年份	科目名称	全市	市本级	莲都	青田	云和	龙泉	庆元	缙云	遂昌	松阳	景宁
2010	交通运输	149713	28724	1569	16380	7937	21623	11507	11853	15384	11678	23058
	资源勘探电力信息等	46242	10135	7201	3917	3096	3502	1683	4244	2764	3979	5721
	商业服务业等事务	25155	2940	3789	2395	980	2474	1840	3918	4095	1513	1211
	金融监管等事务支出	575	0	0	133	0	284	0	158	0	0	0
	地震灾后恢复重建支出	20	20	0	0	0	0	0	0	0	0	0
	国土资源气象等事务	9045	1958	13	1273	522	1367	558	271	1978	520	585
	住房保障支出	14832	882	3397	5001	115	1833	32	106	446	232	2788
	粮油物资储备管理事务	4882	732	519	1100	442	373	342	450	316	452	156
	国债还本付息支出	1251	256	0	689	0	3	2	297	4	0	0
	其他支出(类)	25951	1226	251	4949	357	20	438	875	545	848	16442
2011	一般预算支出合计	1542833	230514	142505	210662	95880	140706	110986	172462	140069	129994	169055
	一般公共服务	240202	45468	17309	37943	17729	20500	17466	22911	19825	19056	21995
	外交	0	0	0	0	0	0	0	0	0	0	0
	国防	4044	652	411	520	320	459	335	234	357	343	413
	公共安全	112962	23791	12365	14749	7552	7427	7755	11593	9433	9252	9045
	教育	282557	34227	28076	45363	12854	27029	19998	43057	23545	26308	22100
	科学技术	29826	5117	2986	5111	1461	3413	2851	3328	2044	2189	1326
	文化体育与传媒	40902	7108	2636	6056	2475	4688	3275	2833	2864	4054	4913
	社会保障和就业	112122	15242	18340	17090	5565	10192	5898	13957	9557	8984	7297
	医疗卫生	140969	17300	20811	20377	8420	15335	11161	14344	11619	9745	11857
	节能环保	31911	5431	1121	2541	856	4248	1512	4047	4294	3742	4119
	城乡社区事务	60968	11959	5938	7524	2731	2643	7006	9579	2039	5726	5823
	农林水事务	237232	18244	18682	24284	20708	22156	22137	26410	32776	24264	27571
	交通运输	86590	21171	1496	11603	7735	9992	4312	8200	9185	5653	7243
	资源勘探电力信息等	63962	13691	5001	5981	3827	2962	1540	3484	4712	2946	19818
	商业服务业等事务	26137	3420	3152	1784	1099	2641	1035	2355	2271	1882	6498
	金融监管等事务支出	1054	0	30	438	0	276	0	257	53	0	0
	地震灾后恢复重建支出	0	0	0	0	0	0	0	0	0	0	0
	国土资源气象等事务	10172	2260	48	1474	525	1106	1162	451	1237	614	1295
	住房保障支出	31632	3590	3750	3474	1299	4827	1206	3640	2117	3848	3881
	粮油物资管理事务	3323	196	68	1108	128	500	253	308	336	233	193
	储备事务支出	199	0	0	0	2	0	0	7	0	190	0
	国债还本付息支出	2253	629	0	803	0	259	3	556	3	0	0
	其他支出(类)	23816	1018	285	2439	594	53	2081	911	1802	965	13668

续表1-3-16

年份	科目名称	全市	市本级	莲都	青田	云和	龙泉	庆元	缙云	遂昌	松阳	景宁
2012	一般预算支出合计	1679410	240613	156314	244214	104122	151276	130442	177253	152610	148274	174292
	一般公共服务	253301	44104	19677	42577	18380	21944	18136	22949	20834	21006	23694
	外交	0	0	0	0	0	0	0	0	0	0	0
	国防	4316	756	480	670	321	373	300	166	342	431	477
	公共安全	123938	27445	12944	16594	8935	8391	8752	11818	9424	9783	9852
	教育	367288	46406	40643	52175	17870	33967	29556	51446	30976	31952	32297
	科学技术	35420	7484	3708	5541	1605	3536	3691	3554	2230	2398	1673
	文化体育与传媒	43099	6948	2925	6499	2981	4271	2948	3262	3419	4663	5183
	社会保障和就业	129821	17720	19579	19206	6259	12030	8476	14920	10600	12687	8344
	医疗卫生	149285	17643	22699	21851	8127	16106	11431	16086	10443	14146	10753
	节能环保	23539	5212	766	2719	782	2694	655	2028	3138	3655	1890
	城乡社区事务	55021	8580	3624	9540	3963	2458	5670	9779	2146	6168	3093
	农林水事务	257313	17276	20505	33841	20637	27465	25504	22565	35705	26510	27305
	交通运输	87709	20266	1186	11702	5863	9420	8737	7559	9257	6184	7535
	资源勘探电力信息等	50753	9534	1888	7716	2998	1710	1036	1437	5026	1235	18173
	商业服务业等事务	27632	2539	1854	2247	2313	3648	1592	2153	1890	2053	7343
	金融监管等事务支出	2811	0	87	938	26	561	380	673	122	13	11
	地震灾后恢复重建支出	0	0	0	0	0	0	0	0	0	0	0
	援助其他地区支出	0	0	0	0	0	0	0	0	0	0	0
	国土资源气象等事务	13050	2378	51	1737	843	849	761	687	3940	772	1032
	住房保障支出	33002	4378	2974	4929	1046	1170	2000	5055	1619	4245	5586
	粮油物资储备事务	3352	223	219	1086	243	327	345	122	297	281	209
	国债还本付息支出	3381	859	0	939	356	356	215	653	3	0	0
	其他支出(类)	15379	862	505	1707	574	0	257	341	1199	92	9842
2013	一般预算支出合计	1953767	275167	187327	269096	124583	181776	163361	201896	178212	182451	189898
	一般公共服务	276873	44981	21245	44315	20221	24545	21499	25341	24889	22557	27280
	外交	0	0	0	0	0	0	0	0	0	0	0
	国防	5857	1047	525	1559	328	378	334	156	553	485	492
	公共安全	136815	28722	14172	16059	9216	10283	8993	14270	12823	12826	9451
	教育	385272	48323	41118	53714	19756	37806	25326	55050	36341	33817	34021
	科学技术	38239	7733	4722	6048	1888	4143	2933	4010	2392	2780	1590
	文化体育与传媒	47340	7367	3518	7810	3151	5566	3083	4030	3453	2600	6762
	社会保障和就业	151835	19083	23476	21341	7331	16150	8891	18116	13053	11240	13154

续表1－3－16

年份	科目名称	全市	市本级	莲都	青田	云和	龙泉	庆元	缙云	遂昌	松阳	景宁
2013	医疗卫生	173570	22110	24783	26705	11234	19411	12722	18537	11982	16633	9453
	节能环保	34990	6534	1536	3837	1232	2859	1179	7455	3371	4254	2733
	城乡社区事务	61124	11051	4461	9398	7016	2825	3840	8225	2869	6970	4469
	农林水事务	366565	22106	36204	37309	28124	35996	55262	24480	39788	43854	43442
	交通运输	120362	27132	2496	22720	5505	8773	10886	9687	9461	13145	10557
	资源勘探电力信息等	51658	10713	1912	5258	4047	3741	1751	2329	4359	3557	13991
	商业服务业等事务	21749	2595	1399	2178	1657	3082	1743	2182	1769	1271	3873
	金融监管等事务支出	1119	395	0	245	0	267	0	116	70	7	19
	地震灾后恢复重建支出	0	0	0	0	0	0	0	0	0	0	0
	援助其他地区支出	0	0	0	0	0	0	0	0	0	0	0
	国土资源气象等事务	15850	2530	187	2476	980	824	1069	465	5241	1084	994
	住房保障支出	49553	10381	4484	5185	1879	4456	3180	6366	2806	5141	5675
	粮油物资储备事务	4412	652	519	1060	253	196	515	226	562	180	249
	国债还本付息支出	2002	0	0	602	460	466	0	467	7	0	0
	其他支出(类)	8582	1712	570	1277	305	9	155	388	2423	50	1693
2014	一般公共预算支出合计	2172733	288965	208778	292725	132922	203976	184677	244622	207846	201380	206842
	一般公共服务支出	280404	43555	19360	46533	19519	25226	23260	27631	25796	24873	24651
	外交支出	0	0	0	0	0	0	0	0	0	0	0
	国防支出	5111	1033	467	751	419	430	353	143	477	525	513
	公共安全支出	144616	30585	14225	17166	9775	11135	12134	15801	12096	12362	9337
	教育支出	421880	53172	44375	60421	20966	41490	30894	60672	38882	38609	32399
	科学技术支出	46070	10124	5461	6974	2126	5176	3320	5076	2685	3021	2107
	文化体育与传媒支出	57355	8194	4628	9727	3633	5742	3459	4581	3778	5595	8018
	社会保障和就业支出	178181	23440	26813	26701	8348	17897	12377	23335	15777	12651	10842
	医疗卫生与计划生育支出	247342	27926	33007	38161	14279	24082	16395	33780	15208	21380	23124
	节能环保支出	38961	9307	1680	2990	1106	2002	2327	2244	5205	6943	5157
	城乡社区支出	81590	7800	8571	14294	8287	7280	3256	10796	8328	8122	4856
	农林水支出	390694	14003	40612	36237	29138	38709	51844	30599	47834	50854	50864
	交通运输支出	121001	34380	2510	14704	6503	11138	10002	12596	12060	7867	9241
	资源勘探信息等支出	47616	7810	691	5037	4796	2907	2728	3503	5223	1016	13905
	商业服务业等支出	19978	2276	779	2204	1458	3817	1632	2591	2623	810	1788
	金融支出	872	20	0	311	0	315	0	106	72	0	48
	援助其他地区支出	0	0	0	0	0	0	0	0	0	0	0

续表1－3－16

年份	科目名称	全市	市本级	莲都	青田	云和	龙泉	庆元	缙云	遂昌	松阳	景宁
2014	国土海洋气象等支出	16737	2736	145	2357	875	1135	1375	1250	4753	1233	878
	住房保障支出	52356	9192	4455	4650	451	4429	7710	8551	2426	4771	5721
	粮油物资储备支出	5549	680	842	972	348	391	882	200	685	180	369
	国债还本付息支出	6553	1759	0	1145	669	675	521	718	8	521	537
	其他支出(类)	9867	973	157	1390	226	0	208	449	3930	47	2487
2015	一般公共预算支出合计	2793261	456819	256790	347733	161741	268412	241717	289710	255202	253868	261269
	一般公共服务支出	313263	48872	23630	40599	21878	28483	27710	29170	29811	29236	33874
	外交支出	0	0	0	0	0	0	0	0	0	0	0
	国防支出	5060	809	552	625	447	451	577	99	640	516	344
	公共安全支出	159467	32718	16681	18447	10130	12021	12157	17497	15312	14013	10491
	教育支出	522659	68765	55212	74514	24009	50354	35897	74077	45708	55161	38962
	科学技术支出	54488	13775	6257	8284	2301	5688	3983	4404	3393	3595	2808
	文化体育与传媒支出	73969	9904	6969	9493	3967	8101	4750	5861	8020	5562	11342
	社会保障和就业支出	248664	37019	34515	41708	10287	35349	12115	27343	20767	15233	14328
	医疗卫生与计划生育支出	277395	26987	38099	42984	17998	30677	18560	26999	18360	28491	28240
	节能环保支出	87356	26575	2641	7101	895	3038	6174	6734	13462	15025	5711
	城乡社区支出	152299	32348	11181	17055	10632	11039	14414	21227	11930	5877	16596
	农林水支出	477780	25785	47122	50934	34224	50654	55928	44255	58535	56896	53447
	交通运输支出	206092	65072	2797	17863	9177	19236	39358	14057	10153	13547	14832
	资源勘探信息等支出	85064	43250	2496	5098	4180	3689	931	2762	7748	1400	13510
	商业服务业等支出	20286	4104	831	1357	1086	4644	1285	1720	1964	939	2356
	金融支出	1173	60	0	334	80	280	0	143	138	0	138
	援助其他地区支出	0	0	0	0	0	0	0	0	0	0	0
	国土海洋气象等支出	16348	2946	1253	1460	1260	1170	1419	2127	2147	966	1600
	住房保障支出	55568	11611	4811	5410	4493	1317	4266	9057	2435	5128	7040
	粮油物资储备支出	9654	1963	904	1376	285	708	905	468	669	1299	1077
	债务付息支出	12540	3248	442	1762	1029	1240	830	879	1222	888	1000
	债务发行费用支出	809	332	34	60	55	73	0	114	43	43	55
	其他支出(类)	13327	676	363	1269	3328	200	458	717	2745	53	3518
2016	一般公共预算支出合计	3416717	436036	306355	424986	207528	360060	267383	376690	348015	344598	345066
	一般公共服务支出	345588	59710	27505	42421	23481	28585	28633	33946	30750	30923	39634
	外交支出	0	0	0	0	0	0	0	0	0	0	0
	国防支出	4641	616	636	643	424	430	454	127	410	527	374
	公共安全支出	198045	39992	20258	19467	12757	15609	16122	21850	17739	16116	18135

续表1－3－16

年份	科目名称	全市	市本级	莲都	青田	云和	龙泉	庆元	缙云	遂昌	松阳	景宁
2016	教育支出	589829	73053	57015	81604	30667	54617	46079	87020	53087	57564	49123
	科学技术支出	63560	16801	7276	8978	2339	6273	5473	5435	4047	3753	3185
	文化体育与传媒支出	96194	11900	7932	10463	3570	8996	7013	5273	11414	6456	23177
	社会保障和就业支出	301811	26879	46444	48352	14874	47444	14771	32111	23699	20600	26637
	医疗卫生与计划生育支出	309358	28238	46212	46155	19374	33242	18412	28954	20635	33721	34415
	节能环保支出	66767	6904	5082	2620	3216	5731	9533	3276	11327	11208	7870
	城乡社区支出	367732	29474	18293	34929	18052	45890	18179	67099	45274	57936	32606
	农林水支出	564321	28005	48139	65887	38206	68473	52750	53952	78909	73522	56478
	交通运输支出	256825	58301	3665	41398	19378	26979	35005	18450	26156	9959	17534
	资源勘探信息等支出	46227	12549	3389	4421	3983	2001	1085	1736	4288	1546	11229
	商业服务业等支出	26195	6990	1010	1764	2262	4769	1138	1687	1622	1166	3787
	金融支出	1928	563	0	357	83	354	0	143	172	3	253
	援助其他地区支出	0	0	0	0	0	0	0	0	0	0	0
	国土海洋气象等支出	19037	5202	146	2566	1261	1386	1706	1485	2187	1383	1715
	住房保障支出	94005	20496	10787	7491	5446	3856	6958	7515	8721	14186	8549
	粮油物资储备支出	15230	2282	559	512	2819	1070	810	697	859	334	5288
	债务付息支出	39636	6978	1752	4555	3171	4241	2997	5340	3777	3444	3381
	债务发行费用支出	888	41	105	116	73	114	0	83	130	138	88
	其他支出(类)	8900	1062	150	287	2092	0	265	511	2812	113	1608
2017	一般公共预算支出合计	3786403	451178	389645	457465	234295	413571	317822	426085	355812	373097	367433
	一般公共服务支出	417058	77039	34174	55654	26068	32538	34026	35853	36542	41764	43400
	外交支出	0	0	0	0	0	0	0	0	0	0	0
	国防支出	5597	113	602	707	586	846	671	143	659	579	691
	公共安全支出	218157	45504	24533	23411	12947	17346	21887	21925	19319	16627	14658
	教育支出	670110	85344	57178	83364	35474	66798	63956	102289	60030	60330	55347
	科学技术支出	72667	19668	8250	12027	2812	5849	5684	6175	4683	3985	3534
	文化体育与传媒支出	78772	11176	9805	12372	3764	7765	7729	4911	5126	7008	9116
	社会保障和就业支出	374458	34996	58346	49595	20076	50613	16585	57265	35904	28623	22455
	医疗卫生与计划生育支出	352633	25227	52622	52070	22628	39382	22893	43936	27971	37169	28735
	节能环保支出	83605	13341	6170	5409	6833	6580	7603	3016	9670	11656	13327
	城乡社区支出	489899	35932	32207	53989	28348	79047	25112	52143	47367	69481	66273
	农林水支出	572052	21334	56812	60233	39265	75411	63612	62908	69285	65691	57501
	交通运输支出	174861	40672	7110	19587	13164	11299	27179	10536	11448	14544	19322

续表 1－3－16

年份	科目名称	全市	市本级	莲都	青田	云和	龙泉	庆元	缙云	遂昌	松阳	景宁
2017	资源勘探信息等支出	60492	4161	17494	4053	6545	2462	6490	1779	2783	1159	13566
	商业服务业等支出	23763	7257	2977	1118	1914	3153	1238	1585	1360	846	2315
	金融支出	1924	602	0	344	78	439	0	94	153	0	214
	援助其他地区支出	0	0	0	0	0	0	0	0	0	0	0
	国土海洋气象等支出	35089	7929	4513	3237	2479	1651	2164	4180	5049	2070	1817
	住房保障支出	81378	10218	9381	12636	6237	4978	5961	9642	9136	4988	8201
	粮油物资储备支出	8809	2306	543	654	559	1117	841	574	1479	585	151
	债务付息支出	55738	7600	4312	6319	4392	6209	3908	6491	5749	5785	4973
	债务发行费用支出	387	1	33	0	33	88	66	22	44	52	48
	其他支出(类)	8954	758	2583	686	93	0	217	618	2055	155	1789
2018	一般公共预算支出合计	4320191	552862	431969	535430	250235	483660	329777	521537	411486	379950	423285
	一般公共服务支出	481289	81457	42346	69128	31317	44313	39008	46569	42215	41535	43401
	外交支出	0	0	0	0	0	0	0	0	0	0	0
	国防支出	6269	18	1008	897	723	777	535	431	408	700	772
	公共安全支出	240059	50702	25582	26521	13756	20286	20629	29852	19483	19186	14062
	教育支出	689280	91141	62079	90532	34739	62335	60478	115705	63932	61652	46687
	科学技术支出	93193	24660	8546	21482	2941	9879	4843	7493	5419	4129	3801
	文化体育与传媒支出	81110	12738	9955	10217	5410	10043	6053	7292	5846	4826	8730
	社会保障和就业支出	462567	38798	68896	56590	26860	54593	25627	68655	37562	43176	41810
	医疗卫生与计划生育支出	425227	37711	60487	60179	27013	46401	25938	62464	38311	36330	30393
	节能环保支出	100117	15047	8700	10654	4764	6931	13021	4680	13172	7725	15423
	城乡社区支出	642154	94703	45111	63066	30127	113037	33760	52342	61482	58757	89769
	农林水支出	598033	26888	60108	66104	43627	71750	61504	66530	79505	64069	57948
	交通运输支出	193721	36559	8083	22862	7989	16678	18758	32765	16808	14795	18424
	资源勘探信息等支出	54835	9937	6339	3055	5017	1805	894	1841	2230	1617	22100
	商业服务业等支出	28721	7617	4172	3539	1204	3727	1181	1806	1691	1118	2666
	金融支出	1913	400	60	813	40	276	0	107	217	0	0
	援助其他地区支出	50	0	0	50	0	0	0	0	0	0	0
	国土海洋气象等支出	50429	6315	3324	8075	2417	3284	3090	5456	5047	3303	10118
	住房保障支出	82167	7545	10763	14342	6043	5275	5883	7713	8642	7666	8295
	粮油物资储备支出	6672	1210	180	500	349	1101	1446	296	588	983	19
	债务付息支出	77704	8667	6027	6605	5853	11023	7032	8777	7570	8227	7923
	债务发行费用支出	590	98	41	19	22	106	48	114	22	39	81
	其他支出(类)	4091	651	162	200	24	40	49	649	1336	117	863

第二节　政府非税支出

丽水市政府非税支出历经预算外资金支出、财政基金支出、政府性基金支出，最终形成政府性基金支出预算、国有资本经营支出预算，与一般公共预算支出合为完整的公共财政支出预算体系的改革发展过程。2007年，始编政府性基金支出预算。2014年，始编国有资本经营支出预算，形成全口径公共支出预算。1991—2018年，丽水市非税支出1144.72亿元，其中政府性基金支出1142.14亿元，国有资本经营支出2.58亿元。

一、政府性基金支出

1991—1996年，丽水地区县级以上财政部门掌握的预算外资金支出6919万元（不含上解支出），其中更新改造支出457万元，水利专项支出675万元，城市维护（包括公共设施维护、城市住宅维护、中小学校舍维护、公用事业等）支出860万元，简易建筑支出35万元，行政支出235万元，事业支出2247万元，其他支出2410万元。

1997年，丽水地区财政预算外资金规范为财政基金，财政预算外科目纳入财政基金科目，将地方财政税费附加、集中企事业资金、粮食补偿金等预算外资金纳入财政基金管理。

1997—2006年，丽水市财政基金支出12.89亿元，其中工交部门支出7.94亿元，农业部门支出2.49亿元，文教部门支出8174万元，商贸部门支出3775万元，土地有偿支出3025万元，地方财政税费附加支出2254万元，其他部门基金支出4581万元，其他支出2848万元。2007年起，丽水市始编政府性基金预算，将国有土地使用权出让收支列入政府性基金收支预算管理。2007—2018年，丽水市政府性基金支出1128.56亿元，其中国有土地使用权出让支出764.63亿元。

1991—1996年丽水地区财政预算外资金支出一览表

表1－3－17　　　　单位：万元

年份	合计	更新改造	简易建筑	城市维护	行政支出	事业支出	水利专项	其他
1991	1000	280	0	106	15	240	0	359
1992	955	48	0	224	97	359	0	227
1993	893	29	0	156	48	342	0	318
1994	1146	0	0	150	75	389	49	483
1995	1442	0	0	143	0	657	315	327
1996	1483	100	35	81	0	260	311	696
合计	6919	457	35	860	235	2247	675	2410

1997—2006年丽水市财政基金支出一览表

表1－3－18 单位：万元

年份	合计	工交部门基金支出	商贸部门基金支出	文教部门基金支出	农业部门基金支出	土地有偿使用支出	政府住房基金支出	其他部门基金支出	地方财政税费附加支出	其他支出
1997	1763	0	0	1353	140	0	0	261	9	0
1998	2104	0	0	853	574	0	0	0	677	0
1999	3013	0	149	1480	735	0	0	0	179	470
2000	3066	0	334	1317	691	0	0	5	123	596
2001	3888	273	670	864	1298	15	0	0	231	537
2002	6386	495	817	767	2916	0	0	0	146	1245
2003	3512	361	560	360	1737	30	0	257	207	0
2004	17531	12215	621	185	3500	50	0	773	187	0
2005	32340	26378	122	276	3427	341	0	1598	198	0
2006	55275	39645	502	719	9836	2589	0	1687	297	0
合计	128878	79367	3775	8174	24854	3025	0	4581	2254	2848

2007—2018年丽水市政府性基金支出一览表

表1－3－19 单位：万元

年份	合计	国有土地出让支出	国有土地收益基金支出	农业土地开发支出	大中型水库移民扶持支出	小型水库移民扶持支出	城市维护支出	污水处理支出	大中型水库基金相关支出	彩票公益金支出	彩票发行费支出	养路费支出	其他支出
2007	321764	247963	438	2215	0	—	—	—	0	0	—	43915	27233
2008	245304	134663	631	1289	185	—	—	—	0	4756	—	60694	43086
2009	302101	212274	4796	5378	2239	—	0	—	0	6650	—	—	70764
2010	822773	657738	24086	2375	4132	0	0	—	281	6563	—	—	127598
2011	882243	699332	34278	4038	2380	812	3797	—	0	8176	—	—	129430
2012	692892	391833	18031	4222	2763	2103	4266	—	754	8737	—	—	260183
2013	1048858	621403	31956	7577	8091	1745	6289	—	744	13941	—	—	357112
2014	1341835	714859	29551	4876	8914	2790	16468	—	1031	15669	—	—	547677
2015	916180	414158	13150	1242	8406	1638	8421	939	1286	24940	2146	—	439854
2016	1008011	620353	18169	1304	13050	1953	9686	1433	1920	21405	1955	—	316783
2017	1412965	961939	31507	2374	7904	2133	10334	10803	1375	24107	1688	—	358801
2018	2290654	1969776	47628	3091	9669	2200	11147	7703	1727	20850	2570	—	214293
合计	11285580	7646291	254221	39981	67733	15374	70408	20878	9118	155794	8359	104609	2892814

二、国有资本经营支出

2014年，丽水市始编国有资本经营预算，2014—2018年，全市国有资本经营预算支出2.58亿元，其中国有企业资本金注入1.73亿元，国有企业政策性补贴549万元，其他支出7954万元。

2014—2018年丽水市国有资本经营预算支出一览表

表1－3－20　　　　单位：万元

年份	本年支出			
	合计	国有企业资本金	国企政策性补贴	其他支出
2014	591	—	—	591
2015	1588	—	—	1588
2016	1289	305	—	984
2017	4526	1411	149	2966
2018	17852	15627	400	1825
合计	25846	17343	549	7954

第三节　社会保险基金支出

1997年，丽水地区将基本养老保险基金、失业保险基金、医疗保险基金、工伤保险基金和生育保险基金五项社会保险基金列入财政基金项目管理。各项社会保险基金纳入财政专户，实行“收支两条线”管理。

2001年，丽水市本级开始试编社会保险基金预算，2007年起，丽水市全面试编社会保险基金预算，纳入社会保险基金预算的项目也逐步扩大，从原有的5项增加到8项。1991—2018年，全市社会保险基金支出合计737.42亿元，其中企业职工基本养老保险基金支出333.75亿元，城乡居民基本养老保险基金支出42.49亿元，机关事业单位基本养老保险基金支出120.17亿元，职工基本医疗保险基金支出107.16亿元，城乡居民基本医疗保险基金支出109.22亿元，工伤保险基金支出12.05亿元，失业保险基金支出7.51亿元，生育保险基金支出5.07亿元。

1991—2018年丽水市社保基金支出一览表

表1－3－21　　单位：万元

年份	合计	企业职工基本养老保险基金	城乡居民基本养老保险基金	机关事业单位基本养老保险基金	职工基本医疗保险基金	城乡居民基本医疗保险基金	工伤保险基金	失业保险基金	生育保险基金
1991	2163	2163	—	—	—	—	—	—	—
1992	2923	2923	—	—	—	—	—	—	—
1993	4395	4395	—	—	—	—	—	—	—
1994	6017	6017	—	—	—	—	—	—	—
1995	7349	7349	—	—	—	—	—	—	—
1996	8214	8147	—	—	—	—	—	—	—
1997	9833	9715	—	—	—	—	—	—	—
1998	12040	11838	—	84	—	—	—	—	118
1999	14349	12654	—	1572	—	—	—	—	123
2000	16956	14438	—	2378	—	—	—	—	140
2001	26093	17240	—	3788	2217	—	212	2520	116
2002	36949	21463	—	6421	6511	—	241	2152	161
2003	48047	23995	—	9251	12667	—	436	1567	131
2004	62781	25838	—	12579	21982	—	453	1786	143
2005	67805	30953	—	14322	20172	—	497	1646	215
2006	78798	36140	—	14994	24868	—	815	1702	279
2007	101452	43634	—	25333	27871	—	1182	2863	569
2008	121377	54762	—	27150	33377	—	2097	3071	920
2009	138587	63909	—	29495	39092	—	2358	2690	1043
2010	162651	75066	—	32369	47505	—	3675	2615	1421
2011	268910	96402	17257	33737	53171	57431	6262	3049	1601
2012	385717	137413	39518	41661	68433	83958	8464	3790	2480
2013	490122	181262	43429	47319	87780	111937	11357	4292	2746
2014	611513	244951	55541	64207	96863	124825	14715	6359	4052
2015	781178	447460	64291	—	104084	139528	13751	7363	4701
2016	1206138	506938	59568	319904	124421	165299	15441	9196	5371
2017	1263209	585048	67117	249956	139594	183779	18718	9028	9969
2018	1438629	665361	78226	265202	161008	225415	19759	9415	14243
合计	7374195	3337474	424947	1201722	1071616	1092172	120433	75104	50727

注：本表数据取自社保经办机构报表。从2014年10月起，执行机关事业单位基本养老保险制度，对原地方机关事业单位养老保险基金（试点）进行清算，2016年的决算数中含转制过渡期（2014年10月至2015年12月）的结算数据。

第四节 乡（镇）财政支出

丽水市乡镇财政支出由一般公共预算支出、预算外支出和自筹资金支出组成。一般公共预算支出包括基本建设、企业挖潜改造、科技三项费用、支援农村生产、农林水部门事业费、工业交通等部门事业费、商业部门事业费、城市维护费、文教卫生事业费、科学事业费、其他部门事业费、抚恤和社会福利救济费、行政管理费、价格补贴（政策性补贴）、支援不发达地区发展资金、农业综合开发、教育费附加等专项支出。预算外支出包括统筹资金支出、基本建设、扶持乡镇企业发展、支援农村生产、行政事业费、抚恤和社会福利等支出。乡镇统筹资金支出包括教育经费、牲畜防疫费、民兵训练费、优抚费、小型农田水利建设、排灌站（电费）支出、“五保户”困难补助、村干部误工补贴费、社会公益事业建设、交通道路、自来水、广播、通讯网建设等其他专项支出。1996年后自筹资金支出并入预算外支出。1997年起增加财政基金支出。主要为文教部门基金、农业部门基金、其他部门基金以及原设在预算外支出的地方财政税费附加支出。1991—2018年，全市乡镇一般公共预算支出398.77亿元。全市乡镇财政预算外支出66.05亿元。

1991—2018年丽水市乡镇财政支出结算一览表

表1－3－22 单位：万元

年份	分类	合计	莲都	青田	云和	龙泉	庆元	缙云	遂昌	松阳	景宁
1991	小计	7797	1023	1353	396	418	707	1593	777	785	745
	预算内	7797	1023	1353	396	418	707	1593	777	785	745
	预算外	—	—	—	—	—	—	—	—	—	—
1992	小计	9353	1266	1723	492	466	793	1923	945	956	789
	预算内	9353	1266	1723	492	466	793	1923	945	956	789
	预算外	—	—	—	—	—	—	—	—	—	—
1993	小计	12953	1874	2159	590	1095	1091	2668	1194	1146	1136
	预算内	12953	1874	2159	590	1095	1091	2668	1194	1146	1136
	预算外	—	—	—	—	—	—	—	—	—	—
1994	小计	19701	2925	2916	765	1819	1474	4044	2132	1839	1787
	预算内	17445	2481	2913	656	1771	1474	3009	1855	1641	1645
	预算外	2256	444	3	109	48	0	1035	277	198	142
1995	小计	20839	3413	2903	489	2026	1580	4002	2213	2116	2097
	预算内	18449	2677	2903	410	1966	1580	3390	1857	1777	1889
	预算外	2390	736	0	79	60	0	612	356	339	208

续表1－3－22

年份	分类	合计	莲都	青田	云和	龙泉	庆元	缙云	遂昌	松阳	景宁
1996	小计	32670	5255	6200	916	3467	3029	5669	3637	2279	2218
	预算内	21258	3257	3850	514	2205	1954	3693	2061	1841	1883
	预算外	11412	1998	2350	402	1262	1075	1976	1576	438	335
1997	小计	37614	5365	6750	1480	3950	3143	6616	4210	3280	2820
	预算内	24435	3639	4157	853	2875	2097	3953	2303	2275	2283
	预算外	13179	1726	2593	627	1075	1046	2663	1907	1005	537
1998	小计	38054	6008	7397	1091	3906	3124	5918	4635	3102	2873
	预算内	26348	3985	4665	650	2855	2180	4448	2623	2526	2416
	预算外	11706	2023	2732	441	1051	944	1470	2012	576	457
1999	小计	45410	7996	8673	1154	4528	3488	7289	4348	4757	3177
	预算内	30102	4748	5594	737	3104	2404	4787	2966	2915	2847
	预算外	15308	3248	3079	417	1424	1084	2502	1382	1842	330
2000	小计	48179	8291	10036	1488	5574	3412	4742	5023	5717	3896
	预算内	31980	5909	6635	984	3602	2471	2264	3490	3224	3401
	预算外	16199	2382	3401	504	1972	941	2478	1533	2493	495
2001	小计	55586	8503	12949	1907	7278	2889	5213	5765	6171	4911
	预算内	39250	7409	8953	1277	5085	1847	2760	3902	3878	4139
	预算外	16336	1094	3996	630	2193	1042	2453	1863	2293	772
2002	小计	57206	10272	6908	2887	9877	3643	5996	6909	7433	3281
	预算内	41315	9314	3886	2232	7357	2505	3921	5050	4480	2570
	预算外	15891	958	3022	655	2520	1138	2075	1859	2953	711
2003	小计	69383	12764	8746	3248	12287	3790	6911	7649	10369	3619
	预算内	48496	11160	5063	2502	8632	2812	3893	5895	5341	3198
	预算外	20887	1604	3683	746	3655	978	3018	1754	5028	421
2004	小计	69508	6198	11943	3405	11875	4065	9970	9827	8309	3916
	预算内	45935	4109	6064	2677	8775	3018	4637	6604	6285	3766
	预算外	23573	2089	5879	728	3100	1047	5333	3223	2024	150
2005	小计	61534	4357	12147	4128	9205	4748	8899	5661	7923	4466
	预算内	42072	3150	6630	3116	6993	3701	4880	3285	6144	4173
	预算外	19462	1207	5517	1012	2212	1047	4019	2376	1779	293
2006	小计	64985	3891	14081	4541	6176	6288	10878	6821	7162	5147
	预算内	42474	2935	8040	3477	3660	4552	5322	4007	5823	4658
	预算外	22511	956	6041	1064	2516	1736	5556	2814	1339	489

续表1－3－22

年份	分类	合计	莲都	青田	云和	龙泉	庆元	缙云	遂昌	松阳	景宁
2007	小计	96915	7793	16264	5730	9449	6326	23249	13640	8220	6244
	预算内	69411	5860	11050	5154	4984	4553	17424	6061	8213	6112
	预算外	27504	1933	5214	576	4465	1773	5825	7579	7	132
2008	小计	124326	12352	18015	6317	12332	6114	34236	17921	10291	6748
	预算内	93420	8286	13127	5816	6444	5177	27467	10064	10291	6748
	预算外	30906	4066	4888	501	5888	937	6769	7857	0	0
2009	小计	128567	10392	17711	7134	12954	7507	33225	23279	6840	9525
	预算内	94749	8868	16401	6368	5687	6883	26724	7453	6840	9525
	预算外	33818	1524	1310	766	7267	624	6501	15826	0	0
2010	小计	190030	18718	30924	8815	30485	10620	45440	25131	11701	8196
	预算内	149765	18247	28547	8728	12284	9855	39055	13829	11024	8196
	预算外	40265	471	2377	87	18201	765	6385	11302	677	0
2011	小计	182879	22621	32580	8089	18792	11647	58254	9500	11743	9653
	预算内	165107	21998	30228	7886	18373	11051	48912	8678	8328	9653
	预算外	17772	623	2352	203	419	596	9342	822	3415	0
2012	小计	287334	25379	103229	10060	24470	9808	73336	11178	18602	11272
	预算内	250159	25214	100419	9705	23100	9671	48081	10253	12444	11272
	预算外	37175	165	2810	355	1370	137	25255	925	6158	0
2013	小计	337955	28584	120751	13402	30277	13735	69933	14217	34976	12080
	预算内	299300	27476	113104	13270	27757	13495	60219	12874	19025	12080
	预算外	38655	1108	7647	132	2520	240	9714	1343	15951	0
2014	小计	353220	29817	118752	15776	29734	22050	77229	14103	29732	16027
	预算内	319349	29314	112584	15669	26143	19727	66485	13032	21266	15129
	预算外	33871	503	6168	107	3591	2323	10744	1071	8466	898
2015	小计	416870	40699	128728	20654	34210	22566	74705	29259	39380	26669
	预算内	385648	40250	121482	20652	32196	21736	67743	28388	27764	25437
	预算外	31222	449	7246	2	2014	830	6962	871	11616	1232
2016	小计	495824	52061	152471	17321	49366	26730	84251	34413	48434	30777
	预算内	461471	50965	146201	16915	47516	22410	81057	32943	35162	28302
	预算外	34353	1096	6270	406	1850	4320	3194	1470	13272	2475
2017	小计	564397	66186	166150	31501	39346	20156	93509	36978	61027	49544
	预算内	515003	61885	158046	31425	36865	19041	85677	35866	52700	33498
	预算外	49394	4301	8104	76	2481	1115	7832	1112	8327	16046

续表1－3－22

年份	分类	合计	莲都	青田	云和	龙泉	庆元	缙云	遂昌	松阳	景宁
2018	小计	819117	140313	201742	38457	74014	33546	136476	52046	84108	58415
	预算内	724635	126602	194434	38457	70812	32402	111894	49905	55062	45067
	预算外	94482	13711	7308	0	3202	1144	24582	2141	29046	13348
合计		4648206	544316	1224201	212233	449376	238069	896174	353411	438398	292028
预算内合计		3987679	493901	1120211	201608	373020	211187	737879	278160	319156	252557
预算外合计		660527	50415	103990	10625	76356	26882	158295	75251	119242	39471

注：预算外支出包括预算外专户资金支出及基金支出，2000年前莲都区为原丽水市（县级）。

第五节　其他支出

一、粮食财政财务管理

1998年，丽水地区建立国家粮食储备库，主要承担省级储备粮的储备任务。

2000年以来，市财政对莲都区承储的市级储备粮实行定额补助，每年519万元，执行“超亏不补、减亏留用”政策。2004年，丽水国家粮食储备库开始承储市级储备粮，储备费用归属市级财政承担和监管。当年，全市储备粮费用支出2663万元，其中市本级886万元。2010年，全市储备粮费用支出1653万元，其中市本级400万元。2015年，全市新增储备规模3.14万吨，粮食补助支出4968万元，其中市本级841万元。

2006—2018年，全市粮食补助支出10.88亿元，其中市本级1.98亿元。

二、落实惠民政策

农资综合直补政策　2006年起，丽水市实施农资综合直补政策，农资综合直补资金由中央财政预算安排，实行动态调整，纳入粮食风险基金专户管理。直补对象为上年度种植粮食的农户，补贴标准由各市、县（市、区）按上年实际粮食播种面积计算。当年全市发放农资综合直补资金720万元，其中市本级71万元，惠及60万农户。2007年，基本完成农民补贴网络建设。2009年，逐步完善农资综合直补制度，调整完善农民补贴网络建设。2014年，全市发放农资综合直补资金7581万元，其中市本级764万元。2006—2014年，全市发放农资综合直补资金5.11亿元，其中市本级5298万元。2015年起，浙江省将中央农资综合直补的80%、中央种粮农民直补、国家农作物良种补贴合并为耕地保护补贴；将中央农资综合直补20%部分安排一定比例用于粮食生产适度规模经营主体的直接补贴。

政策性农村住房保险政策　2007年，丽水市执行“农户自愿参保、政府补助推动、保险公司市场化运作”的政策，开展政策性农村住房保险，保险主体为全省范围内的所有农户，保险对象为农村居民自有的生活住房；丽水为一类风险区域，每户每年保费15元，其中农户交费5元，省财政补助4元，市、县财政补助6元。农村低保户和“五保户”自交保费部分由当地财政全额补助，以市、县（市、区）为单位，农户参保面未达到50%的，省财政不补助。当年全市补助农村农民住房保险保费526万元，其中省财政补助365万元，本级财政补助161万元。2007—2018年，全市财政补助农村农民住房保险保费6670万元，其中省财政4161万元，本级财政2509万元。

家电下乡政策　2009年2月，为扩大内需，财政部、商务部、工信部要求加大家电下乡政策实施力度。5月，丽水市制定家电下乡工作实施方案。实施期限从2009年2月1日起到2013年1月31日止，暂定4年。补助对象为有丽水市农业户口，在经贸主管部门确认备案的销售网点购买家电下乡产品的，均可申报财政补贴。补贴标准为财政补贴产品销售价格的13%，其中中央财政补贴80%，省级财政补贴20%。在实施家电下乡期间，每户每类产品补贴数量为2件（台）。补贴品种和最高限价：纳入本市家电下乡的产品暂定为彩电、冰箱（含冰柜）、洗衣机、手机、空调、热水器（含电热水器、燃气热水器、太阳能热水器）、电脑、微波炉和电磁炉九类，最高限价分别为彩电3500元、冰箱（含冰柜）2500元、洗衣机2000元、手机1000元、分体挂壁式空调2500元、分体落地式空调4000元、储水式电热水器1500元、燃气热水器2500元、太阳能热水器4000元、电脑3500元、微波炉1000元、电磁炉600元。2009年2月至2013年1月，全市补贴家电下乡产品57.53万件（台），补贴资金1.78亿元。

家电以旧换新政策　丽水市执行国家家电以旧换新的相关政策，家电以旧换新的产品包括电视机、冰箱（含冰柜）、洗衣机、电脑、空调等五类。2009年6月至2011年12月，全市兑付家电下乡补贴资金4794万元，数量16.64万台，其中电视机6.17万台，冰箱2万台，洗衣机1.82万台，空调5.84万台，电脑8116台。

汽车摩托车下乡和汽车以旧换新政策　2009年3月1日至12月31日，丽水市执行浙江省汽车摩托车下乡政策。农民将三轮汽车或低速货车报废并换购轻型载货车，报废车辆与新购车辆车主为同一农民的，可给予财政补助，每户限补一辆；农民购买1.3升及以下排量微型客车，可给予补贴，每户限补一辆。2009年3月1日至2013年1月31日，农民购买摩托车可比照家电下乡政策给予财政补贴，每户限补两辆，按换购轻型载货车销售价格10%给予补贴，单价5万元以上的，每辆补贴5000元，报废三轮汽车每辆补贴2000元，报废低速货车每辆补贴3000元；对购买微型客车，按销售价格10%给予补贴，单价在5万元以上的，每辆补贴5000元；对购买摩托车，按销售价格13%给予补贴，单价5000元以上的，每辆补贴650元。补贴资金中央财政负担80%，省级财政负担20%。2010年1月，财政部等七部门明确汽车下乡政策延长至2010年12月31日。

2009年6月，执行汽车以旧换新政策。补贴范围在2009年6月1日至2010年5月31日期间，将符合条件的汽车交售给依法设立的指定报废汽车回收拆解企业，并换购新车的按一定标准予以补贴。补贴标准为中型载货车每辆补贴6000元，轻型载货车每辆补贴5000元，微型载货车每辆补贴4000元，中型载客车每辆补贴5000元，报废“黄标车”每辆补贴3000—6000元不等。补贴资金由中央财政负担。

2009—2010年，全市共兑付汽车下乡补贴资金5794万元，补贴车辆1.48万辆，兑付汽车以旧换新补贴资金2544万元，补贴车辆1908辆。2009—2013年，全市共兑付摩托车下乡补贴资金3978万元，补贴车辆6.61万辆。

第四章 预算编制

1978年中共十一届三中全会后，丽水财政在国家宏观政策的指导下，结合实际适时调整财政管理的内容和形式，处理好改革与发展的关系，保障丽水经济社会发展。1991年，国务院发布《国家预算管理条例》，全国实行中央、省、市、县、乡五级预算。丽水地区行政公署作为省政府派出机构，本级财政仍列入省属预算单位管理，地区财政局负责本级和所辖各县（市）预决算汇总上报。2000年撤地设市后，市财政局始编本级财政预决算，围绕建立公共财政框架体系，加快改革步伐，完善各项管理制度和运行机制。加强预算管理，改革预算编制方法，实行部门预算；改革和完善非税收入管理，扩大政府预算管理范围，将行政事业性收费和政府性基金等财政性资金纳入预算管理，实行综合财政预算；运用科技手段，加强财政信息化建设，提高财政预算编制效率。

第一节 总预算编制

一、编制依据

总预算是各级政府汇总本级和下级政府的年度收支所编成的预算。1991—1994年，丽水地区及县（市）财政收入计划和财政体制补助均由省财政厅下达指令性指标，财政支出预算依据上一年度预算执行情况和本年度预算收支变化因素，编制年度预算计划。根据《国家预算管理条例》规定，坚持“量入为出、量力而行、收支平衡、略有结余”的原则，不打赤字预算，并按年底总支出预算的1%—3%安排总预备费。但由于丽水地区及各县（市）财政收入总量小，支出刚性强，公用经费定额低，历史欠账多，加上省财政补助的不确定性，年初预算计划往往都留有很大缺口，虽然省财政每年年末都以一次性困难补助形式加以适当弥补，但年度决算时仍有较大赤字。1990年，全区汇总净结余-1628万元，到1994年达到-1.15亿元，其中地区本级-482万元。

1994年3月，全国人大八届二次会议审议通过《中华人民共和国预算法》（简称《预算法》），自1995年1月1日起施行。1995年11月，国务院发布《中华人民共和国预算法实施条例》（简称《预算法实施条例》）。《预算法》及《预算法实施条例》明确了财政预算管理基本准则，实行中央和地方分税制，中央预算和地方各级政府预算参考上一年预算执行情况和本年度收支预测情况进行编制，坚持量入为出、收支平衡的原则，实行复式预算编制制度，对预算的编制、执行和调整、决算编报等作了原则规定。各级预算收入的编制应当与国民生产总值的增长率相适应；按规定必须列入预算的收入，不得隐瞒、少列，也不得将上年的非正常收入作为编制预算收入的依据；各级预算支出的编制，应当贯彻厉行节约、勤俭建国的方针，坚持统筹兼顾、确保重点，在保证政府公共支出合理需要前提下，妥善安排其他各类预算支出。1995年，浙江省对经济欠发达地区及欠发达县（市）实行“两保两挂”政策，省财政补助与地方财政收入挂钩，财政预算收入（含省补助收入）做到“一年早知道”，丽水财政预算真正实现了收支平衡。1997年，丽水地区预算编制坚持适度从紧政策，加大经济结构调整力度，支持经济建设和各项事业发展，强化税收征管，保证重点支出需要，提高财政资金使用效益，实现全区财政收支总平衡。

2000年以来，丽水市各级财政确保重点支出，大力支持“三农”、教育、科技和卫生事业的发展，实行“三控、四压、五保”，即控制支出总量，控制追加预算，控制基建支出；压一般会议支出，压外出考察出国差旅费，压公车购置，压公务接待开支；保政权建设，保社会稳定，保公共事业，保城乡统筹发展，保重点需要支出。2007年，市财政局在实施好市、区预算内财政体制和理顺市、区两级土地出让金分配关系的基础上，针对市、区财政体制即将到期的实际，深入调研、充分论证，按照大稳定、小调整的原则，制定了新一轮市对莲都区财政体制和市对开发区财政体制，并做好市、区事权调整后的经费划转等工作。增加对开发区社会事业发展的定额补助，加大对莲都区社保资金的转移支付力度等，莲都区、开发区财政支配能力进一步增强。

2008年，按照公共财政的要求，运用“增量优方向、存量调结构、增量调存量”的方法，努力保障民生支出，推动新农村建设和社会重点事业发展，提高基本公共服务均等化水平。2010年，执行《丽水市人民政府关于加快推进市本级公共财政管理改革的实施意见》，就加快市本级公共财政管理改革作出具体部署。按照“三个子”公共财政管理改革的要求，进一步完善预算体系，以建设政府财力整合体系为着力点，逐步构建由政府公共预算、政府性基金预算、国有资本经营预算、社会保险基金预算、基本建设预算组成的政府预算体系。2014年，加强预决算管理。市本级首次试编国有资本经营预算，实现全口径预算编制。

2015年，新修订的《中华人民共和国预算法》实施。丽水市本级加强存量资金管理，《中国财经报》头版专题报道丽水存量资金盘活经验。市本级将一般公共预算2012年及以前年度结转资金1.62亿元补充预算稳定调节基金，将各项政府性基金结转资金规模超过30%部分共2.29亿元调入一般公共预算统筹使用，清理收回预算单位结转结余资金1.41亿元。根据国务院《关于进一步做好盘活财政存量资金工作的通知》要求，市本级对结转超2年以上的转移支付结转结余资金及地方预算安排形成的结余资金收回财政部门统筹使用，2015—2018年，市本级共收回部门单位结转结余资金5.90亿元。

2016年，丽水市完善市对县（市、区）区域统筹补助管理，现有市财政部门及其他市级部门安排的所有用于支持各县（市、区）经济均衡发展资金，统一整合纳入市级区域统筹发展资金，优化政府财力资源配置。积极探索财税管理改革，把部门预算执行率和财政预算绩效纳入市委、市政府综合考核，增强部门预算绩效主体责任意识。市政府出台市直财政专项资金管理信用负面清单管理办法，规范财政专项资金项目申报和资金使用。创新开展财政专项资金联评联审工作，规范专项资金分配。

2018年，丽水市推进全口径预算编制，将基本建设预算、土地出让金预算纳入全口径预算管理，明确编报范围及流程，实现同步编制、同步上会。

二、编制内容

总预算由预算收入和预算支出组成。1994年以前，预算收入包括税收收入、企业收入和其他收入。税收收入主要有工商税、工商所得税、中外合资经营企业所得税、外国企业所得税、个人所得税、其他工商税（车船使用牌照税、城市房地产税、屠宰税、牲畜交易税、集市交易税）、补税及罚款、税款滞纳金、盐税、农业税、契税；企业收入主要有国营企业所得税、国营企业调节税、国营企业上缴利润、计划亏损补贴、承包收入退库等；其他收入主要有规费、罚没收入、排污费等。预算支出包括基本建设、企业挖潜改造资金、简易建筑费、科技三项费用、工交商贸事业费、企业流动资金、农林水事业费、支援农村生产、文教科学卫生事业费、其他部门事业费、抚恤和社会救济费、国防战备费、武装警察部队经费、行政管理费、其他支出。

1994年，丽水地区实施分税制，地方财政收入包括工商税、农牧业税和耕地占用税、企业所得税、国有企业上缴利润、国有企业计划亏损补贴、国家能源交通重点建设基金、基本建设投资归还收入、其他收入、国家预算调节基金、专项收入、罚没收入和行政性收费共12类。一般公共预算支出包括基本建设、企业挖潜改造资金、简易建筑费、地质勘探费、科技三项费用、流动资金、支援农村生产、农林水气事业费、工业交通事业费、商业事业费、城市维护费、文教卫生事业费、科学事业费、其他事业费、抚恤和社会福利费、国防、行政管理费、公检法、价格补贴、支援不发达地区、专项费用、农业综合开发、其他支出、总预备费共24类。

1998年，一般预算科目不分类，只设款。预算收入包括增值税、营业税、企业所得税、企业所得税退税、外商企业和外国企业所得税、个人所得税、资源税、固定资产投资方向调节税、城市维护建设税、房产税、印花税、城镇土地使用税、土地增值税、车船使用税、屠宰税、筵席税、农业税、农业特产税、耕地占用税、契税、国有资产经营收益、国有企业计划亏损补贴、行政事业性收费、罚没收入、土地有偿使用收入、专项收入、其他收入等共28款。预算支出包括基本建设、企业挖潜改造资金、简易建筑费、地质勘探费、科技三项费用、流动资金、支援农村生产、农业综合开发、农林水气象等部门事业费、工业交通等部门事业费、流通部门事业费、文体广播事业费、教育事业费、科学事业费、卫生事业费、税务统计财政审计等部门事业费、抚恤和社会救济费、行政事业单位离退休经费、社会保障补助支出、国防支出、行政管理费、外交外事、武装警察部队、公检法司支出、城市维护费支出、政策性补贴、支援不发达地区、土地开发建设、专项支出、其他支出、总预备费共31款。

2007年1月起，丽水市全面实施政府收支分类改革。政府收支分类体系由“收入分类”“支出功能分类”“支出经济分类”三部分构成。收入分类主要反映政府收入来源和性质，分为类、款、项、目4级，税收收入类分20款，社会保险基金收入类分6款，非税收入类分8款，贷款转贷回收本金收入类分4款，债务收入类分2款，转移性收入类分8款。支出功能分类主要反映政府活动不同功能和政策目标，分为类、款、项3级，一般公共服务类分32款，外交类分8款，国防类分3款，公共安全类分10款，教育类分10款，科学技术类分9款，文化体育与传媒类分6款，社会保障和就业类分17款，社会保险基金类分6款，医疗卫生类分10款，环境保护类分10款，城乡社区事务类分10款，农林水事务类分7款，交通运输类分4款，工商业金融等事务类分18款，其他支出类分4款，转移性支出类分8款。经济分类主要反映政府支出经济性质和具体用途，设类、款两级，工资福利类分7款，商品和服务类分30款，个人和家庭补助类分12款，企事业单位补贴类分4款，转移性支出类分2款，赠予类分2款，债务利息类分6款，债务还本类分2款，基本建设类分9款，其他资本性支出类分9款，贷款转贷及产权参股类分6款，其他类分5款。

2014年8月，十二届全国人大常委会第十次会议通过了《全国人民代表大会常务委员会关于修改〈中华人民共和国预算法〉的决定》（简称《决定》），并重新颁布修订后的预算法，《决定》自2015年1月1日起施行。根据《预算法》规定，地方各级政府预算的编制内容除本级的预算收入和预算支出外，还包括上一年度结余用于本年度安排的支出；上级返还或者补助的收入；返还或者补助下级的支出；上解上级的支出和下级上解的收入。同时，要求各级政府预算按照复式预算，分别编制政府公共预算、政府性基金预算、国有资本经营预算、社会保障预算、政府性债务收支计划，加强非税收入管理。

三、总预算审批

丽水市的预算审查和批准，执行《预算法》的有关规定，市、县（市）政府编制年度预算草案，报经本级人民代表大会审查。市、县（市）政府在本级人民代表大会举行会议时，向大会作本级总预算草案报告，提请大会审议和批准。乡镇政府将本级人民代表大会批准的本级预算报上一级政府备案。县级以上地方各级政府将经本级人民代表大会批准的本级预算及下一级政府报备的预算汇总，报上一级政府备案，并将下一级政府报送备案的预算汇总后，报本级人民代表大会常务委员会备案。各级政府预算经本级人民代表大会批准后，财政部门应在1个月内向各部门批复预算。各部门向所属各单位批复预算。

四、预算指标管理

财政预算指标是指在财政预算管理中，按照批准的财政收入应当达到的目标额度和财政支出的最高限定额度，前者称为财政收入预算指标，后者称为财政支出预算指标。收入预算指标按照政府收入分类科目编制到款级，支出预算指标按照政府支出功能分类科目编制到项级，按政府预算支出经济分类科目编制到款级。财政预算指标管理是通过对预算指标的批复、分解、下达、调整、调剂、执行和结转结余等全生命周期过程记录，反映预算指标的增减、来源及状态，实现预算指标全流程“顺向可控，逆向可溯”的管理目标。预算草案经本级人民代表大会批准后，财政部门下达支出预算指标。支出预算指标包含序号、文号、批准日期、指标类型、预算科目、预算级次、金额、备注、摘要、状态等信息。

预算年度开始后，各级政府预算草案在本级人民代表大会批准前，本级政府按上年同期的预算支出数额安排支出，预下达支出预算指标；预算草案经本级人民代表大会批准后，按照批准的预算下达支出预算指标。2009年前，丽水市本级各部门、单位收到预算指标下达文件，依据预算指标文件向财政部门申请财政拨款。2009年起，市本级全面实施国库集中支付改革，预算指标文件下达的同时，指标录入金财工程一体化系统（网络版），单位接收到预算指标后，即视为财政预算资金可用，无须申请拨款，只需在线报送分月用款计划，经批复的用款计划生成可用资金额度，在可用资金额度内通过财政直接支付或财政授权支付方式支付资金到供应商或服务商等。每成功支出一笔资金，相应的可用预算指标以同等金额减少，财政预算指标用完等同财政资金用完；年度预算指标有结余，可结转下年使用或由财政收回。

根据《预算法》要求，预算收入征收部门必须依照法律、行政法规规定，及时、足额征收应征的预算收入，不得擅自减征、免征或者缓征，不得截留、占用或者挪用。各级财政部门依照人民代表大会批准的预算下达预算资金指标，加强对预算支出的管理和监督。各部门、单位严格执行预算，收入按规定的科目上缴财政，支出按预算指标控制用款计划，用款计划控制可用资金额度的方式，加强预算收支管理，关注预算支出进度。财政、税务等部门在预算收支执行中，应当加强分析，发现问题及时解决。

2009年，市政府先后印发《关于清理整合和规范财政预算资金管理的通知》和《关于加快推进公共财政管理改革的实施意见》，针对预算单位年度结余结转资金逐年增加，预算执行进度缓慢的实际，开展结余资金清理回收工作，并将年度预算安排与单位上年度预算执行进度或预算执行率相挂钩，对于预算执行进度缓慢的部门，在下一年度的支出预算安排时相应核减。2015年，市财政进一步加强预算结转结余指标管理，市本级财力安排的预算结转结余指标和结转两年以上的转移支付结转结余指标原则上收回财政部门统筹。

五、总决算编审

按《预算法》《预算法实施条例》规定，丽水市各部门、各单位在每一预算年度终了，清理核实全年预算收入、支出数据和往来款项，做好决算对账工作、汇编成部门决算草案，在规定期限内报送财政部门审核。征收部门及时编报收入年报及有关资料。县级以上财政部门编制年度财政决算报表，市财政部门汇总编制全市及市本级决算草案，提请人大常委会审查和批准。

2007年，实施政府收支分类改革后，财政总决算报表分六个部分，共计30张报表。第一部分，一般预算设8张报表，即一般预算收支决算总表、一般预算收入预算变动情况表、一般预算支出预算变动及结余结转情况表、一般预算收入决算明细表、一般预算支出决算功能分类明细表、一般预算收支决算分级表［分地（市）、县、乡镇级］，民族自治地区一般预算收支决算表和市、县（市、区）一般预算收支及平衡情况表。第二部分，政府性基金设6张报表，即政府性基金收支决算总表，政府性基金收入预算变动情况表，政府性基金支出预算变动情况表，政府性基金收支结余情况表，政府性基金收支结算分级表和市、县（市、区）政府性基金收支及平衡情况表。第三部分，国有资本经营预算设4张报表，即国有资本经营预算收支决算总表，国有资本经营预算收支决算明细表，国有资本经营预算收支决算分级表和市、县（市、区）国有资本经营预算收支及平衡情况表。第四部分，预算外财政专户资金决算设5张报表，即预算外财政专户资金收支决算总表，预算外财政专户资金收入决算明细表，预算外财政专户资金支出决算功能分类明细表，预算外财政专户资金收支决算分级表和市、县（市、区）预算外财政专户资金收支及结余情况表。第五部分，政府性收支及资产负债总况设4张报表，即政府性收支决算总表、预算资金年终资产负债表、预算外财政专户资金年终资产负债表和社会保险基金收支决算表。第六部分，补充材料设3张报表，即基本数字表、乡镇财政基本情况表和经济分类表。

2000年以前，丽水地区所属各县（市）财政决算报表在直接上报省财政厅的同时报地区财政局，由地区财政局汇总，编制全区财政总决算报表，上报省财政厅。2000—2014年，莲都区决算报表由市财政局汇总报省财政厅；其他县（市）决算报表直接报省财政厅，同时报市财政局汇总编制全市决算报表上报省财政厅。2015—2018年，各县（市、区）财政总决算报表报市财政局，市财政局汇总编制全市总决算报表上报省财政厅。

六、财政预决算公开

2001年，丽水市本级开始在《丽水日报》公开市人民代表大会审议通过的2000年全市和市本级财政预算执行情况及2001年全市和市本级财政预算草案报告（文字部分）。2005年，丽水市本级在丽水财税网和《丽水日报》公开市人民代表大会审议通过的2004年全市和市级预算执行情况及2005年全市和市级预算草案报告，附全市和市级财政收入预算表、地方财政支出预算表、市级政府性基金收支执行表等10张附表，附表中预算功能科目细化到类级。

2010年5月，按照政府信息公开要求，省财政厅转发《财政部关于进一步做好预算信息公开工作指导意见的通知》，明确推进预算信息公开工作要求，提出预算信息公开要统筹规划，分步骤、分层次、分内容循序推进。2011年，丽水市本级、所辖9个县（市、区）全部公开财政预算。莲都区、景宁畲族自治县、龙泉市、缙云县、遂昌县、庆元县6个县（市、区）不同程度开展了基层财政专项支出的公开工作。是年，丽水市本级开始在丽水财税网公开市人大常委会审议通过的上年度财政决算草案报告及相关附表（含一般公共预算和政府性基金预算），附表中预算功能科目细化到类级。2012年9月，市本级、云和县、青田县、遂昌县、缙云县、庆元县均公开其上年度财政决算。

2013年9月，省财政厅转发《财政部关于推进省级以下预决算公开工作的通知》规定，各级财政部门负责公开本级财政预决算和汇总“三公”经费[①]预决算，原则上应于每年10月31日前集中公开。是年，丽水市本级、所辖9个县（市、区）均公开财政预决算，公开内容主要是总预决算报告，其中丽水市本级及部分县（市）一并公开相关附表。丽水市直和景宁畲族自治县作为“三公”经费公开试点，公开财政预算安排的“三公”经费本级汇总数，并按因公出国（境）经费、公务接待费、公务用车购置及运行经费分别列示。

2014年4月，省财政厅转发《财政部关于深入推进地方预决算公开工作的通知》，明确细化地方预决算公开内容，公开时限为预决算批准（批复）后20个工作日内，每年公开时间保持一致，集中时间公开；公开渠道主要为政府或部门门户网站等，保持长期公开状态，并在同级政府或财政部门门户网站设立预决算公开专栏，汇总集中公开。是年，丽水市各级财政预决算（含“三公”经费预决算）全部公开，其中市本级财政预算公开当年预算草案及18张附表，包括一般公共预算、政府性基金预算、国有资本经营预算、社会保险基金预算四项内容；财政决算公开上年度财政决算报告及相关内容。

---

① “三公”经费指因公出国（境）经费、公务接待费、公务用车购置及运行经费。

2015年，丽水市各级财政预决算全部公开。市本级财政预决算公开内容进一步细化，包括全市一般公共预算收支预决算、市本级一般公共预算收支预决算、市本级政府性基金收支预决算、市本级国有资本经营收支预决算、市本级社会保险基金收支预决算、“三公”经费预决算、转移支付（执行）情况说明等，财政预算公开（涉密内容除外）按支出功能分类细化至项级。2016年3月，丽水市本级在丽水市财税网预决算公开栏公开经市人民代表大会审议通过的全市和市本级预算草案。10月，公开经市人大常委会审议批准的上年度全市和市本级财政决算报告，政府预决算公开（涉密内容除外）全部按支出功能分类细化至项级。

2017年4月，市财政局根据省财政厅预决算公开操作规程实施细则规定，政府预决算在批准后20日内，公开预算、预算调整、预算执行情况、决算报告以及一般公共预算、政府性基金预算、国有资本经营预算和社会保险基金预算四本预算（涉密信息除外），其中本级汇总一般公共预算“三公”经费情况与一般公共预算同时公开。预决算应在各级财政部门和各部门门户网站公开后永久保留，并在县级及以上政府或财政部门门户网站上设立预决算公共统一平台（或专栏）集中公开。是年，丽水市各级政府预决算全部公开。市财政局对市本级预决算公开情况进行自查。2018年，丽水市各级政府预决算全部公开，其中四本预算按支出功能分类细化至项级。

第二节　部门预算编制

一、部门预算编制程序及内容

部门预算由本部门及其所属各单位预算组成。部门预算分为收入预算和支出预算两部分。部门收入预算包括财政拨款、财政专户管理资金、政府性基金收入、事业单位经营收入、上级补助、附属单位上缴收入及其他收入。部门支出预算包括基本支出和项目支出，基本支出预算主要有人员经费支出、日常公用经费支出、对个人和家庭补助支出等；项目支出预算主要有购置项目支出、政府性投资预算支出及其他专项支出。

部门预算编制实行“两上两下”程序。编制时间一般为上一年的八九月份开始部署，至次年同级人民代表大会结束后一个月内完成。具体流程：“一上”，即各一级预算部门审核、分析、汇总本部门及所属单位的预算，形成部门总收支预算计划，连同所属单位预算建议计划，于10月底前，一并报送财政部门，有政府性非税收入的单位，同时填报非税收入表；“一下”，即财政部门对各部门报送的部门预算建议数进行初步审核，按照本级财力和预算编制要求，经综合平衡，提出部门和单位预算控制数，并于11月底前下达到各部门；“二上”，即各部门根据财政部门下达的预算控制数、本部门年度工作计划和事业发展规划，分轻重缓急，调整、补充和完善本部门总预算草案，于12月中旬，报送财政部门；“二下”，即财政部门会同有关部门进一步审核部门汇总的预算收支数据，并汇总编制本级财政收支预算草案，按法定程序由本级政府提请同级人民代表大会审议批准后，财政部门在一个月内分部门批复到一级预算部门，一级预算部门再据此批复到二级预算或基层单位。

2001年，丽水市本级按照“分步实施、稳步推进”的改革要求，确定市农业局、市教育局、市科技局、市林业局和市卫生局作为2001年部门预算的试编单位。2002年，市级部门预算试编范围扩大至12家单位。2004年开始，市级部门（单位）全面实施部门预算。2006年，采用纸质与软件编报部门预算。市级部门决算由市财政局各业务口负责本级各归口部门（单位）数据收集、录入、审核、汇总，并向市财政局国库处（预算执行局）报送汇总表、软盘及分析报告。

2007年，基本支出、项目支出的功能科目从“款”级细化到“项”级，经济科目按新的政府收支分类；单位申报的项目支出要明确测算依据和预期目标，逐步纳入项目库管理。在全面推行部门预算的基础上，按照“收入一个笼子、预算一个盘子、支出一个口子”的要求，逐步完善部门预算编制，将一般预算、预算外资金收支预算、政府性基金预算纳入部门预算编制范围，并同步下达支出指标。2008年，丽水市继续深化部门预算改革，推进政府性基金（专项资金）预算的规范化编制，完善全指标体系。积极探索部分共性支出项目的财政资金安排标准，以支出项目的标准化推进部门预算编制的规范化，提高部门预算编制的质量。进一步强化预算约束，把握预算支出进度，控制经费支出，确保预算收支平衡。加强预算编制与绩效考评的衔接，将评价的成果应用于部门预算编制，不断提高财政资金使用效益。完善办公用房装修、修缮费用管理，对10万元以上的修缮项目实行审核中心审核制。

2009年，丽水市本级从严从紧安排部门预算，进一步压缩公用经费、会议费、招待费、出国经费、车辆购置费，行政事业单位公用经费压缩约10%，专项经费“零增长”，出国经费压缩20%。2010年，严格控制会议费、接待费、出国经费等一般性财政支出，实行公用经费按预算数核减5%、专项经费零增长，出国经费实行严格审批制度，会议费报销要有审批、有预算、有文件，明确招待费开支范围、标准。完善部门项目支出标准化和部门预算指标体系，部门单位预算编制全部细化到经济科目。

2015年，丽水市开展部门预算经济分类编制工作；强化部门主管单位责任，部门下属单位预算通过主管单位审核上报；强化预算绩效意识，新增预算或项目需提供绩效报告；单位日常业务费实行定额管理。强化“三公”经费科目和会议费科目预算管理；进一步清理规范存量资金，对地方预算累计结余一年以上资金，收回财政统筹安排，省转移支付结余无具体规定且连续结转两年以上，收回财政统筹安排；实行当年预算与上年结余相结合机制；开展专项资金预算公开。是年，市经信委、市农业局、市旅游局部门预算草案通过市人大常委会细化审查，其中市农业局部门预算草案通过市人大常委会举行的听证会和常委会委员表决。2016年，进一步完善定员定额及支出标准体系，做实基本支出。完善资产配置标准体系。规范编外用工经费管理。全额保障单位人员年休假补贴发放，规范职工福利费标准、工会费计提标准。2017年起，市本级部门预算编制实行“一上一下”程序。2018年，市直部门预算全面提交市人民代表大会，经过人大代表审议。

二、部门收入预算编制

部门（单位）收入预算包括财政预算内拨款（补助）资金，财政专户管理资金和其他收入。收入预算坚持实事求是的原则，编制到具体收入项目，做到不少报、不漏报、不虚报。对财政预算内拨款（补助）资金，充分考虑需要与可能，结合上年度本部门（单位）支出预算和本部门（单位）收入情况编报；对财政专户管理资金和其他收入，根据部门（单位）性质和现行财务收支状况测算编报。按规定应上缴财政的罚没收入、行政事业性收费等收入，缴入国库，不列入部门（单位）收入预算。

三、部门支出预算编制

部门支出预算编制包括基本支出、项目支出。编制部门支出预算要按零基预算的规定，统筹兼顾、确保重点。

基本支出预算编制包括人员支出，对个人和家庭补助支出和日常公用支出。人员支出包括在职人员和经市编办、人社部门批准临时聘用人员的基本工资、津贴、奖金、社会保障缴费、其他支出等。按单位编制内实有人数和国家确定的工资、津贴、补贴标准进行编制。未经批准自行确定津贴、补贴、奖励不列入预算。对个人和家庭补助支出包括离退休人员的离休费、退休补助，退职（役）费，生活补助，抚恤金，医疗补助，住房补贴，助学金等。日常公用支出包括一般公用支出、车辆经费支出等。一般公用支出按人均综合定额计算编制，综合定额项目包括办公费、水电费、邮电费、交通费、差旅费、维修费、租赁费、会议费、培训费等，综合定额按单位性质、工作任务等分类分档编制。车辆经费支出按单项定额计算编制，包括维修费、油料费、保险费、养路费等，定额按部门（单位）编制内汽车数核定。

项目支出预算编制包括购置项目支出、基建修缮支出及其他专项支出。购置项目支出包括办公设备购置、专用设备购置、交通工具购置等。基本建设及修缮支出，单位应逐项填列基建修缮专项支出内容，做好充分论证，重大项目应提供项目立项材料。其他专项支出主要是行政事业单位按照市委、市政府有关规定，开展某种专项业务活动或完成特定工作而发生的支出。要结合本单位的工作性质，有重点地进行编制，并提供详细的项目支出内容和资金来源说明。

各部门按照项目轻重缓急结合财力状况，统筹安排，统一汇总申报本部门年度预算草案。凡政府集中采购目录以内及政府采购限额标准以上的货物、工程和服务都必须根据《中华人民共和国政府采购法》的有关规定编制政府采购预算。对财政预算安排的项目资金，各单位应按照批准项目的内容专款专用，不得随意变更或挤占、挪用。项目资金结余不参与单位分配，也不得用于奖励福利，按有关规定执行。

四、预算外资金编制

为简化程序，提高预算外资金预算安排的科学性、规范性，2010年，丽水市直在编制部门预算的同时，改革预算外资金预算编制办法。除定额补助单位、自收自支单位、全额单位中不实行政府统筹的单位外，其他单位均纳入政府统筹范围。预算外收入直接按毛收入进行政府统筹，以2008年政府应统筹数为基数，财政每月按全年基数的月均数划扣统筹数，收入计划数减去统筹基数后作为单位的专项资金安排；如年度实际收入超过收入计划数（除一次性因素和政府性增收因素需统筹40%外），超出部分用于单位专项资金安排；如年度实际收入低于收入计划数（除政府性减收因素外），不核减统筹基数。预算外毛收入不再核定成本，不再与公用经费和车辆经费拼盘，有关成本性的支出内容作为单位专项支出。单位项目所需资金优先从预算外专项资金中安排。为便于单位资金的使用，年初预算时一般不再安排预留资金，直接将该项资金落实到具体项目。为提高效率和资金整合，原则上要求单位在每年的11月份将全年的预算外超收资金使用计划报财政部门审批，11月份以后出现的收入超收经预算外资金决算后结转下年支出。

五、部门预决算公开

2010年5月，按照政府信息公开要求，省财政厅转发《财政部关于进一步做好预算信息公开工作指导意见的通知》，明确各部门负责公开本部门预决算。2013年9月，省财政厅转发《财政部关于推进省级以下预决算公开工作的通知》，规定各部门负责公开本部门预决算、“三公”经费预决算。2014年4月，省财政厅转发《财政部关于深入推进地方预决算公开工作的通知》，明确公开时限为预决算批准（批复）后20个工作日内。是年，丽水市61个部门（单位）首次通过政府或本部门门户网站公开部门预算（含“三公”经费预算），其中市本级27个、县（市、区）34个。公开内容包括部门预算编制说明及3张附表，其中预算编制说明主要是部门概况（含机构职能、机构组成）和预算收支情况，3张附表分别为部门收支预算总表、部门财政拨款预算表、部门“三公”经费公共财政拨款预算表。全市70个部门（单位）完成上年度部门决算（含“三公”经费决算）公开试点，其中市级35个、县级35个。

2015年，市财政局实行部门决算信息公开制度，按照“谁编报、谁公开”的原则，各预算单位自行选择通过政府或本部门门户网站、政务信息公告栏等渠道公开。市本级、莲都区、缙云县、庆元县、龙泉市、云和县、景宁畲族自治县、松阳县、遂昌县除涉密单位外的预算单位均完成部门预决算公开，青田县完成50%以上部门（单位）的多数公开，其中市本级80个部门（单位）公开部门预算，77个部门（单位）公开上年度部门决算。是年，全市开展预决算公开情况专项检查，对各县（市、区）（除市本级和莲都区外）498个本级一级预算部门的预决算公开情况进行交叉检查，检查面100%。

2016年，丽水市本级部门预决算公开统一纳入市政府门户网站管理系统，共84个部门（单位）公开部门预算，包括部门基本情况、收支预算总体安排情况、名词解释和当年部门收支预算总表、部门财政拨款预算表、部门一般公共预算基本支出表、部门收入预算总表、部门支出预算总表、“三公”经费公共财政拨款预算表6张表格，其中部门一般公共预算支出功能科目公开到项级，部门预算公开到基本支出和项目支出，基本支出按经济分类公开到大类，部门“三公”经费公共财政预算拨款支出公开因公出国（境）团组人数、国内公务接待的年批次（人数）以及“三公”经费增减原因。10月，市本级86个部门（单位）公开上年度部门决算，包括部门概况、部门决算情况说明、名词解释和上年度部门收支决算总表、部门财政拨款支出决算表、部门一般公共预算基本支出决算表、部门收入决算总表、部门支出决算总表、一般公共预算“三公”经费决算表6张表格。

2017年4月，市财政局根据省财政厅预决算公开操作规程实施细则规定，明确部门预决算公开应当在本级财政部门批复预决算之日起20日内，公开部门整体收支情况和财政拨款收支情况，其中财政拨款收支情况包括一般公共预算和政府性基金预算（涉密信息除外），同时一并公开“三公”经费情况、国有资产占有使用情况、预决算收支增减变化、预算绩效情况等。是年，丽水市732个部门（单位）公开部门预算，762个部门（单位）公开上年度部门决算，其中市本级95个部门（单位）分别公开部门预决算。2018年，丽水市746个部门（单位）公开部门预算，734个部门（单位）公开上年度部门决算，其中市本级96个部门（单位）公开部门预算，95个部门（单位）公开上年度部门决算，基本支出按经济分类公开到款级。

第三节　专项资金管理

财政专项资金是指上级政府拨付本行政区域和本级政府安排的用于社会管理、公共事业发展、社会保障、经济建设以及政策奖补等方面具有特定用途的资金。20世纪90年代，丽水地区因财力有限，设立的财政专项资金主要有农业发展资金、水利建设专项资金等，且规模较小。2000年后，丽水市财政根据市委、市政府重点工作决策部署，市本级财政专项资金设立逐步增多，规模不断扩大。2007年，市本级财政设有农业发展、水利建设、企业扶持、教育、生态等19项专项资金，预算安排支出1.40亿元，并按照"一项财政专项资金、一个管理办法"的要求，制定相应的资金管理办法。2009年，市政府印发《关于清理整合和规范财政专项资金管理的意见》，推进市直财政专项资金清理整合工作，规范财政专项资金管理。2012年，市委办、市府办联合印发《关于进一步加强市直财政资金管理的通知》，加强财政专项资金整合。2014年，贯彻省政府全面开展政府职权清理，推行权力清单制度精神，将财政专项资金列入"四张清单一张网"[①]，对财政专项资金实行清单管理。对现有的专项资金进行清理、整合，建立专项资金清单动态管理机制，及时调整清单项目，不断规范专项资金的管理。丽水市直列入清单管理的专项资金46项，金额6.40亿元；2015年，列入清单管理的专项资金29项，金额4.40亿元，并在网上公开2014—2015年专项资金管理清单。此后，继续整合财政专项资金。2016年，市府办印发《丽水市市直财政专项资金信用负面清单管理办法（试行）》，对专项资金申报、使用等各环节，全面实行信用负面清单管理。2018年，市财政局修订《丽水市市直财政专项资金管理试行办法》，将原36项专项资金整合为16项，预算安排支出8.07亿元。

一、农业发展专项资金

丽水地区本级农业发展专项资金于20世纪90年代设立，规模较小。2000年后，丽水市本级农业发展专项资金规模逐步扩大。主要用于支持农业农村生产、农业龙头企业、下山脱贫、新型农业业态、乡村振兴等。2007年，安排支出1050万元。2008年，设农家乐发展专项资金，规模100万元；2012年，增至500万元；2013年始，增至1000万元。是年始，设立生态精品现代农业发展专项资金，规模2000万元；整村搬迁下山脱贫专项补助资金，规模1000万元；扶持薄弱村发展集体经济专项资金，规模500万元；扶贫专项资金，规模500万元。2016年，整合设立新农村建设专项资金，预算安排支出2820万元。2018年，涉农专项资金整合后，有生态精品现代农业发展、扶持薄弱村发展集体经济、新农村建设、扶贫专项资金，预算安排支出6735万元。

---

①"四张清单一张网"指政府权力清单、政府责任清单、企业投资项目负面清单、政府部门专项资金管理清单和浙江政务服务网。

二、水利建设专项资金

1994年，贯彻省政府规定，丽水地区开征水利建设专项资金，按照以收定支原则，地区财政局设立水利建设专项资金，专项用于地区本级水利项目建设，规模较小。2000年后，丽水市本级随着水利建设专项资金收入增加，安排的支出也相应增加，主要用于市本级范围的水利设施建设、水毁工程修复、防汛应急度汛、水生态保护等支出。2002年，预算安排支出315万元；2005年，增至950万元；2011年，增至3000万元；2012年始，增至4000万元。2016年11月，执行浙江省暂停征收地方水利建设基金规定，2018年始，不再单设水利建设专项资金，所需资金按需安排。2002—2017年，市本级财政预算安排水利建设专项资金支出3.30亿元。

三、人才发展专项资金

2006年，丽水市设立人才工作专项资金。11月，市委组织部、市财政局、市人力社保局联合制定《丽水市人才工作专项资金管理办法（试行）》，规定人才工作专项资金主要用于人才培育、人才及智力引进、人才交流合作、科研资助等方面，实行专户管理、专款专用、专项核算、滚存使用。2007年，市本级预算安排人才工作专项资金支出294万元；2008年始，增至500万元；2013年始，增至5000万元。2007—2018年，市本级财政预算安排人才发展专项资金支出3.31亿元。

四、科技开发与应用专项资金

2006年前，科技开发与应用专项资金为科技三项费用，主要用于新产品试制费、中间试验费、重大科研项目补助费等发展科技的专项资金支出。1991—2006年，丽水市级财政科技三项费用支出1.42亿元。2007年，市本级科技三项费用改设为科技开发与应用专项资金，主要用于科技创新、科技成果转化、科技项目实施以及重点工作实施等方面，财政预算安排科技开发与应用专项资金1750万元；2008年，增至2100万元；2013年，增至3100万元。2007—2018年，市本级财政预算安排科技开发与应用专项资金支出3.22亿元。

五、教育发展专项资金

20世纪90年代，按照以收定支原则，丽水地区本级征收的教育费附加，以专项经费方式安排用于教育事业支出，但规模较小。2000年后，丽水市本级随着教育费附加收入增加，安排的支出也相应增加。2006年5月，开征地方教育附加，相应增设地方教育费附加专项支出。2007年，市本级财政预算安排教育费附加支出980万元、地方教育费附加支出600万元。2016年，市本级教育费附加和地方教育附加专项整合为教育发展专项资金，预算安排支出6540万元。2017年，预算安排支出6670万元。2018年，预算安排支出5380万元。

六、文化产业发展专项资金

2012年，为贯彻落实市委、市政府《关于加快文化产业发展的实施意见》精神，市委宣传部、市财政局联合制定《丽水市文化产业发展专项资金使用管理暂行办法》，设立丽水市文化产业发展专项资金，规定每年由市财政预算安排文化产业发展专项资金1000万元，专项资金重点用于全市重点文化产业项目、文化产业公共服务平台建设、文化创意设计、文化资源开发利用、文化产业重点企业等方面，采取贷款贴息、配套资助、奖励、项目补助等使用方式。

七、生态市建设专项资金

2005年，市财政局贯彻市委、市政府关于建设生态市的决定精神，市本级设立生态市建设专项资金，主要用于治污减排等生态环境建设的项目补助，实际支出154万元，2015年支出2350万元，2018年支出1000万元。2005—2018年，市本级财政实际支出1.40亿元。

八、工业发展专项资金

2001年，丽水市本级设立工业发展专项资金，列入财政预算，主要用于企业技术改造贴息、技术创新奖励、企业发展奖励等。2008年，丽水市政府完善工业经济发展政策。市财政预算安排工业发展专项资金2000万元，用于推进企业技术创新和技术改造、节能减排和工业循环经济、高新技术产业化、科研成果转化、扶强育小、管理创新、技术人才培养、中介服务机构培育等。2014年，市本级财政整合设立工业与信息化专项资金，预算安排支出6450万元。2018年，市本级财政将工业、服务业、信息产业、外贸发展、电子商务等16项专项资金整合为生态经济发展专项资金，预算安排支出3.70亿元。

九、服务业发展引导专项资金

2009年，丽水市财政设立服务业发展引导专项资金，每年预算安排1000万元，主要用于市服务业重点企业、重点项目的政策扶持，市服务业重点课题研究、服务业规划编制、服务业重大项目前期包装以及宣传、培训、检查、监测、考核和奖励等。2013年始，服务业发展引导资金增至每年2000万元。2018年，整合至生态经济发展专项。

十、电子商务发展专项资金

2012年，丽水市财政设立农村电子商务发展引导资金300万元，用于农村电子商务的扶持、奖励、培训以及相关的服务支撑体系建设。2015年始，市财政每年预算安排2000万元电子商务发展专项资金，用于市直属企业奖励，示范企业、村镇奖励，农村电子商务服务站点建设补助等。2018年，整合至生态经济发展专项。

十一、生态旅游发展专项资金

2003年，市财政局根据市政府加快旅游产业发展要求，设立市直旅游发展专项资金，制定《丽水市直旅游发展专项资金管理办法》，明确专项资金主要用于市直旅游宣传促销经费，预算安排支出52万元。2005年，修订专项资金管理办法，专项资金使用范围扩大到重点旅游项目开发、旅游资源保护、绩优旅游企业奖励等，预算安排支出442万元；2008年始，增至500万元；2013年始，增至3500万元。2016年，改设为生态旅游发展专项资金，市财政局、市旅委联合制定《丽水市生态旅游发展专项资金管理暂行办法》，明确专项资金主要用于市本级的旅游公共服务体系建设、旅游规划、旅游宣传和管理、旅游企业奖励、旅游项目开发补助等。2003—2018年，市本级财政预算安排旅游发展专项资金支出2.74亿元。

2018年丽水市本级财政专项资金预算安排一览表

表1－4－1　　　　单位：万元

序号	专项资金名称	主管部门	金额
1	科技开发与应用专项	市科技局	3100
2	人才发展专项	市委组织部	5465
3	文化产业发展专项	市委宣传部	1000
4	教育发展专项	市教育局	5380
5	新农村建设专项	市农办	1100
6	扶贫专项	市农办	1105
7	扶持薄弱村发展集体经济专项	市农业局、市委组织部	1000
8	生态精品现代农业发展专项	市农业局	3530
9	生态市建设专项	市环保局	1000
10	少数民族发展专项	市委统战部	565
11	生态经济发展专项	市经信局、市发改委、市商务局、市金融办等	37000
12	生态旅游发展专项	市旅委	3500
13	交通建设发展专项	市交通局	4324
14	公共卫生专项	市卫计委	5200
15	社会保障专项	市人力社保局、市民政局	4400
16	信息化建设专项	市大数据局	3000
合计	—	—	80669

第四节　政府债务（债券）管理

丽水市政府债务（债券）管理主要包括地方政府性债务管理、各类国家债券和地方债券的发行和兑付管理。地方政府性债务是指地方政府（含政府部门和机构）、经费补助单位、融资平台公司等直接借入、拖欠或因提供担保、回购等信用支持，因公益性项目建设形成的债务。市财政局为地方政府性债务归口管理部门。地方政府债券是指经国务院批准同意，以省、自治区、直辖市和计划单列市政府为发行和偿还主体的政府债券。

一、地方政府性债务

（一）举债规模

丽水地区本级政府性债务始于1995年，举债主体为丽水地区医院，来源于工商银行贷款，用于医院项目建设，当年末政府性债务余额300万元。2000年撤地设市后，随着城市基础设施建设进程加快，地方政府性债务逐年增加。2010年年末，全市地方政府性债务余额162.31亿元，其中市本级84.43亿元。2014年年末，全市地方政府性债务余额320.69亿元，其中市本级154.94亿元。2015年，新《预算法》实施后，开展政府性债务甄别清理，地方政府性债务余额统计不体现或有债务数据，同年年末，全市地方政府性债务余额240.65亿元，其中市本级100.51亿元。2018年年末，全市地方政府性债务余额424.98亿元，其中市本级105.30亿元。

（二）举债主体

1998年7月，经丽水地区行署批转，丽水地区国有资产投资经营公司成立，为全区首家履行资产经营、资本运作、存量资产盘活等职责的国资运营公司，此后，地区本级先后成立交通建设开发有限公司、土地储备中心等10家履行政府融资职能的国资运营机构，各县（市）相继成立以融资为主的国资营运机构，融资平台公司成为地方政府举借债务的主体。

2010年，国务院下发《关于加强地方政府融资平台公司管理有关问题的通知》，明确地方政府融资平台公司是指由地方政府及其部门和机构等通过财政拨款或注入土地、股权等资产设立，承担政府投资项目融资功能，并拥有独立法人资格的经济实体。财政部、发改委、人民银行、银监会印发《关于贯彻〈国务院关于加强地方政府融资平台公司管理有关问题的通知〉相关事项的通知》，规范地方政府融资平台公司对公益性项目债务的核算和报告，规定对只承担公益性项目融资任务且主要依靠财政性资金偿还债务（70%及以上）的融资平台公司，今后不得再承担融资任务，相关地方政府在明确还债责任，落实还款措施后，对公司作出妥善处理。同年9月，根据上级文件精神，丽水市开展融资平台公司核实清理，全市68家融资平台公司中，57家公司承担有稳定经营性收入的公益性项目融资任务，且公益性项目偿债资金30%以下来源于财政性资金，暂时不需要清理。至年末，全市68家融资平台公司举借债务余额113.63亿元，占全市地方政府性债务余额的70.01%。2015年年末，全市58家融资平台公司举借债务余额112.99亿元。

2014年，国务院出台《关于加强地方政府性债务管理的意见》，省财政厅转发《财政部关于地方政府存量债务纳入预算管理清理甄别办法的通知》，市财政局印发《地方政府存量债务清理甄别工作方案》，逐步开展政府性债务甄别清理。2015年，新《预算法》实施，允许省政府采取政府债券方式举债，市县级政府确需举债的，由省级政府代为举债。2016—2017年，市本级国资营运机构改革，企业财务管理职能移交市国资委，融资平台公司逐步退出历史舞台。

（三）来源与投向

丽水市地方政府性债务主要来源于银行贷款。2010年年末，市本级负有偿还责任的债务余额中，来源于银行贷款72.02亿元，发行债券1.59亿元，上级财政转贷437万元，分别占债务余额的97.78%、2.16%、0.06%。银行贷款中，工商银行、农业银行、中国银行、建设银行、交通银行五大银行贷款52.87亿元，国家开发银行和农业发展银行贷款7.10亿元，其他金融机构贷款12.05亿元。2015年年末，已通过两年债券置换基本完成对政府银行贷款置换。

2002年起，丽水市地方性政府债务主要用于公益性项目，投向道路交通、市政建设、教育科技、卫生事业等。2010年年末，市本级政府负有偿还责任的债务余额中，公益性项目、非公益项目、非项目支出债务余额分别为68.18亿元、2.50亿元、2.99亿元，分别占92.55%、3.39%、

4.06%。2015年，债券置换后，除了发行债券，已不允许政府其他形式举借债务，且发行政府债券均为公益性项目。

（四）债务管理

2004年，市政府明确财政部门为政府性债务归口管理部门，财政部门审核、汇总、编制本级政府性债务收支计划，承担本地政府性债务监管的职责，执行债务收支计划，债务主体应建立政府性债务台账，进行财务管理和会计核算，建立债务执行月报制和定期报告制，将债务资金的日常监管列入财务总监的监控工作内容。

2005年，丽水市执行省政府《关于加强地方政府性债务管理的通知》，地方政府性债务负债率不得超过10%，债务率不得超过100%，偿债率不得超过15%；将政府性债务情况纳入市、县（市、区）政府领导干部任期经济责任审计范围，作为领导干部业绩考核的指标。同时，市本级开始试编政府性债务收支计划，根据年度基本建设预算和基本建设投资计划，合理确定年度债务规模。为防范和化解政府性债务风险，市委财经工作领导小组提出“合理控制负债，逐年降低比例”的债务控制总体要求，此后，市本级地方政府性债务得到有效控制。

2006年1月，丽水市执行《浙江省地方政府性债务管理实施暂行办法》，明确各级财政部门负责审核、汇总和编制本级政府性债务收支计划，经同级人民政府常务会议审议批准后执行，举借政府性债务的部门、单位为政府性债务的责任主体。5月，丽水市本级完善地方政府性债务管理规定，建立健全项目举借债务和年度举借债务审批制度，需举借债务的政府性投资项目，在立项前需经市财政局审核，报送市政府审定，年度举借政府性债务收支计划，应由市财政局审核后，报经市政府常务会议审定。

2009年始，丽水市本级政府性债务收支计划经市政府常务会议审查后，报市人大常委会审议批复。

2012年，丽水市受国家金融货币政策影响，政府融资“平台受限、项目受限、规模受限和使用受限”状况严峻。加强市本级政府性债务的精细化、动态化台账管理。

2013年，丽水市拓宽融资渠道，利用债券融资成本低、期限长的优势，首次利用信托（理财产品）贷款和融资租赁方式筹集资金6.50亿元；国家开发银行与市政府签订《“十二五”开发性金融合作备忘录》，达成丽水基础设施建设及中小企业发展等领域项目融资意向150亿元。

2014年12月，市财政局出台《关于进一步加强政府性债务管理的若干意见》，从执行举借债务审批程序、办理举债额度审批手续、加强存量政府性债务管理、确保在建项目后续融资、落实债务风险应急处置机制、加大对政府性债务的监督检查力度等方面强化债务管理。

2015年，丽水市地方政府债券置换存量贷款71.23亿元，节约融资成本约9700万元，其中市本级地方政府债券置换存量贷款25.67亿元，节约融资成本约3500万元。

2016年，省政府制定《关于进一步加强地方政府性债务管理的实施意见》，进一步加强防范化解财政金融风险，促进经济社会持续健康发展。10月，丽水市政府性债务管理工作领导小组及其办公室（简称市债务办）成立，市长任组长，常务副市长任常务副组长，成员由市直单位主要领导、莲都区政府和丽水开发区管委会分管负责人组成。办公室设在市财政局。11月，市债务办印发《2016年落实丽水市人民政府化解政府债务工作实施方案任务分解表》《关于做好市本级规范使用专项建设基金加强地方政府债务管理有关事项的函》，进一步梳理是否存在为专项建设基金项目提供本金回购、保底收益等承诺担保情况，建立债务化解月报制度。

2017年起，省财政厅启动地方政府性债务投资项目资产清查登记工作，全市财政部门在此次清查登记工作的基础上，建立和完善地方政府性债务投资项目资产数据库，逐步实现动态管理。

二、地方政府债券

2009年2月，省财政厅部署申报地方政府债券，明确地方政府债券使用范围为保障性安居工程，农村民生工程和农村基础设施，医疗卫生、教育文化等社会事业基础设施，生态建设工程等。3月，丽水市组织申报地方政府债券。9月，省财政下达丽水市2009年度地方政府债券资金5.50亿元，其中市本级1.12亿元、青田县3.07亿元、缙云县1.31亿元，均用于金温铁路扩能改造项目建设，期限3年，年利率1.77%。2015年，全市共发行新增债券、置换债券等85.03亿元，其中省财政下达丽水市新增地方政府债券资金13.80亿元，期限10年，年利率3.43%。2018年，全市共发行新增债券、再融资债券等101.44亿元，其中省财政下达丽水市地方政府新增债券资金89.40亿元。

2009—2018年丽水市政府债券发行一览表

表1－4－2　　单位：万元

年份	合计	市本级	莲都	青田	云和	龙泉	庆元	缙云	遂昌	松阳	景宁
2009	55000	11200	—	30700	0	0	0	13100	0	0	0
2010	50000	10000	—	3000	7000	7000	3000	7000	7000	3000	3000
2011	32000	7000	—	4000	3000	3000	3000	3000	3000	3000	3000
2012	41000	10000	—	10000	3000	3000	3000	3000	3000	3000	3000
2013	69000	19000	—	13000	5000	5000	5000	6000	6000	5000	5000
2014	81000	21000	—	13000	5000	6000	6000	7000	7000	6000	10000
2015	850319	296658	50414	57300	53870	65915	41618	127880	43100	55164	58400
2016	1584610	434185	130099	115550	72326	189526	59410	122260	197750	163712	99792
2017	608550	56965	30000	57000	50000	95000	62000	80000	80000	57585	40000
2018	1014400	215100	50500	103600	50000	145000	60000	123200	100000	90000	77000
合计	4385879	1081108	261013	407150	249196	519441	243028	492440	446850	386461	299192

注：2009—2014年，市本级政府债券发行数据含莲都区数据。

三、企业债券

企业债券是指企业依照法定程序发行，约定在一定期限内还本付息的有价证券。2009年8月，丽水市人大常委会批复同意由丽水市城市建设投资有限责任公司发行企业债券10亿元。2011年8月，国家发改委批复同意丽水市城市建设投资有限责任公司面向全国公开发行“2011年丽水市城市建设投资有限公司公司债券”10亿元，债券信用等级为AA级，债券期限7年，在存续期内前5年票面年利率7.71%，第5年年末附设发行人上调票面利率选择权及投资者回售选择权。债券主承销商为中国建设投资证券有限责任公司，所筹资金主要用于丽水盆地易涝区防洪排涝一期工程等8个项目以及补充营运资金。2013年5月，丽水市城市建设投资有限责任公司发行二期债券10亿元，债券信用等级为AA级，债券期限7年，票面年利率6%，附设提前还本条款，即自债券存续期的第3年起，逐年分别按照债券发行总额的20%偿还债券本金，所筹资金主要用于丽水保障性住房项目和丽水盆地易涝区防洪排涝好溪堰水系整治工程。2015年8月，丽水市旅游投资发展有限公司发行国家低丘缓坡综合治理公司债券6亿元，债券期限7年，票面年利率5.67%，附设提前还本条款。

2016年，国资营运机构改革后，对营运机构管理的职能划转至市国资委。3月，丽水市城市建设投资有限责任公司获非公开定向债务融资工具注册规模20亿元，分期发行，所筹资金主要用于好溪堰水系整治工程、大溪治理工程等项目建设。5月，首期发行8亿元，期限5年，票面年利率4.8%；2017年4月，发行12亿元，期限5年，票面年利率6.1%，第3年年末附设发行人上调票面利率选择权及投资者回售选择权。2011—2017年，丽水市本级发行企业债券46亿元。

四、国债转贷资金

国债转贷资金是由国家增发一定数量的国债，通过财政部转贷给省级政府，用于地方经济和社会发展建设项目的资金。1999年，丽水市（县级）申请获得首笔国家特种国债转贷资金8500万元，用于黄村供水工程和城市污水处理工程建设，当年到位4600万元，次年到位3900万元。2001年9月，地方国债转贷还款期调整为15年，包括还本限期由原来的2年调整为4年。2003年5月，丽水市本级建立国债还贷准备金制度，还贷准备金按年初已使用但尚未偿还的国债转贷资金债务余额的5%提取，纳入财政预算管理，专项用于偿还公益性项目及部分基础项目的政府性债务。是年，全市共获得国债转贷补助资金6300万元。2010年，市本级国债转贷资金余额7236万元。2015年，市本级国债转贷资金余额1201万元。2018年，市本级国债转贷资金余额100万元。

五、国库券

国库券是指国家为弥补国库收支不平衡而发行的一种政府债券。财政部自1981年起每年发行国库券。1990年，丽水地区财政国债服务部成立，办理国库券的销售、转让和兑付。1991年，国家改变国债发行方式，逐步由行政手段向市场机制过渡。1998年，国家停止票面式国库券的发行。2002年2月，根据财政部和省财政厅有关文件精神，撤销丽水市财政国债服务部，有关业务移交丽水市预算外资金管理中心。同年开始，国库券由银行兑付。1991—2001年，丽水市本级销售国库券3010万元，兑付3275万元。

第五章 预算执行

预算执行工作以建立健全预算执行制度体系，强化财政资金管理力度，提高财政资金使用绩效为目标，落实人大批准的财政预算，着力满足各时期预算管理工作需要。2000年11月，丽水市预算会计核算中心成立，建立会计集中核算制度，规范财政资金使用管理。2001年，市财政局设立国库处（2011年成立预算执行局），专司预算执行工作，强化预算执行管理力度。2008年8月，市财政局启动财政国库集中支付制度改革试点，建立国库单一账户体系和用款计划编报制度，确定资金支付方式，推进会计集中核算向国库集中支付过渡。2009年9月，丽水市本级全面推行财政国库集中支付制度改革工作，明确规定市财政局是持有和管理国库单一账户体系的职能部门；财政资金国库集中支付实行财政直接支付和财政授权支付两种方式。财政性资金集中到国库单一账户后，对增强地方财政理财能力，提高财政资金使用绩效起到了积极作用。2015年始，财政性资金和行政事业单位公款实行银行竞争性存放。

第一节 国库管理

国库管理，是国家财政机关对财政收入、支出及其结算报解等业务进行的管理。丽水地区国库根据《中华人民共和国预算法》和《中华人民共和国预算法实施条例》等有关规定，办理政府预算收入的收纳、划分、留解和预算支出的拨付。国库和有关银行必须遵守国家有关预算收入缴库的规定，不得延解、占压应当缴入国库的预算收入和国库库款；必须凭本级政府财政部门签发的拨款凭证于当日办理库款拨付，并将款项及时转入用款单位（收款人）的存款账户。国库和有关银行不得占压财政拨付的预算资金。

1991年，丽水地区地方预算支出采用实拨资金方式，库款支拨必须在同级财政存款余额内支付，国库只办转账，不支付现金。财政部门拨付异地预算单位各种财政资金和主管部门转拨给异地所属单位预算经费，继续使用银行信汇或电汇凭证拨款；同城拨付的，一律使用专用“预算拨款凭证”；行政事业单位除拨付预算经费外的其他经济往来，按银行结算办法办理。1997年9月，丽水地区国地税机构进一步分设后，根据分税制财政体制和省财政体制的有关规定，填开“税收缴款书”预算级次栏中注明该项税收的预算级次（中央、省、市地县）；国库征收处收到缴款书后，根据缴款书上的“国”和“地”标记，按税票将国税局和地税局征收的税款分开上划当地国库，当地国库按财政体制，将财政收入按级次分别划入中央国库、省级国库、地市县国库。国税、地税相互委托代征税款、受托方不得自行提退。1998年4月，丽水地区实行国库与财政、税务机关对账办法，丽水地区及县（市）级国库与同级财政、税务部门按月、按年对账。征收的中央预算收入，支库于月后2日内将月度对账单送达财政部门，财政部门于3日内核对无误后返回支库。年度对账由中心支库在决算后2日内送达财政部门，财政部门于2日内核对完毕退回中心支库，中心支库再报省分库。2000年，丽水市及县（市、区）级财政、国税、地税和各国库实现联网。

2000年11月，丽水市预算会计核算中心成立，2001年1月，丽水市直行政事业单位开始分批实行会计集中核算，清理取消行政事业单位银行账户，由市预算会计核算中心开设一个集团账户统一办理资金结算，各预算单位的年度预算资金继续使用“预算拨款凭证”将资金拨入市预算会计核算中心开设的集团账户，分明细核算。2008年8月，市政府批转市财政局、人行丽水市中心支行联合制定的《丽水市财政国库管理制度改革方案》。9月，选择10家单位启动财政国库集中支付制度改革试点。2009年1月，市财政局试行《财政资金集中管理与拨付内部操作办法》，对财政资金预算指标的录入、拨款申请或分月用款计划的编报审批、资金的审核拨付和核算及资金使用的追踪问效等作出规定，加强财政资金管理，规范资金运作程序。是年，全市组织开展财政资金安全检查。9月，市本级全面推行财政国库集中支付改革工作，建立国库单一账户体系、建立分月用款计划编报制度、确定财政直接支付和财政授权支付两种方式，并设立财政零余额账户和单位零余额账户，采用预算指标控制用款计划、用款计划控制可用资金额度、通过零余额账户先透支再清算的模式，金库的资金清算业务取代资金拨款业务。财政部门是持有和管理国库单一账户体系的职能部门，管钱的不拨钱，用钱的不见钱。实行国库集中支付后单位的会计核算主体职能归还单位。

2011年9月，市财政局、人行丽水市中心支行、市监察局、市审计局联合制定《丽水市级预算单位银行结算账户管理办法》，明确市级预算单位开立、变更、撤销银行账户，包括基本存款户、一般存款户、专用存款户，实行财政部门审批、备案，人民银行核准制度。规定一个市级预算单位只能开立一个基本存款账户，有国债专项资金的可开立一个国债专项资金专用存款账户，有基本建设项目财政性资金的可开立一个基本建设资金专用存款账户，纳入国库集中支付的预算单位可开立一个单位公务卡专用存款账户，市级预算单位按相关法定章程规定可开立党费、工会经费、食堂存款账户。2014年，市财政局根据中共十八届三中全会关于建立权责发生制的政府综合财务报告及上级财政部门统一部署，开展权责发生制政府综合财务报告试编工作。9月，市财政局制定《市本级财政资金拨付管理办法》，明确市本级财政部门纳入集中管理与拨付的各项资金，包括全口径预算资金、财政专户资金和财政专项专户资金。要求各项资金收付与核算管理工作，必须按照不相容岗位、职务分离原则合理配备人员，明确和落实各岗位的职责权限，严禁出纳人员兼管记账、稽核和会计档案管理工作，建立健全财政资金安全管理长效机制。2015年10月，财政部修订《财政总预算会计制度》，自2016年1月1日起施行。总会计的核算一般采用收付实现制，部分经济业务或者事项（如应收应付转贷款、股权投资等）应当按照规定采用权责发生制核算。2016年，市本级政府性资金信息管理系统建立，将财政专户、国资营运机构银行账户，实行预算管理或有财政拨款的部门和单位银行账户，以及市财政部门认为其他有必要纳入的银行账户，纳入信息管理系统，加强和规范政府性资金管理。是年，全市开展财政资金安全检查，丽水市财政局组织检查组对各县（市、区）开展实地核查。2017年，正式开展政府财务报告和政府部门财务报告编制工作，形成政府综合财务报告。同年6月，市财政局制定《丽水市身份认证与授权管理系统预算单位用户数字证书管理办法》《丽水市本级财政国库集中支付电子化管理暂行办法》《丽水市本级国库集中支付实拨业务电子化管理暂行办法》，实行国库集中支付电子化管理，并相继在全市范围实行国库集中支付电子化，其电子凭证库在省财政厅、省人民银行。是年，将国库集中支付两次清算（先与财政国库集中支付户清算，再与市国库清算），调整为与市国库清算的一次当日清算模式。

第二节　财政专户管理

一、财政专户清理

财政资金专户，是指各级财政部门为核算具有专项用途的财政资金，在商业银行及其他金融机构开设的资金账户。丽水撤地设市后，随着大建设、大发展、大投入时期的到来，政府加大经济建设、社会发展和民生事业投入。为确保项目实施具有相应的到位资金，实行专户储存、专账核算、专款专用，在商业银行及其他金融机构开设的财政专户以及政府预算外资金专户相应增多。至2010年年末，市财政局共有财政专户45个，其中非税收入专户16个（包括非税收入财政专户6个、非税收入待清算户5个、预算外资金财政专户5个），社保基金专户6个，预算外资金支出专户3个，城市建设资金专户、还贷准备金专户、生态建设资金专户、经济发展资金专户、外贸发展资金专户、粮食风险基金专户、旅游发展资金专户、国有资产收益专户、农业发展资金专户、农业综合开发资金专户、农业综合开发资金委托贷款专户、水利建设资金专户、扶贫资金专户、土地成本资金支出专户、廉租房保障资金支出专户、国有土地收益基金支出专户、国债转贷专户、中央专项资金特设专户、专项存款专户、财政周转金专户各1个。

2011年，市财政局根据《省财政厅转发财政部关于清理整顿地方财政专户的通知》要求，开展专户清理工作，共撤销财政专户10个（预算外资金财政专户5个，财政周转金专户1个，财政专项资金户1个，预算外支出户1个，旅游和生态资金户各1个），保留35个。2012年，市财政局根据省财政厅《关于做好清理整顿财政专户整改工作的意见》要求，开展财政专户清理整顿工作，清理整顿后市本级保留财政专户28个，其中社保专户4个、非税资金专户11个、专项支出户12个、其他支出户1个。2014年5月，财政部《关于进一步加强财政支出预算执行管理的通知》规定，从2014年6月1日起，一律不再新设专项支出财政专户；已设立的专项支出财政专户要逐步取消，确需保留的经财政部审核后报国务院审批。同年12月，市财政局按照《财政部关于进一步规范地方国库资金和财政专户资金管理的通知》《关于核准浙江省市县级存量财政专户有关情况的通知》《省财政厅关于进一步加强财政收支预算执行管理的通知》要求，开展国库资金和财政专户资金清理整改工作。2015年，丽水市施行新《中华人民共和国预算法》，该法缩小了允许财政专户核算的资金范围，严格规定了其开设条件，明确责任追究机制，标志着财政专户正式进入了规范、清理、整顿阶段。是年，市财政局根据财政部印发《关于进一步加强财政专户管理有关问题的通知》要求，进一步开展财政专户清理整顿工作，清理后市本级保留财政专户26个，其中非税收入专户11个，社保基金专户4个，财政扶贫资金户、中央专项资金特设专户、还贷准备金专户、粮食风险基金专户、预算外资金支出专户、经济发展户、廉租住房保障资金支出专户、农业发展资金专户、农业综合开发资金专户、水利专项资金户、外贸发展户各1个。2016年，市财政局根据省财政厅《关于转发财政部关于加强和规范地方财政专户管理的指导意见的通知》《关于进一步明确清理撤销存量财政专户要求的通知》，开展专户清理工作，清理后保留财政专户26个，其中非税收入专户13个，社保基金专户4个，预算外资金支付户2个，财政国库集中支付户2个，还贷准备金专户、粮食风险基金专户、廉租住房保障资金支出专户、农业综合开发资金专户、中央专项资金特设专户各1个。2017年7月，市财政局开展地方库款和财政专户管理专项自查工作。11月，落实地方财政专户清理整顿工作有关事宜，对财政专户进行清理整顿。2018年年末，市本级有财政专户20个，均经财政部备案核准，其中社保基金专户4个，非税收入专户11个，粮食风险基金专户、教育收费资金专户、中央特设专项资金专户、还贷准备金专户、代管资金专户各1个。

二、资金存放管理

2015年，市政府根据有关法律法规规章和省委办公厅、省政府办公厅《关于防止领导干部在公款存放方面发生利益冲突和利益输送的办法》、省政府办公厅《关于印发浙江省省级行政事业单位公款竞争性存放管理暂行办法的通知》等有关规定，制定《丽水市本级行政事业单位公款竞争性存放管理暂行办法》，规定行政事业单位取得的各类财政资金、上级补助资金、自有资金和代管资金等要通过招投标方式选择确定公款存放银行，并对招投标办法和监督办法以及例外情形作了具体规定。市财政局制定《丽水市本级财政资金竞争性存放管理暂行办法》，规定市财政局在留足支付需要的前提下，暂时闲置的市本级财政资金（含代管资金）均实行竞争性存放。此后各县（市、区）相继制定相关规定，开展财政性资金和行政事业单位公款竞争性存放管理。当年全市开展行政事业单位公款竞争性存放管理2批次4484万元，财政性资金5批次9.93亿元。2018年6月，市政府修订《丽水市市本级行政事业单位公款竞争性存放管理暂行办法》。

2018年5月，市财政局根据《浙江省财政厅关于印发浙江省财政专户资金存放管理实施办法的通知》《浙江省省级社保资金竞争性存放商业银行定期存款业务操作办法（试行）》相关规定，印发《丽水市市级社保资金存放管理实施办法》。8月，省财政厅下发《关于进一步明确社会保障资金财政专户资金存放管理职责分工的通知》，对社保基金专户资金存放管理职责分工进行明确，按管钱、管事分开的原则，分别明确了预算执行（国库）部门和社保部门的主要职能，进一步规范了社保基金财政专户的存放管理。

2015—2018年，全市行政事业单位公款竞争性存放78批次62.80亿元；财政性资金竞争性存放44批次157.19亿元，其中社保资金29批次94.00亿元。市本级行政事业单位公款竞争性存放35批次14.55亿元；财政性资金竞争性存放7批次27.98亿元，其中社保资金3批次14.82亿元。

第三节 会计集中核算

会计集中核算是在现行国库体制尚未改变的情况下，以提高财政预算管理水平，加强财政资金监管为目标的一项改革举措。2000年10月，市委、市政府印发《关于在市直行政事业单位实行会计集中核算的通知》，决定在市直行政单位、财政性资金为经费主要来源的事业单位、社会团体中实行会计集中核算制度。其基本内容：在财务管理体系不变、会计主体职责统计职能不变；综合财政预算包干办法和预算外资金集中统管办法不变；单位对资金的使用权、审批权不变的“三个不变”前提下，清理取消行政事业单位银行账户，由会计核算中心实行“五个统一”管理，即由核算中心开设一个集团账户统一办理资金结算，统一发放工资，统一会计核算，统一会计档案管理，统一财务公开。行政事业单位不再设会计、出纳（只设报账员）岗位。11月，经市编委批准，成立丽水市预算会计核算中心，为依照国家公务员法管理的科级事业单位，隶属市财政局管理。2001年，各县（市、区）相继成立会计核算中心，全面推行会计集中核算制度。1月，市直第一批纳入市会计核算中心集中核算的有市委组织部、市妇联等15家原由社会中介机构会计代理的单位。8月，市审计局等31家单位第二批纳入市会计核算中心集中核算。11月，市教育局、市农业局等41家单位第三批纳入市会计核算中心集中核算。至年末，市直实行会计集中核算的单位87家。建立集中核算实施细则、报账员工作职责等制度，明确进中心单位范围和集中核算资金范围。部分县也建立了乡镇会计核算中心，负责各乡镇财务会计集中核算。2002年9月，市政府印发《关于部分市直行政事业单位试行集中支付自主核算办法的批复》，同意市公安局等14家单位试行集中支付、自主核算模式。市预算会计核算中心推出两种财政支出管理模式。一种是“集中支付、统一核算”办法，采取“集中管理、统一开户、分户核算”的办法，即“三个不变”和“五个统一”。另一种是“集中支付、自主核算”办法，其区别于会计集中核算模式的主要特点在于“自主核算”，即会计核算工作仍由单位自行承担，会计档案自行保管。该办法从形式上与之后的国库集中支付改革更为接近，突出集中支付，加强核算中心审核监督工作。2004年，市会计核算中心建立计算机局域网，并与市政府网联网，采用北京用友财务软件，实现会计核算电算化，设置单位经费语音查询电话。6月，市纪委等5家单位开展计算机远程报账试点，至2009年年末，丽水市直所有进会计核算中心管理的单位实现远程报账，47家单位实现自主核算。2005年3月，市会计核算中心启用省财政厅金财工程——会计集中收付与核算模块，纳入会计核算中心管理的单位纳税人和缴费单位税（费）款实行“一户通”电子缴库方式。2014年7月，推进会计集中核算向自主核算转轨，将《中华人民共和国会计法》赋予行政事业单位会计的核算主体职能归位，强化单位的财务管理和资产管理，财政部门履行资金的集中支付和资金监管职能。至2014年年末，市县两级全部完成集中核算向自主核算转轨。

第四节　国库集中支付

国家推行国库集中收付制度改革始于2001年3月。国库集中收付制度包括国库集中支付和收入收缴管理制度，一般也称为国库单一账户制度，是指由财政部门代表政府设置国库单一账户体系，所有的财政性资金均纳入国库单一账户体系收缴、支付和管理的制度。财政收入通过国库单一账户体系，直接缴入国库；财政支出通过国库单一账户体系，以财政直接支付和财政授权支付的方式，将资金支付到商品和劳务供应者或用款单位，即预算单位使用资金但见不到资金；未支用的资金均保留在国库单一账户，由财政部门代表政府进行管理运作，降低政府筹资成本。

2008年8月，市政府批转市财政局、人行丽水市中心支行联合制定的《丽水市财政国库管理制度改革方案》。9月，市财政局在市检察院等8家行政单位和市林科院等2家事业单位启动财政国库集中支付制度改革试点工作。试点主要内容：建立国库单一账户体系、建立分月用款计划编报制度、确定资金支付方式、会计集中核算与国库集中支付的衔接等。10月，设立丽水市财政国库支付中心，暂时保留丽水市预算会计核算中心的牌子。2009年9月，丽水市本级全面推行财政国库集中支付改革，明确规定市财政局是持有和管理国库单一账户体系的职能部门；财政资金支付实行财政直接支付和财政授权支付两种方式。财政直接支付的范围包括工资性支出、工程采购支出、货物和服务采购支出，以及适宜财政直接支付的其他支出；财政授权支付的范围包括未纳入财政直接支付管理的小额购置支出和零星支出，如差旅费支出、交通费支出和其他零星现金支出等。是年，与国库集中支付系统相配套的新会计核算软件“金财工程——国库集中支付系统”启用。11月，市水利局、市财政局、市市场监管局等28家单位第一批上线运行。2010年1月，丽水市直142家预算单位和37家非核算单位全部纳入改革实施范围，纳入改革的预算单位217家，其中自主核算单位66家，代理核算单位114家，非核算单位37家，至年末，全市有250多家预算单位纳入国库集中支付，通过国库集中支付系统办理支付业务金额20多亿元。2011年，丽水市9个县（市、区）均实施了国库集中支付改革扩面，全市共有国库集中支付改革单位827家，占总预算单位的64%。2012年，丽水市9个县（市、区）国库集中支付改革全面铺开，共有改革预算单位1325家，覆盖率100%，至8月，核算职能退回单位的1296家，仍实行会计集中核算的29家。市本级国库集中支付改革预算单位220家，覆盖率100%。2013年，丽水市推进乡镇国库集中支付改革。2014年，改革扩面，纳入改革单位172家，当年全市乡镇国库集中支付资金9.30亿元。

2015年，丽水市国库集中支付系统支付的公共财政预算资金和政府性基金预算资金分别为156.30亿元、21.12亿元，占当年财政支出资金比重分别为60%、24%；乡镇国库集中支付的公共财政预算资金和政府性基金预算资金分别为16.93亿元、2.39亿元，占当年财政支出资金比重分别为99%、84%。2016年，丽水市国库集中支付系统支付的公共财政预算资金和政府性基金预算资金分别为171.60亿元、28.74亿元，占当年财政支出资金比重分别为53%、30%；乡镇国库集中支付的公共财政预算资金和政府性基金预算资金分别为19.50亿元、2.99亿元，占当年财政支出资金比重分别为99%、85%。2017年1月，丽水学院、丽水职业技术学院、丽水电大3所高校被纳入市直国库集中支付系统管理，并对其5万元以下支出试行授权支付。全年3所高校集中支付资金16.14亿元。6月，财政国库集中支付二次清算改为一次清算，撤销用于国库集中支付清算四个财政账户。11月，市直第一批59家单位（含三所高校）推行授权支付，授权支付为除人员支出、政府采购支出外的10万元以下支出，当年市直授权支付金额3991万元。同时，启用国库集中支付动态监控系统，对授权支付业务实行动态监控。是年，全市国库集中支付系统支付的公共财政预算资金和政府性基金预算资金分别为185.63亿元、44.56亿元，占当年财政支出资金比重分别为53%、33%；乡镇国库集中支付的公共财政预算资金和政府性基金预算资金分别为26.58亿元、6.08亿元，占当年财政支出资金比重分别为99%、90%。2018年，丽水市直授权支付面进一步扩大，第二批60家单位从6月起推行授权支付，授权支付金额调整为除统发工资外的50万元以下支出。至年末，市直119家预算单位推行授权支付，授权支付金额8.64亿元，全市国库集中支付财政授权支付金额15.18亿元。是年，全市国库集中支付系统支付的公共财政预算资金和政府性基金预算资金分别为224.39亿元、38.96亿元，占当年财政支出资金比重分别为56%、18%；乡镇国库集中支付的公共财政预算资金和政府性基金预算资金分别为30.77亿元、7.82亿元，占当年财政支出资金比重分别为96%、97%。

第五节　公务卡改革

个人公务卡是指行政事业单位相关工作人员持有的，主要用于日常公务支出和财务报销业务，具有一定的透支信用额度的银联标准贷记卡。推行公务卡改革旨在最大限度减少现金支付结算，提高政府支出透明度，规范单位财务管理，强化财政动态监控，延伸现代国库管理制度。

2010年9月，市府办转发市财政局、市监察局、人行丽水市中心支行《丽水市预算单位公务卡制度改革实施方案》，对公务卡发卡银行的确定、公务卡发卡范围和日常管理、银行授信额度、支付管理和报销程序以及部门管理职责等作出明确规定。同月，市财政局、市监察局、人民银行丽水市中心支行联合印发《丽水市市级预算单位公务卡管理办法》，对公务卡支付范围、报销程序、日常管理以及部门职责分工进行了明确，确定市审计局、市卫生局等10家预算单位为第一批试点单位，预算单位公务卡制度改革试点工作正式启动。至年末，首批10家试点单位全部与发卡银行签订了公务卡代理服务协议，共办理公务卡300张，公务卡报销业务11笔，金额1.60万元。2011年，丽水市本级220家预算单位（其中进中心单位173家）全面实施公务卡改革，发卡4145张，通过公务卡结算报销1610笔，金额592万元；9个县（市、区）全面实施了公务卡改革试点，全市公务卡改革单位460家，占总预算单位的36%。2012年，丽水市公务卡改革预算单位1325家，覆盖率100%。全市公务卡发卡数为1.74万张，公务支出刷卡消费量6914万元。市本级实施公务卡强制结算目录，公务卡改革预算单位数220家，覆盖率100%，其中公务卡发卡数5394张，刷卡量2427万元。2013年，丽水市深化公务卡改革，实施改革的预算单位1458家，公务卡刷卡消费1.57亿元。9个县（市、区）全部启动公务卡改革，其中乡镇单位实施公务卡制度改革单位154家。2014年年末，全市发放公务卡3.56万张，新增发卡9114张，公务卡刷卡消费量1.76

亿元。2015年，丽水市实施公务卡强制结算目录制度，年末，全市发卡量4.05万张，激活卡率76%，公务卡刷卡消费量1.66亿元，按在职人数计算，人均公务卡刷卡消费量2281元。

2016年，市财政局、人行丽水市中心支行联合印发《关于在市本级预算单位推行单位公务卡的通知》，在市本级预算单位推行单位公务卡改革。单位公务卡是指以预算单位名义申请的贷记卡。单位公务卡账户按照预算单位专用存款账户进行管理，单位公务卡不办理实体卡片，仅用于同城委托收款业务，不得用于消费等其他支出和提取现金。是年，个人公务卡全部实施强制结算目录制度，年末，全市发卡量4.38万张，激活卡率78%，公务卡刷卡消费量1.50亿元，按在职人数计算，人均公务卡刷卡消费量2045元。2017年1月起，推进市直单位公务卡改革，203家市直单位完成单位公务卡办理，占市直符合条件且需办卡单位总数的98%。4月起，单位公务卡用于行政事业单位扣缴税款、社保费等同城委托扣缴业务。全年市直单位通过单位公务卡委托扣缴金额3.30亿元。市、县两级全部实施公务卡强制结算目录制度，年末，全市发卡量4.72万张，激活卡率80%，公务卡刷卡消费量2.15亿元，按在职人数计算，人均公务卡刷卡消费量2930元。2018年，丽水市继续实施公务卡强制结算目录制度，年末，全市个人公务卡发卡量5.07万张，激活卡率78.30%，累计公务卡刷卡消费量2.20亿元，按在职人数计算，人均公务卡刷卡消费量3019元。推进单位公务卡改革，212家市直单位完成办理单位公务卡，占符合条件且需办卡单位总数的99%，全年通过单位公务卡委托扣缴金额7.10亿元。

2001—2018年丽水市集中支付财政性资金一览表

表1－5－1　　　　单位：万元

年份	合计	市直	莲都	开发区	青田	云和	龙泉	庆元	缙云	遂昌	松阳	景宁
2001	84600	33400	5000	—	10700	—	9800	—	2700	10000	6800	6200
2002	213200	29900	27800	—	67200	13600	11100	12000	7500	20700	12900	10500
2003	241800	36200	41800	—	52300	17700	13400	13500	9300	26600	19800	11200
2004	295300	55300	44600	300	64400	20100	17200	16400	11000	22600	25600	17800
2005	408700	69000	52900	600	87800	27800	20800	21200	48700	27700	30300	21900
2006	424800	83400	48800	1200	64900	31300	27600	25000	55300	26100	36100	25100
2007	540800	102000	64200	2100	78500	45500	34300	35600	83000	29200	38900	27500
2008	658000	123800	78900	2600	75800	49700	45200	38900	112200	42500	47300	41100
2009	741000	133800	109000	2600	97100	49100	45600	34700	128700	39900	47100	53400
2010	844300	158300	101000	29000	81000	50900	47500	45000	163400	51900	54800	61500
2011	1335300	245200	161700	14900	138700	83000	83800	51600	296800	85200	105400	69000
2012	1569000	244100	239700	18300	152200	79200	117700	57300	319500	96500	148200	96300
2013	1998400	257200	288600	23700	171300	92900	142200	65900	488100	130900	220800	116800
2014	2269400	306700	336200	27900	201700	142200	186100	67600	489200	175700	209900	126200
2015	2935200	463000	477000	26300	222900	189700	250300	89800	554900	206100	288700	166500
2016	3527448	574800	552488	24300	404792	190143	280129	87000	469200	343834	350050	250712
2017	3928912	622800	514286	27800	454919	227277	310346	127000	574400	398317	386430	285337
2018	4490720	676800	525907	31300	513568	342577	366252	167000	535700	565966	437959	327691
合计	26506880	4215700	3669881	232900	2939779	1652697	2009327	955500	4349600	2299717	2467039	1714740

注：本表为汇总各县（市、区）支付中心上报数据，含各单位其他资金支付。

第六章　财政综合管理

政府非税收入是财政综合管理的主要内容。丽水市历经预算外资金管理、财政基金管理、政府性基金管理、非税收入管理的发展过程。1991年，丽水地区执行《浙江省预算外资金管理办法》，履行预算外资金征收、使用、管理职能。1994年，预算外资金实行“收支两条线”管理。1996年，贯彻国务院《关于加强预算外资金管理的决定》，明确预算外资金是国家财政性资金。2011年1月，丽水市执行《浙江省政府非税收入管理条例》，政府非税收入包括行政事业性收费、政府性基金、罚没收入、国有资源（资产）有偿使用收入、国有资产经营收益、彩票公益金和发行费、主管部门集中收入、捐赠收入、其他非税收入等。同年，执行《浙江省财政厅关于将按预算外资金管理的收入纳入预算管理的通知》，将按预算外管理的收入全部纳入预算管理。

第一节　收支管理

一、管理范围

1991—1992年，丽水地区预算外资金的范围主要包括法律、法规规定的行政事业性收费、基金和附加收入等；国务院或省政府及其财政、计划（物价）部门审批的行政事业性收费；国务院以及财政部审批建立的基金、附加收入等；主管部门从所属单位集中的上缴资金；用于乡镇政府开支的乡自筹和乡统筹资金；其他未纳入预算管理的财政性资金；国营企业及主管部门收入。1993年，丽水地区执行财政部《行政事业性收费、罚没收入实行预算管理》的规定，将83项行政事业收费项目纳入财政预算。实行企业财务与会计制度改革，国有企业折旧基金和税后留用资金不再作为预算外资金管理，预算外资金的范围有所缩小。1996年，国务院印发《关于加强预算外资金管理的决定》，明确预算外资金是国家财政性资金，实行“收支两条线”管理，将养路费、车辆购置附加费、铁路建设基金、电力建设基金、三峡工程建设基金、公路建设基金、民航基础设施建设基金、农村教育事业附加费、邮电附加、港口建设费、市话初装基金、民航机场管理建设费等13项数额较大的政府性基金（收费）纳入财政预算管理。是年，丽水市财政部门按国家规定收取的各项税费附加，统一纳入地方财政预算，不再作为预算外资金管理。调整后的预算外资金收入主要包括法律、法规规定的行政事业性收费、基金和附加收入等，国务院或省人民政府及财政、计划（物价）部门审批的行政事业性收费，国务院以及财政部审批建立的基金、附加收入等，主管部门从所属单位集中的上缴资金，用于乡镇政府开支的乡自筹和乡统筹资金，其他未纳入预算管理的财政性资金。

2003年，市财政局深化“收支两条线”改革，将非税收入的范围确定为政府性基金、行政事业性收费、罚没收入、其他财政性资金等。2006年，根据近年来国家和浙江省清费减负的各项要求，进一步加强行政事业性收费管理，规范收费行为，丽水市将8项不再体现政府管理职能和行为的行政事业性收费项目转为服务性收费进行管理。2011年1月，丽水市执行省人大常委会颁布的《浙江省政府非税收入管理条例》，非税收入项目包括行政事业性收费、政府性基金、国有资源有偿使用收入、国有资产有偿使用收入、按照规定上缴财政的国有资本经营收入、行政处罚和刑事处罚的罚没收入、彩票公益金、以政府名义接受捐赠的收入、应当纳入政府非税收入管理的其他资金。

2012年，丽水市调整城市市政基础设施配套费征收方式，由土地受让人承担的城市市政基础设施配套费，一律在土地成交价款之外单独收取，由建设部门征收城市市政基础设施配套费上缴同级国库，不再与土地成交价款混库。2015年，根据《浙江省财政厅关于公布浙江省行政事业性收费等目录清单的通告》，市发改委、市财政局首次公布《丽水市本级行政事业性收费目录清单》《丽水市本级涉企行政事业性收费目录清单》，明确目录清单之外的行政事业性收费，一律不得执行，公民、法人和其他社会组织有权拒绝缴纳。2018年12月，根据党中央、国务院关于政府非税收入征管职责划转的有关要求，原由财政部驻地方财政监察专员办事处负责征收的国家重大水利工程建设基金、农网还贷资金、可再生能源发展基金、中央水库移民扶持基金（含大中型水库移民后期扶持基金、三峡水库库区基金、跨省际大中型水库库区基金）、三峡电站水资源费、核电站乏燃料处理处置基金、免税商品特许经营费、油价调控风险准备金、核事故应急准备专项收入，以及国家留成油收入、石油特别收益金，划转至税务部门征收。征收范围、对象、标准及收入分成等仍按现行规定执行。

二、征收管理

1991年3月，丽水地区执行《浙江省预算外资金管理办法》，明确财政部门是管理预算外资金的职能部门，负责预算外资金的管理、监督和检查。1994年，地区财政局制定《丽水地区财政专户储存管理的实施办法》《财政专户储存的奖励办法》，初步建立综合财政管理体制，预算外资金实行“收支两条线”管理。1999年，对地直行政事业单位的收费项目进行清理归类，设置了统一的收费编码。

2002年，市财政局执行中央和省有关文件规定，会同有关部门对市直执收执罚单位进行梳理，重新公布行政事业性收费的部门和单位31个。2003年，市财政局执行中央、省关于取消和调整收费项目和标准的规定，对原有的行政事业性收费和政府性基金项目和标准进行了清理，并建立收费项目档案库。会同物价、教育行政部门制定下发了义务教育收费有关管理规定，严格高中择校费“三限”（限人数、限分数、限钱数）等收费政策。推广应用和完善行政事业性收费和政府性基金信息系统，执收执罚部门与财政、代理银行联网。启用CFS（浙江省行政事业性收费和政府性基金管理信息系统）管理软件，通过电脑、数据联网，实现入库、对账的信息系统管理。2005年，丽水市取消出租车、乡村班车的公路客货运输附加费和运输管理费，公布取消财政部明确的103项行政审批等收费项目，取消不合理、不合法收费。清理收费项目和收费标准，将收费项目和标准、收费依据向社会公开，同时公布投诉电话，接受群众监督。2007年，修改制定了行政审批中心窗口收费管理办法，对行政审批窗口收费的要求、程序、缴款、结报、收费银行管理等，作了详细和明确的规定。

2008年，丽水市取消、暂停部分收费项目，降低部分收费项目标准，包括涉及减轻企业和群众负担，促进创业发展的收费；体现改善民生，让全市人民共享经济发展成果的收费；深化行政审批制度改革，加快政府职能转变的收费等方面，共涉及55个部门和单位，238个项目，当年减免收费金额2700万元。是年，市本级开始试点运行新版政府非税收入征管信息系统，选择工商、建设、质检等5个部门作为新系统的第一批应用单位，并先后在110家市直执收单位分步推广应用该系统。6月，实施丽水市道路交通违法异地罚缴工作，全市交通违法罚没收入征收管理系统（财政、交警、代收银行三个子系统）正式启用，实现罚没收入资金实时到账、自动对账、当日清分、当日划解；罚没票据实时验证、自动结报；会计核算自动完成，统计报表实时产生。

2015年，丽水市取消非机动车补牌证费等4项行政事业性收费项目，降低新型墙体材料专项基金等2项政府性基金和5项涉企行政事业性收费标准。9月，印发《丽水市财政局关于市县联动推进浙江政务服务网统一公共支付平台实施应用工作的通知》和《丽水市本级接入浙江政务服务网统一公共支付平台实施方案》，在全市各县（市、区）同步启动统一公共支付平台建设相关工作。在前期资料报送、软件对接和系统联调测试的基础上，从2016年开始，全市全面启动接入统一公共支付平台工作，并在道路交通违法罚款、幼儿园教育收费等项目上率先试点应用；取消或停征国内植物检疫费、新兽药审批费等22项行政事业性收费；停止向水泥生产企业征收散装水泥专项资金，将散装水泥专项资金并入新型墙体材料专项基金；暂停向企事业单位和个体经营者征收地方水利专项建设基金；实行收费和基金目录清单动态化管理并上网公开。2017年，取消或停征白蚁防治费、婚姻登记费等41项中央设立的行政事业性收费，取消城市公用事业附加和新型墙体材料专项基金。2018年，取消排污费，停征首次申领居民身份证工本费，停征和调整部分专利收费。

三、专户管理

1994年，丽水地区预算外资金实行财政专户存储管理，规定预算外资金必须存入财政部门指定的设在各商业银行的专用账户，使用时由单位提出申请，由财政部门进行审核拨付，实行“收支两条线”管理。年末，地区本级实行财政专户存储的单位59个，占应存户的95%，累计专户储存资金9700万元，比1993年增长6倍。1998年，地区本级预算外资金实行“专户管理，政府调控，核定收支，审批使用，结余奖励”的办法。1999年，丽水地区预算外资金实行集中统一管理，取消单位预算外资金过渡户，只设支出户，各单位的收入直接解缴财政专户。全区共取消行政事业单位账户1184个，其中地区本级取消违规账户和收入过渡户675个，强行划转取消账户资金2500万元，冻结单位定期存单。4月，对地区本级行政事业单位实行预算内外资金统一核算、统一管理的综合财政预算，按照“零基预算”和减人增效原则，区分单位类别、档次，落实112个地直单位综合预算定额，统筹预算外资金745万元。

2000年，丽水撤地设市后，清理和移交原丽水市（县级）上划单位的收费项目、票据、银行账户、专户资金等。2001年，丽水市对预算外资金收入实行收缴分离、收支脱钩的“收支两条线”管理。2003年，将预算外资金逐步纳入收入计划管理，由单位编制预算外资金收支计划，经财政审核后下达执行。按照省政府、省财政厅的要求，对公安、法院、工商、环保、人口和计划生育等五个执收执罚部门收取的行政事业性收费和其他预算外收入，按照“单位开票、银行代收、财政统管”的征管体制，纳入预算管理。

2004年，丽水市直行政事业单位的非税收入全面纳入部门预算，实行预算内外资金统筹安排，推行以零基预算为基础的经常性经费定额预算管理，实现预算外资金的收支脱钩。完善行政事业单位收入成本管理。单位设立收入项目成本费用专账，单独核算管理；强化财政部门对单位收入成本列支的核查，防止乱列成本支出和虚报成本挤占收入。2005年，丽水市规范财政专户资金管理，市财政局调整财政专户资金审批拨付程序。2006年，规范政府非税收入成本性支出管理，实行预算外管理的政府非税收入和经营服务性收入，在编制年度预算时安排成本性支出专项，在财政专户相应的政府非税收入和经营服务性收入中支出。政府非税收入和经营服务性净收入列入部门预算安排。

2007年7月，丽水市政府非税收入征管信息系统上线运行，该系统通过财政、征收单位、专户（银行）间的信息相互联通，实现非税专户信息实时共享，提高专户非税收入清分效率。2009年，在各代收银行设立“丽水市非税收入待清算户”，全市各代收银行代收的道路交通违法罚没收入全部缴入市非税收入待清算户进行归集，并经清分后分别划入市、县（市、区）指定财政专户。2011年起，除教育收费和事业单位国有资产出租收入、对外投资收益外的所有预算外资金全部纳入预算管理。2016年起，除教育收费进行专户管理外的所有非税收入全部纳入预算管理。

四、票据管理

1992年，丽水地区做好新版发票换版各项工作和旧版发票检查清理。1993年，根据《浙江省行政事业性收费、集资票据管理暂行规定》，启用新的行政事业性收费统一票据。1997年，按照“凭证领购、验旧换新、限量供应、票据同行”的原则，对行政事业性收费票据实行“三验”，即验证、验旧、验表。1998年，丽水本级全部启用新的行政事业性收费票据。

2003年，丽水市规范捐赠和受赠行为，加强捐赠收入和资产的监督管理，增设和启用“浙江省公益事业捐赠收据”和“浙江省希望工程捐赠专用收据”。2005年，市财政局加强财政票据管理，在新老票据使用衔接、专用票据印制、购领证换发、结报核销、保存等方面作出规定。2006年，市财政局对财政票据的使用范围、结报核销、单位管理职责、违反规定的处理等作了补充规定。对市本级单位财政票据实行年度审验制度，单位在年度终了后45天内，带票据购领证、没有使用完的财政票据和结报表，到票据发放窗口办理审验和结报核销手续。对单位的票据领用量控制在1个月内，每月至少结报1次。票据发放、结报和监督做到“职责落实到人，责任明确到人，问题追究到人”。2007年，市本级实施财政票据印刷业务政府采购制。

2008年，市财政局票据换版。推广应用新的政府非税收入征管信息系统，市本级在质检、环保检测、环卫三部门开始使用电脑票据。此后，随着新系统的逐步推广应用，市本级行政事业单位使用电脑开票总数达100多家。2010年，启用新版“浙江省行政事业单位（社会团体）资金往来结算票据”，停用旧版“浙江省行政事业单位（社会团体）往来款票据”。2011年，启用“浙江省行政事业单位非经营服务性收入收款收据”，用于开具拨补经费、科研经费、赔（退）款项、其他非经营服务性收入的财政票据。

2014年，市财政局票据改版。取消政府非税收入专用非定额票据，缩减政府非税收入与票据种类，浙江省政府非税收入统一票据改版为浙江省非税收入通用票据。建立全省财政票据目录管理制度。2018年，市财政局、市卫计委、市人力社保局、市数据管理中心联合印发《丽水市开展医疗机构收费电子票据管理改革实施方案》，在全市全面推进医疗收费电子票据管理改革，为人民群众提供优质高效的公共服务，解决医疗收费排长队的问题。年末，全市医疗收费电子票据管理改革工作全面启动。

五、监督检查

1991—1995年，丽水地区规范预算外资金管理，堵塞“跑、冒、滴、漏”，以日常检查和专项检查相结合方式开展监督检查。1996年，丽水地区自查单位861户，检查面100%；重点检查单位149户，占自查面的17.31%；自查和重点检查发现有问题的单位185户，受理群众举报2件，移交司法机关审查处理1人。1997年，对工商、公安、城建、民政、劳动等6个部门开展预算外资金专项清理交叉检查，查处擅自设立基金收费项目38项，隐瞒收入848万元，“小金库”131万元，应缴未缴国库479万元，应缴未缴财政专户7279万元等问题。1998年，继续进行收费项目、标准以及票据、账户等方面的清理检查，并组织对所属县（市）的重点检查。要求所有行政事业单位收费项目、罚款项目及标准，都严格按照规定执行，不得擅自提高标准、扩大范围、自定项目乱收费。经过连续多年的预算外资金专项清理检查，预算外资金管理从财政专户储存发展到取消过渡户，集中统一管理。

2004年，丽水市根据预算外资金收入收缴管理制度改革的工作要求，对以往收费票据进行了归并，并增加了新的财政票据，为确保日常工作的正常进行，已购领未使用的旧版票据使用至2004年12月31日。2005年，全市对各单位未使用的旧版票据进行检查清理，并限期办理旧版票据的核销。2007年，市本级开展财政票据管理使用情况检查，检查重点包括各用票单位是否按规定填开使用财政票据，是否按规定期限向财政部门进行票据结报核销，是否有专人保管财政票据，领发财政票据有无进行台账登记，收取的政府非税收入是否及时、足额缴入财政专户或国库，有无存在使用财政票据收取经营服务性收费，是否存在乱收费情况，旧版财政票据是否全部结报核销等行为。2008年，对取消、暂停收费项目和降低收费标准的30家行政事业单位进行督查。2009年，开展财政票据使用情况检查，严格各用票单位票据管理使用，未发现违规使用票据乱收费现象。

2010年起，丽水市本级每年对一些重点单位或主要收费项目的征缴情况组织开展1—2次系统检查，擅自收费和乱收费的行为得到有效遏制。2016年，开展全市非税收入收缴情况专项检查，检查内容为县级政府2014—2015年新增建设用地土地有偿使用费收入、矿产资源专项收入收缴情况；2014—2015年食品药品监督罚没收入、出租车经营权有偿出让收入、农田水利建设资金提取情况。2017年11月，印发《丽水市市本级财政票据监督检查实施“双随机”抽查监管方案的通知》。从2018年开始，全市每年组织开展财政票据“双随机”检查工作。

第二节　国有土地出让金管理

国有土地有偿使用收入是国家将一定时期内的土地使用权提供给单位和个人使用，按照规定向土地使用者收缴的土地有偿使用费。土地有偿使用的方式主要包括国有土地使用权出让、国有土地租赁、国有土地使用权作价出资或者入股等。土地出让金是指各级政府土地管理部门将土地使用权出让给土地使用者，按规定向受让人收取土地出让的全部价款，包括土地使用期满，土地使用者需要续期而向土地管理部门缴纳的续期土地出让价款，以及原通过行政划拨获得土地使用权的土地使用者，将土地使用权有偿转让、出租、抵押、作价入股和投资，按规定补交的土地出让价款。土地出让金是国有土地有偿使用收入的重要组成部分。

1992年，丽水地区执行财政部、省政府规定，国有土地使用权有偿使用收入归中央政府和地方政府所有，由财政部门统一负责征收管理；土地出让金由土地管理部门代收代缴，土地收益金（或土地增值费）由房地产管理部门代收代缴；经财政部门核定，土地管理部门可以从其代收的土地出让金中提取土地出让业务费，提取比例不得超过土地出让金的2%。土地出让收入缴入财政专户，纳入财政管理，专款专用。1995年，丽水地区土地出让金全部上缴财政，由财政列入预算，专款专用，专项用于城市基础设施建设和土地开发。财政部门始设“土地出让金财政专户”，用于土地出让金的专项存储和清算。

2001年7月，市政府成立市土地储备管理委员会，负责协调土地储备中的重大问题。丽水市国土资源局是土地储备的行政主管部门，负责市区土地储备的管理工作。市土地储备中心是土地储备工作的执行机构；储备土地资金运作实行收支两条线，受市财政部门的指导和监督。市土地储备中心的资本金由财政拨款为主，资金不足部分，由市土地储备中心向银行融资解决。储备土地出让后，土地出让金全额上缴市财政，土地储备成本由市财政局及时核拨。9月，除老城区和开发区以外，城市规划区内其他土地出让净收益的20%划拨给市城区城市防洪工程建设开发管理处，用于市区城市防洪工程建设。

2002年7月，丽水市政府明确市本级土地出让净收益使用分配办法，丽水市城市规划区内土地出让净收益总额的15%，由市政府统筹安排，扣除市政府统筹安排后的土地出让净收益，按以下比例分配，用于重点项目建设，其中旧城改造土地出让净收益的100%、经济开发区范围内商贸用地土地出让净收益的40%、城市规划区内其他土地出让净收益的75%，专项用于城市建设；城市规划区内除旧城改造和开发区以外的其他土地出让净收益的25%，用于市区城市防洪工程建设和土地开发整理；经济开发区范围内商贸用地土地出让净收益的60%，专项用于经济开发区天宁、水阁工业区基础设施建设。

2007年9月，市财政局、市国土资源局、人行丽水市中心支行联合印发《关于贯彻落实国有土地使用权出让收支管理办法的通知》。从2007年开始，市本级土地出让收入全额纳入地方政府基金预算管理，收入全部缴入国库，支出一律通过地方政府基金预算安排，全面实施“收支两条线”管理；对2007年1月1日之前已经签订土地出让合同，且已经生效的，按原政策规定执行；

建立国有土地收益基金，基金按国有土地使用权出让总成交价款的5%计提，主要用于土地收购储备支出。补充社会保障资金和廉租住房保障资金，分别按国有土地使用权出让总成交价款的5%和2.50%计提。从2009年1月始，市直（不含开发区）商住用地土地出让金在扣除应缴税费后，以5.4%对莲都区实行补助。

2010年8月，省财政厅、省国土资源厅和人民银行杭州中心支行联合印发《关于积极推进全省国有土地出让收支管理信息系统实施应用工作的通知》。2012年2月，丽水市本级国有土地出让一体化信息管理平台正式上线运行。

2011年6月，省政府印发《关于进一步加强国有土地使用权出让收支管理的通知》，对从土地出让收入中计提农业土地开发资金收入、国有土地收益基金、廉租住房保障资金、农田水利建设资金、教育资金、社会保障资金等专项资金的各项政策性计提规定作了明确。2011年开始，按土地出让收益的10%分别计提教育资金和农田水利建设资金，纳入地方政府基金预算管理，实行专款专用；明确了从土地出让收益中计提教育资金和农田水利建设资金的有关事项。

2014年1月起，根据市政府《关于完善莲都区财政体制的通知》规定，丽水城市规划区外土地出让金归莲都区所有，市本级（不含开发区）商住用地土地出让金在扣除应缴税费后，以5.4%比例对莲都区实行补助；根据市政府《关于完善市对开发区财政体制的通知》规定，开发区在水阁、南城控制性详细规划区域、东扩一期工程范围的土地出让金，扣除规定项目后，全部拨付开发区。7月1日起，按市府办抄告单《关于要求调整并公布丽水市区行政划拨供地价格的请示》规定，一类区片，行政划拨供地价格为46万元/亩；二类区片，市本级与莲都区的行政划拨供地价格为38万元/亩，开发区范围内的行政划拨供地价格为43万元/亩；三类区片，行政划拨供地价格为35万元/亩。上述行政划拨供地价格均未包括房屋征收补偿安置费用。

2018年丽水市本级土地出让税费、基金（专项资金）计提标准一览表

表1－6－1

序号	项　目	计 提 标 准
1	印花税	出让总价款的0.05%
2	耕地开垦费	出让面积56元/平方米(80%部分归属地方财政)
3	耕地占用税	出让面积45元/平方米
4	新增建设用地土地有偿使用费	出让面积28元/平方米
5	农业土地开发资金	出让面积6.15元/平方米(80%部分归属地方财政)
6	国有土地收益基金	出让总价款的5%
7	补充社会保障风险资金	2017年起出让总价款的6%(2013年起5%,此前按2%)
8	“先保后征”失地农民社保金	10万元/人,人数为经核定的被征地农民参保人数
9	廉租住房保障资金	出让总价款的2.5%
10	农田水利建设资金	土地出让收益的10%(农田水利建设资金的64%部分归属地方财政)
11	教育资金	土地出让收益的10%(教育资金全额归属地方财政)

1991—2018年丽水市国有土地使用权出让收入一览表

表1-6-2　　单位：万元

年份	合计	市级	青田	云和	龙泉	庆元	缙云	遂昌	松阳	景宁
1991	0	0	0	0	0	0	0	0	0	0
1992	652	141	0	0	511	0	0	0	0	0
1993	5117	3643	0	0	1274	0	0	0	200	0
1994	6787	4408	0	0	1279	0	0	400	700	0
1995	11973	6872	0	0	3601	0	0	300	1200	0
1996	7150	4705	0	0	1345	0	0	100	1000	0
1997	5584	3394	0	0	890	0	0	200	1100	0
1998	8026	1898	1100	0	428	0	2600	100	1500	400
1999	13353	2800	2900	1104	3149	0	2100	100	1000	200
2000	26012	6000	2300	1709	7903	0	7600	200	300	0
2001	63799	33600	2500	2950	5749	0	13700	2900	1700	700
2002	139749	64300	40300	7274	5975	800	14400	5400	400	900
2003	192034	74100	30800	10077	10457	1500	23600	36600	3900	1000
2004	185134	66500	34500	4470	14764	5800	43600	12400	1400	1700
2005	254000	129100	36900	28800	13300	2000	24500	15600	100	3700
2006	320180	182400	24100	14800	14680	10200	30800	10400	200	32600
2007	265041	139685	47265	7630	29337	7357	11379	18127	2967	1294
2008	121651	59814	4116	8170	13479	1480	3339	15575	10602	5076
2009	214575	120451	8359	9947	23535	156	23140	1280	19892	7815
2010	686612	406893	80539	16171	51546	6380	55894	14280	32223	22686
2011	691984	373065	88371	35167	43227	26182	57492	9469	39234	19777
2012	363271	138150	46908	15605	4513	8963	75392	35679	23852	14209
2013	698388	242171	76803	38136	62806	27679	110881	25524	82816	31572
2014	656129	315843	65717	38478	49309	20471	62460	66415	30300	7136
2015	496595	295882	14235	11658	62565	13009	20152	29474	27259	22361
2016	564581	325075	59115	11396	59311	14600	13643	50355	26808	4278
2017	956079	553388	93933	35414	56250	21214	66637	46802	49430	33011
2018	1580367	857488	76512	43643	163655	71862	165035	90391	80796	30985
合计	8534823	4411766	837273	342599	704838	239653	828344	488071	440879	241400

注：①1991—2006年数据由各县（市）根据当地国土部门协助填报；2007—2018年数据根据财政国库收入报表“国有土地使用权出让收入”科目金额填报，不包括按财政部规定计提的国有土地收益基金、农业土地开发资金、农田水利建设资金、教育资金和在当年国有土地出让收入中缴纳的新增建设用地土地有偿使用费。

②2000年以前市级数据来自县级丽水市。

2015年，丽水市从土地出让收入中计提的教育资金和农田水利建设资金纳入一般公共预算管理。2017年1月起，市本级从土地出让收入中充实社会保障风险准备金的比例从5%调整至6%。9月，莲都区土地出让收入不再纳入市本级政府性基金土地出让金预算管理，莲都区土地出让收入缴入市财政专户后直接拨付到莲都区财政专户，由莲都区财政自行将土地出让收入缴入区级国库。同时，有关各项计提、上缴的税费、基金等均由莲都区财政自行负责。

第三节　财政周转金

财政周转金是国家预算采用信用形式安排支出，将一部分资金有偿借给部门、企业或有经营收入的事业单位用于发展生产、到期收回、周转使用的资金。20世纪80年代起，丽水地区与全省同步建立预算、支农、文教、工交、商贸、外经、农税、社保等方面的财政周转金，主要包括财政支农周转金、企业技改贷款、城市公共事业发展基金、小型技术措施贷款等。1994年起，按《浙江省财政有偿使用资金管理办法实施细则》管理。丽水地区的财政周转金大部分来自省财政厅的借款，主要投向企业技改、扶持商业、科教文卫事业和财政支农等方面。

1995年前，财政周转金由财政相关职能科室分散管理、分别核算，财政信贷的风险相对较大。8月，全国财政工作会议提出“清理整顿、规范管理”的思路，并确定“控制规模、限定投向、健全制度、加强监管”的方针，要求摸清本地区财政有偿使用资金规模、投向、管理和问题等情况，开展清理整顿。10月，财政部《地方财政周转金管理暂行办法》提出由财政预算部门统一开户、统一核算，清理多头开户。1996年，地区财政局将分散于相关职能科室管理的财政周转金进行归集，由预算科实行“统一开户、统一核算、统一管理”，做到“财权不变、渠道不乱、有偿周转、统一核算”。并制定财政周转金管理办法，规范财政周转金管理。1998年年末，全区财政周转金放款余额4.60亿元，其中地区本级4309万元、丽水市（县级）7571万元、青田县2108万元、云和县2219万元、龙泉市3917万元、庆元县3695万元、缙云县3829万元、遂昌县9412万元、松阳县4050万元、景宁畲族自治县4870万元。

1999年1月，丽水地区根据《财政部整顿财政周转金方案的通知》和《浙江省整顿财政周转金实施方案的通知》，财政周转金贷款进入“只收不贷”阶段。3月，为妥善处理财政周转金呆账，省财政厅制定了《浙江省财政周转金呆账处理实施办法》，规定了财政周转金转呆账的条件、核销程序等，便于各地统一执行。地区本级及所辖县（市）相继成立财政周转金清理领导小组并制定清理整顿实施方案，全面开展财政周转金的清理工作。是年，丽水地区开始分批归还省财政厅借款，根据省财政厅借款本息折让政策，即技改借款按30%本息折让，其他借款按20%本息折让，获省财政厅借款本息折让5725万元。根据省财政厅“按规定计划时间还款的，给予应还借款本息金额3%的返还；对在规定时间提前还款的，每提前一个季度，增加返还提前还款金额3%”的鼓励提前还款政策，丽水地区共获省财政厅提前还款返还586万元。2001年，省财政厅考虑丽水市财政困难状况，财政周转金以1999年欠省借款数减半折让，分年归还到2004年止。2002年，市财政局财政周转金委托中介机构审计，进行全面清理。对债务人已破产、清算、歇业、解散、死亡等情况的转入待核销；对周转金已过时效、三角债、呆账、死账、坏账等的转入待处理损失；经过努力可收回的转入应收款。组织有关人员逐笔认定，指定专人负责，建立分户台账和清欠档案。2003年，市财政局将清理整顿后的财政周转金委托市国资公司催收，可收回的部分市国资公司按实际收回额的3%提取业务费，对待处理的财政周转金按实际收回额的5%提取清欠业务费。在2004年年末前收回的财政周转金，达到预计可收回数70%—80%的，市财政局给予3万元奖励；达到80%—90%的，给予5万元奖励；达到90%以上的，给予10万元奖励；奖励金额的70%可用于相关人员奖励。5月末，市直财政周转金放款余额合计5941万元，结欠利息237万元，其中预计可收回本金951万元，利息28万元；待处理本金1924元；待核销本金3065万元，利息209万元。

2005年，丽水市执行《浙江省财政周转金呆账处理补充办法》，对财政周转金呆账进行了细分和范围界定。2007年，省财政厅《关于进一步做好财政周转金清收扫尾工作的通知》提出“争取再用两年时间完成财政周转金清收扫尾工作”要求。为做好扫尾工作，市国资公司清收工作交回市财政局，移交时财政周转金贷款余额为本金3013万元，欠息221万元，待处理金额3234万元。市财政局分四类情况进行扫尾，第一类行政事业单位借款采取财政扣款、贷款改拨款（支出）调账、安排经费置换；第二类已破产的凭破产裁定书、资产分配方案、破产终结裁定等资料审批核销；第三类诉讼中的，程序终结后据实处理。第四类无诉讼时效或企业已被吊销营业执照的，根据《浙江省财政周转金呆账处理补充办法》有关规定，委托法律中介机构进行法律事务调查并出具调查函证材料，确认无法偿还或无财产可供执行的进入核销，账销案存。是年，全市财政周转金放款余额2.27亿元，其中市直1731万元、莲都区4455万元、青田县992万元、云和县1223万元、龙泉市1405万元、庆元县2651万元、缙云县2395万元、遂昌县4045万元、松阳县2869万元、景宁畲族自治县931万元。

2010年年末，全市财政周转金放款余额1.30亿元，其中市直40万元、莲都区1706万元、青田县443万元、云和县178万元、龙泉市1405万元、庆元县2049万元、遂昌县3569万元、松阳县2840万元、景宁畲族自治县756万元，缙云县率先完成清理工作。2011年年末，全市财政周转金放款余额1.15亿元，其中莲都区1703万元、青田县443万元、云和县178万元、龙泉市1405万元、庆元县1076万元、遂昌县3563万元、松阳县2391万元、景宁畲族自治县756万元，市直完成清理并撤销财政周转金专户，财政周转金账本封存。2015年年末，全市财政周转金放款余额1.08亿元，其中莲都区1609万元、青田县442万元、龙泉市1405万元、庆元县704万元、遂昌县3534万元、松阳县2379万元、景宁畲族自治县749万元，云和县完成清理工作。全市财政周转金只收不贷后累计回收1.84亿元，累计核销1.53亿元，累计贷款转拨款（支出）3752万元。此后至2018年，无财政周转金决算。

第七章　行政事业单位财务管理

丽水市行政事业单位财务管理是对行政单位包括各级党委、人大、政府、政协、法院、检察院和各民主党派等机关单位，以及使用行政编制、参照公务员管理、由财政全额保障的事业单位和人民团体，所进行的预算、控制、分析、考核等财务活动，是财政对行政事业单位经费在预算、分配、使用、核销全过程开展的财务管理和监督。1990—1997年，丽水地区行政单位与全额拨款事业单位财务管理制度通用；1992年，执行财政部《关于加强事业单位收入管理的规定》，对事业单位收入范围、计算、管理以及收入成本的核算作了规定，并对事业单位计提基金作了明确；1993年，鼓励事业单位充分发挥自身设备、场地、技术等优势向社会提供服务，合理合法组织收入，提高经费自给能力；1996年，对党政群机关单位实行行政经费定额包干，10月，执行财政部《事业单位财务规则》《事业单位会计准则（试行）》《事业单位会计制度》。1998年，执行财政部《行政单位财务规则》，对行政单位预算的编报和核批、决算的管理、财务的设立和清算等作出规定；1999年，建立财政预算内外资金统一核算、统一管理的综合财政预算体系，实行人员经费零基预算，公用经费和车辆经费按定额、项目经费按需要实行综合预算包干。2004年，丽水市推行部门预算改革，建立完善基本支出管理体系和管理办法，推进预算绩效管理。2018年年末，市本级行政事业单位共计241家，其中行政单位75家，事业单位166家，在职在编职工1.27万人，离退休人员4513人。

第一节　人员经费管理

一、工资

1991年，丽水地区实行第6类标准工资区（全国划分为11个标准工资区），并将等级工资制改为结构工资制。结构工资制由基础工资、职务工资、工龄工资和奖励工资四部分组成。中小学校、中等专业技术学校、技工学校教育以及幼儿教师、护士分别发给教龄、护龄补贴。同年，因粮油统销价格调整，行政事业单位职工每人每月增加补偿工资6元。

1993年，丽水地区行政事业单位进行工资制度改革。党政机关工作人员由原来的结构工资改为职级工资，即基本工资由基础工资、职务工资、级别工资和工龄工资四部分组成。丽水地区标准：基础工资每月90元，职务工资按本人现任职务套入新标准，级别工资划分为十五级，最低为55元，工龄工资为每年工龄1元。职务工资每两年考核一次，称职者提升一档次；级别工资每五年考核一次，称职者提高一级。机关工人工资执行技术等级制，由岗位（技术等级）工资与国家规定比例资金组成。全额拨款事业单位执行国家统一工资制度。1997年7月起，机关工作人员基础工资由每月90元调整为110元。1999—2006年，除进行正常考核晋级外，基础工资调整为230元，级别工资最低档为115元，职务工资最低档为130元。

2000—2018年丽水市财政供养人口一览表

表1-7-1 单位：人

年份	合计	市本级	莲都	青田	云和	龙泉	庆元	缙云	遂昌	松阳	景宁
2000	76746	6120	7666	10545	4421	8920	8629	10627	7137	7386	5295
2001	78475	6819	7650	10422	4461	9078	8552	10921	6814	7550	6208
2002	81204	8697	7607	11116	4347	9075	8527	11245	6766	7640	6184
2003	83783	10482	7614	11132	4462	9213	8506	11169	7034	7898	6273
2004	86016	11630	7847	10881	4792	9304	8357	11500	7385	7838	6482
2005	86756	12218	7916	11054	4852	8635	8311	11718	7523	8037	6492
2006	88707	12701	7886	11335	4962	8737	8355	11930	8046	8270	6485
2007	91641	13625	8043	11886	5242	8995	8419	12337	8376	8414	6304
2008	93405	14313	7876	12309	5411	9197	8350	12437	8489	8602	6421
2009	95072	14995	7808	12678	5486	9456	8251	12546	8594	8704	6554
2010	97064	15552	7916	12924	5629	9561	8288	12765	8790	8805	6834
2011	97942	15828	8233	12893	5720	9705	8123	12777	8970	8795	6898
2012	99900	16504	8201	13146	5902	9877	8106	13185	9162	8801	7016
2013	102014	16832	8781	13343	5996	10186	8046	13460	9237	8940	7193
2014	105752	19353	8824	13482	6061	10333	8147	13807	9360	9017	7368
2015	107169	19946	9051	13606	6131	10434	8261	14040	9433	8801	7466
2016	104709	16644	8990	13856	6280	10494	8402	14246	9508	8972	7317
2017	106388	17074	9100	14155	6351	10633	8333	14465	9610	9077	7590
2018	108170	17521	9188	14376	6399	10902	8315	14794	9830	9200	7645

2000年10月，丽水市开始分批执行财政统一发放工资。范围包括行政单位、财政性资金为主供养的事业单位及社会团体所有在编正式在职职工和离退休人员。2003年，市本级统发工资的单位110个，人员2816人，年发放工资总额3164万元。2015年年末，市本级统发工资的单位236个，人员1.64万人，年发放工资总额12.77亿元。

2005年4月，丽水市规范单位个人收入的管理，避免单位之间收入分配差距进一步扩大。2005年起，对市本级财政全额拨款单位的个人收入发放实行统筹调节制度，凡个人月均收入排名前10位且高于上年同期水平的单位，征收发放总额20%的统筹调节金。2005—2008年，征收统筹调节金206万元。

2009年1月起，丽水市本级义务教育学校实行绩效工资，绩效工资水平为年人均4.30万元。10月起，绩效工资水平为年人均4.32万元。2010年1月起，市本级其他事业单位实行绩效工资，绩效工资水平为年人均4.45万元。

2014年10月，丽水市行政事业单位在职人员缴纳养老保险和职业年金，养老金缴费比例为个人8%，单位20%；职业年金缴费比例为个人4%，单位8%。同时，行政事业单位在编在岗人员工资月均增加300元。

2018年1月起，丽水市调整2017年12月底前退休人员养老金标准。全市企业养老金月人均增加125元，机关事业养老金月人均增加249元。从2018年7月起，行政事业单位在编在岗人员工资月均增加300元。其他群体相关待遇也作了相应调整。2018年年末，全市财政供养人口10.82万人，其中市本级1.75万人。

二、津贴补贴

岗位津贴　1991年，丽水地区行政机关人员继续保留按省有关规定执行的各类岗位津贴有公安、司法、安全部门值勤补贴，法院、检察院、公安系统刑事技术人员保健津贴，县级法院、检察院干警岗位津贴，乡镇司法助理津贴，基层税务干部岗位津贴等。事业单位苦、脏、累、险和保健性质津贴有地质勘探、测绘工作人员野外津贴，公路养护人员野外作业津贴，交通建设流动施工津贴，广播电视、地震、水文、气象台（站）岗位津贴，广电播音员、无线电工作人员岗位津贴，特殊教育人员岗位津贴，环境监测津贴，农林水产部门从事有毒、有害工种人员保健津贴，中学实验人员保健津贴，医疗卫生、计生站卫生、护龄津贴，公路工作人员津贴，中小学特级教师、班主任、教龄津贴，中小学行政人员津贴，殡葬工作人员津贴，县以下卫生院、医院卫生技术人员津贴，政府特殊津贴等。

1992年1月起，丽水地区法院、检察院、公安系统按不同岗位性质，每人每天发给津贴0.4元、0.6元、1元。9月起，中学从事化学、生物、物理、科学、实验室专职实验工作人员和化学教育实行营养保健津贴，按工作量确定两类标准，每人每月发给6元和10元津贴。1994年7月起，县级国税部门工作人员每人每月岗位津贴60元，地区级每人每月45元，地税和农税部门按上述标准执行。8月起，在乡镇机关从事司法工作人员每人每天给予0.6元岗位津贴。1996年4月起，县级人民代表大会信访干部和信访局干部实行岗位津贴，每人每天1元，2000年后调整为每人每月120元，2005年后调整为每人每月200元。1997年5月起，从事老干部工作人员岗位津贴每人每月50元。1999年10月起，公安系统按警衔实行岗位津贴，从总警监至二级警员共分13级，二级警员每人每月84元。

2004年3月起，丽水市公安派出所警察岗位津贴在编人员每人每月200元。6月起，机关机要密码工作人员岗位津贴分5年内、5—10年、10年以上三档，每人每月分别为80元、100元、120元。7月起，综合治理基层工作人员岗位津贴每人每月60元。10月起，专职计划生育工作人员岗位津贴由原来的每人每月30元，调整为每人每月60元。

2009年1月，丽水市开始规范公务员津贴补贴。范围包括党的机关、人大、政府机关、政协、审判机关、检察机关、民主党派机关以及经批准参照公务员法管理单位的在职及离退休人员。主要内容包括规范津贴补贴项目，明确国家批准允许发放的机关工作人员特殊岗位津贴项目、标准、发放范围，调整超标准享受国家标准允许发放特殊岗位津贴补贴，取消违规享受国家规定特殊岗位津贴补贴，取消省级及省以下自行设立的特殊岗位津贴；暂时保留改革性补贴项目住房公积金；将一部分津贴补贴不纳入基本工资；规范津贴补贴总体水平。市本级规范津贴补贴总体控制水平年人均为4.70万元；行政机关在职人员纳入归并范围的津贴补贴项目，按照其属性归并为工作性补贴和生活性补贴两类。市本级公务员生活性补贴和工作性补贴分别占津补贴总水平的65%和35%。同时，将离退休人员既有的津贴补贴项目分别归并为离休人员补贴和退休人员补贴。调整后离休人员补贴标准占本职同级别人员的60%，退休人员为50%；之后经两次调整离退休人员津贴补贴标准，至2012年，离休人员调整至90%，退休人员调整至80%。

同年3月，丽水市本级工会费按每人每年720元，食堂搭伙费按每人每月110元列支。2011年1月起，调整为工会费按每人每年1440元，食堂搭伙费按每人每月220元列支。2017年12月起食堂搭伙费按每人每月400元列支。2018年仍执行2017年标准。

物价补贴　1991年起，丽水地区行政事业单位工作人员（包括离退休人员）继续保留副食品价格补贴。同年，煤、液化气价格上调，行政事业单位职工每人每月给予3元燃料补贴，在校大中专学生减半。1992年，国家实行粮食政策改革，放开粮价，并从1993年1月起，行政事业单位工作人员每人每月给予5元粮价补贴。1994年，地区行署决定，将1988年7月以来实行的主要副食品价格补贴转为固定补贴。职工（含离退休人员）赡养系数为20元/月，大中专学生赡养系数11.80元/月。10月起，全区实行基本生活品价格浮动补贴办法。基本生活品包括粮食、食油、鲜猪肉、鲜蛋、豆制品、低值水产品、蔬菜、燃料、生活用品、民用自来水等10种。各县（市）物价部门根据当地市场采购价波动情况，按季测算补贴标准，按月发放，每季测算一次。2009年规范津补贴后，取消物价补贴。

山区补贴和知识分子补贴　1991年起，丽水地区继续执行1984年地委、地区行署批准出台的山区补贴和知识分子补贴政策。山区补贴标准为地、县（市）国家机关和事业单位工作人员每人每月5元、县（市）以下基层单位每人每月7元。知识分子补贴标准凡国家机关大专毕业工作满10年，中专毕业工作满15年，企事业单位具有中级以上职称或具有初级职称工作满15年的职工，地区和丽水市（县级）行政机关每人每月5元，企事业单位每人每月7元，景宁畲族自治县及庆元县行政机关每人每月9元，企事业单位每人每月11元；其他县行政机关每人每月7元，企事业单位每人每月9元。享受以上两项补贴人员调离丽水地区辖区时，相应取消。1993年工资改革后，经省政府批准，丽水地区继续保留山区补贴（每月8元）和知识分子补贴，景宁畲族自治县保留畲乡补贴每人每月10元。2009年规范津补贴后，取消山区补贴和知识分子补贴。

夏令清凉饮料费　1992年7月，丽水地区对机关事业单位工作人员参照企业职工在高温期间继续发放清凉饮料费，发放标准为高温作业工人每人每月15元；非高温作业工人每人每月13元；一般工作人员每人每月12元，时间3个月（7—9月）。1997年，分别调整为每人每月55元、45元和40元。2001年7月，行政单位工作人员（含机关工勤人员）夏令清凉费发放标准为每人每月80

元，每年发4个月（6—9月）。退休人员按在职工作人员标准发给。经费在“补助工资”目列支。事业单位参照执行。2009年规范津补贴后，取消夏令清凉饮料费。

生活补助　20世纪90年代起，丽水地区财政收入逐年增加，开始对行政事业单位工作人员发放生活补助，因单位资金来源不同，生活补贴形式多样、标准不一。2001年，对丽水市本级行政事业单位在职人员和离退（职）休人员生活补贴标准作规范调整，即行政人员和专业技术人员按实际担任职务确定相应补助标准，事业单位行政职务、技术职务相兼者，以高的标准执行；离休干部和中华人民共和国成立前参加革命工作的老工人与在职相同；退休人员按在职90%发给，退职人员按在职80%发给。2009年规范津补贴后，并入津贴补贴中。

个人和家庭补助　1991年1月起，丽水地区发放县处级离休干部交通费补贴，每人每月12元，地专级离休干部每人每月30元；发放书报费（包括退休人员）每人每月6元；异地安家、确需自建住房补助建房费3000—4000元，产权归己。1992年1月起，离退休人员按原基本离退休金增发10%生活补贴；退休人员每人每年安排活动经费100元，用于集体活动开支。

1993年，丽水地区行政事业单位工资制度改革，离休干部和1949年10月1日前参加革命工作老工人，按在职同职级人员增加离休金，退休人员按在职同职级指标90%增加退休金，退职人员按在职同职级人员指标80%增加退职金，之后，每次在职人员调资，离退休退职人员均按此标准同步增加离休金、退休金和退职金；各种生活补贴亦同在职发放；退休人员活动经费每人每年由100元提高到200元。7月起，离休干部护理费，由每人每月51元提高到100元；离休干部公用经费由原350元调整为500元。其中400元由老干部个人包干使用，100元由老干部局集中用于集体活动开支。交通费从每人每月12元提高到15元。1997年5月起，县处级及县处级以下离休干部交通补贴费调整为每人每月25元。

1997年，丽水地区调整离休干部公用经费、特需经费，离休干部公用经费标准提高到600元，其中400元发给个人包干使用，200元由老干部局集中用于组织老干部集体活动等开支，特需经费标准从原来的每人每年150元提高到300元。离休干部享受护理补贴费的范围扩大到全体抗日战争时期参加革命工作和解放战争时期参加革命工作年满70周岁的离休干部，护理补贴费标准仍按每人每月100元发放。1998年1月起，退休干部活动经费提高到每人每年300元。

2000年9月起，丽水市红军时期、抗日战争前期、抗日战争后期和解放战争时期参加革命工作的离休干部护理费标准分别调整为每人每月200元、160元、130元和100元；生活完全不能自理者每人每月增发300元。2002年1月起，离休干部特需经费标准调整为每人每年500元。

2005年1月起，丽水市行政事业单位离休人员再次增加离休金；企业离休人员按机关同职务在职人员晋升一个职务工资档次的档差增加离休金，档次级差低于25元的按25元增加；享受地（厅）级和县（处）级的原十四级或十八级以上人员，分别按副厅级、副处级晋升一个档次；新中国成立前参加革命工作老工人按25元增加；长期临时工晚年生活补助费，每人每月由原来的240元提高到265元。6月起，红军时期、抗日战争前期、抗日战争后期和解放战争时期参加革命工作的离休干部护理补贴费标准分别提高到每人每月300元、260元、230元和200元。生活完全不能自理的离休干部护理补贴提高到每人每月600元。

2008年1月起，红军时期、抗日战争前期、抗日战争后期和解放战争时期参加革命工作的离休干部护理补贴费标准分别提高到每人每月800元、650元、580元和500元。生活完全不能自理的离休干部护理补贴提高到每人每月900元。长期临时工晚年生活补助费标准提高到每人每月365元，2012年1月起，提高到645元。2014年1月起，红军时期、抗日战争前期、抗日战争后期和解放战争时期参加革命工作的离休干部护理补贴费标准分别调整为每人每月1800元、1200元、1200元和600元。生活完全不能自理的离休干部护理补贴提高到每人每月1000元。2017年，执行省委组织部《关于提高我省生活长期完全不能自理的离休干部护理费标准和高龄护理补贴的通知》，将生活长期完全不能自理的离休干部护理费标准提高到每人每月2500元；离休干部高龄护理补贴由原每人每月1000元提高到每人每月2500元；两项补贴不能重复享受。

遗属生活困难补助费　2005年1月起，丽水市行政事业单位的工作人员死亡后，凡1937年7月6日以前参加革命工作的，其生前供养的配偶的生活困难补助费标准由每人每月385元调整为425元；抗日战争时期参加革命工作的，其生前供养的配偶的生活困难补助标准由每人每月330元调整为365元；解放战争时期参加革命工作的，其生前供养的父母、配偶的生活困难补助标准由每人每月295元调整为325元；其他人员遗属非农业人口的由原来的每人每月225元调整为280元，农业人口的由原来的每人每月200元调整为220元。后几经调整，2011年1月起，红军时期的提高到1055元；抗日战争时期的提高到890元；解放战争时期的提高到805元；其他人员遗属非农业人口的提高到670元，农业人口的提高到530元。此后每年进行调整，2015年1月起，红军时期的提高到1860元；抗日战争时期的提高到1570元；解放战争时期的提高到1420元；其他人员遗属非农业人口的提高到1010元，农业人口的提高到800元。

2016年1月起，丽水市执行省人力社保厅、省财政厅《关于调整机关事业单位工作人员死亡后遗属生活困难补助费等标准的通知》，1937年7月6日前参加革命工作的，其生前供养的配偶的生活困难补助标准提高到每人每月2030元；抗日战争时期参加革命工作的，其生前供养的配偶的生活困难补助标准提高到每人每月1720元；解放战争时期参加革命工作的，其生前供养的父母、配偶的生活困难补助标准提高到每人每月1550元。2017年1月起，分别提高到每人每月2200元、1860元、1680元。2018年1月起，分别提高到每人每月2370元、2000元、1810元。

三、奖金福利

奖金　1991年1月起，丽水地区行政事业单位继续发放奖励工资，标准从1986年人均每月8元提高到25元。1992年12月，改革年度考核奖发放办法，对行政事业单位工作人员浮动升级奖励，除受行政处分等10种情况外，均在本人现有基础工资、职务工资标准上浮动一档；已享受种类浮动工资的按原标准再浮动一档。在今后国家正常工资调整时，仍按新标准再上浮一档。1993年1月起，年度考核不称职人员及办理离退休手续人员停止浮动，调出行政事业单位的取消浮动。10月，行政事业单位按当年考核称职以上的工作人员发放一个月基本工资作为年终奖金。1995年起，省对财税部门干部职工和市（地）、县（市）四大班子领导干部实施“两保两挂”奖励政策，个人奖励与当年地方财政收入增收额挂钩。2002年，对行政事业单位在册并经年度考核为称职及以上人员发放一次性奖金，发放标准为本人2002年12月基本工资和省定的各项津贴补贴之和。2003—2007年，行政事业单位工作人员通过年度考核，称职者按本人12月工资标准发给一次性奖金。2008年后，行政事业单位工作人员和离退休人员每年核发一次性年终增收节支奖，奖金从每人每年2000—6000元不等。2012年，年终增收节支奖提高到7000元；2013年提高到8000元；2015年起提高到9000元。2016年增收节支奖为9000元，2017年停发。

公费医疗　1991年，丽水地区各县（市）继续实行始于1989年的医疗经费由国家承担为主、与享受单位、享受人员和医疗单位挂钩的办法。享受范围包括全额预算管理的各级党政机关、民主党派、人民团体的在编人员和离退休人员，不含差额管理和经费自理的各类中心、公司、协会、研究会、基金会工作人员；全额预算管理的各级文化、教育、科研、卫生、经济建设单位在编人员，不含其所属事业单位非在编人员。普通大学在校学生列入公费医疗范围。全区享受公费医疗人员共计6.34万人，共支出医疗费1417万元，人均224元，其中地区本级享受公费医疗人员4274人，支出医疗费126万元，人均295元。1992年起，为控制公费医疗经费过快增长，实行公费医疗经费由医疗单位定额管理，医疗单位年终结算，如有超支，由享受单位和医疗单位共同负担，财政适当补助。1994年，地区本级实行“核定指标、医院管理、源头控制、节余奖励、超支分担”的管理制度，全年总支出241万元（医院管理为176万元），年人均支出430元，比上年增长20%（当年物价总指标上升24%），为全省年人均医药费支出最低。1995年，地区本级学习江苏镇江经验，开始建立公费医疗个人账户。2001年4月，市本级开始全面实行新医疗制度。公务员医疗补助经费以上一年度在职职工月平均工资和退休人员月平均退休费之和5%比例提取（2003年提高到6.50%），其中4%再按不同年龄确定比例记入个人账户，另外1%作为统筹资金。享受人员凭卡到定点医疗单位就医，门诊费个人自负10%，其余在个人账户中开支。个人账户当年结余转入下一年度使用。门诊医疗费超过当年个人账户额度后，在职人员累计超过1500—3000元，退休人员累计超过1000—2000元部分，按70%比例予以报销；在职人员超过3000元，退休人员超过2000元部分，按85%的比例给予报销；在职人员个人负担的住院费年度累计超过2000元的，退休人员累计超过1500元的，按超过部分的70%予以报销。离休干部和1949年10月1日前参加工作的老工人按实报销。公务员医疗补助经费由市、县（市、区）社会保险经办机构负责管理，实行专款专用、单位建账、专户管理、单位核算、财政监督。2011年3月，调整市直单位干部健康体检费标准，一般干部职工由每年268元/人提高到400元/人，处级干部由每年368元/人提高到600元/人；厅级以上干部由每年600元/人提高到800元/人。至2018年，市本级行政事业单位干部医疗补助经费无变化。

住房补贴和住房公积金　1992年，丽水地区本级开始住房制度改革试点，将原分配给个人租用成套住宅折价（综合价）出售给行政事业单位工作人员，购房款首付30%，房产证办妥后付清。1999年，根据国务院、省政府有关文件精神，停止住房实物分配，实行住房分配货币化。规定1998年以前参加工作的无房改房和房改房未达到规定标准的干部职工可享受一次性住房补贴和工龄住房补贴；1999年1月1日以后参加工作的干部职工按月享受8%住房公积金补贴。对不购买经济适用房的干部职工，符合条件的可按每平方米650元的经济适用住房价差补助，作为住房分配货币化政策的补充。住房分配货币化分以下四种补贴形式：一次性住房补贴标准每人每平方米建筑面积220元；工龄住房补贴按每人每平方米建筑面积3.70元/年；公积金住房补贴按8%；经济适用住房差价补助按每人每平方米建筑面积650元。住房补贴面积按不同对象（一般干部、科级、县处级、地厅级）控制在70平方米、80平方米、90平方米、120平方米以内。

2001年12月，丽水市开始发放市本级财政供养单位离退休干部职工的住房补贴和经济适用住房价差补助。2003年1月，开始发放市本级财政供养单位在职干部职工的住房补贴和经济适用住房价差补助。2001—2018年，市本级发放住房补贴2.41万人，金额5.80亿元。

2001—2018年丽水市本级住房补贴发放一览表

表1－7－2

年份	发放数（人）	金额（万元）	年份	发放数（人）	金额（万元）
2001	150	76	2011	370	1509
2002	1913	1837	2012	192	620
2003	4128	8612	2013	209	978
2004	2881	5505	2014	779	2739
2005	3712	7823	2015	266	983
2006	346	585	2016	677	1509
2007	598	590	2017	1001	1574
2008	1691	9368	2018	1274	1934
2009	3011	10040	合计	24131	58005
2010	933	1723	—	—	—

1993年，缙云县率先在行政事业单位实行住房公积金制度，公积金缴存比例为干部职工工资的7%（其中个人3%，单位4%）。1995年1月，地区行署出台《关于实施住房公积金制度的暂行规定》，规定全区行政事业单位及在职职工均应按规定缴纳住房公积金，公积金月缴存额为20元/人（单位和职工个人各缴10元/月），归职工个人所有，计入职工住房公积金专户。实施之初，覆盖面不广，到位率低，归集量少。全区应建公积金单位2337个，实建657个，占28.11%；职工16.59万人，实建3.08万人，占18.57%，共缴纳住房公积金738万元。1997年1月起，缴存比例以1996年6月的职工工资为基数，单位和职工个人各按5%缴存。当年12月，全区实缴1269个单位，5.69万人，缴存金额2829万元，累计归集6386万元。1999年7月起，缴存比例提高到7%。

2001年7月起，丽水市住房公积金缴存比例为9%，2002年3月起为10%，2006年起为12%。2010年，全市缴存住房公积金人数达到11.42万人，当年归集金额13.26亿元，累计归集69.69亿元，其中市本级缴存人数3.77万人，当年归集4.90亿元，累计归集24.67亿元。2015年年末，全市缴存住房公积金人数达到15.17万人，当年归集金额27.07亿元，累计归集176.62亿元，其中市本级缴存人数5.51万人，当年归集9.33亿元，累计归集63.25亿元。2018年年末，全市缴存住房公积金人数达到19.76万人，当年归集39.16亿元，累计归集281.84亿元，其中市本级缴存人数7.21万人，当年归集14.29亿元，累计归集101.05亿元。

第二节　公用经费管理

一、公用经费和车辆经费

1991年起，丽水地区本级行政事业单位公用经费实行“分类分档、定员定额、包干使用”管理办法，行政类单位分领导机关、综合部门、一般部门三档，事业类单位分履行行政职能事业单位、一般事业单位两档，每一类档按人均确定不同的定额标准。1995年，行政单位年人均定额2000元，事业单位1500元。1999年，行政单位年人均定额提高到3500元，事业单位2500元。

2002年，丽水市行政单位年人均定额提高到1.10万元，事业单位按履行行政职能事业单位和一般事业单位两档，年人均定额分别为8000元和6000元。2004年，行政类按领导机关、综合部门、一般部门三档，年人均定额分别为1.10万元、9000元和8000元，事业类履行行政职能的事业单位年人均定额7000元，一般事业单位6000元。2010年，行政类领导机关、综合部门、一般部门年人均定额分别为1万元、8000元、7000元，事业类履行行政职能事业单位、一般事业单位年人均定额分别为7000元、6000元。

2017年，整合日常业务费和公用经费，整合后政法部门、行政类领导机关、综合部门、一般部门、事业单位年人均定额分别为3.50万元、2.20万元、1.70万元、1.50万元和1.30万元。

1995年，丽水地区行政事业单位编制内公务车辆，每辆经费年定额9000元，1997年调为1.50万元，2000年1.80万元，2002年2万元，2003年2.50万元。2006年，小汽车调整为3万元，其他车辆2.20万元。2009—2018年，小汽车提高到3.50万元，其他车辆2.70万元。2015—2018年，车辆运行经费实行单车定额补助、包干使用的办法。

二、会务费

1992年4月，丽水地区会议补贴执行标准为：一类会议（党代会、人民代表大会）代表和工作人员每人每天自交伙食费2元，财政补贴18元；二类会议代表和工作人员每人每天补助15元。2002年3月，丽水市工作人员参加各类会议（除洽谈会、订货会），伙食费、住宿费和公杂费由主办会议单位统一开支，不脱产人员由组织单位每人每天发给误工费30元。

2013年8月起，丽水市市直行政部门会议实行分类管理。其中一类会议，由市委、市政府召开，各县（市、区）党委、政府主要负责人或分管负责人等参加的工作会议；二类会议，以市委、市政府名义召开，由市直部门主办，各县（市、区）党委、政府分管负责人等参加的工作会议；三类会议，由市级部门召开，各县（市、区）对口部门主要负责人等参加的工作会议和由市直部门及其直属机构、内设机构召开，各县（市、区）对口部门或市直业务归口管理部门中的有关人员参加的工作会议。对各类会议的参加人员及规模、会期作出规定。会议开支综合定额按以下标准执行：一类会议400元/人·天，二类会议300元/人·天，三类会议260元/人·天。严格控制会议的数量、时间、规模，严格执行会议费开支范围、开支标准有关规定。严格实行一会一结算。对未经批准和未列入部门预算的会议，以及超范围、超标准开支的经费一律不予报销。

2016年4月起，丽水市直行政部门会议费分类进行修订，其中一类会议，市委、市政府召开，各县（市、区）党委、政府或市直部门主要负责人或分管负责人等参加的会议；二类会议，以市委、市政府名义召开，由市直部门承办，各县（市、区）党委、政府或市直有关部门分管负责人参加的会议；三类会议，市直部门及所属单位召开，各县（市、区）对口部门负责人或本系统有关人员参加的会议。会议开支综合定额按以下标准执行：一类会议500元/人·天，二类会议410元/人·天，三类会议380元/人·天。除上述三类会议外的其他非全市性业务会议（包括研讨会、座谈会、论证会等）在三类会议标准内执行。

三、差旅费

1991年，丽水地区行政事业单位实行节奖超罚办法，规定出差、住宿费标准，去深圳、珠海住宿费每人每天25元，省外其他地区20元，省内出本地区18元，地区内出县15元；出差人员实际支出低于上述标准的，节约部分70%奖给个人，超出标准部分自负30%。伙食补助标准为出差深圳、珠海每人每天10元，省外其他地区6元。1996年7月，出差地区所辖县（市）补助10元，出差省外一般地区15元，特殊地区（海南、深圳、珠海、厦门、汕头）20元，之后经数次调整。

2007年10月，丽水市行政事业单位工作人员差旅费标准重新制定：副处职务以上交通住宿费按实报销，科级及其以下工作人员住宿费限额每人每天省外200元、省内150元，公杂费（包括市内交通费和通信费等）每人每天省外限额30元、省内15元，丽水市规划区外、莲都区乡镇出差公杂费在10元限额内凭据报销。出差伙食补助费标准每人每天省外50元、省内30元，丽水市规划区外的莲都区15元。短期培训班学习伙食补助费每人每天省外25元、省内15元，培训班三个月以上减半。汽车驾驶员出差补助标准同一般工作人员，驾驶员里程补贴标准调整为每公里0.12元，节油奖由单位根据不同车辆，合理确定平均每公里油耗定额，对节油的驾驶员，由单位给予节油量同期油料价格的15%—25%的奖励。驾驶员每月各项补贴合计标准为400元。

2014年，丽水市执行浙江省行政事业单位工作人员差旅费管理规定。4月起，工作人员到省外出差的，执行财政部公布的分地区、分级别住宿费限额标准；在省内出差，正副厅长及相当职级人员在490元标准内，其他人员在340元标准内，选择安全、经济、便捷的宾馆住宿。工作人员省外出差，公杂费按每人每天80元补助标准包干使用；省内出差，凭市内交通等公杂费发票在每人每天60元限额内据实报销；无公杂费发票的，按每人每天30元补助标准包干使用。工作人员省外出差，伙食补助费执行财政部公布的分地区伙食补助费标准包干使用；省内出差，凭餐饮发票在100元以内据实报销；无餐饮发票的，按每人每天30元伙食补助费标准包干使用。汽车驾驶员出差补助标准与工作人员相同。10月起，市本级行政事业单位工作人员经批准往返丽水市规划区外的莲都区乡镇执行公务的，住宿费在每天每间200元限额内凭据报销，公共交通费凭据报销，伙食补助费按每人每天35元包干使用。因公出差除使用公路客运以外的交通工具代替的，经单位领导批准，在参照公路客运班车票价内，可凭同时段、同方向的汽油费、过路过桥费票据报销。

2017年，丽水市执行浙江省新的行政事业单位工作人员差旅费管理规定。7月起，工作人员公务出差执行分地区、分级别住宿费限额标准，在省内杭州市区出差，正副厅长及相当职级人员在

500元标准内，其他人员在400元标准内；在省内其他地区出差，正副厅长及相当职级人员在490元标准内，其他人员在340元标准内，选择安全、经济、便捷的宾馆住宿。工作人员公杂费按出差自然（日历）天数计算，每人每天80元包干使用，由单位（含牵头单位）安排车辆出差的，相应派车天数（自然日）公杂费减半。出差人员由接待单位或其他单位协助提供交通工具的，应自行按实支付交通费用。工作人员公务出差伙食补助费按出差自然（日历）天数计算，执行财政部公布的分地区伙食补助费标准，西藏、青海、新疆每人每天120元，其他地区每人每天100元包干使用。由接待单位协助安排用餐的，出差人员应自行按实支付伙食费（如用餐成本无法核算的，可按每人每天不低于早餐20元、中餐40元、晚餐40元交纳）。8月起，市本级行政事业单位工作人员经批准在丽水市规划区外的莲都区乡镇执行公务，确因公务时间较长且路程较远无法回单位或家里用餐的，伙食补助费按峰源乡每人每天75元、其他乡镇每人每天45元包干使用（已享受会议、培训等公务活动伙食的，不再享受伙食补助；同时不得再重复领取夜餐费）。确需住宿的，住宿费按差旅费限额标准凭据报销。丽水市域范围内各县（市）城市间交通费试行包干政策。在包干区域内公务出差，可以按差旅费规定据实报销城市间交通费，也可以按出差审批单批准的出发地（市、县政府所在地）至目的地（市、县政府所在地）的公共交通相应等级票价金额包干城市间交通费，县（市）域内的交通费在包干的公杂费内支付；出差住宿费、伙食补助费、公杂费按差旅费规定报销。

四、通信费

1993年11月，丽水地区副处级及以上干部每月报销电话费150元，科级干部60元，其他干部40元，副处级以上离退休干部60元。1995年，现职处级以上干部经财政部门审批陆续配发移动电话“大哥大”。1997年1月，调整住宅电话包干标准，县处级以上干部每月180元，正科级100元，副科级75元，其他干部50元。8月，清理公款配置移动电话，按配置条件（特种岗位），话机归单位所有，单位结算、限额报销，此后停止公款配置移动电话。1998年4月，行政单位干部公费住宅电话实行折价处理给个人，副科级以上和特殊岗位干部折价500元，产权归个人所有。事业单位原则上不得用公款配置移动电话，个别单位和岗位确需经常处理急事要事，必须定岗使用，并列入固定资产管理。现有住宅电话和移动电话一律折价出售给个人，住宅电话按每部1000元标准，经批准安装的收取30%价款，未经批准安装的收取45%价款。移动电话按4000元标准折价。2001年7月，已用公费安装的住宅电话（除保密电话）按现行电话初装费30%，一次性折价出售给个人。

2001年1月起，丽水市执行浙江省党政机关工作人员公务无线通信补助费标准新规定：正厅级月补贴标准为130元，副厅级及县（市、区）党委、人大常委会、政府、政协正职为120元，市直机关各部门正职、县（市、区）党委、人大常委会、政府、政协副职为100元，市直机关各部门副职、纪委书记（组长）、县（市、区）机关各部门正职、乡镇（街道）党委、人大常委会、政府正职为80元；市直各部门正科级、县（市、区）机关各部门副职、乡镇（街道）党委、人大常委会、政府副职为60元。特殊岗位用公款配置的移动电话，也一律折价给个人；用公款配备的传呼机免费过户给个人，月租费自理。8月起，县（市、区）党委副职、常委和人大常委会、政府、政协副职住宅电话补助费调整为80元。2005年1月起，丽水市党政机关工作人员住宅电话补助费标准调整为正厅级月补贴130元，副厅级及县（市、区）党委、人大常委会、政府、政协正职为120元，市直机关各部门正职、县（市、区）党委、人大常委会、政府、政协副职为100元，市直机关各部门副职、纪委书记（组长）、县（市、区）机关各部门正职和乡镇（街道）党委、人大常委会、政府正职为80元；市直各部门正科级、县（市、区）机关各部门副职和乡镇（街道）党委、人大常委会、政府副职为60元。至2018年，丽水市党政机关工作人员住宅电话补助费标准无变化。

五、培训费

培训费是指行政事业单位开展培训直接发生的各项费用支出，包括住宿费、伙食费、培训场地费、讲课费、培训资料费、交通费、其他费用。培训费综合定额标准实行分项核定、总额控制。2014年，丽水市综合定额标准为每人每天住宿费160元，伙食费100元，其他各项费用140元，合计400元。综合定额标准是培训费开支的上限，各项费用之间可以调剂使用。5天以内（含5天）的培训按照综合定额标准控制；5天以上的培训按照综合定额标准的75%（计300元）控制。赴外地培训的，上述天数含报到和离开时间，报到和离开时间合计不得超过1天。讲课费执行以下标准（税后）：中级技术职称及以下专业人员每半天最高不超过800元；副高级技术职称专业人员每半天最高不超过1000元；正高级技术职称专业人员每半天最高不超过2000元；院士、全国知名专家每半天一般不超过3000元；其他人员讲课参照上述标准执行。属于培训举办单位的工作人员不得发放讲课费、市本级单位工作人员给本单位及下属单位授课不得发放讲课费。组织培训的工作人员控制在参训人员数量的5%以内，最多不超过10人。

2018年4月起，丽水市行政事业单位培训费实行分类综合定额标准，分项核定、总额控制，各项费用之间可以按规定调剂使用。综合定额标准为一类培训每人每天住宿费220元，伙食费130元，其他各项费用100元，合计450元；二类培训每人每天住宿费180元，伙食费120元，其他各项费用100元，合计400元。一类培训是指参训人员主要为厅级人员、各县（市、区）党政主要负责人的培训项目。二类培训是指参训人员主要为处级及以下人员的培训项目。以其他人员为主的培训项目参照上述标准执行。5天以内（含5天）的培训按照综合定额标准控制；5天以上的培训，按照综合定额标准的80%（即一类培训每人每天计360元、二类培训每人每天计320元）控制。上述天数含报到和离开时间，报到和离开时间合计不得超过1天。讲课费在综合定额标准内执行以下标准（税后）：中级技术职称及以下专业人员每学时最高不超过300元；副高级技术职称专业人员每学时最高不超过500元；正高级技术职称专业人员每学时最高不超过1000元；院士、全国知名专家每学时一般不超过1500元。讲课费按实际发生的学时计算，每半天最多按4学时计算。其他人员讲课参照上述标准执行。同时为多班次一并授课的，不重复计算讲课费。属于培训举办单位的工作人员不得发放讲课费、市本级单位工作人员给本单位及下属单位授课不得发放讲课费。

第八章 企业财务管理和扶持政策

企业财务管理是财政管理的重要组成部分，其核心是正确处理好国家与企业的分配关系。企业财务管理的主要内容包括固定资产管理、流动资产管理、成本管理、利润分配、制定财政政策和财务制度等。1978年改革开放以来，丽水地区以提高企业经济效益为中心，推行多种形式的利润分配制度改革，实施利改税、经营承包责任制等。20世纪90年代后，推行国有企业改制，企业财务管理开启新模式。1991—2000年，丽水地区企业财务管理内容主要是利润监缴、投资拨款、加强企业财务基础工作和建立健全规章制度。2001—2010年，市财政局加强国有企业财务、地方金融企业财务、小企业贷款风险补偿、政府外债管理和监督，制定财政扶持政策和资金管理办法，参与企业改制，做好全市企业财务快报、年度决算报表汇总编报和报表分析等工作。2011—2018年，随着经济体制改革的不断深入和现代企业制度的逐步建立，全市财政部门逐步退出企业财务微观管理领域，开始向制定相关产业扶持政策、培植涵养财源的宏观管理转变。国有企业改制前，企业财务管理工作重点包括实施《企业财务通则》《企业会计准则》及分行业财务制度和会计制度，侧重对国营企业固定资产、流动资产、成本核算、利润分配等管理，健全年度会计报表及资产核销审批制度。国有企业改制后，企业财务管理工作重点转向国有资产出资人管理，建立健全国有企业财务监管体系、国有控股公司财务管理办法和出资人财务管理预警制度；贯彻实施“工业强市”战略，制定和落实各项扶持政策等。

第一节 国有企业财务管理

一、固定资产管理

财政部门对国有企业固定资产的管理，是国家赋予的权利和义务，也是财务管理的重要内容。主要包括帮助企业加强固定资产实物保管和价值核算；正确计提固定资产折旧，促进固定资产的补偿和更新；加强对固定资产的处置。1992年7月起，丽水地区调整国营企业固定资产标准，固定资产单位价值标准分别从500元、800元、1000元调整为1000元、1500元、2000元。1993年7月，实施财政部公布的《企业财务通则》和分行业财务制度，改革固定资产管理办法，包括制定固定资产目录；改进固定资产计价方法；改革固定资产折旧制度，主要内容为调整计提折旧的固定资产范围，简化折旧分类办法，从29个大类、433项简化为22个大类，实行加速折旧制度，并允许扶持性行业和技术密集型行业实行加速折旧办法，在原折旧年限基础上平均缩短20%—30%，允许在国家规定的折旧年限内确定固定资产大修理基金提取办法，发生的大修理支出直接计入成本费用，对修理费用发生不均衡或者一次性支出数额较大的允许采取预提或者分期分摊的办法。1998年起，扩大企业自主权后，企业可根据生产经营的需要自行处置，财政只对固定资产的保值增值指标进行总量考核管理，以保证固定资产不被侵占和流失。

二、流动资金管理

为保证企业生产需要，丽水市财政部门按国有企业生产计划和加速流动资金周转要求，参照历史和同行业先进水平核定企业流动资金最低占用额，即定额流动资金，由财政预算拨付，形成国拨流动资金。国拨流动资金先由财政、银行共同管理，即将定额流动资金的80%由财政部门返还主管部门拨转国有企业，作为自有流动资金，20%由财政部门统一拨给人民银行，由银行再向国有企业发放流动资金贷款，超定额流动资金仍由银行短期借贷解决；后根据国务院规定，国拨流动资金全部由人民银行统一管理，采取“全额信贷”即“拨改贷”。1991年1月，地区财政局对地属国营企业试行征收国家流动资金占用费，年费率5%，流动资金占用费70%留企业，补充国家流动资金，30%由财政集中调剂，用于工业新投产项目和新办商业企业流动资金需要。1993年7月，实施《企业财务通则》和分行业财务制度后，按资本保全原则，建立企业资本金制度。国营企业原有调拨资金（包括固定资金和流动资金）全部转作实收资本中的国家资本金。从此，所留资金不再有固定资金和流动资金之分。

三、成本管理

国有企业的成本开支范围和费用开支标准，由国家统一规定。成本管理主要是帮助国有企业抓好成本管理基础工作，即制定合理定额，建立健全原始记录制度，制定统一的成本核算计划和计算方法，保证成本核算准确、真实、完整。丽水地区加强成本计划管理和考核分析，1991年，全区国有工业企业实行车间经费和企业管理费（简称“两项费用”）控制率考核，年终审核，对“两项费用”控制率下降的企业给予一次性奖励。1993年7月，实施新考核制度，成本管理实行重大改革，内容包括直接材料、直接工资、其他直接支出和制造费用，而与产品生产无直接关系或关系不密切的费用即为期间费用，包括销售费用、管理费用和财务费用，不再摊入产品成本，直接计入当期损益；改进成本、费用管理办法，建立坏账准备金制度，按年末应收账款余额的3%—5%计提坏账准备金，计入管理费用；试制新产品、新技术发生的所有收益性支出全部计入管理费用，同时不再按销售收入一定比例提取技术开发费；对合理的必要的业务招待费支出，统一实行在分档制定的标准内据实列支办法（全年销售净额在1500万元以下的，不超过年销售净额5‰；超过1500万元不足5000万元的，不超过3‰；超过5000万元不足1亿元的，不超过2‰；超过1亿元的，不超过1‰）；对长期借款的应计利息支出进行调整；调整成本、费用开支范围，将劳动保险费用计入管理费用，差旅费标准由企业参照当地政府规定标准自行确定，并报财政部门备案；职工福利费和职工教育经费分别按职工工资总额14%和1.5%提取，将非季节性、非修理期间的停工损失直接计入营业外支出。

四、专用基金管理

国有企业专用基金指有特定用途的各种基金，包括更新改造基金，大修理基金，税后利润中提取的新产品试制基金、生产发展基金、后备基金、职工福利基金和职工奖励基金（简称“五项基金”），实行“先提后用、专户储存、以收定支、专款专用”。1993年7月，丽水地区实施新财务制度后，在保证国有企业资产保值增值的前提下，国有企业享有留用资金的支配权，随之取消各项专用基金科目和专用基金专户。账面原有更新改造资金以及国家拨款中的挖潜革新改造资金余额，转入“实收资本”中“国家资本金”账户，不再反映更新改造资金提取和使用情况；取消大修理基金预提制度，余额转入“预提费用”账户，发生的修理费用，一次或分次直接计入成本；“五项基金”中的生产发展基金、新产品试制基金和后备基金余额转入“盈余公积”账户，职工福利基金和职工奖励基金分别转入流动负债有关账户，“五项基金”账户不复存在。

五、利润分配

承包经营责任制　1993年前，丽水地区国有企业在利改税的基础上，采取承包经营责任制。1990年，全区实行承包经营责任制工业企业83家，占总户数的78.50%，其中完成承包合同目标任务的59户，占承包经营责任制家数的71.08%，超承包利润返还381万元，未完成承包合同的24户，由自有资金补交169万元。1993年年末，全区110户国有工业企业，有96户实行承包经营责任制，占87.27%。1994年起，根据建立现代企业制度的要求，结合税制改革和实施新财务制度，国有企业利润分配制度改革不断深化。统一企业所得税，取消国营企业奖金税和国营企业工资调节税。企业所得税统一实行33%的比例税率（暂设18%和27%两档照顾税率作为过渡措施），改变自1987年以来普遍实行税利不分“一户一率”的上缴承包制，承包经营责任制宣告结束。建立统一、规范的所得税税基，规定国有企业固定资产借款本金一律以留用资金归还，取消税前还贷；允许部分行业实行加速折旧；固定资产借款利息、职工奖金、研究开发费用列入成本。1996年，建立规范的国有资产投资收益制度；股份制企业按股分红，合资企业按资分利，对全部有国家投资的企业实行税后利润上缴。通过配套改革，合理调整和规范国家与国有企业的利润分配关系。

工资总额同经济效益挂钩　工资总额同经济效益挂钩（简称“工效挂钩”）是处理国有企业与职工分配关系的一项重大改革，也是工资制度改革的一条新路子。1988年开始，丽水地区在全民所有制企业全面执行“工效挂钩”办法，实行以地直、县（市）为单位的“工效挂钩”。挂钩工资总额基数，以地、县（市）统计局上年劳动工资统计年报中本地所属全民所有制企业全部职工工资总额（除燃料、原材料节约奖和副食品价格补贴）为基础，减去不合理增效因素，加上合理增效部分；工资总额中的奖金部分，按上年规定应提奖励基金，减去工资总额中实发奖金，并视实际情况作适当调整；挂钩经济效益指标，以上年度汇总报表中实现税利为依据；挂钩浮动比例，一般以1：0.3—1：0.7核定（经济效益每增长1%，工资总额增长0.3%—0.7%），一定三年不变。各县（市）经过测算，分别制定实现税利、工资总额两项指标和浮动比例方案，经地区财政、劳动部门审核后报浙江省工资制度改革领导小组审核批复，地区、县（市）分解核定。1990年，全区国有工业企业106户，实行工效挂钩企业99户，占93.40%，其中总挂总提90户，分挂分提9户。效益工资上浮的62户，上浮增效工资570万元，效益工资下浮的37户，下浮196万元。全区国有工业企业职工人均年工资2047元。

1991年，实行第二轮“工效挂钩”。至1993年，丽水全区国有工业企业110户，实行“工效挂钩”101户，其中实现利税总挂总提27户，实现利税总挂分提70户，上缴利税总挂总提1户，上缴利税总挂分提2户，其他形式总挂总提1户。1994年，效益指标以注册会计师审查验证的财务决算报表为依据，以当年实现利润和上缴利润以及国有资产保值增值作为否定指标。1996年，凡国有资产达到保值增值的，人均增加工资总额基数400元，达不到国有资产保值增值的，暂缓执行。人均增加工资基数原则上按挂钩人数加上1996年新增符合增人增资条件人数（包括增资400元在内，按年人均5000元核入工资总额基数）计算。1998年6月，实行“工效挂钩”或工资总额包干办法，在原有工资总额基数上，按上年挂钩职工实有人数，人均核增420元。工资总额基数超过全省社会平均工资1倍的，不核增工资额基数。因经济结构调整或发展各种经营安置剩余人员减少职工的，按照减少职工人数乘以上年实发工资50%核减工资基数；新招收复转退军人和大中专、技校毕业生，其工资当年单列。次年调整时，按年均6000元核增工资总额基数，并按上年人均效益80%核增挂钩效益基数。

六、企业财务监管

2001年起，丽水市企业财务监管重点转向国资营运机构和公益性国有企业的财务监管。7月，市财政局根据市政府5号令《丽水市市属国有企业（单位）财务总监委派制试行办法》，建立国资营运机构监督机制，面向社会招聘录用首批财务总监5人，首次向5家国资营运机构（单位）委派财务总监；印发了《丽水市本级财务总监工作的指导意见》，开展财务总监培训指导，使财务总监正确履行工作职责，切实担负起“国有资产卫士”的重任；建立财务总监报告制度和考核办法，从制度上保证了营运机构的健康运行。

第二节　财务总监委派

2001年6月，市政府5号令发布《丽水市市属国有企业（单位）财务总监委派制试行办法》。丽水市国有资产管理委员会办公室制定《丽水市本级财务总监工作的指导意见》，确认全市56人具有财务总监资格。7月，市财政局向社会公开招聘首批财务总监5人，委派到市国资公司、城建公司、供排水公司、防洪工程指挥部、53省道龙丽公路指挥部。

2002年2月，市财政局设立丽水市财务总监管理中心，履行财务总监管理职责。3月，明确财务总监对国资营运机构实行“三参与、三分离、三监督”的监管机制。“三参与”，即财务总监参与国资营运机构董事会、监事会、经营班子会议，参与国资营运机构经营行为、财务重大事项、大额资金拨付，参与担保、贷款等重大事项的决策；“三分离”，即主管部门与国资营运机构财务分离，国资营运机构项目成本与管理费用分离，国资营运机构与分公司（子公司）财务分离；“三监督”，即对国资营运机构存在的问题分三个层次督促、整改和落实，财务总监对受派国资营运机构监督、市财政局对国资营运机构监督和市政府对国资营运机构监督。2003年，市本级扩充财务总监13人。2004年9月，对财务总监资格的认定原则、基本条件、认定方式、认定程序等事项进行重新规定。2005—2008年，向社会公开招聘财务总监9人。2010年年末，市本级财务总监13人，委派到13家市直国资营运机构和23个1000万元以上政府性投资项目。

2013年，市本级加强财务总监监管力度，财务总监对派驻单位（项目）财务管理、运行中存在的问题，向派驻单位（项目）提出口头或书面建议。全年市本级提出管理建议135条，其中书面管理建议书33份，监管中发现的问题得到有效落实。清理国资营运机构银行账户开设过多问题，市本级11家国资营运机构清理银行账户14个。

2014年，丽水市财务总监管理中心督促指导市本级国资营运机构完善相关制度，全年制定、修订的制度90个。建立合同管理制度，参与合同条款的审查，从招标文件制定到合同签订前都介入审查，提高合同的规范性与可操作性。全年市本级提出管理建议200多条，节约资金成本556万元，督促收回合同履约保证金、借款等往来款3533万元。

2015年，丽水市财务总监管理中心开展市本级保障性住房建设、安置、销售资金回笼、存量房产管理等调研，完善资金拨付管理流程，收回支付给拆迁公司闲置资金2000万元，盘活资金30.20亿元，提出监管建议270多条，收回往来款8700多万元，督促1.20亿元到期保函续保，清理银行账户15个。年末，市本级财务总监22人，委派到17家市本级国资营运机构和34个政府性投资项目。

2018年，市本级实行政府性投资项目财务监管全覆盖。根据《2018年政府投资项目计划表》，按项目确定联系人，每月对项目建设、资金拨付和近3个月资金需求情况进行统计分析，为领导决策和资金筹措做好基础工作，对每个项目的资金拨付申请表进行初核，及时发现工程管理中的问题，不断提高资金使用效益，初步实现政府性投资项目财务监管全覆盖。年末，市本级财务总监24人，委派到5家市直公立医院、市土地储备中心、市城中村改造项目、丽水机场、330国道丽水市塔下至青田腊口段改建工程（莲都段）等单位（项目），并负责联系市本级272个政府性投资项目和19个PPP项目的管理工作。

第三节 国有和集体企业产权制度改革

1994年，丽水地直加快推进国有和集体企业产权制度改革，国有资产（资金）退出经营性领域，转变政府职能，按照“两彻底”要求，浙南制药厂、丽水地区木材厂、丽水地区建筑公司、丽水地区建筑安装工程公司、丽水地区建材公司、明珠大酒店等90家地直国有和集体企业纳入改制范围，并进行股份制改革，采取组建股份有限公司、有限责任公司、股份合作制公司及转让、兼并、破产、拍卖、合资合作、委托经营、解体分流等形式改革国有和集体企业产权制度。历经十年不懈努力，丽水市国有和集体企业产权制度和职工劳动关系彻底转换（即“两彻底”）。至2003年年末，全市国有和集体企业产权制度改革基本完成，全市需改制的国有和集体企业1013家，累计完成改制928家，改制率为91.61%，其中国有企业640家，完成改制584家，改制率为91.25%；集体企业373家，完成改制344家，改制率为92.23%。全市国有企业和集体企业累计转换职工劳动关系62977人，转换面为84.48%，其中国有企业职工45466人，转换面为85.77%；集体企业职工17511人，转换面为81.31%；盘活和重组资产20亿元。全市因疑难问题尚未改制的国有和集体企业85家，其中国有企业56家，城镇集体企业29家；市直7家，莲都区11家，青田县19家，景宁畲族自治县9家，龙泉市9家，庆元县10家，缙云县11家，遂昌县5家，松阳县4家。

2000年以来，为推进企业改制，市政府先后制定《丽水市国有和城镇集体企业改制规范操作的指导意见》《丽水市国有和城镇集体企业改制规范操作的补充意见》等5个改制政策文件（全市先后共出台37个改制政策文件），对国有和集体企业改制的操作程序、职工安置标准和办法、资产处置等作了明确规定，确保国有和集体企业改制的规范操作。为维护职工权益，明确企业改制过程中的职工知情权，强调职工入股的自主选择权。市财政局对国有和集体企业改制中的资产评估、资产核销、资产剥离、资产提留和股权设置等进行监督管理，及时审核认定资产评估机构的评估报告，对企业在改制中清理出来的不良资产，包括坏账损失、投资损失、资产盘亏及报废损失等，按照现行财务制度规定，严格审批后予以核销，依法收缴国有资产收益，防止国有资产流失；把好土地使用权的评估确认关，严格规范土地使用权处置审批程序，对土地使用权的处置由体改、财政、国土联合审核，并报市政府批准，有效避免了暗箱操作，明确用土地出让金或由财政兜底等办法解决职工安置费的不足，市国资公司先后为12家市直破产和解散企业垫付安置资金2220万元。市直对国有和集体企业破产解散和资源要素的利用整合进行大胆探索，浙南制药厂、丽水大众汽车维修站，采用破立并举的办法；市建筑工程公司、市建筑安装工程公司因职工安置费缺口大，采取土地与企业资产捆绑出让的方式，有效解决了改制成本问题，确保企业发展和职工就业，并从根本上解决了企业股权结构设置等各种矛盾。至2007年年末，通过“两彻底”改革，全市国有和集体企业全部完成改制，职工劳动关系全部转换。

第四节　企业扶持政策

1991年，丽水地区采用税前还贷、加速折旧、提取新产品开发基金、增量部分减税让利等优惠措施，支持企业发展。地区财政先后向地区木材厂、浙南制药厂等投入资金300多万元。同时，发挥财政信用作用，向省财政厅借入财政周转金1920万元，全年借出财政周转金3000多万元。1992年，地区行署先后制定地直行政事业单位创办经济实体、鼓励外商投资优惠政策。向省财政厅争取各项技改资金560万元，用于浙南制药厂扩大再生产；批准租赁生产设备、设施283万元；对部分企业实行加速折旧办法，计提折旧增加20%—30%，增强企业发展后劲；为适应经济形势发展需要，1997年，实施“抓大放小”“扶优扶强”政策，支持省“五个一批”和地区“四个一批”骨干企业技术改造和技术进步，全区投入技改资金3112万元，其中地区本级500万元。2000年，实施工业技术改造项目贴息，全市安排工业技改项目贴息资金1100万元，其中市级230万元。

2001年，市政府设立工业发展资金，列入财政预算，主要用于企业技术改造贴息、技术创新奖励和企业发展奖励等。市财政局分别与市经贸委、市外贸局、市科委、市质监局等部门建立企业技改项目库220个，申报省级技改贴息项目90个，争取省贴息补助3469万元（含外贸出口贴息、商贸贴息等），其中市本级申报贴息项目26个，贴息补助642万元（含外贸出口贴息、商贸贴息等）。2003年，市政府制定扶持市本级工业经济发展政策。对工业园区内新办企业、外商投资企业，从获利年度起，除享受国家规定的企业所得税“两免三减半”政策外，第三至五年按企业缴纳所得税地方净收入部分给予全额奖励。国内投资企业从投产年度起，三年内减免企业所得税，经认定的省级高新技术企业从获利年度起，五年内按企业缴纳所得税地方净收入部分给予奖励。企业从投产年度起三年内，当年实际缴纳增值税中的地方净收入部分奖励给企业，从第四年起按比上年增长的增值税地方净收入部分的50%奖励给企业。全年全市财政安排企业扶持资金8841万元，其中市本级2241万元。

2005年，市政府制定鼓励企业上市政策，规定企业组建股份有限公司时，其原未办理出让手续的划拨用地，在不改变工业用地性质的前提下，根据企业意愿给予补办土地出让手续，并将其按规定上缴土地出让金的30%奖励给企业，其余70%待企业实现上市后奖励给企业。新组建的股份有限公司为反映前两年企业盈利，在会计处理中增加的企业所得税，其自查自纠、自行申报的部分，除上缴中央、省级部分外，市直留成部分作为扶持企业，30%在股份公司注册登记时兑现，70%在企业上市后兑现。企业上市后三年内，上缴企业所得税以上年实绩为基数，按10%比例环比增长，超基数市直留成部分全部奖励给企业。2006年，市财政局开展“十五”期间企业扶持政策调查，形成《财政资金扶持企业发展的调查报告》，全面总结“十五”时期企业扶持和减免税的基本情况和主要成效；揭示市直享受财政扶持政策的224家企业中有3家重点企业和91家中小企业扶持资金与企业税收贡献倒挂现象、扶持结构不合理、政策体系繁杂、扶持绩效欠佳等问题；提出政策整合、分类管理、产业扶持、提高绩效等具有针对性的建议措施报送市政府，得到市政府高度重视，为市政府制定《关于加快推进工业创新创业实现经济又好又快发展若干意见》等政策提供决策参考。

2008年，市政府完善工业经济发展政策。市财政每年安排工业发展专项资金，用于推进企业技术创新和技术改造、节能减排和工业循环经济、高新技术产业化、科研成果转化、扶强育小、管理创新、技术人才培养、中介服务机构培育等。股改企业土地出让金全额上缴不予返还，市财政根据拟上市公司对地方财政的贡献度，安排相应资金，用于支持企业发展。2009年，市财政设立服务业发展引导专项资金，每年1000万元，主要用于本市服务业重点企业、重点项目的政策扶持，服务业重点课题研究，服务业规划编制，服务业重大项目前期包装、宣传、培训、检查、监测、考核和奖励等。对列入全市50强企业和100家最佳成长型企业的市本级企业，以上年为基数，按其当年新增企业所得税、增值税地方净收入部分50%给予一次性奖励。实施技术改造项目的，按其当年实际新增的技术和设备投资额8%补助。2010年，市本级实行企业应急转贷基金办法，市财政安排应急转贷基金2000万元，为51家企业发放转贷业务98笔，累计转贷4.72亿元。

2011年，丽水市实施工业“三千亿行动计划”。市财政每年安排一定资金，重点支持企业技术改造、节能环保、技术创新、品牌培育、鼓励上市等，另安排一定资金用于县（市、区）政府和丽水经济技术开发区管委会、市本级涉工部门等单位实施该行动计划工作奖励。企业（不包含房地产企业）完成股改当年起至境内挂牌上市前（最长五年内），按其当年缴纳的增值税、企业所得税的地方留成部分超出上年度的地方留成部分全额奖励给企业。所涉及的奖励和补助资金按财政体制分级负担。2012年，市财政安排新兴产业发展资金，用于新兴产业试点示范区和基地建设、技术创新公共服务平台建设的奖励，以及新兴产业技术创新、技术改造、新产品开发等项目的贴息和补助。对获得国家级、省级新兴产业示范区（基地）称号，按现行财政体制分别给予300万元、200万元奖励。推进工业有效投资，加大对工业投资的财政支持力度，重点加大对高端装备制造业、新能源、新材料、生物医药、新一代电子信息技术、文化创意产品等产业投资的扶持。设立农村电子商务发展引导资金300万元，用于农村电子商务的扶持、奖励、培训以及相关的服务支撑体系建设。2013年，市本级实施新一轮企业直接融资奖励政策，对企业股份制改造、对接多层次资本市场以及直接融资进行奖励。当年，服务业发展引导专项资金增加为每年2000万元。2014年7月，市财政安排资金3000万元、丽水经济技术开发区管委会出资1000万元，共同设立4000万元的丽水经济技术开发区小微企业帮扶基金，引导农业银行丽水分行落实帮扶基金余额10倍的贷款规模，切实缓解小微企业融资难问题。2015年5月，市财政收回1000万元，年末小微帮扶贷款本金余额8876万元。小微帮扶基金贷款累计发放2.46亿元。同年，丽水市财政安排资金1000万元，小微企业缴纳贷款金额20%的“小微企业助保金”共同组成助保金池，与建设银行丽水分行合作设立“助保贷”风险补偿金，累计发放“助保贷”6045万元。通过省、市、区合作共建模式，成立浙江丽水生态经济产业基金，规模10亿元，其中市财政通过市金融投资控股有限公司出资27%。

2015年起，市财政每年安排2000万元电子商务发展专项资金，用于市直属企业奖励，示范企业、村镇奖励，农村电子商务服务站点建设补助等。市财政对市区社区电子商务服务站分三年给予2万元奖励，对全市范围内的农村电子商务服务站给予2000元配套奖励，共支持建设电商服务站点1683个，其中社区站点430个，农村站点1253个。全市共拨付财政补助资金1049万元，其中市本级345万元。2016年，市政府出台扶持生态工业政策，加快培育“绿色环保、高效低耗、高端低碳”的生态工业体系。开展全市电信普遍服务试点建设，利用中央财政资金1178万元，为478个行政村实现光纤通达，完成行政村驻地、村委会及农村中小学、卫生所等公共事务场地的光纤网络覆盖，推进丽水市农村宽带建设步伐，提升农村信息化水平，有效促进农村区域信息消费和宽带应用，消除城乡信息鸿沟。2017年，市政府出台生物医药扶持政策，实施积极的财政政策，鼓励生物医药产业做强做大。同年，创新地方粮食储备机制。引入竞争机制，鼓励符合条件的粮食企业参与地方储备粮相关业务，建立储备粮包干轮换机制，实行“同批粮食定期轮换、费用包干、自负盈亏、服从调控、保障应急”的管理方式，并给予每吨100元的综合补贴。2018年，丽水市人民政府出台促进总部经济发展政策，通过财政、土地、人才、融资等全方位、全要素的保障，营造良好的总部经济发展环境。

1991—2018年，全市财政兑付企业扶持资金127.63亿元，其中市本级55.47亿元。设立的专项资金均制定专项资金管理办法。

1991—2018年丽水市企业扶持资金一览表

表1－8－1　　　　　　　　　　　　　　　　　　　　　　　　单位：万元

年份	全市			市本级		
	合计	上级资金	本级资金	合计	上级资金	本级资金
1991	5850	—	—	873	—	—
1992	672	—	—	99	—	—
1993	1324	—	—	118	—	—
1994	580	—	—	69	—	—
1995	543	—	—	90	—	—
1996	1496	—	—	166	—	—
1997	1990	—	—	213	—	—
1998	3845	—	—	231	—	—
1999	6147	—	—	138	—	—
2000	5606	964	4642	684	355	329
2001	7660	3567	4093	2110	644	1466
2002	23200	3109	20091	7390	2011	5379
2003	8841	4079	4762	2241	915	1326
2004	13138	4315	8823	3836	1638	2198
2005	11033	2369	8664	2856	572	2284
2006	16255	5284	10971	4848	1427	3421
2007	18282	6503	11779	6725	1826	4899
2008	26863	9198	17665	9551	2326	7225
2009	34509	11327	23182	13817	2702	11115
2010	58739	17342	41397	26742	3683	23059
2011	68960	18641	50319	26677	4835	21842
2012	102345	21704	80641	35752	6320	29432
2013	134512	35766	98746	61393	7895	53498
2014	137432	21111	116321	49933	3875	46058
2015	117749	19454	98295	57626	5782	51844
2016	127109	11461	115648	76196	3936	72260
2017	137913	11086	126827	76340	3080	73260
2018	203706	7998	195708	87980	3387	84593
合计	1276299	215278	1038574	554694	57209	495488

注：表中企业扶持资金不包含粮食补助资金。

第九章　农业财务管理

农业是国民经济的基础，丽水是农业大市（区）。丽水市财政部门把农业放在重要位置，投入大量资金支持农业、农村和农民（简称“三农”）发展，加大林业、水利基础设施建设投资。2000年以来，农业综合开发、生态林培育、特色农业项目、新农村建设、农村税费改革以及大搬快聚富民安居工程等有序推进。丽水市农业财务管理，主要包括农业事业财务管理、国有农业企业财务管理、乡镇企业财务管理、支援农村生产支出管理和农业综合开发资金管理等。随着财政管理体制改革的不断深入，农业财务管理范围和管理方式不断调整。

第一节　农业事业财务管理

丽水市农业事业单位一般分生产性事业单位和非生产性事业单位。对非生产性事业单位，如农业技术推广站、森林病虫防治站、水产技术推广站等财务管理，参照行政事业单位管理形式，实行支出预算包干办法。对生产性事业单位，如国营良（原）种繁殖场、种畜（禽）场、园艺特产场（简称“农业三场”），林场、苗圃，国营大中型水库和机电排灌站等财务管理，一般实行企业化管理，执行国营企业财务制度。1993年以前，“农业三场”财务管理根据单位不同情况，实行不同形式的财务包干办法，对一般单位实行“独立核算、自负盈亏、盈余留用、亏损不补”办法；对少数盈余较大的单位，实行“定额上缴、一年一定、结余留用、短收不补”办法；对条件较差的困难单位，实行“定额补贴、一年一定、结余留用、超亏不补”办法。“农业三场”留用的盈余和包干结余，安排下年用于发展生产，部分用于集体福利和职工奖励，并按规定留作后备基金，用于以丰补歉。结余资金使用，须编制计划，报同级主管部门和财政部门审查批准。主管部门和财政部门一般按照事业发展基金50%—60%、职工福利基金10%—20%、奖励基金5%—10%比例内核定。国营林场和国营苗圃事业费管理，实行“定额包干、结余留用、超亏不补”办法，实现净收入和事业费结余，允许留场使用，不上缴财政，作为生产发展基金、职工福利和奖励基金。三项基金按照生产发展基金占60%、职工福利和奖励基金占40%的比例，由各县（市）林业主管部门和财政部门核定。1994年，农牧渔良种场、林场、苗圃、水利工程管理单位和农口各部门兴办的各类事业性质服务实体，继续实行财务包干办法。1995年1月起，良种场、林场、苗圃全面实行资本金制度，改革资产核算、管理办法和固定资产折旧制度，取消大修理基金计提办法，实行制造成本法，建立新的财务报表与财务评价指标体系。大中型水库、水利灌区、机电排灌站等国营水利管理单位，根据单位不同情况，分别试行“定额上缴、超收留用”“收入不缴、差额不补、自求平衡、以丰补歉”“收入不缴、定额补助、超亏不补、逐步自给”等财务包干办法。定额上缴的收入，由水利主管部门调剂使用。

1999年，根据省政府《关于加快国有农林牧渔场改革与发展若干意见的通知》精神，龙泉市林场、云和县林场和丽水市（县级）林场率先试行山林、林地流转机制。全区8个林场列入扭亏增盈计划，其中青田县峰山林场、大洋山林场、金鸡山林场、龙泉市林场、云和县林场、丽水市（县级）林场等6个林场如期实现了扭亏增盈目标。年末，全区24个国有林场全部参加职工养老保险统筹。2006年12月，按照丽水市实验林场综合改革方案，确定林场按公益性事业单位进行管理。2018年，丽水市实验林场更名为丽水市白云山生态林场，由定额补助改为财政全额保障，并实行国库集中支付管理。

第二节　国有农业企业财务管理

1993年前，丽水地区财政部门对国营农业企业的财务管理，从“统收统支”到“财务大包干”，一直采取扶持优惠政策。1992年5月，丽水地区国营农场实行“盈利不缴、亏损不补、自负盈亏”的包干办法，当年结余在下年安排使用，其中生产发展基金55%，职工福利基金20%，职工奖励基金20%，储备基金5%，并从生产发展基金中提取10%用于补充自有流动资金。森工企业和水产企业均实行经营承包责任制，承包形式参照其他国营企业。

1994年1月起，丽水地区国有农业企业执行《企业财务通则》和《企业会计准则》，并纳入企业所得税征收范围。为支持农业（垦）国有企业发展，1995年年底前，农垦企业（含国营农场、农垦工业企业、农工商公司）企业所得税征收按国有企业隶属关系由县（市）主管局汇总纳税，并执行国家统一规定的企业所得税优惠政策。

1997年11月，丽水地区对国有农口企事业单位从事种植业、养殖业、农林产品初加工和国家确定的边境贫困农林场，给予免税照顾。农口企事业单位上缴企业所得税超包干部分按逐年递减办法给予返还，返还比例1997年为80%，1998—2000年为40%。

2000年后，随着农业企业的改制和政府部门机构改革，农业企业财务管理工作不再由财政部门直接管理，改由分管部门归口管理，执行统一的企业会计制度。

第三节　乡镇企业财务管理

1993年前，丽水地区乡镇企业执行1987年浙江省财政厅、浙江省乡镇企业局制定的《乡镇企业财务制度》和《乡镇企业会计制度》。企业固定资产标准为使用期限在1年以上，单位价值在200元以上，不同时具备上述两个条件的为低值易耗品。固定资产折旧按月提取，综合折旧率年提取比例不超过10%。各类固定资产残值比例在原值3%—5%范围内。低值易耗品统一采用五五分摊法摊入成本。财产清查中发现的材料、产品、商品盘亏和损坏，属于定额内损失的报主管部门和财政部门审批，超定额损失核销，列入生产经营成本或商品流通费用。由于自然灾害发生毁损，经县（市）主管部门和财政部门批准核销后，列作营业外支出。乡镇企业列入生产经营成本的工资，统一按成本（计税）工资计算，标准由财税部门核定。按销售收入额或营业额提取企业管理费，工业企业按销售收入0.3%—0.5%计提；商业、饮食服务业按营业额0.1%—0.3%计提；加工修理和提供劳务，按收益额0.5%—1%计提。税后利润除支付投资分红外，留给企业部分不少于80%，其余部分上缴主管部门，用于乡镇企业发展。乡镇企业设发展基金、技术开发基金、福利基金、奖励基金、教育基金、养老保险基金、大修理基金等专用基金，其中技术开发基金由工业、交通运输、建筑安装企业按销售总额1%按月计提；福利基金按工资总额（扣除副食品补贴和奖金，下同）11%计提；在完成年度利润计划，并按期纳税前提下，经主管部门核定，财税部门审核同意，奖励基金按工资总额5%从利润总额中计提；教育基金按工资总额1.50%计提；教育培训基金按销售总额0.05%计提。固定资产大修理费用不实行预提，发生时直接计入成本（费用），如金额较大，列入当年成本（费用）使企业发生损失的，可转入待摊费用处理。

1993年7月，省财政厅制定《乡镇企业执行新的企业财务制度若干政策问题的规定》和《乡镇企业执行新会计制度问题的处理规定》，明确规定主管乡镇企业财务机关是财政部门；按投资主体划分建立资本金制度；按照《企业会计准则》，改变会计核算基本平衡公式；改革投资管理和核算方法，调整固定资产计价标准及核算范围；调整流动资金管理和核算方法；改变成本核算方法，实行制造成本法；调整有关成本费用及税后利润分配提取比例和用途；改革财务报表体系，建立新的财务评价指标。实行经营承包责任制的乡镇企业，其性质和隶属关系不变，企业所有权仍归投资者所有。主管部门或董事会与承包人签订合同，明确双方责任和权益。

1996年开始，财政部门逐步从企业微观管理领域退出。2000年，随着社会主义市场经济体制的完善，政府职能的转变，乡镇企业改称中小企业，其财务管理制度以“两则”为原则，由行业所属部门直接管理，财政部门不再具体管理企业财务。

第四节　扶持农村和农业经济发展

一、预算支出项目

1991—2000年，丽水市财政预算内安排支援农村生产支出3.67亿元，其中小型农田水利和水土保持补助费1.19亿元，支援农村合作生产组织资金1.23亿元，农村农技推广和植保补助1623万元，农村草场和畜禽保护补助88万元，农村造林和林木保护补助4324万元，农林水产补助296万元，农业发展专项资金（至1994年）2270万元，发展粮食生产专项资金3886万元。2002年，调整预算支出科目，取消支援农村生产支出科目，其支出款项分别列入农业、林业、水利等科目。2007年，实行预算支出按功能分类改革后，列入农林水事务科目。扶持农村和农业经济发展资金除列入一般公共预算支出外，重点安排农村重大工程项目建设。“十三五”时期（2016—2020年），全市一般公共预算“三农”支出[①]累计906亿元，年均增长6%，其中“农林水”科目支出累计307亿元，年均增长5.20%，是“十二五”时期的1.77倍。2016—2018年，全市一般公共预算“三农”支出累计504亿元，其中“农林水”科目支出累计173亿元。

二、生态精品现代农业“361”工程

2013年3月，为贯彻落实省委、省政府《关于加快推进农业现代化的若干意见》，市委、市政府制定《关于推进生态精品现代农业发展的实施意见》，5月，市府办印发《关于丽水市生态精品现代农业发展实施方案的通知》，通过产业、品牌、科技、市场、主体、文化六大提升行动计划，实施生态精品现代农业“361”工程，即培育3个生态精品农业示范县，60个生态精品农业示范乡镇，100家生态精品农业示范企业（其中精深加工企业30家以上）、100个生态精品农业示范合作社、1000家示范家庭农场（专业大户）和1000个生态精品农业产品，带动农户10万户。立足丽水生态优势，培育了一批质量保障、文化传承、功能多样的生态精品农产品与农业休闲养生产品，走出一条“生产标准化、产品精品化、经营产业化、发展绿色化”的丽水特色差异化农业发展道路，打造“丽水山耕”区域公用品牌，品牌影响力较大。为有效实施生态精品农业，市财政设立生态精品现代农业发展专项资金，市财政局制定《丽水市生态精品现代农业发展资金管理办法》，市本级每年安排2000万—3000万元，主要用于农产品质量安全追溯体系建设、农业科技合作、交流和成果转化，支持实施生态精品现代农业“361”工程以奖代补项目，对外宣传推介、媒体合作、市场拓展、品牌建设、产业基地建设和推动农业龙头企业上市等。至2018年，市本级财政共投入专项资金1.88亿元，用于支持生态精品现代农业发展，推进农业转型升级，促进农业增效、农民增收。

三、“百村示范、千村整治”工程

2003年6月，省委、省政府实施“千村示范、万村整治”工程。以农村生产、生活、生态的“三生”环境改善为重点，开启以改善农村生态环境、提高农民生活质量为核心的村庄整治建设行动。目标是用5年时间，从全省4万个村庄中选择1万个左右的行政村进行全面整治，把其中1000个左右的中心村建成全面小康示范村，以带动浙江乡村整体人居环境领先全国。8月，市委、市政府按照省委、省政府的部署，在全市范围内实施“百村示范、千村整治”工程，全市投入资金1.80亿元，基本完成各县（市、区）村庄布局规划，其中475个行政村完成总体规划，144个村庄完成建设规划。2004年，全市投入资金6.01亿元，其中市、县两级财政专项投入2015万元。启动省市级示范村建设80个（省级48个），完成建设26个，启动环境整治村432个（省级290个），完成整治349个。2005年，市、县（市、区）财政投入资金1.55亿元，启动建设示范村109个，完成28个，启动环境整治村建设719个，完成249个。2006年，全市财政投入资金1.50亿元，建成省市级示范村31个，完成环境整治村建设257个。2007年，全市财政投入1.89亿元，其中市级3100多万元，建成省市级示范村37个，完成环境整治村建设247个。五年全市各级财政投入5.14亿元，累计创建省市级示范村122个、环境整治村1077个，较好地完成市委、市政府提出的“百村示范、千村整治”的目标。

---

① “三农”支出指财政对农业、农村、农民投入资金的总和，但不是单独的预算科目。

四、“三沿整治”和美丽乡村建设

2010年，根据市委、市政府《关于丽水市推进“三沿整治”创建美丽乡村行动计划的实施意见》，全市财政投入专项资金1.80亿元，完成380个沿路、沿江、沿景区（三沿）村庄的整治提升任务。

2011—2018年，全市财政投入美丽乡村建设资金共39.50亿元，其中市本级1.34亿元。主要用于美丽乡村建设、村庄整治、农村厕所改造项目，公路、铁路、河道沿线的“三沿整治”和对公路边、铁路边、河边、山边、村边、城边区域的洁化、绿化、美化，实现村美、房美、城美（“六边三化三美”）。2018年年末，全市共新建省特色小镇18个，其中创建省级小镇12个，培育省级小镇6个，实现省级特色小镇县（市、区）全覆盖。

五、欠发达乡镇奔小康工程

2003年，根据省委、省政府《关于实施“省欠发达乡镇奔小康工程”的通知》精神，全市列入省重点扶持的欠发达乡镇74个，获省财政扶贫资金3179万元，各县（市、区）财政安排548万元。是年，74个被扶持乡镇农民人均收入比上年增长8%，超过全市平均增长5.60%的2.40个百分点，农民人均纯收入1000元以下贫困人口从2002年的2.85万人下降到2.40万人，下降15.79%。

2005年，丽水市继续实施“欠发达乡镇奔小康工程”，全市财政安排帮扶资金247万元，省财政安排扶贫资金3470万元。扶持欠发达乡镇农业综合开发8552.70公顷，食用菌生产9678万袋，畜养殖7.20万头，禽养殖69.90万羽，扶持国家级农业龙头企业1家，省级农业龙头企业11家，省级专业合作组织11家。当年农民人均收入2772元，比上年增长10%，农民人均纯收入1000元以下的贫困人员下降11%。

2015年，全市完成（欠发达）摘帽，完成“绿富美”和“消除家庭人均纯收入4600元以下低收入农户”两项重点任务，以国家扶贫线2倍的标准，实现了不把“绝对贫困”带入“十三五”的承诺。2017年，全市按最低生活保障标准的1.5倍作为低收入农户的认定标准线，实行低收入农户认定标准线与低保边缘户认定标准线“两线合一”。2018年，全市实施“千万农民素质提升工程”培训7.29万人，其中培训各类农村实用人才1.51万人、农村富余劳动力6600人；实现转移就业5700人，转移就业率86.36%。

六、下山脱贫和农民异地转移

丽水市农民异地转移和下山脱贫工作始于20世纪80年代中期。2001年，省委、省政府下发的《关于加快欠发达地区经济社会发展的若干意见》中提出“加快下山脱贫和农村劳动力向城镇集聚”的要求，设立下山脱贫专项资金3000万元，农民异地转移进入政府主导阶段。2005年起，省财政对省扶持范围内整村搬迁的异地转移农户按人均3000元给予补助，2008年提高到人均5600元。异地搬迁对象为地质灾害点、重点库区和高山远山的农民群众，其中乌溪江和紧水滩库区困难群众异地脱贫列入“省长重点工程”，农村地质灾害隐患区避险工程列入省级帮扶项目。2006年，市委、市政府提出今后每年完成异地转移农民2万人的目标。2008年，市委、市政府出台《关于加快农民异地转移促进农民增收的若干意见》，明确2008—2012年，市财政安排1亿元以上的农民异地转移专项资金，对丽水市本级、各县（市、区）实施整村搬迁的农民分别按人均3000元和1000元的标准予以补助，规定对实施整村搬迁的农户，各级财政补助不少于人均1万元，各地标准不一。2000—2010年，全市共实施农民异地转移6.54万户24.19万人，其中整村搬迁926个村1.30万户4.36万人，总投资58.32亿元。省财政补助4.09亿元，市财政补助5439万元。2011—2017年，全市整村（主要是自然村）搬迁累计919个，总户数1.78万户，总人口5.20万人；全市投入农民异地转移资金75.05亿元。省财政补助6.93亿元，市财政补助5318万元。

2000—2018年丽水市农民异地转移一览表

表1－9－1

年份	投资（亿元）	搬迁户数（户）	搬迁人数（人）	其中：整村搬迁（主要是自然村）			省财政补助（万元）	市财政补助（万元）
				个数（个）	户数（户）	人数（人）		
2000—2007	30.92	44509	168462	—	—	—	12103	—
2008	7.85	7172	25648	366	5225	18258	9191	2297
2009	8.95	7132	25807	286	3859	12969	10163	1601
2010	10.60	6596	21946	274	3911	12421	9464	1541
2011	12.01	6924	21680	204	3183	9666	8484	1098
2012	10.04	6624	20920	179	2910	8557	3472	1001
2013	12.60	6607	21046	139	2449	7419	13350	893
2014	12.30	6617	20936	119	2267	6615	10900	794
2015	11.78	5886	18121	100	2664	7692	9337	882
2016	7.24	4318	14276	88	1939	5554	10694	650
2017	9.08	4441	13983	90	2371	6471	13037	0
2018	34.68	14050	38352	211	8811	21798	12404	0
合计	168.05	120876	411177	2056	39589	117420	122599	10757

注：提前启动“大搬快聚富民安居”工程的县（市、区）2018年为并表数据。

2018年，市委、市政府制定《关于全面实施“大搬快聚富民安居”工程的指导意见》，实施《丽水市“大搬快聚富民安居”工程示范县评价办法》，全面启动“大搬快聚富民安居”工程。

七、扶持集体经济薄弱村发展

2012年10月，市委、市政府贯彻省委办公厅、省政府办公厅《关于扶持经济薄弱村发展村级集体经济的意见》精神，制定《关于扶持经济薄弱村发展集体经济的实施意见》，确定从2013年起，市财政每年安排500万元专项资金，采取以奖代补的形式，根据各县（市、区）年度计划完成情况以及扶持经济薄弱村发展集体经济的资金投入、地方配套、争取省项目资金、项目综合效益、重视程度等情况进行综合考评后分类分配，以扶持先进县（市、区）为主，补助额度分三类：一类县（市、区）2个，每个补助80万元；二类县（市、区）3个，每个补助60万元；三类县（市、区）4个，每个补助40万元。2016年，全市有省定集体经济薄弱村1107个（2011年为2196个，薄弱村比例为77%），占全市行政村总数的41%，占全省薄弱村总数的16%，其中989个村分散在山区，占89%；常住人口不足300人的村有525个，“空心化”现象严重；村“两委”干部中，初中及以下学历的占比达47%。2017年，实施市委、市政府《实施消除集体经济薄弱村三年行动计划的意见》，按照“总体规划、整体推进、先易后难、分类实施”的要求，积极创新“强村公司”“村企结对”“飞地经济”等工作载体，不断提升村集体发展能力。2017年起“消薄”三年行动计划期间，全市财政部门累计安排消除集体经济薄弱村项目资金2.53亿元，其中市财政从2017年起，连续三年每年安排1000万元消除集体经济薄弱村专项资金，通过以奖代补的形式，鼓励村集体创新产业增收项目，实现生产经营效益持续稳定增加。至2018年年末，全市1107个集体经济薄弱村中，实现年总收入10万元以上且经营性收入5万元以上的村为845个，占比为76.33%；全市2725个行政村中，年经营性收入5万元以上的村为2054个，占比为75.38%。全市村集体经济总收入、经营性收入分别达7.81亿元和3.45亿元，同比增幅达26.40%和39.10%。

八、支持林业发展和生态公益林建设

2002年，浙江省试行森林生态效益补助办法，中央和省财政的补助标准为每年平均每亩重点防护林和特种用途林补助7元。2004年，浙江省全面施行森林生态效益补偿制度，公益林的补偿标准为每亩每年8元，其中损失性补偿支出5元，护林人员劳务费2元，管理费用0.50元，公共管理费0.50元。补偿支出由省财政承担90%，县（市、区）财政承担10%。当年，丽水市有生态公益林39.67万公顷，列入补偿面积39.20万公顷，财政补偿支出4704万元，省财政转移支付4234万元。补偿标准在以后年度历经调整。2015年，丽水市生态公益林补偿标准调整为每亩每年30元，其中损失性补偿支出26元，护林人员劳务费2.50元，管理费用0.50元，公共管理费1元。年末，丽水市有生态公益林面积85.20万公顷，全部列入补偿范围，财政补偿支出3.83亿元，由省财政转移支付3.57亿元。

2004—2018年，丽水市生态公益林补偿支出34.21亿元，由省财政转移支付31.43亿元，发放到户的损失性补偿28.24亿元，占生态公益林补偿支出的82.53%。

2004—2018年丽水市生态公益林补偿一览表

表1－9－2

年份	补偿标准（元/亩）	资金来源		支出科目					公益林面积（万亩）	公益林补偿面积（万亩）	财政补助合计（万元）	其中省补助（万元）	损失性补偿（万元）
		省级以上财政（元/亩）	地方配套（元/亩）	损失性补偿（元/亩）	管护经费								
					省统筹（元/亩）	护林员工资（元/亩）	管理费用（元/亩）	公共管理费（元/亩）					
2004	8	7.2	0.8	5	—	2	0.5	0.5	595	588	4704	4234	2940
2005	8	7.2	0.8	5	—	2	0.5	0.5	595	588	4704	4234	2940
2006	10	9	1	6	0.6	2.5	0.5	0.4	595	588	5880	5292	3528
2007	12	10.8	1.2	8	0.6	2.5	0.5	0.4	603	588	7056	6350	4704
2008	15	13.5	1.5	11	0.6	2.5	0.5	0.4	617	603	9045	8140	6633
2009	17	15.3	1.7	13	0.6	2.5	0.5	0.4	617	617	10489	9440	8021
2010	17	15.3	1.7	13	0.6	2.5	0.5	0.4	1163	1157	19669	17702	15041
2011	19	17.1	1.9	15	0.6	2.5	0.5	0.4	1163	1157	21983	19785	17355
2012	19	17.1	1.9	15	0.6	2.5	0.5	0.4	1163	1163	22097	19887	17445
2013	25	22.9	2.1	21	0.6	2.5	0.5	0.4	1163	1163	29075	26633	24423
2014	27	24.9	2.1	23	0.6	2.5	0.5	0.4	1163	1163	31401	28959	26749
2015	30	27.9	2.1	26	0	2.5	0.5	1	1278	1278	38340	35656	33228
2016	35/31	32.9/28.9	2.1	30/26	0	3.5	0.5	1	1278	1278	42295	37801	36514
2017	40/31	37.9/28.9	2.1	35/26	0	3.5	0.5	1	1278	1278	47582	45091	41437
2018	40/31	37.9/28.9	2.1	35/26	0	3.5	0.5	1	1285	1278	47814	45098	41405

注：2016—2018年度补偿标准分为源头县和非源头县，青田、莲都、云和为非源头县，执行低标准补偿。

第五节　农村税费改革和农村综合改革

一、农村税费改革

2001年8月，省委、省政府印发《关于加快欠发达地区经济社会发展的若干意见》，明确在“十五”期间，暂停征收欠发达地区屠宰税和农业特产税，由此造成当地财政减收部分，按2000年实际数额由省财政实行转移支付予以弥补。从9月起，丽水各县（市、区）先后暂停征收屠宰税和农业特产税，并获省财政转移支付补助2983万元，其中市本级78万元。

2002年，丽水市及所属各县（市、区）按照浙江省确立的“减调改稳、合理负担、转移支付、配套进行”的农村税费改革思路，开展农村税费改革工作，成立丽水市农村税费改革领导小组及其办公室，办公室设在市财政局。农村税费改革的主要内容为减调改稳，减轻农民负担，实行“三个取消”，即取消乡统筹费等面向农民征收的政府性收费和集资，取消屠宰税，取消农村劳动积累工义务工；调整农业特产税，对在计税土地上生产的农业特产品，只征收农业税，不再征收农业特产税；改革和规范村提留，稳定农业税。原由乡统筹费开支的农村义务教育、计划生育、优抚安置、民兵训练、乡村道路建设经费改由中央、省、市县财政合理负担；动用农村劳动力基本为自愿有偿。当年，实施农村税费改革后，全市农民税费支出比改革前减少9391万元，下降70.89%，农民人均负担从原来的62.86元下降到18.30元，亩均负担从原来的97.19元下降到28.29元。省财政对因农村税费改革而减少的乡镇收入，通过转移支付补助丽水市1.15亿元，其中市本级922万元。

2003年，丽水市执行省对原在非计税土地上征收农业特产税的部分农业特产品改征农业税政策。2004年1月，丽水市执行浙江省农业税计税土地上种植的粮油作物免征农业税政策，全面停止执行义务工和积累工制度，全市全年减轻农民农业税负担1500万元。此后，乡以上政府部门对农村公益事业项目不得随意要求村民投资投劳，对确需村集体和村民自筹投入的项目，只能由村级组织根据村民自治的有关要求，按“一事一议”办法和程序由村民投票决定投资投劳数额。2005年，浙江省在全国率先停止征收农业税。2006年1月，全国取消农业税，《中华人民共和国农业税条例》废止，由此在中国农村存续两千多年的古老税种宣告终结。农村税费改革完成后，丽水市实行农村综合改革。至此，全市基本建立城乡统一税制，在制度层面实现农民税费零负担。

二、农村综合改革

2004年始，丽水部分县（市）对经济欠发达、收支规模较小的乡镇，采取“乡财乡用县管”的办法，由县级财政规范管理。并建立激励机制，鼓励乡镇增收节支，科学理财。“乡财乡用县管”保持资金所有权和使用权、财务审批权、独立核算主体等不变，主要采取集中核算的模式。6月，景宁畲族自治县辖5个镇19个乡分别进入4个乡镇财务集中核算中心，实行财务集中核算；9月，莲都区所辖5个镇13个乡4个街道办事处，全部进入区会计核算中心集中核算；2005年6月，青田县辖9个镇22个乡全部进入县乡镇财政管理中心实行集中核算。2006年年末，全市181个乡镇街道，实行乡财县管的有156个，占86%。2011年后，随着经济发展和新农村建设的推进，公共财政加快向农村覆盖，丽水市按照“一级政府、一级财政”基本要求，完善财权与事权相匹配的乡镇财政管理体制，除对经济不发达、财政投入规模较小的乡镇，继续实行“乡财乡用县管”模式外，其他经济类型乡镇逐步退出“乡财乡用县管”模式。2018年年末，全市172个乡镇街道，实行乡财县管的有88个，占51%。

2005年6月，浙江省启动农村综合改革。2006年6月，根据省委、省政府统一部署，市委、市政府印发《关于全面推进农村综合改革的指导意见》，提出以“深化乡镇机构改革、深化农村教育管理体制改革、深化乡镇财政管理体制改革、加强乡镇债务管理、建立村级组织运转保障机制”为主要内容的农村综合改革，全市农村综合改革在前期试点的基础上，正式全面启动。12月，市委、市政府决定，市农村税费改革工作领导小组及其办公室更名为市农村综合改革领导小组及其办公室，办公室设在市财政局。

实施农村义务教育管理体制改革　根据省委、省政府的统一部署，丽水市全面实施农村义务教育管理体制改革，从2006年秋季入学起，免除全市城乡义务教育阶段学生学杂费，所需资金由省市县按比例分担。根据市县经济改革状况，由差到强分为五档，省财政承担的比例分别为100%、70%、50%、30%和20%。丽水市及各县（市、区）由省财政全额（100%）承担。改革包括做好家庭困难学生资助工作，扩大低收入家庭学生资助范围，将低收入家庭收入标准从农村居民人均收入1500元调整到2000元，城镇居民人均可支配收入从3000元调整到4000元；对低收入家庭子女、少数民族学生免课本费和作业本费；在农村义务教育阶段（小学到初中），在校困难学生免费享受爱心营养餐。提高义务教育中小学日常公用经费保障水平，小学公用经费生均230元/年，初中生均330元/年，超出2003年省定标准（欠发达地区小学生均180元/年，初中生均240元/年）部分所需资金由省市县按比例承担，丽水由省财政全额承担。完善义务教育中小学教师工资保障机制，中小学教师实行岗位绩效工资制度，纳入财政统一发放范围；义务教育学校教师的平均工资不低于当地公务员的平均工资水平。2010年春季开始，丽水市执行省政府决定，免除农村义务教育阶段学校住宿费，学校宿舍日常管理所需经费纳入公用经费开支。

化解和控制乡镇债务　丽水市根据全市乡镇负债率普遍较高的实际，稳步推进乡镇债务控制和化解工作。建立乡镇建设项目审批制度，乡镇建设项目必须报上级政府审批，严把资金来源关，制止新债产生；采取措施，摸清底数，明确责任，分类处理，逐步清理化解乡镇政府历史债务；加强市县对乡镇政府债务清欠管理力度。2005年年末，丽水全市乡镇债务余额1.18亿元，2006年6月，市委、市政府提出用5年时间基本化解乡镇历史债务的要求，各县（市、区）每年化解乡镇债务应不少于2005年年底乡镇债务余额的20%，建立化解债务的激励机制，从2006年起，各县（市、区）在化解债务期限内，每年安排不少于上年地方财政收入1%的资金，通过“以奖代补”的方式，专项用于乡镇债务的化解。据此，市财政局实行乡镇债务化解计划管理，下达各县（市、区）债务化解指标，2006年年末，青田县率先在全市化解所有乡镇债务，实现“零负债”。至2010年年末，全市各县（市、区）所有乡镇实现“零负债”，此后无新增。

2005—2010年丽水市乡镇债务一览表

表1－9－3 单位：万元

年份	合计	莲都	青田	云和	龙泉	庆元	缙云	遂昌	松阳	景宁
2005	11766	688	802	416	251	1022	4858	1936	996	797
2006	8158	546	0	333	226	1013	3593	1476	181	790
2007	4706	0	0	266	185	751	2804	532	168	0
2008	3694	0	0	213	42	698	2225	284	232	0
2009	1540	0	0	0	0	318	1109	0	113	0
2010	0	0	0	0	0	0	0	0	0	0

完善村级组织运转经费保障机制　2006年始，丽水市对年收入低于1万元的薄弱村，除省财政补助外，县（市、区）财政每年补助每个村1000元。从2009年起，根据浙江省全面建立资金来源稳定、管理规范、保障有力的村级组织运转经费保障机制，确定村级组织运转经费最低保障标准为3万元（不含财政安排的村主要干部基本报酬）的要求，各县（市、区）在此基础上，结合实际分类确定最低标准，全市所有行政村的村级组织运转经费都达到省规定的最低保障标准。随着经济社会发展水平的提高和财政状况的改善，逐步提高保障标准。2009—2018年，全市各级财政补助（含省财政）村级组织运转经费16.73亿元，其中2018年3.08亿元。

2009—2018年丽水市村级组织运转财政补助一览表

表1－9－4 单位：万元

年份	合计	莲都	青田	云和	龙泉	庆元	缙云	遂昌	松阳	景宁
2009	2914	299	628	29	187	141	1115	200	32	283
2010	8398	990	1626	333	687	663	1984	753	738	624
2011	9185	1242	1421	404	760	720	2128	758	808	944
2012	12247	1555	2148	519	1559	1337	1578	1011	1404	1136
2013	11948	1524	1740	583	1558	1336	1379	1051	1405	1372
2014	12752	1408	1965	635	1524	1388	1301	1175	1857	1499
2015	22488	1607	2998	1994	4488	2407	2620	1543	2701	2130
2016	27811	2035	3806	2288	5655	2989	2668	2173	3655	2542
2017	28805	2985	4694	1801	4862	3222	2439	2315	3805	2682
2018	30801	3617	5078	1985	4925	3217	2492	2415	4108	2964
合计	167349	17262	26104	10571	26205	17420	19704	13394	20513	16176

开展"一事一议"财政奖补　2009年，浙江省开展村级公益事业建设"一事一议"财政奖补试点工作，青田县列入全省10个试点县（市）之一。"一事一议"财政奖补政策是农村综合改革的一项制度创新，通过一事一议财政奖补，建立起"财政奖补引导、村级自筹投入、社会捐资支持"的村级公益事业建设多元投入机制。2010年，浙江省全面推行村级公益事业建设"一事一议"财政奖补试点，丽水市各县（市、区）均列入。纳入财政奖补范围的村级公益事业项目是指村民通过"一事一议"筹资筹劳办法开展的"村内户外"公益事业建设项目。对列入财政奖补计划的村级公益事业建设项目，财政奖补资金一般为项目总投资的2/3以内，省级财政奖补资金一般按省与地方财政1：1的比例安排。当年，省财政奖补丽水市3477万元，丽水各县（市、区）投入2921万元，村民筹资筹劳和村集体投入2690万元，共建成村级公益项目143个。此后，丽水市村级公益事业"一事一议"财政奖补项目实施规模不断扩大。2010—2018年，丽水市共实施"一事一议"财政奖补项目5307个。其中村庄道路1749个、小型农田水利设施412个、村民饮用水工程475个、环卫设施562个、村容村貌改造534个、村民公共活动和服务场所1016个、发展村级集体经济项目117个。项目总投资34.03亿元。其中各级财政奖补资金21.96亿元（其中省以上财政资金13.50亿元），整合各类涉农资金2.01亿元，带动社会资本投入2.18亿元。

加强乡镇财政管理机构建设　丽水市乡镇财政机构历经设置、撤并多次变迁，2010年年末，全市共有177个乡镇，设置乡镇财政机构的86个（其中乡镇财税所66个），人员195人，其中行政编制87人，事业编制108人。2011年7月，省政府印发《关于进一步加强乡镇财政建设的意见》，要求各地进一步完善乡镇财政管理职责，设置乡镇财政管理机构。2013年4月，市政府印发《关于进一步加强乡镇财政建设的实施意见》，明确提出在2013年年底前，各县（市、区）至少80%乡镇的财政机构、编制、人员要落实到位，2014年年底前全面到位。据此，各县（市、区）乡镇财政管理机构设置进程加快，2018年年末，全市172个乡镇，均设置乡镇财政机构，有人员531人（含财会人员），其中行政编制188人，事业编制304人，集体财务人员22人，其他编制17人。

第六节　农业综合开发

农业综合开发是指中央和地方各级政府为保护、支持农业发展，改善农业生产基本条件，优化农业和农村经济结构，提高农业综合生产能力和综合效益，设立专项资金，对农业资源进行综合开发利用的一项农业系统工程。主要包括土地治理项目和产业化经营项目。国家以县为单位进行农业综合开发，实施农业综合开发县管理。丽水地区实施农业综合开发始于1995年（丽水地区财政已于1994年预安排农业综合开发资金50万元），其职能管理部门历经调整。至2018年，全市农业综合开发在加强农业基础设施建设，提高农业综合生产能力，推进农业产业化经营，促进农民增收等方面发挥了积极作用。1996—2018年，全市农业综合开发总投资33.34亿元，其中各级财政资金25.43亿元。

一、农业综合开发项目投入

1996年，丽水地区以开垦宜农荒地项目（1997年后，先后改名为改造中低产田项目和土地治理项目）列入国家农业综合开发项目区，当年列入项目区的有丽水市（县级）、缙云县、遂昌县、松阳县、云和县等5个县（市）。1997年，调整为缙云县、遂昌县、松阳县、龙泉市、景宁畲族自治县等5个县（市）。1998年，恢复丽水市（县级）为国家农业综合开发项目县。2001年，庆元县、青田县列入省级农业综合开发项目县。2004年，云和县列入省级农业综合开发项目县。2008年，云和县提升为国家农业综合开发项目县。农业综合开发项目区实行“国家引导、配套投入、民办公助、滚动开发”投入机制。

2013年，丽水市组织实施省财政厅农业综合开发助推浙江现代农业发展“31066”行动计划[①]。2014年，经竞争立项，莲都区农业综合开发现代园项目列入国家农业综合开发现代农业园区试点项目，项目总投资3.25亿元，其中中央财政和省财政各6000万元，丽水市财政和莲都区财政各1200万元，为丽水市实施农业综合开发以来最大项目。是年，青田县稻鱼共生特色园列入省级农业综合开发特色园项目，获省财政补助500万元。此后，龙泉市黑木耳特色园项目、云和县黑木耳提升项目、松阳县500吨红茶产业提升项目、缙云县香榧特色产业项目、遂昌县竹材精深加工特色园项目、庆元县毛竹特色园项目相继列入省级农业综合开发特色园项目。每个项目可获省及省以上财政资金补助500万元至1000万元不等。

2016年，丽水市执行省财政厅《浙江省国家农业综合开发县管理实施细则》，农业综合开发财政资金投入继续增加。全市共成功申报农业综合开发项目44个。其中土地治理项目22个，产业化经营项目18个，园区类项目4个。共获省以上财政资金2.03亿元，约占全省省以上财政资金的19%，投入地方财政资金4320万元。青田县提升为国家农业综合开发县。

2017年，丽水市组织实施省财政厅创新农业综合开发扶持模式、开展“3030新农人”行动计划[②]。通过项目包装、宣讲、答辩等竞争性立项，缙云县晨龙集团吕侃成功入围，成为2017年浙江省新农人后备人选。对入选的“3030”新农人项目，省财政厅每年给予额度不超过500万元的支持。同年，丽水市组织开展省级田园综合体试点工作，景宁畲族自治县畲乡田园综合体项目列入省级农业综合开发田园综合体试点项目，实行三年规划，分年实施，试点期间每年可获省财政补助资金2500万元。全年全市共成功申报农业综合开发项目35个，其中土地治理项目20个，产业化经营项目12个，园区类项目3个，共获省以上财政资金2.28亿元。

2018年年末，全市有农业综合开发县9个，其中列入国家级农业综合开发县的为丽水市本级、龙泉市、青田县、云和县、庆元县、缙云县、遂昌县、松阳县。列入省级农业综合开发县的为景宁畲族自治县。

1996—2018年，全市国家级、省级农业综合开发土地治理项目累计332个，累计完成土地治理面积14.60万公顷，总投资24.83亿元，其中中央财政资金7.97亿元，省财政资金10.35亿元，市、县（市、区）财政配套资金3.71亿元，村集体和群众自筹资金2.80亿元。同期，全市列入国家和省级农业综合开发产业化经营项目累计205个，项目总投资8.51亿元，其中中央财政资金

① “31066”行动计划指2013—2015年，在全省范围扶持创建10个农业综合开发现代园、66个农业综合开发特色园。

② “3030新农人”行动计划指2017—2019年，以农业综合开发项目为载体，通过农业综合开发财政补助、基金投资等多种扶持方式，在全省培育30名、30岁左右的农业创业创新领军人才。

1.59亿元，省财政资金1.50亿元，市、县（市、区）财政配套资金3086万元，企业自筹资金5.11亿元。

二、农业综合开发资金管理

农业综合开发资金包括中央和省级财政投入（国家立项项目包括中央、省财政投入，地方立项项目为省级财政投入）以及市、县（市、区）财政和乡镇财政配套投入资金，农业综合开发专项贷款，农村集体和农民自筹资金（农村集体经济组织及农户投入开发项目资金和实物折款）。丽水市农业综合开发资金管理主要按照省财政厅、省农发办相关规定执行。

农业综合开发资金主要使用范围为土地治理项目的水利、农业、林业等方面有关设施费用，包括建设灌渠、排水渠、兴建排灌站，建设机耕路、桥梁，营造防护林带，农业机械购置，科技推广和勘测设计等方面的费用支出；农业产业化项目的设备购置、厂房建设，以及材料购置和技术组织设施费用等支出。项目前期工作费用按本级财政配套资金的2%提取，主要用于项目正式立项之前进行可行性研究，规划设计、评估论证等。

财政有偿资金实行逐级承借、统借统还的办法，主要用于国家或省级立项的农业综合开发项目。其中用于土地治理项目的不收占用费，用于各种经营项目的按2‰月费率收取占用费。土地治理项目省以上有偿资金从第四年度开始回收，每年回收25%，第七年全部收回。各种经营项目有偿资金，按项目批复文件规定归还。

1999年3月，丽水市执行省财政厅《农业综合开发资金管理办法实施细则》规定，农业综合开发资金投入坚持“自力更生为主、国家扶助为辅”和“控制规模、限定投向、健全制度、加强监督”的原则，实行专户存储、专款专用、专人管理、专账核算。

2001年，丽水市执行省财政厅、省农发办《浙江省农业综合开发财务管理办法实施细则》规定，农业综合开发财务实行“专户存储、专款专用、专人管理、专账核算”的县级报账制和县级核算制。2002年，执行省财政厅《浙江省农业综合开发县级报账制实施办法》规定，多种经营项目财政无偿资金中的科技推广费、贷款贴息、公益性基础设施费用实行县级报账，土地治理项目和科技示范项目的建设资金，实行县级核算，不另行办理报账手续。

2002年开始，丽水市农业综合开发用于土地治理项目的财政资金，实行全部无偿投入。2003年，产业化项目财政有偿资金全面推行委托银行贷款。同年10月，省财政厅对配套资金作出规定，土地治理项目以各市、县（市、区）地方财政收入为主要依据，确定各县（市、区）地方财政资金占省以上财政资金配套比例，丽水市大部分县（市、区）均确定为20%。2004年开始，市、县（市、区）财政配套资金全部由市、县（市、区）财政承担，不再要求乡镇财政负担。

2008年，丽水市执行《浙江省农业综合开发财政有偿资金管理实施细则》规定，财政有偿资金不再收取占用费，回收期限为省财政厅与开发县财政部门签订借款合同的生效之日起满4年后开始回收，回收当年偿还50%，满5年后全部还清。

2009年，省财政厅调整农业综合开发资金投入比例，土地治理项目，省以上财政资金与市、县（市、区）财政资金配套比例，按1：0.2、1：0.3、1：0.5三档标准确定，丽水市本级和各县（市）均执行1：0.2标准。产业化经营项目，省以上财政资金与市、县（市、区）财政资金配套比例为0.9：0.1。同年，丽水市执行省财政厅《浙江省农业综合开发财政贴息资金管理办法》规定，财政贴息资金，专项用于符合农业综合开发产业化经营项目扶持范围和立项条件的银行贷款利息；申请财政贴息资金，限于具有一定规模的固定资产贷款项目，并按项目所属不同地区，一般要求落实银行贷款在500万元以上的方予贴息；期限1年，不超过2年；年贴息率为5%。1997—2018年，全市贷款贴息项目133个，财政贴息6776万元。

2017年，省财政厅调整农业综合开发土地治理项目财政投入政策，即市、县（市、区）财政资金投入占比由占省以上财政资金比例调整为占省级财政资金比例，投入比例不变。

1996—2018年丽水市农业综合开发土地治理项目投资一览表

表1－9－5

年份	项目（个）	治理面积（万亩）	总投资（万元）	省以上财政资金			市县财政配套资金（万元）	村群自筹资金（万元）
				小计（万元）	中央（万元）	省级（万元）		
1996	6	4	1934	1107	619	488	206	621
1997	11	7	2334	1328	715	613	225	781
1998	8	6	1919	1104	630	474	200	615
1999	7	8	2402	1364	769	595	257	781
2000	9	9	2832	1594	888	706	292	946
2001	10	10	3618	2371	1125	1246	419	828
2002	9	10	3559	2384	1082	1302	482	693
2003	10	7	4034	2674	1209	1465	520	840
2004	11	7	5256	3394	1386	2008	682	1180
2005	14	8	5890	3994	1357	2637	795	1101
2006	15	8	8356	5698	2130	3568	1130	1528
2007	19	9	8963	6034	1992	4042	1184	1745
2008	19	10	10321	6844	2655	4189	1398	2079
2009	23	12	12757	8809	3397	5412	1739	2209
2010	13	7	10685	7400	2950	4450	1466	1819
2011	18	11	14903	11480	5090	6390	2282	1141
2012	19	11	16617	12774	5427	7347	2588	1255
2013	16	11	18386	14106	6218	7888	2875	1405
2014	18	12	21752	16686	7643	9043	3394	1672
2015	21	14	25203	20773	9556	11217	4199	231
2016	22	14	24549	18658	8321	10337	4095	1796
2017	20	15	26574	20091	8718	11373	4672	1811
2018	14	9	15472	12582	5798	6784	1993	897
合计	332	219	248316	183249	79675	103574	37093	27974

1996—2018年丽水市农业综合开发产业化发展项目投资一览表

表1-9-6

年份	项目（个）	总投资（万元）	省以上财政资金			市县财政配套资金（万元）	企业自筹资金（万元）
			小计（万元）	中央（万元）	省级（万元）		
1996	0	0	0	0	0	0	0
1997	1	1130	400	215	185	30	700
1998	1	630	400	215	185	30	200
1999	2	880	570	315	255	60	250
2000	3	1036	655	365	290	75	306
2001	3	2289	731	386	345	100	1458
2002	5	4615	1023	545	478	157	3435
2003	3	2004	636	335	301	80	1288
2004	5	3704	1220	665	555	110	2374
2005	6	3833	1628	735	893	144	2061
2006	7	3344	1375	748	627	125	1844
2007	11	6446	2145	865	1280	200	4101
2008	9	6148	1940	965	975	188	4020
2009	15	8926	1686	811	875	136	7104
2010	16	5279	1418	605	813	123	3738
2011	19	4133	1328	725	603	122	2683
2012	19	2697	1040	565	475	90	1567
2013	21	3603	1454	725	729	136	2013
2014	9	5351	2390	1315	1075	240	2721
2015	13	6446	3230	1750	1480	307	2909
2016	18	3858	1473	739	734	227	2158
2017	12	5848	2685	1428	1257	289	2874
2018	7	2881	1405	847	558	117	1359
合计	205	85081	30832	15864	14968	3086	51163

第十章 基本建设财务管理

基本建设是指以新增工程效益或者扩大生产能力为主要目的的新建、续建、改扩建、迁建、大型维修改造工程及相关工作。基本建设财务管理的主要任务是依法筹集和使用基本建设项目（简称项目）建设资金，防范财务风险；合理编制项目资金预算，加强预算审核，严格预算执行；加强项目核算管理，规范和控制建设成本；及时编制项目竣工财务决算，全面反映基本建设财务状况；对基本建设活动的财务控制和监督，实施绩效评价。1991—1995年，丽水地区财政部门根据浙江省财政厅授权，委托建行丽水地区分行和各县（市）支行承担本级政府基本建设财政投资贷款计划和建筑企业年度财务收支计划，办理各部门之间年度基本建设贷款指标及建筑企业财务指标的调剂划转工作，负责基本建设年度财务决算，制定有关财务管理制度，拨款、贷款管理和财务监督。1995年10月，地区财政局及各县（市）财政局相继收回原委托建设银行代行基本建设财政管理职能，负责对各地各部门下达、调整、划转基本建设支出预算；是年，执行财政部《国有建设单位会计制度》。1998年，财政部制定《基本建设财务管理若干规定》，明确各级财政部门是主管基本建设财务的职能部门，对基本建设的财务活动实施管理和监督。1999年，地区行署批转地区计委、地区财政局《关于丽水地区本级财政性资金用于基本建设投资管理意见的通知》，明确使用财政性资金进行基本建设投资的项目，必须按基本建设程序报批。2002年，执行财政部《基本建设财务管理规定》，强化基本建设财务管理。2016年，财政部颁布《基本建设财务规则》，全面系统地对基本建设项目财务管理的全过程进行了规范。

第一节 基本建设预算管理

一、基本建设预算编制

2001年前，丽水市及各县（市、区）基本建设预算均列入一般公共财政预算。2002年起，市财政局开始单独编制年度基本建设收支计划，当年安排基本建设预算收支计划8.06亿元，实现收支平衡。2003年起，市直开始试编基本建设预算，立足科学管理，围绕重大项目资金保障，实现基本建设收支平衡。根据《丽水市人民政府关于批转丽水市本级基本建设投资财政性资金管理办法的通知》规定，使用财政性资金进行基本建设投资的项目，必须按基本建设程序报批，市发展计划委员会负责项目的审查论证工作，编制年度建设项目投资计划，市财政局负责项目资金的平衡工作，编制年度建设项目资金平衡计划，报市政府批准后分别下达实施，未经市政府批准的建设项目，一律不得列入年度固定资产投资计划和资金使用计划。2017年，贯彻执行财政部《基本建设财务规则》，基本建设预算分为财政性基本建设预算和国企类基本建设预算进行编制，由市财政局综合协调，分别自求平衡的基础上，进一步厘清政、企投融资边界。2018年，确定由市财政局负责编制财政性基本建设项目收支计划，市国资委负责编制国企类建设项目收支计划。

二、基本建设预算执行

2006年12月，市政府印发《丽水市财政性基本建设预算管理办法》，明确财政性资金包括财政一般公共预算安排的建设资金；纳入财政预算管理的专项建设资金；政府融资以及利用国债的资金；国际金融组织和外国政府贷款、赠款；转让、出售、拍卖国有资产（资源）及其经营权收益；土地使用权出让金等非税收入；法律、法规规定的其他政府性资金。2011年，市财政局严格基本建设预算执行，实行项目财务收支进度及项目用款需求月报制，加强预算执行分析，积极筹措建设资金，合理调度财政各类间歇资金，确保项目资金需求。是年，市直基本建设预算实际收入45.55亿元，支出45.32亿元，筹措财政建设资金36亿元，调度间歇资金16.40亿元，办理直接拨付资金7056万元。2012年，市直基本建设预算收入44.42亿元，支出42.45亿元，筹措财政建设资金31.15亿元，调度34笔间歇资金20.39亿元，办理直接拨付资金4653万元。2013年，市直基本建设预算收入70.73亿元，支出56.70亿元，其中还本付息支出17.67亿元，项目支出20.49亿元，非项目支出9.85亿元，新增项目支出8.69亿元。2014年，市财政局制定《关于进一步加强市直基本建设预算管理的若干意见》，对完善财政性基本建设收支申报制度，加强建设资金筹措，严格基本建设预算执行管理等九个方面作出规定。是年，市直基本建设预算完成收入84.23亿元，支出74.05亿元，其中还本付息支出31.43亿元，项目支出28.39亿元，非项目支出14.23亿元。2015年，市直基本建设预算收入86.70亿元，支出69.92亿元，其中还本付息支出31.76亿元，项目支出33.66亿元，非项目支出4.50亿元。2016年，市直基本建设预算收入97.38亿元，支出73.61亿元，其中还本付息支出39.01亿元，项目支出24.57亿元，非项目支出4.12亿元，新增项目支出5.91亿元。2017年，市直基本建设预算收入36.45亿元，支出33.46亿元，其中还本付息支出8.03亿元，项目支出20.47亿元，非项目支出4.96亿元。2018年，丽水市直财政性基本建设预算纳入四本预算统一管理，与部门预算同步布置、编制、审议，依托预算信息系统实现四本预算无缝对接。是年，市直基本建设预算收入67.83亿元，支出67.83亿元，其中还本付息支出10.47亿元。2002—2018年，丽水市直完成基本建设预算收入775.84亿元，完成预算支出693.46亿元。

三、基本建设预算监督

2003年，市政府批转《丽水市本级基本建设投资财政性资金管理办法》，规范基本建设投资行为。规定财政部门是财政性基本建设资金管理的主管部门，坚持“统筹安排、收支平衡、保障安全、防范风险、控制投资、提高效益”的原则，按照公共财政和部门预算的要求，强化基本建设预算管理，依法、合理、及时筹集使用建设资金，做好基本建设资金的预算编制、执行、控制、监督和考核工作，严格控制建设成本，减少资金损失和浪费，提高投资效益。2009年，市财政局印发《关于加强市直基本建设预算管理的通知》，明确基本建设预算编制、执行、项目竣工财务决算等要求。是年起，市直基本建设预算需提交市人大常委会审议。

2002—2018年丽水市直基本建设预算执行一览表

表1－10－1

单位：亿元

年份	收入			支出	
	总收入	其中土地出让金	债务	总支出	其中还本付息
2002	8.06	2.50	3.23	8.06	3.23
2003	9.66	4.00	1.38	9.66	1.91
2004	12.00	4.00	2.16	12.00	2.75
2005	15.11	8.94	4.00	15.11	2.06
2006	17.57	6.38	7.09	17.57	4.61
2007	27.85	11.85	5.02	27.85	5.27
2008	49.09	3.32	21.08	47.25	6.96
2009	58.10	6.57	36.52	50.85	21.07
2010	45.11	14.90	9.69	41.77	20.74
2011	45.55	16.25	11.81	45.32	17.80
2012	44.42	4.05	6.82	42.45	14.32
2013	70.73	9.80	37.48	56.70	17.67
2014	84.23	25.98	32.00	74.05	31.43
2015	86.70	4.02	29.76	69.92	31.76
2016	97.38	17.82	26.30	73.61	39.01
2017	36.45	21.74	7.85	33.46	8.03
2018	67.83	57.82	0	67.83	10.47
合 计	775.84	219.94	242.19	693.46	239.09

注：2017年、2018年不含国有资产营运公司收支，从2018年开始政府类基本建设纳入部门预算管理。

1994—2018年丽水市市级财政性投资亿元以上基本建设项目一览表

表1－10－2 单位：亿元

序号	建设年份	项目名称	建设内容	总投资
1	1994—2000	玉溪水利枢纽工程	装机容量3.8万千瓦，年发电量9600千瓦时	3.88
2	1999—2005	金丽温高速公路	公路（市区出资部分）	1.08
3	2000—2007	城市防洪工程（主城区）	防洪堤6982米，劈山1230米，排洪渠6540米	1.85
4	2001—2007	中心医院项目	建筑面积2.97万平方米	0.96
5	2001—2007	丽龙龙丽高速公路	公路（市区出资部分）	1.36
6	2001—2008	城市防洪工程	防洪堤10870米，切滩1057米，劈山184米，前山排涝闸宽4米	2.14
7	2001—2012	绕城公路	长27.2千米，按一级公路标准设计，分三期实施，一期桃山至塔下，二期塔下至丽阳，三期丽阳至洋店	9.18
8	2002—2007	开潭电站	装机容量4.8万千瓦，年发电量1.32万千瓦时	4.60
9	2002—2006	行政中心迁建	包括主楼、西区、东停车场和后勤楼室，占地面积10.65万平方米，建筑面积9.68万平方米	4.22
10	2003—2005	紫金大桥	长821.3米，桥梁总长520米（其中主桥长320米）	1.22
11	2003—2009	防洪工程东西排工程	好溪西岸防洪堤2208米，防洪东岸3795米，五一水库水位抬高8米，五一溪整治段河道1455米	1.10
12	2004—2005	城北路（括苍路—紫金路）	城市主干道一级，长2123米，宽42米	1.25
13	2004—2005	人民公园（处州公园）	公园占地6.85万平方米，建筑面积1.32万平方米，其中地下室1.22万平方米	1.18
14	2004—2006	北陵路、北一路、东二路	北陵路长742米，宽24米，北一路长700米，宽24米，东二路长3750米，宽24米	1.12
15	2004—2008	审判中心项目	由综合审判楼和培训中心两部分构成，用地面积1.79万平方米，建筑面积2.79万平方米	1.03
16	2005—2007	城乡供水玉溪引水工程	丽水市城区规划区和周边乡镇供水	1.90
17	2005—2008	电视中心项目	占地面积1.09万平方米，建筑面积2.64万平方米，主楼为地上16层，地下1层，包括新闻中心、播控机房、演播房、计算机中心及行政办公用房	1.29
18	2005—2013	江滨路（丽青路—括苍路）	长4237米，宽24米	1.92
19	2006	务岭根垃圾填埋场一期工程	一期填埋库容256万立方米，设计使用年限13年，包括填埋库区及配套的防渗工程、渗沥液处理工程、生产管理区、进场道路、绿化等建设内容	1.48
20	2006	长虹路（花园路—开发路）	长1335米，宽24米	1.41

续表 1－10－2

序号	建设年份	项目名称	建设内容	总投资
21	2006—2007	丽龙龙丽高速公路	富岭连接线起点为丽龙高速公路富岭收费站，终点为紫金大桥南端，长5940米，按二级公路标准设计，兼顾城市道路功能	1.39
22	2006—2009	市职业高中迁建	学校建设规模60个班，在校生3000人，用地面积13.50万平方米，建筑面积7.52万平方米	2.04
23	2006—2010	滨江景观带工程	松杉园、秋宾苑、岩生园和春华苑、瓯江源景区、少游园景区和应星楼景区的绿化、景观、建筑以及配套工程等	1.90
24	2007	滨水公园项目	规划馆、博物馆、青少年宫、景观绿化、地下车库	2.50
25	2007—2008	南城北三路	长2174米，宽36米，其中桥1座	0.94
26	2007—2009	丽中迁建	规模60个班，占地面积13.33万平方米，建筑面积7.61万平方米	1.95
27	2007—2009	体育中心主体育场项目	主体育场占地面积5.62万平方米，建筑面积2.42万平方米，场内设座位1.90万座，400米塑胶跑道标准田径场及足球场	1.95
28	2007—2010	大猷街（括苍路—丽青路）	道路长3704米，设2座箱涵和1座单跨石拱桥，红线宽36米	1.94
29	2007—2010	文化艺术中心项目	主要建设甲级剧院、群艺馆和影视厅，建筑面积3.30万平方米	2.00
30	2008—2009	白云森林公园入口区	建设丽水三宝展示厅、特色产品展示厅、广场、停车场及管理服务用房，规划用地面积3.54万平方米，建筑面积0.49万平方米	1.26
31	2008—2010	人民医院门诊医技楼项目	占地面积0.89万平方米，建筑面积4.05万平方米	1.71
32	2008—2011	东三路项目	长4013米，宽32米，包括25米预应力空心板桥梁	1.95
33	2008—2011	南五路项目	长3900米，东六路与东七路之间设挡水坝1座	1.38
34	2008—2011	南四路项目	长3900米，其中东四路与东六路之间设挡水坝2座	2.37
35	2009	中心医院综合病房大楼项目	占地面积1.34万平方米，建筑面积5万平方米，地上25层，地下1层，主体高度94.84米	2.97
36	2009—2011	妇幼保健院迁建	占地面积2.67万平方米，建筑面积4.03万平方米，包括病房楼、门诊保健楼、医技楼、后勤楼等	1.62
37	2009—2012	南六路及配套工程	道路长9050米，南六路3695米、东八路南段1520米、东九路南段1430米、东十路南段1260米、东十一路南段1145米及胡七渠3320米	3.22
38	2009—2012	东七路及七百秧渠	长3855米，其中南四路与南五路之间设挡水坝1座	2.61

续表1-10-2

序号	建设年份	项目名称	建设内容	总投资
39	2009—2014	白云森林公园基础设施工程	新建道路9570米，改选道路26.86千米；新建游步道24千米，改建游步道8.8千米；新建8万立方米蓄水山塘1座，500吨/日净水厂1座及供排水系统	1.09
40	2010	50省道莲都段改建工程	建设里程27.4千米，起点为保定村，终点与丽水市绕城公路西线相交，由主线、城北大道连接线与50省道连接线	5.60
41	2011	330国道莲都段改建工程	起点为莲都区原330国道与绕城公路九里立交桥分离式交叉口，终点接缙云东渡镇现49省道与兰石公路交叉口，长24.5千米，按一级公路技术标准设计	1.94
42	2011—2013	南城供水加压工程	水阁水厂基本规模为20万吨/日，其中中压泵房加压供水规模为20万吨/日，高压泵站加压供水规模为10万吨/日	1.20
43	2011—2014	九龙湿地一期保护工程	水体整治工程：河道疏浚工程6258米，通车小桥6座、绿荫广场5178平方米，园路8.98万平方米	1.19
44	2011—2014	东扩二期区块	路网及配套工程：南二路，长4302米，宽42米。东九路长2480米，宽40米。南三路长4279米，宽24—28米。东八路长2252米，宽24米。东十一路长1638米，宽36米。南一路长814米，宽28米。东四路长974米，宽28米。东五路长1121米，宽18米。东六路长1059米，宽28米。东十路长760米，宽20米	19.69
45	2011—2016	第二人民医院迁建项目	建设规模800张床位，占地面积5.04万平方米，建筑面积4.66万平方米，包括门诊医技楼、行政综合楼、重症病房楼和老年康复楼等	2.04
46	2012	体育馆项目	占地面积2.32万平方米，建筑面积2.13万平方米，观众席位5618席	1.69
47	2012	盆地易涝区防洪排涝	好溪堰水系整治工程：整治河道约7.6千米，分水闸6座，构造物5座，水文化建筑7218平方米	6.66
48	2012—2014	大溪四都防洪堤	长5165米，四都涵闸1座	1.48
49	2012—2015	沙溪亭公寓二期项目	建设保障性住房703套	1.78
50	2012—2016	市委党校迁建项目	综合楼、办公楼、报告厅、宿舍楼、食堂等，总用地面积5.94万平方米，总建筑面积3.96万平方米	2.01
合计	—	—	—	126.24

第二节　拨款管理

一、项目用款计划管理

1998年，地区行署规定，凡有财政性资金投入的建设单位，要及时向所在财政部门提交建设项目建议书，初步设计批准文件和项目概算，项目可行性报告、施工图及预算、施工合同、开发许可证等文件资料复印件，重申基本建设支出预算和基本建设计划是拨付建设资金的依据。2000年7月，丽水撤地设市后，对利用预算外资金、地方税费附加收入安排的基本建设资金和国有单位自筹的基本建设资金，在财政部门指定银行开设专门账户，建设单位上报年度用款计划，填报基本建设资金来源审批表，经主管部门签署意见后，报送同级财政部门审查，坚持“先存后审、先批后用”的原则，对建设工程概（预）算内各项投资，由财政局按照工程总投资、年度投资计划、施工合同及工程进度办理资金拨付。凡实行集中支付的建设项目，除按规定并经政府批准不进行公开招投标的项目外，均实行招投标，否则不予拨付资金。

二、项目建设用款直接拨付

1996年，丽水地区按照《浙江省基本建设资金管理暂行办法》，各建设单位所需建设资金按所属关系，由各级财政基本建设管理部门下达的基本建设支出预算，通过资金划转方式，拨付到建设单位所在经办银行开设的基本建设资金存款专户，并根据工程进度拨付资金。对“拼盘”的基建项目，在其他资金到位的前提下，按工程进度和投资比例拨款。2005年7月，市财政局制定《丽水市直政府投资项目建设资金直接拨付办法》，对财政预算内安排的建设资金、纳入财政预算管理的专项资金、财政预算外用于基本建设项目的资金以及其他用于基本建设项目的财政性资金实行直接拨付。丽水海关大楼、市民政救助站、丽水中学、市职业高级中学迁建工程为首批财政直接拨付试点项目。基本建设中的设备投资，按照项目总投资、年度投资计划、预算资金安排及订货合同办理资金拨付，通过政府采购的设备，由政府采购办公室集中采购，市财政局直接将资金拨付到专用账户。

三、项目建设用款拨付

2006年，市财政局制定《丽水市财政性基本建设预算管理办法》，要求有关部门按年度收入计划，认真及时组织收入，建设单位必须严格按照建设项目预算及时筹措自筹资金和政府性债务资金。建设单位在批准的预算内根据工程进度进行结算，根据批准的基本建设支出预算，填制拨款申请单并提供建设合同、工程进度等相关文件资料，向财政部门申请拨付建设资金，财政部门在审查的基础上结合债务资金和自筹资金到位情况，及时拨付建设资金。2009年，市财政局印发《关于加强市直基本建设预算管理的通知》，要求各建设单位，每月5日前报送项目财务收支及债务收支进度报表，将相关数据作为预算资金审核、拨付及适当控制的重要依据。建设单位填报拨款申请单，同时需提供基本建设财务收支执行情况表、下步用款需求及建设合同、工程进度等相关材料，财政部门根据经批准的年度基本建设预算，结合单位提供的上述材料，审核后拨付建设资金。未列入年度基本建设预算，但政府抄告单、会议纪要等明确要求拨付的款项，财政部门在明确支出渠道后可先预拨，待年度预算调整时给予追加。2014年，市财政局制定《关于进一步加强市直基本建设预算管理的若干意见》，建设单位应于每月25日前报送下两个月的基本建设资金支出预测表、下个月拨款申请单；每月3日前报送基本建设预算执行情况表，如没有按规定时间报送相关材料的，财政局原则上一般不予拨付资金。2018年，市财政局进一步梳理完善基本建设资金拨款流程，将拨款流程作为“最多跑一次”改革事项对社会公开，限时7日内办结。同时，为确保建设资金安全，防范资金支出过程中的风险，要求用款单位提供更加详细的合同、工程监理计量等材料，明确内部具体“三审核”环节。市府办印发《丽水市本级代建模式政府投资项目资金拨付办法（暂行）》，规范国资营运公司代建的政府投资项目资金管理。

第三节　投融资管理

一、融资平台

1998年7月，丽水地区为解决城市基础设施建设投融资瓶颈制约，开始尝试构建基本建设投融资平台，创建具有独立法人资格的国资营运机构，实行政府性投资项目法人制和资本金制度。国资营运机构受政府委托，履行建设项目投融资、项目建设等职能。至2015年年末，市城市建设投资有限责任公司等16家国资营运机构共完成基本建设投资313.50亿元，占市区基本建设总投资的60.46%。2017年8月，市府办印发《关于明确丽水市本级国资营运公司市场化改革相关事项的通知》，市本级国资营运机构调度资金、企业融资事项由市国有资产管理委员会负责。

二、融资方式

丽水市项目建设融资除项目直接融资外，还以BT、企业债券、政府债券等方式融资。BT模式是“建设—移交”模式的简称，是指政府部门通过招标等方式确定投资人，由投资人负责项目资金筹措和工程建设，项目竣工验收合格后由政府部门回购，并向投资人支付回购价款的一种融资建设方式。2009年6月，丽水市本级首个BT项目（南六路及配套工程）正式开工，BT模式先后在南城南六路及配套工程、水阁中学项目、南城东扩二期区块采用，BT合同建筑安装工程总投资额21.66亿元。2009年起，探索企业债券融资工作，成立企业集团公司。2011—2017年，市城市建设投资有限责任公司发行债券40亿元，其中公开发行企业债券20亿元，非公开发行定向债务融资工具20亿元；市旅游投资发展有限公司于2015年发行国家低丘缓坡综合治理公司债券6亿元。2014年9月，丽水市贯彻《国务院关于加强地方政府性债务管理的意见》，地方政府举债采取政府债券方式，2015—2018年，丽水市争取到债券199.10亿元（市本级19.60亿元），其中一般债券138.78亿元、专项债券60.32亿元。

三、创新运用PPP模式

2014年11月，丽水市贯彻《国务院关于创新重点领域投融资机制鼓励社会投资的指导意见》，探索建立健全政府和社会资本合作（PPP）机制，推广政府和社会资本合作（PPP）模式。

2018年年末，全市进入财政部PPP综合信息平台项目库的项目61个，项目总投资260.64亿元，其中国家示范项目8个，项目总投资33.93亿元。市本级入库PPP项目18个（含开发区项目1个），项目总投资54.43亿元，市本级丽阳溪水系综合治理工程PPP项目和丽水市华东药用植物园（丽水植物园）PPP项目入选财政部《PPP示范项目案例选编》。

2002—2017年，全市基础设施完成投资额2723.95亿元（2018年开始统计口径发生变化，不再统计）；2002—2018年，市直累计安排基本建设支出693.46亿元。

第四节　建设工程预决算审核

一、建设工程预决算审核机构

2001年10月，市编委批准成立市财政投资工程预决算评审中心，为市财政局所属科级全额拨款事业单位，核定事业编制5名，并向社会公开招聘年薪制工程造价和决算专业技术人员。2006年9月，更名为市财政项目预算审核中心。2009年8月，经人事部门批准，市财政项目预算审核中心改为参照公务员法管理的事业单位。2017年8月，市编委批准，增加参公事业编制2名，增加科级职数1名。2018年年末，共有在职人员20人，其中参公事业人员6人，年薪制专业技术人员14人。

二、建设项目预决算审核

1996年6月，地区财政局执行省财政厅《建设工程预决算审查管理暂行办法》，主要对工程预算、招标工程标底和竣工结算进行审查。7月起，国有单位基本建设工程的预算、招标工程标底和竣工财务决算报同级财政部门审批，也可由财政部门委托有资质的工程预、决算审价机构评审后由财政部门审批。1998年1月，按照省财政厅工程价款结算办法，在工程价款结算审查时，按资金来源不同，由审价机构分别审查。财政性资金投入和国有单位用自筹资金进行建设的，由同级财政部门或委托社会审价机构进行审查；用其他资金进行建设的，由发包单位自行委托社会审价机构审查。1999年1月，建立建设项目工程概预（结）算、竣工决算审查情况定期报告制度。

2001年，丽水市贯彻财政部发布的《财政投资评审管理暂行规定》，财政投资评审对财政性投资项目的工程概算、预算、竣工决（结）算进行评估与审查，以及对使用科技三项经费、技改贴息、国土资源调查费等财政性资金项目情况进行专项检查。

2005年6月，市财政局引入社会中介力量协作评审服务，竣工结算以社会中介机构协作评审为主，标底仍然全部自审。2009年，开发区项目由开发区项目预算审核中心自行审核。2010年，结算、招标控制价（标底）全面实行委托评审。2016年11月，市府办印发《关于完善市本级政府投资项目结（决）算工作的通知》，规定从2017年1月起，将原由审计、财政部门承担的市本级政府投资项目工程价款结算审计（审核）工作，调整为由项目建设单位（或主管部门）委托财政部门建立的评审中介机构库内的中介机构进行工程价款结算评审，出具的工程价款结算评审报告报财政部门批复后，作为工程价款结算的依据。2018年11月，市府办印发《关于完善市直政府项目造价审核管理工作的通知》，规定从2019年1月起，项目建设单位根据评审中介机构出具的工程价款结算评审报告进行价款结算。财政部门会同发改部门审核政府投资项目概算；会同项目主管部门对工程价款结算进行监督；对工程竣工财务决算进行审核批复；建立政府投资项目造价评审中介机构库并负责考核管理；制定审核管理操作规程。

2002—2018年，全市审核政府投资项目总数2.86万个，审核投资总额1533.75亿元，审定投资额1425.93亿元，核减投资额107.82亿元，核减率7.03%，其中市财政项目预算审核中心审核项目总数4010个，审核投资总额254.58亿元，审定投资额236.63亿元，核减投资额17.95亿元，核减率7.05%。

2002—2018年丽水市财政投资工程预决算审核一览表

表1－10－3

年份	审核项目总数(个)	审核投资总额(万元)	审定投资额(万元)	核减额(万元)	核减率(%)
2002	114	15417	14801	616	4.00
2003	348	112139	106322	5817	5.19
2004	415	135854	130468	5386	3.96
2005	668	172984	161400	11584	6.70
2006	702	229615	207340	22275	9.70
2007	803	370073	343189	26884	7.26
2008	812	351827	326045	25782	7.33
2009	1301	341940	289887	52053	15.22
2010	1423	427041	409605	17436	4.08
2011	1324	436172	390058	46114	10.57
2012	1733	761046	673570	87476	11.49
2013	3134	1306399	1169483	136916	10.48
2014	3815	1883435	1723902	159533	8.47
2015	4340	1465223	1347394	117829	8.04
2016	2666	1251765	1062059	189706	15.16
2017	2141	4049981	3999349	50632	1.25
2018	2906	2026587	1904412	122175	6.03
合计	28645	15337498	14259284	1078214	7.03

2002—2018年丽水市本级财政投资工程预决算审核一览表

表1-10-4

年份	审核项目总数(个)	审核投资总额(万元)	审定投资额(万元)	核减额(万元)	核减率(%)
2002	114	15417	14801	616	4.00
2003	159	59872	58880	992	1.66
2004	166	64928	63525	1403	2.16
2005	194	74152	70537	3615	4.88
2006	219	77684	65662	12022	15.48
2007	306	192509	179827	12682	6.59
2008	228	198766	184521	14245	7.17
2009	207	78322	72069	6253	7.98
2010	218	106381	100691	5690	5.35
2011	193	134448	127558	6890	5.12
2012	252	145699	137233	8466	5.81
2013	238	162989	152965	10024	6.15
2014	191	168622	160342	8280	4.91
2015	309	215441	200221	15220	7.06
2016	261	260465	238472	21993	8.44
2017	272	231103	208336	22767	9.85
2018	483	359027	330701	28326	7.89
合计	4010	2545825	2366341	179484	7.05

第十一章　社会保障事业财务管理

丽水市为建立社会保险体制，不断推进社会保险改革，逐步建立健全社会保险制度，构建起全社会大社保体系。市财政部门切实加强社会保险基金管理，建立社会保险基金预决算制度，社会保障事业财务管理得到全面加强，社会保险基金的规模不断扩大，社会保险的待遇水平稳步提高；建立社保风险准备金制度，拓宽社保风险金筹资渠道，防范化解社会保障支付风险能力不断提升；建立完善城乡居民医疗保险，努力实现全覆盖，城乡居民特别是农村居民保障和医疗服务水平明显提高；被征地农民基本生活、城乡居民最低生活得到保障，救灾救助、抚恤救济及时到位，城镇“三无”（无生活来源、无劳动能力、无法定抚养义务人或无抚养能力）人员和农村“五保户”（保吃、保穿、保衣、保住、保葬）全部实现集中供养。人民群众普遍得到实惠，充分体现了党和政府对人民群众的关怀。

第一节　社会保险基金管理

1991—2018年，丽水市从单一统筹职工养老金扩大到职工基本养老保险基金、医疗保险基金、失业保险基金、生育保险基金、工伤保险基金完整的社会保险基金体系。并多渠道筹措资金，建立社保风险准备金制度，构建起社保风险防范体系。1993年7月，丽水地区实行社会养老保险一体化改革。1998年10月起，将社会保险五项基金统一纳入财政专户，实行“收支两条线”管理。1999年，全区社保经办机构的管理经费改由财政预算全额安排，不再从基金中列支，确保社保基金的完整性。2005年，丽水市建立社会保险基金“地税征收、财政管理、社保使用”的管理体制，实现社会保险费“五费合征”，并将医疗保险覆盖范围扩大到已参加养老保险的所有非公企业职工、个体户及自由职业者。2010年，全市实行职工基本医疗保险费统筹，建立门诊统筹制度。2018年，丽水市社会保障事业财务管理得到全面加强，对纳入财政专户管理的社会保障资金实行统一管理，分别建账，分账核算。

2001年，为确保社会“三条保障线”经费的落实，丽水市本级共筹集883万元财政资金，用于国有企业下岗职工基本生活保障、失业保险、城乡居民最低生活保障。是年，市本级借鉴省内部分市县做法，开始试编社会保险基金预算。2007年起，根据省财政厅《关于做好社会保障预算编制工作的通知》，按照“先试编、再完善”的要求，对已编制社会保险基金预算的市县，在进一步完善基金预算的基础上，试编社保预算。社保预算由社会保险基金预算、纳入社保财政专户管理的社会保障资金及其他社会保障资金、政府一般预算安排的社会保障经费预算和社保单位创收收入安排的社保经费支出预算四部分组成。丽水市开始试编社会保障预算，按照合法性、真实性、全面性原则编制社会保障预算，明确纳入社会保险基金预算的项目从原来的5项扩大到8项（企业职工基本养老保险基金、城乡居民基本养老保险基金、机关事业单位基本养老保险基金、职工基本医疗保险基金、城乡居民基本医疗保险基金、工伤保险基金、失业保险基金、生育保险基金）。其余三部分社会保障预算则体现在部门预算当中，包括一般公共预算中医疗卫生支出、抚恤和社会救济、行政事业单位离退休支出、社会保障补助支出类和其他部门事业费中劳动保障事业费、其他支出类中残保金预算等。还有促进再就业资金、退役士兵安置补偿金及优待金、离休干部“两费”（离休费、医药费）统筹、城乡新型合作医疗资金、医疗救助资金、精简遗属人员费用、城镇和农村居民最低生活保障金、被征地农民基本生活保障资金等社会保障资金预算。2010年，国务院发布《关于试行社会保险基金预算的意见》，明确要求从2010年起，编制社会保险基金预算，将基本养老保险基金、失业保险基金、医疗保险基金、工伤保险基金和生育保险基金5项基金纳入预算管理范围。丽水市按8项基金纳入预算的模式至2018年没有变化。

一、职工基本养老保险基金管理

1991年，各县（市）开始对全民企业和大集体企业职工养老金统筹，同级财政部门逐步将统筹养老金纳入财政管理，基金拨补纳入同级财政预算。1992年起，财政收支决算总表列社会保险基金收入支出项目。1993年7月，丽水地区执行社会养老保险一体化改革，参保单位统一按本地区上年职工平均工资总额17%提取；“三资”（外商独资、中外合作、中外合资）企业，按中方职工上年平均工资总额25%提取；职工个人和个体工商户按上年参保职工月平均工资2%缴纳。1995年，改制企业职工“两项统筹基金”按人均养老年75周岁测算缴纳，欠缴企业无力一次性付清的，须将欠缴部分量化到人，职工办理退休手续时，将欠缴部分一次性缴清。1998年1月，丽水地区执行浙江省《关于建立统一的企业职工基本养老保险制度的通知》。职工个人缴费，以本人上年度月平均工资为基数，低于全省社会月均工资60%的按60%标准，超过全省月均工资300%的按300%标准计数；同年均按本人月工资的4%计收，之后每2年提高1%，逐步提高到8%为止。企业按工资总额19%比例缴纳；个体劳动者以省上年平均工资的100%—300%作基数，统一按17%的比例缴纳。10月，企业职工基本养老保险基金由同级地税部门统一征收。1999年10月，丽水地区贯彻实施《浙江省职工基本养老保险条例》。

2004年1月，丽水市职工个人所缴社会保险基金均记入个人账户，单位缴费中应划入个人账户比例：2003年年底前的按0.2%确定，2004年1月以后的按0.15%比例确定；个人账户记账比例最高不得超过11%。同年4月，丽水市本级企业、事业单位职工个人缴费比例调整为8%，个体劳动者缴费比例调整为27%。2006年，丽水市改革基本养老金计发办法，“新人”（1998年1月1日以后参加工作职工），到达法定退休年龄，缴费年限满15年及以上，从核准退休次日起，按月发给基本养老金。同年，《丽水市人民政府关于推进市本级社会保险费五费合征工作的实施意见》规定，养老、医疗、失业、工伤、生育五项社会保险费统一以企业工资总额为基数，由地税部门征收，实现社会保险“企业及职工全覆盖”。2009年，丽水市实施《丽水市城乡居民社会养老保险实施办法》，建成覆盖城乡、惠及全民的基本养老保险制度体系，实现人人享有基本养老保障的目标。4月，丽水市本级企业（单位）缴费比例调整为14%，个体劳动者缴费比例调整为18%。

1991—2018年丽水市企业职工基本养老保险基金收支一览表

表1－11－1

年份	基金收入(万元)	基金支出(万元)	当年结余(万元)	滚存结余(万元)	参保人数(万人)
1991	2969	2163	806	2787	9.33
1992	3637	2923	714	3501	9.81
1993	5187	4395	792	4293	10.37
1994	6700	6017	683	4976	10.50
1995	9144	7349	1795	6771	10.67
1996	9750	8147	1603	8374	10.20
1997	11386	9715	1671	10045	7.90
1998	12801	11838	963	11008	9.60
1999	13423	12654	769	7862	9.40
2000	17812	14438	3374	11236	10.90
2001	20344	17240	3104	14340	11.40
2002	23009	21463	1546	15914	12.10
2003	30239	23995	6244	22131	12.70
2004	34694	25838	8856	30985	13.80
2005	40380	30953	9427	40412	14.50
2006	49135	36140	12995	53405	15.62
2007	58070	43634	14436	67840	18.51
2008	77894	54762	23132	90975	21.40
2009	89759	63909	25850	116825	24.77
2010	94315	75066	19249	136074	28.06
2011	211988	96402	115586	251660	35.83
2012	181828	137413	44415	296075	40.39
2013	211606	181262	30344	326419	44.41
2014	391242	244951	146291	472710	48.10
2015	626697	447460	179237	651947	59.94
2016	494474	506938	-12464	639483	62.84
2017	678550	585048	93502	732985	68.60
2018	633982	665361	-31379	701606	74.62

注：本表数据取自历年社会保障基金决算报表，其中1995—2008年数据取自社保经办机构报表。1999年事业单位养老从职工养老分离，转出结余3908万元。个别年份滚存结余年初数有调整。

1998—2018年丽水市机关事业单位养老保险基金收支一览表

表1－11－2

年份	基金收入(万元)	基金支出(万元)	本年结余(万元)	滚存结余(万元)	参保人数(万人)
1998	1328	84	1244	1244	0.20
1999	4299	1572	2727	6635	1.40
2000	4446	2378	2068	8703	1.65
2001	5877	3788	2089	10792	2.13
2002	8241	6421	1820	12612	3.03
2003	11824	9251	2573	15187	3.59
2004	15182	12579	2603	17790	4.09
2005	17774	14322	3452	21242	4.00
2006	18658	14994	3664	24906	3.98
2007	24218	25333	-1115	23791	4.46
2008	28305	27150	1155	24946	4.43
2009	31900	29495	2405	27351	4.45
2010	32771	32369	402	27753	6.03
2011	41591	33737	7854	35607	6.10
2012	48038	41661	6377	41984	6.22
2013	58849	47319	11530	53514	6.42
2014	76120	64207	11913	65427	7.05
2015	—	—	—	—	—
2016	305626	319904	-14278	9924	10.88
2017	257913	249956	7957	17881	11.27
2018	268417	265202	3215	20502	11.40

注：①按《国务院关于机关事业单位工作人员养老保险制度改革的决定》和上级部署，从2014年10月起，执行机关事业单位基本养老保险制度，对原地方机关事业单位养老保险基金（试点）进行清算，2016年的决算数中含转制过渡期（2014年10月至2015年12月）的结算数据。

②本表数据取自历年社会保障基金决算报表，其中1998—2008年数据取自社保经办机构报表。1999年滚存结余含企业职工基本养老保险基金的调整数。2003年和2018年年初数有调整。

2010年年末，全市参加企业职工基本养老保险职工28.06万人，当年收缴养老保险基金9.43亿元，实际发放养老金7.51亿元，基金滚存结余13.61亿元。2011年，丽水市执行省人力社保厅、省财政厅制定的《关于解决未参保集体企业退休人员及其他相关人员基本养老保障等遗留问题的实施意见》，将具有浙江省城镇户籍、未参加职工基本养老保险且曾与浙江省国家机关、事业单位、社会团体、企业建立劳动关系或形成事实劳动关系的人员，经审核确认后，按规定一次性补缴基本养老保险费，纳入职工基本养老保险。同年，省人社厅、省财政厅印发《调整城乡居民社会养老保险部分参保人员待遇政策的通知》，对曾从事乡村医生、民办教师、代课教师、农村电影放映员等城乡居民和原下乡知青，调整城乡居民社会养老保险待遇标准。丽水市除执行省定范围外，将范围扩大至凡参加丽水市城乡居民社会养老保险，并曾由乡镇政府（包括区公所、公社）或县级以上行政主管部门聘用、直接在乡镇从事农村相应社会服务工作连续一年以上的农技员、农机员、农经员、畜牧兽医员、水利员、文化员、广播员、土管员、规划员、计生员、协税员、工（农）办人员以及各农业技术辅导员等。2013年，扩大至乡镇半脱产干部、司法助理员、驻乡合同制民警、值机员、乡镇市场协管员、移民办协管员、公路养护工、社会主义教育工作队员等。

2013年，丽水市企业职工基本养老保险参保人员因病或非因工死亡丧葬补助金调整为4000元，根据缴费年限相应调整抚恤金最高至25000元。2015年年末，全市参加企业职工基本养老保险职工59.94万人，当年收缴养老保险基金62.67亿元，实际发放养老金44.75亿元，基金滚存结余65.19亿元。2018年年末，全市参加企业职工基本养老保险人数74.62万人，当年收缴养老保险基金63.40亿元，实际发放养老金66.54亿元，基金滚存结余70.16亿元。

二、职工基本医疗保险基金管理

1995年7月，丽水地区实施企业大病医疗保险制度。1998年，开始对机关、事业单位公费医疗制度进行改革。

2001年4月，丽水市开始建立城镇职工基本医疗保险制度，将始于1995年实施的企业大病医疗保险和机关事业单位实行的公费医疗制度纳入城镇职工医疗保险，初步建立以基本医疗保险为主体，大病医疗救助制度相配套，各层次、较完善的医疗保险体系。2005年，丽水市完善城镇职工基本医疗保险制度，将国有、集体企业职工和退休人员纳入范围，将医疗保险覆盖范围扩大到已参加养老保险的所有非公企业职工和个体、自由职业者。2006年9月，市政府完善市本级基本医疗保险制度，对基本医疗保险基金管理作出规定：调整住院起付标准，将一级医院住院起付线调整为400元，二级医院住院起付线调整为600元，在一个结算年度内，多次住院的医疗费累计计算；基本医疗保险最高支付限额调整为6万元。最高支付限额以上的医疗费由经办机构按原规定标准报销；享受公务员医疗补助的退休人员，一年内门诊累计超过当年个人账户额度后，超过800元不足1600元的部分，按70%比例予以报销；超过1600元的部分，按85%的比例予以报销，70岁以上的退休人员再给予每年300元的补助，计入个人账户；因企业破产改制而没参加城镇职工基本医疗保险或中断缴费的人员，可参加基本医疗保险或办理续保手续，连续缴费满6个月后即可享受基本医疗保险待遇。在2007年12月31日前办理续保手续的，其破产改制前的医疗保险缴费年限可合并计算为基本医疗保险缴费年限；建立离休干部医疗备用金制度，备用金专款专用，结余归己，超支按实报销。备用金标准：抗日战争前期入伍的离休干部每年1万元，抗日战争后期入伍的每年9000元，解放战争入伍的每年8000元。2007年，丽水市落实原国有、集体企业破产改制而中断缴费人员医疗保险政策，解决因企业破产改制而中断缴费人员的医疗保障问题。2010年，市政府制定《丽水市城镇职工基本医疗保险市级统筹实施意见》，从2011年1月起，统一全市职工医保主要政策；设立市级风险调剂金，按上年职工基本医疗保险保费征缴收入的2%筹集；规范业务流程和定点管理等。全市实行职工基本医疗保险费统筹，建立门诊统筹制度，确立政府补助机制。年末，全市职工基本医疗保险参保人数26.46万人，当年医疗保险基金收入5.28亿元，支出4.75亿元，滚存结余6.17亿元。

2012年，市人力社保局、市财政局印发《丽水市城镇职工基本医疗保险、工伤保险市级风险调剂金管理实施办法的通知》，进一步规范调剂金筹集、使用、申请条件及程序。2013年，市府办印发《关于建立大病医疗保险制度的通知》，明确参保人员在一个基本医疗保险结算年度内，合规医疗费用由基本医疗、高额补充医疗保险报销后，个人累计负担超过2万元的部分，由大病保险基金按50%予以支付，年度最高10万元。2014年度筹资标准为每人每年15元，由职工基本医疗保险基金、城乡居民基本医疗保险基金分别列支。2014年，丽水市基本医疗保险特殊病种门诊就医管理办法实施，统一全市基本医疗保险特殊病种的范围、诊治标准及办理流程。实施基本医疗保险付费按床日结算管理，对主要接诊群体为精神疾病、老年病及慢性病参保人员的定点医疗机构开展按床日付费管理。2015年，丽水市调整部分大病保险政策，规定个人累计负担超过2万元的部分，由大病保险基金按55%的比例予以支付，年度最高支付限额为20万元，提高大病保险保障水平。年末，全市参加职工基本医疗保险人数38.27万人，当年医疗保险基金收入13.43亿元，支出10.41亿元，滚存结余15.65亿元。2016年，市人力社保局、市财政局印发《关于进一步完善职工基本医疗保险个人账户有关政策的通知》，推出个人账户共享政策，将参保人员个人账户历年累计结余资金用于支付配偶、子女、父母的住院、门诊医疗费用，并扩大用于支付参保人本人及近亲属基本医疗保险个人缴费部分费用。2017年，丽水市开展“统一的全民医保制度”省级试点，市政府制定《丽水市全民医疗保险办法》，建立以基本医疗保险为主体、大病保险为延伸和拓展、多形式补充保险供选择的多层次的全民医疗保险体系，促进医保从“人人享有”到“公平享有”转变。2018年，丽水市开展个人账户购买商业保险工作，第一批3个商业健康保险产品纳入医保个人账户历年结余购买目录。将33个慢性病纳入门诊医疗保障范围，实现110个病种按病种付费。年末，全市参加职工基本医疗保险人数44.39万人，当年医疗保险基金收入17.29亿元，支出16.10亿元，滚存结余28.10亿元。

2001—2018年丽水市职工基本医疗保险基金收支一览表

表1－11－3

年份	基金收入(万元)	基金支出(万元)	滚存结余(万元)	参保人数(万人)
2001	6531	2217	4314	13.70
2002	13808	6511	11611	14.40
2003	19819	12667	18763	15.30
2004	23370	21982	20151	15.80
2005	26614	20172	26593	16.80
2006	31527	24868	33252	17.76
2007	34943	27871	40324	19.70
2008	40875	33377	47822	22.73
2009	47713	39092	56443	24.73
2010	52773	47505	61711	26.46
2011	68089	53171	76629	29.54
2012	80689	68433	88885	32.26
2013	102535	87780	103640	35.25
2014	119529	96863	126306	36.97
2015	134265	104084	156487	38.27
2016	164219	124421	196285	40.09
2017	190937	139594	247628	42.04
2018	172928	161008	280952	44.39

注：2001—2008年数据取自社保经办机构报表，2009—2018年数据取自社保基金决算报表，2018年滚存结余增加21404万元，系高额补充医疗保险历年滚存结余从2018年起并入职工基本医疗保险。2011—2017年，基本医疗保险基金收入含市级风险调剂金收入。

三、失业保险基金管理

1991—1998年，丽水地区各县（市）劳动和社会保障部门向国营企业和大集体企业征收职工失业保险基金，征收标准为企业标准工资或工资总额的1%；各县（市）将所筹集基金按5%比例上缴地区社保部门，建立地区待业统筹基金。个体工商户根据自愿原则也可参保，基金按每人每月5元缴纳。下岗待业人员在待业期间，根据工龄，每月可领取50—70元生活费，并给予8元医疗补助费，领取待业生活费和医疗补助费时间为一年，最长不超过一年半。财政部门对待业保险基金实行专项专户管理，对基金统筹使用情况进行监督检查。1999年1月，国务院发布《社会保险费征缴暂行条例》和《失业保险条例》，按规定征收失业保险费，失业保险基金来源主要有城镇企业、事业单位及其职工缴纳的失业保险金，财政补贴以及依法纳入失业保险基金的其他资金；单位改按工资总额的2%缴纳，职工个人按本人工资总额的1%缴纳；逾期缴纳自欠费之日起，每日加收2‰滞纳金。同年7月，全区范围内事业单位（包括中央、省属在丽事业单位）的所有职工，合同制职工和临时工均按属地管理原则参加失业保险。

2001年年末，丽水市失业人员享受待遇标准：失业人员累计缴费时间满一年不足五年的，领取失业保险金期限最长12个月；缴费时间满五年不足十年的，最长可领取18个月；缴费满十年以上的，最长可领取两年保险金。就业后再失业的，缴费时间重新计算。领取失业保险金期限可与前次失业应领取失业保险生活费期限合并计算，但最长不得超过两年。国有企业下岗职工基本生活补助一般按企业最低工资标准7%发放，不得低于当地城市居民最低生活保障水平。并给予一定比例的医疗补助金，随失业保险金按月发放。全市事业单位失业保险参保率达到87%，缴费率71%；市直事业单位参保率、缴费率均达到95%以上。2003年1月，全市职工失业保险费统一由地税部门代征，由同级财政部门设社会保障财政专户存储管理。2009年8月，允许农民工与城镇职工同比例缴费，享受与城镇失业人员同等待遇。2010年年末，全市参加失业保险人数15.60万人，当年基金收入7633万元，支出2615万元，滚存结余2.48亿元。

2012年，市人力社保局、市财政局制定《关于市本级扩大失业保险基金支出范围的实施意见》，扩大失业保险基金支出的项目为职业培训补贴、职业介绍补贴、职业技能鉴定补贴、社会保险补贴、岗位补贴等。2014年5月，丽水市失业保险金计发标准由最低工资标准的70%提高至75%；比例提高后，失业保险金计发月标准调整为市本级、莲都区、青田县、缙云县900元，龙泉市、云和县、庆元县、遂昌县、松阳县、景宁畲族自治县810元；个人未缴费的农民合同制职工一次性生活补助标准按城镇职工可享受的40%确定。8月起，失业保险金计发月标准调整为市本级、莲都区、青田县、缙云县1013元，龙泉市、云和县、庆元县、遂昌县、松阳县、景宁畲族自治县915元。2015年，丽水市失业保险费率由3%统一调整为2%，其中用人单位按照本单位工资总额的1.50%、职工个人按照本人工资的0.50%的费率缴纳。11月，失业保险金计发月标准调整为市本级、莲都区、青田县、缙云县1148元，龙泉市、云和县、庆元县、遂昌县、松阳县、景宁畲族自治县1035元。年末，全市参加失业保险人数22.04万人，当年基金收入1.97亿元，支出7363万元，滚存结余8.66亿元。2016年，丽水市失业保险费率调整为1.50%，其中用人单位按照本单位工资总额的1%、职工个人按照本人工资的0.50%的费率缴纳。2017年，省人社厅、省财政厅、省地税局印发《关于阶段性降低失业保险费率有关问题的通知》，规定从2017年5月1日至2018年12月31日（费款所属期），失业保险费率调整为1%，其中用人单位费率由1%降为0.50%，个人费率仍按0.50%执行。同年，省人社厅、省财政厅、省地税局印发《关于失业保险政策城乡一体化有关问题的通知》，规定自2018年1月1日起统一城乡失业保险政策，农民合同制职工与城镇职工同等参保缴费，同等享受失业保险待遇。2018年，丽水市失业保险金计发标准按当地企业最低工资标准的80%确定。年末，全市参加失业保险人数25.13万人，当年基金收入1.81亿元，支出9415万元，滚存结余11.59亿元。

2001—2018年丽水市城镇职工失业保险基金收支一览表

表1－11－4

年份	基金收入(万元)	基金支出(万元)	滚存结余(万元)	参保人数(万人)
2001	2832	2520	2968	10.40
2002	3178	2152	3994	10.20
2003	3021	1567	5448	11.20
2004	3296	1786	6958	12.80
2005	3330	1646	8642	11.70
2006	3734	1702	10669	12.04
2007	5193	2863	12999	13.08
2008	6168	3071	16096	14.20
2009	6420	2690	19826	15.02
2010	7633	2615	24844	15.60
2011	9948	3049	31743	16.93
2012	13959	3790	41912	19.15
2013	19253	4292	56873	20.01
2014	23706	6359	74220	21.16
2015	19733	7363	86590	22.04
2016	21234	9196	98628	22.83
2017	17597	9028	107197	23.13
2018	18129	9415	115911	25.13

注：2001—2008年数据取自社保经办机构报表，2009—2018年数据取自社保基金决算报表。2006年滚存结余按规定核减了5万元。

四、生育保险基金管理

1995年，丽水地区和各县（市）开始实施女职工生育保险制度。基金筹集按企业在册人数、育龄女职工人数和单位工资水平确定，由社保部门负责筹集，财政部门根据筹集和支出情况给予补助。基金主要用于女职工生育期间产假工资、医药费和生活补贴；生育假工资发放标准，以全省上一年职工平均工资为准。1996年，全区参保人数4.70万人，生育保险基金收入113万元，支出67万元，滚存结余83万元。此后，全区生育保险参保人数逐年增多。至2005年，全市生育保险参保4.80万人，当年生育保险基金收入485万元，支出215万元，滚存结余1397万元。

2006年9月，市政府制定《丽水市生育保险暂行办法》规定：国家机关、事业单位、社会团体，各类企业、民办非企业单位及其职工，均与基本医疗保险同步实施职工生育保险。生育保险基金按照“以收定支，收支平衡”的原则筹集。用人单位按全部职工工资总额的0.60%缴纳生育保险费（以后年度根据经济社会发展、医疗卫生水平的提高和基金使用情况适时调整），由地税部门统一征收。生育保险基金实行收支两条线和财政专户管理。2010年年末，全市生育保险参保人数12.83万人，当年生育保险基金收入1848万元，支出1421万元，滚存结余3144万元。

1996—2018年丽水市城镇职工生育保险基金收支一览表

表1－11－5

年份	基金收入(万元)	基金支出(万元)	滚存结余(万元)	参保人数(万人)
1996	113	67	83	4.70
1997	195	118	170	6.90
1998	235	118	287	7.00
1999	234	123	391	6.40
2000	245	140	496	5.70
2001	234	116	614	5.50
2002	276	161	729	4.90
2003	370	131	968	4.70
2004	302	143	1127	4.80
2005	485	215	1397	4.80
2006	533	279	1651	5.49
2007	874	569	1956	8.06
2008	1195	920	2231	9.96
2009	1529	1043	2717	11.48
2010	1848	1421	3144	12.83
2011	2477	1601	4020	15.05
2012	3247	2480	4787	17.32
2013	4026	2746	6067	19.42
2014	4823	4052	6838	22.12
2015	6275	4701	8412	23.90
2016	7140	5371	10181	25.41
2017	7984	9969	8196	26.79
2018	9985	14243	3938	28.51

注：1996—2008年数据取自社保经办机构报表，2009—2018年数据取自社保基金决算报表，1997年、1999年年初数据有调整。

2015年，市人力社保局、市财政局联合印发《关于丽水市生育保险若干问题的通知》，进一步明确生育医疗待遇和生育津贴标准。年末，全市生育保险参保人数23.90万人，当年生育保险基金收入6275万元，支出4701万元，滚存结余8412万元。2017年6月起，丽水市直、莲都区、开发区经费全额保障的机关事业单位生育人员按规定享受工资福利，生育保险基金不再另行发放。生育人员因生育未能全额享受工资福利的，经财政部门审核确认，社保经办机构发放差额部分。2018年，丽水市落实《浙江省人口与计划生育条例》关于实行生育人员30天奖励假的规定，补发从2016年1月1日起的30天奖励假生育津贴，将市本级生育保险缴费比例调整至0.90%。年末，全市参加生育保险人数28.51万人，当年生育保险基金收入9985万元，支出1.42亿元，滚存结余3938万元。

五、工伤保险基金管理

1995年，丽水地区开始建立企业职工工伤保险制度。企业以上年全部职工标准工资为基数，按照差别费率和浮动费率0.20%—1%比例，向县（市）级社保机构缴纳工伤保险基金，保险基金使用范围：因工负伤进行抢救的医疗费用，一次性伤残补助金，伤残抚恤金、供养直系亲属生活困难补助费等。伤残补助标准按伤残程度划分十个等级，按本省上年全省职工平均工资，由职工所在单位一次性发给工伤抚恤金：最低十级为6个月，最高一级为24个月，每一级差为2个月。被确认为伤残一级至四级退出生产、工作岗位的，由社保部门分别按本人原工资90%、85%、80%、75%按月发给伤残抚恤金。1999年，工伤保险基金纳入政府性基金管理。

2004年1月，丽水市实施国务院《工伤保险条例》。工伤保险统筹范围包括市、区属单位，市区范围内部属单位，已参加养老保险单位。缴费以用人单位上年月平均工资作为基数，若高于上年丽水市职工平均工资300%的以300%为基数，若低于平均工资60%的以60%为基数；市本级缴费率按不同行业、不同工伤风险程度分别确定0.6%、1.2%、2%三类标准，其中二、三类行业实行费率浮动，每两年为一个浮动周期，每隔三年核查浮动一次。2006年9月，市级事业单位（不包括参照公务员管理）、民办非营利组织工作人员纳入工伤统筹，标准按本单位在编职工工资总额0.20%缴纳工伤保险基金。2007年，丽水市建设项目施工企业农民工参加工伤保险，规定在全市行政区域范围内从事建筑、交通、水利等建设项目的施工企业，必须为从事建设施工的所有农民工办理工伤保险，标准按招标价或合同价的一定比例缴纳。2010年年末，全市工伤保险参保人数27.60万人，当年工伤保险基金收入6509万元，支出3675万元，滚存结余7959万元。

2012年，丽水市开始实行工伤保险市级统筹，市级风险调剂金按上年工伤保险基金征缴收入的2%筹集。市人力社保局、市财政局联合印发《丽水市城镇职工基本医疗保险、工伤保险市级风险调剂金管理实施办法的通知》，进一步规范调剂金筹集、使用、申请条件及程序。机关工作人员参加工伤保险，单位以职工工资总额为基数，按0.20%的费率缴纳，在社会保障缴费中列支，个人不缴纳。2013年，丽水市调整建设项目施工企业农民工参加工伤保险政策，规定建设项目的工伤保险期限自开工起至建筑施工合同截止之日止，缴费标准为总造价的0.18%（即造价的15%为缴费基数，按1.20%的工伤基准费率计算），由建设项目施工企业（总承包企业）为参与该项目建设的所有农民工统一办理参保和缴费登记手续。2014年，丽水市推进工伤预防国家级试点工作，工伤预防经费列支标准为不超过本地上年度工伤保险费征缴收入的2%。2015年，丽水市调整全市工伤保险行业基准费率及浮动费率，基准费率按不同行业最低为0.2%，最高为2.2%。年末，全市工伤保险参保人数56.79万人，当年工伤保险基金收入1.59亿元，支出1.38亿元，滚存结余1.50亿元。2018年，丽水市制定超龄人员纳入工伤保险试行办法，将超法定退休年龄人员统一纳入工伤保险试点范围。年末，全市参加工伤保险人数57.06万人，当年工伤保险基金收入2.26亿元，支出1.98亿元，滚存结余2.11亿元。

2001—2018年丽水市城镇职工工伤保险基金收支一览表

表1－11－6

年份	基金收入(万元)	基金支出(万元)	滚存结余(万元)	参保人数(万人)
2001	349	212	1199	5.40
2002	402	241	1360	4.70
2003	507	436	1431	4.70
2004	647	453	1625	5.00
2005	881	497	2009	5.50
2006	1151	815	2345	8.09
2007	1795	1182	2958	15.25
2008	2666	2097	3527	26.06
2009	3956	2358	5125	26.34
2010	6509	3675	7959	27.60
2011	6927	6262	8624	29.91
2012	10081	8464	10241	32.94
2013	13473	11357	12357	38.23
2014	15160	14715	12802	42.63
2015	15913	13751	14964	56.79
2016	17937	15441	17460	66.12
2017	19522	18718	18264	79.16
2018	22630	19759	21135	57.06

注：2001—2008年数据取自社保经办机构报表，2009—2018年数据取自社保基金决算报表。

六、城乡居民基本医疗保险

2006年，丽水市开展城镇居民医疗保险试点。2013年，新型农村合作医疗保险及城镇居民医疗保险合并为城乡居民医疗保险。年末，全市城乡居民医疗保险参保人数207.50万人。2014年，全市城乡居民医疗保险参保人数208.20万人。2015年，全市城乡居民医疗保险参保人数199.69万人，平均筹资标准691.78元/人，其中财政补助484.18元/人，城乡居民个人缴费207.60元/人。2016年，全市城乡居民医疗保险参保人数195.76万人，平均筹资标准747.45元/人，其中财政补助524.02元/人，城乡居民个人缴费223.43元/人。2017年，全市城乡居民医疗保险参保人数192.42万人，平均筹资标准924.62元/人，其中财政补助645.16元/人，城乡居人个人缴费279.46元/人。2018年，全市城乡居民医疗保险参保人数192.50万人，平均筹资标准1172.41元/人，其中财政补助834.46元/人，城乡居民个人缴费337.95元/人。

新型农村合作医疗基金管理　2003年1月，丽水市执行国务院《关于建立新型农村合作医疗制度意见的通知》，开展新型农村合作医疗制度（简称“新农合”）试点，选择青田县、遂昌县为试点县。2004年7月，市政府印发《关于建立新型农村合作医疗制度的指导意见》，实行由政府组织、引导、支持，农民自愿参加，个人、集体和政府多方筹资，以大病统筹为主的农民医疗互助共济制度。是年，青田县、遂昌县参加“新农合”37.80万人，参合率72%，平均筹资标准40元，其中中央财政2元/人，省财政10元/人，县财政8元/人，农民自筹20元/人。2005年1月，丽水市全面实施新型农村合作医疗保险制度，全市参加“新农合”146.63万人，参合率74%，财政补助和农民自筹标准不变。2006年，全市参加“新农合”165.08万人，参合率83%，财政补助和农民自筹标准不变。2007年，全市参加“新农合”175.44万人，参合率87%，平均筹资标准64.70元/人，其中中央财政2元/人，省财政20元/人，县财政22.70元/人，农民自筹20元/人。2008年9月，市政府提出全市新型农村合作医疗行政村覆盖率保持100%，以县为单位农民参合率保持在90%以上，年末，全市参加“新农合”184.89万人，参合率90%，平均筹资标准100.60元/人，其中中央财政4元/人，省财政40元/人，县财政29.80元/人，农民自筹26.80元/人。2009年起，各县（市、区）人均筹资额不低于当地农民人均纯收入2.80%。8月，完善新型农村合作医疗制度补偿方案，实行住院统筹为主、兼顾门诊统筹保障模式，适当扩大特殊疾病门诊范围。全市参加新农合187.7万人，参合率94%，平均筹资标准141元/人，其中财政105.60元/人，农民自筹35.40元/人。2010年，全市参加“新农合”186.64万人，参合率93%，平均筹资标准190元/人，其中财政138元/人，农民自筹52元/人。2012年年末，全市参加“新农合”197.18万人，参合率96.64%，平均筹资标准378元/人，其中财政272元/人，农民自筹106元/人。2004—2012年，全市“新农合”筹资24.06亿元，其中各级财政投入16.91亿元，农民自筹7.15亿元。

2013年，“新农合”并入城乡居民基本医疗保险。

城镇居民医疗保险基金管理　2006年，丽水市根据省政府《关于推进城镇居民医疗保障制度建设试点工作的意见》，选择莲都区、云和县、遂昌县为全省首批推行城镇居民医疗保险工作试点县（区），其中莲都区和市本级实行统一制度、统一实施。2008年，松阳县、缙云县、青田县、景宁畲族自治县、庆元县、龙泉市6个县（市）全面推进城镇居民医疗保险试点工作。至年末，全市应参保人数23.68万人，已参保18.88万人，参保率80%，并首次组织丽水市区参保城镇居民7.60万人实行免费健康体检。2010年年末，全市城镇居民医疗保险参保人数24.51万人，参保率95%。

2013年，城镇居民医疗保险并入城乡居民基本医疗保险。

第二节　社会保障风险准备金管理

丽水市为进一步完善社会保障体系，结合实际，积极探索社会保障资金多渠道筹措机制，建立起社保风险准备金制度，将社保风险准备金纳入财政专户，实行“收支两条线”管理，提高社会保险基金抗风险能力。

2004年，丽水市贯彻省政府《关于建立社会保障资金多渠道筹措机制的意见》，探索建立社会保障资金多渠道筹措机制。2005年，市本级按照省财政厅《浙江省多渠道筹措社会保障资金实施办法》，进一步健全社会保障资金筹措机制，提高社会保险基金抗风险能力。2006年，建立社保风险准备金制度，筹资渠道从国有土地出让金、一般公共预算收入、国有资本经营收益中转入。并将社保风险准备金纳入财政专户，实行“收支两条线”管理。2007年，在农业银行设立专户，并根据需求将部分社会保障风险准备金以定期存款形式存储。

2008年，市府办印发《丽水市直多渠道筹措社会保障资金实施办法》，明确市直多渠道筹措社会保障资金的主要渠道：从企业类上缴的国有资产收益中提取充实；从按规定征收的国有土地有偿使用收入总额中提取充实；从政府集中统筹的预算外资金中划转充实；政府预算超收财力中安排充实；其他可用于充实社会保障资金的来源。

2014年，丽水市本级根据省人力社保厅、省财政厅《关于企业退休人员社区综合补贴资金列支渠道有关问题的通知》，按照年人均1800元的标准安排企业退休（退职）人员社区综合补贴并转入社保风险准备金。

2018年，市财政局为加强和规范社会保障风险准备金的筹集、使用和管理，制定《丽水市本级社会保障风险准备金管理操作办法》，进一步明确了社保风险准备金的来源和标准：1.从一般公共预算中安排资金转入。额度根据实际需要和有关规定确定，包括按照不低于企业职工基本养老保险2012年末退休人数和每人1800元/年的标准计算的社区综合补贴。2.从国有土地使用权出让收入中安排资金转入。额度区分企业职工基本养老保险基金支付能力的不同，按照不低于当年国有土地使用权出让收入的一定比例确定。3.从国有土地使用权出让收入等资金中统筹安排资金转入。额度按照当年新参加企业职工基本养老保险的被征地农民人数（包括参照被征地参保人员），以参保时上年度当地在岗职工平均工资为缴费基数、按18%的缴费比例，一次性提取五年确定。4.从国有资本经营预算收入中安排。额度按照不低于当年国有资本经营预算收入的30%确定。5.经营类事业单位改制时按规定提取的改制前已退休人员和改制前参加工作改制后退休人员养老保险费、医疗保险费的提留资金转入。6.按规定可划转的国有资本收益转入。7.按照《浙江省征地补偿和被征地农民基本生活保障办法》规定，安排社保风险准备金。8.社保风险准备金保值增值收益。9.其他适当来源。2018年年末，全市社保风险准备金滚存结余19.26亿元。

2006—2018年丽水市社会保障风险准备金收支一览表

表1－11－7　　单位：万元

年份	收入	支出	本年结余	滚存结余
2006	2500	112	2388	2388
2007	5656	0	5656	8044
2008	192	2600	-2408	5636
2009	228	2500	-2272	3364
2010	7833	0	7833	11197
2011	7661	2220	5441	16638
2012	4418	3704	714	17352
2013	13706	7061	6645	23997
2014	13528	1000	12528	36525
2015	6616	3900	2716	39241
2016	13064	0	13064	52305
2017	55981	7306	48675	100980
2018	95579	4000	91579	192559
合计	226962	34403	—	—

注：数据来源于社会保障基金财政专户中的“社会保障风险准备金”。

第三节　其他社会保障资金管理

一、被征地农民基本生活保障

2003年7月，市政府制定《被征地农民基本生活保障试行办法》，设立被征地农民基本生活保障基金，专款专用。采取个人缴一点、集体筹一点、政府补一点的办法筹集，实行财政专户管理。明确被征地农民就业培训专项经费和阶段性生活补助资金，由市财政部门负责划入市、区就业管理服务机构，实行专户管理，专款专用。2004年，市政府制定《丽水市被征地农民基本生活保障暂行办法》，明确被征地农民基本生活保障的范围和对象是年满16周岁的被征地农民；保障内容包括男性年满60周岁、女性年满55周岁后按月领取基本生活保障金等；缴费（含政府出资、集体补助、个人缴费，下同）标准为一档27000元、二档36000元、三档45000元；市区基本生活保障金月发放标准为一档150元、二档200元、三档250元。2006年7月起，丽水市区基本生活保障金月发放标准调整为一档172元、二档228元、三档285元。2007年，丽水市区被征地农民基本生活保障的缴费标准调整为一档30857元、二档41143元、三档51428元。2008年7月起，丽水市区基本生活保障金月发放标准调整为一档215元、二档285元、三档357元。2009年，丽水市区被征地农民基本生活保障的缴费标准调整为一档38570元、二档51425元、三档64280元。2010年，明确丽水经济开发区被征地农民基本生活保障政府出资政策。政府出资根据土地“谁受益谁承担”原则，按区域划分；实施“先保后征”制度，根据核定的参保指标，按二档标准计算确定政府出资数额，进入征地成本。

2011年，市府办印发《关于落实市区被征地农民基本生活保障先保后征有关工作的通知》，对市区被征地农民社会保障政府出资和业务办理等相关事项作出具体规定。2014年，市府办制定《关于进一步完善市区被征地农民基本生活保障制度的若干意见》，明确属于被征地农民基本生活保障范围的新增被征地农民，可申请参加职工基本养老保险，已参加市区被征地农民基本生活保障的被征地农民，可转保职工基本养老保险；可按规定享受职工基本养老保险缴费年限折算、补缴、抵缴政策。8月起，市区基本生活保障金月发放标准调整为一档328元、二档434元、三档540元。2016年，丽水市区基本生活保障金月发放标准调整为一档370元、二档490元、三档612元。2017年，丽水市区基本生活保障金月发放标准调整为一档410元、二档544元、三档680元。2018年，市府办印发《关于调整完善被征地农民基本生活保障政策的通知》，进一步明确被征地农民生活补助费的申领条件、市区被征地农民生活补助资金财政分担机制，按照土地“谁受益谁承担”的原则，被征地农民生活补助资金按照区域划分由市政府、莲都区政府、丽水经济技术开发区管委会、景宁畲族自治县政府分别承担。

2010—2018年，全市被征地农民参保12.38万人，被征地农民基本生活保障基金收入71.31亿元，其中基本生活保障费收入66.52亿元（个人缴费28.79亿元，集体补助1.03亿元，政府财政补贴36.70亿元），其他收入4.79亿元；支出69.65亿元；2018年年末，滚存结余8.01亿元。市本级被征地农民参保1.26万人，被征地农民基本生活保障基金收入10.42亿元，其中基本生活保障费收入9.64亿元（个人缴费2.19亿元，集体补助1300万元，政府财政补贴7.32亿元），其他收入7800万元；支出10.22亿元；2018年年末，滚存结余6900万元。

二、城乡居民最低生活保障

1996年，丽水地区贯彻省政府有关文件精神，探索建立城乡最低生活保障的有关制度。1997年，云和县率先出台《城乡最低生活保障制度暂行办法》，实施最低生活保障制度，确定保障对象621人，城镇居民最低生活保障家庭月人均80元。年末，丽水各县（市）均出台实施方案。1998年，全区施行城乡居民最低生活月人均保障制度，月人均标准为地区本级机关、企事业单位130元，丽水市（县级）、青田县120元，其他7个县（市）80元。

2009年，全区城镇居民最低生活保障月人均标准为莲都区、缙云县、青田县312元，遂昌县、景宁畲族自治县280元，庆元县、云和县、松阳县、龙泉市276元；全市农村居民最低生活保障月人均标准为莲都区、缙云县188元，青田县190元，景宁畲族自治县170元，庆元县、遂昌县168元，云和县、松阳县、龙泉市166元。年末，全市最低生活保障金支出9318万元。2015年，全市城镇居民最低生活保障月人均标准为莲都区584元，青田县612元，缙云县601元，云和县552元，庆元县、遂昌县、松阳县、龙泉市、景宁畲族自治县528元；全市农村居民最低生活保障月人均标准为莲都区438元，缙云县451元，青田县459元，景宁畲族自治县、云和县、松阳县、遂昌县、庆元县、龙泉市396元。年末，全市最低生活保障金支出1.87亿元。2017年，全市城镇居民最低生活保障月人均标准为莲都区680元，青田县、缙云县674元，云和县608元，龙泉市、遂昌县582元，庆元县、松阳县、景宁畲族自治县581元；全市农村居民最低生活保障月人均标准为莲都区680元，云和县608元，青田县、缙云县506元，遂昌县440元，龙泉市、庆元县、松阳县、景宁畲族自治县436元。年末，全市享受最低生活保障人数8.56万人，最低生活保障金支出3.14亿元。2018年，丽水市统一最低生活保障月人均标准为700元。年末，全市享受最低生活保障人数8.15万人，最低生活保障金支出6.85亿元。

三、救灾经费

救灾救助经费主要用于自然灾害生活救助支出，包括中央自然灾害生活补助、地方自然灾害生活补助、自然灾害重建补助以及其他自然灾害救助支出。1997年，丽水地区财政救灾经费根据“救灾工作分级负责、救灾款分级管理”的原则，以县（市）为主，省财政根据灾情适当补助，地方政府根据历年灾害发生情况，在年度财政预算或预备费中安排一定数额，或预留一定比例救灾经费，并根据地方财力增长情况逐年增加。1991—2018年，全市自然灾害救济支出5.67亿元。

四、抚恤救济事业费

抚恤事业费主要包括伤残抚恤、牺牲病故抚恤、复退军人和红军失散人员生活补助。发放对象包括革命烈士家属、牺牲、病故军人家属、现役军人家属、革命伤残人员、在乡复员军人、在乡退伍军人、在乡红军失散人员等。1991年起，丽水地区执行财政部关于抚恤救济事业费管理的有关规定，抚恤事业费由民政部门列入预算，年终编制年度决算；财政部门批准预算拨款，并对预算执行情况监督检查。丽水市抚恤标准先后多次调整，抚恤对象不断细化。2005年，制定并实施《丽水市重点优抚对象优抚标准自然增长机制实施办法》，抚恤标准逐年稳步提高。2006年，丽水市完善重点优抚对象医疗保障制度，将重点优抚对象纳入农村新型合作医疗体系和医疗资助范围。2008年起，实施《丽水市军人抚恤优待实施细则》。1991—2018年，全市抚恤事业费支出15.10亿元。

第十二章 国有资产管理

国有资产管理是对国有资产的占有、使用、收益和处置进行管理，优化国有资产结构，维护国有资产安全和完整，实现国有资产保值与增值的一项重要工作。国有资产包括国有企业的资产，行政事业单位用财政性资金形成的资产、调拨给行政事业单位的资产、行政事业单位按照规定组织收入形成的资产，以及接受捐赠和其他经法律确认为国家所有的资产，其表现形式为固定资产、流动资产、无形资产等。丽水市规范和加强国有资产管理，维护国有资产的安全和完整，合理配置国有资产，提高国有资产使用效益，保障行政事业单位履行职能。同时，加强经营性国有资产管理，优化国有资产配置，保障国有资产的保值增值。

第一节 国有企业资产管理

1991—1993年，丽水地区国有企业资产管理处在计划经济时期，财政部门主要做好产权登记和资金管理。1992年，丽水地区首次开展国有资产产权登记，全区共登记国有企业633家，占应登记639家的99%，国有资本金总额9.16亿元，实有资金1.18亿元，注册资金8.72亿元。

1994—2003年，丽水市处于国有企业和集体企业产权制度改革时期，财政部门主要做好企业改制中的资产评估、资产核销、资产剥离、资产提留和股权设置等监督管理。1994年，丽水地区资产评估中心成立，对17家国有企业开展清产核资、资产评估试点。丽水油嘴油泵厂、建材公司、棉织厂、火柴厂等国有企业开展股份制改造，明确产权关系。制定《丽水地区国有资产委托经营责任制》，对经营者的确定、权利、义务、资产增值、奖罚等作出规定。1995年，根据国家统一部署，对全区624家（地区本级55家）国有企业开展清产核资，清查后资产总额为53.01亿元（地区本级9.13亿元），共核实资产损失和资金挂账1.12亿元，核实登记国有资本金593家。1996年，进一步加强国有资产管理，制定《丽水地区国有资产保值增值考核办法》《发展资金管理办法》《扭亏增盈奖惩办法》，帮助企业建立内部财务管理制度，完善自我监督、自我约束机制。1997年，对全区210家集体企业开展清产核资试点工作，试点面为26%，对改制企业资产进行立项评估，地区本级全年共立项17个，评估确认9个，净资产增值9.40%。1998年，地区糖酒公司、食品公司、东风汽车配件公司、思美公司、桑塔纳维修中心、进出口公司完成股份制改造。石油公司体制上划为省属企业。2002年年末，全市国有企业资产总额77.80亿元，负债总额45.60亿元，所有者权益32.20亿元。2003年，全市重新登记国有企业300家。

2004年起，丽水市随着国有企业产权制度改革的基本完成，财政部门对国有企业管理重心转向国资营运机构监管和企业扶持。2005年，根据省政府决定，浙江烟草公司丽水分公司上划为省属企业，以2004年净资产的60%，即8599万元为基数，分四年以货币偿还形式返还给市政府。2006—2018年，主要为加强国资监管考核，对财政、税务部门扶持企业资金、减免税的绩效跟踪和绩效评价。2015年，全市重新登记国有企业151家，年末资产总额605.62亿元，负债总额282.11亿元，所有者权益323.51亿元。年末，市本级有市交通建设开发有限公司、市土地储备中心等16家国资营运机构，全年国有资本收益720万元。2018年，全市重新登记国有企业282家（主要是国资营运机构），年末资产总额1575.87亿元，负债总额851.56亿元，所有者权益724.31亿元。市本级国有企业58家（主要是国资营运机构和民生企业），年末资产总额778.21亿元，负债总额460.83亿元，所有者权益317.38亿元。

第二节　行政事业单位国有资产管理

1993年，丽水地区开展行政事业单位国有资产清查工作，对102家行政事业单位资产进行登记，账内资产9.77亿元，账外资产2.03亿元，其中地区本级账内资产1.77亿元，账外资产2485万元。2000年，加强行政事业单位国有资产管理，健全250家行政事业单位占有和使用资产的管理制度，摸清国有资产结构与分布状况。

2003年，丽水市重新登记行政事业单位资产。截至2002年年末，全市1759家行政事业单位资产总额66.90亿元，负债总额17.50亿元，净资产49.40亿元。市直148家行政事业单位资产总额16.05亿元，负债总额5.31亿元，净资产10.74亿元。2004年，开展市直行政事业单位房屋所有权证和土地使用权证督办工作，至年末，市直74家行政事业单位“两证”齐全，占75%。2006年，加强市直行政事业单位房产出租经营管理，出租经营房产通过丽水市招投标中心招标、拍租等市场化方式选择承租人，房产一次性出租期限一般不得超过2年，出租收入实行财政专户“收支两条线”管理。2007年，开展市直行政事业单位房产出租经营情况专项检查，53家行政事业单位有房产出租行为，出租房产337处，全年经营收入2115万元。2010年11月，市政府完善行政事业单位国有资产管理制度，对市直行政事业单位国有资产管理范围、管理机构和职责以及资产配置、资产使用、资产处置、资产评估、资产清查、产权纠纷调处、资产信息管理、统计报告、法律责任等作了专门的规定。

2011年，市财政局资产管理信息系统“久其公司版”试运行，209家市直行政事业单位上线。对国有资产无偿调拨和捐赠，出售、出让、转让和置换，报废报损和核销的操作程序和条件，国有资产自用、出租、对外投资、对外担保的操作程序和条件进行了规范。是年，丽水市本级试编2012年国有资产收益预算。预算收入分为经营收入、使用收入、处置收入及上年结余，预算支出分为项目支出、基本建设支出、政策性支出和政府统筹支出，涉及收入单位47家，支出单位16家，金额8100多万元。预算按照行政单位和全额拨款事业单位收支脱钩管理（文件另有规定的按文件要求执行）；差额拨款、自收自支事业单位项目支出按其上缴金额的80%安排；国资收益结余部分（除去项目支出）按50%安排基本建设支出、30%安排政策性支出、20%安排政府统筹支出的原则编制。预算支付遵循先缴后支、合理安排的原则，根据单位的实际上缴数额，按照一定的比例、进度和需求进行支付。

2012年，规范市直行政事业单位经营性房产出租管理和国有资产收益收缴，市直行政事业单位上缴国有资产收益6295万元。全年市本级共有40家单位通过信息系统处置资产，处置金额2137万元，达到线上资产处置率90%的要求。2013年，制定《丽水市直行政事业单位通用办公设备、家具、软件购置和办公用房装修标准》，规范市直行政事业单位资产配置和办公用房装修行为。编制行政事业单位国有资产收益预算，国有资产收益实行“收支两条线”管理，收支脱钩。预算收入按规定全额缴入国有资产收益专户，预算支出根据工作需求和财力情况安排，对经费自理单位和定额补助单位适当倾斜。开展市直行政事业单位国有房产情况调查，市直行政事业单位国有房产土地面积约187万平方米，建筑面积约222万平方米。年末，市直行政事业单位上缴国有资产收益7339万元。上线资产信息管理平台的市直行政事业单位共235家，有29家单位通过信息系统处置资产，处置资产金额1583万元。2012—2013年，市直行政事业单位经营性房产拍租成交总金额为1899万元。2014年，将行政事业单位国有资产收益全部纳入财政预算，实行“收支两条线”管理。全年市直行政事业单位上缴国有资产收益2.04亿元。市直行政事业单位经营性房产拍租成交总金额为2115万元。

2015年，市财政局组织市直行政事业单位国有资产收益收缴，上缴国有资产收益9316万元。市直行政事业单位经营性房产拍租成交总金额为5893万元。完成196套拆迁安置房的安置及资金回笼工作，回笼销售资金1.44亿元；完成丽华小区46套及接官亭小区60套农民公寓等的安置及资金回笼工作，回笼销售资金5800万元；水东区块经济适用房回笼销售资金911万元；联城经济适用房回笼销售资金9200万元，合计回笼资金3.03亿元。年末，市直行政事业单位资产账面数116.59亿元，净资产账面数96.56亿元。

2016年，市财政局组织市直行政事业单位国有资产收益收缴，上缴国有资产收益8152万元。加强房产出租管理，完成10期市直行政事业单位经营性房产拍租会，委托标的140个，成交65个，成交总金额为1864万元。以2015年12月31日为清查基准日，开展市直行政事业单位资产清查，市直所属行政事业单位资产账面数116.59亿元，清查数116.28亿元，盘盈1081万元，盘亏4181万元，剔除账务因素，实际盘亏2391万元，净资产数96.56亿元。将市直所属行政事业单位资产录入信息系统，实现了对资产从“入口”到“出口”的信息化管理。制定《丽水市本级事业单位出资企业国有资产管理暂行办法》，建立“产权清晰、权责明确、事企分开、管理科学”的事业单位出资企业国有资产管理制度。修订《丽水市直行政事业单位通用办公设备、家具、软件购置和办公用房装修标准》。年末，市直232家行政事业单位资产总额103.39亿元，负债总额18.92亿元，净资产总额84.47亿元。

2017年，市财政局组织市直行政事业单位国有资产收益收缴，上缴国有资产收益7501万元。组织房产出租管理，完成9期市直行政事业单位经营性房产拍租会，委托标的211个，成交149个，成交总金额2277万元。完成市直单位国有房产情况调查，对市直行政事业单位房产的产权、坐落位置、双证办理、房产用途、监管现状等情况进行调查摸底。截至2016年12月，市直行政事业单位国有房产1255处，涉及单位89家，合计建筑面积约168万平方米，土地面积约186万平方米；委托市城投公司代管资产97处，面积约14万平方米。制定《关于进一步加强市直行政事业单位国有资产管理的通知》，加强资产配置、使用、处置、收益收缴全过程监管。同年年末，全市1974家行政事业单位资产总额378.21亿元，负债总额72.67亿元，净资产总额305.54亿元。市直266家行政事业单位资产总额111.50亿元，负债总额18.98亿元，净资产总额92.52亿元。

2018年，市财政局组织市直行政事业单位国有资产收益收缴，上缴国有资产收益6128万元。组织房产出租管理，完成12期市直行政事业单位经营性房产拍租会，委托标的131个，成交86个，成交总金额为5816万元。通过调剂、拍卖、拍租等形式，盘活市直行政事业单位存量房产，支持城中村改造，支持民政部门开办小型养老机构，支持经营性的仓储、停车场，公益性的城市广场、城市花海等建设。加强资产管理信息化建设，将行政事业单位资产管理信息系统升级改造为政府资产管理云服务平台（简称“资产云”），组织用友政务软件公司对新旧资产管理系统数据迁移并开展培训。年末，全市1995家行政事业单位资产总额417.74亿元，负债总额76.81亿元，净资产总额340.93亿元。市直267家行政事业单位资产总额124.32亿元，负债总额24.92亿元，净资产总额99.40亿元。

第三节　国有资产营运管理

1998年7月，经地区行署批转，丽水地区国有资产投资经营公司成立，隶属于地区财政局，后更名为丽水市国有资产经营有限公司，2009年6月，以该公司为主体组建丽水市城市建设投资有限责任公司，并将丽水市水利发展有限公司、丽水市安居房建设有限公司、丽水市旧城改造有限责任公司、丽水市玉溪水资源开发有限责任公司、丽水南城建设有限公司等5家公司的股权划转给丽水市城市建设投资有限责任公司，履行丽水市人民政府授权的资产经营、资本运作、存量资产盘活等职责，注册资本5.70亿元。1999年4月，丽水地区交通建设开发有限公司成立，履行交通建设、投资、筹融资等职责，注册资本2亿元。11月，丽水地区土地储备中心成立，履行国有土地使用、回收、储备等职责，注册资本8500万元；12月，丽水地区城市建设发展有限公司成立，履行城市基础设施投资、建设、开发及经营管理等职责，注册资本2亿元。2000年7月，丽水撤地设市后，丽水地区交通建设开发有限公司、丽水地区土地储备中心、丽水地区城市建设发展有限公司分别更名为丽水市交通建设开发有限公司、丽水市土地储备中心、丽水市城市建设发展有限公司。

2001年9月，丽水南城建设有限公司成立，履行开发区公用设施项目投资和建设职责，注册资本3.64亿元。2002年5月，丽水市水利发展有限公司成立，履行市区防洪堤、内河改造项目建设职责，注册资本5.50亿元。年末，市本级国资营运机构资产总额33.12亿元，负债总额23.03亿元，所有者权益10.09亿元。2004年9月，调整市本级国资营运机构管理体制，明确国资营运机构接受其主管局管理监督。2006年5月，丽水市政府国有资产监督管理委员会成立，再次调整市本级国资营运机构管理体制，明确市财政局履行国资营运机构等非经营性国有资产监管职能，市国资委履行经营性国有资产监管职能。2007年5月，丽水市林业建设发展有限公司成立，履行丽水市本级林业项目资金筹措、建设、运行管理职责，注册资本3000万元。11月，丽水市玉溪水资源开发有限责任公司、丽水市旧城改造有限责任公司成立，注册资本分别为3000万元、2亿元。2008年6月，丽水市安居房建设有限公司成立，注册资本1亿元。2009年8月，丽水市港航建设开发有限公司成立，注册资本2000万元。2010年7月，丽水南城新区投资发展有限公司成立，注册资本3亿元。8月，丽水机场开发建设有限责任公司成立，注册资本1000万元。年末，市本级13家国资营运机构注册资本26.59亿元，资产总额188.35亿元，负债总额92.71亿元，所有者权益95.64亿元。1999—2010年，筹融资82.60亿元，完成基本建设项目投资143亿元。

2010年，丽水市政府融资平台公司核实清理后，丽水市城市建设投资有限责任公司作为统借统还的发债主体，于2011年10月发行“11丽水城投债”10亿元。2012年，丽水市本级加强国资营运机构财务预算管理，合理控制运营费用，全年市本级13家国资营运机构（不含丽水市土地储备中心）财务预算支出2857万元，占预算的75%，未超过预算执行率100%的控制目标要求。2013年5月，丽水市城市建设投资有限责任公司发行二期债券10亿元。9月，丽水市农业投资发展有限公司成立，注册资本1.50亿元。市财政局会同丽水经济技术开发区管委会、市国资委、市交通局、市建设局、市水利局、市林业局和市国土资源局，对市本级各国资营运机构2012年目标经营责任制进行了考核，把干得好、干得苦且经营规范的公司推荐为优秀单位，经综合考核，市水利发展有限公司、南城建设有限公司、市林业建设发展有限公司3家公司为综合优秀单位，市土地储备中心、南城新区投资发展有限公司、市交通建设开发有限公司3家公司为债务计划考核先进单位，取得良好导向作用。

2014年，丽水市本级14家国资营运机构（新增丽水市农业投资发展公司，不含市土地储备中心）上报预算指标8301万元，核准预算指标5457万元。制定《丽水市本级国有资本经营预算管理办法》《丽水市本级国有资本收益收取管理试行办法》，按照全口径要求，将市直国资营运机构也纳入预算范围。调整国资营运机构目标责任制考核内容，增加了目标责任制考核加分项目，将考核结果与各国资营运机构全体人员年薪挂钩。调整市本级国资营运机构年薪标准，对行政事业单位在国资营运机构兼（挂）职人员进行清理，规范行政事业单位在企业挂职人员薪酬标准。对市本级各国资营运机构2013年目标经营责任制进行了考核，市林业建设发展有限公司等3家公司为综合考核优秀单位，市城市建设发展有限公司等3家公司为债务计划考核优秀单位，奖优惩劣，推进国资营运机构健康发展。

2015年，丽水市本级15家国资营运机构上报预算指标1.11亿元，核准预算指标5608万元。同年3月，丽水市旅游投资发展有限公司成立，划转市交通建设开发有限公司、市绿谷信息实业公司、市城乡公共交通公司、市公共交通公司、浙江丽水安邦护卫有限公司、市汽车运输集团股份有限公司作为其子公司，8月，发行“国家低丘缓坡综合治理公司债券”6亿元。

2016年，丽水市本级做实国资营运机构资产，先行对市农业投资发展有限公司、市旅游投资发展有限公司进行市场化转型试点，将市农业局、市农科院原办公楼等5处资产，土地面积3.90万平方米，建筑面积6800多平方米，土地性质由划拨改为出让后安排给市农业投资发展有限公司；将九龙湿地公园及花园路沿街近9000平方米的店面划转给丽水市旅游投资发展有限公司。做好国资营运机构目标责任制考核，对市本级各国资营运机构资产管理、工程管理、对外投资管理、内部管理、安全生产及其他、债务计划、财务预算、资金调度及管理、规范运营9项内容进行考核，市水利发展有限公司等3家公司为2015年度经营目标责任制综合考核先进单位，市城市建设发展有限公司等4家公司为2015年度经营目标责任制筹资工作完成先进单位。同年5月，市城市建设投资有限责任公司发行首期非公开定向债务融资工具8亿元。

2016年丽水市本级国资营运机构基本情况一览表

表1－12－1　　单位：万元

序号	名称	成立时间	经营范围	注册资本
1	丽水市城市建设投资有限责任公司(原丽水地区国有资产投资经营公司)	1998.7	资产经营、资本运作、资产盘活;公用设施投资建设;授权经营等	57000
2	丽水市交通建设开发有限公司	1999.4	交通建设、投资、筹资、开发收费、维护、管理,公路广告经营等	20000
3	丽水市土地储备中心	1999.11	国有土地使用回收储备	8500
4	丽水市城市建设发展有限公司	1999.12	城市基础设施投资、建设、开发及经营管理	20000
5	丽水南城建设有限公司	2001.9	开发区内公用设施建设项目的投资和建设、前期土地平整	36350
6	丽水市水利发展有限公司	2002.5	市区防洪堤、城市内河开发与管理;水电开发;城乡供水工程建设与管理	55000
7	丽水市林业建设发展有限公司	2007.5	市本级林业建设项目的筹资、建设及运维	3000
8	丽水市玉溪水资源开发有限责任公司	2007.11	原水的生产和经营开发	3000
9	丽水市旧城改造有限责任公司	2007.11	市区旧城房屋拆迁;市区沿街房屋市容市貌改造	20000
10	丽水市安居房建设有限公司	2008.6	拆迁安置房、农民公寓、经济适用房、廉租房、人才公寓建设	10000
11	丽水市港航建设开发有限公司	2009.8	全市港航项目开发建设、资金筹措及运营	2000
12	丽水南城新区投资发展有限公司	2010.7	农民安居房、拆迁安置房建设,南城新区国有资产经营	30000
13	丽水机场开发建设有限责任公司	2010.8	丽水机场开发建设	1000
14	丽水绿谷信息实业有限公司	2012.2	信息产业投资、咨询	16350
15	丽水市农业投资发展有限公司	2013.9	农业合作项目、农业建设项目投资、开发经营和管理	15000
16	丽水市旅游投资发展有限公司	2015.3	城市基础设施和公共公用设施建设、旅游基础设施建设、开发和经营	12600

2017年，丽水市本级落实市委、市政府关于《丽水市本级国资营运公司市场化改革方案》《丽水市本级国资营运公司市场化改革资产配置实施方案》，推进市本级国资营运公司市场化转型步伐，加快市城市建设投资有限责任公司、市旅游投资发展有限公司、市农业投资发展有限公司、市交通投资发展有限公司、丽水经济技术开发区发展集团有限公司5家国资营运集团公司资产配置，完成对5家国资营运集团公司、下属18家公司，4000余项资产的专项审计、清产核资。做好2016年度国资营运机构目标责任制考核，通过自评、初评，与各主管局组成联合考评组综合考核的方式，结合PPP项目开展情况、工程落地情况、融资情况以及配合财政进行资金调度等工作，对市本级各国资营运机构资产管理等9项内容进行考核，市水利发展有限公司等3家公司为2016年度经营目标责任制综合考核先进单位，市城市建设发展有限公司等3家公司为2016年度经营目标责任制筹资工作完成先进单位。同年4月，市城市建设投资有限责任公司发行非公开定向债务融资工具12亿元。

2018年，市财政局按照市政府《丽水市本级国资营运公司转型发展工作有关事宜专题会议纪要》，完成《丽水市本级国资营运公司、各部门（清算组）资产清查报告》，摸清家底，为丽水市国资委的市本级国资营运公司资产配置方案提供基础数据。根据市人民政府专题会议纪要精神及相关行政事业单位房产土地的出让情况，将市本级行政事业单位除在用办公楼以外的经营性资产、闲置房产作为国资营运公司注资来源，选择合适资产划转给国资委，由国资委评估后注入国资营运公司，支持国资营运公司做大做强，实现市场化运营。计划配置市本级各国资营运公司资产695项，剔除因拆迁等因素核销资产88项，实际需配置资产607项。2018年，市本级国有资本经营收入310万元，完成年度预算收入188万元的165%。

第四节　国有资产处置盘活

1999年，地区财政局加强行政事业单位国有资产处置管理，明确地级行政事业单位占有使用的建筑物、土地、车辆及单位价值在5000元以上的仪器设备处置，需经主管部门审核后，报地区国有资产管理局会同地区财政局审批；规定标准以下的资产处置，由主管部门审批，抄报地区国有资产管理局、地区财政局备案。2000年，丽水市本级公开拍卖丽水生产资料经营公司、丽水金属回收公司、白云山山庄、处州宾馆和市区出租车营运权，盘活资产4000多万元。2001年，丽水市本级国有企业改制15家，清算破产10家，其资产得以相应处置。

2005年，丽水市公安局紫金路701号房地产置换给市国家安全局，市国家安全局括苍路199号房地产由市国有资产经营有限公司收储；市中级人民法院灯塔街63号办公楼置换给市药品监督管理局，市药品监督管理局下属单位市药检所房地产由市国有资产经营有限公司收储。房地产置换及收储均以“土地按行政划拨价，房屋按重置价”标准计算。2000—2005年，优化配置市区教育资源，浙江省丽水农业学校合并至丽水职业技术学院，腾出原址新办丽水市职业高级中学（丽水市技工学校并入）；浙江省丽水商业学校合并至丽水职业技术学院，腾出原址新办丽水第二高级中学（丽水第四中学并入）；丽水第四中学原址新办天宁寺中学；浙江省少数民族师范学校合并至丽水学院。政府累计投入1.1亿元资金，盘活近2亿元教育硬件资源。

2006年，《丽水市人民政府办公室关于市直办公用房存量资产配置盘活方案的通知》《丽水市人民政府办公室关于转发市直存量资产收储交接工作实施方案的通知》明确：可置换的不建设、要建设的需置换，置换房产统一由市财政局委托市国有资产经营有限公司收储，纯土地由市土地收储中心收储，资金一律用于办公楼建设，不准挪作他用。市电影公司、市机动车驾驶员培训学校由事业单位改制为国有独资公司，由市国资委全额出资组建；浙江北海水力发电有限公司方股东增资800万元；市房屋建设开发公司、市建筑工程公司、市交通监理公司、市机关小车修理所4家改制企业资产全部进入市招投标中心公开出让，成交价8168万元，增值率23.50%。

2007年，原丽水市委大院（灯塔街）建筑面积约8000平方米的房产调剂给市老年活动中心、市老年大学、市老年体协；原丽水市政府大院（城东路）建筑面积10100平方米的房产调剂给市建设局（规划局）、市水利局、市司法局、市环境保护局莲都分局、市文化稽查支队。先后为14家单位调剂办公用房。

2008年7月，市政府与钱江水利开发股份有限公司签订《丽水水务项目投资合作协议》，并经浙江省国有资产管理委员会批准，市供排水有限责任公司71%国有股份按评估价转让给钱江水利开发股份有限公司，市本级国资营运机构存量资产为9441万元。市财政局丽阳路568号办公大楼以2000万元转让给浙江省泰隆商业银行，市财政局解放街综合楼租赁给浙江省稠州商业银行。市国资委定向收购市汽车运输集团有限公司206万元股权，占总股本1519万元的14%。为市数字城管监督指挥中心、南明湖及生态河川执法中队、市水政渔政监察支队、“7·25”专案资产清算小组、市福利彩票发行中心、市法学会、市慈善总会、莲都区社区用房、莲都区科技局、莲都区科协、莲都区科技信息中心等11家单位调剂解决办公用房。

2010年，丽水市本级为市经贸委、莲都区征迁办公室、莲都社区卫生服务站、市电信局“10000”区域服务中心4家单位调剂解决办公用房。2007—2010年，市直处置盘活办公用房存量资产5处，金额约1亿元，为41家单位解决办公或业务用房。

2011年，丽水市本级做好行政事业单位房产配置、盘活工作。先后为处州公园派出所、市执法局万象执法大队、市歌舞团等单位调剂解决办公用房，提高存量办公用房的经济和社会效益，规范操作，资产盘活效益明显。委托市城市建设投资有限责任公司对中山街563—575号店面及原丽水市木材厂水阁东岸村护林房使用权进行公开拍卖，实现资产盘活收益约2200万元。

2013年，市财政局分别编制了《丽水市农科院原办公用房配置方案》《丽水市农业局原办公用房配置方案》《丽水市商品检验局原办公用房配置建议方案》等，满足部分单位办公用房需求，合理调剂房产。先后为莲都区环境保护分局、市执法局岩泉大队、市执法局紫金大队、市安居房建设有限公司、浙江在线丽水频道、市文化执法支队、市农业投资发展有限公司、市玉溪水资源开发有限责任公司8家单位调剂解决工作用房，提高存量办公用房的经济和社会效益。

2014年，丽水市本级先后为黄村国土资源所、市机关第二食堂、市卫生监督所、市药品检验所4家单位调剂解决工作用房，提高存量办公用房的经济和社会效益。加大单位存量房产盘活力度，加快推进农民公寓处置，及时盘活水东区块经济适用房和银泰房地产公司温馨园24套房产，全年盘活市本级国有资产收益合计3.01亿元。

2015年，丽水市本级加强闲置办公用房的合理调剂使用，提高房产利用效率。将市博物馆老馆馆舍安排给市文保所、市文管办、市文物普查办和市文物鉴定组使用；将莲都区林业局一栋两层办公楼和一栋平房无偿借用给莲都区养生促进会和莲都区茶研会；将龙门岭小区1号楼的二至四层安排给市安居房建设有限公司和市旧城改造有限责任公司两家单位共同使用。

2016年，市财政局组织市直行政单位车改拍卖会3场，拍卖涉改车辆289辆，成交率99.31%，成交额1595万元，平均溢价率70%。盘活市直存量房产，完成700套拆迁安置房和农民公寓的安置、资金回笼工作，回笼销售资金2.52亿元。全年市本级共94家单位处置报废资产3638件，金额5791万元；20家单位调拨资产695件，金额1505万元。

2017年，丽水市本级先后为市药品监督管理局、市国家安全局、市建设局、市水利局等90家单位调剂办公用房，改善办公条件，调剂面积约15万平方米。全年市本级共有102家单位处置报废资产1.94万件，金额1.11亿元；15家单位无偿调拨资产，调拨数量5733件，金额4212万元；2家单位对外捐赠资产，捐赠资产数量1498件，金额92万元。

2018年，市财政局调整下放市本级行政事业单位国有资产处置权限，已达到规定使用年限且应淘汰的固定资产（不含房屋及构筑物）报废、无形资产（不含土地使用权）核销以及科技成果的转化处置，由市本级行政事业单位按内控制度规定自行审批。涉及房屋及构筑物、土地使用权、股权处置的，由市本级行政事业单位提出意见，经主管部门审核后报市财政局审批。单项原值20万元以上（含20万元）的固定资产、无形资产、存货（单批）等资产处置以及单笔金额5万元以上（含5万元）的货币性资产损失核销、对外捐赠等事项，由市本级行政事业单位提出意见，经主管部门审核后报市财政局审批。建立报废资产定点上门回收机制，确定由国有独资企业丽水市城市建设投资有限公司作为市本级行政事业单位报废资产上门回收定点企业，市本级行政事业单位经批准报废的实物资产，除另有规定外，统一无偿移交给市城市建设投资有限公司回收处置，支持国有企业改革发展，简化资产处置流程。推进市本级事业单位公务用车改革涉改车辆处置工作，对78辆涉改车辆进行评估，为公开拍卖处置提供依据。

第十三章　会计管理

会计工作是兼具政策性和技术性的专业工作，又是一项重要的经济基础管理工作。会计管理是财政管理的重要内容。会计管理的目的是依法规范会计行为，加强会计核算和会计监督，提高经济和资金使用效益。会计管理主要包括会计业务工作管理和会计人员管理等方面。1993年7月，施行《企业财务通则》《企业会计准则》。是年起，丽水地区组织参加全国统一的会计专业技术资格（中级及以下）考试。1998年1月，施行《财政总预算会计制度》《事业单位会计准则（试行）》《行政单位会计制度》《事业单位会计制度》。2000年7月，丽水市施行第九届全国人民代表大会常务委员会第十二次会议修订的《中华人民共和国会计法》（简称《会计法》）；是年，组织会计从业资格证考试。2003年起，组织全市会计高级职称考试。2005年1月，全市国有企业、外商投资企业、非国有大中型企业全面实施《企业会计制度》。2007年1月，实施修订后的《企业会计准则——基本准则》。2010年4月，全面实施财政部、证监会、审计署、银监会、保监会联合颁发的《企业内部控制配套指引》，基本形成企业内部控制规范体系。2017年11月，实施第十二届全国人民代表大会常务委员会第三十次会议修订的《会计法》，取消会计从业资格证认定，不再组织会计从业资格认定及考试、证书核发和换发、调转登记等。

第一节　会计人员管理

根据《会计法》规定，会计人员应当具备从事会计工作所需要的专业能力。丽水市财政部门先后在会计从业资格、专业技术资格、继续教育和领军人才培养等方面加强管理，以提高会计人员专业技能，胜任财务会计工作。

一、从业资格管理

1990年，地区财政局贯彻执行省财政厅制定的《浙江省会计证试行办法》《浙江省会计人员颁发会计证考试办法》《浙江省会计人员颁发会计证考核办法》等，全区所有会计人员须参加会计证考核考试，实行持证上岗制度。1991年1—3月，举办地直单位会计基础知识培训班，对需申报发放临时会计证的人员进行培训；是年，全区通过会计证考试、考核核发正式会计证6000多人，临时会计证500多人。1994年，全区开展会计证年检和换证工作。对全区原有正式会计证8446本，临时会计证1229本进行年检，换发正式会计证6945本，临时会计证1100本。1995年，执行财政部《会计证管理办法（试行）》、省财政厅《浙江省会计证管理办法》，开展会计资格证书注册登记，实行持证上岗制度。1996年起，对在岗持证的正式会计人员，实行会计证每年一次年检制度。经年检不合格被吊销会计证或因调离和离（退）休被注销会计证的人员，以及持未经注册登记或会计证未经年检的人员，不得参加会计专业技术资格考试和评审、评选先进会计工作者等，不得凭无效会计证办理税务登记、购买票据等。1997年，贯彻执行省财政厅修订的《浙江省会计证管理办法》，重申会计证是具有一定会计专业知识和技能的人员从事会计工作的资格证书，各单位不得聘（任）用无证人员从事会计工作。会计证分为正式会计证和预备会计证两种，由省财政厅统一印制。会计证实行每年一次考试制度，经考试合格并取得珠算技术普通六级以上等级证书或会计电算化初级培训合格证书，符合基本条件的人员，按规定申请领取正式会计证或预备会计证。1998年年末，全区持证会计人员1.05万人，其中大学本科124人，占1%；大学专科2586人，占25%；中专3512人，占33%；高中3025人，占29%；高中以下1227人，占12%。

2000年，丽水市执行财政部颁发的《会计从业资格管理办法》，将原会计证改为会计从业资格证，并实行考试制度。2001年1月，在市政府审批服务中心设立窗口，办理会计从业资格证书的审核发放，以方便广大会计人员办证。2002年，全市会计人员年检合格11950人，不予通过220人，换发新证7128人。11月，市财政局印发《丽水市会计从业资格档案管理暂行办法》，规范全市会计从业人员档案管理。2005年，全市报考会计从业资格人数为2750人。2006年，全市报考会计从业资格人数为3339人，其中报考双科有1876人，合格651人，合格率34.70%（全省平均合格率34.27%）；报考单科有1463人，合格894人，合格率61.11%（全省平均合格率60.90%）。2007年，全市报考会计从业资格人数为4652人，其中报考双科有3187人，合格1312人，合格率41.17%；报考单科有1465人，合格1073人，合格率73.24%。2008年，全市报考会计从业资格人数为5384人，其中报考双科有4175人，合格1361人，合格率32.60%；报考单科有1209人，合格448人，合格率37.06%。2009年，会计从业资格考试首次采用网上报名方式。全市报考会计从业资格人数为5603人，其中报考双科有4083人，合格1321人，合格率32.35%；报考单科有1520人，合格355人，合格率23.36%。全年，市本级核准会计从业资格1200份，办理会计从业资格变迁、变更事项246件。2010年，贯彻执行省财政厅《关于开展会计从业资格无纸化试点考试的通知》，开展会计从业资格无纸化考试试点，组织全市国库集中支付单位342人参加试点考试。全市报考会计从业资格人数为6810人，其中报考双科有4800人，合格1457人，合格率30.35%；报考单科有2010人，合格971人，合格率48.31%。年末，全市持有会计从业资格证书2.57万人。

2011年，丽水市报考会计从业资格人数为7636人，其中报考双科有6220人，合格1254人，合格率20.16%；报考单科有1416人，合格341人，合格率24.08%。市本级核准会计从业资格590份，办理会计从业资格变迁、变更事项873件。2012年，全市报考会计从业资格人数为8195人，其中报考双科有6820人，合格1548人，合格率22.70%；报考单科有1375人，合格313人，合格率22.76%。2013年，市本级核准会计从业资格362份，办理会计从业资格变迁、变更事项671件。2014年，推行会计行政许可"一站式"服务，市本级制作会计从业资格证新证519本，更换老证1111本，变迁、变更999次。2015年，全市报考会计从业资格人数为8871人。市本级制作会计从业资格证新证482本，更换老证1695本，变迁、变更1174次。2016年，全市报考会计从业资格人数为9077人。市本级制作会计从业资格证新证614本，更换老证1624本，变迁、变更1235次。2017年，市本级制作会计从业资格证新证29本，更换老证175本，变迁、变更704次。是年1月1日起，浙江省会计从业资格考试暂停。截至10月，全市持有会计从业资格证的人数为3.75万人，其中市本级8700人。是年11月4日，会计从业资格证取消。

二、专业技术资格管理

1992年，地区财政局贯彻执行财政部《关于会计专业技术资格考试管理办法》和省财政厅、省人事厅《浙江省会计专业技术资格考试实施意见》。6月，与丽水地区人事局联合成立丽水地区会计专业技术资格考试领导小组，吴树奎任组长。1993年起，浙江省参加全国统一组织的考试，按照属地原则组织实施会计专业技术资格考试。1997年，经省高级会计专业职务评审委员会（简称省高评委）评审，全区2人被评为高级会计师资格；通过全国会计专业技术资格统一考试，全区取得会计专业技术资格519人，其中会计师资格100人，助理会计师资格228人，会计员资格191人。1998年，经省高评委评审，全区1人被评为高级会计师资格；通过全国会计专业技术资格统一考试，全区取得会计专业技术资格522人，其中会计师资格116人，助理会计师资格303人，会计员资格103人。年末，全区有高级会计师17人，会计师853人，助理会计师2345人，会计员2067人。1999年，贯彻财政部、人事部对会计专业技术资格考试级别、类别和实务科目调整等有关精神，将3个级别考试合并为2个级别考试，即会计员和助理会计师合并为初级资格考试，中级资格（会计师）考试不变；企业会计类和预算会计类合并为会计实务科目。是年，经省高评委评审，全区5人被评为高级会计专业技术资格；通过全国会计专业技术资格统一考试，全市取得会计专业技术资格共545人，其中中级资格38人，初级资格507人。

2000年，经省高评委评审，丽水市3人被评为高级会计专业技术资格；通过全国会计专业技术资格统一考试，全市取得会计专业技术资格346人，其中中级资格55人，初级资格291人。2003年，通过先考后评方式，经省高评委评审，全市19人被评为高级会计专业技术资格；通过全国会计专业技术资格统一考试，全市取得会计专业技术资格205人，其中中级资格84人，初级资格121人。2005年，全市24人经推荐进入评审，16人被确认为具有高级会计专业技术资格；通过全国会计专业技术资格统一考试，全市取得会计专业技术资格276人，其中中级资格142人，初级资格134人。2006年，市财政局与各县（市、区）财政局、市直考点签订《考试考务工作责任书》，以明确责任。全市74人经推荐进入评审，43人被确认为具有高级会计专业技术资格；通过全国会计专业技术资格统一考试，全市取得会计专业技术资格188人，其中中级资格117人，初级资格71人。2007年，全市51人经推荐进入评审，33人被确认为具有高级会计专业技术资格；通过全国会计专业技术资格统一考试，全市取得会计专业技术资格246人，其中中级资格70人，初级资格176人。2008年，全市46人经推荐进入评审，31人被确认为具有高级会计专业技术资格；通过全国会计专业技术资格统一考试，全市取得会计专业技术资格268人，其中中级资格80人，初级资格188人。2009年，全市21人经推荐进入评审，12人被确认为具有高级会计专业技术资格；会计专业技术资格考试首次采取网上报名方式，通过全国会计专业技术资格统一考试，全市取得会计专业技术资格321人，其中中级资格34人，初级资格287人。2010年，全市8人经推荐进入评审，8人被确认为具有高级会计专业技术资格；通过全国会计专业技术资格统一考试，全市取得会计专业技术资格305人，其中中级资格51人，初级资格254人。年末，全市会计专业技术高级资格270人，中级资格1531人，初级资格4405人。

2011年，全市18人经推荐进入省高评委评审，13人被确认为具有高级会计专业技术资格。通过全国会计专业技术资格统一考试，全市取得会计专业技术资格333人，其中中级资格36人，初级资格297人。2012年，全市20人经推荐进入评审，13人被确认为具有高级会计专业技术资格；通过全国会计专业技术资格统一考试，全市取得会计专业技术资格355人，其中中级资格58人，初级资格297人。2013年，全市16人经推荐进入评审，12人被确认为具有高级会计专业技术资格。是年，初级资格无纸化考试开始。2014年，全市1人被省教授级会计专业职务评审委员会确认为具有教授级高级会计师任职资格；14人经推荐进入评审，12人被确认为具有高级会计专业技术资格。是年，会计专业技术资格初级考试全面从纸质转变为无纸化网考。2015年，全市29人经推荐进入评审，20人被确认为具有高级会计专业技术资格；通过全国会计专业技术资格统一考试，全市取得会计专业技术资格374人，其中中级资格72人，初级资格302人。2016年，全市3人经推荐进入省教授级会计专业职务评审委员会评审，1人被确认为具有教授级高级会计师任职资格；10人经推荐进入评审，7人被确认为具有高级会计专业技术资格；通过全国会计专业技术资格统一考试，全市取得会计专业技术资格478人，其中中级资格96人，初级资格382人。是年，中级资格无纸化考试开始。2017年，经评审，全市1人被省教授级会计专业职务评审委员会确认为具有教授级高级会计师任职资格；9人被确认为具有高级会计专业技术资格；通过全国会计专业技术资格统一考试，全市取得会计专业技术资格538人，其中中级资格107人，初级资格431人。2018年，经评审，全市12人被确认为具有高级会计专业技术资格；通过全国会计专业技术资格统一考试，全市取得会计专业技术资格964人，其中中级资格192人，初级资格772人。年末，全市会计从业人数3.74万人，其中初级会计专业技术资格6601人，占17.65%，中级会计专业技术资格2545人，占6.80%，高级会计专业技术资格381人，占1.02%，教授级高级（正高级）会计专业技术职称3人。

三、继续教育和培训

1990年，地区财政局组织参加全国首届会计知识大赛浙江赛区比赛，地区代表队王刚获浙江赛区第一名，代表浙江省赴北京参加全国比赛。1993年，全区培训会计人员8150人次，其中《企业财务通则》《企业会计准则》及分行业财务制度、会计制度（简称“两则两制”）培训6600人次，会计专业技术资格考试培训1550人次。1994年，全区组织新会计制度培训7882人次，其中会计制度培训7420人次，会计专业技术资格考试、注册会计师考试培训462人次。组织参加全省新会计知识大赛，全区第一赛程回收答卷7543份，获全省优胜奖238人，纪念奖488人，分别占全省的48%和12%；参加第二赛程选拔赛627人，产生一等奖1人，二等奖2人，三等奖3人，优秀奖6人，鼓励奖22人，丽水代表队获全省三等奖，王刚获全省第一名，地区财政局获全省组织奖。1995年，全区开展以行业会计制度和推行会计电算化为主的培训，培训3808人次，其中行业会计制度培训2020人次，会计电算化知识培训458人次，会计专业技术资格考试、注册会计师统一考试等培训1330人次。1996年，全区开展以会计队伍建设为主的培训，培训4027人次，其中行业会计制度培训93人次，会计专业技术资格考试培训1310人次，会计证考试培训869人次，会计电算化知识培训743人次，注册会计师统一考试培训512人次，成本会计等培训500人次。1997

年，全区财政部门开展以《会计基础工作规范》为主的会计人员培训，培训1.29万人次，其中《会计基础工作规范》培训9869人次，会计专业技术资格考试培训1450人次，会计证考试培训456人次，会计电算化知识培训1021人次，注册会计师统一考试培训84人次。全省《会计基础工作规范》知识竞赛丽水地区回收答卷5000余份，占全省75%，获全省一等奖4人，二等奖8人，三等奖34人，获奖人数分别占全省的80%、80%和68%。1998年，贯彻执行省财政厅《浙江省会计人员继续教育试行办法》，明确凡取得正式会计证的人员必须接受会计人员继续教育。是年，开展以会计知识更新为主的培训，培训9964人次，其中会计基础工作规范化培训5820人次，会计电算化培训1025人次，会计专业技术资格统一考试培训1509人次，具体会计准则培训1429人次，会计证考试培训59人次，注册会计师统一考试培训122人次。1999年，推行以会计人员继续教育为主的培训，全区培训5212人次。2000年，开展以新修订的《会计法》为主的培训，参加培训会计人员1.20万人次，单位负责人2305人次，财税干部1291人次。是年，组织第二届全国会计知识大赛（丽水赛区），参加第一赛程答题1.21万人次。

2005年，市财政局组织全市会计人员参加“纪念《会计法》实施20周年”会计知识百题竞赛，共回收答题卡3500余份。组织81名高级职称会计人员参加省财政厅、省会计学会主办的培训；组织1100名中级职称会计人员参加市本级主办的培训。2006年，制定《丽水市会计人员继续教育培训单位管理办法（暂行）》，明确会计人员继续教育培训单位应具备的基本条件及申请报批程序，细化培训要求，设立考核标准。2007年，组织全市会计人员参加第三届全国会计知识大赛丽水赛区竞赛，市财政部门会同市人事部门，对参加本赛区竞赛者，除按照省财政厅规定的奖励外，准予破格报名参加初级或中级会计专业技术资格考试，视同完成2007年度会计人员继续教育课时。

2008年，市财政局制定《丽水市会计人员继续教育培训机构管理办法》，明确培训机构应具备的条件等，《丽水市会计人员继续教育培训单位管理办法（暂行）》同时废止。2009年，将《企业内部控制规范》列入会计持证人员继续教育内容，加强《企业内部控制规范》宣传、培训工作。2010年，全市组织103名高级会计师分别到北京、上海、厦门国家会计学院进行继续教育学习，组织67名高级会计师到杭州市参加学习。

2012年，市财政局将《小企业会计准则》列入年度会计人员继续教育的主要内容，为2013年1月1日《小企业会计准则》顺利实施奠定基础。2015年，联合丽水职业技术学院向社会推出“财会人生”会计人员公益性培训项目，举办三期，累计培训106人次。全市参加面授继续教育人数1.65万人、网络继续教育人数4979人，实际参加继续教育人数占应参加继续教育人数61%（部分会计人员享受继续教育抵免政策）。2016年5月，市财政局制定《丽水市会计人员继续教育管理实施办法》，明确继续教育基本原则、管理体制、内容与形式、学分管理、机构管理、监督检查等方面的要求。2018年9月，举办市本级行政事业单位政府会计制度培训，举办一期，培训300人次，成立15人专家团队，提供施行《政府会计制度》咨询服务。

2002—2016年丽水市会计从业资格考试情况一览表

表1－13－1 单位：人

年份	科目	报考人数	合格人数	年份	科目	报考人数	合格人数
2002	—	1123	441	2010	双科	4800	1457
2003	—	882	406		单科	2010	971
2004	—	1218	384	2011	双科	6220	1254
2005	双科	1836	1164		单科	1416	341
	单科	914	492	2012	双科	6820	1548
2006	双科	1876	651		单科	1375	313
	单科	1463	894	2013	无纸化(三科)	9421	1614
2007	双科	3187	1312	2014	无纸化(三科)	9272	1413
	单科	1465	1073	2015	无纸化(三科)	8871	1296
2008	双科	4175	1361	2016	无纸化(三科)	9077	1587
	单科	1209	448	—	—	—	—
2009	双科	4083	1321	—	—	—	—
	单科	1520	355	—	—	—	—

注：2017年起取消会计从业资格考试。

2002—2012年丽水市会计初级电算化考试情况一览表

表1－13－2 单位：人

年份	通过人数	年份	通过人数
2002	551	2008	1807
2003	951	2009	2344
2004	549	2010	2295
2005	1452	2011	1941
2006	1823	2012	1195
2007	1504	合计	16412

注：2013年起取消会计初级电算化考试。

2006—2018年丽水市会计初级中级专业技术资格考试情况一览表

表1－13－3　　单位：人

年份	中级							初级	
	财务管理		经济法		中级会计实务		全部合格		
	报名	合格	报名	合格	报名	合格		报名	合格
2006	1024	129	949	210	1040	112	117	495	71
2007	747	111	701	87	783	68	70	984	176
2008	576	67	601	115	642	66	80	1380	188
2009	449	70	447	48	491	35	34	1306	287
2010	408	33	452	54	499	65	51	1790	254
2011	466	58	449	45	478	31	36	2035	297
2012	536	75	583	78	594	73	58	2229	297
2013	650	86	672	82	713	109	49	1814	284
2014	702	88	745	120	748	62	54	1926	251
2015	793	117	852	92	882	87	72	1678	302
2016	884	296	996	361	1004	341	96	1741	382
2017	1307	431	1362	481	1383	533	107	2091	431
2018	1351	534	1447	633	1470	675	192	4687	772
合计	9893	2095	10256	2406	10727	2257	1016	24156	3988

四、会计领军人才培养

2006年，市财政局推荐6名优秀会计人员参加省财政厅统考，经过层层选拔，市供排水公司陈慧君、浙江移动通信公司丽水分公司潘伟明成为全省第一批高级会计人才（企业类）培训班学员（培训班30人）。2007年，经推荐选拔，丽水市同昌房地产开发有限公司财务总监陈慧君被录取为浙江省会计领军（后备）人才（企业类）培训班学员。2010年，青田县财政项目预算审核中心主任周伟朝被录取为浙江省会计领军（后备）人才（行政事业类）培训班学员。

2013年12月，市财政局印发《关于开展丽水市会计领军（后备）人才培训的通知》，组织开展丽水市会计领军人才培养工作。2014年4月，通过公开选拔，录取吴小洋等35人为第一期会计领军人才正式学员，学制三年，委托丽水职业技术学院培养。2016年，松阳县教育局何松红、浙江晨龙锯床股份有限公司周杰被录取为浙江省会计领军（后备）人才（分别为行政事业类、企业类）培训班学员。2017年5月，通过公开选拔，录取潘卫等35人为第二期会计领军（后备）人才正式学员，学制三年，委托丽水职业技术学院培养。丽水市积极推进会计领军人才培养工作经验材料在全省会计管理与改革经验交流座谈会上进行交流，并在《中国会计报》上刊登，得到省财政厅肯定。2018年7月，根据《浙江省会计领军人才培养使用管理办法》，结合丽水实际，明确了丽水市会计领军人才选拔基本条件、不合格学员淘汰、后续管理使用等方面的要求。9月，丽水市通过公开选拔，录取梁慧强等40人为第三期会计领军人才正式学员，学制三年，委托丽水职业技术学院培养。11月，纳爱斯集团有限公司潘卫、浙江捷昌线性驱动科技股份有限公司周爱标被录取为浙江省国际化会计高端人才（跨境并购类）培训班学员。

第二节　会计中介机构管理

一、会计师事务所管理

丽水地区会计师事务所于1989年3月成立，为丽水地区首家会计师事务所。至1993年年末，各县（市）相继成立会计师事务所。1996年8月，丽水地区注册会计师协会成立。年末，全区有10家会计师事务所，年业务收入263万元，从业人员120人，其中注册会计师67人。注册审计师协会下辖9家审计事务所。是年，以整顿会计工作“约法三章”为中心，加强会计工作法治建设，推进会计电算化工作步伐，发挥会计师事务所作用，全区会计师事务所承办各类业务252项。

1998年，丽水地区全面开展注册会计师行业清理整顿工作。1999年，根据政府机构改革要求，各类会计师（审计）事务所与原挂靠单位在人员、财务、业务、名称等方面彻底脱钩，由注册会计师发起并出资设立社会中介机构。根据财政部、中国注册会计师协会有关文件精神，全区事务所脱钩改制，原10家会计师事务所与9家审计事务所改制后成立12家会计师事务所。是年，挂靠地区财政局、地区审计局的会计师（审计）事务所完成脱钩改制，分别成立丽水佳信会计师事务所、丽水万邦天义会计师事务所。

2002年，丽水市注册会计师协会制定出台会计师事务所行业自律公约，规范行业行为，促进公平竞争，提高执业质量。2003年9—11月，开展会计师事务所基本情况检查。2005年3—11月，开展资产评估机构检查，对不具备资格设立条件的机构，予以整改。6—7月，组织全市12家会计师事务所开展自查，8月，组织实地检查。

2006年，丽水市根据省财政厅《关于开展治理注册会计师、资产评估行业商业贿赂专项工作的通知》和市委、市政府的统一部署，开展全市注册会计师、资产评估行业商业贿赂专项治理工作。修订注册会计师协会行业自律公约，9月，组织全市会计师事务所开展自查，10月，进行交叉互查。

2007年，丽水市注册会计师协会制定《关于规范会计师事务所、资产评估机构以投标方式承揽业务报价行为的决议》。2008年10—11月，丽水市注册会计师协会组织开展行业自律公约执行情况检查，促进各执业机构完善内部治理，防范行业执业风险。

2010年11—12月，全市注册会计师行业开展“提高服务质量、提升服务效率”服务月活动，按照“推动落实有新举措、转变作风有新形象、改革创新有新突破、增速提位有新成效”的目标要求，促进行业整体形象提升。

2011年，丽水市首次开展会计师事务所设立条件专项检查。全市12家会计师事务所参加为期

1个多月的自查、报审、复查工作。完成本辖区12家会计师事务所2010年度报备工作。12家会计师事务所注册资金700万元，从业人员267人，其中注册会计师107人、资产评估师53人，全年业务收入3647万元。2012年，丽水市按照省财政厅对会计师事务所执业情况报备范围、报备内容及“属地管理、分级负责”的工作要求，完成本辖区12家会计师事务所的2011年度报备工作。全市12家会计师事务所注册会计师106人。5—9月，在全市注册会计师行业开展“进村入企访客户、助推发展强服务”为主题的走访活动，各会计师事务所共160余人次参加，走访2300家企事业单位，为客户提供更优质服务。

2000—2018年丽水市会计师事务所情况一览表

表1－13－4

年份	营业收入(万元)	缴纳税收(万元)	就业人数(人)
2000	855	56	194
2001	1061	73	207
2002	1199	87	219
2003	1319	102	223
2004	1504	118	239
2005	1708	131	219
2006	1918	158	224
2007	2910	233	235
2008	4151	294	240
2009	3953	317	248
2010	4244	448	245
2011	5933	564	262
2012	6950	684	270
2013	9038	710	314
2014	8654	885	341
2015	9290	898	351
2016	9376	1073	376
2017	9980	1253	397
2018	11956	1061	392
合计	95999	9145	—

注：表中营业收入统计不仅限于会计师事务所收入，还包括关联的资产评估机构等。

2015年，丽水市注册会计师协会完善会计中介机构行业自律、监管工作机制。重申规范各会计师事务所、资产评估机构以投标方式承揽业务的报价行为，明确基准收费上下浮动标准。全市开展会计师事务所执业质量、资格条件及行业自律检查。2016年7—10月，全市注册会计师、资产评估行业开展商业贿赂行为专项治理工作，分自查自纠、重点检查、总结整改三个阶段进行。

2018年9月，丽水市注册会计师协会组织开展“会计财务服务周”活动，服务小微企业。年末，全市12家会计师事务所，其中有限责任会计师事务所8家，合伙会计师事务所4家；资产评估机构5家；执业注册会计师105人、资产评估师47人。

二、会计代理记账机构管理

2005年3月，丽水市执行财政部《代理记账管理办法》。2006年6月，全市范围开展代理记账机构检查。9月，市财政局核准丽水市金点子企业事务代理中心（后更名为“丽水市金点子财务管理有限公司”）、丽水市处州统计事务所有限公司代理记账资格的申请。2007年6月，核准丽水市金穗子会计代理有限公司代理记账资格的申请。2010年5月，核准丽水市智诚会计服务有限公司（核准名）代理记账资格的申请。

2011年，市财政局对市本级9家代理记账机构是否仍符合设立条件、业务开展等情况进行检查。2014年，建立代理记账机构数据档案。2015年年末，全市会计代理记账机构23家，其中市本级13家。2016年年末，全市会计代理记账机构30家，其中市本级18家。2017年3月，“代理记账机构执业资格审批”和“代理记账机构年度报备”两项事项纳入全省“最多跑一次”改革，通过“浙江省代理记账管理系统”和“浙江政务服务网”数据共享，实现申请审批“零见面”。年末，全市会计代理记账机构43家，其中市本级18家。

2018年年末，全市会计代理记账机构49家，其中市本级18家。

第三节　会计基础管理

1991年3月，地区财政局等四部门授予丽水地区汽车运输公司财务科等15个集体“丽水地区先进财会工作集体”荣誉称号，授予杨绵芳等40人“丽水地区优秀会计”荣誉称号。4月，省财政厅等四部门授予浙江省丽水烟糖酒菜批发公司财务科“浙江省先进财会工作集体”荣誉称号，授予上官女英等9人“浙江省优秀会计人员”荣誉称号。1992年1月，贯彻《省财政厅关于执行〈浙江省行政事业单位会计工作达标考核评分标准（试行）〉的通知》，推进行政事业单位会计达标考核工作。7月，地区财政局与丽水电业局联合印发《丽水地区电力企业会计电算化验收标准（试行）》。1993年7月，施行《企业财务通则》《企业会计准则》。8月，成立中华会计函授学校丽水分校校务委员会和直属站，吴树奎任校长、叶志明任副校长。1995年10月，地区商业局周剑锋被财政部授予“全国先进会计工作者”荣誉称号。1996年，贯彻执行省财政厅《浙江省会计电算化知识培训考试管理办法》，负责指导本地区的会计电算化知识培训考试工作。会计电算化初级培训实行统一考试制度，考试采取无纸化方式。1997年2月，地区财政局与地区人事局联合转发财政部、人事部《关于对违反国家财经纪律的会计人员解除专业职务等有关问题的通知》。7

月，印发《丽水地区会计基础工作规范化考核实施意见》，成立丽水地区会计基础工作规范化领导小组和会计基础工作规范化考核验收确认小组，开展会计基础工作规范化考核工作。1998年1月，施行《财政总预算会计制度》《事业单位会计准则（试行）》《行政单位会计制度》。同年，地区行署批转《丽水地区本级机关事业单位会计代理办法（试行）》，6月1日起试行，全区共6个县（市）157家单位实行了会计代理。

2001年，市财政局开展全市新《会计法》执行情况检查。全市共发出自查表3300余份，收回2900份，参与自查的行政事业单位1010家，国有、集体、私营企业1635家。2003年5月，总结首批内部会计控制制度示范建设经验，确定浙江省烟草公司丽水分公司、丽水日报社等28家企事业单位为市级第二批内部会计控制制度示范建设单位。12月，建立丽水市会计诚信档案管理制度，会计诚信档案由单位诚信档案和会计从业人员诚信档案组成，其内容主要包括基本信息、守信信息和警示信息等。2004年8月，开展市级第三批内部会计控制制度示范建设，市第二人民医院、青田县自来水厂等12家企事业单位参加。2005年，制定《丽水市先进会计工作者评选表彰办法》，成立全市先进会计工作者评选表彰领导小组，在全市范围内开展评选表彰活动，梁伟样等22人被评为市先进会计工作者。7月，全市开展《小企业会计制度》、会计从业资格证等专项检查。10—12月，开展《会计法》执法情况检查，检查采用财政部《小企业会计制度》核算的小企业355家，各类民间非营利组织46家；检查发现71家小企业未规范执行《小企业会计制度》、30家民间非营利组织未规范执行《民间非营利组织会计制度》，97名会计人员无证上岗，及时提出限期整改意见。2006年6—8月，开展《代理记账管理办法》执行情况检查。9月，根据财政部颁发《会计人员荣誉证书的试行规定》，全市有86名30年以上会计工龄的会计人员，获得会计人员荣誉证书。2007年1月，施行修订后的《企业会计准则——基本准则》。12月，开展企业内控制度执行情况调查，选择217家不同行业、不同规模、不同性质的企业进行问卷调查。2008年，制定《关于开展市先进会计工作者评选表彰暨推荐全国和省先进会计工作者候选人有关工作的通知》，组成专家评审委员会进行评审，确定35名丽水市先进会计工作者，其中推荐5名为省先进会计工作者候选人。12月，凡是在2008年底从事会计工作满30年的人员均可申请中华人民共和国会计人员荣誉证书，全市130人获此荣誉。2009年3月，开展村级会计代理服务工作调查和《小企业会计制度》执行情况调查。

2012年，市财政局贯彻落实《小企业会计准则》。2014年，组织开展全市行政事业单位《会计法》专项执法检查。2017年，印发《关于开展会计管理示范点培育工作的通知》，要求各县（市、区）至少上报2个会计管理工作示范点。市本级选择丽水市汽车运输集团股份有限公司、浙江闽锋化学有限公司、浙江畅尔智能装备股份有限公司等3家市区企业开展管理会计应用试点。12月，成立丽水市管理会计专家咨询委员会。2018年5月，经单位推荐、市财政局审核、社会公示等选拔程序，分行政事业、企业、工程建设类别确定丁继红等61人为丽水市首期会计专家库成员。9月，在莲都区召开全市行政事业单位代理记账工作推广现场会，推进行政事业单位代理记账工作。11月，市财政局、市会计学会、市注册会计师协会联合制定《丽水市会计行业人才发展规划（2018—2022）》。

第十四章　政府采购管理

政府采购是指各级政府机关、事业单位和团体组织，使用财政性资金采购依法制定的集中采购目录以内的或者采购限额标准以上的货物、工程和服务的行为。1991—2018年，丽水市政府采购管理的机构、范围和职能几经变迁，丽水地区控制社会集团购买力办公室（简称控办）主要职责为对国务院和省政府规定的小汽车、大轿车、摩托车、空调器、复印机等专控商品的社会集团购买力实行财政控制、监管；1999年11月，丽水地区政府采购工作领导小组成立，下设政府采购管理办公室（简称政府采购办）；2002年6月，丽水市政府采购中心成立（12月，划转市发展计划委员会管理）；2008年10月，市财政局增设政府采购监管处，与政府采购办、控办合署办公。市财政部门贯彻落实上级法规、政策，建立完善政府采购监管制度，依法履行对政府采购活动的监督管理职责，依法受理和处理供应商投诉等。2017年，启动政府采购数字化改革，“政采云”平台全面推广应用，开启政府采购云时代。

第一节　控制社会集团购买力

1991年，全国控制社会集团购买力领导小组《关于一九九一年控制社会集团购买力工作安排的意见》和浙江省控制社会集团购买力办公室《关于下达一九九一年控购工作意见的通知》规定：加强对职工200人以上的乡镇企业和城市街道企业的社会集团购买力管理，严格专控商品审批；当年对行政事业单位一般不再批准购置新的设备，确需购置的须从严审批；新增车辆的审批必须符合“县级以上新建机构、有配车条件且资金落实”两个条件；凡经营性亏损和欠缴税利的企业除生产、科研必需外，不再审批专控商品。5月，浙江省分配丽水地区本级小汽车限额控制16辆，专控金额160万元，其中新增7辆、金额70万元，更新9辆、金额90万元。地区财政局对所有专控车辆进行重新审查，建立专控汽车管理档案。7月，省政府发布《浙江省控制社会集团购买力暂行办法》，明确设在各级财政部门的控购办公室是同级人民政府负责控购工作的主管部门，同时明确各级控购办公室的工作职责、控购政策和控购审批程序等。8月，印发《关于实行专控商品定点供应的通知》，从9月起，对国家规定的32种专控商品实行定点供应制度。年末，全区县以上社会集团购买力支出8862万元。

1992年2月，全国控制社会集团购买力领导小组调整专项控制商品品目。浙江省控制社会集团购买力办公室对浙江省专项控制商品审批权限进行划分，省下达丽水地区县以上单位社会集团购买力指标1.19亿元。地区控办组织对全区1990年1月至1992年3月购买的专控小汽车进行逐辆检查。1993年3月，丽水地区开征专控汽车消费调节基金（简称汽车调节基金）。全年地区本级征收汽车调节基金138万元。对全区汽车进行违控普查，查出违控汽车39辆，收取罚款51万元，补交汽车调节基金126万元。

1994年1月起，丽水地区取消汽车调节基金，改征购置小汽车调节基金。4月，全区实行购置小汽车资金审核管理办法。对全区55家重点购置单位购车用车情况进行清理，共查处购买超豪华小汽车113辆。对行政、事业、群众团体、企业单位购置小汽车实行“浙江省购置小汽车控购指标证”制度。各县（市）控办在购车审核后，签发购置小汽车“指标证”，公安交警车管部门凭购置小汽车审核表、购置小汽车指标证和征收购置小汽车调节基金证明单给予办理牌证手续。7月，开征摩托车消费调节基金。8月，统一摩托车消费调节基金执行政策，由定率征收改为定额征收。11月，开展购置专控商品专项清理。全区自查单位920家，违控单位404家，处理违控单位304家，罚没款38万元。全年全区征收小汽车调节基金、摩托车消费调节基金653万元。

1995年5月，丽水地区开征无线移动电话等五种专控商品消费调节基金。8月，重申社会集团购买力核算范围，规定社会集团购买力核算范围是指一切党政机关、事业单位、社会团体、学校、除私营企业外的一切企业单位用公款购买（包括自制加工、以物易物、以物顶债和商品性调拨）供集体消费的非生产性商品的货币支出。核算内容划分为六大类：专项控制商品，其他一般商品，劳动保护用品，非生产机动车辆用油，药品和医疗器械，饮水、洗澡、取暖用燃料。10月，暂停审批非生产用小汽车。当年浙江省控制社会集团购买力办公室下达丽水地区本级集团购买力支出指标4900万元（其中指令性指标3200万元，指导性指标1700万元）。地区本级控购指标实际执行数为4335万元（其中指令性指标3178万元，指导性指标1157万元），完成省下达指标的88%。全年全区征收摩托车、小汽车及其他专控商品调节基金965万元。

1996年，浙江省下达丽水地区本级集团购买力支出指标3000万元。10月起，对国产桑塔纳2000型轿车征收小汽车调节基金，计价标准由25万元调减至21万元，相应征收的小汽车调节基金从4万元降至2万元。全年全区征收各类专控商品调节基金1520万元，其中地区本级290万元。1997年，将六项大型医疗仪器和助动自行车列入省专控商品范围。1998年，地直机关被列入小汽车定编管理的单位72家，其中党政机关53家，具有行政管理职能的企事业单位10家，社会团体9家；车辆定编数为225辆。1999年7月，购置国产小汽车停止征收调节基金；9月，购置摩托车停止征收消费调节基金；12月，购置进口小汽车停止征收调节基金。1993—1999年，全区累计征收专控商品调节基金5818万元。

2000年，丽水市依照省政府文件，对原国家规定8项、省规定2项专控商品进行调整。取消大轿车、摩托车、录像设备等9项专控商品的控制，保留1项小汽车的审批（党政机关、事业单位、国有企业、国有控股占51%以上企业）。2001年11月，对1996年以来市本级行政事业单位车辆控购审批情况重新核实登记和分类整理，建立汽车审批档案库。2002年7月，明确车辆报废、出售过户、更新的标准和程序。2003年1月，市本级列入小汽车定编管理的单位82家，其中党政机关52家，社会团体8家，民主党派6家，具有行政管理职能及财政全额拨款副处级以上的事业单位16家。拟定编车辆482辆。市直审核审批小汽车176辆，办理免控企业车辆185辆。2004年，对事业单位、国有和国有控股企业的购车标准作出规定。2005年，市直审批小汽车190辆。2007年7月，对市级机关车队工作用车更新报废和副厅级以上领导工作用车购置作出规定。2008

年，市直更新、购置公务用车228辆，办理旧车过户29辆。办理报废及拍卖过户车辆84辆，其中报废51辆，拍卖过户33辆。2009年，停止党政机关公务用车购置，公务用车购置费比上年减少50%以上。

2010年，丽水市直审批小汽车225辆，其中行政单位106辆（31辆新增，75辆更新）；事业单位43辆（21辆新增，21辆更新，1辆国家调拨）；企业76辆（6辆更新，68辆新增，2辆旧车过户）。2011年，市直审批小汽车177辆，报废50辆。2012年，市直审批小汽车158辆，报废81辆。开展全市党政机关公务用车问题专项治理，市本级共有251家行政事业单位登记上报公务用车1136辆，其中党政机关公务用车767辆，事业单位公务用车369辆。违规车辆152辆（超标车150辆、违规借车2辆）。除126辆申请继续留用和调剂使用外，退换2辆，报废7辆，公开拍卖17辆，拍卖金额77万元。2013年，市直审批小汽车165辆，报废82辆。开展全市党政机关公务用车问题专项治理后续工作，市本级处置违规车辆22辆。2014年，市直审批小汽车56辆，报废22辆。开展全市事业单位公务用车清查工作，市本级处置违规车辆8辆。2015年，市直审批小汽车46辆，报废40辆。开展全市公务用车使用管理情况专项检查，市本级处置6家单位8辆车辆。

2016年，丽水市全面开展党政机关公务用车制度改革工作。根据公务用车改革工作的要求，全市涉改车辆总数3930辆，保留公务用车1052辆，执法执勤和特种车辆1207辆，封存车辆1671辆，涉改司勤人员3620人，其中市本级涉改车辆总数746辆，保留公务用车141辆，执法执勤和特种车辆275辆，封存车辆330辆，涉改司勤人员520人。通过竞争性磋商方式确定涉改车辆的评估公司、拍卖公司各两家，规范公务出行的社会汽车租赁企业和租车费用标准。

2017年，丽水市完成车改单位保留车辆信息化管理，所有保留车辆全部录入浙江省公务用车管理系统，强化编制管理。进一步巩固公务用车制度改革成果，促进公车管理阳光化，对保留公务用车进行统一标识喷涂，除涉密等经批准可不喷涂情况外，完成统一标识工作，并进行卫星定位系统加装，党政机关单位公务用车改革全面完成。

2018年，丽水市全面启动并完成事业公务用车改革。市本级事业单位涉改车辆355辆，经批准保留车辆249辆，取消106辆。车辆信息全部导入“政采云”平台进行信息化管理；采购丽水市汽车运输集团股份有限公司等7家企业为公务出行社会化租赁定点企业。根据2018年《浙江省党政机关公务用车管理实施办法》，执法执勤用车、特种专业技术用车和行政执法专用车由财政部门管理，机要通信用车、应急保障用车和老干部服务用车管理职能划转至市机关事务管理局。

第二节　政府采购监管

一、政府采购管理与改革

1998年5月，地区行署批转地区财政局《丽水地区本级政府采购制度（试行）》，6月1日起实施。1999年11月，根据地区行署印发的《关于成立丽水地区政府采购工作领导小组的通知》，地区政府采购工作领导小组成立，下设政府采购管理办公室。

2002年，市政府采购中心成立，为市财政局正科级全额拨款事业单位，负责市本级政府及其所属部门的政府采购工作，初步形成管采分离制度。12月，原属于市财政局主管的政府采购中心调整为由市发展计划委员会管理。2003年1月，《中华人民共和国政府采购法》（简称《政府采购法》），颁布实施。2005年8月，市政府印发《丽水市直政府采购预算管理办法（试行）》，明确市财政局及各部门（单位）职责、工作要求和工作流程。12月，在市直各单位建立政府采购协管员制度，明确政府采购协管员应具备的条件、主要职责，并建立考评机制。同年，实行公务用车定点保险制度。

2008年10月，市财政局增设政府采购监管处，与市政府采购管理办公室、市控制社会集团购买力办公室合署办公。开展全市政府采购执行情况专项检查，深化政府采购制度改革。2009年，规范全市各级国家机关、事业单位、团体组织和国资营运机构的政府采购。7月，对市直预算单位计算机、打印机协议供货商品进行协议供货询价。12月，市本级推行政府采购评审专家管理办法和协议供货管理办法。

2010年1月，市财政局制定实施《丽水市本级协议供货管理办法》。6月，丽水市18类通用设备项目参加全省联动协议供货。2011年7月，市本级征集第三批政府采购评审专家85人，其中教授5人、副教授13人、高级工程师13人，占新入库专家的36%。全省开展政府采购中介代理机构考核，丽水市直共4家纳入考核范围。年末，市本级登记入库供应商50家。2012年，市本级新增注册供应商30家。规范进口产品、单一来源采购方式、集中目录审批分散采购工作，进口产品、单一来源采购方式需经政府采购专家论证，并在浙江省人民政府采购网公示无异议，方可审批采购，审批程序进一步规范。2015年3月，《中华人民共和国政府采购法实施条例》（简称《政府采购法实施条例》）颁布实施。2016年，加强政府采购非公开招标方式审批管理，建立集体审议机制，加强审批决策，防范廉政风险。开展“金财工程”政府采购管理系统试点工作，政府采购手工纸质审批向电子审批、无纸化操作转变。

2017年7月，省财政厅启动“政采云”平台全面推广仪式。浙江“政采云”平台实现突破，是丽水市“政采云”平台发展的元年，开启政府采购云时代。8月，市财政局制定《丽水市“政采云”推广实施工作方案》，完成“金财工程”财政内外网数据对接、账户信息收集、采购目录关联设定等工作。9月，完成协议供货供应商、代理机构及采购单位培训和入驻工作。10—11月，完成“政采云”网上超市第一批供应商招标入围进驻和集中采购机构培训工作。12月，全市2066家预算单位全面应用“政采云”平台实施政府采购。

2018年，丽水市推进政府采购数字化改革，“政采云”平台全面推广运用。做精、做大、做强平台，扩大“政采云”平台采购项目，将会议、培训、印刷、车辆保险、维修等定点服务纳入“政采云”平台。全市实现“政采云”网上超市交易金额2.55亿元，其中市直交易金额6726.38万元。丽水市积极发挥政府采购支持地方经济发展的作用，6月，“政采云”平台全省首家市级主题馆“丽水制造精品馆”上线。同年，积极推进“最多跑一次”改革，简化政府采购管理程序，全市政府采购管理在“金财工程”系统上线运行，实现政府采购计划备案“零跑”。

二、政府采购范围与规模

1998年，地区行署委托地区财政局，首次对地区本级预算安排的11辆小汽车采购实施公开招标，共有6家单位进场竞价，节约财政性资金8万元。1999年，全区政府采购预算金额4595万元，实际采购金额4101万元，节约财政资金494万元，节约率10.75%。地区本级统一行政事业单位车辆保险采购，在全省率先将政府采购范围延伸到保险服务领域。2000年1月，地直行政事业单位机动车辆实行定点加油。

2002年，市财政局制定市本级政府集中采购目录，货物类14项，工程类2项，服务类3项。2003年，市府办批转《丽水市2003年政府采购集中目录及政府采购限额标准》。政府采购集中目录中货物类23项，服务类2项。政府采购限额标准：货物、服务类项目，单项或年度累计预算金额为5万元；装饰、装修工程项目，单项或年度累计预算金额为10万元。政府采购公开招标方式的标准：货物、服务项目和非基本工程项目金额为50万元。2004年5月，实行政府采购协议供货，市直各行政机关、事业单位和社会团体在财政年度内采购协议供货类产品，列入政府采购协议供货范围。协议采购的项目有计算机、打印机、空气调节设备、传真机、复印机、速印机、扫描仪、办公家具、办公用纸（印刷）、汽车、车辆保险。

2005年，市直行政事业单位公务人员出差杭州市实行定点住宿管理，采取竞争性谈判方式，确定杭州市29家宾馆为丽水市公务人员赴杭州市公务住宿定点单位。2006年，做好赴杭州市定点住宿后续服务工作；探索政府采购信息公开，政府采购信息通过浙江政府采购网等媒体公开发布。全年全市实际采购金额4.59亿元，其中市本级实际采购金额1.11亿元。2007年，扩大政府采购规模，全年全市实际采购金额5.23亿元，其中市本级实际采购金额1.30亿元。2008年，加强政府采购监管，加大对政府采购项目委托、采购方式审批及执行、采购文件编制、合同履行等重要工作环节及分散采购行为的监管力度。严格控制单一来源采购方式审批，完成2009—2010年党政机关出差和会议定点饭店政府采购工作，扩大政府采购覆盖面。全年全市实际采购金额6.70亿元，其中市本级完成采购金额1.76亿元。

2009年，市财政局制定《丽水市市直政府采购协议供货询价暂行办法》《丽水市采购方式和采购类型审批管理办法（试行）》，规范采购及审批行为。全年全市实际采购金额6.80亿元，其中市本级实际采购金额1.70亿元。2010年，加强政府采购扩面增量工作，全年全市实际采购金额8.06亿元，资金节约率15.08%，其中市本级实际采购金额2.14亿元，资金节约率12.99%。

2011年，市财政局完成公务用车定点保险、定点加油、定点维修和赴杭公务住宿等政府采购工作。全年全市实际采购金额24.33亿元（含工程），节约资金3.69亿元，资金节约率13.19%，其中市本级实际采购金额6.89亿元，节约资金9516万元，资金节约率12.14%。剔除工程类项目，全市、市本级实际采购金额分别增长23.24%和20.10%。2012年，扩大政府采购面，环境监测设备、质量检测设备、车辆定点加油、车辆定点维修纳入政府集中采购范围。2015年，全市政府采购预算金额75.03亿元（含工程），实际采购金额67.60亿元，节约财政资金7.43亿元，节约率9.90%，其中市本级预算金额20.39亿元（含工程），实际采购金额18.12亿元，节约财政资金2.27亿元，节约率11.13%。

2016年，市财政局将农家乐、民宿纳入市级定点住宿范围，完成全市公务人员出差杭州市第六轮定点住宿采购。市本级实行办公家具采购供货定点协议采购和公务出行车辆社会化租赁服务定点协议采购。政府采购限额标准提高为货物、服务类项目：单项或年度批量预算金额为10万元；工程类项目：装饰、装修工程单项或年度批量预算金额为20万元；其他工程单项或年度批量预算金额为30万元。政府采购公开招标限额标准：货物、服务类项目和非基建类项目预算金额（或投资总额）达到80万元［县（市、区）50万元］以上。2017年，全市实际采购金额72.32亿元，节约资金6.70亿元，节约率8.47%，其中采购节能环保产品比重97%，向中小微企业采购比重93%。做好车改后公务用车的定点保险、定点维修的协议采购，完成市本级2017—2018年度会议及培训定点采购和公务印刷定点协议采购。政府采购限额标准提高为货物、服务类项目：单项或年度批量预算金额为10万元；工程类项目：单项或年度批量预算金额为30万元。政府采购公开招标限额标准：市直政府采购的货物、服务类项目和非基建类项目预算金额（或投资总额）达到100万元以上。2018年，全市政府采购实际金额68.55亿元，其中“政采云”平台交易金额56.66亿元。全市99%预算单位通过“政采云”平台实施采购，其中市本级为100%。

1999—2018年，全市政府采购预算金额560.21亿元，实际采购金额501.52亿元，节约财政资金58.69亿元，节约率10.48%。

1999—2018年丽水市政府采购情况一览表

表1－14－1

年份	预算金额（万元）	合同金额（万元）	节约金额（万元）	节约率（%）	年份	预算金额（万元）	合同金额（万元）	节约金额（万元）	节约率（%）
1999	4595	4101	494	10.75	2010	94885	80576	14309	15.08
2000	9058	7867	1191	13.15	2011	280204	243255	36949	13.19
2001	21111	17363	3748	17.75	2012	483900	418500	65400	13.52
2002	25298	21730	3568	14.10	2013	588400	526300	62100	10.55
2003	30702	26504	4198	13.67	2014	681100	609700	71400	10.48
2004	38066	31936	6130	16.10	2015	750300	676000	74300	9.90
2005	45424	38317	7107	15.65	2016	749544	671274	78270	10.44
2006	55876	45897	9979	17.86	2017	790120	723166	66954	8.47
2007	63616	52283	11333	17.81	2018	728584	685484	43100	5.92
2008	80095	67048	13047	16.29	合计	5602142	5015274	586868	10.48
2009	81264	67973	13291	16.36	—	—	—	—	—

注：1999—2010年表中数据仅为货物类和服务类项目，2011年起，包括货物类、服务类和工程类项目。

第十五章　财政监督

财政监督是对财政资金活动全过程或某一特定环节、过程进行监视、督促和管理，使其结果能达到预定的目标，包括事前监督、事中监督、事后监督。财政监督检查主要为专项检查，是发挥财政监督职能的重要手段。财政预算绩效管理包括事前绩效目标、事中绩效监督、事后绩效评价、绩效管理结果应用四个环节的全过程管理，涵盖部门预算项目支出、专项资金支出、部门整体支出、竞争性分配资金支出、转移性资金支出等多方面财政资金。1991年起，地区财政局加强财政监督检查工作。2001年起，加强预算绩效管理，建立长效管理机制，不断提高财政资金的使用绩效。

第一节　财政监督检查

1995年6—10月，地区财政局开展清理“小金库”工作。全区共对2188家机关和企事业单位进行自查自纠和重点检查，查出“小金库”资金999万元，其中自查自纠金额655万元，重点检查金额344万元。

2000年2月，地区财政局设立财政监督检查科，负责丽水地区财政监督工作，2011年5月，设立财政监督局（绩效管理处挂牌）。2001年，市财政局按照“预算编制、拨付使用、财政监督”三分离原则，制定《财政资金拨付程序》《市级预算监督检查暂行规定》，加强财政预算和资金拨付监督。2000—2006年，先后组织开展行政事业单位、企业、会计师事务所、权力运行及资金专项检查，纠正财政违法、违规、违纪事项。

2007年，市财政局根据省财政厅《关于开展会计信息质量检查和会计师事务所检查的通知》，对全市20家行政事业单位和国有企业开展会计信息质量检查，并对市本级2家会计师事务所执业质量进行监督检查。9月，完成省财政厅统一组织的全省会计信息质量和支农资金专项交叉检查。

2008年，审计署上海特派办对市本级中央扩大内需国债补助审计及同级审计，收缴廉租住房保障补充违规资金445万元。全市开展会计信息质量检查，重点检查企业24家，发现违规企业8家，违规金额1472万元，补缴税费40万元。

2009年，丽水市开展党政机关和事业单位“小金库”专项治理。2010年，开展“小金库”专项治理“回头看”，社会团体和国有及国有控股企业列入“小金库”专项治理范围。2009—2011年，全市3139家单位开展专项治理，查出“小金库”185个、涉及违规金额2989万元。

2011年，丽水市开展“小金库”专项治理复查和重点检查工作。全市复查单位3217家，涉及违规金额575万元；重点检查单位222家，涉及违规金额166万元。市本级复查单位453家，涉及违规金额80万元；重点检查单位27家，涉及违规金额10万元。以上复查和重点检查“小金库”问题全部整改到位。全市开展会计信息质量检查，重点检查企业42家，发现违规企业9家，违规金额244万元，补缴税款55万元。10月，丽水市纪委、市委组织部、市财政局、市监察局、市人力社保局、市审计局联合印发《关于严肃财经纪律强化行政事业单位会计信息质量管理的通知》，对加强行政事业单位财政财务管理，严格控制不合规支出，加强单位账户管理，建立非税收入收缴制度等7方面内容作出规定，建立治理“小金库”长效机制。

2012年，丽水市开展会计信息质量检查，重点检查企业46家，发现违规企业15家，违规金额3115万元，调账整改2895万元，补缴税款14万元，罚款2万元。

2013年，市财政局建立市直财政专项资金补助项目评审小组工作制度，对市直财政专项补助资金的合规性、合理性、绩效性进行联评联审，财政监督局负责联评联审的日常工作。

2014年，丽水市开展贯彻执行中央八项规定、严肃财经纪律和“小金库”专项治理工作。根据财政部、审计署的统一部署，对全市1984家单位2013年以来违反中央八项规定和财经纪律以及设立“小金库”的有关问题开展自查自纠，其中市本级250家；对全市80家单位开展重点核查，其中市本级9家。全市查处“小金库”18个，上缴财政资金797万元，补缴税款12万元，清退违规金额249万元，调账处理213万元；市本级查处“小金库”8个，上缴财政资金642万元，补缴税款3万元，清退违规金额20万元，调账处理35万元。组织开展全市低丘缓坡开发项目专项资金使用管理情况专项检查。是年，市财政局制定《丽水市财政监督检查工作规程（试行）》，规定财政监督计划、实施、复核、执行、档案管理等各环节的程序和要求，规范财政监督检查行为。

2015年，深化“小金库”专项治理，落实浙江省委巡视反馈意见，建立健全防治“小金库”的长效机制。全市1931家单位开展自查自纠，其中市本级245家；全市重点核查单位80家，其中市本级9家。组织开展财政存量资金、会计监督、地方预决算公开情况专项检查。开展涉企财政资金联评联审，评审项目313个，评审金额4304万元，取消不合规补助资金236万元，调剂用途资金50万元。

2016年，市财政局根据财政部、省财政厅统一部署，组织10个检查组，开展全市2014—2015年度非税收入收缴专项检查，查出问题金额2443万元，按程序作出处理。开展重点行业和行政事业单位会计监督检查，全市重点检查单位52家，发现违规单位13家，违规金额201万元，处理处罚9家，补缴税款1万元，追缴财政资金1.1万元。组织开展全市地方预决算公开情况专项检查，检查面100%。8月，市财政局、市审计局、市人力社保局联合印发《关于加强市本级行政事业单位内部控制建设的实施意见》，规定市本级行政事业单位要按照财政部《行政事业单位内部控制规范（试行）》的有关要求，建立健全预算管理、收入支出、政府采购、资产管理、项目建设、合同管理等重要经济活动的内部管理制度，并编制年度内部控制报告，各县（市、区）相继作出部署。

2017年，市财政局制定《关于进一步明确专项资金联评联审相关事项的通知》，规范财政资金联评联审行为。开展涉企财政资金联评联审，评审资金4982万元，涉及企业和单位399家，取消不合规补助205万元。开展行政事业单位、代理记账机构、社会团体等市直14个单位的会计监督检查。

2018年，市财政局整合检查项目和检查力量，对涉及行政事业单位的各类检查统一组织，统一处理，避免多头检查、重复检查，统一开展行政事业单位公款竞争性存放、财政票据管理、内控制度建设、会计信息质量专项检查，市直238家单位开展自查，自查自纠问题179个，重点抽查16家单位，查出问题42个，下发《处理决定书》16份。开展涉企财政资金联评联审，评审资金3085万元，取消不合规补助200万元，暂停兑付87万元。

第二节　预算绩效管理

2001年，丽水市本级对专项资金实行“按项报批、专款专用、专门核算、追踪问效”的管理办法。2002年，市财政局制定《丽水市直行政事业单位财政性资金绩效跟踪评价试行办法》。2003年，市本级跟踪问效专项资金项目118个，核减财政资金30万元。

2004年6月，市财政局对基本建设项目纳入政府采购目录和采购限额以上设备购置项目、单项金额10万元以上修缮项目、单项金额5万元以上会议项目、单项金额5万元以上其他专项均列入绩效考评范围。财政支出绩效评价采取年初确定项目，随同部门预算指标同步下达，分单位自评、主管部门评价、财政部门评价三种方式。是年，市本级对行政事业单位192个专项进行绩效考评，项目总金额1685万元，总支出1402万元，核减（调整）200余万元。

2005年10月，市财政局监督检查处增挂绩效评价处牌子，负责财政支出绩效评价工作。

2006年，丽水市试行预算绩效评价工作，以单位自评与财政重点评价相结合的方式，全年全市完成绩效自评项目4个，评价金额361万元；重点评价项目18个，评价金额1.13亿元，其中市直完成重点评价项目1个，评价金额1263万元。

2007年，市财政局制定《丽水市市直企业财政扶持资金绩效评价暂行办法》，对单项扶持资金在20万元以上的项目，当年扶持资金合计在50万元以上的企业实行绩效评价管理。

2008年，市财政局对重点民生项目和公益事业等重点领域的8个项目，委托人大财经委、政协经济委、审计部门、行风监督员和社会中介机构进行绩效评价，推动财政资金项目绩效评价工作的开展。在分配源头介入绩效评价监督管理，并将业务处室绩效评价工作情况纳入一类目标考核。

2009年，市政府将财政支出绩效列入一类目标责任制考核，市财政局制定《丽水市财政局关于开展2008年度财政支出绩效评价工作的通知》，明确财政支出绩效评价任务，确保绩效评价落到实处。全年市本级财政支出绩效评价项目67个，评价金额5000万元，其中单位评价项目47个，评价金额2358万元；主管部门评价项目9个，评价金额355万元；财政部门评价项目11个，评价金额2287万元。

2010年2月，市财政局制定《丽水市财政支出绩效评价工作暂行办法》，规定一般项目由单位自评，重点项目委托社会中介机构初评、财政部门复评、邀请专家终评，评价结果作为预算编制和批复的重要依据。

2011年，市政府印发《关于加强财政支出绩效管理工作的若干意见》，明确目标任务、评价重点、评价方法、时间安排和强化绩效评价结果应用。全市完成绩效评价项目393个，评价金额37.41亿元；市直完成绩效评价项目63个，评价金额8736万元。完成“农房救助”项目全省联动绩效评价，涉及丽水市、县（市、区）评价金额5亿元。

2012年，市财政局开展重点项目评价、预算单位自评和绩效管理“回头看”工作。市直各预算单位按不少于20%的财政专项资金开展自评，少于2个项目的单位100%开展自评。全市完成绩效评价项目479个，评价金额38.49亿元；市直完成绩效评价项目86个，评价金额2.20亿元。

2014年，市财政局确定整村搬迁下山脱贫补助、人才专项经费、离休干部医疗费3个项目作为财政支出重点绩效评价项目，评价金额1.43亿元。首次选取整村搬迁下山脱贫补助项目开展为期5年的政策到期整体评价。完成2011—2013年度城镇污水处理基础设施建设、丽水市生态产业集聚区实施省产业集聚区政策情况2个项目的全省联动绩效评价工作。

2015年，市财政局制定《丽水市市直预算绩效管理办法》《预算绩效管理财政内部工作规程》等。选取人文大讲堂、生态精品农业、惠民医院、农村劳动力素质培训、城建规划经费5个项目作为财政支出重点绩效评价项目，评价金额4616万元。完成农村能源开发利用、海洋经济和渔业新兴产业、森林食品质量安全监测、农家乐发展专项、水资源保障工程5个项目的全省联动绩效评价工作。推进预算绩效全过程管理试点扩面，选取8个项目试行预算绩效全过程管理。

2016年，市财政局制定《丽水市直预算绩效目标管理暂行办法》，规定市直预算单位在编制预算时，对计划使用财政资金的单位及其项目应设定预期应达到的业绩目标、预期产出的效益和效果。开展市直行政事业单位物业管理绩效调查，调查对象为2015年度有物业管理费支出的135家市直行政事业单位，调查范围包括日常公用支出中的物业管理支出、专项公用类项目中的物业管理支出等，具体项目包括房屋日常管理与维护、环境卫生管理等12项内容，在单位自查基础上，对31家单位开展重点核查。2017年，制定《丽水市委托第三方机构参与预算绩效管理暂行办法》，规范预算绩效管理委托第三方机构实施行为。

2018年，市财政局制定《丽水市直财政支出绩效评价结果应用管理暂行办法》，对加强整改和反馈、实行报告和公开、挂钩预算与资金分配等方面作出规定。创新“分类监控”预算绩效运行跟踪机制，按照全覆盖要求，对市直预算单位所有预算项目实行一般监控，预算资金500万元以上项目实行重点监控，压实预算单位主体责任。选取丽水市服务业发展政策、丽水文化艺术中心项目等5个项目开展重点绩效评价，涉及财政资金3.39亿元。

2006—2018年，全市完成绩效评价项目7931个，评价金额450.14亿元；其中市直完成绩效评价项目1514个，评价金额54.37亿元。

2006—2018年丽水市绩效评价项目一览表

表1－15－1

年份	绩效自评		重点评价	
	项目数(个)	金额(万元)	项目数(个)	金额(万元)
2006	4	361	18	11304
2007	90	23506	37	9365
2008	226	127802	55	32085
2009	378	202789	57	79404
2010	240	186468	54	54867
2011	293	218192	100	155933
2012	345	231036	134	153864
2013	382	293848	107	159619
2014	393	214668	72	193137
2015	572	330460	47	47838
2016	693	199813	55	92903
2017	840	389451	51	123095
2018	2613	840744	75	128803
合计	7069	3259138	862	1242217

2006—2018年丽水市直绩效评价项目一览表

表1－15－2

年份	绩效自评		重点评价	
	项目数(个)	金额(万元)	项目数(个)	金额(万元)
2006	0	0	1	1263
2007	41	4560	11	1354
2008	48	6178	8	492
2009	47	2358	11	2285
2010	35	1333	11	2288
2011	32	4397	31	4339
2012	81	15584	5	6460
2013	88	17702	5	10593
2014	97	22961	3	14267
2015	177	24300	5	4616
2016	268	75700	6	13300
2017	220	91693	4	32072
2018	274	149678	5	33922
合计	1408	416444	106	127251

第二篇

地方税务

1. 税收制度
2. 农业税类
3. 流转税类
4. 收益税类
5. 资源税类
6. 财产税类
7. 行为税类
8. 规费（基金）征收
9. 税收征收管理
10. 税收检查
11. 税收计划、会计、统计及票证
12. 税费减免

概　　述

税收是指国家为实现其职能，依法参与国民收入的分配和再分配，强制、无偿取得财政收入的一种形式，是财政收入的主要组成部分。1991—1993年，丽水地区延续实行20世纪80年代的工商税制，国营企业“利改税”后，工商税收入占比加大。1994年，丽水地区实行分税制，将税收收入划分为中央税、地方税和中央与地方共享税，建立中央税收征管体系和地方税收征管体系，分设地区国税局和地区地税局，两局合署办公。1997年9月，丽水地区国地税机构进一步分设，地税部门独立行使地方税（费）征收管理职能，2000年7月，丽水撤地设市建区，莲都区不设税务机构，税务实行市级统一管理模式。丽水市地税部门坚持税收“取之于民、用之于民”的理念，开展“精准帮扶企业、振兴实体经济”专项行动，减轻企业负担、优化发展环境，解困帮扶，培植税源，依法组织税收收入。构建国地税合作机制，实现国地税数据兼容共享，被国家税务总局确定为全国百佳国地税合作市级示范区。坚持提高效能优化服务，开展“便民办税春风行动”，破解制约纳税人办税的“瓶颈”，开展“最美服务标兵”评选，强化“标杆”引领，提升办税服务厅的服务能力、服务水平和服务效率，着力提升纳税人满意度，推动执法规范化、文明化。实行分税制改革后，税制结构得到了优化，逐步形成以流转税和所得税为主体，其他税种相配合的复合税制体系。2018年，丽水市国地税机构合并。1996年，取消税收专管员制度，设立办税服务厅，税收征管由专管员“管户制”向“管事制”转变，建立“以纳税申报为基础，以计算机网络为依托，集中征收、重点稽查”的征管模式，随着浙江地税信息系统（1998版）及（龙版）的推广应用，税收征管全面实现信息化。税收检查从日常检查、税收财务物价大检查，到建立税务稽查制度，实行“征管、稽查”两分离到“征收、管理、稽查”三分离，以及税务稽查“选案、检查、审理、执行”四分离，税收检查不断强化。加强税收计划管理，贯彻落实税收优惠政策。丽水市地税部门在依法组织税收收入的同时，承担规费（基金）的征收职能，在组织地方财政收入等方面发挥积极作用，税（费）收入规模持续扩大。1991—2018年，全市地税部门组织的工商税收收入737.73亿元（不含上划中央收入），其中收益税类收入272.22亿元，占36.90%；流转税类收入207.77亿元，占28.16%；财产税类收入99.91亿元，占13.54%；行为税类收入61.14亿元，占8.29%；资源税类收入4.56亿元，占0.62%。全市耕地占用税和契税收入91.79亿元（不含2010年前财政部门征收部分）。征收的规费（基金）主要包括社会保险费以及多项政府性基金，其中社会保险费收入545.21亿元，教育费附加收入28.33亿元，地方教育费附加收入16.03亿元，水利建设专项资金收入15.46亿元，残疾人就业保障金收入7.16亿元。

本篇主要记载税收制度、农业税类、流转税类、收益税类、资源税类、财产税类、行为税类、规费（基金）征收、税收征管、税收检查、税收计会统及票证、税费减免等内容。

第一章　税收制度

税收制度（简称税制），是国家以法律或行政法规形式确定的各种征税方法的总称。属于上层建筑范畴，是税务机关向纳税人征税的法律依据，也是纳税人履行纳税义务的法律规范。在各个历史时期，丽水市税务部门在执行国家统一税收制度的前提下，结合本地区实际，制定和完善相应的税收征收管理办法，落实各项税收政策，在组织收入、调节分配、促进经济和社会发展等方面发挥了应有作用。

第一节　复合税收制度

1991—1993年，丽水地区延续20世纪80年代实行的以流转税和所得税为主体、其他各税相配合的复合税制。复合税制主要是调整工商税制结构，对国内内资企业和个人形成按国有、集体、私营、个体工商户的所有制性质设置税种的多重税制，同时建立涉外税制，实行内、外资两套税制体系“双轨运行”，以适应多轨运行的市场经济体制和支持对外开放、吸引外资的国家宏观战略。1993年1月，施行《中华人民共和国税收征收管理法》，为国家首部税收征收管理程序法，在上述税制框架下，丽水税收征收管理步入法制化进程。

丽水地区先后施行《中华人民共和国工商统一税条例（草案）》《中华人民共和国个人所得税法》《中华人民共和国国营企业所得税条例（草案）》《中华人民共和国产品税条例（草案）》《中华人民共和国增值税条例（草案）》《中华人民共和国营业税条例（草案）》《中华人民共和国集体企业所得税暂行条例》《中华人民共和国城市维护建设税暂行条例》《国营企业工资调节税暂行规定》《中华人民共和国城乡个体工商业户所得税暂行条例》《中华人民共和国个人收入调节税暂行条例》《中华人民共和国私营企业所得税暂行条例》《中华人民共和国农业税条例》《中华人民共和国契税暂行条例》《中华人民共和国耕地占用税暂行条例》等税收法律、行政法规。先后征收（开征）的税种有城市房地产税、车船使用牌照税、工商统一税、个人所得税、中外合资经营企业所得税、外国企业所得税、牲畜交易税、建筑税、国营企业奖金税、资源税、国营企业所得税、产品税、增值税、营业税、盐税、事业单位奖金税、集体企业奖金税、集体企业所得税、城市维护建设税、国营企业工资调节税、城乡个体工商业户所得税、房产税、车船使用税、个人收入调节税、私营企业所得税、印花税、城镇土地使用税、筵席税、固定资产投资方向调节税、外商投资企业和外国企业所得税、集市交易税、烧油特别税、特别消费税、屠宰税、粮食附加税、农业税、农林特产税、契税、耕地占用税等。

1992年1月，丽水地区施行国家税务局、国家经济体制改革委员会《股份制试点企业有关税收问题的暂行规定》，凡依照《股份制企业试点办法》和规定程序报经批准成立并在工商行政管理部门注册登记的股份制试点企业，应照章征收产品税、增值税、营业税，并按法人所在地征收所得税。股份制试点企业向个人分配的股利，由股份制试点企业按《中华人民共和国个人所得税法》或《中华人民共和国个人收入调节税暂行条例》规定代扣、代缴个人所得税或个人收入调节税；股份制试点企业暂按控股法人股东或占有股份比例最多的法人股东的经济性质，分别适用《集体企业奖金税暂行规定》《事业单位奖金税暂行规定》《国营企业奖金税暂行规定》《国营企业工资调节税暂行规定》征收奖金税或国营企业工资调节税；股份制试点企业向社会公开发行的股票，因购买、继承、赠与所书立的股权转让书据，均依书立时证券市场当日实际成交价格计算的金额，由立据双方当事人分别缴纳印花税；股份制试点企业的其他税收，亦应照章征收。

第二节　分税制改革

1994年1月起，按照国务院《关于实行分税制财政管理体制的决定》，丽水地区实行分税制财政体制改革，建立完善地方税体系和相关管理制度。根据事权与财权相结合的原则，将税种统一划分为中央税、地方税和中央与地方共享税，并建立中央税收征管体系和地方税收征管体系，分设中央与地方两套税务机构分别征管。施行第八届全国人民代表大会常务委员会第五次会议通过的《全国人民代表大会常务委员会关于外商投资企业和外国企业适用增值税、消费税、营业税等税收暂行条例的决定》，施行国务院《关于取消集市交易税、牲畜交易税、烧油特别税、奖金税、工资调节税和将屠宰税、筵席税下放给地方管理的通知》和国务院批转国家税务总局《工商税制改革实施方案》，在有关税收法律制定前，外商投资企业和外国企业适用国务院发布的《中华人民共和国增值税暂行条例》《中华人民共和国消费税暂行条例》《中华人民共和国营业税暂行条例》；废止集市交易税、牲畜交易税、烧油特别税、奖金税和工资调节税等税收法规；丽水地区继续征收屠宰税。按“统一税法、公平税负、简化税制、合理分权”的原则，改革原有工商税制，在总体保持原税负的基础上，内、外资企业统一实行以增值税为主、消费税和营业税为辅的流转税税制；在降低原有企业所得税税率的基础上，内资企业实行统一的所得税制，税利分流，税后还贷，税后承包；将原有的个人收入调节税、个人所得税和城乡个体工商业户所得税加以合并，征收统一的个人所得税。构建以营业税、企业所得税、个人所得税为主税种，其他地方税种相补充的地方税体系。

分税制改革后，丽水地区征收的税种由39个简并为21个，其中工商税17个，农业税4个，税制结构趋于合理和简化。征收（开征）的税种有增值税、消费税、营业税、企业所得税、个人所得税、外商投资和外国企业所得税、资源税、房产税、城市房地产税、土地增值税、城镇土地使用税、车船使用税、车船使用牌照税、城市维护建设税、印花税、屠宰税、固定资产投资方向调节税。农业税、农业特产税、契税、耕地占用税“农业四税”仍由财政部门征收管理。

1994年2月，丽水地区执行国务院《关于外商投资企业和外国企业适用增值税、消费税、营业税等税收暂行条例有关问题的通知》，外商投资企业和外国企业除适用增值税、消费税、营业税、外商投资企业和外国企业所得税法外，还适用土地增值税、资源税、印花税、屠宰税、城市房地产税、车船使用牌照税、契税等税收暂行条例。

1997年10月，丽水地区实施新的契税政策。至2007年年末，丽水市先后开征建筑砂石资源税、烟叶税、车船税，停征车船使用税、车船使用牌照税、屠宰税、农业特产税、农业税。

2008年1月，丽水市施行第十届全国人民代表大会第五次会议颁布的《中华人民共和国企业所得税法》，统一内、外资企业所得税。2010年6月，契税、耕地占用税征管职能由财政部门划转地税部门；10月，施行国务院《关于统一内、外资企业和个人城市维护建设税和教育费附加制度的通知》，内、外资企业和个人统一征收城市维护建设税。2009年1月，停征城市房地产税。

2011年11月，财政部、国家税务总局联合印发《营业税改征增值税试点方案》，从2012年8月起，浙江省推行营业税改征增值税（简称“营改增”），是年，丽水市根据国家税务总局、省地税局统一部署，着手筹备“营改增”改革试点工作。2012年11月，停征固定资产投资方向调节税。2013年起，加快推进“营改增”改革进程，地税部门清理、移交给国税部门部分“营改增”试点纳税户。

2015年7月，实施省地税局、省国税局《关于进一步加强国地税税收征管协作工作的意见》，丽水市推进国税地税合作。12月，贯彻实施中共中央办公厅、国务院办公厅关于《深化国税、地税征管体制改革方案》，确立到2020年建成与国家治理体系和治理能力现代化相匹配的现代税收征管体制的改革目标，明确了理顺征管职责划分、转变征收管理方式、优化税务组织体系、构建税收共治格局的目标任务。

2016年，完成对房地产业、建筑业和金融保险业三个“营改增”行业以及年营业额在515万元以上生活性服务业营业税纳税人的专项清理。是年，“营改增”试点工作全面推开并顺利完成。

2017年10月，施行国务院《关于废止〈中华人民共和国营业税暂行条例〉和修改〈中华人民共和国增值税暂行条例〉的决定（草案）》，停止征收营业税。

2018年1月，根据《中华人民共和国环境保护税法》，开征环境保护税。7月，税务机构改革。至此，丽水市分税制改革经历了从国地税分设到国地税合并的重大变迁。

1991—2018年，丽水市地税（财税）部门先后征收（施行）的税种有42个，陆续停征（划转、改征）29个。2018年7月，丽水市国地税机构合并后，原地税部门征收的企业所得税、个人所得税、资源税、房产税、城镇土地使用税、土地增值税、城市维护建设税、印花税、车船税、烟叶税、环境保护税、契税、耕地占用税等13个税种由合并后的税务部门征收。

第二章　农业税类

农业税是对农业收入所征收的税收，狭义的农业税是指国家以田地的常年产量为征税对象，对从事农业生产、有农业收入的单位和个人征收的一种税，俗称“公粮”。中华人民共和国成立后，中央人民政府废除旧政权的田赋制度，建立起新的农业税收制度，并于社会主义制度建立后，统一全国农业税制。1991—2018年，丽水市先后征收的农业税类有农业税、农业（林）特产税、耕地占用税和契税，合称“农业四税”。

1991年起，丽水地区延续施行1958年6月中华人民共和国主席令公布的《中华人民共和国农业税条例》（简称《农业税条例》）和1958年8月浙江省政府公布的《浙江省农业税收实施办法》，征收农业税。1994年1月，依照国务院《关于对农业特产收入征收农业税的规定》，将1989年4月开征的农林特产税改征农业特产税。1997年10月，丽水地区施行国务院《中华人民共和国契税暂行条例》（简称《契税暂行条例》）和财政部《中华人民共和国契税暂行条例实施细则》（简称《契税暂行条例实施细则》）调整的契税政策。2008年1月，丽水市施行国务院修订的《中华人民共和国耕地占用税暂行条例》（简称《耕地占用税暂行条例》），同时废止1987年4月起施行的国务院《耕地占用税暂行条例》。

2002年起，丽水市全面推行农村税费改革，2004年1月起，全市对在农业税计税土地上种植粮食和油菜的农业收入免征农业税，2005年，浙江省范围内停止征收农业税，2006年1月，全国取消农业税。2001年9月起，丽水市暂停征收农业特产税，2006年2月，全国范围停止征收农业特产税。农业税制度施行以来，丽水市从轻税降负、局部免税到全面停征农业税（农业特产税），农民告别“千年皇粮”。至2018年年末，丽水市继续征收耕地占用税和契税。1991—2018年，丽水市征收“农业四税”合计115.88亿元。

第一节　农业税

农业税是对以田地的常年产量为征税对象，对从事农业生产、有农业收入的单位和个人征收的税收。1991—2003年，丽水市依照《农业税条例》和《浙江省农业税收实施办法》，征收农业税。2004年，全市对在农业税计税土地上种植粮食和油菜的农业收入免征农业税，2006年1月，施行中华人民共和国主席令（第46号）公布的《关于废止〈中华人民共和国农业税条例〉的决定》，停止征收农业税（浙江省于2005年停止征收农业税）。

一、纳税人

从事农业生产、有农业收入的单位和个人为农业税的纳税人，包括农业生产合作社和兼营农业的其他合作社；有自留地的合作社社员；个体农民和有农业收入的其他公民；国营农场、地方国营农场和公私合营农场；有农业收入的企业、机关、部队、学校、团体和寺庙。农业生产合作社和兼营农业的其他合作社，以社为单位缴纳农业税；其他纳税人，按经营单位缴纳农业税。根据中央“队为基础，三级所有”的决定，丽水地区农业税由基本核算单位生产队缴纳。为适应改革开放后农村普遍实行家庭联产承包经营责任制的新情况，农业税由以队征收改为以户征收。

二、征税范围

农业税的征税范围为粮食作物和薯类作物的收入；棉花、麻类、烟叶、油料、糖料和其他经济作物的收入；园艺作物的收入；经国务院规定或者批准征收农业税的其他收入。

三、计税依据

种植粮食作物的收入，按粮食作物的常年产量计算；种植薯类作物的收入，按同等土地种植粮食作物的常年产量计算；种植棉花、麻类、烟叶、油料和糖料作物的收入，参照种植粮食作物的常年产量计算。园艺作物的收入、其他经济作物的收入和国务院规定或者批准征收农业税的其他收入，由省政府根据实际情况规定计算标准。

1996年1月起，丽水地区对农业系统事业单位的农作物良种示范繁殖农场，征免农业税的耕地面积，以征收机关核查的实际繁殖良种的耕地面积为依据。对不繁殖良种的耕地，照章征收农业税。

2000年3月，丽水地区依照中共中央、国务院《关于进行农村税费改革试点工作的通知》，农民承包土地从事农业生产的，计税土地为第一轮承包用于农业生产的土地；其他单位和个人从事农业生产的，计税土地为实际用于农业生产的土地。计税土地发生增减变化，农业税也及时进行调整。对新增的耕地或因征占、自然灾害等原因减少的耕地，根据实际情况进行个别调整。农业税按照农作物的常年产量和规定的税率依法征收。常年产量为1998年之前5年农作物的平均产量，并保持长期稳定。

四、税率

《浙江省农业税收征收实施办法》规定，农业税实行地区差别比例税率。按照核定的计税产量，按规定税率计算征收。浙江省农业税平均税率为常年产量的15.8%（国务院核定浙江省平均税率为16%）。各市（地）、县对所属地区税率，最高不得超过常年产量的25%；市（地）、县对经济情况基本相同、原来税级相差不大的地区，一个乡或几个乡一个税率；对经济情况显著不同，原来税级相差较大的地区，一个乡允许有不同税率。

国有（营）农牧场（包括农垦与劳改农场）和有农业收入的机关、部队、学校、团体及其他单位，全省实行固定税率。计算收入除按实际出售收入，征收农业（林）特产税产品外，其他农作物收入，均采取评定土地常年产量计征。

2000年，丽水地区按照中共中央、国务院《关于进行农村税费改革试点工作的通知》，农业税按照农作物的常年产量和规定的税率依法征收；将原农业税地方附加并入新的农业税；实行差别税率，最高不超过7%；农业税附加的附加率最高不超过农业税正税的20%。

五、税款征收

农业税是国家税收中唯一的实物税。在不同时期，农业税先后采用评定常年产量、按核定税率征收，缴纳现粮、按实物征收和折征代金等方式征收。

1991—1994年，丽水地区执行1989年省政府规定的农业税现粮（代金）标准征收农业税，农业税现粮（代金）计税价格：早稻谷按44.40元/百千克计征现金，晚稻谷按48元/百千克计征现金。1995年，农业税现粮（代金）计税价格：早稻谷按112.52元/百千克计征现金，由粮食部门调销货款后，按规定期限向财政部门缴纳。1996年，农业税（代金）现粮计税价格：早稻谷按120元/百千克计征现金。2001年，丽水市执行浙江省代金与现粮同价征收政策，农业税现粮（代金）计税价格：早稻谷按92元/百千克计征现金。

1991—2003年，丽水市征收农业税2.13亿元。

1991—2003年丽水市农业税收入一览表

表2-2-1　　单位：万元

年份	合计	市本级	莲都	青田	云和	龙泉	庆元	缙云	遂昌	松阳	景宁
1991	855	0	151	110	4	159	49	131	98	115	38
1992	908	0	156	67	3	191	70	145	110	128	38
1993	882	0	159	91	2	164	70	148	108	131	9
1994	1193	0	202	87	2	261	56	253	126	186	20
1995	1554	0	253	158	81	307	69	234	179	195	78
1996	2137	0	294	194	60	374	158	330	352	258	117
1997	2202	0	358	182	115	353	157	380	247	360	50
1998	2010	0	359	172	123	281	56	326	212	356	125
1999	1898	0	353	231	101	248	102	250	180	351	82
2000	1804	0	337	218	76	274	124	246	165	289	75
2001	2245	0	295	317	72	231	168	435	387	297	43
2002	2102	23	306	201	73	275	159	381	294	307	83
2003	1547	12	164	139	16	237	127	363	160	270	59
合计	21337	35	3387	2167	728	3355	1365	3622	2618	3243	817

第二节　农业（林）特产税

农业特产农业税，简称农业特产税（1994年前为农林特产税），是对以农业特产收入为征税对象征收的税收，是农业税的组成部分。1991—1993年，丽水地区依照1989年4月省政府印发的《关于全面征收农林特产税的通知》，征收农林特产税。1994年1月，施行国务院《关于对农业特产收入征收农业税的规定》，农林特产税改为农业特产税。2001年8月，浙江省政府确定在“十五”（2001—2005年）期间，暂停征收欠发达地区农业特产税，9月起，全市暂停征收农业特产税，2006年2月，执行国务院令（第459号），停止征收农业特产税。

一、纳税人

1991—1993年，从事农林特产生产、有农林特产收入的单位和个人为农林特产税的纳税人。1994年1月，依照国务院《关于对农业特产收入征收农业税的规定》，农林特产税改为农业特产税。以在中国境内生产农业特产品的单位和个人，为农业特产税纳税人。

二、征税范围

1991—1993年，按照省政府《关于全面征收农林特产税的通知》，农林特产税税目分为海水、淡水、滩涂养殖收入，鲜、干果收入，果用瓜的收入，竹类的收入，原木类的收入，茶叶、花卉类的收入，食用菌类的收入，药材类的收入和其他类的收入9类。丽水地区对柑橘、西瓜、花卉、苗木、制茶和淡水鱼类等产品收入征收农林特产税。

1994年1月，农林特产税改为农业特产税。5月，《浙江省实施〈国务院关于对农业特产收入征收农业税的规定〉办法》调整农业特产税征税范围，包括烟叶收入（晾晒烟、烤烟收入）、园艺收入（水果、干果、茶叶、蚕茧、药材、果用瓜、花卉、经济林苗木等收入）、水产收入（海淡水捕捞和海淡水养殖、滩涂养殖及水生植物收入）、林木收入（原木、原竹、生漆、松脂、棕片、木本油料等收入）、牲畜收入（牛猪羊皮、羊毛、兔毛、羊绒等收入）、食用菌收入（香菇、蘑菇、金针菇、猴头菇、平菇、黑木耳、银耳等收入）、贵重食品收入、其他类收入8大类。1995年1月，依照财政部《关于缓征、减征猪、牛、羊皮农业特产税问题的通知》，收购猪皮的单位和个人，在1994年、1995年两年内，暂缓征收农业特产税。

2002年7月，丽水市依照省委、省政府《关于全面进行农村税费改革的通知》，对在农业税计税土地上生产农业特产品，不再征收农业特产税。2004年1月，依照财政部、国家税务总局《关于取消除烟叶外的农业特产税有关问题的通知》，对烟叶仍征收农业特产税；在非农业税计税土地上生产农业特产品，不再改征农业税；对已免征农业税地区，农业特产品不再改征农业税。

三、计税依据

农业特产税按应税农业特产品的实际收入和规定的税率计算征税。实际收入由当地征收机关按照农业特产实际产量和国家规定的收购价格或市场收购价格计算核定。对自产自销农业特产品，根据生产者或收购者适用税率从高计算征收。对收购烟叶、茶叶、银耳、黑木耳、贵重食品、水产品、原木、原竹、生漆、松脂、牲畜产品的单位和个人，按收购金额和规定税率计税。

四、税率

1991—1993年，农林特产税税目为9类，按税目实行5%—15%分档比例税率。丽水地区执行税率为：柑橘15%；杂竹、毛料、鲜笋、笋干、原木料、茶叶、花卉等8%；花菇、金针菇、猴头菇、平菇、黑白木耳等7%；松脂、棕片等5%，均按实际收入计征农林特产税。1993年3月，省政府《关于调整农林特产税税率的补充通知》规定，茶叶收入税率8%不变；竹类收入税率由8%降为7%；其他应税品种的税率统一为5%。农林特产税税率调整后，地方附加一律暂缓征收。

1994年1月，省政府电传《关于抓紧做好农产品税收征收工作的紧急通知》，原农林牧水产品征收产品税的部分应税产品，并入农业特产税后，对水产品、茶叶、原木等应税农牧水产品，先按原产品税、农林特产税适用税率征收农林特产税。5月，根据省政府《浙江省实施〈国务院关于对农业特产收入征收农业税的规定〉办法》规定，农业特产税税目为8类，生产者税率为5%—12%，收购者税率为8%—31%。

五、税款征收

1991—1993年，丽水地区随售随征的农林特产税，一律由县（市）主管收购部门（供销社、森工局）在收购时代征；农业合作社（户）相互买卖以及自由市场上出售的随售随征农林特产，由税务机关在收工商税、货物税的同时代征农林特产税。

1991—2002年丽水市农业（林）特产税收入一览表

表2－2－2 单位：万元

年份	合计	市本级	莲都	青田	云和	龙泉	庆元	缙云	遂昌	松阳	景宁
1991	644	2	41	8	19	283	80	27	100	51	33
1992	618	0	47	8	13	264	74	18	100	50	44
1993	604	0	77	10	7	236	70	34	90	40	40
1994	1303	15	74	20	31	241	70	76	363	209	204
1995	1791	0	85	38	57	280	70	177	575	188	321
1996	1800	0	69	22	78	309	70	130	430	302	390
1997	1838	0	75	25	88	531	88	26	376	327	302
1998	2181	0	53	12	105	469	228	170	406	297	441
1999	2160	0	60	15	123	455	162	113	336	413	483
2000	2371	5	42	14	133	563	410	176	356	377	295
2001	1331	0	13	7	99	198	501	66	195	88	164
2002	1	0	0	0	0	0	0	0	0	0	1
合计	16642	22	636	179	753	3829	1823	1013	3327	2342	2718

1994年5月，浙江省人民政府规定，农业特产税在生产地或者核算地缴纳；收购应税农林特产品的农业特产税（包括代扣代缴），在收购地纳税。1995年1月，丽水地区执行财政部《关于缓征、减征猪、牛、羊皮农业特产税问题的通知》，在1994年、1995年两年内，收购猪皮的单位和个人，暂缓征收农业特产税；收购牛、羊皮的单位和个人减按5%的税率征收农业特产税。

1991—2002年，丽水市征收农业（林）特产税收入1.66亿元。

第三节 耕地占用税

耕地占用税是对单位和个人占用耕地建房或从事其他非农业建设为征税对象所征收的税收。1991—2007年，丽水地区延续施行1987年4月国务院颁布的《耕地占用税暂行条例》，征收耕地占用税。2008年1月，丽水市施行国务院修订的《耕地占用税暂行条例》。2月，施行财政部、国家税务总局《中华人民共和国耕地占用税暂行条例实施细则》（简称《耕地占用税暂行条例实施细则》），1987年4月国务院颁布的《耕地占用税暂行条例》同时废止。至2018年年末，丽水市继续征收耕地占用税。

一、纳税人

占用耕地建房或者从事其他非农业建设的单位和个人为耕地占用税的纳税人。单位包括国有企业、集体企业、私营企业、股份制企业、外商投资企业、外国企业以及其他企业和事业单位、社会团体、国家机关、部队及其他单位；个人包括个体工商户及其他个人。2008年2月，财政部、国家税务总局《耕地占用税暂行条例实施细则》规定，经申请批准占用耕地的，纳税人为农用地转用审批文件中标明的建设用地人；农用地转用审批文件中未标明建设用地人的，纳税人为用地申请人。未经批准占用耕地的，纳税人为实际用地人。

2008年10月，丽水市执行省财政厅《浙江省耕地占用税实施办法》，以在丽水市辖区内占用耕地、园地和林地、牧草地、农田水利用地、养殖水面以及渔业水域滩涂等其他农用地建房（包括建设建筑物和构筑物）或从事其他非农业建设的单位和个人为耕地占用税的纳税义务人。耕地占用税的纳税人主要依据农用地转用审批文件认定。经申请批准占用耕地的，纳税人为农用地转用审批文件中标明的建设用地人；农用地转用审批文件中未标明建设用地人的，纳税人为用地申请人。未经批准占用耕地的，纳税人为实际用地人。

二、征税范围

占用耕地建房或者从事其他非农业建设的为耕地占用税的征税范围。耕地为种植农作物的土地（包括菜地、园地及前3年内曾用于种植农作物的土地），园地包括苗圃、花圃、茶园、果园、桑园和其他种植经济林木的土地。占用鱼塘及其他农用土地建房或从事其他非农业建设，视同占用耕地，须依法征收耕地占用税。浙江省补充规定，占用开垦荒地、围垦造地（含溪滩围垦）种植（含养殖）农作物5年的其他农用土地，照征耕地占用税。

纳税人临时占用耕地，按规定缴纳耕地占用税，在批准临时占用耕地的期限内恢复所占用耕地原状的，全额退还已经缴纳的耕地占用税。占用林地、牧草地、农田水利用地、养殖水面以及渔业水域滩涂等其他农用地建房或者从事非农业建设的，按规定征收耕地占用税。《耕地占用税暂行条例实施细则》规定，“建房”包括建设建筑物和构筑物。农田水利占用耕地的，不征收耕地占用税。占用园地建房或者从事非农业建设的，视同占用耕地征收耕地占用税。

2008年10月，依照《浙江省耕地占用税实施办法》规定，占用园地、林地、牧草地、农田水利用地、养殖水面以及渔业水域滩涂等其他农用地建房或者从事非农业建设的，属耕地占用税征收范围。农田水利建设占用耕地的，不征耕地占用税；建设直接为农业生产服务的生产设施所占用园地、林地、牧草地、农田水利用地、养殖水面以及渔业水域滩涂等其他农用地的，不征耕地占用税。

三、计税依据

耕地占用税以纳税人实际占用的耕地面积为计税依据，按规定的适用税额一次性征收。

四、税率

耕地占用税税率采用地区差别征税标准。依照1987年4月国务院颁布的《耕地占用税暂行条例》，耕地占用税税率，以县为单位，按人均耕地面积划分4档，适用相应税额征收。同月，财政部《关于耕地占用税具体政策的规定》，核定浙江省每平方米平均税额为6元（折合每亩平均税额4000元）。省政府《批转省财政厅〈关于开征耕地占用税的报告〉的通知》规定，各市（地）、县占用耕地的每亩税额划为4个档次征收。丽水地区范围内，丽水市（县级）属三类地区，核定税额按每亩4000元征收；其他各县（市）均属四类地区，核定税额按每亩3000元征收。1992年6月，省财政厅《关于调整耕地占用税征收标准的通知》调整各市（地）、县（市）地区类别和征税标准，丽水市（县级）、龙泉市、庆元县、遂昌县、松阳县、缙云县为三类地区，核定税额按每亩5000元征收；云和县、景宁畲族自治县、青田县为四类地区，核定税额按每亩4000元征收。

2008年5月，省政府印发《关于做好耕地占用税征管工作的通知》，重新核定各市、县（市）耕地占用税税额标准。丽水市本级为每平方米45元，龙泉市、遂昌县、青田县和缙云县为每平方米35元，云和县、景宁畲族自治县、松阳县和庆元县为每平方米25元。对占用基本农田的，其适用税额在上述规定税额标准基础上再提高50%。占用林地、牧草地、农田水利用地、养殖水面以及渔业水域滩涂等其他农用地建房或者从事非农业建设的，其适用税额按当地占用耕地的税额标准执行。至2018年，仍执行该标准。

五、税款征收

1991年1月至2010年5月，丽水市耕地占用税由财政部门负责征收管理。

纳税人经土地管理部门批准占用耕地之日起30日内缴纳耕地占用税。对获准占用耕地的单位或者个人未在规定期限内向财政机关申报纳税的，从滞纳之日起，按日加收应纳税款5‰的滞纳金。单位或个人获准征用、占用耕地超过两年不使用的，按规定税额加征两倍以下耕地占用税。

2001年1月，丽水市调整市本级耕地占用税的减免审批权限，占用耕地由原来0.2公顷（含）以上、2公顷以下的，调整为占用耕地0.67公顷（含）以上、6.67公顷以下的，由市财政局审批，报省财政厅备案，各县（市、区）的审批权限由0.2公顷以下提高到0.67公顷以下。

1991—2018年丽水市耕地占用税收入一览表

表2－2－3　　　　单位：万元

年份	合计	市本级	莲都	青田	云和	龙泉	庆元	缙云	遂昌	松阳	景宁
1991	116	0	35	20	7	14	7	10	6	13	4
1992	186	0	43	22	8	33	12	17	11	23	17
1993	209	0	39	20	19	31	18	17	13	34	18
1994	308	0	97	23	45	42	11	30	23	19	18
1995	608	0	241	32	46	34	112	43	29	29	42
1996	711	0	110	70	213	34	83	94	33	21	53
1997	552	0	43	50	236	86	14	23	15	24	61
1998	549	0	6	49	224	15	10	28	51	142	24
1999	1361	0	64	138	314	32	275	68	26	24	420
2000	1670	15	458	91	395	136	126	213	44	166	26
2001	1666		508	115	369	70	9	116	168	289	22
2002	5514		3932	169	358	36	104	341	257	306	11
2003	8867		6396	694	267	134	104	477	271	500	24
2004	5637		2454	326	75	85	67	1320	153	1146	11
2005	3888		394	849	53	102	181	777	1208	304	20
2006	2963		951	501	81	286	225	516	82	260	61
2007	2706		931	249	147	23	273	556	490	7	30
2008	5141		2302	211	891	61	351	425	358	301	241
2009	7693		697	2579	93	103	190	1893	1146	229	763
2010	8649		272	3450	129	153	773	2374	1128	2	368
2011	15858		10184	506	5	434	515	2297	1387	0	530
2012	30836		21323	1923	31	311	990	3424	2055	498	281
2013	37632		16769	8111	5	332	562	17	7370	0	4466
2014	33750		15389	1410	10	100	1219	3850	5060	957	5755
2015	64368		24191	8174	494	6015	1295	5065	6938	5550	6646
2016	79878		28701	10252	130	12352	869	11410	8703	1893	5568
2017	47540		8417	9495	2216	6143	1833	9651	2656	2669	4460
2018	48555		6071	16866	2306	6646	2433	4050	1107	3110	5966
合计	417411		151033	66395	9167	33843	12661	49102	40788	18516	35906

注：2001年起，市本级和莲都区数据汇总为市级数据。

2007年12月，财政部、国家税务总局《关于耕地占用税平均税额和纳税义务发生时间问题的通知》规定，经批准占用耕地的纳税义务发生时间为纳税人收到土地管理部门办理占用农用地手续通知的当天；未经批准占用耕地的为实际占用耕地的当天。2008年2月，丽水市按照《耕地占用税暂行条例实施细则》规定，对纳税人占用耕地或其他农用地，在耕地或其他农用地所在地申报纳税。10月，执行省财政厅《浙江省耕地占用税实施办法》，纳税人获准占用耕地，在收到土地管理部门通知之日起30日内，到耕地所在地征收机关申报纳税。耕地占用税征收管理工作由各级财政部门负责。

2010年6月，丽水市本级耕地占用税征管职能由财政部门划转地方税务部门。2012年，开展耕地占用税收入与国土部门土地信息比对，摸清耕地占用税税源情况，巩固完善“先税后证”征收管理机制。2013年，利用信息共享和协作机制，与建设、国土、工商等部门开展耕地占用税税源信息比对，提升信息化管税水平。2017年，执行国家税务总局2016年1月发布的《耕地占用税管理规程（试行）》，省地税局《关于进一步贯彻落实〈耕地占用税管理规程（试行）〉的通知》，市地税局全面落实耕地占用税统一申报表，完善耕地占用税税源底册，清理应征未征数，加强耕地占用税管理。2015—2018年，全面开展第三方信息的采集与应用，加强耕地占用税税源监控，加强收入预期管理。

1991—2018年，丽水市征收耕地占用税41.74亿元。

第四节　契　税

契税是对以所有权发生转移变动的不动产为征税对象所征收的税收。契税是古老的税种，中华人民共和国成立之初，继续征收契税，之后长期处于停滞状态，至20世纪90年代初逐步恢复征收。1997年10月，丽水地区施行国务院《契税暂行条例》和财政部《契税暂行条例实施细则》调整的契税政策。2018年1月，执行国家税务总局发布的《契税管理规程（试行）》，至年末，丽水市继续征收契税。

一、纳税人

转移土地、房屋权属，承受单位和个人为契税的纳税人。

二、征税范围

转移土地、房屋权属为契税的征税范围，包括国有土地使用权出让，土地使用权转让（含出售、赠与和交换），房屋买卖、赠与、交换。国有土地使用权出让和土地使用权转让不包括农村集体土地的承包经营权转移。以土地、房屋权属作价投资、入股；以土地、房屋权属抵债；以获奖方式承受土地、房屋权属；以预购方式或预付集资建房款方式承受土地、房屋权属或转移土地、房屋权属的，视同土地使用权转让、房屋买卖或者房屋赠与征税。以划拨方式取得国有土地使用权经批准再转让的，需由取得划拨土地使用权者补缴土地出让费用或土地收益并缴纳契税。

1998年12月，丽水地区执行《浙江省实施〈中华人民共和国契税暂行条例〉办法》，国家机关、事业单位、社会团体、军事单位承受土地、房屋用于办公、教学、医疗、科研和军事设施的免征契税；城镇职工第一次购买公有住房在规定住房标准内的免征契税，超过国家规定标准面积部分，按规定征收契税。对1998年6月30日以前建成，并经县级以上建设行政主管部门验收通过、尚未售出的空置商品住宅，免征契税。

2001年1月起，丽水市对1998年6月30日以前建成，并经县级以上建设行政主管部门验收通过、尚未售出的别墅、度假村等高消费性的空置商品房，恢复征收契税。2003年，执行财政部、国家税务总局规定，对非公司制企业整体改建有限责任公司，改建后的公司承受原企业土地、房屋权属的，免征契税；集体企业实施股份制改造，由职工买断企业产权，或投资增资扩股，改造后的股份企业承受原企业土地、房屋权属的，免征契税；企业合并、分立后承受原企业土地、房屋权属的，免征契税。对于承受与房屋相关的附属设施（包括停车位、汽车库、自行车库、顶层阁楼以及储藏室）所有权或土地使用权的行为，按照契税法律、法规的规定征收契税；对于不涉及土地使用权和房屋所有权转移变动的，不征收契税。

2004年8月，丽水市执行省财政厅《关于契税征管若干政策的通知》，企业依法注销后原企业的土地、房屋在出资人之间进行分割而发生的权属转移，属于权属共有人内部分割而发生的权属转移行为，不在契税的征收范围之内，不征收契税。对经济适用房（含解困房）、房改房上市转让补缴的土地出让金，不再征收契税。9月，执行国家税务总局《关于继承土地、房屋权属有关契税问题的批复》，法定继承人（配偶、子女、父母、兄弟姐妹、祖父母、外祖父母）继承土地、房屋权属的，免征契税。非法定继承人根据遗嘱承受死者生前的土地、房屋权属，属于赠与行为，应征契税。2005年1月，省财政厅印发《关于换购经济适用住房有关契税政策的通知》，对购进的经济适用房中等同原换购房面积的部分，免征契税；超出原换购房面积的部分，以相应的经济适用房价格全额计征契税。

2011年7月，市地税局、市房地产管理处协调会明确，对产权证附记栏中记录的车库、柴间、车位等不计算建筑面积的房屋附属设施不征收契税；对产权证房屋状况栏记录的房屋及附属设施按规定征收契税，房管部门凭纳税人出具的契证办理相关手续。因《中华人民共和国婚姻法》解释（三）出台，8月起，执行财政部、国家税务总局《关于房屋土地权属由夫妻一方所有变更为夫妻双方共有契税政策的通知》，明确在婚姻关系存续期间，房屋、土地权属原归夫妻一方所有，变更为夫妻双方共同所有的，免征契税。夫妻一方所有的房产约定为另一方所有或两人按份共有的，变更为夫妻双方共同共有的，免征契税。2013年12月，执行财政部、国家税务总局《关于夫妻之间房屋土地权属变更有关契税政策的通知》，在婚姻关系存续期间，房屋、土地权属原归夫妻一方所有，变更为夫妻双方共有或另一方所有的，或者房屋、土地权属原归夫妻双方共有，变更为其中一方所有的，或者房屋、土地权属原归夫妻双方共有，双方约定、变更共有份额的，免征契税。2017年，《财政部国家税务总局关于支持农村集体产权制度改革有关税收政策的通知》明确对农村集体土地所有权、宅基地和集体建设用地使用权及地上房屋确权登记，不征收契税。

三、计税依据

契税的计税依据为国有土地使用权出让、土地使用权出售、房屋买卖的成交价格，由征收机关参照土地使用权出售、房屋买卖的市场价格核定。土地使用权交换、房屋交换，为所交换的土地使用权、房屋价格的差价。若成交价格明显低于市场价格并且无正当理由或发生土地使用权赠与、房屋赠与行为的，征收机关参照市场价格核定。以划拨方式取得土地使用权的，经批准转让房地产时，计税依据为补缴的土地使用权出让费用或者土地收益。营业税改征增值税后，计征契税的成交价格不含增值税。免征增值税的，确定计税依据时，成交价格不扣减增值税。

四、税率

契税采用比例税率。1997年10月，依照《浙江省实施〈中华人民共和国契税暂行条例〉办法》，契税税率为3%。1998年起，丽水地区对1998年6月30日以前建成，并经县级以上行政主管部门验收通过、尚未售出的空置商品住宅，免征契税。对1998年6月30日以前建成，并经县级以上建设行政主管部门验收通过、尚未售出的别墅、度假村等高消费性的空置商品房，自2001年1月起，按3%的税率恢复征收契税（2012年7月12日停止执行）。1999年8月，执行财政部、国家税务总局《关于调整房地产市场若干税收政策的通知》，对个人购买自用普通住宅契税税率减按1.5%执行（自用普通住宅的范围2005年5月31日有新规定）。

2001年，丽水市对1998年6月30日以前建成，并经县级以上行政主管部门验收通过、尚未售出的空置商品住宅，免征契税的政策延长执行至2002年12月31日止；2004年8月，省财政厅《关于契税征管若干政策的通知》明确，转让在建房屋土地适用3%税率征收契税。

2005年，丽水市严格界定普通住房和非普通住房，按相应的税率征收契税，丽水市区普通住房的标准及税率为：住宅小区建筑容积率在1.0以上，单套建筑面积在144平方米以下，按1.5%征收契税。12月，省财政厅《关于契税征管若干政策的通知》规定，因房屋、土地拆迁后重新承受房屋、土地权属的，不论补偿前后是房屋或土地、住宅或非住宅，对超出土地、房屋拆迁补偿和安置补助总额的部分，统一减按1.5%的税率征收契税。2007年10月，丽水市个人首次购买90平方米及以下普通住房的，契税税率暂下调至1%。首次购房证明由所在地县（市、区）住房建设主管部门出具。2007年8月起，对个人购买经济适用住房且面积在普通住房标准内的，减按1.5%征收契税；面积超过普通住宅标准的，按3%征收契税（2012年7月12日停止执行）。2008年11月，执行财政部、国家税务总局《关于调整房地产交易环节税收政策的通知》，对个人首次购买90平方米及以下普通住房的，税率暂统一下调到1%（2010年10月1日停止执行）。

2009年，丽水市凡依法申请村民住房所有权初始登记的，不征契税，以买卖、交换、赠与等方式发生农村集体土地性质、房屋权属转移，应按规定征收契税；契税税率除赠与按3%征收外，其他方式发生村民住房权属转移的按1.5%征收。

2010年10月起，对个人购买普通住房，且该住房属于家庭（成员范围包括购房人、配偶以及未成年子女，下同）唯一住房的，减半征收契税。对个人购买90平方米及以下普通住房，且该住房属于家庭唯一住房的，减按1%税率征收契税。2016年2月起，对个人购买家庭唯一住房，面积为90平方米及以下的，减按1%税率征收契税；面积为90平方米以上的，减按1.5%的税率征收契税。对个人购买家庭第二套改善性住房，面积为90平方米及以下的，减按1%的税率征收契税，面积为90平方米以上的，减按2%的税率征收契税。

五、税款征收

1991年1月至2010年5月，丽水市契税由财政部门负责征收管理。

契税的纳税义务发生时间为纳税人签订土地、房屋权属转移合同的当天，或者纳税人取得其他具有合同性质的契约、协议、合约、单据、确认书等凭证的当天。契税由土地、房屋所在地的财政机关负责征收。契税征收机关可以委托有关单位代征契税，具体代征单位由省财政厅确定，报省政府备案。2005年1月，丽水市执行《国家税务总局关于征收机关直接征收契税的通知》，由各级征收机关直接征收契税，停止委托代征。

2010年6月，丽水市本级契税征管职能由财政部门划转地方税务部门，契税就地直接缴入市、县国库。2012年，丽水市本级开展契税收入与国土部门土地信息比对工作，摸清契税税源情况。2013年，根据省地税局、省财政厅、省住房和城乡建设厅《关于加强房产税收管理工作的通知》，在办理房屋权属转移登记时，房管部门应查验纳税人的契证或不征税证明，并复印留存；未出具契证或不征税证明的，不予办理权属转移登记，完善“先税后证”征管机制。建立房产税收涉税信息交换、信息共享和协作机制，与建设、国土、工商等部门开展契税税源信息比对，提升信息管税水平。完成历年契证电子信息数据转换，完善与房管、国土部门的信息交换机制和税源控管机制。2014年，应用浙江地税信息系统（龙版）征管软件房地产交易模块，完善房地产交易环节各税种一体化协作控管流程。2015—2018年，全面开展第三方信息的采集与应用，掌握契税税源及涉税信息，加强税源监控，加大收入预期管理。完善存量房价格管理，加强减免税政策执行的跟踪调查。

1991—2018年，丽水市征收契税70.34亿元。

1991—2018年丽水市契税收入一览表

表2-2-4　　　　单位：万元

年份	合计	市本级	莲都	青田	云和	龙泉	庆元	缙云	遂昌	松阳	景宁
1991	73	0	30	17	3	4	3	6	5	5	0
1992	80	0	34	10	5	10	2	9	4	5	1
1993	77	0	3	15	8	18	4	14	8	5	2
1994	115	0	5	21	9	23	10	19	12	5	11
1995	156	0	2	43	13	20	8	30	17	15	8
1996	210	0	13	93	17	10	5	40	17	5	10
1997	282	0	43	126	14	10	2	36	12	23	16
1998	1392	0	1020	151	36	6	6	52	54	62	5
1999	2238	0	1167	258	46	61	35	448	161	46	16
2000	2122	546	604	357	55	51	34	181	121	72	101
2001	3565		1761	643	62	179	44	409	207	163	97
2002	6700		3226	1439	85	459	38	681	404	242	126
2003	10824		4981	1377	353	551	132	1792	1074	393	171
2004	13210		5035	3179	585	927	175	1405	1029	392	483
2005	16498		6763	2742	1243	916	377	2557	1021	663	216
2006	18693		8746	2430	1208	748	767	1530	1197	1165	902
2007	26462		12416	5736	1071	1384	846	2199	1392	783	635
2008	20799		9203	3998	811	1601	410	1777	1790	922	287
2009	29095		10293	7344	1408	1550	917	2489	1866	2115	1113
2010	41242		21628	6715	1483	2688	684	2491	1954	1537	2062
2011	54160		32599	7920	2435	1119	885	3185	2089	2611	1317
2012	32515		14541	4497	1451	1609	986	3425	2753	1465	1788
2013	53444		24067	5879	2267	3704	2178	5733	3838	3604	2174
2014	54552		25880	5604	2398	4588	1482	4032	4701	4122	1745
2015	51969		21702	7338	2553	6107	971	4601	3680	2081	2936
2016	61770		26020	10399	2837	6737	1792	3921	4371	3630	2063
2017	87691		42680	11291	2301	7242	1910	8895	4953	5077	3342
2018	113462		60973	12689	2938	6082	3940	14213	3691	5644	3292
合计	703396		335981	102311	27695	48404	18643	66170	42421	36852	24919

注：2001年起，市本级和莲都区数据汇总为市级数据。

第三章　流转税类

流转税又称流转课税、流通税，是以纳税人商品生产、流通环节的流转额或数量及非商品交易的营业额为征税对象所征收的税收。流转税是商品生产和商品交换的产物，是政府财政收入的重要组成部分。1978年改革开放以来，流转税制历经变革，1991—1993年，丽水地区继续施行20世纪80年代的流转税制，征收的流转税类税种主要有工商统一税、产品税、营业税、增值税等。1994年1月，实行分税制改革以来，施行国务院《中华人民共和国增值税暂行条例》（简称《增值税暂行条例》）、《中华人民共和国消费税暂行条例》（简称《消费税暂行条例》）和《中华人民共和国营业税暂行条例》（简称《营业税暂行条例》），先后开征营业税、增值税、消费税，并停止征收产品税、工商统一税等，实行以增值税为主，营业税、消费税为辅的流转税制。分税制将税收按征收权限和收入支配权限划分为中央税、地方税、中央与地方共享税，增值税、消费税等由国税部门征收管理，营业税等由地税部门征收管理。

第一节　营业税

营业税是对在中国境内提供应税劳务、转让无形资产或销售不动产为征税对象所征收的税收。营业税从工商税分出列为一个独立税种，始于20世纪80年代实行第二步“利改税”时期，1991—1993年，丽水地区延续施行1984年10月国务院颁布的《中华人民共和国营业税条例（草案）》（简称《营业税条例（草案）》）和财政部颁布的《中华人民共和国营业税条例（草案）实施细则》（简称《营业税条例（草案）实施细则》），征收营业税。1994年1月，施行国务院《营业税暂行条例》和财政部《中华人民共和国营业税暂行条例实施细则》（简称《营业税暂行条例实施细则》，调整营业税征税范围。2009年1月，丽水市施行国务院修订的《营业税暂行条例》）。2012年起，逐步将以前缴纳营业税的应税项目改征增值税（简称“营改增”），2016年，丽水市全面实现“营改增”。2017年10月，执行国务院常务会议通过的《国务院关于废止〈中华人民共和国营业税暂行条例〉和修改〈中华人民共和国增值税暂行条例〉的决定（草案）》，停止征收营业税。

一、纳税人

1994年税制改革前，在中国境内从事商业、物资供销、交通运输、建筑安装、金融保险、邮政电讯、公用事业、出版业、娱乐业、加工修理业和其他各种业务业的单位和个人为营业税的纳税人。机关、团体、部队、学校和其他企业、事业单位，有上述经营业务的，也是纳税人。按财政部《营业税条例（草案）实施细则》，应税业务的国营企业、集体企业、个体经营者及其他单位和个人为营业税的纳税人。

1994年1月，国务院《营业税暂行条例》将纳税人调整为在中国境内提供条例规定的劳务、转让无形资产或者销售不动产的单位和个人。2009年1月，施行财政部、国家税务总局修订的《营业税暂行条例实施细则》，单位以承包、承租、挂靠方式经营的，承包人、承租人、挂靠人（以下统称承包人）发生应税行为，承包人以发包人、出租人、被挂靠人（以下统称发包人）名义对外经营并由发包人承担相关法律责任的，以发包人为纳税人，否则以承包人为纳税人。

二、征税范围

1994年税制改革前，营业税的征税范围为从事商业、物资供销、交通运输、建筑安装、金融保险、邮政电讯、公用事业、出版社、娱乐业、加工修理业和其他服务的经营收入。纳税人兼有不同经营收入的，按照不同税率分别纳税。财政部税务总局《营业税税目注释（试行稿）》规定，营业税税目包括商品零售业务、商品批发业务、铁路运输业务、陆路运输业务、海（河）运业务、航空运输业务、管道运输业务、装卸搬运业务、建筑安装业务、金融业务、邮政电讯业务、出版事业、公用事业、娱乐业、服务业和临时经营等。

1994年1月，根据国务院《营业税暂行条例》和财政部《营业税暂行条例实施细则》规定，丽水地区对交通运输业、建筑业、金融保险业、邮电通信业、文化体育业、娱乐业、服务业提供的应税劳务及转让无形资产或销售不动产的应税行为，征收营业税。应税劳务为营业税税目征收范围的劳务，加工和修理、修配不属于应税劳务。从事货物的生产、批发或零售的企业、企业性单位及个体经营者的混合销售行为，视为销售货物，不征收营业税；其他单位和个人的混合销售行为，视为提供应税劳务，征收营业税。同月，依照国家税务总局修订的《营业税税目注释》（试行稿），营业税的征税范围修正为：交通运输业为陆路运输、水路运输、航空运输、管道运输、装卸搬运业务；建筑业为建筑、安装、修缮、装饰、其他工程作业业务；金融保险业为金融、保险业务；邮电通信业为邮政、电信业务；文化体育业为文化业、体育业业务；娱乐业为经营歌厅、舞厅、卡拉OK歌舞厅、音乐茶座、台球、高尔夫球、保龄球场、游艺场等娱乐场所，以及娱乐场所为顾客进行娱乐活动提供服务的业务；服务业为代理业、旅店业、饮食业、旅游业、仓储业、租赁业、广告业、其他服务业业务；转让无形资产为转让土地使用权、转让商标权、转让专利权、转让非专利技术、转让著作权、转让商誉业务；销售不动产为销售建筑物或构筑物，销售其他土地附着物业务。

2009年1月，根据财政部、国家税务总局修订的《营业税暂行条例实施细则》规定，提供条例规定的劳务、转让无形资产或者销售不动产，为有偿提供条例规定的劳务、有偿转让无形资产或者有偿转让不动产所有权的行为；提供或者接受条例规定劳务的单位或者个人、所转让的无形资产（不含土地使用权）的接受单位或者个人、所转让或者出租土地使用权的土地、所销售或者出租的不动产在境内。单位或者个人将不动产或者土地使用权无偿赠送其他单位或者个人、单位或者个人自己新建（简称自建）建筑物后销售，其所发生的自建行为，以及财政部、国家税务总局规定的其他情形，视同发生应税行为。从事货物生产、批发或者零售的企业、企业性单位和个体工商户的混合销售行为，视为销售货物，不缴纳营业税，其他单位和个人的混合销售行为，视为提供应税劳务，缴纳营业税。纳税人兼营应税行为和货物或者非应税劳务的，分别核算应税行为的营业额和货物或者非应税劳务的销售额，其应税行为营业额缴纳营业税，货物或者非应税劳务销售额不缴纳营业税，未分别核算的，由主管税务机关核定其应税行为营业额。

三、计税依据

1994年税制改革前，从事商品零售的纳税人，在商品销售后，以商品销售收入额为计税依据计算纳税；从事商品批发、调拨的纳税人，在商品销售后，以商品销售额减去销售商品购入原价后的差额为计税依据计算纳税；从事交通运输、建筑安装、金融保险、邮政电讯、公用事业、出版业、娱乐业、加工修理业和其他各种业务的纳税人，在取得营业收入后，以营业收入额为计税依据计算纳税。商品零售的商品销售收入额为实际实现的商品销售收入额，不得从中减除任何成本和费用。但在经营过程中实际发生的销货退回，可以从商品销售收入额中扣除。纳税人批发、调拨所收购的农、林、牧、水产品，其收购环节已纳的产品税，可以计入购入商品原价之内；对从事交通运输业、建筑安装业、金融保险业、邮政电讯业、公用事业、出版业、娱乐业、加工修理业和其他各种业务的营业收入额，按照不同行业确定。

1994年1月，国务院《营业税暂行条例》规定，纳税人的营业额为纳税人提供应税劳务、转让无形资产或者销售不动产向对方收取的全部价款和价外费用。运输企业自中国境内运输旅客或者货物出境，在境外改由其他运输企业承运的，以全程运费减去付给该承运企业的运费后的余额为营业额；旅游企业组团到境外旅游，在境外改由其他旅游企业接团的，以全程旅游费减去付给该接团企业的旅游费后的余额为营业额；建筑业的总承包人将工程分包或者转包给他人的，以工程的全部承包额减去付给分包转包人的价款后的余额为营业额；转贷业务，以贷款利息减去借款利息后的余额为营业额。同时，财政部《营业税暂行条例实施细则》对交通运输业、旅游业、建筑安装业、保险业、娱乐业（单位和个人演出）的计税营业额作了具体规定。同月，省税务局《关于营业税征税项目适用成本利润率的通知》规定，纳税人提供应税劳务、转让无形资产或销售不动产价格明显偏低而无正当理由，主管税务机关有权按《营业税暂行条例实施细则》规定的第三顺序（即按成本利润率）核定其营业额。

2009年1月，国务院修订《营业税暂行条例》，纳税人的营业额为纳税人提供应税劳务、转让无形资产或者销售不动产收取的全部价款和价外费用。纳税人将承揽的运输业务分给其他单位或者个人的，以其取得的全部价款和价外费用扣除其支付给其他单位或者个人的运输费用后的余额为营业额；纳税人从事旅游业务的，以其取得的全部价款和价外费用扣除替旅游者支付给其他单位或者个人的住宿费、餐费、交通费、旅游景点门票和支付给其他接团旅游企业的旅游费后的余额为营业额；纳税人将建筑工程分包给其他单位的，以其取得的全部价款和价外费用扣除其支付给其他单位的分包款后的余额为营业额；外汇、有价证券、期货等金融商品买卖业务，以卖出价减去买入价后的余额为营业额。纳税人提供建筑业劳务（不含装饰劳务）的，其营业额包括工程所用原材料、设备及其他物资和动力价款在内，但不包括建设方提供的设备的价款。娱乐业的营业额为经营娱乐业收取的全部价款和价外费用，包括门票收费、台位费、点歌费、烟酒、饮料、茶水、鲜花、小吃等收费及经营娱乐业的其他各项收费。外汇、有价证券、期货等金融商品买卖业务为纳税人从事的外汇、有价证券、非货物期货和其他金融商品买卖业务。货物期货不缴纳营业税。纳税人有价格明显偏低并无正当理由或者视同发生应税行为而无营业额的，按规定确定其营业额。

营业税起征点的适用范围限于个人。定期定额纳税人营业额未达到营业税起征点的，免征营业税。1991年1月至2017年7月，丽水市执行标准：1991年1月起，按期纳税的，经营商品零售业务的为月营业额240元，经营其他业务的为月营业额120元，按次纳税的，每次（日）营业额20元；1994年1月起，按期纳税的为月营业额400元，按次纳税的，每次（日）营业额50元；2003年1月起，按期纳税的为月营业额2000元；2005年7月起，按期纳税的为月营业额5000元；2009年1月起，按期纳税的为月营业额5000元，按次纳税的，每次（日）营业额100元。2011年11月，按期纳税的为月营业额20000元，按次纳税的，每次（日）营业额500元。至2017年7月，仍执行2011年标准。

四、税率

营业税实行比例税率。国务院《营业税条例（草案）》设营业税税目为11个，按照不同的行业采用3%、5%、10%、15%的分档比例税率和3%—10%的幅度比例税率（临时经营）。1993年4月，国务院《〈关于提高商品零售营业税税率的通知〉的通知》规定，自1993年5月1日起，商品零售的营业税税率由3%提高到5%；"其他饮食业"营业税的税率，由3%提高到5%。

1994年1月，国务院《营业税暂行条例》施行后，调整营业税税率，营业税设9个税目，按照不同的行业采用3%、5%的比例税率和3%—20%的幅度比例税率（娱乐业）。丽水地区对娱乐业的营业税税率确定为10%。1997年2月，财政部、国家税务总局转发《国务院关于调整金融保险业税收政策有关问题的通知》，从1997年1月1日起，金融保险业营业税税率由5%提高到8%。农村信用社营业税，在1997年12月31日前按5%的税率征收，1998年1月1日起按8%征收。

2001年4月，财政部、国家税务总局印发《关于降低金融保险业营业税税率的通知》，从2001年起，金融保险业营业税税率每年下调1个百分点，分3年将金融保险业的营业税税率从8%降低到5%（2001年1月1日至12月31日为7%；2002年1月1日至12月31日为6%；2003年1月1日起降为5%）。5月，财政部、国家税务总局印发《关于调整部分娱乐业营业税税率的通知》和《关于明确调整营业税税率的娱乐业范围的通知》，歌厅、舞厅、卡拉OK歌舞厅（包括夜总会、练歌房）、音乐茶座（包括酒吧）、台球、高尔夫球、保龄球、游艺（如射击、狩猎、跑马、游戏机、蹦极、卡丁车、热气球、动力伞、射箭、飞镖等）娱乐行为的营业税适用税率为20%。纳税人兼营税率不同的应税业务，分别核算营业收入，根据各自适用税率，分别计算应纳税额，不能分别核算的，一律按照最高的税率计征营业税。

2004年2月，丽水市信用社营业税减按3%的税率征收。7月，经营台球、保龄球业务减按5%税率征收。2009年1月，国务院修订《营业税暂行条例》，营业税设9个税目，按照不同的行业采用3%、5%的比例税率和5%—20%的幅度比例税率（娱乐业）。2010年1月，丽水市执行省财政厅、省地税局《关于调整娱乐业营业税税率的通知》，对经营高尔夫球业务适用10%税率，其他娱乐业征税项目适用5%税率。

1994年营业税税目税率一览表

表2－3－1

税　目	征　收　范　围	税率
一、交通运输业	陆路运输、水路运输、航空运输、管道运输、装卸搬运	3%
二、建筑业	建筑、安装、修缮、装饰及其他工程作业	3%
三、金融保险业	金融、保险	5%
四、邮电通信业	邮政、电信	3%
五、文化体育业	文化业、体育业	3%
六、娱乐业	歌厅、舞厅、卡拉OK歌舞厅、游艺、音乐茶座、台球、高尔夫球、保龄球	5%—20%
七、服务业	代理业、旅店业、饮食业、旅游业、仓储业、租赁业、广告业及其他	5%
八、转让无形资产	转让土地使用权、专利权、非专利技术、商标权、著作权、商誉	5%
九、销售不动产	销售建筑物及其他土地附着物	5%

2009年营业税税目税率一览表

表2－3－2

税　目	税　率	税　目	税　率	税　目	税　率
一、交通运输业	3%	四、邮电通信业	3%	七、服务业	5%
二、建筑业	3%	五、文化体育业	3%	八、转让无形资产	5%
三、金融保险业	5%	六、娱乐业	5%—20%	九、销售不动产	5%

五、税款征收

1991—1993年，丽水地区的营业税由地区税务部门征收。1997年9月，国地税机构进一步分设后，根据营业税征管权限划分，涉及地方企业、单位、其他组织和个人营业税由地区地税部门征收管理。

丽水地区执行财政部《营业税条例（草案）实施细则》有关规定，对固定业户的总分支机构不设在同一县（市）的，分别在其所在地按各自的营业收入额缴纳营业税；固定业户临时到外县（市）从事经营的，凭税务机关的证明，回业户所在地缴纳营业税；纳税人委托代销商品，由受托方在所在地代收代缴营业税；集体和个体建筑安装企业承包建筑安装工程和修缮业务，在承包的工程所在地缴纳营业税。商业、物资供销企业，纳税义务的发生，采用托收承付结算方式的，为办妥委托银行收款手续的当天；采用其他结算方式的，为发出商品的当天。其他纳税人纳税义务的发生，为取得收入的当天。

1994年1月，丽水地区施行国务院《营业税暂行条例》和财政部《营业税暂行条例实施细则》，委托金融机构发放贷款，以受托发放贷款的金融机构为扣缴义务人；建筑安装业务实行分包或者转包的，以总承包人为扣缴义务人。纳税人提供应税劳务，向应税劳务发生地主管税务机关申报纳税。纳税人从事运输业务，向其机构所在地主管税务机关申报纳税。纳税人转让土地使用权，向土地所在地主管税务机关申报纳税。纳税人转让其他无形资产，向其机构所在地主管税务机关申报纳税。纳税人销售不动产，向不动产所在地主管税务机关申报纳税。纳税人转让土地使用权或者销售不动产，采用预收款方式的，纳税义务发生时间为收到预收款的当天；纳税人销售自建建筑物的行为，纳税义务发生的时间为其销售自建建筑物并收讫营业额或者取得索取营业额的凭据的当天；纳税人将不动产赠与他人的，纳税义务发生时间为不动产所有权转移的当天。纳税人提供的应税劳务发生在外县（市），应向劳务发生地的主管税务机关申报纳税而未申报的，由其机构所在地或者居住地主管税务机关补征税款。纳税人承包的工程跨省的，向其机构所在地主管税务机关申报纳税。纳税人在本省范围内发生应税行为，其纳税地点需要调整的，由省人民政府所属税务机关确定。

丽水市在执行国家和省统一的营业税征收管理规定外，结合本市实际，对营业税纳税人纳税义务发生时间、纳税期限、纳税地点、营业税起征点、营业税代扣代缴作了相应补充规定。

2005年5月，丽水市出台个人住房转让营业税政策。6月起，个人将购买不足2年的住房对外销售的，应全额征收营业税；个人将购买超过2年（含2年）的符合当地公布的普通住房标准的住房对外销售，应持该住房的坐落、容积率、房屋面积、成交价格等证明材料及地方税务部门要求的其他材料，向地方税务部门申请办理免征营业税手续，凡符合规定条件的，给予免征营业税；个人将购买超过2年（含2年）的住房对外销售不能提供属于普通住房的证明材料或经审核不符合规定条件的，一律执行非普通住房营业税政策，按其售房收入减去购买房屋的价款后的余额征收营业税。

2006年6月起，个人将购买不足5年的普通住房对外销售，全额征收营业税；超过5年（含5年）的普通住房对外销售，向地方税务部门申请办理免征营业税手续，凡符合规定条件的，给予免征营业税；个人将购买超过5年（含5年）的住房对外销售不能提供属于普通住房的证明材料或经审核不符合规定条件的，一律执行非普通住房营业税政策，按其售房收入减去购买房屋的价款后的余额征收营业税。

2008年2月，调整个人住房转让营业税政策。从2009年1月1日至12月31日，个人将购买不足2年的非普通住房对外销售的，全额征收营业税；个人将购买超过2年（含2年）的非普通住房或者不足2年的普通住房对外销售的，按照其销售收入减去购买房屋的价款后的余额征收营业税；个人将购买超过2年（含2年）的普通住房对外销售的，免征营业税。

2009年1月，丽水市施行国务院修订的《营业税暂行条例》和财政部、国家税务总局修订的《营业税暂行条例实施细则》，调整营业税征收管理相关事项，营业税纳税义务发生时间为纳税人提供应税劳务、转让无形资产或者销售不动产并收讫营业收入款项或者取得索取营业收入款项凭据的当天。纳税人提供应税劳务向其机构所在地或者居住地的主管税务机关申报纳税；纳税人转让无形资产向其机构所在地或者居住地的主管税务机关申报纳税；纳税人转让、出租土地使用权，向土地所在地的主管税务机关申报纳税；纳税人销售、出租不动产向不动产所在地的主管税务机关申报纳税；纳税人转让土地使用权或者销售不动产，采取预收款方式的，其纳税义务发生时间为收到预收款的当天；纳税人提供建筑业或者租赁业劳务，采取预收款方式的，其纳税义务发生时间为收到预收款的当天。纳税人将不动产或者土地使用权无偿赠送给其他单位或者个人的，其纳税义务发生时间为不动产所有权、土地使用权转移的当天；纳税人自建行为的，其纳税义务发生时间为销售自建建筑物的纳税义务发生时间。纳税人应当向应税劳务发生地、土地或者不动产所在地的主管税务机关申报纳税之月起超过6个月没有申报纳税的，由其机构所在地或者居住地的主管税务机关补征税款。

2010年1月，丽水市再次调整个人住房转让营业税政策。个人将购买不足5年的非普通住房对外销售的，全额征收营业税；超过5年（含5年）的非普通住房或者不足5年的普通住房对外销售的，按照其销售收入减去购买房屋的价款后的余额征收营业税；超过5年（含5年）的普通住房对外销售的，免征营业税。

2011年，丽水市级完善新建厂房“先税后证”控管协作机制。开展营业税专项清理辅导工作，企业自行清理1026户，其中有问题户129户，补缴营业税909万元；由税务机关实施清理529户，其中有问题户153户，补缴营业税400万元。2013年，加强全市营业税“先税后证”管理。完善建筑业税收“先税后证”控管协作机制，扩大建筑业税收协税范围，做好与房管部门协调沟通，把除商品房、农民个人新建住房（不包括出让土地）以外的所有新建房项目均纳入建筑业税收协税范围。全年全市地税部门审核336户，审核金额15.32亿元，补缴营业税1693万元，其中市本级审核85户，审核金额7.49亿元，补缴营业税504万元。

2012年，丽水市着手营业税改征增值税的“营改增”试点筹备工作，12月，将交通运输业和研发技术、信息技术、文化创意、物流辅助、有形动产租赁、鉴证咨询等服务业共1.14万户纳入“营改增”试点，由地税部门移交国税部门。

2013年8月，将广播影视服务业纳入“营改增”试点，全市共移交50户。2014年1—6月，将铁路运输、邮政服务、工程监理、电信业纳入“营改增”试点，全市共移交247户。2015—2016年，对房地产业、建筑业和金融保险业“营改增”的最后三个行业，以及年营业额在515万元以上的生活性服务业营业税纳税人进行专项清理辅导。2015年，全市清理1374户，补缴营业税5922万元；市本级清理238户，补缴营业税2181万元。

2016年5月起，全面推进“营改增”改革，将最后的建筑业、房地产业、金融保险业、生活服务业共40570户移交国税部门。年末，全面完成“营改增”任务，全市共实现“营改增”52292户。2017年10月，丽水市停止征收营业税，税款清收工作延续至2018年。

1991—2018年，丽水市地税部门征收营业税197.99亿元。

1991—2018年丽水市营业税收入一览表

表2-3-3 单位：万元

年份	合计	市本级	莲都	青田	云和	龙泉	庆元	缙云	遂昌	松阳	景宁
1991	6316	659	1071	912	340	907	555	575	583	411	303
1992	7126	722	1331	942	349	940	615	721	636	482	388
1993	9902	959	2136	1411	480	1240	845	922	834	558	517
1994	5947	586	1651	385	360	1033	291	558	487	286	310
1995	8571	860	2542	733	466	1229	444	816	758	344	379
1996	11873	1046	3607	1538	616	1387	564	1069	969	440	637
1997	13837	1227	4072	1838	698	1201	721	1261	1017	720	1082
1998	15605	1551	3891	2042	908	1326	765	1774	1216	884	1248
1999	18215	2100	4985	2181	1027	1523	840	2068	1217	1000	1274
2000	21617	2962	5730	2791	1055	2008	766	2232	1468	1302	1303
2001	29379		12247	3436	1407	2675	997	3626	1688	1607	1696
2002	44742		18021	5680	2424	4005	1414	5254	2776	2382	2786
2003	52266		17669	8921	3254	4580	1567	6130	3859	2932	3354
2004	56304		19005	11252	3099	4871	1921	5561	4044	3319	3232
2005	60076		20285	13218	3289	5127	2305	5457	4181	3310	2904
2006	77603		28232	14954	4360	6593	2926	7208	5675	4421	3234
2007	106585		42818	18629	5667	8076	4204	9636	7528	6149	3878
2008	97256		35341	18335	5655	7835	3207	8480	7112	6813	4478
2009	100348		32951	25958	5192	8181	3212	7967	6506	5884	4497
2010	131101		48198	22038	6079	13102	4004	13873	10101	7134	6572
2011	155203		64637	23981	6580	16654	5846	12056	10671	7945	6833
2012	180634		74746	27439	8742	18194	6733	16246	12304	8654	7576
2013	194826		77259	25553	8752	19939	6753	22977	11427	12397	9769
2014	212395		79129	33885	8272	21259	8837	24228	13610	12795	10380
2015	219726		81589	35958	9831	19006	10406	23420	15902	12998	10616
2016	135598		53406	16606	6663	9838	7538	13568	7054	10095	10830
2017	2714		1963	42	368	27	54	64	-122	-16	334
2018	4160		2698	21	134	158	339	16	472	-14	336
合计	1979925		753882	320679	96067	182914	78669	197763	133973	115232	100746

注：2001年起，市本级和莲都区数据汇总为市级数据。

第二节　工商统一税

工商统一税是对以工业品、部分农产品和商业零售、交通运输、服务性业务的流转额为征税对象所征收的税收。工商统一税实行两次课征制。1991—1993年，丽水地区延续实施1958年9月起施行、经1973年1月调整的工商统一税政策，征收工商统一税。1994年1月，施行中华人民共和国主席令公布的《全国人民代表大会常务委员会关于外商投资企业和外国企业适用增值税、消费税、营业税等税收暂行条例的决定》，对外商投资企业和外国企业征收增值税、消费税、营业税等税收，《中华人民共和国工商统一税条例（草案）》同时废止。

一、纳税人

工商统一税的纳税人为从事工业品生产、农产品采购、外贸进口、商业零售、交通运输和服务性业务的单位或个人。

二、征税范围

工商统一税的征税范围为农产品采购、外贸进口、商业零售、交通运输和服务性业务所取得的收入。财政部《中华人民共和国工商统一税条例施行细则（草案）》规定，纳税人在中国境内和国外分别设有总分支机构的，只就在国境内的机构所经营的业务缴纳工商统一税。

三、计税依据

从事工业品生产的，在工业品销售后根据销售收入的金额依率计税；从事农产品采购的，在农产品采购后根据采购支付金额依率计税；从事外贸进口的，在货物进口后根据进口货物支付金额依率计税；从事商业零售的，在商品销售后，根据零售收入的金额依率计税；从事交通运输和服务性业务的，在取得收入后，根据业务收入的金额依率计税；工业企业接受委托加工的产品，由委托方纳税，委托方属于工业单位的，比照自制产品对待，委托方不属于工业单位的，在产品出厂时由受托方代为缴税，或者由委托方在提货时自行缴税。海关代征的工商统一税合并在进口关税内，从价计征，一次按率征收。

纳税人所支付的金额为按照农产品的实际采购价格所支付的金额；进口货物所支付的金额，工业品按照进口货物的到岸价格加应纳的海关进口税和工商统一税计算，产品按照进口货物的到岸价格计算。

四、税率

工商统一税设108个税目、141个税率。最高税率为甲级卷烟69%，最低税率为棉坯布1.5%，商业零售税率3%，交通运输税率2.5%，服务性业务税率3%、5%、7%三档。进口税税率最高为化妆品、手表等200%，最低为粮食、科学仪器等20%。

五、税款征收

工商统一税对工农业产品从生产到销售，实行两次课征制，在工业环节和商业零售环节各征一道税。海关代征的工商统一税在进口税总额中划拨10%作为工商统一税缴库。工业企业接受委托加工的产品，由委托方纳税；委托方不属于工业单位的，在产品出厂的时候，由受托方代为缴纳，或者由委托方在提货的时候自行缴纳。

工商统一税纳税义务发生的时间，从事工业品生产的纳税人，采用银行结算方式销售产品的，为银行收到货款划入企业账户的当天，采用银行结算方式的，由县（市）税务机关根据企业的会计制度和经营情况确定；从事农产品采购的纳税人，为支付货款的当天；从事外货进口的纳税人，为货物进口或者申报进口的当天；从事商业零售的纳税人，为收到货款的当天；从事交通运输和服务性业务的纳税人，为取得收入的当天。纳税人缴纳税款的期限，由县（市）税务机关分别核定，最长1个月为一期，逐期计算。不能按期计算的，按次计算，于期满后3天内结算缴纳；按月计算税额的，于期满后5天内结算缴纳。

省财政厅规定，企业用一种物质连续综合利用，制成多种产品对外销售，应分别按照各种产品适用税率征收工商统一税。对地方国营工业企业、手工业生产合作社（组）、合作工厂生产农具使用的原竹、原木，凡是在集市上高价收购的，一律按国家规定的收购牌价征收工商统一税，没有收购牌价的，按当地国营商业批发牌价征税；地方国营工业企业、手工业生产合作社（组）、合作工厂自产自销的竹、木农具，不论是否通过自设的门市部销售，也不论按什么价格销售，只按5%的税率征收工业环节的工商统一税，不再征收零售工商统一税。

1991—1993年，丽水地区征收工商统一税375万元。

第三节　产品税

产品税是对以应税产品销售收入额和进口应税产品支付额为征税对象所征收的税收。产品税从工商税演变而来，20世纪80年代实行第二步“利改税”时，将原工商税按照性质划分为产品税、增值税、营业税和盐税，开征产品税。1991—1993年，丽水地区施行1984年10月国务院颁布的《中华人民共和国产品税条例（草案）》和财政部《中华人民共和国产品税条例（草案）实施细则》（简称《产品税条例（草案）》《产品税条例（草案）实施细则》），征收产品税。1994年1月，实行分税制改革，施行国务院《增值税暂行条例》《消费税暂行条例》《营业税暂行条例》，停止征收产品税。

一、纳税人

在中国境内从事生产和进口产品税应税产品的单位和个人，为产品税的纳税义务人。《产品税条例（草案）实施细则》明确，生产、经营和进口产品税应税产品的国营企业、集体企业、个体经营者和事业单位、机关、团体、学校、部队等一切单位和个人，都是产品税的纳税人。委托加工应税产品的单位和个人，也是产品税的纳税人。按照财政部《关于产品税若干具体问题的规定》，商业部门收购的土糖、土丝、土布、土纸，由生产销售者缴纳产品税。

二、征税范围

产品税征税范围包括工业产品和农、林、牧、水产品，具体分25类270个税目。其中工业品

24类，260个税目；农、林、牧、水产品类10个税目。丽水地区施行1984年10月财政部印发的《关于产品税若干具体问题的规定》，建筑安装企业生产的各种预制构件和基本建设单位附设工厂生产的建筑材料，供承包和本单位基本建设工程施工自用的不征税，对外销售的征收产品税。

至1991年4月，随着增值税征收范围的不断扩大，纺织品、建材、日用机械、日用电器、电子产品、有色金属采选产品及部分轻工产品陆续改征增值税后，产品税征税范围逐步缩小，只保留卷烟、酒、电力、农林水产品等86个税目。

三、计税依据

纳税人应税产品的销售收入额和进口应税产品的支付额为产品税的计税依据。对连同包装销售的产品，无论包装是否单独计价，在财务上如何核算，除列举产品外，均按照带包装的销售收入征收产品税。纳税人用于本企业连续生产的自制产品，属于税目税率表中规定要纳税的，按照同类产品的销售价格计算纳税，没有同类产品销售价格的，按组成计税价格计算纳税。委托加工产品，按工厂同类产品销售价格计算纳税，没有同类产品销售价格的，按照组成计税价格计税。

丽水地区依照1984年10月财政部印发的《关于产品税若干具体问题的规定》，对工业企业自销的产品，按照实际销售收入征收产品税。但对于实际销售价格高于出厂价格，而且又应当缴纳营业税的产品，按照出厂价格征收产品税。同月，省财政厅《关于产品税若干征税问题的意见》明确，对工业企业销售的产成品、半成品、次品、等外品、副产品的销售收入，按规定征收产品税，下脚废料的销售收入可不征产品税。对工业企业销售产品时以折让、回扣等各种名义支付的销货费用，如有冲减产品销售收入的应并计征收产品税。对国营、集体收购单位收购应税农、林、牧、水产品，付给出售者的各种补贴，并计收购金额征收产品税。

四、税率

产品税采用比例税率和定额税率。应税产品除“大型电力”一项采用定额税率外，其他产品均采用比例税率，并按不同税目设置差额比例税率。依照《产品税条例（草案）》，应税产品共270个税目，其中工业产品260个税目，最低税率3%，最高税率60%；应税农、林、牧、水产品10个税目，最低税率3%，最高税率38%。

1991年，丽水地区依照1984年10月省财政厅《关于产品税若干征税问题的意见》，对酒、食品饮料、纺织品、日用机械类和电器、其他轻工产品、陶瓷、建材、化工、其他工业品9大类产品，执行调整后的税率。丽水地区征收产品税的主要项目及税率为粮食白酒50%，其他原料白酒15%，议价粮白酒35%，黄酒50%，议价粮黄酒30%，啤酒40%，议价粮啤酒25%，复制酒30%，汽酒15%，果木酒15%，鞭炮、焰火30%，炸药类10%，焚化品55%，小型电力5%，氮肥3%，其他化肥3%，铁合金10%，毛茶25%，精制茶15%，晒烟叶38%，银耳、黑木耳5%，水产品5%，毛绒10%，原木10%，原竹5%，天然树脂15%，生猪、菜牛、羊3%等。

五、税款征收

缴纳产品税的期限，根据纳税人应纳税款数额的大小由县（市）税务机关分别核定，逐期计算纳税，最长不得超过1个月。不能按期计算的，可按次计算纳税。以1个月为1期的纳税人，于期满后7天内报缴税款；按次纳税的，于期满后5天内报缴税款。纳税人应当按照核定的纳税期限，向当地税务机关办理纳税申报。纳税人发生纳税义务而不按照规定申报纳税，当地税务机关有权确定其应纳税额。纳税人在核定的纳税期内，不能计算出应纳税款的，经当地税务机关批准，可以按照上期缴纳税款的金额先行缴纳，计算出应纳税款后，即结算清缴。纳税人依照税务机关核定的期限缴纳税款。税务机关向纳税人催缴税款无效时，可以通知其开户银行扣缴入库。加收滞纳金起讫时间从税务机关规定缴纳税款的期限届满之次日起到缴款的当天止。

纳税人销售应税工业品，其纳税义务的发生，采用托收承付结算方式的，为收到货款的当天；采用其他结算方式的，为发出商品的当天；纳税人自产自用的产品，按照规定应当缴纳产品税的，其纳税义务的发生，为移送使用的当天。应税农、林、牧、水产品的纳税人，其纳税义务的发生，由收购单位纳税的，为结付收购货款的当天；由销售者纳税的，为成交的当天。纳税人进口应税产品，其纳税义务的发生，为报关进口的当天。

依照财政部《关于产品税若干具体问题的规定》，纳税人生产销售工业品，包括到外地自销或委托外地代销产品，均应在纳税人核算地缴纳产品税；应税农、林、牧、水产品，由国营、集体收购单位收购的，在收购地缴纳产品税；由生产者销售给国营、集体收购单位以外的其他单位和个人的，在销售地缴纳产品税；生产者到外地销售或者委托外地经销应税农、林、牧、水产品，持有销售地税务机关开具的完税证明的，回原地后不再纳税。县级（含）以下电厂和工矿企业的自备电厂生产销售的电力，不论是销售给用户，还是销售给电网，均由电厂按照实际销售收入缴纳产品税。

1991年4月，省税务局印发《关于加强酒类产品税收征收管理的通知》，酒类企业应依法纳税，不得“包税”或变相“包税”；各地不得对酒类产品擅自进行减免税；加强税收检查，并加强对酒类批发业务的管理。

1991—1993年，丽水地区征收产品税1.17亿元，其中地区本级142万元，丽水市（县级）1605万元，青田县597万元，云和县880万元，龙泉市2617万元，庆元县1256万元，缙云县1128万元，遂昌县1630万元，松阳县1284万元，景宁畲族自治县595万元。

第四节　增值税

增值税是对以商品（含应税劳务）在流转过程中产生的增值额为征税对象所征收的税收。1991—1993年，丽水地区延续施行1984年10月国务院《中华人民共和国增值税条例（草案）》和财政部《中华人民共和国增值税条例（草案）实施细则》，征收增值税。1994年1月起，实行分税制改革，增值税由国税部门征收管理。

一、纳税人

增值税的纳税人为从事生产和进口增值税应税产品的单位和个人。财政部《中华人民共和国增值税条例（草案）实施细则》明确，增值税的纳税人为从事生产和进口应税产品的国营企业、集体企业、个体经营者以及其他单位和个人，以及委托加工应税产品的单位和个人。

二、征税范围

增值税的征税范围为生产和进口增值税的应税产品。纳税人以自己生产的应纳增值税产品，用于本企业连续生产应纳增值税产品的不纳税，用于本企业连续生产非增值税产品或非生产项目的，视同销售，依率纳税。纳税人以自制应税产品用于本企业基本建设的，无论是商品产品还是非商品产品均应当纳税，用于本企业专项工程和生活福利设施，属于本企业商品产品的应当纳税，属于本企业非商品产品的不纳税，但用于专项工程和生活福利设施的自制非商品产品，其扣除项目如果已按当期购入数计算“扣除金额”或“扣除税额”的，按照规定补税。委托加工产品，是由委托方提供原料和主要材料，受托方只收取加工费和代垫部分辅助材料加工的产品。对于由委托方提供原材料生产的产品，或者受托方先将原材料卖给委托方，然后再接受加工的产品，以及由受托方以委托方名义购进原材料生产的产品，不论企业在财务上是否作销售处理，都不能作为委托加工产品，而作为销售自制产品，缴纳增值税。

三、计税依据

从事生产应税产品的纳税人，根据产品销售收入的金额计算纳税，从事进口应税产品的纳税人，在产品报关进口后计算纳税。纳税人从购货方取得的价外补贴收入，计入销售收入额内一并纳税。纳税人用于本企业连续生产非增值税产品的自制应税产品，按照同类产品的销售价格计算纳税，没有同类产品销售价格的，按组成计税价格计算纳税。工业企业委托加工的产品，视同自制产品，在销售时按照规定纳税，收回的加工产品供本企业继续生产产品的，按规定办理；商业企业、外贸企业、物资企业和供销企业委托加工的产品，一律于加工产品收回时在委托方所在地纳税；基建单位、其他单位和个体经营者委托加工的产品，一律于委托方提货时，由受托方代收代缴税款；委托加工的产品，按工厂同类产品的销售价格计算纳税，没有同类产品销售价格的，组成相应的价格计算纳税。

增值税分甲、乙两大类，计税方法采用扣额法和扣税法。甲类产品适用“扣额法”计算应纳税额，“扣除金额”为规定扣除项目中为生产应税产品外购部分的金额；乙类产品适用“扣税法”计算应纳税额，“扣除税额”为规定项目中为生产应税产品外购部分的已纳税额。进口的应税产品，不论是甲类或乙类产品，均按组成计税价格，依率直接计算应纳税额，不扣除任何项目的金额或已纳税额。“扣除金额”，可以包括“扣除项目”的外地运杂费、运输途中的合理损耗以及入库前的整理挑选费用和为生产应税产品委托外单位加工所付的加工费。为生产应税产品委托外单位加工所付加工费内含的营业税可以计入“扣除税额”。

四、税率

增值税采用比例税率。增值税税目和税率分为甲、乙两类，设12个税目，税率为6%—16%，共6档，最低档为农业机具及其零配件6%，最高档为自行车、电风扇16%。1991年11月，丽水地区执行省税务局《关于调整（增列）部分产品按“定期定率”办法征收增值税的“征收率”的通知》，调整了坯布等9类产品的税率，增列了非食用植物油（6%）2类产品的税率。1992年8月，执行省税务局《关于调整部分产品采用定期定率方法征收增值税的“征收率”的通知》，由于国家增值税减、免税政策调整，对原“征收率”与结算企业税负相差较大的化纤等9类产品，调整了采用定期定率方法征收增值税的“征收率”。

五、税款征收

1991—1993年，增值税由地区税务部门征收和管理，全区征收增值税2.71亿元。1994年起，增值税属中央与地方共享税，由地区国税部门征收和管理。

第五节　烟叶税

烟叶税是对以烟叶收购额为征税对象所征收的税收。2006年4月，丽水市施行国务院《中华人民共和国烟叶税暂行条例》，开征烟叶税。2018年7月，施行中华人民共和国主席令第84号《中华人民共和国烟叶税法》（简称《烟叶税法》）。至2018年12月，丽水市继续征收烟叶税。

一、纳税人

在中国境内收购烟叶的单位为烟叶税的纳税人。2006年4月，丽水市执行财政部、国家税务总局《关于烟叶税若干具体问题的规定》，明确收购烟叶的单位为依照《中华人民共和国烟草专卖法》（简称《烟草专卖法》）的规定有权收购烟叶的烟草公司或者受其委托收购烟叶的单位。

二、征税范围

烟叶的征税范围为晾晒烟叶和烤烟叶。晾晒烟叶包括列入晾晒烟名录的晾晒烟叶和未列入晾晒烟名录的其他晾晒烟叶。

三、计税依据

烟叶税的计税依据为纳税人收购烟叶的收购金额，应纳税额以人民币计算。依照《烟草专卖法》查处没收的违法收购的烟叶，由收购罚没烟叶的单位按照购买金额计算缴纳烟叶税。烟叶收购金额包括纳税人支付给烟叶销售者的烟叶收购价款和价外补贴。按照简化手续、方便征收的原则，对价外补贴统一暂按烟叶收购价款的10%计入收购金额征税。

四、税率

烟叶税采用比例税率，税率20%。

五、税款征收

丽水市烟叶税由地税部门征收。纳税人收购烟叶，向烟叶收购地的主管税务机关申报纳税。烟叶税的纳税义务发生时间为纳税人收购烟叶的当天。纳税人自纳税义务发生之日起30日内申报纳税，具体纳税期限由烟叶收购地主管税务机关核定。财政部、国家税务总局《关于烟叶税若干具体问题的规定》明确，烟叶收购地的主管税务机关为烟叶收购地的县级地税局或者其所指定的税务分局、税务所。收购烟叶的当天为纳税人向烟叶销售者付讫收购烟叶款项或者开具收购烟叶凭据的当天。2018年7月，施行《烟叶税法》，烟叶税按月计征，纳税人应当于纳税义务发生终了之日起15日内申报并缴纳税款。丽水市除庆元县、松阳县和景宁畲族自治县外，其他县（市、区）无烟叶税收入。

2006—2018年，丽水市征收烟叶税1268万元。

2006—2018年丽水市烟叶税收入一览表

表2－3－4 单位：万元

年份	合计	市本级	莲都	青田	云和	龙泉	庆元	缙云	遂昌	松阳	景宁
2006	230	0	0	0	0	0	172	0	0	23	35
2007	132	0	0	0	0	0	93	0	0	29	10
2008	254	0	0	0	0	0	199	0	0	36	19
2009	304	0	0	0	0	0	189	0	0	45	70
2010	145	0	0	0	0	0	85	0	0	36	24
2011	62	0	0	0	0	0	21	0	0	27	14
2012	30	0	0	0	0	0	0	0	0	30	0
2013	33	0	0	0	0	0	0	0	0	33	0
2014	35	0	0	0	0	0	0	0	0	35	0
2015	18	0	0	0	0	0	0	0	0	18	0
2016	9	0	0	0	0	0	0	0	0	9	0
2017	7	0	0	0	0	0	0	0	0	7	0
2018	9	0	0	0	0	0	0	0	0	9	0
合计	1268	0	0	0	0	0	759	0	0	337	172

注：除庆元县、松阳县和景宁畲族自治县外，其他县（市、区）无烟叶税收入。

第四章　收益税类

收益税指以收益额作为征税对象的一类古老的税收。所得税是以纯收益额为征税对象的税收。纯收益是指总收入扣除成本、费用及损失后余额，主要指各类经营利润所得和法定的其他所得。随着所得税的产生，收益税的范围扩大，内涵更加丰富，是一类变化较大的税种。以1994年为界，所得税的改革和发展可分为两个阶段，从1984年实行第二步“利改税”起至1993年，所得税按不同所有制性质设置，分为国营企业所得税、集体企业所得税、私营企业所得税和城乡个体工商户所得税等。1994年分税制改革后，国家调整原来按企业所有制性质设置所得税的做法，对各类内资企业实行统一的企业所得税，对个体工商户和自然人统一征收个人所得税。2008年1月，合并内、外资企业所得税，按《中华人民共和国企业所得税法》（简称《企业所得税法》）和国务院《中华人民共和国企业所得税法实施条例》（简称《企业所得税法实施条例》）统一征收企业所得税。丽水市先后开征国营企业所得税、集体企业所得税、私营企业所得税、奖金税、国营企业工资调节税、企业所得税、外商投资企业和外国企业所得税、个人收入调节税、城乡个体工商户所得税、个人所得税等。至2018年年末，丽水市继续征收的收益税类有企业所得税和个人所得税。

第一节　奖金税

奖金税是对以企业、事业单位发放的各种形式奖金超过限额部分为征税对象所征收的税收。奖金税类型包括国营企业奖金税、集体企业奖金税和事业单位奖金税。1991—1993年，丽水地区依照1984年1月起施行的国务院《国营企业奖金税暂行规定》，征收国营企业奖金税；依照1985年1月起施行的国务院《集体企业奖金税暂行规定》和《事业单位奖金税暂行规定》，征收集体企业奖金税和事业单位奖金税。1994年1月，实行分税制改革，取消国营企业奖金税、集体企业奖金税和事业单位奖金税。

一、国营企业奖金税

（一）纳税人

未实行工资总额随经济效益挂钩浮动的实行独立经济核算的国营企业，为国营企业奖金税的纳税人。

（二）征税范围

所有未实行工资总额随经济效益挂钩浮动的国营企业，包括国营工业、商业、交通、铁道、民航、邮电、医药、地质、建筑安装、农牧、林业、森林、劳改、物资供销、城市公用、粮食、饮食服务、文教卫生、军工、军队办企业以及其他行业的企业，发放的各种形式的奖金为国营企业奖金税的征税范围。实行工资总额随经济效益挂钩浮动的国营企业改征国营企业工资调节税后，未实行挂钩浮动的国营企业，仍按规定缴纳奖金税。

（三）计税依据

国营企业发放的各种形式的奖金总额为奖金税的计税依据。全年发放奖金总额人均不超过4.5个月标准工资的，免于征收国营企业奖金税。1991年，人均月标准工资不足95元的按95元计算。企业经济效益比上年增长10%以上的，可增加1个月的免税额度；企业经济效益比上年增长5%—10%的，可增加半个月的免税额度。1992年，人均月标准工资按150元计算。1993年，企业在保证主要质量指标稳定提高、主要消耗指标下降的前提下，其实现利税比上年增长10%以上的，可增加1个月标准工资免税额度，在此基础上每增长1个百分点，相应增加半个月的免税额度。

（四）税率

国营企业奖金税采用五级超额累进税率。全年发放奖金总额人均不超过4.5个月标准工资的，免税；超过4.5—5.5个月标准工资的部分，税率20%；超过5.5—6.5个月标准工资的部分，税率50%；超过6.5—7.5个月标准工资的部分，税率100%；超过7.5个月标准工资的部分，税率200%。

（五）税款征收

国营企业奖金税按年计算，在纳税人所在地缴纳。年度终了至次年2月4日以前，所有纳税人应向当地税务机关报送年度纳税申报表和会计报表。税务机关审查核实后，向纳税人填发纳税缴款书，限期入库。1991—1993年，丽水地区征收国营企业奖金税23万元，其中地直23万元，其中1991年12万元，1992年5万元，1993年6万元。

二、集体企业奖金税

（一）纳税人

从事工业、商业、物资供销、交通运输、建筑安装、金融、出版、娱乐、服务业和其他行业的城乡集体所有制企业，包括手工业生产合作社、合作工厂、供销社、合作商店、贸易货栈、贸易中心、运输装卸合作组织、建筑安装企业、劳动服务公司、信用合作社、街道企业、乡镇集体企业以及其他集体所有制性质的企业，为集体企业奖金税的纳税人。按国家规定转为集体所有制的国营小型企业；租赁或承包给集体经营并按规定向国家缴纳租赁费或承包费的企业；实行工资总额标准工资或奖金同各种经济指标挂钩浮动以及其他经济责任制的集体企业；国营企业、事业单位办的各种集体所有制企业；集体与集体联营或集体与个体联营的企业；集体企业所属的事业单位；国家不核拨经费的集体所有制事业单位；向所属企业提取管理费的企业性质的集体企业主管部门，也是集体企业奖金税的纳税人。

（二）征税范围

集体企业全年发放的奖金总额，包括用职工奖励基金、分红基金或其他资金渠道（包括上级主管部门、外部单位给予的奖金）发放的各种奖金、实物奖励和超过规定标准所发的各种形式工资、津贴、补贴、劳动分红、股份分红等，为集体企业奖金税的征税范围。

（三）计税依据

集体企业计算奖金税的工资标准执行国营同行业企业工资标准的，比照国营同行业企业工资标准计算；未按国营同行业企业工资标准执行的，每人每月工资统一按95元计算（按1991年标准）；超过部分，视同发放奖金。集体企业比照国营企业按国家统一规定标准发放的各种津贴、副食品补贴、价格补贴等，经劳动部门同意，税务部门审核后，可不计征奖金税。企业每年发给职工集资入股的股金分红，在职工集资入股额15%以下的部分，不计征奖金税；超过部分计征奖金税。企业发放的加班工资在当地劳动部门批准加班工资限额以内部分，不计征奖金税，超过限额部分计征奖金税。除上述规定外，集体企业奖金税免税额度、计税月标准工资、免税等均比照国营企业奖金税办理或调整。

（四）税率

集体企业奖金税适用税率同国营企业奖金税。

（五）税款征收

集体企业奖金税的征收管理，按照国营企业奖金税的规定执行。1991—1993年，丽水地区征收集体企业奖金税15万元，其中1991年8万元，1992年4万元，1993年3万元。

三、事业单位奖金税

（一）纳税人

从事教育、卫生、计划生育、科学研究、文化、文物、艺术、体育、新闻、出版、通讯、广播、电视、农业、林业、水利、气象、海洋、水产、畜牧、地质勘探、地震、测绘、规划、设计、商品检验、物资储备、社会福利、环境保护、环境卫生、公路养路、园林绿化、市政建设、房地产管理等的事业单位，以及军队系统所属事业单位，为事业单位奖金税的纳税人。

国营企业所属事业单位（不包括由国家核拨经费按事业单位进行工资改革的事业单位），国家不核拨经费的集体所有制事业单位，不属缴纳事业单位奖金税的范围。

（二）征税范围

事业单位全年发放的奖金总额，包括从各种资金渠道发放的各种奖金和实物奖励，以及超过国家规定标准多发的各种奖金性质的工资、津贴、补贴、酬金（含收入分成）等为事业单位奖金税的征税范围。纳税人违反财务制度规定，将奖金包括奖金性质的工资、津贴、补贴、酬金（含收入分成）、实物奖励等，在费用和其他专用基金中列支的，除按违反财经纪律处理外，还应计入奖金总额征收奖金税。

（三）计税依据

事业单位奖金税计税依据比照国营企业奖金税执行。1991年，事业单位免税限额年人均600元。1992年，全额预算单位免税限额年人均850元，差额预算单位免税限额年人均970元，自收自支企业化管理单位免税限额年人均1090元。1993年，全额预算单位、差额预算单位、自收自支企业化管理单位免税限额分别为1360元、1510元和1660元。

（四）税率

事业单位奖金税采用20%、50%、100%和200%四级超额累进税率。全年发放奖金总额相当于标准工资月数在1个月内的，税率20%；1—2个月的，税率50%；2—3个月的，税率100%；3个月以上的，税率200%。

（五）税款征收

事业单位奖金税的征收管理按国营企业奖金税规定执行。1991—1993年，丽水地区征收事业单位奖金税5万元，其中1991年1万元，1992年2万元，1993年2万元。

第二节　国营企业所得税

国营企业所得税是对以国营企业从事生产经营所得和其他所得为征税对象所征收的税收。1991—1993年，丽水地区依照1984年10月起施行的国务院《中华人民共和国国营企业所得税条例（草案）》（简称《国营企业所得税条例（草案）》）和财政部《中华人民共和国国营企业所得税条例（草案）实施细则》（简称《国营企业所得税条例（草案）实施细则》），征收国营企业所得税。

1994年1月，实行分税制改革，废止《国营企业所得税条例（草案）》及其实施细则，国有企业改按《中华人民共和国企业所得税暂行条例》（简称《企业所得税暂行条例》）执行，停止征收国营企业所得税，国营企业所得税并入国家统一的企业所得税。

一、纳税人

国营企业所得税纳税人为实行独立经济核算的国营企业，全民所有制性质的公司、企业、行政、事业单位、部队和团体。实行独立经济核算的国营企业为在工商行政管理部门办理登记，在银行开设结算账户，单独编制财务会计报表，独立计算盈亏的企业。国营企业不仅包括各级企业主管部门、公司所属具备独立经济核算的全民所有制企业，也包括行政、事业单位、部队和团体所属具备独立经济核算条件，从事生产经营的全民所有制企业或单位。全民所有制企业或单位与其他经济组织联合经营的企业也属于征收国营企业所得税的纳税人。联营企业先分配所得的，以投资各方（包括行政、事业及其他单位）为纳税人。

二、征税范围

国营企业所得税征税范围为国营企业（包括企业主管部门、公司、行政、事业单位、部队和团体所属实行独立经济核算、从事生产经营的全民所有制企业）从事生产经营所得和其他所得，除另有规定者外，均按规定缴纳所得税；参与联营的全民所有制性质的公司、企业、行政、事业单位、部队和团体，从联营企业分得的利润，按规定缴纳所得税。

三、计税依据

国营企业所得税计税依据为应纳税所得额，包括来源于中国境内外全部生产经营所得和其他所得。纳税人每一纳税年度的收入总额（包括营业外收入）减除成本、费用、国家允许在所得税前列支的税金和营业外支出后，其余额为应纳税所得额。

四、税率

国营企业所得税采用比例税率和超额累进税率。国营大中型企业适用55%比例税率；饮食服务行业、营业性宾馆、饭店、招待所适用15%比例税率；国营小型企业、县以上供销社适用八级超额累进税率，最低一级为年所得额1000元以下，税率10%，最高一级为年所得额超过20万元的，税率55%。小型工业企业划分同时符合固定资产原值不超过300万元、年利润不超过30万元两个标准，小型商业企业以年利润为划分标准，丽水地区执行年利润不超过8万元标准。小型企业划定后，一定7年不变。如税后留利达不到核定水平的，可按核定比例给予减免所得税，企业年度亏损，可以从下年所得额中抵补，但最长不得超过3年，抵补后剩余利润照征所得税。

1984年八级超额累进税率一览表

表2－4－1

级次	全年所得额	税率(%)	速算扣除数(元)
1	不超过1000元的	10	0
2	超过1000元至3500元的部分	20	100
3	超过3500元至10000元的部分	28	380
4	超过10000元至25000元的部分	35	1080
5	超过25000元至50000元的部分	42	2830
6	超过50000元至100000元的部分	48	5830
7	超过100000元至200000元的部分	53	10830
8	超过200000元的部分	55	14830

五、税款征收

国营企业所得税实行按年征收办法，按日、按旬、按月预缴当月税款，按月、按季或半年结算，年终汇算清缴，多退少补（具体纳税期限由当地税务机关根据纳税人应纳税额大小分别核定）。由纳税人在所在地就地缴纳，跨地区经营的企业按其隶属关系回原地缴纳，联营企业所得先分给投资各方的，由投资各方在其所在地缴纳。

1991—1993年，丽水地区征收国营企业所得税8518万元，其中地直934万元，丽水市（县级）1392万元，青田县606万元，云和县216万元，龙泉市1636万元，庆元县252万元，缙云县684万元，遂昌县1877万元，松阳县744万元，景宁畲族自治县177万元。

第三节　国营企业调节税

国营企业调节税是对国营大中型企业按比例税率缴纳所得税后的留利部分进行调节征收的税收。丽水地区依照1984年10月起施行的国务院《国营企业调节税征收办法》，开征国营企业调节税，1994年1月，实行分税制改革，停止征收国营企业调节税。

一、纳税人

实行独立经济核算大中型国营企业；联营企业以分得利润各方为国营企业调节税的纳税人。

二、征税范围

国营大中型企业从事生产经营所得和其他所得，实行利改税后有盈利的，除另有规定外，均依照规定缴纳国营企业调节税。

三、计税依据

国营企业调节税以纳税人年度应纳税所得额为计税依据。企业基期利润以企业因变动产品税、增值税、营业税税率以及开征资源税而增减调整的利润为核定依据。联营企业加上按规定从联营单位分得的利润或扣减分给联营单位的利润作为核定基期利润。

四、税率

国营企业调节税税率，由财税部门商企业主管部门分别对企业分户按产核定。第二步“利改税”后因产品税、增值税、营业税税率变动后的利润并扣除55%的所得税和合理留利后部分占基期利润的比例，为调节税税率，当年利润比基期利润增长部分，减征70%，利润增长部分按定比计算，一定7年不变（1985年起执行）。

五、税款征收

国营企业调节税由纳税人就地缴纳，跨地区经营企业按其隶属关系回原地缴纳。实行核定报批的程序，在征收上采取按期（丽水地区按月）预缴，年终汇算清缴，多退少补的办法。

1991—1993年，丽水地区征收国营企业调节税16万元，并入国营企业收入统计。

第四节　国营企业工资调节税

国营企业工资调节税是以实行工资总额随经济效益挂钩浮动的国营企业增发超过国家规定免税限额工资为征税对象所征收的税收。1991—1993年，丽水地区依照1985年1月起施行的国务院《国营企业工资调节税暂行规定》，对实行工资总额随经济效益挂钩浮动的国营大中型企业征收国营企业工资调节税。1994年1月，实行分税制改革，取消国营企业工资调节税。

一、纳税人

经批准实行工资总额随上缴税利挂钩浮动，并在银行单独设立工资基金（包括工资增长基金）专用账户的国营企业为国营企业工资调节税的纳税人。

二、征税范围

实行工资总额随经济效益挂钩浮动的国营企业，即按国务院关于国营企业工资制度改革的规定，报经国家批准，实行工资总额随上缴税利挂钩浮动的国营大中型企业增发的工资总额超过国家规定的上年工资总额的工资为国营企业工资调节税的征税范围。

三、计税依据

国营企业工资调节税计税依据为企业当年增发的工资总额超过国家核定的上年工资总额的7%的部分。企业当年增发的工资总额为纳税年度内发放的工资总额，包括各种形式的工资、奖金、津贴、补贴、实物奖励等，减去国家核定上年工资总额后的余额。余额不足国家核定上年工资总额的7%时，不征收国营企业工资调节税。

四、税率

国营企业工资调节税采用四级超额累进税率。当年发放工资总额超过国家核定的上年工资总额7%的部分，即为征收工资调节税的基数。超过7%—12%的部分，税率20%；超过12%—20%部分，税率50%；超过20%—27%部分，税率100%；超过27%的部分，税率200%。

五、税款征收

国营企业工资调节税在纳税人所在地缴纳，由税务机关按年计征，按次预缴，年终汇算清缴。纳税人在年度中间累计增发的工资总额，超过国家核定的上年工资总额的7%时，按次向当地税务机关报送工资基金（包括工资增长基金）表和纳税申报表。税务机关审查核实后，向纳税人填发纳税缴款书，限期入库。年度终了后，纳税人不论当年工资是否增加或增加多少，都在次年3月4日以前，向当地税务机关报送年度纳税申报表和会计报表。

1991—1993年，丽水地区征收国营企业工资调节税72万元，其中丽水市（县级）19万元，青田县16万元，云和县1万元，庆元县3万元，遂昌县16万元，松阳县13万元，景宁畲族自治县4万元。

第五节　集体企业所得税

集体企业所得税是对以集体企业取得的生产经营所得和其他所得为征税对象所征收的税收。1991—1993年，丽水地区依照1985年1月起施行的国务院《中华人民共和国集体企业所得税暂行条例》（简称《集体企业所得税暂行条例》）和财政部《中华人民共和国集体企业所得税暂行条例施行细则》（简称《集体企业所得税暂行条例施行细则》），征收集体企业所得税。1994年1

月，实行分税制改革，废止《集体企业所得税暂行条例》，集体企业改按《企业所得税暂行条例》执行，停止征收集体企业所得税，集体企业所得税并入国家统一的企业所得税。

一、纳税人

从事工业、商业、服务业、建筑安装业、交通运输业、街道企业、乡镇企业及其他行业的独立核算集体企业，为集体企业所得税的纳税人。《集体企业所得税暂行条例施行细则》规定，经主管部门和工商行政管理部门批准，生产资料集体所有，实行统一核算、共负盈亏，按照规定提取公共积累，实行按劳分配的企业均按集体企业所得税规定征税。

二、征税范围

集体企业所得税主要对实行独立核算并经主管部门及工商行政管理部门批准和登记，生产资料集体所有，实行统一核算、共负盈亏，按照规定提取公共积累，实行按劳分配的集体企业征收。其征税范围包括工业企业（包括手工业合作社、厂）、商业企业（包括供销合作社、合作商店）、服务合作企业、建筑安装企业、交通运输企业（包括搬运、装卸）、农村信用社以及街道企业、乡镇集体企业和其他集体企业所取得的生产经营所得和其他所得，集体企业主管部门也属于征税范围。企业同时经营农业生产的，其单独核算的农业生产所得不属于征税范围。

三、计税依据

集体企业每一纳税年度的收入总额减除成本、费用和国家允许税前列支的税金及营业外支出后的余额，为集体企业所得税应纳税所得额。收入总额包括纳税人的生产经营收入、营业外收入或其他收入。

四、税率

集体企业所得税采用八级超额累进税率（与国营小型企业相同），税率10%—55%。其中饮食服务企业暂按15%比例税率征收所得税。开征初期，应纳税额加征1%的所得税地方附加，归地方收入。

五、税款征收

集体企业所得税实行按年计征，按季或按月预缴，年终汇算清缴，多退少补。纳税人确因情况特殊不能在规定期限申报纳税的，税务机关可按其产品销售（营业）收入总额，参照上期盈利水平先行核定税额，限期缴纳，待企业完成申报经核实后予以调整。

集体企业所得税在纳税人所在地就地向税务机关缴纳。经济联合组织（包括全民和集体所有制企业，以及非企业性质的单位），实行先分后税的征税办法。联合各方分得的利润回原地并入本企业利润缴纳所得税；联合方不是企业性质的单位，分得的利润由联合方回原地时向当地税务机关申报缴纳。集体企业与个人或其他单位办的联营企业，实行先税后分办法，由联营企业先将全部利润向所在地税务机关申报纳税，再分配税后利润。

1991—1993年，丽水地区征收集体企业所得税1544万元，其中地直29万元，丽水市（县级）447万元，青田县177万元，云和县45万元，龙泉市141万元，庆元县52万元，缙云县206万元，遂昌县255万元，松阳县154万元，景宁畲族自治县38万元。

第六节 私营企业所得税

私营企业所得税是对以城乡私营企业生产经营所得和其他所得为征税对象所征收的税收。1991—1993年，丽水地区依照1988年1月起施行的国务院《中华人民共和国私营企业所得税暂行条例》（简称《私营企业所得税暂行条例》）和财政部《中华人民共和国私营企业所得税暂行条例施行细则》（简称《私营企业所得税暂行条例施行细则》），征收私营企业所得税。1994年1月，实行分税制改革，废止《私营企业所得税暂行条例》，改按《企业所得税暂行条例》执行，停止征收私营企业所得税，私营企业所得税并入国家统一的企业所得税。

一、纳税人

从事工业、建筑业、交通运输业、商业、饮食业以及其他行业的城乡私营企业，为私营企业所得税的纳税人。

二、征税范围

私营企业所得税的征税范围为纳税人来源于中国境内外的全部生产经营所得和其他所得。生产经营所得为纳税人从事物质生产、交通运输、商品经营、劳务服务和其他营利业取得的所得。其他所得为从其他企业分得的利润和取得的股息、利息（不包括国库券利息）所得，出租或出售财产所得，转让专利权、专有技术、商标权等所得，以及营业外收益等所得。

三、计税依据

私营企业所得税纳税人每一纳税年度的收入总额，减除成本、费用、国家允许在所得税前列支的税金和营业外支出后的余额，为私营企业应纳税所得额。

四、税率

私营企业所得税采用35%的比例税率。

五、税款征收

私营企业所得税由纳税人向当地税务机关缴纳。私营企业所得税按年计算，分月或者分季预缴，年终汇算清缴，多退少补。企业按照税务机关的规定建立账簿和保存凭证，在纳税年度内，按规定期限向当地税务机关报送所得税申报表和财务会计报表。如不能提供准确的成本、费用凭证，不能正确计算应纳税所得额，由税务机关核定其应纳税所得额。私营企业所得税的纳税地点为私营企业所在地，纳税人离开所在地临时外出经营时，按规定办理外出经营税收管理证明的，在企业所在地合并纳税，未办理外出经营税收管理证明的，在经营所在地缴税。

1991—1993年，丽水地区征收私营企业所得税40万元，其中云和县20万元，龙泉市6万元，松阳县8万元，遂昌县6万元。地直及其他县（市）无私营企业所得税收入。

第七节　外商投资企业和外国企业所得税

外商投资企业和外国企业所得税是对以外商投资企业总机构设在中国境内，来源于中国境内、境外的所得和外国企业来源于中国境内的所得为征税对象所征收的税收。1991年7月，丽水地区施行《中华人民共和国外商投资企业和外国企业所得税法》（简称《外商投资企业和外国企业所得税法》），开征外商投资企业和外国企业所得税。1996年1月，国务院办公厅《转发国家税务总局关于调整国家税务局地方税务局税收征管范围意见的通知》明确，外商投资企业和外国企业所得税由国家税务部门征收管理。2008年1月，废止《外商投资企业和外国企业所得税法》，改按《企业所得税法》执行，实行内、外资统一的企业所得税，停止征收外商投资企业和外国企业所得税。

一、纳税人

外商投资企业和外国企业所得税的纳税人包括外商投资企业和外国企业。外商投资企业是在中国境内设立的中外合资经营企业、中外合作经营企业和外资企业；外国企业是在中国境内设立机构、场所，从事生产、经营和虽未设立机构、场所，而有来源于中国境内所得的外国公司、企业和其他经济组织。

二、征税范围

外商投资企业总机构设在中国境内，其纳税所得为来源于中国境内、境外的所得。外国企业纳税所得为来源于中国境内的所得。

三、计税依据

外商投资企业和外国企业在中国境内设立从事生产、经营的机构、场所，每一纳税年度的收入总额减除成本、费用以及损失后的余额，为应纳税所得额。

纳税人计算应纳税所得额，除了应纳税所得额计算公式中国家规定的成本、费用和准予从收入总额中扣除的外，外国企业在中国境内设立的机构、场所，向其总机构支付与该机构、场所生产、经营有关的合理的管理费；企业发生与生产、经营有关的合理的借款利息；企业发生与生产、经营有关并有确实的记录或者单据，在限额内的交际应酬费；企业经当地税务机关审核同意支付给职工的工资和福利费；企业通过中国境内国家指定的非营利社会团体或国家机关向教育、民政等公益事业和遭受自然灾害地区、贫困地区的捐赠；外国企业在中国境内设立的机构、场所取得发生在中国境外与该机构、场所有实际联系的利润（股息）、利息、租金、特许权使用费和其他所得已在境外缴纳的所得税税款（国家另有规定除外）；企业租用厂房、场地、饭店、宾馆、招待所等作为生产、经营场所租金；企业在中国境内发生的技术开发费当年比上年实际增长10%（含10%）以上，经税务机关审核批准加扣的技术开发费；企业发生的经税务机关审查批准的财产损失等，在计算时准予扣除。

纳税人计算应纳税所得额，除国家另有规定外，固定资产的购置、建造支出，无形资产的受让、开发支出，资本利息，各项所得税税款，违法经营罚款和被没收财物损失，各项税收滞纳金和罚款，自然灾害或者意外事故损失有赔偿的部分，用于中国境内公益、救济性质以外的捐赠，支付给总机构的特许权使用费，与生产、经营业务无关的其他支出，不得列为成本、费用和损失。企业不能提供完整、准确的成本、费用凭证，不能正确计算应纳税所得额的，由当地税务机关参照同行业或类似行业的利润水平核定利润率，计算其应纳税所得额；企业不能提供完整、准确的收入凭证，不能正确申报收入额的，由当地税务机关采用成本（费用）加合理的利润等方法予以核定，确定其应纳税所得额。

四、税率

外商投资企业和外国企业所得税，采用30%比例税率；地方所得税按应纳税的所得额计算，税率为3%。外国企业在中国境内未设立机构、场所，而有来源于中国境内的利润、利息、租金、特许使用权费和其他所得，或虽设立机构、场所，但上述所得与其机构、场所没有实际联系的，其应征所得税税率为20%。

五、税款征收

外商投资企业和外国企业缴纳企业所得税和地方所得税，按年计算，分季预缴。季度终了后15日内预缴，年度终了后5个月内汇算清缴，多退少补。按规定分季预缴所得税时，按季度的实际利润额预缴；按季度实际利润额预缴有困难的，可以按上一年度应纳税所得额的1/4或经当地税务机关认可的其他方法分季预缴。外商投资企业来源于中国境外所得已在境外缴纳的所得税款，准予在汇总纳税时从其应纳税额中扣除，扣除额不得超过其境外所得依照税法规定计算的应纳税额，但可以结转以后年度扣除不超过限额的余额补扣，补扣期限不能超过5年。

1991—1995年，丽水地区征收外商投资企业和外国企业企业所得税169万元。

第八节　企业所得税

企业所得税是对以独立核算企业或者组织的应纳税所得额为征税对象所征收的税收。1994年1月，丽水地区施行国务院《企业所得税暂行条例》和财政部《中华人民共和国企业所得税暂行条例实施细则》（简称《企业所得税暂行条例实施细则》），合并国营企业所得税、国营企业工资调节税、集体企业所得税和私营企业所得税，对内资企业征收企业所得税。2008年1月，丽水市施行中华人民共和国主席令（第63号）公布的《企业所得税法》和国务院《企业所得税法实施条例》，对中国境内所有企业统一征收企业所得税。2017年2月，施行中华人民共和国主席令（第64号）公布修订的《企业得所税法》。2018年12月，施行中华人民共和国主席令（第23号）公布新修订的《企业所得税法》和国务院修订的《企业所得税法实施条例》，实行新的企业所得税征收管理制度。至2018年12月，丽水市继续征收企业所得税。

一、纳税人

在中国境内实行独立经济核算的企业或者组织，除外商投资企业和外国企业外，为企业所得税的纳税人，包括国有企业、集体企业、私营企业、联营企业、股份制企业和有生产、经营所得和其他所得的其他组织。2000年1月，国务院《关于个人独资企业和合伙企业征收所得税问题的通知》和财政部、国家税务总局《关于个人独资企业和合伙企业投资者征收个人所得税的规定》明确，个人独资企业和合伙企业改征个人所得税，不再是企业所得税的纳税人。

2008年1月，《企业所得税法》将企业所得税纳税人调整为“在中国境内企业和其他取得收入的组织（统称企业，不包括个人独资企业和合伙企业），为企业所得税的纳税人”。企业分为居民企业和非居民企业，居民企业是依法在中国境内成立，或依照外国（地区）法律成立但实际管理机构在中国境内的企业；非居民企业是依照外国（地区）法律成立且实际管理机构不在中国境内，但在中国境内设立机构、场所的，或在中国境内未设立机构、场所，但有来源于中国境内所得的企业。

2018年12月，依照修订的《企业所得税法》，在中华人民共和国境内，企业和其他取得收入的组织（统称企业）为企业所得税的纳税人。个人独资企业和合伙企业不适用本法。

二、征税范围

企业的生产、经营所得和其他所得，包括来源于中国境内、境外所得，为企业所得税的征税范围。生产、经营所得，为从事物质生产、交通运输、商品流通、劳务服务，以及经国务院财政部门确认的其他营利事业取得的所得；其他所得为股息、利息、租金、转让各类资产、特许权使用费以及营业外收益等所得。

2000年1月起，对个人独资、合伙企业停止征收企业所得税，改征个人所得税。2008年1月，《企业所得税法》将企业所得税的征税范围调整为居民企业来源于中国境内、境外的所得；非居民企业在中国境内设立的机构、场所所取得的来源于中国境内的所得，以及发生在中国境外但与其所设机构、场所有实际联系的所得。非居民企业在中国境内未设立机构、场所的，或者虽设立机构、场所但取得的所得与其所设机构、场所没有实际联系的，就其来源于中国境内的所得缴纳企业所得税。《企业所得税法实施条例》规定，企业所得包括销售货物所得、提供劳务所得、转让财产所得、股息红利等权益性投资所得、利息所得、租金所得、特许权使用费所得、接受捐赠所得和其他所得。

三、计税依据

1994年1月，《企业所得税暂行条例》规定，企业每一纳税年度的收入总额减去准予扣除项目后的余额，为企业应纳税所得额。收入总额包括生产经营收入、财产转让收入、利息收入、租赁收入、特许权使用费收入、股息收入和其他收入。准予扣除的项目包括与纳税人取得收入有关的成本、费用和损失。

2008年1月，《企业所得税法》对企业所得税计税依据进行调整，企业每一纳税年度的收入总额，减除不征税收入、免税收入、各项扣除以及允许弥补的以前年度亏损后的余额为应纳税所得额；非居民企业股息、红利等权益性投资收益和利息、租金、特许权使用费所得，以收入全额为应纳税所得额；转让财产所得，以收入全额减除财产净值后的余额为应纳税所得额；其他所得，参照上述方法计算应纳税所得额。同月，《企业所得税法实施条例》明确，企业应纳税所得额的计算，以权责发生制为原则，属于当期的收入和费用，不论款项是否收付，均作为当期的收入和费用；不属于当期的收入和费用，即使款项已经在当期收付，均不作为当期的收入和费用。

四、税率

纳税人应纳税额，按应纳税所得额计算，税率为33%。年应纳税所得额在10万元以上的，按33%征收；年应纳税所得额在10万元（含）以下的设定两档照顾税率：年应纳税所得额在3万元（含）以下的，按18%征收；年应纳税所得额在3万元至10万元（含）以下的，按27%征收。

2008年1月起，根据《企业所得税法》规定，企业所得税的税率25%；非居民企业取得规定的所得，适用税率20%；小型微利企业减按20%的税率，国家需要重点扶持的高新技术企业，减按15%的税率征收企业所得税。

2018年12月，依照修订的《企业所得税法》，企业所得税税率25%；非居民企业取得规定的所得，适用税率20%。

五、税款征收

1994年1月，丽水地区施行《企业所得税暂行条例》和《企业所得税暂行条例实施细则》，纳税人缴纳企业所得税，按年计算，分月或者分季预缴。月份或者季度终了后15日内预缴，年度终了后4个月内汇算清缴，多退少补。纳税人应当在月份或者季度终了后15日内，向其所在地主管税务机关报送会计报表和预缴所得税申报表；年度终了后45日内，向其所在地主管税务机关报送会计决算报表和所得税申报表。

纳税人发生年度亏损的，可以用下一纳税年度的所得弥补；下一纳税年度的所得不足弥补的，可以逐年延续弥补，但是延续弥补期最长不得超过5年。纳税人预缴所得税时，应当按纳税期限的实际数预缴。按实际数预缴有困难的，可以按上一年度应纳税所得额的1/12或1/4，或者经当地税务机关认可的其他方法分期预缴所得税。预缴方法一经确定，不得随意改变。纳税人不能提供完整、准确的收入及成本、费用凭证，不能正确计算应纳税所得额的，税务机关核定其应纳税所得额。

1998年1月，丽水地区执行国家税务总局《企业所得税汇算清缴管理办法》，企业所得税汇算清缴，由纳税人自行计算年度应纳税所得额和应缴所得税额，根据预缴税款情况，计算全年应缴应退税额，并填写纳税申报表，在税法规定的申报期内向税务机关进行年度纳税申报，经税务机关审核后，办理结清税款手续。纳税人在纳税年度中间破产或终止生产经营活动的，自停止生产经营活动之日起30日内，向主管税务机关办理企业所得税申报，60日内办理企业所得税汇算清缴，依法计算清算期间的企业所得税，结清应缴税款。纳税人在纳税年度中间发生合并、分立的，依据税收法规的规定，合并、分立后其纳税人地位发生变化的，在办理变更税务登记之前办理企业所得税申报，及时进行汇算清缴，并结清税款；其纳税人的地位不变的，纳税年度可以连续计算。纳税人已预缴的税款少于全年应缴税款的，在年度终了后4个月内结清应补缴的税款。预缴税款超过应缴税款的，主管税务机关应及时办理退税，或者抵缴下一年度应缴纳的税款。

2000年1月，丽水地区执行国家税务总局《核定征收企业所得税暂行办法》，采取核定征收方式征收企业所得税。核定征收方式包括定额征收和核定应税所得率征收办法，以及其他合理的办法。企业所得税征收方式一经确定，如无特殊情况，在一个纳税年度内一般不得变更。实行核定应税所得率征收办法的，纳税人可实行按月或者季预缴，年终汇算清缴的办法申报纳税。预缴期限由主管税务机关根据纳税人应纳税额的大小确定。

2004年7月起，丽水市对房地产企业预售开发产品预售收入按15%利润率并计当期利润，预征企业所得税。2005年5月，丽水市对实行核定征收企业所得税的社会中介机构的应税所得率暂定为10%。

2006年8月，执行国家税务总局《企业所得税分类管理指导意见》，按照纳税人的税源规模分为重点纳税人和非重点纳税人；按照纳税人的财务核算状况分为查账征收企业和核定征收企业；按照纳税人的纳税方式分为汇总（合并）纳税企业和就地纳税企业；按照纳税人的信誉等级分为A、B、C、D四级纳税人。

2007年1月，丽水市执行国家税务总局《关于调整核定征收企业所得税应税所得率的通知》，分行业确定核定征收企业所得税应税所得率3%—15%，最低农林牧渔业3%，最高娱乐业、小水电15%。

2007年丽水市核定征收企业所得税应税所得率一览表

表2-4-2

行　业	应税所得率	行　业	应税所得率	行　业	应税所得率
农林牧渔业	3%	批发和零售贸易业	4%	饮食业	8%
制造业	5%	交通运输业	7%	娱乐业	15%
小水电	15%	建筑业	8%	其他行业	10%

2008年1月，丽水市施行《企业所得税法》和《企业所得税法实施条例》，企业所得税分月或者分季预缴。企业应当自月份或者季度终了之日起15日内，向税务机关报送预缴企业所得税纳税申报表，预缴税款；自年度终了之日起5个月内，向税务机关报送年度企业所得税纳税申报表，并汇算清缴，结清应缴应退税款。企业按规定分月或者分季预缴企业所得税时，按照月度或者季度的实际利润额预缴，按实际利润额预缴有困难的，可以按照上一纳税年度应纳税所得额的月度或者季度平均额预缴，或者按照经税务机关认可的其他方法预缴。预缴方法一经确定，该纳税年度内不得随意变更。

2009年1月起，丽水市执行国家税务总局重新制定的《企业所得税汇算清缴管理办法》，纳税人自纳税年度终了之日起5个月内或实际经营终止之日起60日内，依照规定自行计算本纳税年度应纳税所得额和应纳所得税额，根据月度或季度预缴企业所得税的数额，确定该纳税年度应补或者应退税额，并填写企业所得税年度纳税申报表，向主管税务机关办理企业所得税年度纳税申报、提供税务机关要求提供的有关资料、结清全年企业所得税税款。凡在纳税年度内从事生产、经营（包括试生产、试经营），或在纳税年度中间终止经营活动的纳税人，无论是否在减税、免税期间，也无论盈利或亏损，均按照规定进行企业所得税汇算清缴。纳税人12月份或者第四季度的企业所得税预缴纳税申报，在纳税年度终了后15日内完成，预缴申报后进行当年企业所得税汇算清缴。

2011年，丽水市本级加强企业所得税汇算清缴工作，补缴企业所得税1.61亿元。2012年，市本级开展2011年企业所得税汇算清缴后续工作，责成163家企业自审并实施重点复审，全年补缴相关税费292万元，核减企业亏损4500万元。6月，丽水市执行国家税务总局《关于企业所得税核定征收有关问题的公告》，依法按应税所得率方式核定征收企业所得税的企业，取得的转让股权（股票）收入等转让财产收入全额计入应税收入额，按照主营项目（业务）确定适用的应税所得率征税。主营项目（业务）发生变化的，当年汇算清缴时按变化后的主营项目（业务）重新确定应税所得率计算征税。

2013年3月，丽水市执行省国税局、省地税局《关于省内跨市县经营汇总纳税企业所得税征管问题的公告》，省内汇总纳税总机构和具有主体生产经营职能的二级分支机构（含总机构设立的具有主体生产经营职能的部门），就地分摊缴纳企业所得税，企业所得税地方分享部分为省级收入的企业仍由总机构全额汇总缴纳，不实行分摊缴纳办法。全市企业所得税汇算清缴企业3800家，申报率达100%。补缴企业所得税1.28亿元。全市享受研发费用加计扣除优惠企业36家，加计扣除费用金额9901万元。

2014年6月，丽水市执行国家税务总局《关于房地产开发企业成本对象管理问题的公告》，对房地产开发企业依据计税成本对象确定原则确定已完工开发产品的成本对象，并出具专项报告，在开发产品完工当年企业所得税年度纳税申报时，报送主管税务机关，已确定的成本对象报送后，不得随意调整或相互混淆。对成本对象确定或共同成本分配方法不合理的，由主管税务机关进行调整。是年，规范企业所得税预缴管理，全年企业所得税预缴率达73%。

2016年4月起，丽水市执行国家税务总局《关于合理简并纳税人申报缴税次数的公告》，对符合条件的小型微利企业，实行按季度申报预缴企业所得税。2017年4月，执行《国家税务总局关于为纳税人提供税收政策风险提示服务有关问题的的公告》，税务机关在纳税人正式申报前，依据现行税收法律法规和相关管理规定，利用税务登记信息、纳税申报信息、财务会计信息、备案资料信息、第三方涉税信息等内在规律和联系，依托现代技术手段，就税款计算的逻辑性、申报数据的合理性、税收与财务指标关联性等，提供风险提示服务，帮助纳税人提高税收遵从度，减少纳税风险。

2015—2018年，丽水市强化企业所得税汇算清缴工作，全面提升企业所得税纳税申报率，全市各年度企业所得税汇算清缴纳税申报率均达100%。2018年，企业所得税的征收管理，依照修订的《企业所得税法》执行。

1994—2018年，丽水市地税部门征收企业所得税117.33亿元。

1994—2018年丽水市企业所得税收入一览表

表2-4-3　　　　单位：万元

年份	合计	市本级	莲都	青田	云和	龙泉	庆元	缙云	遂昌	松阳	景宁
1994	2268	232	519	98	144	289	77	275	514	74	46
1995	3339	491	459	317	269	474	99	319	705	156	50
1996	5016	691	708	765	386	489	114	476	1154	133	100
1997	6740	1114	761	872	338	600	278	776	1580	304	117
1998	6056	556	370	951	426	653	169	937	1556	299	139
1999	7423	360	1017	1151	435	591	262	971	1984	413	239
2000	12288	1116	1551	1737	644	732	709	1745	2897	720	437
2001	31098		6625	4715	1977	2411	1477	3812	6288	2109	1684
2002	23564		5262	3921	894	1475	1384	2739	5213	1501	1175
2003	27389		8148	4093	1042	1728	1474	3163	4992	1640	1109
2004	32292		8534	4788	1227	2039	1449	4579	6670	2177	829
2005	37384		8754	8513	1442	2400	1524	4454	6422	2935	940
2006	40006		12273	9146	1443	2209	1571	4646	4416	2908	1394
2007	46885		15243	9532	1856	2656	2150	6588	4372	2901	1587
2008	48370		15736	10698	1551	3175	1902	6673	4115	2496	2024
2009	45450		20912	6758	1667	2235	1642	4735	4303	1167	2031
2010	45865		16423	6317	1513	3198	1754	6256	6245	2164	1995
2011	59637		18362	10569	1943	3857	1753	8546	5919	2552	6136
2012	61703		19415	14696	1951	5159	2443	8629	4353	2954	2103
2013	69258		23676	14630	2135	7040	2837	6952	6120	3472	2396
2014	98159		48465	11379	3414	8736	4082	9039	6002	4074	2968
2015	100876		53220	9551	3907	10308	4377	6688	4063	4942	3820
2016	112019		54934	11356	3163	7478	6800	7524	5575	7472	7717
2017	127748		64862	11542	2357	10705	6881	10813	6639	7104	6845
2018	122508		56367	12176	1777	12053	9574	14323	5978	6793	3467
合计	1173341		467156	170271	37901	92690	56782	125658	108075	63460	51348

注：2001年起，市本级和莲都区数据汇总为市级数据。

第九节 个人所得税

个人所得税是对以个人（自然人）取得的各项应税所得为课税对象所征收的税收。1991年1月至1993年9月，丽水地区依照1980年9月全国人民代表大会常务委员会公布实施的《中华人民共和国个人所得税法》（简称《个人所得税法》）和财政部《中华人民共和国个人所得税法施行细则》（简称《个人所得税法施行细则》），征收个人所得税。1993年10月和1994年1月，丽水地区先后施行中华人民共和国主席令（第12号）公布的《个人所得税法》和国务院《中华人民共和国个人所得税法实施条例》（简称《个人所得税法实施条例》），调整个人所得税纳税人并扩大征税范围。2008年3月，丽水市施行中华人民共和国主席令（第85号）公布的《个人所得税法》，明确个人所得形式和调整费用扣除标准等。2018年8月，丽水市施行中华人民共和国主席令（第9号）公布的《个人所得税法》，执行调整后的个人所得税征收管理制度。至2018年12月，丽水市继续征收个人所得税。

一、纳税人

在中国境内居住满1年的个人和不在中国境内居住或居住不满1年，从中国境内取得应税所得的个人为个人所得税的纳税人。1993年10月，《个人所得税法》将个人所得税的纳税人修改为在中国境内有住所，或者无住所而在境内居住满1年，从中国境内和境外取得所得的个人，在中国境内无住所又不居住或者无住所而在境内居住不满1年，从中国境内取得所得的个人。

2000年1月，丽水地区执行财政部、国家税务总局《关于个人独资企业和合伙企业投资者征收个人所得税的规定》，个人独资企业以投资者为个人所得税的纳税义务人，合伙企业以每一个合伙人为纳税义务人（简称投资者），包括个人独资企业、合伙企业、私营企业、合伙制律师事务所和负无限责任和无限连带责任的其他个人独资、个人合伙性质的机构或组织。2006年1月，中华人民共和国主席令（第44号）公布的《个人所得税法》规定，个人所得税以所得人为纳税人，以支付所得的单位或者个人为扣缴义务人。

2018年8月，丽水市施行修订的《个人所得税法》，纳税人分居民个人和非居民个人。居民个人是在中国境内有住所，或者无住所而一个纳税年度内在中国境内居住累计满一百八十三天的个人；非居民个人是在中国境内无住所，或者无住所而在一个纳税年度内在中国境内居住累计不满一百八十三天的个人。

二、征税范围

工资、薪金所得，劳务报酬所得，特许权使用费所得，利息、股息、红利所得，财产租赁所得，经财政部确定征税的其他所得为个人所得税的征税范围。在中国境内居住满1年，但未超过5年的个人，其从中国境外取得的所得，只就汇到中国的部分缴纳个人所得税；居住超过5年的个人，从第六年起，就从中国境外取得的全部所得纳税。

1993年10月，《个人所得税法》调整征税范围，增加个体工商户的生产、经营所得，对企事业单位的承包经营、承租经营所得，稿酬所得，财产转让所得，偶然所得。1994年1月，国务院《个人所得税法实施条例》规定，因任职、受雇、履约等在中国境内提供劳务取得的所得；将财产出租给承租人在中国境内使用而取得的所得；转让中国境内的建筑物、土地使用权等财产或者在中国境内转让其他财产取得的所得；许可各种特许权在中国境内使用而取得的所得；从中国境内的公司、企业以及其他经济组织或者个人取得的利息、股息、红利所得；不论支付地点是否在中国境内，均为来源于中国境内的所得。个人取得的应纳税所得，包括现金、实物和有价证券。

2000年1月，财政部、国家税务总局《关于个人独资企业和合伙企业投资者征收个人所得税的规定》明确，个人独资企业投资者和合伙企业合伙人的生产经营所得缴纳个人所得税，包括企业分配给投资者个人的所得和企业当年留存的所得（利润）。

2018年8月，丽水市施行修订的《个人所得税法》，征税范围包括工资、薪金所得，劳务报酬所得，稿酬所得，特许权使用费所得，经营所得，利息、股息、红利所得，财产租赁所得，财产转让所得，偶然所得。居民个人取得工资薪金所得、劳务报酬所得、稿酬所得、特许权使用费所得（合称综合所得），按纳税年度合并计算个人所得税；非居民个人取得综合所得，按月或按次分项计算个人所得税；纳税人取得除综合所得以外的其他所得，按单项计算个人所得税。

三、计税依据

1991年1月至1993年9月，丽水地区个人所得税按不同应税项目分项确定计税依据，以某项应税项目的收入扣除税法规定该项目费用后的余额为应纳税所得额。工资、薪金所得，按每月收入减除费用800元，就超过800元的部分纳税；劳务报酬所得、特许权使用费所得、财产租赁所得，每次收入不满4000元的减除费用800元，4000元以上的减除20%的费用，然后就其余额纳税；利息、股息、红利所得和其他所得，按每次收入额纳税。依照财政部《个人所得税法施行细则》，纳税人取得的应纳税所得，如为实物或有价证券，按取得时的市场价格折算金额。不在中国境内居住的个人，从中国境内取得的劳务报酬所得、特许权使用费所得和财产租赁所得，就收入全额纳税。两个以上的个人共同取得同一所得项目的收入，按照税法规定需要减除费用的，可以对每个人分得的收入分别减除费用。

1993年10月，丽水地区施行《个人所得税法》。工资、薪金所得，以每月收入额减除费用800元后的余额为应纳税所得额。个体工商户的生产、经营所得，以每一纳税年度的收入总额减除成本、费用以及损失后的余额为应纳税所得额。对企事业单位的承包经营、承租经营所得，以每一纳税年度的收入总额减除必要费用后的余额为应纳税所得额。劳务报酬所得、稿酬所得、特许权使用费所得、财产租赁所得，每次收入不超过4000元的减除费用800元，4000元以上的减除20%的费用，其余额为应纳税所得额。财产转让所得，以转让财产的收入额减除财产原值和合理费用后的余额为应纳税所得额。利息、股息、红利所得，偶然所得和其他所得，以每次收入额为应纳税所得额。个人将其所得对教育事业和其他公益事业捐赠的部分，按照国务院有关规定从应纳税所得中扣除。同月，施行《个人所得税法实施条例》，个人取得的应纳税所得为实物的，按照取得的凭证上所注明的价格计算应纳税所得额；无凭证的实物或者凭证上所注明的价格明显偏低的，由主管税务机关参照当地的市场价格核定应纳税所得额。所得为有价证券的，由主管税务机关根据票面价格和市场价格核定应纳税所得额。两个或者两个以上的个人共同取得同一项目收入的，对每个人取得的收入分别按照税法规定减除费用后计算纳税。捐赠额未超过纳税义务人申报的应纳税所得额30%的部分，可以从其应纳税所得额中扣除。承包经营、承租经营所得减除必要费用标准为3200元。

2000年1月，丽水地区执行财政部、国家税务总局《关于个人独资企业和合伙企业投资者征收个人所得税的规定》，个人独资企业投资者以全部生产经营所得为应纳税所得额；合伙企业投资者按照合伙企业全部生产经营所得和合伙协议约定分配比例确定应纳税所得额，合伙协议没有约定分配比例的，以全部生产经营所得和合伙人数量平均计算每个投资者的应纳税所得额。

2006年1月，丽水市施行中华人民共和国主席令（第44号）公布的《个人所得税法》，“工资、薪金所得”修改为以每月收入额减除费用1600元后的余额为应纳税所得额。同月，执行财政部、国家税务总局《关于调整个体工商户业主、个人独资企业和合伙企业投资者个人所得税费用扣除标准的通知》，对个体工商户业主、个人独资企业和合伙企业投资者的生产经营所得计征个人所得税时，投资者本人的费用扣除标准统一确定为1.92万元/年（1600元/月）。投资者的工资不得在税前扣除。

2008年3月，丽水市施行中华人民共和国主席令（第85号）公布的《个人所得税法》和国务院修订的《个人所得税法实施条例》，调整个人所得税费用扣除标准，“工资、薪金所得”修改为以每月收入额减除费用2000元后的余额为应纳税所得额。6月，执行财政部、国家税务总局《关于调整个体工商户、个人独资企业和合伙企业个人所得税税前扣除标准有关问题的通知》，从2008年3月起，个体工商户业主、个人独资企业和合伙企业投资者的生产经营所得依法计征个人所得税时，个体工商户业主、个人独资企业和合伙企业投资者本人的费用扣除标准统一确定为2.40万元/年（2000元/月）。

2011年9月，丽水市施行国务院《关于修改〈中华人民共和国个人所得税法实施条例〉的决定》，调整个人所得税费用扣除标准，“工资、薪金所得”修改为以每月收入额减除费用3500元后的余额为应纳税所得额。至2018年7月，丽水市仍执行该标准。

2018年8月，丽水市施行修订的《个人所得税法》。应纳税所得额的计算，居民个人的综合所得，以每一纳税年度的收入额减除费用6万元以及专项扣除、专项附加扣除和其他扣除的余额为应纳税所得额；非居民个人的工资、薪金所得，以每月收入额减除费用5000元后的余额为应纳税所得额；劳务报酬所得、稿酬所得、特许权使用费所得，以每次收入额为应纳税所得额；经营所得，以每一纳税年度的收入总额减除成本、费用以及损失后的余额为应纳税所得额；财产租赁所得，每次收入不超过4000元的减除费用800元，4000元以上的减除20%的费用，其余额为应纳税所得额；财产转让所得，以转让财产的收入额减除财产原值和合理费用后的余额为应纳税所得额；利息、股息、红利所得和偶然所得，以每次收入额为应纳税所得额。

四、税率

1991年1月至1993年9月，丽水地区个人所得税实行比例税率和超额累进税率，税率分项目设置。工资、薪金所得适用七级超额累进税率，税率5%—45%。劳务报酬所得，特许权使用费所得，利息、股息、红利所得，财产租赁所得和其他所得适用比例税率，税率20%。

1993年10月，丽水地区施行《个人所得税法》，个人所得税适用比例税率和超额累进税率，采用分项征收的方法，其税率分项目设置。工资、薪金所得适用5%—45%九级超额累进税率，每月减除费用800元；个体工商户生产经营所得和对企业事业单位的承包、承租所得适用5%－35%五级超额累进税率；其他各项所得均按20%的比例税率征收，其中稿酬所得按应纳税额减征30%；劳务报酬所得一次收入畸高的，可以实行加成征收。

1994年1月，丽水地区施行国务院《个人所得税法实施条例》，个人一次取得劳务报酬，应纳税所得额超过2万元至5万元的部分，依照规定计算应纳税额后再按照应纳税额加征五成；超过5万元的部分，加征十成。2000年1月，执行财政部、国家税务总局《关于个人独资企业和合伙企业投资者征收个人所得税的规定》，投资者个人的生产经营所得，比照个人所得税法的“个体工商户的生产经营所得”应税项目，适用5%—35%的五级超额累进税率，计算征收个人所得税。

2011年9月，丽水市施行中华人民共和国主席令（第48号）公布的《全国人大常委会关于修改〈中华人民共和国个人所得税法〉的决定》，工资薪金所得适用七级超额累进税率，税率为3%—45%。

2011年个人所得税税率一览表

表2－4－4 **（工资、薪金所得适用）**

级数	全月应纳税所得额		税率（%）	速算扣除数（元）
	含税级距	不含税级距		
1	不超过1500元的	不超过1455元的	3	0
2	超过1500元至4500元的部分	超过1455元至4155元的部分	10	105
3	超过4500元至9000元的部分	超过4155元至7755元的部分	20	555
4	超过9000元至35000元的部分	超过7755元至27255元的部分	25	1005
5	超过35000元至55000元的部分	超过27255元至41255元的部分	30	2755
6	超过55000元至80000元的部分	超过41255元至57505元的部分	35	5505
7	超过80000元的部分	超过57505元的部分	45	13505

注：①本表所列含税级距与不含税级距，均为按照税法规定减除有关费用后的所得额。
②含税级距适用于由纳税人负担税款的工资、薪金所得；不含税级距适用于由他人（单位）代付税款的工资、薪金所得。

2018年8月，丽水市施行修订的《个人所得税法》。综合所得，适用3%—45%的超额累进税率；经营所得，适用5%—35%的超额累进税率；利息、股息、红利所得，财产租赁所得，财产转让所得和偶然所得，适用比例税率，税率为20%。

2018年个人所得税税率一览表

表2-4-5　（居民个人工资、薪金所得预扣预缴和综合所得适用）

级数	全年应纳税所得额（累计预扣预缴）	预扣（税）率（%）	速算扣除数（元）
1	不超过36000元的	3	0
2	超过36000元至144000元的部分	10	2520
3	超过144000元至300000元的部分	20	16920
4	超过300000元至420000元的部分	25	31920
5	超过420000元至660000元的部分	30	52920
6	超过660000元至960000元的部分	35	85920
7	超过960000元的部分	45	181920

五、税款征收

个人所得税以支付所得的单位或者个人为扣缴义务人。没有扣缴义务人的由所得人自行申报纳税。扣缴义务人每月所扣的税款，自行申报纳税人每月应纳的税款，在次月7日内缴入国库，并向税务机关报送纳税申报表。扣缴义务人和自行申报纳税人，必须按照规定的期限缴纳税款。

1993年10月，丽水地区依照《个人所得税法》规定，个人所得税以支付所得的单位或者个人为扣缴义务人。在两处以上取得工资、薪金所得和没有扣缴义务人的，纳税人自行申报纳税。工资、薪金所得应纳的税款，按月计征，由扣缴义务人或者纳税义务人在次月7日内缴入国库，并向税务机关报送纳税申报表。特定行业的工资、薪金所得应纳的税款，可以实行按年计算、分月预缴的方式计征。个体工商户的生产、经营所得应纳的税款，按年计算，分月预缴，由纳税人在次月7日内预缴，年度终了后3个月内汇算清缴，多退少补。对企事业单位的承包经营、承租经营所得应纳的税款，按年计算，由纳税人在年度终了后30日内缴入国库，并向税务机关报送纳税申报表。纳税人在一年内分次取得承包经营、承租经营所得的，在取得每次所得后的7日内预缴，年度终了后3个月内汇算清缴，多退少补。

1994年1月起，丽水地区依照国务院《个人所得税法实施条例》规定，对从事生产、经营的纳税人未提供完整、准确的纳税资料，不能正确计算应纳税所得额的，由主管税务机关核定其应纳税所得额。扣缴义务人在向个人支付应税款项时，依照规定代扣税款，按时缴库，并专项记载备查，自行申报的纳税人，向取得所得的当地主管税务机关申报纳税。

2000年1月起，丽水地区依照财政部、国家税务总局《关于个人独资企业和合伙企业投资者征收个人所得税的规定》，投资者的个人所得税由地税部门负责征收管理。

2005年7月，市地税局印发《关于调整部分行业定期定额核定标准和个人所得税预征率的通知》，重新核定市本级部分行业定期定额标准和个人所得税预征率，对市本级缴纳营业税的部分双定户（定期、定额）实行“发票+定额”方式管理，每月按核定定额申报，开具发票经营额在发票缴销环节，按“超定额开票”全额缴纳税款，实际经营额超过核定定额的，按规定申报纳税。

2006年1月，丽水市依照《个人所得税法》规定，对个人所得超过国务院规定数额的（年所得12万元以上），在两处以上取得工资、薪金所得或者没有扣缴义务人的，以及具有国务院规定的其他情形的，纳税人按照规定办理纳税申报，扣缴义务人按照规定办理全员全额扣缴申报。同月，执行国务院修订的《个人所得税法实施条例》，纳税人有年所得12万元以上、从中国境内两处或者两处以上取得工资薪金所得、从中国境外取得所得、取得应纳税所得没有扣缴义务人、国务院规定的其他情形之一的，按照规定到主管税务机关办理纳税申报。年所得12万元以上的纳税人，在年度终了后3个月内到主管税务机关办理纳税申报。5月，对纳税人未提供完整、准确的房屋原值凭证，不能正确计算房屋原值和应纳税额的，对其实行按住房转让收入的1%核定应纳个人所得税额。

2007年1月，丽水市执行国家税务总局《个人所得税自行纳税申报办法（试行）》，年所得12万元以上，为纳税人在一个纳税年度取得各项规定所得的合计数额达到12万元。年所得12万元以上的纳税人，不包括在中国境内无住所，且在一个纳税年度中在中国境内居住不满1年的个人，无论取得的各项所得是否已足额缴纳了个人所得税，均于纳税年度终了后向主管税务机关办理纳税申报（年所得12万元以上情形的纳税申报，自2006年1月1日起执行）。

年所得12万元以上的纳税人，在纳税年度终了后3个月内向主管税务机关办理纳税申报。个体工商户和个人独资、合伙企业投资者取得的生产、经营所得应纳的税款，分月预缴的，纳税人在每月终了后7日内办理纳税申报；分季预缴的，纳税人在每个季度终了后7日内办理纳税申报。纳税年度终了后，纳税人在3个月内进行汇算清缴。纳税人年终一次性取得对企事业单位的承包经营、承租经营所得的，自取得所得之日起30日内办理纳税申报；在1个纳税年度内分次取得承包经营、承租经营所得的，在每次取得所得后的次月7日内申报预缴，纳税年度终了后3个月内汇算清缴。从中国境外取得所得的纳税人，在纳税年度终了后30日内向中国境内主管税务机关办理纳税申报。纳税人取得其他各项所得须申报纳税的，在取得所得的次月7日内向主管税务机关办理纳税申报。

2008年1月，丽水市本级分行业核定个人独资企业和合伙企业征收个人所得税应税所得率：制造业5%、小水电13%、批发和零售贸易业5%、交通运输业6%、建筑业7%、饮食业7%、娱乐业20%、其他行业10%。

2009年9月，市地税局印发《关于加强市级自然人股权转让所得个人所得税管理的通知》，对个人转让股权应缴个人所得税纳税人、扣缴义务人、纳税申报时间、报送资料、税款计算、办理流程和时限作了明确规定。此后历年持续加强个人股权转让个人所得税征管，实行动态管理。

2011年9月，中华人民共和国主席令（第48号）《关于修改〈中华人民共和国个人所得税法〉的决定》，将1993年10月公布实施的《个人所得税法》第九条“扣缴义务人每月所扣的税款，自行申报纳税人每月应纳的税款，在次月7日内缴入国库”，修改为“在次月15日内缴入国库”，丽水市依照执行。是年，丽水市深化个人所得税全员管理。年末，全市全员管理系统实际应用户数为1.24万户，全员管理涉及申报人数为41.40万人，申报税款4.24亿元。开展年所得12万元以上个人自行申报工作，全市共有8647人次进行申报。

1994—2018年丽水市个人所得税收入一览表

表2－4－6　　　　　　　　　　　　　　　　　　　　　　　　　　　　单位：万元

年份	合计	市本级	莲都	青田	云和	龙泉	庆元	缙云	遂昌	松阳	景宁
1994	1015	3	568	138	14	53	45	61	72	33	28
1995	1337	64	577	189	41	98	44	94	111	91	28
1996	1876	103	725	309	54	168	65	174	162	73	43
1997	2529	159	922	391	96	234	86	231	223	107	80
1998	3486	221	1098	476	140	378	122	391	365	168	127
1999	5112	277	1491	625	171	433	176	649	825	258	207
2000	6386	323	1926	721	221	539	244	753	1047	345	267
2001	12376		4550	1100	809	1006	371	1663	1675	642	560
2002	17216		6117	1696	1030	1545	478	2089	2285	1142	834
2003	22742		7192	2748	1443	1834	1265	2306	3184	1624	1146
2004	29977		9387	4165	1698	1934	912	2958	4533	2312	2078
2005	38041		12085	4511	1659	1976	1139	3913	6721	2318	3719
2006	48040		15633	5926	2623	2538	1488	4735	8461	3171	3465
2007	61529		23826	8209	3238	3090	1885	5375	7188	3998	4720
2008	69280		23856	10676	5067	3055	2155	6149	9520	3522	5280
2009	67737		20220	8532	3917	3690	2091	5317	13664	3562	6744
2010	80835		25024	10869	3951	4356	2717	8283	10668	3853	11114
2011	98741		31504	11829	3637	6857	3151	10069	10590	4057	17047
2012	102088		28364	9912	3588	5647	2713	9997	12870	6721	22276
2013	109122		36176	16168	4540	5389	3968	8195	8141	5039	21506
2014	124790		39267	20622	4644	6944	3625	9524	7250	6226	26688
2015	139364		49718	15833	5357	7804	4988	11531	8606	6456	29071
2016	149646		56067	16615	5623	10087	5630	9845	12121	8197	25461
2017	157508		56964	16861	6246	9988	6809	12904	11947	8920	26869
2018	186640		58852	20014	6934	12171	6423	18379	22610	10343	30914
合计	1537413		513259	189135	66741	91814	52590	135585	164839	83178	240272

注：2001年起，市本级和莲都区数据汇总为市级数据。

2012年，丽水市强化自然人股权转让个人所得税征收管理，全市征收自然人股权转让个人所得税9438万元，其中市本级1928万元。全市重点加强个人所得税全员全额扣缴申报工作，全市明细申报税款比重高于70%，受到省地税局通报表彰。

2013年10月，市地税局印发《关于市本级自然人股权转让个人所得税管理若干问题的公告》，结合自然人转让查账征收企业股权和核定征收企业股权不同特点，采用案头分析、纳税评估等方法核定股权转让收入，明确股权转让最低控制价，完善房屋、土地使用权价格评估体系，实行动态管理，并做好股权转让计税价格争议处理。

2015年，全市重点开展提升年所得12万元以上个人所得税自行纳税申报率工作，全市申报人数达1.18万人。全市自然人股权转让1530户，缴纳个人所得税1.39亿元，其中市本级415户，缴纳个人所得税1.27亿元。

2016年5月，市地税局发布《关于确定市本级个人所得税附征率的公告》，分十大类核定市本级范围未建账建证的个体工商业户的个人所得税附征率，分别为批发零售业0.4%，制造业和修理修配业0.8%，建筑业2%，转让无形资产、娱乐业、金融保险业、邮电通信业1.5%，小水电、电子游戏2.25%，代理业、旅店业、饮食业、餐饮业、租赁业、广告业、销售不动产、文化体育业、交通运输业、医疗服务业、其他服务业0.8%，营业用房租赁1%，货物运输1.5%，客运车辆0.5%。是年，市本级确定住房公积金个人所得税税前扣除限额为1743元/人・月，2017年调整为1889元/人・月，2018年调整为2098元/人・月。

2018年8月，丽水市施行修订的《个人所得税法》，执行新的个人所得税征收管理制度。至2018年年末，全市延续执行年所得12万元以上个人所得税自行申报等制度。

1991—1993年，丽水地区个人所得税无实际收入。1994—2018年，丽水市地税部门征收个人所得税153.74亿元，其中市级51.33亿元。

第十节　城乡个体工商业户所得税

城乡个体工商业户所得税是对以城乡个体工商业户取得的生产经营所得和其他所得为征税对象所征收的税收。1991—1993年，丽水地区依照1986年1月起施行的国务院《中华人民共和国城乡个体工商业户所得税暂行条例》（简称《城乡个体工商业户所得税暂行条例》）和省政府《浙江省城乡个体工商业户所得税施行细则》，征收城乡个体工商业户所得税。1994年1月，国务院废止《城乡个体工商业户所得税暂行条例》，改按《个人所得税法》执行，停止征收城乡个体工商业户所得税。

一、纳税人

从事工业、商业、服务业、建筑安装业、交通运输业以及其他行业，经工商行政管理部门批准开业的城乡个体工商业户，为城乡个体工商业户所得税的纳税人。《浙江省城乡个体工商业户所得税施行细则》规定，城乡个体工商业户，是指经工商行政管理部门批准，领取营业执照的个体工商业户。

二、征税范围

城乡个体工商业户所得税征税范围包括经工商行政管理部门批准开业的，从事工业、商业、服务业、交通运输业、建筑安装业和其他行业的城乡个体工商业户，以及不符合按集体企业所得税征税条件、未经有关主管部门和工商行政管理部门批准，生产资料不归集体所有，不实行统一核算、共负盈亏和不按规定提取公共积累、不按劳分配的合作经营、联办企业、个体承包企业，其所取得的生产经营所得和其他所得。丽水地区按照1986年1月省财政厅《关于印发城乡个体工商业户所得税若干政策规定的通知》，对个体户承包企业的生产经营所得，按照《城乡个体工商业户所得税暂行条例》的规定征收城乡个体工商业户所得税。

三、计税依据

城乡个体工商业户每一纳税年度的收入总额，减除成本、费用、工资、税金以及损失后的余额，为计算城乡个体工商业户所得税的应纳税所得额。纳税人在计算应纳税所得额时，除符合有关规定的成本、费用应予扣除外，在所得税前可以扣除的项目还有按规定缴纳的产品税、增值税、营业税、资源税、城市维护建设税及教育费附加。

四、税率

城乡个体工商业户所得税采用十级超额累进税率并加成征收。最低一级，全年应纳税所得不超过1000元的，税率7%，最高一级，全年应纳税所得超过3万元的，税率60%。丽水地区依照省财政厅规定，对纳税人全年应纳税所得额超过5万元的，加征10%至40%的所得税。

五、税款征收

城乡个体工商业户所得税的征收，实行按年计算，分月或分季预缴，年终汇算清缴，对账证不健全的个体工商业户，由税务机关核定比率，随同销售收入（营业额）按月带征所得税，年终不再办理汇算清缴。对无证经营者，带征所得税。丽水地区依照省税务局规定，普遍采用随同销售收入（营业额）按月带征所得税的办法。

1991—1993年，丽水地区征收城乡个体工商业户所得税1169万元，其中丽水市（县级）795万元，青田县54万元，云和县39万元，龙泉市1万元，庆元县83万元，遂昌县93万元，松阳县86万元，景宁畲族自治县18万元。

第十一节　个人收入调节税

个人收入调节税是对以公民个人收入为征税对象所征收的税收。1991—1993年，丽水地区依照1987年1月起施行的国务院《中华人民共和国个人收入调节税暂行条例》（简称《个人收入调节税暂行条例》）和财政部《中华人民共和国个人收入调节税暂行条例施行细则》（简称《个人收入调节税暂行条例施行细则》），征收个人收入调节税。1994年1月，国务院废止《个人收入调节税暂行条例》，改按《个人所得税法》执行，停止征收个人收入调节税。

一、纳税人

在中国境内有住所，取得个人收入的中国公民为个人收入调节税的纳税义务人。中国公民为具有中国国籍、户籍，并在中国境内居住，取得条例规定纳税收入的公民。

二、征税范围

个人收入调节税的征税范围包括工资、薪金收入；承包转包收入；劳动报酬收入；财产租赁收入；专利权转让、专利实施许可和非专利技术提供、转让取得的收入；投稿、翻译取得的收入；利息、股息、红利收入；经财政部确定的其他收入。省税务局规定，对承包人从承包收入中划转的承包风险基金，按承包收入征收个人收入调节税。购销人员、业务人员联购联销提成的收入，合并月综合收入，按规定征收个人收入调节税。

三、计税依据

对工资薪金收入、承包转包收入、劳务报酬收入、财产租赁收入合并为综合收入，按六类地区（丽水地区）计税基数100元核算，按月计算征收个人收入调节税。

四、税率

个人收入调节税采用比例税率（按次）和超倍累进税率（按月）计征。工资、薪金收入、承包转包收入、劳动报酬收入、财产租赁收入四项合并为综合收入，对月综合收入超过地区计税基数3倍（400元）以上的部分，以超倍累进税率按月计征个人收入调节税。超倍累进税率分五档，最低税率20%，最高税率60%；投稿、翻译、专利权转让、专利实施许可和非专利技术提供、转让取得的收入，按次征收，每次收入不满4000元的减除费用800元，4000元以上的减除20%的费用，余额按20%比例税率计征；利息、股息、红利收入，按次计算，全额按20%比例税率计征。

五、税款征收

个人收入调节税的征收，实行由支付单位源泉扣缴和纳税人自行申报纳税两种方法，扣缴义务人和自行申报纳税人，都在次月10日内向当地税务机关报送纳税申报表，缴纳上月应扣、应纳的税款。支付《个人收入调节税暂行条例》各应税项目的单位，对支付给纳税人达到纳税标准的个人收入，在支付的同时，必须按规定扣缴税款。纳税人在取得条例规定的收入，不论对单项收入扣缴或未扣缴税款，合并为月综合收入超过条例规定纳税标准的，纳税人必须自行申报纳税。自行申报纳税人同时在多处有收入的，在工作单位所在地税务机关申报纳税；无工作单位的，在户籍所在地税务机关申报纳税。

1991—1993年，丽水地区征收个人收入调节税50万元，其中地直2万元，丽水市（县级）16万元，青田县8万元，云和县3万元，龙泉市6万元，缙云县3万元，遂昌县6万元，松阳县4万元，景宁畲族自治县2万元。

第五章　资源税类

资源税类是对各种应税自然资源为征税对象所征收的税收。1991年起，丽水地区继续施行国务院《中华人民共和国资源税条例（草案）》《中华人民共和国盐税条例（草案）》（简称《资源税条例（草案）》《盐税条例（草案）》），征收资源税、盐税。1994年1月，施行国务院《中华人民共和国资源税暂行条例》和财政部《中华人民共和国资源税暂行条例实施细则》（简称《资源税暂行条例》和《资源税暂行条例实施细则》），盐税并入资源税征收。2004年10月，开征建筑用石资源税。2006年1月，开征建筑用砂资源税。2011年11月，施行《国务院关于修改〈中华人民共和国资源税暂行条例〉的决定》（简称修改后的《资源税暂行条例》）。1991—2018年，丽水市征收的资源税主要有建筑用石资源税和建筑用砂资源税。

第一节　盐　税

盐税是对以从事盐的生产经营收入为征税对象所征收的税收。盐税按照不同盐产区和不同的资源条件确定不同的税额，是浙江省历史上的主要税收收入之一。浙江省的盐税演变较为复杂，20世纪80年代，实行第二步"利改税"，盐税从工商税中分离出来，作为一个独立税种征收。1991—1993年，丽水地区施行《盐税条例（草案）》和《中华人民共和国盐税条例（草案）实施细则》（简称《盐税条例（草案）实施细则》），征收盐税。1994年1月，丽水地区施行国务院《资源税暂行条例》，盐税并入资源税征收。

一、纳税人

盐税的纳税义务人为在中华人民共和国境内从事生产、经营和进口盐的单位。《盐税条例（草案）实施细则》规定，经核准直接销售或自销的盐场（厂）；分配销售盐的运销或国家指定的收购单位；改变减免税盐用途的单位；动用储备盐的单位和进口盐的单位为盐税的纳税人。

二、征税范围

盐税的征税范围包括海盐、湖（池）盐、井盐、矿盐等。纳税人以自产的盐加工、精制后销售，就加工、精制的盐缴纳盐税；用已经纳过盐税的盐加工、精制后销售，不再缴纳盐税。

三、计税依据

国务院《盐税条例（草案）》规定，盐税实行"从量核定"的原则，按一定数量（如每吨、每担）确定其应当缴纳的固定税金。各个盐场按不同盐种确定其每吨盐应纳盐税。财政部《盐税条例（草案）实施细则》规定，在销售环节纳税的，按实际销售盐的数量和规定的单位税额计算。在改变用途环节纳税的，按改变用途盐的数量和改变用途前后盐税税额的差额计算。

四、税率

盐税实行差别税额。1991—1993年，浙江省规定，食盐税实际征收额统一为100元/吨，对调拨销售的计划外用盐按规定额征收盐税（丽水地区140元/吨）。

五、税款征收

盐税实行从量定额征收。纳税环节为盐业生产单位直接销售的盐，由生产单位在出场（厂）销售环节纳税；产区的盐业运销单位或国家指定的收购单位分配销售的盐，由运销或收购单位在分配销售环节纳税。纳税人在经营开始之日起30日内，向当地税务机关办理税务登记。经有关部门批准合并、转业、迁移、停业的纳税人，自批准之日起30日内，向当地税务机关办理变更或注销登记手续，并清缴应纳税款。

缴纳盐税的期限，由县（市）税务机关根据应纳税款数额的大小和经营情况分别核定，最长不得超过1个月，于期满后7天内报缴税款。纳税人按照核定的期限，向当地税务机关办理纳税申报。纳税人发生纳税义务超过20天而不按照规定申报纳税，超过核定纳税期限15天，未向税务机关报送纳税申报表的，当地税务机关有权确定其应纳税额。纳税人必须依照税务机关核定的期限缴纳税款，税务机关向纳税人催缴税款无效的，可以通知其开户银行扣缴入库。

丽水地区属非产盐区，征收的税款主要是私盐补税和减免税盐移作他用的补税。1991—1993年，丽水地区征收盐税8万元。

第二节　资源税

资源税是对中国境内从事原油、天然气、煤炭、金属矿产品和非金属矿产品资源开发为征税对象所征收的税收。1991—1993年，丽水地区施行1984年10月国务院颁发的《资源税条例（草案）》，征收资源税。1994年1月，施行《资源税暂行条例》和《资源税暂行条例实施细则》，征收资源税。结合当地资源实际，2004年10月，丽水市依照省地税局《关于开征建筑用石资源税的通知》和市政府《关于同意开征建筑用石资源税的批复》，开征建筑用石资源税。2006年1月，依照省地税局《关于征收建筑用砂资源税问题的通知》和市政府《关于同意开征建筑用砂资源税的批复》，开征建筑用砂资源税。2011年11月，施行修改后的《资源税暂行条例》和财政部、国家税务总局《资源税暂行条例实施细则》，执行《国家税务总局关于发布修订后的〈资源税若干问题的规定〉的公告》。2016年7月，执行财政部、国家税务总局《关于全面推进资源税改革的通知》，省财政厅、省地税局《关于明确有关资源税品目适用税率的通知》，至2018年年末，丽水市继续征收资源税。

一、纳税人

在中国境内从事原油、天然气、煤炭、金属矿产品和非金属矿产品资源开发的单位和个人，为资源税的纳税义务人。1994年1月，《资源税暂行条例实施细则》将资源税的纳税义务人调整为在中国境内开采资源税条例规定的矿产品或者生产盐的单位（国有企业、集体企业、私有企业、股份制企业、其他企业和行政单位、事业单位、军事单位、社会团体及其他单位）和个人（个体经营者及其他个人）。收购未税矿产品的单位（独立矿山、联合企业及其他收购未税矿产品的单位）为资源税的扣缴义务人。

2004年10月，在丽水市境内开采建筑用石的单位和个人为资源税纳税人。2006年1月，在丽水市境内开采建筑用砂的单位和个人为资源税纳税人。12月，省地税局印发《关于营业税、资源税若干政策业务问题的通知》，单位或个人在矿产开采或工程建设中委托施工单位开采矿产品进行销售或自用，其纳税义务人为有矿产开采权的单位或个人，其销售或自用的矿产品，均由有矿产开采权的单位或个人按规定缴纳资源税。

2011年11月，修改后的《资源税暂行条例》《资源税暂行条例实施细则》明确资源税的纳税人为在中华人民共和国领域及管辖海域开采本条例规定的矿产品或者生产盐的单位（指企业、行政单位、事业单位、军事单位、社会团体及其他单位）和个人（指个体工商户和其他个人）。

二、征税范围

在中国境内从事原油、天然气、煤炭、金属矿产品和非金属矿产品的资源开发为资源税的征税范围。1994年1月，《资源税暂行条例实施细则》将资源税征税范围调整为原油、天然气、煤炭、其他非金属矿原矿、黑色金属矿原矿、有色金属矿原矿和盐等七种类型。同月，国家税务总局《资源税若干问题的规定》，资源税纳税人自产自用产品包括用于生产和非生产两部分。

2004年10月起，丽水市对在本市境内开采建筑用石的单位和个人征收资源税。除建筑用石外，对《资源税暂行条例实施细则》中未列举名称的其他非金属矿原矿和其他有色金属矿原矿，仍暂缓征收资源税。2005年4月，省地税局印发《关于征收建筑用砂资源税问题的通知》，对单位和个人在浙江省内开采建筑用砂的，浙江省人民政府暂授权各市人民政府在本地区范围内决定征收或缓征建筑用砂资源税。2006年1月起，丽水市对在本市境内开采建筑用砂的单位和个人征收资源税。

2011年11月，资源税征税范围调整为原油、天然气、煤炭、黑色金属矿原矿、有色金属矿原矿、其他非金属矿原矿、盐、铝土矿和耐火黏土、石英砂、矿泉水等，后有调整扩大。

三、计税依据

资源税的计税依据为应税产品的销售收入额。1994年1月，《资源税暂行条例》将资源税计税依据调整为：资源税的应纳税额，按照应税产品的课税数量和规定的单位税额计算。纳税人开采或者生产应税产品销售的，以销售数量为课税数量；纳税人开采或者生产应税产品自用的，以自用数量为课税数量。纳税人开采或者生产不同税目应税产品的，分别核算不同税目应税产品的课税数量；未分别核算或者不能准确提供不同税目应税产品的课税数量的，从高适用税额。财政部《资源税暂行条例实施细则》明确，纳税人不能准确提供应税产品销售数量或移送使用数量的，以应税产品的产量或主管税务机关确定的折算比例换算成的数量为课税数量。

2011年11月，修改后的《资源税暂行条例》将资源税计税依据调整为：资源税的应纳税额，按照从价定率或者从量定额的办法，分别以应税产品的销售额乘以纳税人具体适用的比例税率或者以应税产品的销售数量乘以纳税人具体适用的定额税率计算。纳税人开采或者生产不同税目应税产品的，应当分别核算不同税目应税产品的销售额或者销售数量；未分别核算或者不能准确提供不同税目应税产品的销售额或者销售数量的从高适用税率。

四、税率

1991—1993年，纳税人根据应税产品的销售收入利润率，按照超额累进税率计算缴纳资源税。1994年1月，《资源税暂行条例》调整资源税税率，资源税实行定额幅度税率。《资源税暂行条例实施细则》规定，资源税应税产品的具体适用税额，按《资源税税目税额明细表》执行。同月，依照国家税务总局《资源税若干问题的规定》，资源税扣缴义务人适用的税额为：独立矿山、联合企业收购未税矿产品的单位，按照本单位应税产品税额标准，依据收购的数量代扣代缴资源税；其他收购单位收购的未税矿产品，按主管税务机关核定的应税产品税额标准，依据收购的数量代扣代缴资源税。2月，省政府办公厅印发的《关于征收资源税有关问题的通知》明确，《资源税暂行条例实施细则》所附的《几个主要品种的矿山资源等级表》中未列举名称的纳税人，开采划分资源等级的应税产品，其适用税额暂核定为：铁矿石7元/吨、铜矿石0.9元/吨、铅锌矿石1.8元/吨、钨矿石0.3元/吨、锡矿石0.4元/吨、钼矿石0.4元/吨、黄金矿石1.3元/吨。

2004年10月，丽水市对建筑用石资源税实行从量定额征收，单位税额为1元/吨。2006年1月，丽水市对建筑用砂资源税实行从量定额征收，单位税额1元/吨。

2009年2月，丽水市对财务核算不健全、不能真实、完整反映生产经营状况的开采建筑用石纳税人，按照纳税人采购炸药数量换算应税产品开采量，换算标准为：炸药数量（千克）×1元/吨。2014年10月，市级建筑用石资源税单位税额标准从原来的1元/吨提高到3元/吨。依照市地税局《关于代征砂石资源税有关问题的公告》，从2017年7月起，市级砂石资源税由炸药销售环节（单位）代征的，按1吨炸药折合开采1000立方米砂石代征5000元资源税；由市砂石管理办公室代征的，各制砂场的方量按合同开采量的80%代征，合同计量单位以吨为单位的，换算标准2吨/立方米。

2016年7月，丽水市执行省政府办公厅《关于明确资源税若干政策的通知》和省财政厅、省地税局《关于明确有关资源税品目适用税率的通知》所规定的矿产品资源税税目税率。

五、税款征收

1991年起，丽水地区资源税由财税部门征收管理。资源税在企业所在地向当地税务机关缴纳，采取分期预缴、年终结算办法。各期按照上期销售利润率计算适用税率，年度终了，按照全年实际销售利润率计算适用税率，进行结算，多退少补。缴纳资源税的期限，由当地税务机关根据应纳税款数额的大小核定，最长不超过1个月。纳税人按照核定的纳税期限向当地税务机关办理纳税申报。

1994年1月起，依照《资源税暂行条例》规定，纳税人销售应税产品，纳税义务发生时间为收讫销售款或者取得索取销售款凭据的当天；自产自用应税产品，纳税义务发生时间为移送使用的当天。纳税人应纳的资源税，向应税产品的开采或者生产所在地主管税务机关缴纳。纳税人在本省范围内开采或者生产应税产品，其纳税地点需要调整的，由省税务机关决定。纳税人的纳税期限为1个月，不能按固定期限计算纳税的，可以按次计算纳税。纳税人以1个月为一期纳税的，自期满之日起10日内申报纳税，按次纳税的，自期满之日起5日内预缴税款，于次月1日起10日内申报纳税并结清上月税款。扣缴义务人的解缴税款期限，比照上述规定执行。依照《资源税暂行条例实施细则》规定，纳税人销售应税产品采取分期收款结算方式的，其纳税义务发生时间，为销售合同规定的收款日期的当天；纳税人销售应税产品采取预收货款结算方式的，其纳税义务发生时间，为发出应税产品的当天；纳税人销售应税产品采取其他结算方式的，其纳税义务发生时间，为收讫销售款或者取得索取销售款凭据的当天；纳税人自产自用应税产品的纳税义务发生时间，为移送使用应税产品的当天。扣缴义务人代扣代缴税款的纳税义务发生时间，为支付货款的当天。

1997年9月，丽水地区国地税机构进一步分设后，资源税由地税部门征收管理。纳税人应纳的资源税，向应税产品的开采或者生产所在地主管税务机关缴纳。纳税人纳税地点需要调整的，由省地税机关决定。

2000年7月，丽水撤地设市后，资源税由市地税部门征收管理。市地税局结合本市矿产资源实际，强化部门协作，完善征管办法，重点加强对建筑砂石资源税的征收管理。2009年2月起，对财务核算健全、能真实、完整反映生产经营状况的建筑用石资源税纳税人，实行预征与年终结算相结合的方式征收，对财务核算不健全、不能真实、完整反映生产经营状况的纳税人，按照纳税人采购炸药数量换算应税产品开采量方式征收。

2011年11月，丽水市施行修改后的《资源税暂行条例》《资源税暂行条例实施细则》，实行从量计征的应税产品，其应纳税款一律由独立核算的单位按照每个开采地或者生产地的销售量及适用税率计算划拨；实行从价计征的应税产品，其应纳税款一律由独立核算的单位按照每个开采地或者生产地的销售量、单位销售价格及适用税率计算划拨。2016年7月，执行省地税局《关于资源税征收管理有关问题的公告》，资源税纳税人应按月自行计算申报缴纳资源税，并在规定期限内向主管税务机关报送资源税纳税申报表及相关附表，对从事矿山开采的纳税人，首次进行资源税纳税申报时，需附报采矿权有偿出让合同、采矿许可证等，对从事工程项目建设的纳税人，需附采矿权有偿出让合同、采矿许可证、工程建设合同、工程设计方案等。

1991—2018年，丽水市征收资源税4.56亿元。

1994年资源税税目税额一览表

表2-5-1

税　目	税额幅度
一、原油	8元/吨至30元/吨
二、天然气	2元/千立方米至15元/千立方米
三、煤炭	0.3元/吨至5元/吨
四、其他非金属矿原矿	0.3元/吨(或千立方米)至20元/吨(或千立方米)
五、黑色金属矿原矿	2元/吨至30元/吨
六、有色金属矿原矿	0.4元/吨至30元/吨
七、盐	—
固体盐	10元/吨至60元/吨
液体盐	2元/吨至10元/吨

2016年浙江省列举矿种资源税适用税率一览表

表2-5-2

序号	税目		征税对象	计征方式	税率
1	金属矿	铁矿	精矿	从价计征	2%
2		金矿	金锭	从价计征	2%
3		铜矿	精矿	从价计征	3%
4		铅锌矿	精矿	从价计征	2%
5		锡矿	精矿	从价计征	2%
6	非金属矿	高岭土	原矿	从价计征	4%
7		萤石	精矿	从价计征	3.5%
8		石灰石	原矿	从价计征	6%
9		硫铁矿	精矿	从价计征	3%
10		黏土	原矿	从量计征	每立方米5元
11		砂石	原矿	从量计征	每立方米5元
12	海盐		氯化钠初级产品	从价计征	1.5%

注：本税率表2016年7月起执行。

2016年浙江省未列举名称矿产品资源税税目税率一览表

表2－5－3

税目		适用税率	征税对象	征收方式
未列举名称的其他金属矿	锑矿	2.5%	精矿	从价
未列举名称的其他非金属矿	银矿	4%	精矿	从价
	白云岩	3%	原矿	从价
	石英岩、脉石英	5%	精矿	从价
	沸石	4%	原矿	从价
	膨润土	8%	原矿	从价
	珍珠岩	7%	原矿	从价
	方解石	7%	原矿	从价
	硅灰石	7%	原矿	从价
	耐火黏土	7%	原矿	从价
	叶蜡石	5%	原矿	从价
	花岗岩	4%	原矿加工品	从价
	大理岩	4%	原矿加工品	从价
	地热	5A，6元/吨；4A，4元/吨；3A，3元/吨；2A，2.5元/吨；1A，2元/吨	原矿	从量
	矿泉水	4%（扣除包装成本）	原矿	从价
	明矾石、玄武岩、凝灰岩、闪长岩、辉绿岩、板岩、页岩、安山岩、片麻岩、砂岩	2%	原矿	从价

注：本税率表2016年7月起执行。

1991—2018年丽水市资源税收入一览表

表2-5-4 单位：万元

年份	合计	市本级	莲都	青田	云和	龙泉	庆元	缙云	遂昌	松阳	景宁
1991	0	0	0	0	0	0	0	0	0	0	0
1992	0	0	0	0	0	0	0	0	0	0	0
1993	3	0	0	0	0	0	0	0	0	0	3
1994	59	0	1	3	0	28	0	0	23	3	1
1995	71	0	0	1	0	36	0	1	30	3	0
1996	122	0	0	8	0	78	2	2	24	3	5
1997	79	0	0	10	0	32	3	1	26	3	4
1998	76	0	0	6	0	23	4	2	31	3	7
1999	99	0	0	5	0	38	10	5	29	6	6
2000	84	0	0	5	0	39	2	2	26	7	3
2001	128		0	5	0	39	3	2	30	4	45
2002	120		0	3	0	49	1	12	35	5	15
2003	120		0	5	0	40	1	33	20	8	13
2004	162		0	7	0	79	9	23	23	9	12
2005	273		9	30	1	66	5	49	69	35	9
2006	1815		218	1030	68	98	8	79	91	83	140
2007	1983		132	1321	11	122	5	97	63	71	161
2008	2421		212	1430	5	369	4	76	89	111	125
2009	1610		275	720	60	230	5	66	112	64	78
2010	2238		466	665	125	290	12	265	217	79	119
2011	2899		324	811	212	378	12	270	592	99	201
2012	2841		563	734	210	399	7	222	459	129	118
2013	3875		776	912	222	423	7	455	676	265	139
2014	4457		862	865	297	474	55	600	847	285	172
2015	5347		816	767	349	534	122	1034	974	415	336
2016	4044		146	793	234	367	71	900	741	493	299
2017	4273		203	696	111	653	102	906	941	507	154
2018	6397		225	2282	84	566	136	892	1365	712	135
合计	45596		5228	13114	1989	5450	586	5994	7533	3402	2300

注：2001年起，市本级和莲都区数据汇总为市级数据。

第六章　财产税类

财产税是对以纳税人拥有或支配的财产数量或财产价值为征税对象所征收的税收。丽水先后征收的财产税有城市房地产税、车船使用牌照税、房产税、车船使用税、城镇土地使用税、土地增值税、车船税等。1991年起，丽水地区延续施行1986年10月国务院颁布实施的《中华人民共和国房产税暂行条例》(简称《房产税暂行条例》）和《中华人民共和国车船使用税暂行条例》(简称《车船使用税暂行条例》)，以及1989年1月国务院颁布实施的《中华人民共和国城镇土地使用税暂行条例》(简称《城镇土地使用税暂行条例》)，征收房产税、车船使用税、城镇土地使用税。1994年1月，施行国务院《中华人民共和国土地增值税暂行条例》(简称《土地增值税暂行条例》)，开征土地增值税。2007年1月，丽水市施行国务院《中华人民共和国车船税暂行条例》(简称《车船税暂行条例》)，开征车船税，同时废止《中华人民共和国车船使用牌照税暂行条例》(简称《车船使用牌照税暂行条例》）和《车船使用税暂行条例》，停止征收车船使用税。2009年1月，执行国务院令（第546号)，废止《中华人民共和国城市房地产税暂行条例》(简称《城市房地产税暂行条例》)，停止征收城市房地产税。2012年1月，施行《中华人民共和国车船税法》(简称《车船税法》）和《中华人民共和国车船税法实施条例》(简称《车船税法实施条例》)。

第一节　房（地）产税

房产税是以城市、县城、建制镇和工矿区的房产为征税对象所征收的税收。城市房地产税是以城市中的房屋和土地为征税对象所征收的税收。国家对房产征税始于中华人民共和国成立初期施行的《城市房地产税暂行条例》。1991—2008年，丽水市依照《房产税暂行条例》，征收房产税；对外资单位及外籍个人，仍依照《城市房地产税暂行条例》，征收城市房地产税。2009年1月，施行国务院第546号令，废止《城市房地产税暂行条例》，外商投资企业、外国企业和组织以及外籍个人，依照《房产税暂行条例》执行，统一缴纳房产税。至2018年年末，丽水市继续征收房产税。

一、纳税人

房屋产权的所有人和房产的经营管理单位、承典人、代管人、使用人为房产税的纳税人。房屋产权属于全民所有的，由经营管理单位纳税；房屋产权出典的，由承典人纳税；房屋产权的所有权人、承典人不在房产所在地的，房屋产权没有确定和租典纠纷没有解决的，由房产的代管人或者使用人纳税。2002年9月，省地税局规定，产权所有人、承典人不在房产所在地的，或者产权未确定及租典纠纷未解决的，由房产代管人或者使用人缴纳；产权所有人不在房屋坐落地所在的市、县范围内常住的，其房产税由使用人（承租人）或代管人缴纳。在核定征收地区，房地产产权所有人为城市房地产税纳税人。

二、征税范围

经国务院及地方各级政府批准的城市、县城、建制镇和工矿区征收房产税。《城市房地产税暂行条例》规定，对包括外国侨民、外国企业和外商投资企业的自有房产在内，按规定征收房产税。城市房地产税的征税对象为开征城市的房屋和土地。

《房产税暂行条例》所列“城市、县城、建制镇和工矿区”是指城市为经国务院批准设立的市；县城为未设立建制镇的县政府所在地；建制镇为经省政府批准设立的建制镇；工矿区为工商业比较发达，人口比较集中，符合国务院规定的建制镇标准，但尚未设立镇建制的大中型工矿企业所在地。开征房产税的工矿区须经省政府批准。

1999年3月，丽水地区执行国家税务总局《关于调整房产税和土地使用税具体征税范围解释规定的通知》，对农、林、牧、渔业用地和农民居住用房屋，不征收房产税。2002年8月，丽水市执行省地税局《关于规范房产税若干政策问题的通知》，对租入房产再转租的行为，不征房产税。2006年7月，执行省地税局《关于调整房产税和城镇土地使用税征税范围的通知》，除乡行政区域外，用于生产、经营的房产，均依法缴纳房产税。2014年1月，执行省地税局《浙江省个人出租房产税收征收管理办法》，明确个人出租房产行为是指个人将自有房产或租入房产出租给承租人，并获取租金或者其他经济利益的行为，利用个人自有房产从事生产经营、实际经营者非房屋产权人（除夫妻、直系三代内的亲属外）的，视同房产出租。

三、计税依据

房产税以房产原值一次减除10%—30%后的余值为计税依据，丽水地区执行浙江省统一规定，减除幅度为30%。没有房产原值作为依据的，由房产所在地税务机关参考同类房产核定；房产出租的，以房产租金收入为房产税的计税依据。城市房地产税以房产原值为计税依据，房屋出租的，以房产租金收入为计税依据。

省财政厅《关于检发房产税、车船使用税若干具体问题的解释和暂行规定的通知》规定，房产税的计税依据一般为房产账面原值减去30%后的余值。无账面原值的，可通过核查原始资料确定和重新评定两种办法核定。按照1986年11月省财政厅《关于房产税、车船使用税若干政策问题的补充规定》，房产原值的确定，如有账面原值的，一律以账面原值为准，不再调整。省税务局《关于房产税几个具体政策问题的答复》，对没有原值可以依据的，根据房屋的结构、建造年代等情况核定房屋的原值计税；对出租的房产，如不能提供确实租金数额的，采取源泉控制办法核定征税，由承租人代扣代缴。

2002年8月，省地税局《关于规范房产税若干政策问题的通知》规定，对租赁双方提供的合同，如租金明显偏低且无正当理由的，主管税务机关可参照当地房屋租赁市场价格核定计税。对按账面原值缴纳房产税的房产，如经评估机构评估对原值有调整的，按调整后的账面价值缴纳房产税；对按账面原值缴纳房产税的房产，如无原值可查的，由主管地税机关参照当地当时的市场价格确定。停止执行省财政厅《关于房产税、车船使用税若干政策问题的补充规定》中关于房产原值的确定的有关政策。

2006年1月，丽水市依照财政部、国家税务总局《关于具备房屋功能的地下建筑征收房产税的通知》和国家税务总局《关于进一步明确房屋附属设备和配套设施计征房产税有关问题的通知》，对房产税征收范围内具备房屋功能的地下建筑，包括与地上房屋相连的地下建筑以及完全建在地面以下的建筑、地下人防设施等，征收房产税。工业用途房产，以房屋原价的60%为计税依据；商业和其他用途房产，以房屋原价的80%为计税依据。对以房屋为载体，不可随意移动的附属设备和配套设施并征房产税。

2016年5月，丽水市依照财政部、国家税务总局《关于营改增后契税房产税土地增值税个人所得税计税依据问题的通知》，房产出租的，计征房产税的租金收入不含增值税。

四、税率

房产税采用比例税率。依照房产余值计算缴纳的，税率1.2%；依照房产租金收入计算缴纳的，税率12%。城市房地产税采用比例税率，税率1.2%，标准房价不易求得的城市，暂依标准房租价按年计征，税率18%。对个人出租住房，房产税适用4%的优惠税率。

五、税款征收

房产税实行按年征收、分期缴纳，城市房地产税按季或半年分期缴纳。由房产所在地税务机关征收。1991—1993年，房产税由税务部门征收管理，1994年1月至2018年7月，房产税由地税部门征收管理。1991年1月至2008年12月，城市房地产税由地税部门征收管理。

丽水地区执行财政部、国家税务总局《关于房产税若干具体问题的解释和暂行规定》，对纳税人自建的房屋，自建成次月起征收房产税；纳税人委托施工企业建设的房屋，从办理验收手续次月起征收房产税；纳税人在办理验收手续前已使用或出租、出借的新建房屋，按规定征收房产税。企业停产、撤销后，原有房产闲置不用的，经省地税局批准可暂不征收房产税；如果房产转给其他征税单位使用或企业恢复生产，依照规定征收房产税。对为基建工地服务的各种工棚、材料棚、休息棚和办公室、食堂、茶炉房、汽车房等临时性房屋，不论是施工企业自行建造还是由基建单位出资建造交施工企业使用，在施工期间，一律免征房产税。基建工程结束后，施工企业将此类临时性房屋交还或估价转让给基建单位的，从基建单位接收的次月起，依照规定征收房产税。对纳税单位与免税单位共同使用的房屋，按各自使用的部分划分，分别征收或免征房产税。

丽水地区执行省财政厅《关于检发房产税、车船使用税若干具体问题的解释和暂行规定的通知》，对房管部门的房产税按月缴纳，其余按季缴纳。对税额不大的，为简便手续，分上、下半年两次缴纳。按房产租金收入计算缴纳房产税的，以取得租金收入之日为纳税义务发生时间，于次月10日前申报纳税。

2004年8月，丽水市调整房产税有关减免税政策，停止执行对微利企业和亏损企业的房产在一定期限内暂免征房产税的规定。同时，对企业停产或撤销后，原有房产闲置不用的，报经省地税局批准，暂不征收房产税。2005年12月起，对“利用地下人防设施，以及整座房产完全设在地下的，暂不征收房产税”的规定停止执行。2006年8月，丽水市明确房产税纳税期限，市本级按房产原值征收的房产税，按年征收，分每年的2月、8月两次缴纳；按租金征收房产税的，以取得租金作为纳税义务发生时间，于次月10日前申报纳税。

1991—2018年丽水市房产税收入一览表

表2-6-1　　单位：万元

年份	合计	市本级	莲都	青田	云和	龙泉	庆元	缙云	遂昌	松阳	景宁
1991	412	35	123	23	25	52	27	41	36	31	19
1992	543	39	139	19	125	57	28	45	36	36	19
1993	495	39	152	29	71	58	31	19	39	25	32
1994	721	57	169	14	162	82	50	67	47	41	32
1995	860	61	216	31	207	63	49	87	49	63	34
1996	977	65	261	24	149	118	41	123	78	70	48
1997	1247	94	310	54	171	136	42	173	124	98	45
1998	1540	124	387	101	185	162	111	194	115	104	57
1999	1619	91	452	111	196	177	93	185	132	129	53
2000	1718	101	491	124	196	165	95	215	135	140	56
2001	1948		706	127	221	206	89	234	117	175	73
2002	2720		956	239	280	262	88	287	283	233	92
2003	2973		954	239	269	314	137	384	332	217	127
2004	4434		1632	450	300	422	133	665	430	263	139
2005	5576		2282	459	334	478	146	715	514	422	226
2006	7507		3210	1069	442	538	183	718	683	475	189
2007	8687		3778	704	484	598	271	1283	833	458	278
2008	11013		4624	1292	527	842	333	1665	851	584	295
2009	12237		4897	1737	522	911	375	1701	985	814	295
2010	14068		6368	1764	535	1023	429	1597	987	815	550
2011	17405		7048	2327	699	1064	506	2896	1405	954	506
2012	20103		8791	2497	782	1230	685	3069	1406	1102	541
2013	21676		8028	2968	959	1743	705	3138	1830	1641	664
2014	25764		10163	3490	1516	2102	998	3520	1744	1449	782
2015	26771		8975	3876	1719	2104	1062	4516	2150	1550	819
2016	29003		10987	3813	1598	2079	956	3928	1885	2706	1051
2017	34538		12699	5181	2092	3010	981	4738	2216	2296	1325
2018	29586		11366	2679	1858	2942	1137	3328	2653	2414	1209
合计	286141		110870	35441	16624	22938	9781	39531	22095	19305	9556

注：2001年起，市本级和莲都区数据汇总为市级数据。

2009年1月起，外商投资企业、外国企业和组织以及外籍个人，依照《房产税暂行条例》及有关规定缴纳房产税。

2010年，根据省地税局《关于进一步加强房产税、城镇土地使用税税源管理工作的通知》，全市开展房产税税源清查，摸清税源底数。2011—2013年，全市先后开展房产税、城镇土地使用税税源清理和普查，进一步完善税源登记信息，夯实税基。2014年1月，丽水市实施省地税局制定的《浙江省个人出租房产税收征收管理办法》，加强个人出租房产税收（包括营业税、房产税、个人所得税等）征管。

1991—2018年，丽水市征收房产税28.61亿元。无城市房地产税收入。

第二节　车船（使用）税

国家对车辆、船舶（简称车船）实行征税，始于中华人民共和国成立初期开征的车船使用牌照税，至2018年，对车船征税的政策历经调整。1991年起，丽水地区延续施行政务院1951年9月实施的《车船使用牌照税暂行条例》和国务院1986年10月实施的《车船使用税暂行条例》，征收车船使用牌照税和车船使用税。2007年1月，丽水市施行国务院《车船税暂行条例》，开征车船税，对内外资企业、组织和个人执行统一的车船征税制度，《车船使用牌照税暂行条例》和《车船使用税暂行条例》同时废止。2月，施行财政部、国家税务总局《中华人民共和国车船税暂行条例实施细则》（简称《车船税暂行条例实施细则》）。2012年1月，施行中华人民共和国主席令（第43号）公布的《车船税法》和国务院《车船税法实施条例》，丽水市执行新的车船税政策。至2018年年末，丽水市继续征收车船税。

一、车船使用牌照税

车船使用牌照税是对以行驶的车船为征税对象所征收的税收。

依照《车船使用牌照税暂行条例》，应纳车船使用牌照税的车船使用人为车船使用牌照税的纳税人，以在开征车船使用牌照税的地区行驶的车船为征税范围。车船使用牌照税的计税依据，车辆按辆计征（载货汽车按净吨位计征），船舶中的机动船按净吨位计征、非机动船按载重吨位计征。车船使用牌照税采用分类定额税率，车辆税额由省在弹性范围内确定，船舶税额实行全国统一。车辆分7档税率，最低档每辆每季度税额0.3—6元，最高档每辆每季度税额15—80元；船舶分14档税率，最低档每吨每季度税额0.15元、最高档每吨每季度税额1.10元。应纳车船使用牌照税的车船使用人，须向所在地税务机关申请登记、纳税，领取车船使用牌照及完税证。车船使用牌照税按季征收，为便利征收，各地可改按半年或一年合并征收。浙江省规定，对机动车、机动船、自用人力车、自用三轮车，不分地区一律征税。开征车船使用税后，车船使用牌照税征收范围缩小，仅对外资企业、组织和外籍个人的应税车船征收。2007年1月，国务院废止《车船使用牌照税暂行条例》，停止征收车船使用牌照税。1991—2006年，丽水市车船使用牌照税由地税部门负责征收管理，全市无车船使用牌照税收入。

二、车船使用税

车船使用税是对以单位和个人拥有并使用的车船为征税对象所征收的税收。1991—2006年，丽水市依照《车船使用税暂行条例》，继续征收车船使用税。2007年1月，国务院废止《车船使用税暂行条例》，停止征收车船使用税。

（一）纳税人

凡在中国境内拥有并且使用车船的单位和个人为车船使用税的纳税人。依照1986年9月财政部税务总局《关于车船使用税若干具体问题的解释和暂行规定》，车船使用税就使用的车船征税，不使用的车船不征税，原则上应由车船使用人为纳税义务人。拥有并且使用车船的单位和个人同属一人的，其纳税义务人既是车船的使用人又是车船的拥有人。如有租赁关系，拥有人与使用人不一致时，则应由租赁双方商妥由何方为纳税义务人；租赁双方未商定的，由使用人纳税。无租使用的车船，由使用人纳税。

（二）征税范围

《车船使用税暂行条例》规定，在中国境内拥有并且使用的车船为车船使用税的征税范围。

依照1986年9月财政部税务总局印发的《关于车船使用税若干具体问题的解释和暂行规定》，对使用的车船征税，不使用的车船不征税；国家机关、人民团体、军队等免税单位用于出租的车船，征收车船使用税；企业内部行驶的车辆，不领取行驶执照，也不上公路行驶，免征车船使用税；拖拉机用于农业生产的免税，从事运输业务的征税。10月，依照省财政厅印发的《关于检发房产税、车船使用税若干具体问题的解释和暂行规定的通知》，专供农牧业生产使用的车船、残疾人专用车免税；对自行车和非营业用的非机动车船缓征车船使用税。

1987年2月，省财政厅《关于房产税、车船使用税若干问题的规定》，纳税单位与免税单位之间相互借用车船，由纳税单位缴纳车船使用税。3月，浙江省根据财政部税务总局的相关规定，凡用于生产经营的专用车船，如流动餐车、液化石油气罐车、冷藏车等，均征收车船使用税。

1992年1月，浙江省对国营、集体交通运输部门用银行贷款购买的船恢复征收车船使用税。1993年1月起，对国营、集体交通运输部门用银行贷款购买的车辆恢复征收车船使用税。

（三）计税依据

车船使用税区分机动和非机动车（船），按规定税额计征。车船使用税的计税依据为车辆按净吨位，尾数在半吨以下者按半吨计算，超过半吨者按1吨计算；船舶不论净吨位或载重吨位，其尾数在半吨以下者免算，超过半吨者按1吨计算，不足1吨的小型船只一律按1吨计算；拖轮本身不能载货，其计税标准按马力计算，每1马力折合净吨位1/2，拖轮所拖的非机动船，按其载重吨位计征车船使用税；机动车挂车，按机动载货汽车税额的7折计征车船使用税；三轮简易机动车，按三轮摩托车适用税额5折计征车船使用税；二轮简易机动车，按轻便摩托车适用税额计征车船使用税。

（四）税率

依照《车船使用税暂行条例》规定，车船使用税采用分类定额税率，船舶适用税额实行全国统一规定。按省财政厅《关于检发房产税、车船使用税若干具体问题的解释和暂行规定的通知》，船舶的适用税额按《车船使用税暂行条例》统一规定执行，车辆的适用税额按省规定执行。

1986年浙江省车船使用税税额一览表（车辆部分）

表2-6-2

类别		计税标准	税额(元)
机动车	乘人汽车	7座以下每年每辆	100
		8座至13座每年每辆	120
		14座至30座每年每辆	140
		31座至50座每年每辆	180
		51座以上每年每辆	200
	载货汽车	按净吨位每年每吨	40
	摩托车	三轮摩托车每年每辆	80
		二轮摩托车每年每辆	60
		轻便摩托车每年每辆	20
非机动车	三轮车	每年每辆	8
	汽车胎货车	每年每辆	10
	双轮钢丝车	每年每辆	6

（五）税款征收

1991—2006年，丽水市车船使用税由地税部门征收。

《车船使用税暂行条例》规定，车船使用税按年征收、分期缴纳。依照1986年10月省财政厅《关于检发房产税、车船使用税若干具体问题的解释和暂行规定》，机动车船应纳税款，每年分两次（3月、9月）缴纳；非机动车船应纳税款，每年一次（3月）缴清。征收期限，机动车船以上述规定月份20日为限，非机动车船以1个月为限。

依照1987年2月省财政厅《关于房产税、车船使用税纳税地点和结算的规定》，车船使用税由纳税人所在地税务机关征收。同月，省财政厅印发《关于房产税、车船使用税若干问题的规定》，汽车运输公司车辆，在核算地缴纳；免税单位与纳税单位互相借用车船，由纳税单位缴纳车船使用税；在纳税有效期内报废、调出车船，从报废、调出的次月起计算退税。

1991—2000年，丽水市对社会车辆（包括机动车、非机动车）委托公路运输管理所（站）代征，摩托车委托交通监理站代征；副业船、个体船（包括机动船、非机动船）委托交通航运管理所（站）代征；手扶拖拉机委托农机管理所（站）代征。2001年起，丽水市车辆（包括机动车、非机动车）委托车辆管理所代征。

2003年9月，省地税局《关于加强车船使用税征收管理工作的通知》规定，各地根据车船使用税征收管理特点，积极与公安、交通等部门配合，采取社会化征收方式。丽水市贯彻落实省地税局通知精神，社会车辆委托交警部门代征，营运车辆委托公路运管稽征部门代征，至2006年年末，仍延续执行该办法。

1991—2006年，丽水市征收车船使用税6422万元。

三、车船税

车船税是以车船为征税对象，向车船所有人或者管理人所征收的税收。

2007—2011年，丽水市施行《车船税暂行条例》和《车船税暂行条例实施细则》，征收车船税；2012年1月起，施行《车船税法》和《车船税法实施条例》，按新的车船税政策征收车船税。至2018年年末，丽水市继续征收车船税。

（一）纳税人

依照《车船税暂行条例》，在中国境内车船的所有人或者管理人为车船税的纳税人。车船的所有人或者管理者未缴纳车船税的，由使用人代为缴纳。从事机动车交通事故责任强制保险（简称“交强险”）业务的保险机构为机动车车船税的扣缴义务人。

依照《车船税法》，在中国境内属于本法所附《车船税税目税额表》规定的车船的所有人或者管理人，为车船税的纳税人。从事机动车第三者责任强制保险业务的保险机构为机动车车船税的扣缴义务人。

国家税务总局《关于印发〈中华人民共和国车船税法宣传提纲〉的通知》明确，车船的所有人或者管理人为车船税的纳税人。所有人是指在中国境内拥有车船的单位和个人，管理人是指对车船具有管理权或使用权，不具有所有权的单位。

（二）征税范围

《车船税暂行条例》规定，所称车船，指依法应当在车船管理部门登记的车船。《车船税暂行条例》列举的国家机关、人民团体、军队自用车船以及消防车船、警车、防疫车、救护车船等免税车船，不在征税范围。

依照《车船税法》，车船税的征税范围是指依照本法所附《车船税税目税额表》规定的车船。依照《车船税法实施条例》，车船税法所称车船，指依法应当在车船管理部门登记的车船，依法不需登记的车船指依法不需要在车船登记部门登记的，在单位内部场所行驶或者作业的车船。《车船税法》列举的捕捞、养殖渔船，军队、武警部队专用车船，警用车船等免税车船，不在征税范围。

（三）计税依据

车船税按车辆和船舶分类确定计税依据。2007年1月，依照《车船税暂行条例》规定，车辆分为载客汽车、载货汽车、三轮汽车和低速货车、摩托车、专项作业车和轮式专用机械车5类税目，按规定的计税单位和税额标准计征车船税；船舶按净吨位区间确定具体税额。车辆的计税单位分别为载客汽车、摩托车按辆计征，载货汽车、三轮汽车和低速货车、专项作业车和轮式专用机械车按自重吨位计征；船舶按净吨位计征。《车船税暂行条例实施细则》规定，客货两用汽车按照载货汽车的计税单位和计税标准计征车船税。新购置车船，购置当年的应纳税额自纳税义务发生当月起按月计算。

2008年5月，国家税务总局《关于车船税征管若干问题的通知》规定，无法准确获得自重数值，或自重数值明显不合理的载货汽车、三轮汽车、低速货车、专项作业车和轮式专用机械车，由税务机关依照车辆自身情况并参照同类车辆核定计税依据。无法获得核定载质量的专项作业车和轮式专用机械车，按照车辆的总质量确定自重。

2012年1月起，依照《车船税法》规定，车船税分为乘用车、商用车、挂车、其他车辆、摩托车、船舶6类税目，按规定税目的计税单位和税额标准计征车船税。车辆的计税单位分别为乘用车、商用车中的客车、摩托车按辆计征，商用车中的货车、挂车、其他车辆按自重吨位计征；船舶中的机动船舶按净吨位、游艇按游艇身长每米计征。同年5月，省地税局、中国保险监督委员会浙江省监管局发布《关于发布〈浙江省机动车车船税代收代缴管理办法〉的公告》，乘用车、客车和摩托车计税依据为辆，其他车辆为整备质量（自重），整备质量尾数按实计算；不能取得整备质量的，由税务机关核定。

2013年7月，国家税务总局《关于车船税征管若干问题的公告》规定，车船税法及其实施条例涉及的整备质量、干净吨位、艇身长度等计税单位，有尾数的一律按照含尾数的计税单位据实计算车船税应纳税额。乘用车以车辆登记管理部门核发的机动车登记证书或行驶证书所载的排气量毫升数确定税额区间。

（四）税率

车船税采用分类定额税率。

《车船税暂行条例》规定，车船的适用税额，依照本条例所附《车船税税目税额表》执行。国务院财政、税务主管部门在《车船税税目税额表》规定的税目范围和税额幅度内，划分子税目，明确车辆的子税目税额幅度和船舶的具体适用税额；车辆的具体适用税额由省级政府在规定的子税目税额幅度内确定。

《车船税法》规定，车船的适用税额依照本法所附《车船税税目税额表》执行。车辆的具体适用税额由省级政府依照本法所附《车船税税目税额表》规定的税额幅度和国务院的规定确定。船舶的具体税额由国务院在本法所附《车船税税目税额表》规定的税额幅度内确定。

2007年浙江省车船税税额一览表

表2－6－3

类　别	计税标准	税额(元)
载客汽车	大型客车:载客人数大于或等于20人的每年每辆	540
	中型客车:载客人数大于9人且小于20人的每年每辆	480
	小型客车:载客人数小于或等于9人的每年每辆	360
	微型客车:发动机气缸总排气量小于或者等于1升的每年每辆	240
载货汽车	按自重每年每吨(包括三轮汽车、低速货车、专业作业车和轮式专用机械车)	60
摩托车	每年每辆	60
船　舶	净吨位小于或者等于200吨的每年每吨	3
	净吨位201吨—2000吨的每年每吨	4
	净吨位2001吨—10000吨的每年每吨	5
	净吨位10001吨及其以上的每年每吨	6

2011年浙江省车船税税额一览表（车辆部分）

表2－6－4

税目		计税单位	《车船税法》规定年基准税额(元)	浙江省车辆车船税年税额标准(元)
乘用车[按发动机汽缸容量(排气量)分档] 注:核定载客人数9人(含)以下	1.0升(含)以下	每辆	60—360	180
	1.0升以上至1.6升(含)的		300—540	300
	1.6升以上至2.0升(含)的		360—660	360
	2.0升以上至2.5升(含)的		660—1200	660
	2.5升以上至3.0升(含)的		1200—2400	1500
	3.0升以上至4.0升(含)的		2400—3600	3000
	4.0升以上的		3600—5400	4500
商用车	大型客车[核定载客人数20人(含)以上]	每辆	480—1440	540
	中型客车(核定载客人数大于9人且小于20人)	每辆	480—1440	480
	货车	整备质量每吨	16—120	60
挂车		整备质量每吨	按照货车税额的50%计算	30
其他车辆	专用作业车	整备质量每吨	16—120	60
	轮式专用机械车		16—120	60
摩托车		每辆	36—180	60

注:本表税额标准自2012年1月起执行,货车、挂车、专用作业车、轮式专用机械车运用税额标准执行到2018年12月31日。

（五）税款征收

丽水市车船税由地税部门征收管理。沿用之前车船使用税委托代收代缴的办法，车船税仍委托交警部门、公路运管稽征部门代征。2008年4月起，逐步改由保险机构代收代缴。

2007年7月，省政府《关于贯彻执行〈中华人民共和国车船税暂行条例〉的通知》对车船税税额标准、扣缴义务人、纳税期限、纳税地点等作了明确，从事“交强险”业务的保险机构为机动车车船税扣缴义务人；省地税局根据本省实际情况制定机动车代扣代缴具体办法，在代扣代缴具体办法出台之前，延续现行委托代征管理办法不变；车船税实行按年征收、分期缴纳；纳税地点为纳税人所在地。

2008年1月，省地税局、中国保险监督委员会浙江省监管局《关于印发〈浙江省车船税代收代缴管理办法〉（试行）的通知》，在绍兴市、丽水市、嘉兴市开展保险机构代收代缴车船税试点工作。车船税以从事“交强险”业务的保险机构为扣缴义务人，凡购买“交强险”并按规定需要纳税的机动车辆，均应在购买“交强险”同时由保险机构代收代缴车船税。无论纳税人何时投保，除新购置车辆、购买短期保险外，都应从1月1日起计算到年度终了之日为止缴纳本年应纳税款。

4月，市地税局印发《关于车船税征收管理的通告》，车船所有人或者管理人为纳税人，车船所有人或者管理人未缴纳车船税的，使用人应代为缴纳；在本市境内从事“交强险”业务的保险机构为扣缴义务人，在纳税人购买“交强险”时一并缴纳车船税。纳税地点为纳税人单位（组织）机构所在地或个人住所所在地，代收代缴机动车车船税的，纳税地点为扣缴义务人所在地。纳税义务发生时间为车船管理部门核发车船登记证书或行驶证所载日期的当月。纳税人未按规定办理应税车船登记手续的，以车船购置发票开具的当月为纳税义务发生时间，未办理登记又无法提供发票的，由税务机关核定其纳税义务开始时间。车船税按年征收，按会计年度（公历1月1日至12月31日）计算，在购买“交强险”同时一次性缴纳。由扣缴义务人代收代缴机动车车船税的纳税期限为购买“交强险”当日，不购买“交强险”或跨地区缴纳“交强险”的但尚未扣缴车船税的车船，由纳税人到主管税务机关自行申报纳税。

2011年12月，市地税局《关于印发贯彻落实〈车船税法〉实施方案的通知》明确，从2012年1月起，扣缴义务人按照浙江省新税额标准实施代收代缴，建立与市交警支队“先税后检”协税护税机制。同月，市地税局印发《关于市本级车船税征收有关事项的通知》，从2012年1月起，市本级车船税由从事“交强险”业务的保险机构代收，市地税局不再委托市交警支队代征车船税，纳税人在购买“交强险”并缴纳车船税后，申请办理车辆登记、年检手续。市交警支队对没有提供纳税或免税证明的，不予办理车辆登记、年检手续。

2012年1月起，实施《车船税法》，纳税地点为车船登记地或者车船税扣缴义务人所在地。依法不需办理登记的车船，纳税地点为车船的所有人或者管理者所在地。《车船税法实施条例》规定，车船税按年申报、分月计算、一次性缴纳。纳税年度为公历1月1日至12月31日。新购置车船，购置当年的应纳税额自纳税义务发生当月起按月计算。

5月，省地税局、中国保险监督委员会浙江省监管局《关于发布〈浙江省机动车车船税代收代缴管理办法〉的公告》，从事“交强险”业务的保险机构为机动车车船税扣缴义务人，在收取保险费时依法代收车船税。扣缴义务人每月代收代缴的税款，应于次月15日前，向主管税务机关办理申报、结报手续，报送《机动车代收代缴车船税报告表》《机动车代收代缴车船税明细表》及其他资料，并解缴税款。

2015年11月，省地税局《关于发布房产税、城镇土地使用税、车船税纳税申报表及有关事项的公告》，纳税人首次填报车船税专用纳税申报表时，需要填报其全部车船的信息。之后再申报，申报系统将自动推送上次填报的税源明细表，如纳税人车船信息未发生变化，可对上次填报的税源明细表进行确认，车船信息发生变化的，纳税人应对变化的信息内容进行修改并确认。

至2018年年末，丽水市延续执行2012年《车船税法》实施以来省、市车船税具体征收管理相关政策和代收代缴办法。2007—2018年，丽水市征收车船税8.30亿元。

1991—2018年丽水市车船（使用）税收入一览表

表2－6－5　　单位：万元

年份	合计	市本级	莲都	青田	云和	龙泉	庆元	缙云	遂昌	松阳	景宁
1991	76	14	13	8	7	7	6	6	7	5	3
1992	80	16	13	9	3	8	6	9	7	5	4
1993	93	8	19	11	12	9	6	10	7	7	4
1994	117	13	28	13	13	13	6	8	8	8	7
1995	144	14	41	18	13	11	5	7	12	14	9
1996	144	12	53	2	13	18	5	6	14	14	7
1997	109	7	30	8	11	3	5	7	13	14	11
1998	169	14	59	14	12	15	6	5	16	19	9
1999	273	6	85	15	20	16	6	38	37	36	14
2000	321	8	95	16	21	22	5	50	38	48	18
2001	429	146		15	26	32	4	45	57	91	13
2002	589	197		24	37	60	4	81	65	93	28
2003	757	270		55	52	64	3	82	81	116	34
2004	924	266		48	11	96	41	175	126	127	34
2005	1160	262		78	75	185	49	192	135	148	36
2006	1037	409		56	51	87	48	89	135	121	41
2007	1459	557		127	96	162	59	117	163	128	50
2008	2936	1483		244	109	242	90	222	224	242	80
2009	3428	1541		274	143	324	138	384	259	262	103
2010	4317	1926		326	186	400	160	542	325	319	133
2011	4798	2001		380	213	467	188	673	353	373	150
2012	6085	2592		564	240	568	212	896	402	424	187
2013	6980	2929		676	277	636	257	1071	440	470	224
2014	8195	3328		776	342	766	314	1293	568	550	258
2015	9429	3741		884	410	901	361	1520	661	657	294
2016	10583	4155		968	457	1020	404	1735	764	736	344
2017	12054	4828		1088	518	1199	445	1899	837	847	393
2018	12743	5062		1160	526	1278	563	1972	838	928	416
合计	89429	36241		7857	3894	8609	3396	13134	6592	6802	2904

注：1991—2006年数据为车船使用税收入，2007—2018年数据为车船税收入。2001年起，市本级和莲都区数据汇总为市级数据。

第三节　城镇土地使用税

城镇土地使用税是以纳税人占用的城镇土地面积为征税对象所征收的税收。1991—2018年，丽水市依照1988年11月施行的国务院《城镇土地使用税暂行条例》和1989年1月实施的《浙江省城镇土地使用税实施办法》，征收城镇土地使用税。至2018年年末，丽水市继续征收城镇土地使用税。

一、纳税人

国务院《城镇土地使用税暂行条例》规定，在城市、县城、建制镇、工矿区范围内使用土地的单位和个人为城镇土地使用税的纳税人。同时，国家税务局《关于土地使用税若干具体问题的解释和暂行规定》，对拥有土地使用权的纳税人不在土地所在地的，由代管人或实际使用人纳税；土地使用权未确定或权属纠纷未解决的，由实际使用人纳税；土地使用权共有的，由共有各方分别纳税。

2007年8月，省政府修订《浙江省城镇土地使用税实施办法》，将城镇土地使用税的纳税人调整为除乡行政区域外，浙江省内使用土地的单位和个人。乡行政区域内，在报经省政府批准的工矿区范围内使用土地的单位和个人，按规定缴纳城镇土地使用税。单位包括国有企业、集体企业、私营企业、股份制企业、外商投资企业、外国企业以及其他企业和事业单位、社会团体、国家机关、军队以及其他单位；个人包括个体工商户以及其他个人。

二、征税范围

《浙江省城镇土地使用税实施办法》规定，在城市、县城、建制镇和工矿区范围内使用的土地为城镇土地使用税的征税范围。县城的征税范围为县政府所在地的城镇；建制镇的征税范围为镇政府所在地。城市、县城、建制镇范围以外的集镇或工商企业集中地，工商企业相对集中、企业规模较大，服务设施相应配套，非农业人口在2000人以上的，由市、县政府提出意见，经省财政厅同意，可作为工矿区开征城镇土地使用税。

2004年2月，丽水市执行省政府《关于城镇土地使用税征收若干问题的通知》，在城市（包括县城、建制镇）规划区内使用土地的单位和个人，依法缴纳城镇土地使用税。城市规划区为城市市区、近郊区及城市行政区域内因城市建设和发展需要实行规划控制的区域，具体范围由市、县（市）政府根据当地情况确定。在城市规划区范围以外的集镇或工商企业集中地，人口（含务工人员）超过5000人、公共服务设施配套且区内企业数量较多或规模较大的，经市、县政府确定，可作为工矿区开征城镇土地使用税。

2006年7月，丽水市执行省地税局《关于调整房产税和城镇土地使用税征税范围的通知》，除乡一级行政区域外，用于生产、经营的房产和土地，均依法缴纳房产税和城镇土地使用税。在乡一级行政区域内，常住人口（含务工人员）超过5000人、公共服务设施配套且区域内企业数量较多或规模较大的集镇或工商企业集中地，经市、县（市、区）政府确定，由省地税局审核后报省政府批准，可作为工矿区开征房产税和城镇土地使用税。

三、计税依据

城镇土地使用税以纳税人实际占用土地面积为计税依据。纳税人实际占用土地面积的确定，以土地管理部门组织测量的土地面积为计税依据；尚未组织测量的，以政府部门核发的土地使用权属证书或土地管理部门提供的土地使用权属资料所确认的土地面积为计税依据；尚未核发土地使用权属证书或土地管理部门尚未提供土地权属资料的，暂以纳税人据实申报的土地面积为计税依据。

2007年8月，省政府修订的《浙江省城镇土地使用税实施办法》规定，城镇土地使用税以纳税人实际占用的土地面积为计税依据。纳税人实际占用土地面积，以土地使用权属证书所确认的土地面积为计税依据；对未取得土地使用权属证书的，以实际使用土地面积为计税依据。

四、税率

城镇土地使用税采用幅度定额税率。1991—1997年，丽水地区范围内，丽水市区适用小城市每平方米年税额0.4—2元；县城每平方米年税额0.4—1元；建制镇、工矿区每平方米年税额0.2—0.4元。1998年1月，丽水市（县级）调整市区城镇土地使用税征收范围和适用税额，适用税额为每平方米年税额0.3—1.6元。

2004年，浙江省规定，城镇土地使用税按大城市、中等城市、小城市和建制镇、工矿区分类，依照《城镇土地使用税暂行条例》规定的适用税额幅度，由市、县（市）政府在相应级次内制定标准，报省地税局批准后执行。同一行政区域内的适用税额，应划分相应级差标准，税额标准不超过5级。2006年8月，丽水市执行《省地方税务局关于调整房产税和城镇土地使用税征税范围的通知》，调整城镇土地使用税适用税额，丽水市中心城区为小城市一级，每平方米年税额2元，除中心城区以外市区及各办事处辖的其他地区为小城市二级，每平方米年税额1.2元，各建制镇行政区每平方米年税额0.6元。

2007年8月，省政府修订的《浙江省城镇土地使用税实施办法》规定，调整不同土地等级对应的城镇土地使用税税额标准，大城市每平方米年税额分别为5元、10元、15元、20元、25元；中等城市每平方米年税额分别为4元、8元、12元、16元、20元；小城市每平方米年税额分别为3元、6元、9元、12元、15元；县城、镇、工矿区每平方米年税额分别为2元、4元、6元、8元、10元。各市、县政府根据当地区位条件、公用设施建设状况、经济社会发展程度等综合因素，确定土地等级级数和范围，选择相应的适用税额标准。城市土地等级划分级数不少于3级。同时，可依据辖区经济社会发展变化，适时调整土地等级划分级数、范围和适用税额标准。11月，丽水市依照省政府《浙江省城镇土地使用税实施办法》，经市政府批准，调整全市城镇土地使用税土地等级划分和适用税额标准，适用税额为每平方米年税额3—9元。

2015年1月，市地税局执行市府办《关于开展调整城镇土地使用税政策促进土地集约节约利用工作的实施意见》，城镇土地使用税税额标准分别由原来每平方米年税额3元、6元、9元提高为每平方米年税额4元、8元、12元。至2018年，仍执行该标准。

1998年丽水市（县级）城镇土地使用税征收范围及税额一览表

表2-6-6

等级	征收范围	每平方米年税额
第一等级	闹市区街道两旁用地，其范围为：中山街自丽阳门岗亭至梅山脚岗亭以北，解放街梅山脚岗亭以东至花园路与解放街交叉口；继光街自太平坊十字路口至中山街；大众街自工人文化宫以南至四牌楼十字路口	1.60元
第二等级	市区内其他经营用地（不包括工业用地）	1.20元
第三等级	市区内工业用地	0.60元
第四等级	碧湖镇、大港头镇范围内经营用地	0.40元
第五等级	老竹镇、双溪镇、水阁镇、联城镇范围内经营用地	0.30元

2005年丽水市城镇土地使用税征收范围及税额一览表

表2-6-7

等级	征收范围	每平方米年税额
小城市一级	中心市区（南环路以北至北环路、教工路以东至站前路和东环路）	2元
小城市二级	市区其他地区	1.2元
小城市三级	各建制镇的镇人民政府规划区范围所在地	0.6元

2007年丽水市城镇土地使用税征收范围及税额一览表

表2-6-8

等级	征收范围	每平方米年税额
小城市一级	中心市区（南环路以北至北环路、教工路以东至站前路和东环路）	9元
小城市二级	除中心市区以外的市区及各街道所辖的其他地区	6元
小城市三级	各建制镇行政区域	3元

2015年丽水市城镇土地使用税征收范围及税额一览表

表2-6-9

等级	征收范围	每平方米年税额
小城市一级	中心城区（南环路至北环路、教工路和溪口大桥至东环路和好溪东路）	12元
小城市二级	除中心城区以外的城区及各办事处所辖的其他地区	8元
小城市三级	各建制镇行政区域	4元

五、税款征收

1991—2018年丽水市城镇土地使用税收入一览表

表2－6－10　　　　单位：万元

年份	合计	市本级	莲都	青田	云和	龙泉	庆元	缙云	遂昌	松阳	景宁
1991	195	0	54	10	18	32	12	16	25	17	11
1992	182	0	50	9	13	30	14	13	24	19	10
1993	218	0	55	10	65	24	11	1	23	20	9
1994	237	12	42	5	82	28	9	13	21	17	8
1995	195	12	37	6	51	20	8	14	19	19	9
1996	197	7	52	3	47	25	6	12	18	19	8
1997	207	8	60	5	50	17	9	17	17	18	6
1998	238	12	74	9	49	26	10	16	17	19	6
1999	200	15	47	6	48	18	6	14	22	15	9
2000	215	7	46	13	49	19	6	19	21	28	7
2001	213		64	8	49	18	5	19	9	35	6
2002	292		99	12	53	27	4	24	38	29	6
2003	288		88	18	53	31	6	26	26	33	7
2004	415		140	23	58	77	11	44	23	33	6
2005	1066		242	158	138	144	20	143	94	86	41
2006	1946		1005	202	155	147	16	163	95	138	25
2007	2680		1170	185	181	154	58	550	219	135	28
2008	8377		3647	903	483	731	181	1052	819	440	121
2009	10447		5134	939	655	837	311	1295	757	430	89
2010	10229		4548	877	887	999	338	1139	779	485	177
2011	13175		5629	1185	923	1321	364	1932	1187	483	151
2012	14163		5633	1096	1276	1556	437	2338	1042	556	229
2013	15095		5556	1209	1119	1782	354	2662	1554	641	218
2014	17418		7179	1146	1922	2192	493	2248	1487	534	217
2015	25339		10511	1330	2569	2263	629	3722	2603	1232	480
2016	26509		10268	1761	2922	2671	638	3896	2652	1196	505
2017	25209		9132	1935	2746	2190	1521	3515	2214	1027	929
2018	30914		16462	724	2642	2423	888	3292	2073	1727	683
合计	205859		87097	13787	19303	19802	6365	28195	17878	9431	4001

注：2001年起，市本级和莲都区数据汇总为市级数据。

城镇土地使用税按年计算，分季缴纳。税额不大的可分上半年、下半年两次或一年一次缴纳。2006年8月，丽水市本级城镇土地使用税一年一次性缴纳，纳税期限为每年的8月。2007年8月，施行省政府修订的《浙江省城镇土地使用税实施办法》，城镇土地使用税的征收采用按年计算、分期缴纳的办法。

2013年，市本级开展城镇土地使用税核查，补缴税款570万元。2014年，丽水市调整城镇土地使用税政策，促进土地集约利用。2015年，丽水市调整城镇土地使用税税额标准，建立以“亩产税收”为导向的扶优扶强税收减免新机制。以“亩产税收”为核心指标，对城镇土地使用税和房产税在一定的减免幅度内实行分类分档的差别化税收减免政策。全年全市城镇土地使用税收入4.32亿元，其中市本级1.99亿元。全年全市减免城镇土地使用税9900万元，其中市本级减免6400万元。

至2018年，丽水市继续以“亩产税收”为导向，完善扶优扶强税收减免机制和分类分档的差别化税收优惠政策。

1991—2018年，丽水市征收城镇土地使用税20.59亿元。

第四节　土地增值税

土地增值税是以转让土地使用权、地上建筑物及其附着物的增值额为征税对象所征收的税收。1994年1月，丽水地区施行《土地增值税暂行条例》，开征土地增值税。1995年1月，施行财政部、国家税务总局《中华人民共和国土地增值税暂行条例实施细则》（简称《土地增值税暂行条例实施细则》）。至2018年年末，丽水市继续征收土地增值税。

一、纳税人

转让国有土地使用权、地上建筑物及其附着物并取得收入的单位和个人为土地增值税的纳税人。单位为各类企业单位、事业单位、国家机关和社会团体及其他组织。个人包括个体经营者。

二、征税范围

转让国有土地使用权、地上建筑物及其附着物的收入为土地增值税的征税范围。《土地增值税暂行条例实施细则》规定，转让国有土地使用权、地上建筑物及其附着物并取得收入，是以出售或者其他方式有偿转让房地产的行为，不包括以继承、赠与方式无偿转让房地产的行为。地上建筑物为建于土地上的一切建筑物，包括地上地下的各种附属设施。附着物为附着于土地上的不能移动的、一经移动即遭损坏的物品。纳税人建造普通标准住宅出售，增值额未超过扣除项目金额20%的、因国家建设需要依法征用、收回的房地产免征土地增值税。2008年11月起，对个人销售普通住宅暂免征收土地增值税。

三、计税依据

转让房地产取得的增值额，即转让房地产所取得的收入减除法定扣除项目金额后的余额为土地增值税的计税依据。其中，纳税人转让房地产所取得的收入，包括货币收入、实物收入和其他收入。对纳税人隐瞒、虚报房地产成交价格，提供扣除项目金额不实，转让房地产的成交价格低于房地产评估价格，又无正当理由的，以房地产评估价格作为计税依据。取得土地使用权所支付的金额包括开发土地的成本、费用；新建房及配套设施的成本、费用，或者旧房及建筑物的评估价格；与转让房地产有关的税金和财政部规定的其他扣除项目为计算增值额的扣除项目。

1995年1月，《土地增值税暂行条例实施细则》规定，土地增值税以纳税人房地产成本核算的最基本的核算项目或核算对象为单位计算。纳税人成片受让土地使用权后，分期分批开发、转让房地产的，扣除项目金额可按转让土地使用权的面积占总面积的比例计算分摊，或按建筑面积计算分摊，也可按税务机关确认的其他方式计算分摊。5月，财政部、国家税务总局《关于土地增值税一些具体问题规定的通知》规定，利息的上浮幅度超过国家规定的部分不允许扣除；超过贷款期限的利息部分和加罚的利息不允许扣除。

2008年3月，丽水市执行财政部、国家税务总局《关于廉租住房经济适用住房和住房租赁有关税收政策的通知》，个人转让非普通住宅，没有评估价格，又不能提供购房发票的，按转让收入的1%—1.5%计征土地增值税。

四、税率

土地增值税采用四级超率累进税率。增值额未超过扣除项目金额50%的部分，税率30%；增值额超过扣除项目金额50%，未超过扣除项目金额100%的部分，税率40%；增值额超过扣除项目金额100%，未超过扣除项目金额200%的部分，税率50%；增值额超过扣除项目金额200%的部分，税率60%。

2004年10月起，丽水市本级对从事房地产开发的企业，按转让房地产所取得的增值额征收土地增值税。在房地产项目未完工前，采取预售方式转让房地产的，暂按预收金额1%预征土地增值税；房地产项目竣工决算后，由企业提出申请，进行土地增值税清算，多退少补。2005年1月，市地税局调整房地产转让市场所得税和土地增值税预征率，对转让房地产单位和转让非普通住宅个人应缴纳的土地增值税预征率由原来的2%调整为3%。对账证不健全的单位转让房地产和个人转让非普通住宅的预征率由原来的2%调整为1%。

2007年9月，丽水市本级对符合核定征收条件的纳税人，按房地产开发项目类型，区别不同情况实行核定征收，住宅类开发项目按1%征收率，其他开发项目按2%征收率，核定征收；直接转让土地使用权的按3%征收率征收。

2008年11月，丽水市本级对房地产开发企业在房地产项目未完工前，采取预售方式转让房地产的，土地增值税预征率由原来的1%调整为0.5%；对符合核定征收条件的房地产开发企业，核定征收率由原来的住宅类开发项目1%、其他开发项目2%、直接转让土地使用权3%，统一调整为0.5%。非房地产开发企业转让房地产和个人转让非普通住宅，土地增值税预征率由原来的3%调整为0.5%。

2010年7月，丽水市本级对在房地产项目未完工前，采取预售方式转让房地产的，除保障性住房外，住宅类项目（不含别墅、排屋等高档住宅）的土地增值税预征率调整为2%，其他开发项目的土地增值税预征率调整为2.2%。核定征收的房地产项目核定征收率不低于5%。该政策规定沿用至2018年。

五、税款征收

土地增值税纳税人在转让房地产合同签订后7日内，到房地产所在地主管税务机关办理纳税申报，并向税务机关提交房屋及建筑物产权、土地使用权属证书，土地使用权转让、房产买卖合同，房地产评估报告及其他与转让房地产有关的资料。纳税人因经常发生房地产转让而难以在每次转让后申报的，经税务机关审核同意，可定期纳税申报，具体期限由税务机关根据情况确定。纳税人在项目全部竣工结算前转让房地产取得的收入，由于涉及成本确定或其他原因无法据以计算土地增值税的，可预征土地增值税，待该项目全部竣工、办理结算后再行清算，多退少补。

1994—2003年，丽水房地产市场发展处于起步阶段，土地增值税税基有限，且大多开发项目未达到清算条件，对土地增值税的征收管理主要采用预征（率）方式。土地增值税收入规模不大，收入增长缓慢。

2004年起，随着房地产市场的迅猛发展，市地税局完善征管制度，强化征收力度，土地增值税收入快速增长，当年全市土地增值税收入突破1000万元，达1613万元。

2007年9月，根据国家税务总局和省地税局文件精神，市地税局印发《关于房地产开发企业土地增值税清算管理有关问题的通知》，对市本级房地产开发企业土地增值税的清算单位、清算条件、扣除项目金额的组成、清算应报送的资料、核定征收的条件和核定征收率、非直接销售房地产和自用房地产的收入确定等作了具体规定，全市开展对符合清算条件的企业和项目进行土地增值税清算；对符合核定征收条件的纳税人，按房地产开发项目类型，区别不同情况实行核定征收。所辖各县（市）参照市本级政策执行。是年，全市土地增值税收入突破1亿元，达1.27亿元。

2009年7月，丽水市本级执行省地税局《关于房地产开发企业土地增值税清算若干问题的通知》，对2001年以来符合清算条件的所有应税项目土地增值税进行清算。2010—2018年，丽水市级采取预征与清算相结合方式征收土地增值税，所辖各县（市）参照市级政策执行。

2013年，丽水市本级企业转让非房地产开发项目，应按评估价格、取得土地使用权所支付的地价款和按国家统一规定交纳的有关费用以及在转让环节缴纳的税金作为计算扣除项目金额计征土地增值税。不能取得评估价格但能提供购房发票的，按发票金额从购买年度起至转让年度每年加计5%，以及在转让环节缴纳的税金作为扣除金额计征土地增值税。每满12个月计一年，超过一年未满12个月但超过6个月的，视同一年。纳税人在购房时缴纳的契税，作为转让环节缴纳的税金予以扣除，但不作为加计5%的基数。2014年10月，对企业转让市本级范围内旧房及建筑物，既没有评估价格又不能提供购房发票的，实行核定征收，核定征收率不低于5%。

2014年10月，省地税局发布《关于土地增值税若干政策问题的公告》，对土地增值税清算单位的确定、扣除项目的计算分摊、超标准层高可售房产的建筑安装工程费扣除、购买在建项目进行继续建设再转让的扣除、让渡无产权的车库（车位）和储藏室等使用权的征收等政策作了进一步明确。是年，市本级开展了市级房地产开发企业土地增值税清算纳税辅导。

2016年，市本级成立土地增值税清算集体审议委员会，负责对采取核定征收方式和达到重大清算项目标准，即退税金额在500万元（含）以上的清算项目进行集体审议。是年，营业税改征增值税后，土地增值税纳税人转让房地产取得的收入为不含增值税收入。

2018年，市地税局《关于做好土地增值税管理有关工作事项的通知》，对完善房地产项目登记台账、开展专项检查、做好土地增值税绩效考核工作作出部署。

1995—2018年，丽水市征收土地增值税41.76亿元。

1995—2018年丽水市土地增值税收入一览表

表2－6－11　　单位：万元

年份	合计	市本级	莲都	青田	云和	龙泉	庆元	缙云	遂昌	松阳	景宁
1995	6	0	0	0	0	0	0	6	0	0	0
1996	17	0	2	3	0	5	2	2	2	0	1
1997	23	0	4	4	0	0	13	0	0	2	0
1998	28	0	2	4	0	8	2	4	0	8	0
1999	34	0	10	2	0	6	4	1	0	11	0
2000	43	0	36	0	0	0	1	4	0	1	1
2001	140		103	9	0	0	10	12	0	5	1
2002	398		332	20	0	0	10	16	0	14	6
2003	519		329	2	0	2	25	20	8	116	17
2004	1613		632	76	40	244	35	177	89	227	93
2005	3962		1545	933	95	530	71	393	130	171	94
2006	7770		2282	2741	224	973	210	699	210	400	31
2007	12711		4658	4338	358	1261	349	689	525	454	79
2008	10604		2792	4975	216	1041	203	405	277	525	170
2009	6288		1540	2939	134	830	130	157	116	385	57
2010	9402		3527	2133	444	1231	206	450	521	423	467
2011	18009		7374	2888	444	1768	423	2322	1226	906	658
2012	21425		10907	2526	680	2225	271	2438	1016	801	561
2013	36379		16572	4137	886	2988	465	7901	673	1719	1038
2014	39554		15619	4965	819	3901	1107	6965	3556	1595	1027
2015	40238		15106	6978	740	2141	1040	5698	5985	1428	1122
2016	49914		20462	5719	1098	3098	2111	9329	4038	2401	1658
2017	74243		35349	9970	676	8047	1676	7223	4024	3860	3418
2018	84320		42575	10382	2547	6198	2373	10629	2505	4189	2922
合计	417640		181758	65744	9401	36497	10737	55540	24901	19641	13421

注：2001年起，市本级和莲都区数据汇总为市级数据。

第七章　行为税类

行为税是对以特定行为为征税对象所征收的税收。1991年起，丽水地区仍保留集市交易税，并延续之前征收的牲畜交易税、城市维护建设税、建筑税、粮食附加税、印花税、屠宰税、筵席税等税种。1991年1月，施行国务院《中华人民共和国固定资产投资方向调节税暂行条例》(简称《固定资产投资方向调节税暂行条例》)，开征固定资产投资方向调节税；2018年1月，丽水市施行《中华人民共和国环境保护税法》(简称《环境保护税法》)，开征环境保护税。至2018年年末，丽水市继续征收印花税、城市维护建设税和环境保护税。

第一节　印花税

印花税是对以经济活动和经济交往中书立、领受具有法律效力的凭证的行为为征税对象所征收的税收。1991年起，丽水地区延续施行1988年10月国务院颁布的《中华人民共和国印花税暂行条例》和财政部《中华人民共和国印花税暂行条例施行细则》(简称《印花税暂行条例》《印花税暂行条例施行细则》)，征收印花税。至2018年年末，丽水市继续征收印花税。

一、纳税人

在中国境内书立、领受条例所列举凭证的单位和个人为印花税的纳税义务人。《印花税暂行条例施行细则》规定，单位和个人为国内各类企业、事业、机关、团体、部队以及中外合资企业、合作企业、外资企业、外国公司企业和其他经济组织及其在华机构等单位和个人。

丽水地区执行1990年11月国家税务局印发的《关于货运凭证征收印花税的规定》，在货运业务中，凡直接办理承、托运运费结算凭证的双方，均为货运凭证印花税的纳税人。代办承、托运业务的单位负有代理纳税义务；代办方与委托方之间办理的运费清算单据，不缴纳印花税。

二、征税范围

印花税的征税范围为购销、加工承揽、建设工程承包、财产租赁、货物运输、仓储保管、借款、财产保险、技术合同或者具有合同性质的凭证；产权转移书据；营业账簿；权利、许可证照和经财政部确定征税的其他凭证。

丽水地区执行1988年12月国家税务局印发的《关于印花税若干具体问题的规定》，对商店、门市部的零星加工修理业务开具的修理单，不贴花；对房地产管理部门与个人订立的租房合同，用于生产经营的，按规定贴花；对货物运输、仓储保管、财产保险、银行借款等，办理一项业务既书立合同，又开立单据的，只就合同贴花；对运输部门承运快件行李、包裹开具的托运单据，暂免贴花；企业与主管部门等签订的租赁承包经营合同，不属于财产租赁合同，不应贴花；企业、个人出租门店、柜台等签订的合同，属于财产租赁合同，按规定贴花；对采用一级核算形式的，只就财会部门设置的账簿贴花；采用分级核算形式的，除财会部门的账簿应贴花外，财会部门设置在其他部门和车间的明细分类账，亦按规定贴花，车间、门市部、仓库设置的不属于会计核算范围或虽属会计核算范围，但不记载金额的登记簿、统计簿、台账等，不贴花；对有经营收入的事业单位，凡属由国家财政部门拨付事业经费，实行差额预算管理的单位，其记载经营业务的账簿，按其他账簿定额贴花，不记载经营业务的账簿不贴花；凡属经费来源实行自收自支的单位，对记载资金的账簿和其他账簿分别按规定贴花。

2006年12月，丽水市执行财政部、国家税务总局《关于印花税若干政策的通知》，对纳税人以电子形式签订的各类应税凭证按规定征收印花税；对发电厂与电网之间、电网与电网之间（国家电网公司系统、南方电网公司系统内部各级电网互供电量除外）签订的购售电合同按购销合同征收印花税，电网与用户之间签订的供用电合同不征收印花税；对土地使用权出让、转让合同和商品房销售合同按产权转移书据征收印花税。

2009年1月，执行国家税务总局《关于企业集团内部使用的有关凭证征收印花税问题的通知》，对企业集团内具有平等法律地位的主体之间自愿订立、明确双方购销关系、据以供货和结算、具有合同性质的凭证，按规定征收印花税；对企业集团内部执行计划使用的、不具有合同性质的凭证，不征收印花税。

2015年12月，执行财政部、国家税务总局《关于融资租赁合同有关印花税政策的通知》，在融资性售后回租业务中，对承租人、出租人因出售租赁资产及购回租赁资产所签订的合同，不征收印花税。

三、计税依据

《印花税暂行条例》规定，印花税应纳税额不足0.1元的，免纳印花税；应纳税额在0.1元以上的，其税额尾数不满0.05元的不计，满0.05元的按0.1元计算缴纳。《印花税暂行条例施行细则》规定，记载资金的账簿按固定资产原值和自有流动资金总额贴花后，以后年度资金总额比已贴花资金总额增加的，增加部分按规定贴花。按金额比例贴花的应税凭证，未标明金额的，按照凭证所载数量及国家牌价计算金额；没有国家牌价的，按市场价格计算金额，然后按规定税率计算应纳税额。应纳税凭证所载金额为外国货币的，纳税人按照凭证书立当日的国家外汇管理局公布的外汇牌价折合人民币，计算应纳税额。

1991年10月，丽水地区执行省税务局规定，在商品购销活动中，采用以货换货方式进行商品交易签订的合同，是反映既购又销双重经济行为的合同。按合同所载的购、销合计金额计税贴花。合同未列明金额的，按合同所载购、销数量依照国家牌价或市场价格计算应纳税金额。1993年12月，省税务局规定，企业执行新的财务制度后，对记载资金的账簿以实收资本（股份制企业按股本）和公积金的总额为计税依据，税率和计税方法仍按原规定执行。

1996年8月，丽水地区执行财政部、国家税务总局《关于清产核资企业有关税收问题的通知》，对国有企业固定资产重估后的新增价值，按照有关税收法规征收印花税；对固定资产重估后新增价值已增提折旧的国有企业，按照重估后的价值征收房产税和印花税。

2003年12月，丽水市执行财政部、国家税务总局《关于企业改制过程中有关印花税政策的通知》，在公司制改造过程中成立的新企业（重新办理法人登记的）、以合并或分立方式成立的新企业，其新启用的资金账簿记载的资金或因企业建立资本纽带关系而增加的资金，凡原已贴花的部分可不再贴花，未贴花的部分和以后新增加的资金按规定贴花。

四、税率

印花税采用比例税率和定额税率。纳税人根据应纳税凭证的性质，分别按比例税率或者按件定额计算应纳税额。按照《印花税暂行条例施行细则》规定，同一凭证，因载有两个或者两个以上经济事项而适用不同税目税率，如分别记载金额的，分别计算应纳税额，相加后按合计税额贴花；如未分别记载金额的，按税率高的计税贴花。印花税13个税目最低税率0.05‰，最高税率1‰，按件定额税率5元。

2018年印花税核定征收范围及比例一览表

表2－7－1

应纳税凭证类型	行业类型	应纳税凭证计税项目	核定征收比例
建设工程勘察设计合同	各类行业	建设工程勘察设计收入、支出金额	100%
建筑安装工程承包合同	各类行业	工程承包收入与发包支出金额	100%
借款合同	各类行业	借款金额	100%
仓储保管合同	各类行业	仓储收入、支出金额	100%
财产保险合同	各类行业	财产保险收入、支出金额	100%
技术合同	各类行业	技术开发、转让、咨询、服务等收入、支出金额	100%
货物运输合同	各类行业	货物运输收入、支出金额	100%
产权转移书据	各类行业	处置产权收入与购买产权支出金额	100%
财产租赁合同	各类行业	财产租赁收入、支出金额	100%
加工承揽合同	各类行业	加工承揽收入、支出金额	100%
购销合同	工业	主营业务收入与非劳务类其他业务收入金额	70%
	商业	主营业务收入与非劳务类其他业务收入金额	40%
	外贸综合服务	主营业务收入与非劳务类其他业务收入金额	30%
	其他	主营业务收入与非劳务类其他业务收入金额	80%

2018年印花税税目税率一览表

表2-7-2

税目	范　　围	税　率	纳税义务人	说明
购销合同	包括供应、预购、采购、购销结合及协作、调剂、补偿、易货等合同	按购销金额0.3‰贴花	立合同人	—
加工承揽合同	包括加工、定作、修缮、修理、印刷、广告、测绘、测试等合同	按加工或承揽收入0.5‰贴花	立合同人	—
建设工程勘察设计合同	包括勘察、设计合同	按收取费用0.5‰贴花	立合同人	—
建筑安装工程承包合同	包括建筑、安装工程承包合同	按承包金额0.3‰贴花	立合同人	—
财产租赁合同	包括租赁房屋、船舶、飞机、机动车辆、机械、器具、设备等合同	按租赁金额1‰贴花。税额不足1元，按1元贴花	立合同人	—
货物运输合同	包括民用航空运输、铁路运输、海上运输、内河运输、公路运输和联运合同	按运输费用0.5‰贴花	立合同人	单据作为合同使用的，按合同贴花
仓储保管合同	包括仓储、保管合同	按仓储保管费用1‰贴花	立合同人	仓单或栈单作为合同使用的，按合同贴花
借款合同	银行及其他金融组织和借款人(不包括银行同业拆借)所签订的借款合同	按借款金额0.05‰贴花	立合同人	单据作为合同使用的，按合同贴花
财产保险合同	包括财产、责任、保证、信用等保险合同	按保险费收入1‰贴花	立合同人	单据作为合同使用的，按合同贴花
技术合同	包括技术开发、转让、咨询、服务等合同	按所载金额0.3‰贴花	立合同人	—
产权转移书据	包括财产所有权和版权、商标专用权、专利权、专有技术使用权等转移书据、土地使用权出让合同、土地使用权转让合同、商品房销售合同	按所载金额0.5‰贴花	立据人	—
营业账簿	生产经营用账册	记载资金的账簿，按实收资本和资本公积的合计金额0.5‰贴花。其他账簿按件贴花5元	立账簿人	自2018年5月1日起，对资金账簿减半征收，其他账簿免征
权利、许可证照	包括政府部门发给的房屋产权证、工商营业执照、商标注册证、专利证、土地使用证	按件贴花5元	领受人	—

五、税款征收

印花税实行由纳税人根据规定自行计算应纳税额，购买并一次贴足印花税票的缴纳办法。应纳税额较大或者贴花次数频繁的，纳税人可向税务机关提出申请，采取以缴款书代替贴花或者按期汇总缴纳的办法。多贴印花税票的，不得申请退税或抵用。

应纳税凭证于书立或者领受时贴花。印花税票粘贴在应纳税凭证上，并由纳税人在每枚税票的骑缝处盖戳注销或者画销。已贴用的印花税票不得重用。同一凭证，由两方或者两方以上当事人签订并各执1份的，由各方就所执的1份各自全额贴花。已贴花的凭证，修改后所载金额增加的，其增加部分补贴印花税票。产权转移书据由立据人贴花，如未贴或者少贴花，书据的持有人负责补贴花。应纳税凭证粘贴印花税票后即注销。纳税人有印章的，加盖印章注销；纳税人没有印章的，可用钢笔（圆珠笔）画几条横线注销。注销标记与骑缝处相交。一份凭证应纳税额超过500元的，向当地税务机关申请填写缴款书或者完税证，将其中一联粘贴在凭证上或者由税务机关在凭证上加注完税标记代替贴花。同一种类应纳税凭证，需频繁贴花的，向当地税务机关申请按期汇总缴纳印花税。税务机关对核准汇总缴纳印花税的单位，发给汇缴许可证。汇总缴纳的限期限额由当地税务机关确定，但最长期限不得超过1个月。凡汇总缴纳印花税的凭证，加注税务机关指定的汇缴戳记、编号并装订成册后，将已贴印花或者缴款书的一联粘附在册后，盖章注销，保存备查。

1991年9月，省税务局规定，在全国性订货会（包括展销会、交易会等）签订合同应当缴纳印花税，由纳税人回其所在地后即时办理贴花完税手续；对各地主办、不涉及省际关系的订货会、展销会上所签合同，比照上述规定由纳税人回其所在地即时完税。

2004年1月，丽水市执行国家税务总局《关于进一步加强印花税征收管理有关问题的通知》，税务机关可以核定纳税人印花税计税依据的情形包括纳税人未按规定建立印花税应税凭证登记簿，或未如实登记和完整保存应税凭证的；拒不提供应税凭证或不如实提供应税凭证致使计税依据明显偏低的；采用按期汇总缴纳办法的，未按税务机关规定的期限报送汇总缴纳印花税情况报告，经税务机关责令限期报告，逾期仍不报告的或者税务机关在检查中发现纳税人有未按规定汇总缴纳印花税的。

2006年3月，丽水市除印花税税目税率表中的“营业账簿”“权利许可证照”和按省地税局《加强印花税征收管理试行办法》已实行预征税款的行业外，对其他企业的应税凭据均实行按经营收入预征印花税的办法。5月，市本级对购销合同的印花税应税合同金额占比按工业企业80%、商业企业50%、其他行业100%执行，对加工承揽合同、建设工程勘察设计合同、财产租赁合同、货物运输合同、仓储保管合同和技术合同的印花税应税合同金额占比按100%执行。

2010年5月，丽水市执行省地税局规定，不论土地使用权出让和转让合同签订后，是否兑现或能否按期兑现，合同签订双方都应于书立或领受合同时，按产权转移书据自行申报缴纳印花税。2015年，全市对2012—2014年合同和营业资金账簿印花税计税金额差额在20万元以上的纳税人开展逐户核查，并组织印花税专项辅导清理工作，选择房地产、建筑、烟草等行业，开展行业性专项辅导清理，全市补征印花税2800万元。全年全市印花税收入1.19亿元，其中市级4311万元。

1991—2018年丽水市印花税收入一览表

表2-7-3　　　　单位：万元

年份	合计	市本级	莲都	青田	云和	龙泉	庆元	缙云	遂昌	松阳	景宁
1991	75	9	15	4	6	6	5	15	7	6	2
1992	91	6	17	6	18	9	5	7	12	9	2
1993	78	5	19	7	12	8	5	3	10	7	2
1994	116	10	24	8	21	9	4	7	14	16	3
1995	107	5	39	9	7	5	2	12	13	13	2
1996	168	15	55	9	20	14	6	17	14	16	2
1997	111	9	33	12	8	10	3	12	12	10	2
1998	135	6	38	14	11	12	5	12	11	10	16
1999	180	7	42	14	42	15	3	19	10	18	10
2000	250	10	48	35	14	33	5	24	25	22	34
2001	282		71	41	20	39	20	21	19	35	16
2002	403		116	65	33	41	13	45	33	33	24
2003	659		215	89	54	67	18	55	47	68	46
2004	1155		407	150	165	91	23	78	89	53	99
2005	1375		368	239	72	105	31	136	208	134	82
2006	2088		631	425	119	169	64	196	262	113	109
2007	3074		974	649	166	173	91	393	359	147	122
2008	3873		1270	692	253	252	102	445	468	229	162
2009	3990		1553	694	194	240	100	424	378	245	162
2010	6176		2574	928	222	447	153	748	505	379	220
2011	6584		2387	1014	245	467	225	883	597	468	298
2012	7592		3102	1153	294	478	236	891	639	435	364
2013	8151		2910	1217	376	653	285	1090	700	515	405
2014	10311		3885	1362	414	655	365	1552	1055	570	453
2015	11917		4311	1577	524	835	428	1849	1194	649	550
2016	10641		4260	1346	449	1066	483	1011	829	658	539
2017	11379		4276	1601	431	807	392	1161	1169	785	757
2018	12790		4959	1627	571	898	486	1528	1033	844	844
合计	103751		38681	14987	4761	7604	3558	12634	9712	6487	5327

注：2001年起，市本级和莲都区数据汇总为市级数据。

2017年3月，市地税局印发《关于印花税核定征收范围及比例的公告》，全市对建设工程勘察设计合同、建筑安装工程承包合同、借款合同、仓储保管合同、财产保险合同、技术合同、货物运输合同、产权转移书据、财产租赁合同、加工承揽合同等十种应纳税凭证，按省地税局《关于发布〈浙江省地方税务局印花税核定征收管理办法〉的公告》核定征收比例，即按100%执行；对购销合同应纳税凭证按全省规定的下限核定征收比例，即按工业企业80%、商业企业50%、其他行业100%执行。

2018年10月，丽水市执行省税务局《关于发布修订后的〈浙江省印花税核定征收管理办法〉的公告》，统一下调购销合同印花税核定征收比例，按工业企业70%、商业企业40%、外贸综合服务企业30%、其他企业80%执行。实行核定征收印花税的，纳税期限为一个月，税额较小的，纳税期限可为一个季度。是年，丽水市征收印花税收入1.28亿元，其中市级4959万元，为历史最高收入年度。

1991—2018年，丽水市征收印花税10.38亿元，其中市级3.87亿元。

第二节　屠宰税

屠宰税是对屠宰单位或个人以猪、牛、羊等牲畜的屠宰行为为征收对象所征收的税收。1991年，丽水地区延续施行1950年12月政务院颁布的《中华人民共和国屠宰税暂行条例》（简称《屠宰税暂行条例》）。1994年1月，丽水地区执行省政府《关于做好屠宰税征收工作的通知》，规定从1994年1月起，在全省范围内屠宰或收购猪、牛、羊等牲畜的按规定缴纳屠宰税。2001年9月，丽水市根据省委、省政府《关于加快欠发达地区经济社会发展的若干意见》，暂停征收屠宰税。2006年2月，根据国务院的决定，丽水市停止执行《屠宰税暂行条例》，停止征收屠宰税。

一、纳税人

凡在本地区范围内屠宰或收购猪、牛、羊等牲畜的单位和个人，都是屠宰税的纳税人。

二、征税范围

依照省政府《关于做好屠宰税征收工作的通知》，在丽水地区范围内屠宰或收购猪、牛、羊等牲畜的，按规定缴纳屠宰税。经营肉类的单位和个人，购入未缴纳屠宰税的白肉，在出售时应按规定补缴屠宰税。集体伙食单位屠宰自养牲畜自食的，农民屠宰失去耕作能力的老残耕牛及在春节前20天宰杀自养牲畜自食的，免征屠宰税。

三、计税依据

屠宰税按牲畜屠宰后的实际重量从价计征，不能按实际重量计征的地区，应规定各种牲畜的计税标准重量。丽水地区执行省政府《关于做好屠宰税征收工作的通知》，规定屠宰税按头（只）定额征收。

四、税率

屠宰税采用按头（只）定额税率。1991—1993年，丽水地区执行1982年3月省财政厅有关屠宰税征收办法，屠宰税按头（只）定额征收，牛每头4元、猪每头3元、绵羊每只0.5元、山羊每只0.3元；执行1986年省政府决定，随屠宰税附征生猪生产稳定基金，附征定额为牛每头3元、猪每头2元、绵羊每只0.5元、山羊每只0.3元。1994年1月起，执行省政府《关于做好屠宰税征收工作的通知》，屠宰税税率调整为牛每头14元、猪每头10元、羊每只2元（生猪生产稳定基金停止执行）。

五、税款征收

《屠宰税暂行条例》规定，屠宰税由税务部门征收。距离税务机关较远之地区，可委托乡人民政府、村或合作社代征。省政府《关于做好屠宰税征收工作的通知》规定，为了便于征收管理，税务机关可委托屠宰场、食品公司（站）及乡财政所等单位代征屠宰税。屠宰税在应税牲畜的宰杀或收购环节征收。收购应税牲畜的，在收购地纳税；宰杀应税牲畜的，在屠宰地纳税；在收购环节已缴纳屠宰税的，宰杀环节不再征收。单位和个人屠宰或收购应税牲畜，须向税务机关或代征单位报验纳税。食品公司等所有收购单位在收购白肉时，凭屠宰税完税证收购，对无完税证的白肉，负责按规定代扣屠宰税。丽水地区农村偏远地区普遍采用委托代征点代征方式，代征手续费按实际征收税款的5%计算。

1991—2001年，丽水市征收屠宰税1821万元。

1991—2001年丽水市屠宰税收入一览表

表2－7－4　　单位：万元

年份	合计	市本级	莲都	青田	云和	龙泉	庆元	缙云	遂昌	松阳	景宁
1991	60	0	8	11	3	5	6	8	6	9	4
1992	56	0	9	12	2	5	6	6	5	7	4
1993	46	0	7	8	1	3	5	5	5	7	5
1994	95	0	22	10	1	6	11	5	22	13	5
1995	157	0	37	21	6	5	17	13	21	26	11
1996	195	0	42	11	8	20	15	28	30	31	10
1997	238	0	44	15	11	23	15	37	36	43	14
1998	244	0	45	11	9	33	20	45	33	36	12
1999	262	0	36	19	13	27	18	49	40	42	18
2000	289	0	32	14	14	28	14	57	35	76	19
2001	179		23	7	10	23	14	44	19	29	10
合计	1821		305	139	78	178	141	297	252	319	112

注：2001年起，市本级和莲都区数据汇总为市级数据。

第三节 筵席税

筵席税是对以举办筵席支付金额为征税对象所征收的税收。浙江省征收筵席税始于中华人民共和国成立初期。1991—1993年，丽水地区延续施行1988年12月国务院颁布的《中华人民共和国筵席税暂行条例》和省政府《浙江省筵席税施行细则》，征收筵席税。1994年1月，执行省政府决定，停止征收筵席税。

一、纳税人

《浙江省筵席税施行细则》规定，凡在浙江省范围内设立的饭店、酒店、宾馆、招待所及在其他饮食营业场所举办筵席的单位和个人，为筵席税的纳税人。税款由承办筵席的饭店、酒店、宾馆、招待所以及其他经营饮食业的单位和个人（包括外商投资企业和在家中承办筵席的饮食业承包者）代征代缴。

二、征税范围

凡在浙江省范围内设立的饭店、酒店、宾馆、招待所及在其他饮食营业场所举办筵席的单位和个人，均按规定缴纳筵席税。

三、计税依据

一次筵席包括菜肴、饭、面点、饮料、水果、香烟等价款，达到或超过征税起点400元的，按支付金额全额计算征收筵席税。

四、税率

筵席税按次从价计征，税率15%。

五、税款征收

筵席税税款征收实行由承办筵席的经营者代征代缴的办法。代征人在代征筵席税时，除填写税务机关印制的“代扣税凭单”交纳税人收执外，对代征的税款必须专册登记，依照税务机关规定按期报解入库。1994年1月，国务院决定将筵席税的开征、停征权限下放省级政府，浙江省范围同时停止征收筵席税。1991—1993年，丽水地区有零星筵席税收入。

第四节 城市维护建设税

城市维护建设税是以纳税人实际缴纳的产品税、增值税、营业税（简称“三税”，1994年1月，调整为增值税、消费税、营业税“三税”）税额为征税对象所征收的税收。1991年起，丽水地区延续施行1985年1月国务院颁布的《中华人民共和国城市维护建设税暂行条例》（简称《城市维护建设税暂行条例》），继续征收城市维护建设税。2011年1月，丽水市施行国务院令第588号修订的《城市维护建设税暂行条例》，调整城市维护建设税纳税人、计税依据、征收管理等事项。至2018年12月，丽水市继续征收城市维护建设税。

一、纳税人

1991—1993年，丽水地区缴纳产品税、增值税、营业税的单位和个人为城市维护建设税的纳税人。中外合资企业和外资企业不征收城市维护建设税。

1994年1月，丽水地区执行国家税务总局《关于城市维护建设税征收问题的通知》，纳税人调整为缴纳增值税、消费税、营业税“三税”的单位和个人。2004年，国家税务总局明确，增值税、消费税、营业税的代扣代缴、代收代缴义务人同时也是城市维护建设税的代扣代缴、代收代缴义务人。

2010年12月，丽水市执行国务院《关于统一内外资企业和个人城市维护建设税和教育费附加制度的通知》，外商投资企业、外国企业及外籍个人也列为城市维护建设税的纳税人。

2011年1月，依照国务院修订的《城市维护建设税暂行条例》，凡缴纳消费税、增值税、营业税的单位和个人，都是城市维护建设税的纳税义务人，都应当依照本条例的规定缴纳城市维护建设税。

二、征税范围

1991—1993年，丽水地区以纳税人缴纳的产品税、增值税、营业税为城市维护建设税的征税范围。纳税人经批准减征或免征产品税、增值税或营业税的，同时减免城市维护建设税。批发环节代扣代缴零售环节营业税的，不代扣城市维护建设税，由纳税人返回所在地申报纳税。

1994年1月，丽水地区执行国家税务总局《关于城市维护建设税征收问题的通知》，征税范围调整为纳税人缴纳的增值税、消费税和营业税。

2010年12月，丽水市执行国务院《关于统一内外资企业和个人城市维护建设税和教育费附加制度的通知》，外商投资企业、外国企业及外籍个人缴纳的增值税、消费税和营业税也列为城市维护建设税的征税范围。

三、计税依据

1991—1993年，丽水地区城市维护建设税以纳税人实际缴纳的产品税、增值税、营业税税额为计税依据，分别与产品税、增值税、营业税同时缴纳。依照《城市维护建设税暂行条例》规定，对个体商贩及个人在集市上出售商品按规定要缴纳产品税或营业税（包括临时经营营业税）的，也同时按实际缴纳的产品税、营业税税额计征城市维护建设税。

1994年1月，执行国家税务总局《关于城市维护建设税征收问题的通知》，计税依据调整为纳税人实际缴纳的增值税、消费税、营业税税额。

2011年1月，丽水市依照国务院修订的《城市维护建设税暂行条例》，城市维护建设税，以纳税人实际缴纳的消费税、增值税、营业税税额为计税依据，分别与消费税、增值税、营业税同时缴纳。

四、税率

城市维护建设税采用地区差别税率。纳税人所在地在城市市区的，税率7%；在县城或建制镇的，税率5%；不在市区、县城或建制镇的，税率1%。财政部规定，市区、县城、建制镇的范围以行政区划作为划分标准；对由受托方代征代扣产品税、增值税、营业税及流动经营等无固定纳税地点的单位和个人，可按缴纳“三税”所在地适用税率就地缴纳城市维护建设税。

1998年，省地税局规定，对允许进入市场交易的房改房，按综合税率计算征收营业税、城市维护建设税、教育费附加。综合税率统一为：城市5.55%；县城、建制镇5.45%；除市区、县城、建制镇以外5.25%。

2011年1月，丽水市依照国务院修订的《城市维护建设税暂行条例》，调整城市维护建设税税率，纳税人所在地在市区的，税率7%；纳税人所在地在县城、镇的，税率5%；纳税人所在地不在市区、县城或镇的，税率1%。

五、税款征收

1991—1993年，丽水地区城市维护建设税的征收管理，比照产品税、增值税、营业税的有关规定办理。省财政厅规定，委托加工产品、委托代销商品及企业收购工业、手工业品按规定代扣代缴产品税、增值税、营业税的，同时按受托方所在地或收购企业所在地适用税率代扣代缴城市维护建设税。

1994年1月起，丽水地区城市维护建设税原税率不变，按新颁布实施的增值税、消费税、营业税“三税”实际缴纳税额为计税依据计算征收。按分税制划分的税种管辖主体，由国税部门、地税部门随所属税种分别征收城市维护建设税。

1997年8月，丽水地区执行国家税务总局《关于外商投资企业代扣城市维护建设税问题的批复》，对外商投资企业在代扣营业税的，同时代扣城市维护建设税。2010年12月，外商投资企业、外国企业及外籍个人发生缴纳“三税”义务的，同时征收城市维护建设税。

2011年1月，城市维护建设税，以纳税人实际缴纳的消费税、增值税、营业税税额为计税依据，分别与消费税、增值税、营业税同时缴纳。城市维护建设税的征收、管理、纳税环节、奖罚等事项，比照消费税、增值税、营业税的有关规定办理。

2012年6月，丽水市本级对2006—2011年出口自产货物的生产企业免抵的增值税缴纳城市维护建设税、教育费附加、地方教育附加情况开展比对核查，并对未申报缴纳税（费）款及时催缴入库。

2016年5月，丽水市执行财政部、国家税务总局《关于纳税人异地预缴增值税有关城市维护建设税和教育费附加政策的通知》，纳税人跨地区提供建筑服务、销售和出租不动产，应在建筑服务发生地、不动产所在地预缴增值税时，以预缴增值税税额为计税依据，并按预缴增值税所在地城市维护建设税适用税率就地计算缴纳城市维护建设税；在其机构所在地申报缴纳增值税时，以实际缴纳增值税为计税依据，并按机构所在地城市维护建设税适用税率就地计算缴纳。

1991—2018年，丽水市地税部门征收城市维护建设税50.30亿元，其中市级21.13亿元。

1991—2018年丽水市城市维护建设税收入一览表

表2-7-5　　单位：万元

年份	合计	市本级	莲都	青田	云和	龙泉	庆元	缙云	遂昌	松阳	景宁
1991	716	0	251	62	45	119	38	63	68	48	22
1992	814	0	291	56	63	133	50	69	73	53	26
1993	1038	0	410	27	81	177	64	72	96	69	42
1994	1192	0	393	95	66	190	110	121	109	67	41
1995	1468	0	435	108	100	191	114	264	131	86	39
1996	1805	0	483	208	107	195	142	322	171	106	71
1997	1765	0	482	139	123	163	103	355	214	100	86
1998	3251	0	1680	220	143	187	116	366	229	148	162
1999	2951	0	1200	248	220	262	121	363	250	146	141
2000	3491	308	975	299	286	382	142	510	254	164	171
2001	4390		1623	420	341	417	158	529	314	250	338
2002	5934		2170	585	448	624	210	864	397	303	333
2003	6516		2322	781	463	670	223	897	494	300	366
2004	7840		2818	1072	487	782	264	1085	545	363	424
2005	10191		3472	1443	728	953	334	1306	861	455	639
2006	12892		4784	1861	813	1126	398	1738	1022	599	551
2007	17405		6902	2264	940	1516	527	2512	1433	814	497
2008	18674		7061	2361	998	1730	524	2904	1518	1026	552
2009	21406		8850	3131	1147	1668	567	3111	1477	950	505
2010	27788		11320	3687	1391	2274	734	3969	2110	1574	729
2011	33400		13187	4560	1482	2762	952	4924	2334	1510	1689
2012	37555		16173	4708	1958	3026	1082	4722	2493	1303	2090
2013	39698		16751	4798	2256	3374	1245	5129	2408	1691	2046
2014	41556		18100	4716	2174	3543	1366	5341	2589	1816	1911
2015	43158		19861	4792	2245	3398	1539	5078	2541	1835	1869
2016	46400		22261	4697	2488	3466	1726	4954	2589	2064	2155
2017	49525		21878	5225	2496	4011	1996	5441	3848	2332	2298
2018	60211		24878	7559	2877	4637	2241	6832	5413	2748	3026
合计	503030		211319	60122	26966	41976	17086	63841	35981	22920	22819

注：1991—1999年，根据省财政厅《关于核定丽水地区本级、丽水市、云和县财政包干基数的通知》（1988财预356号），地区本级征收数每年全额调库给丽水市（现莲都区）。2001年起，市本级和莲都区数据汇总为市级数据。

第五节　固定资产投资方向调节税

固定资产投资方向调节税是以固定资产投资额为征税对象所征收的税收。1991年1月，丽水地区施行国务院《固定资产投资方向调节税暂行条例》和《中华人民共和国固定资产投资方向调节税暂行条例实施细则》(简称《固定资产投资方向调节税暂行条例实施细则》)，开征固定资产投资方向调节税。2000年1月起，新发生的固定资产投资应税项目投资额，暂停征收固定资产投资方向调节税。2012年11月，根据国务院令（第628号)《国务院关于修改和废止部分行政法规的决定》，废止《固定资产投资方向调节税暂行条例》，丽水市停征固定资产投资方向调节税。

一、纳税人

在中国境内进行固定资产投资的单位和个人为固定资产投资方向调节税的纳税人。《固定资产投资方向调节税暂行条例实施细则》规定，在中国境内进行固定资产投资的各级政府、机关团体、部队、国营企业事业单位、集体企业事业单位、私营企业、个体工商户及其他单位和个人为固定资产投资方向调节税的纳税人。中外合资经营企业、中外合作经营企业和外资企业不属于纳税人。

二、征税范围

在中国境内进行的固定资产投资，为固定资产投资方向调节税的征税范围。国家禁止的发展项目投资不属于固定资产投资方向调节税的征税对象；中外合资经营企业、中外合作经营企业和外资企业固定资产投资不属征税范围。《固定资产投资方向调节税暂行条例实施细则》规定，各种资金包括国家预算资金、国内外贷款、借款、赠款、各种自有资金、自筹资金和其他资金。全社会的固定资产投资，包括基本建设投资、更新改造投资、商品房投资和其他固定资产投资。

丽水地区执行省计划经济委员会、省税务局《关于浙江省实施〈固定资产投资方向调节税暂行条例〉和〈投资许可证发放办法〉的规定（试行）》，除“三资”企业外，凡列入省、市、地等各类固定资产投资计划的项目（包括预备项目）均属于征收范围。按国家规定不纳入计划管理，总投资5万元以下的项目，暂不征收固定资产投资方向调节税。

三、计税依据

固定资产投资方向调节税的计税依据为纳税人实际完成的固定资产投资额，其中更新改造投资项目为建筑工程实际完成的投资额。《固定资产投资方向调节税暂行条例实施细则》规定，固定资产投资项目实际完成的投资额包括建筑安装工程投资、设备投资、其他投资、转出投资、待摊投资和应核销投资。基本建设项目，按其实际完成投资总额计税；更新改造项目，按其建筑工程实际完成投资额计税；其他固定资产投资，按其实际完成投资总额计税。省税务局规定，商品房固定资产投资方向调节税的计税依据按房屋实际售价（包括收取的各种配套费）的70%计算。

四、税率

固定资产投资方向调节税按国家产业政策采用差别税率，税率分别为0%、5%、10%、15%、30%。其中，国家急需发展的项目投资，如农业、林业、水利、能源、交通等基础产业和薄弱环节的部门项目投资，个人修建、购买住宅的投资，适用税率0%。国家鼓励发展但受能源、交通等制约的项目投资，如钢铁、化工，单位修建、购买一般性住宅投资，适用税率5%。楼堂馆所及国家严格限制发展的项目投资，单位用公款修建、购买高标准独门独院、别墅式住宅投资，适用税率30%。更新改造项目投资，国家急需发展的项目投资（与基本建设项目投资相同），适用税率0%；其他项目投资，适用税率10%；不属于上述4类的其他项目投资，适用税率15%。

1992年9月，丽水地区执行国家税务局《关于更新改造项目中住宅投资征收投资方向调节税的通知》，配套新建的一般民用住宅投资按5%的税率征收固定资产投资方向调节税。

五、税款征收

固定资产投资方向调节税按固定资产投资项目的单位工程年度计划投资额预缴。年度终了后，按年度实际完成投资额结算，多退少补；项目竣工后，按全部实际完成投资额进行清算，多退少补。纳税人按年度计划投资额一次缴纳全年税款确有困难的，经税务机关核准，可于当年9月底以前分次缴清应纳税款。

1991—2001年丽水市固定资产投资方向调节税收入一览表

表2－7－6　　单位：万元

年份	合计	市本级	莲都	青田	云和	龙泉	庆元	缙云	遂昌	松阳	景宁
1991	9	0	0	0	0	4	0	0	0	5	0
1992	39	0	1	0	0	9	0	23	5	1	0
1993	121	15	37	1	10	14	8	0	31	2	3
1994	234	60	64	0	0	78	5	0	11	12	4
1995	236	57	67	6	13	53	5	3	28	4	0
1996	334	14	71	66	18	29	48	37	22	0	29
1997	367	54	85	82	14	26	16	82	5	0	3
1998	578	32	69	116	13	61	81	131	35	6	34
1999	279	69	23	101	4	41	12	13	9	3	4
2000	33	0	14	0	0	2	6	11	0	0	0
2001	–15	–15		0	0	0	0	0	0	0	0
合计	2215	717		372	72	317	181	300	146	33	77

注：2001年，市本级和莲都区数据汇总为市级数据。

固定资产投资方向调节税的征收，实行计划统一管理和投资许可证相结合的源泉控管办法，由税务机关负责征收管理。其税款由有关开户银行及单位负责代扣代缴。单纯购置机器设备应缴纳的税款，由供货部门或者海关负责代扣代缴。纳税人在收到有关机关批准的年度固定资产投资计划或其他建设文件30日内，到建设项目所在地税务机关办理税务登记。同时，到税务机关（或代扣代缴单位）办理纳税申报手续。按照税务机关核定的税额、规定期限和填发的专用缴款书，就地到银行预缴固定资产投资方向调节税，或向委托代扣代缴单位办理纳税手续。

1991—2001年，丽水市征收固定资产投资方向调节税2215万元，其中市级717万元。

第六节　环境保护税

环境保护税是为保护和改善环境，减少污染排放，对在中华人民共和国领域和中华人民共和国管辖的其他海域，直接向环境排放应税污染物的企业事业单位和其他生产经营者征收的税收。2018年1月，丽水市施行《环境保护税法》，开征环境保护税。

一、纳税人

在中华人民共和国领域和中华人民共和国管辖的其他海域，直接向环境排放应税污染物的企业事业单位和其他生产经营者，为环境保护税的纳税人。

二、征税范围

《环境保护税法》所称应税污染物是指本法所附《环境保护税税目税额表》《应税污染物和当量值表》规定的大气污染物、水污染物、固体废物和噪声。环境保护税的税目、税额依照本法所附《环境保护税税目税额表》执行。

以下情形之一的，不属于直接向环境排放污染物，不缴纳环境保护税：企业事业单位和其他生产经营者向依法设立的污水集中处理、生活垃圾集中处理场所排放应税污染物的；企业事业单位和其他生产经营者在符合国家和地方环境保护标准的设施、场所贮存或者处置固体废物的。

三、计税依据

应税大气污染物按照污染物排放量折合的污染当量数确定；应税水污染物按照污染物排放量折合的污染当量数确定；应税固体废物按照固体废物的排放量确定；应税噪声按照超过国家规定标准的分贝数确定。应税大气污染物、水污染物的污染当量数，以该污染物的排放量除以该污染物的污染当量值计算。每种大气污染物、水污染物的具体污染当量值，依照《环境保护税法》所附《应税污染物和当量值表》执行。

四、税率

环境保护税的税目、税额依照《环境保护税法》所附《环境保护税税目税额表》执行。

2018年1月，《环境保护税法》规定，应税大气污染物和水污染物的具体适用税额的确定和调整，由省级政府统筹考虑本地区环境承载能力、污染物排放现状和经济社会生态发展要求，在本法所附《环境保护税税目税额表》规定的税额幅度内提出，报同级人民代表大会常务委员会决定，并报全国人民代表大会常务委员会和国务院备案。

同月，丽水市执行《浙江省人民代表大会常务委员会关于大气污染物和水污染物适用税额的决定》，大气污染物（除四类重金属污染物项目）适用税额为每污染当量1.20元，四类重金属污染物项目（铬雾酸、汞及其化合物、铅及其化合物、镉及其化合物）适用税额为每污染当量1.80元；水污染物（除五类重金属污染物项目）适用税额为每污染当量1.40元，五类重金属污染物项目（总汞、总镉、总铬、总砷和总铅）适用税额为每污染当量1.80元。

环境保护税税目税额一览表

表2－7－7

<table>
<tr><th colspan="2">税目</th><th>计税单位</th><th>税额</th><th>备注</th></tr>
<tr><td colspan="2">大气污染物</td><td>每污染当量</td><td>1.20—12元</td><td>浙江省税额标准1.20元，四类重金属污染物税额1.80元</td></tr>
<tr><td colspan="2">水污染物</td><td>每污染当量</td><td>1.40—14元</td><td>浙江省税额标准1.40元，五类重金属污染物税额1.80元</td></tr>
<tr><td rowspan="4">固体废物</td><td>煤矸石</td><td>每吨</td><td>5元</td><td>—</td></tr>
<tr><td>尾矿</td><td>每吨</td><td>15元</td><td>—</td></tr>
<tr><td>危险废物</td><td>每吨</td><td>1000元</td><td>—</td></tr>
<tr><td>冶炼渣、粉煤渣、炉渣、其他固体废物（含半固态、液态废物）</td><td>每吨</td><td>25元</td><td>—</td></tr>
<tr><td rowspan="6">噪声</td><td rowspan="6">工业噪声</td><td>超标1—3分贝</td><td>每月350元</td><td rowspan="6">1.一个单位边界上有多处噪声超标，根据最高一处超标声级计算应纳税额；当沿边界长度超过100米有两处以上噪声超标，按照两个单位计算应纳税额
2.一个单位有不同地点作业场所的，应当分别计算应纳税额，合并计征
3.昼、夜均超标的环境噪声，昼、夜分别计算应纳税额，累计计征
4.声源一个月内超标不足15天的，减半计算应纳税额
5.夜间频繁突发和夜间偶然突发厂界超标噪声，按等效声级和峰值噪声两种指标中超标分贝值高的一项计算应纳税额</td></tr>
<tr><td>超标4—6分贝</td><td>每月700元</td></tr>
<tr><td>超标7—9分贝</td><td>每月1400元</td></tr>
<tr><td>超标10—12分贝</td><td>每月2800元</td></tr>
<tr><td>超标13—15分贝</td><td>每月5600元</td></tr>
<tr><td>超标16分贝以上</td><td>每月11200元</td></tr>
</table>

五、税款征收

环境保护税依照《中华人民共和国税收征收管理法》（简称《税收征收管理法》）和《环境保护税法》的有关规定征收管理。税务部门与生态环境主管部门建立涉税信息共享平台和分工协作工作机制，加强征收管理，保障税款及时足额入库。2018年，丽水市征收环境保护税571万元。

第七节　其他行为税

一、建筑税

建筑税是对以自筹基本建设投资和更新改造措施项目中的建筑工程投资额为征税对象所征收的税收。1991年1月，固定资产投资方向调节税开征后，停征建筑税。是年，丽水地区建筑税税款清收6万元。

二、牲畜交易税

牲畜交易税是对以牲畜交易额为征税对象所征收的税收。1991—1993年，丽水地区延续施行1983年1月国务院颁布的《牲畜交易税暂行条例》和《浙江省牲畜交易税暂行条例施行细则》，征收牲畜交易税。1994年1月，丽水地区执行国务院的决定，取消牲畜交易税。

凡在浙江省境内（不分市场内外）进行牛、马、骡、驴4种牲畜交易的单位和个人，以购买牲畜的单位或个人为纳税人。牲畜交易税采用比例税率，以购买方应付的全部价款为计税依据，税率为5%。牲畜交易税由牲畜成交地的税务机关征收。成交当日为缴税日期，由纳税人在购买牲畜时向牲畜成交地的税务机关缴纳。自实施《浙江省牲畜交易税暂行条例施行细则》以来，丽水地区仅对牛一种应税牲畜开征牲畜交易税，由买方按成交金额5%缴纳。

1991—1993年，丽水地区无牲畜交易税收入。

三、粮食附加税

粮食附加税是对以乡（镇）村企业的经营收入为征税对象所征收的税收。粮食附加税为浙江省开征的地方附加税。1991—2000年，丽水地区依照1987年12月省政府印发的《关于开征粮食附加税的通知》，征收粮食附加税。2001年2月，丽水市执行省政府《关于停止征收粮食附加税和粮食补偿金的通知》，停止征收粮食附加税。

从事工业、建筑（包括安装）、交通运输，并按乡镇企业税收规定征税（或执行乡镇企业财务制度）的企业为粮食附加税的纳税人，具体包括区、乡、镇、村办企业，联户企业，乡村与国营、城镇、集体企事业联办企业，市（地）、县乡镇企业管理局直属企业及家庭工业等。农村从事工业、建筑、交通运输业的个体经营者也是粮食附加税的纳税人。纳税人同时经营工业、建筑、交通运输以外业务取得的经营收入，及农工商、林工商、渔工商等非工业、建筑、交通运输企业从事工业、建筑、交通运输业务取得的经营收入为粮食附加税的征税范围。纳税人销售收入或营业收入的全额为粮食附加税的计税依据。粮食附加税采用比例税率，税率为0.6%。

粮食附加税的征收管理、纳税环节、奖罚等事项，比照产品税（消费税）、增值税、营业税的有关规定办理。征收工作由各市（地）、县（市）财税部门负责，收入全部解缴省国库，由省统一安排用作对国家收购粮食价格过低的补偿和增加对农业的投入。

1991—2000年，丽水地区征收粮食附加税3449万元。

1991—2000年丽水地区粮食附加税收入一览表

表2-7-8　　单位：万元

年份	合计	地区本级	丽水	青田	云和	龙泉	庆元	缙云	遂昌	松阳	景宁
1991	274	—	38	23	10	32	11	100	30	20	10
1992	338	—	51	32	12	31	22	111	42	25	12
1993	334	—	84	2	7	33	28	79	69	22	10
1994	291	—	95	0	2	26	24	72	54	15	3
1995	305	—	102	0	1	29	32	57	62	19	3
1996	316	—	64	22	21	40	30	51	56	13	19
1997	346	—	66	50	49	26	27	47	46	15	20
1998	407	—	74	53	48	17	36	70	48	23	38
1999	463	—	79	44	62	22	25	70	53	14	94
2000	375	—	37	75	84	13	35	27	57	15	32
合计	3449	0	690	301	296	269	270	684	517	181	241

四、集市交易税

集市交易税是对以集市交易额为征税对象所征收的税收。20世纪60年代，浙江省开始进行集市交易税的试点，施行国务院《集市交易税试行规定》，在全省范围内开征集市交易税。20世纪60年代中期，浙江省保留集市交易税税种，但暂停征收，至1994年1月，丽水地区执行国务院《关于取消集市交易税、牲畜交易税、烧油特别税、奖金税、工资调节税和将屠宰税、筵席税下放给地方管理的通知》，取消集市交易税。

在集市上出售农副产品的单位或个人为集市交易税的纳税人。家畜、家禽、肉类、蛋品、干鲜菜、土特产品和家庭手工产品等7类产品和旧表、旧自行车等为集市交易税的征税范围。

集市交易税采用比例税率，以商品成交额为计税依据，税率一般10%。对少数价格特高的产品，税率15%，对于家庭手工业产品和国家不需要掌握的产品，税率5%。

1991—1993年，丽水地区无集市交易税收入。

五、烧油特别税

烧油特别税是对以用于锅炉以及工业窑、炉燃烧用的原油、重油为征税对象所征收的税收。1991—1993年，丽水地区延续执行1982年7月国务院批转《财政部关于征收烧油特别税的试行规定》，征收烧油特别税。1994年1月，执行国务院决定，取消烧油特别税。

烧油特别税以燃烧用原油和重油的单位为纳税人。以锅炉及工业窑炉燃烧用的原油和重油为征税范围。原油是指原油、页岩原油、土地池原油；重油是指除船用重油、内燃机燃料油以外的其他重油。烧油特别税采用从量定额税率，原油每吨征收40—70元，重油每吨征收70元。用于各种锅炉以及工业窑炉作燃料烧用原油和重油的油品数量为烧油特别税的计税依据。

烧油特别税实行源泉控制征收的办法。供应烧用原油、重油的生产单位和转供单位销售烧用的原油、重油，按规定办理代收代缴烧油特别税；自产原油、重油供自己烧用的或将购入原油、重油为自己烧用的，由自用单位缴纳税款。省内各烧油单位，不管是由油田直接供应还是由省燃料公司以及所属油库转供，对未税原油、重油都要缴纳烧油特别税。

1991—1993年，丽水地区无烧油特别税收入。

六、特别消费税

1991—1993年，丽水地区执行1989年2月国家税务局印发的《关于对彩色电视机征收特别消费税有关问题的通知》《关于对彩色电视机征收特别消费税的若干具体问题的通知》《关于对小轿车征收特别消费税有关问题的规定》《关于对小轿车征收特别消费税的若干具体问题的通知》，对彩色电视机和小轿车征收特别消费税。1994年1月，开征消费税后，取消特别消费税。

彩色电视机特别消费税的纳税人为在中国境内从事生产和进口彩色电视机的单位和个人，具体包括从事生产和进口彩色电视机的企业、机关、团体、部队、学校等行政、企业、事业单位以及外国在华机构、外商投资企业等一切单位和个人。以境内生产和进口的应税彩色电视机为特别消费税的征税范围。生产销售和进口彩色电视机的应税数量为特别消费税的计税依据。彩色电视机特别消费税采用定额税率，14英寸及以下，每台100元，16英寸、17英寸、18英寸、22英寸每台300元；19英寸、20英寸每台400元；21英寸（平面直角）每台500元。1991年3月，国家税务局《关于国产十七英寸平面直角彩色电视机适用特别消费税税额的通知》，国产17英寸平面直角彩色电视机的特别消费税税额每台300元。

小轿车特别消费税纳税人为在中国境内从事生产和进口小轿车的单位和个人，包括从事生产和进口小轿车的企业、机关、团体、部队、学校等行政、企业、事业单位，外国在华机构、外商投资企业，港澳台投资开办的企业、事业等一切单位和个人。征税范围为小轿车、吉普车和面包车的进口整车、进口散件组装车和国产车。生产销售和进口小轿车的应税数量为特别消费税的计税依据。小轿车特别消费税采用定额税率，按生产和进口地区按辆计征，每辆税额5000元至4万元不等。

1991—1993年，丽水地区无特别消费税收入。

第八章　规费（基金）征收

规费是指按国家法律法规等规定，由政府部门在为特定人履行一定行为或者在特定人要求使用公共物品时，依法征收的特定费种，包括社会保险费等。政府性基金，是指各级政府及有关部门按照国家法律法规等规定，为支持特定公共基础设施建设和公共事业发展，向公民、法人和其他组织无偿征收的具有专项用途的财政资金，包括教育费附加、水利建设专项资金等。1998年10月起，丽水地区社会保险费（基本养老保险费）由地税部门征收，至2005年4月，丽水市本级企业职工基本养老、医疗、工伤、生育、失业保险费全部由市地税局征收，实现社会保险费“五费合征”。1991—2018年，丽水市政府性基金先后由财税、地税部门征收，其中教育费附加、地方教育附加按“三税”主税种征管职能范围分别由国税、地税部门征收。2018年7月，丽水市国地税机构合并，规费（基金）征收职能划转税务部门。至2018年年末，丽水市继续征收社会保险费（五项）和教育费附加、地方教育附加、残疾人就业保障金等。

第一节　社会保险费

社会保险费是指社会保险基金的筹集过程中，雇员和雇主按照规定的数额和期限向社会保险管理机构缴纳的费用，是社会保险基金的主要来源。社会保险费包括基本养老保险费、基本医疗保险费、失业保险费、工伤保险费和生育保险费。

从1998年10月起，丽水地区基本养老保险费由地税部门征收，至2005年4月，五项社会保险费均由地税部门统一征收，丽水市社会保险费征收管理工作逐步加强和完善。2011年，丽水市健全规费征缴机制，对社会保险缴费登记、缴费申报、认定管理等18个社保费征管业务的岗位名称、岗位流程和岗位操作进行规范。2012年，统一市、县（市）社保费征缴模式、业务流程和岗责体系，实现市县联动，强化社保费规范化管理，丽水市本级、云和、青田、龙泉等县（市）局与社保部门联网实时交换数据。组织开展非正常户、税务登记失效户、被吊销营业执照企业等缴费单位基础数据清理，加强催报催缴，开展社会保险费年度结算和事业单位养老保险缴费基数自查自纠，缴费登记率和缴费申报率稳中有升。2013年，丽水市率先在全省全面建立个人缴费明细申报制度，实现与社保部门联网实时交换数据。2015年，探索社会保险费年度结算委托中介审核，丽水市本级、庆元县、遂昌县分批试点后，在全市推广，加强缴费登记、缴费申报管理。2018年7月，丽水市国地税机构合并后，社会保险费由税务部门继续征收。

一、基本养老保险费

基本养老保险费是指参加基本养老保险的单位和个人按照规定的比例缴纳的费用。

1997年，省政府印发《关于建立统一的企业职工基本养老保险制度的通知》，企业按全部职工缴费工资之和19%缴纳，职工个人按本人缴费工资基数4%缴纳。

1998年起，丽水地区社会保险费（基本养老保险费）由地税部门征收。

2004年4月，丽水市本级企、事业单位职工个人缴费比例调整为8%。自谋职业人员的缴费比例调整为27%，按“低门槛准入、低标准享受”办法参保的缴费比例调整为20%。

1998—2018年丽水市基本养老保险费收入一览表

表2-8-1 单位：万元

年份	合计	市本级	莲都	青田	云和	龙泉	庆元	缙云	遂昌	松阳	景宁
1998	2500	163	395	128	225	460	89	372	401	155	112
1999	11523	758	1811	961	1053	1957	494	1524	1550	777	638
2000	13762	939	2249	979	997	2189	547	1710	2291	1208	653
2001	16601	3972		1579	1492	2312	872	2011	2516	1013	834
2002	21365	6421		1515	1961	2445	1155	2752	2984	1201	931
2003	29083	10434		1832	2459	3141	1294	3237	3601	1636	1449
2004	35697	12254		2516	3051	3379	1595	3971	4357	1938	2636
2005	42775	14117		4402	3334	4000	1855	4843	4843	2087	3294
2006	53482	17586		5705	3978	4893	3357	6129	5969	2568	3297
2007	69445	21884		6860	4253	6472	4242	11016	6449	3774	4495
2008	86225	27237		8544	5183	7877	4789	13469	7760	6471	4895
2009	97366	28733		12714	6496	9326	5447	15093	7563	7051	4943
2010	110626	34313		11532	5826	10778	6577	16925	9319	9500	5856
2011	225382	62241		41621	9225	19060	15825	31636	18304	15368	12102
2012	191833	57957		28412	8551	16916	10840	29855	13360	13190	12752
2013	218387	67631		25349	10778	21118	12146	35089	15367	15747	15162
2014	308680	115938		30662	17202	31978	16146	41505	17522	18670	19057
2015	588181	108704		77792	40702	81775	35853	48494	52487	119644	22730
2016	571685	163214		74235	28823	58987	39469	65008	49703	56456	35790
2017	587838	165364		73299	30983	59864	38099	82618	44185	57166	36260
2018	639679	175050		84941	33551	68390	45473	87932	48592	58347	37403
合计	3922115	1099365		495578	220123	417317	246164	505189	319123	393967	225289

注：1998年起，丽水地区地税部门征收基本养老保险费；2001年起，市本级和莲都区数据汇总为市级数据。

2009年4月，丽水市企业单位缴费比例调整为14%，职工个人缴费比例8%不变，个体劳动者缴费比例调整为18%。2011年4月，事业单位缴费比例调整为14%，个人缴费比例仍为8%。是年，全市3.22万人补缴基本养老保险费，补缴金额8.94亿元，其中市级6300人，补缴1.95亿元。全市地税部门征集基本养老保险费22.54亿元，其中市级6.22亿元。2012年，全市社会保险缴费登记率97%，其中市级99%；全市社保费缴费申报率95%，其中市级95%。

2013年，全市社会保险缴费登记率97%，缴费申报率96%，高于省地税局92%考核指标；零申报比例为13%，达到省地税局零申报比例控制在18%以内的要求。开展社保费年度结算及后续管理工作，全市通过结算共补缴社保费1912万元，其中市级1306万元。全市地税部门征收基本养老保险费21.84亿元，其中市级6.76亿元。

2014年，丽水市实行被征地农民转保，全市征收被征地农民转保职工养老保险费5.26亿元，其中市级3.86亿元。对部分工业企业2014年社会保险费缴费比例实行临时性下调，全市减征7980万元，惠及企业4219户；市级减征2991万元，惠及企业895户。

2015年，全市社会保险缴费登记率96%，其中市级98%；全市缴费申报率97%，其中市级97%。全市社会保险费零申报比例13%，市级17%。落实“小升规”①社会保险费优惠及部分企业部分费种临时性下调政策，全市减免社会保险费3610万元，其中市级1401万元。

2016年2月，全市地税部门开始征收机关事业单位自2014年10起应缴纳的基本养老保险费，单位缴费比例为本单位参加机关事业单位养老保险工作人员个人缴费工资基数之和的20%，个人缴费比例为本人缴费工资的8%。

2018年，全市征收基本养老保险费63.97亿元，其中市级17.51亿元。

1998—2018年，丽水市征收基本养老保险费392.21亿元，其中市级109.94亿元。

二、基本医疗保险费

基本医疗保险费是指参加基本医疗保险的用人单位和职工个人按照规定的比例缴纳的费用。

1998年12月，国务院发布《建立城镇职工基本医疗保险制度的决定》，规定用人单位基本医疗保险费缴费率应控制在职工工资总额6%左右，职工缴费率为本人工资收入的2%。

2001年4月，市政府出台《丽水市本级城镇职工基本医疗保险暂行规定》，机关、事业单位按缴费基数8%缴纳，职工个人按本人上年度月平均工资2%缴纳。企业及其他单位按缴费基数5%缴纳。2003年起，基本医疗保险费由地税部门征收。

2017年11月，市政府印发《丽水市全民医疗保险办法》，规定用人单位以本单位在职职工工资总额为缴费基数，按不低于6%的比例缴纳，职工个人以本人工资总额为缴费基数，按2%缴纳。

2001—2018年，丽水市征收基本医疗保险费120.50亿元，其中市级43.21亿元。

---

①小升规指国家鼓励小微企业规范升级规模以上企业，小升规企业的认定，以成功录入国家规模以上企业库为标准。

2001—2018年丽水市基本医疗保险费收入一览表

表2－8－2　　单位：万元

年份	合计	市级	青田	云和	龙泉	庆元	缙云	遂昌	松阳	景宁
2001	1059	0	60	247	4	411	90	165	82	0
2002	9423	0	1752	839	649	1052	1322	1591	1530	688
2003	14165	3120	2084	874	925	1229	1491	1625	1478	1339
2004	17883	5299	2634	1016	981	1274	1720	1962	1553	1444
2005	22235	7631	2793	1429	993	1469	1870	2651	1798	1601
2006	26681	9961	2870	1648	1675	1755	2118	3036	1952	1666
2007	31840	11250	3657	1814	2493	1970	3004	3484	2232	1936
2008	38350	13829	4196	2173	2695	2348	4248	3639	2678	2544
2009	43899	15703	4787	2307	2900	2804	5449	3834	3102	3013
2010	50296	17282	5272	2467	3323	3152	6969	4369	3762	3700
2011	65749	24494	7228	2848	5436	3791	7990	4672	4900	4390
2012	78924	31885	9467	3270	5604	3736	9857	4681	5706	4718
2013	99182	39832	10713	4040	8786	4950	11307	6102	7171	6281
2014	121861	44570	15053	4808	10326	5741	17524	8264	8632	6943
2015	137689	50052	17783	6241	10540	6484	19495	9391	10029	7674
2016	133948	45512	17171	6740	11587	8041	16507	10909	9492	7989
2017	151241	51439	19885	7764	12944	9213	18291	11748	10750	9207
2018	160585	60272	20883	8052	12648	8708	17600	12409	10575	9438
合计	1205010	432131	148288	58577	94509	68128	146852	94532	87422	74571

注：2003年起，丽水市地税部门征收基本医疗保险费。

三、失业保险费

失业保险费是指参加失业保险的用人单位和职工个人按照规定的比例缴纳的费用。

1995年8月，浙江省第八届人民代表大会常务委员会第二十一次会议通过《浙江省职工失业保险条例》，自1996年1月1日起施行。企业按全部工资总额1%缴纳，职工个人按不高于本单位平均工资0.5%缴纳。1998年9月，单位缴纳比例提高到2%，职工个人缴纳比例提高到1%。2003年起，丽水市失业保险费由地税部门征收。2009年8月，农民工与城镇职工同比例缴费，享受与城镇失业人员同等待遇。2015年1月，全省失业保险费率统一由3%调整为2%，单位缴纳比例降为1.5%，职工个人缴纳比例降为0.5%。2016年5月，单位缴纳比例降为1%，个人费率不变。2017年5月至2018年年末，落实普遍性降费措施，单位失业保险费率降为0.5%，个人费率仍按

0.5%执行。

2003—2018年，丽水市征收失业保险费15.54亿元，其中市级6.52亿元。

2003—2018年丽水市失业保险费收入一览表

表2-8-3　　单位：万元

年份	合计	市级	青田	云和	龙泉	庆元	缙云	遂昌	松阳	景宁
2003	650	650	0	0	0	0	0	0	0	0
2004	1845	826	0	110	220	110	252	231	0	96
2005	2251	981	0	131	218	112	263	342	103	101
2006	3037	1175	456	123	227	113	248	372	233	90
2007	4410	2040	689	137	222	122	409	457	226	108
2008	5102	2456	645	235	272	167	417	474	247	189
2009	5918	2877	646	315	361	150	522	509	314	224
2010	7182	3455	781	370	446	164	561	659	356	390
2011	9455	4460	999	461	598	197	932	774	444	590
2012	12979	5974	1350	511	884	256	1900	788	545	771
2013	17314	7442	1985	657	1062	410	2806	983	782	1187
2014	21206	8573	2352	849	1710	748	3152	1309	1170	1343
2015	17709	6902	1995	865	1461	718	2452	1214	1028	1074
2016	18018	6746	2060	1054	1584	786	2332	1175	1138	1143
2017	14319	5269	1666	859	1234	614	1789	1139	852	897
2018	13958	5326	1577	790	1183	606	1647	1124	849	856
合计	155353	65152	17201	7467	11682	5273	19682	11550	8287	9059

注：2003年起，丽水市地税部门征收失业保险费。

四、工伤保险费

工伤保险费是指参加工伤保险的用人单位按照规定的比例缴纳的费用。

1999年12月，丽水地区施行《浙江省企业职工工伤保险实施办法》。工伤保险费以企业工资总额为计费依据，具体比例由当地劳动保障部门、财政部门确定。丽水地区本级企业工伤保险基准费率为：一类行业0.6%，二类行业1.2%，三类行业2.0%。用人单位属于一类行业的，按行业基准费率执行，不实行费率浮动。用人单位属于二、三类行业的，实行费率浮动。2005年起，丽水市工伤保险费由地税部门征收。2007年10月，凡在丽水市行政区域范围内从事建设、交通、水利等建设项目的施工企业，必须为从事建设施工的所有农民工办理工伤保险，缴纳工伤保险费。2015年10月，市人力资源和社会保障局、市财政局、市地税局出台《关于调整全市工伤保险行业基准费率及浮动费率办法的通知》，全市工伤保险行业基准费率分为三个层次，每个层次分八类行业，第一层次缴纳费率为0.4%—2.2%，第二层次缴纳费率为0.2%—1.9%，第三层次缴纳费率为0.2%—1.7%。

2004—2018年，丽水市征收工伤保险费12.06亿元，其中市级3.15亿元。

2004—2018年丽水市工伤保险费收入一览表

表2-8-4 单位：万元

年份	合计	市级	青田	云和	龙泉	庆元	缙云	遂昌	松阳	景宁
2004	21	0	0	0	0	0	0	0	0	21
2005	310	178	0	10	13	7	0	64	0	38
2006	929	179	96	47	35	35	180	258	63	36
2007	1641	356	225	70	54	33	228	487	129	59
2008	2581	706	426	98	208	65	401	372	200	105
2009	3728	952	634	150	307	104	730	470	239	142
2010	5185	1223	1027	180	548	136	957	605	327	182
2011	6401	1555	1039	227	524	169	1486	667	506	228
2012	8235	2191	1350	287	704	223	1773	691	703	313
2013	10914	3265	1470	325	1079	275	2082	1105	886	427
2014	12417	3732	1393	382	1201	384	2366	1264	1120	575
2015	14172	4064	1833	542	1348	481	2638	1460	1197	609
2016	15359	3649	669	1771	1604	602	1375	3064	1635	990
2017	17831	4554	672	1919	1630	833	1597	3703	1757	1166
2018	20867	4890	958	2597	1784	620	2041	4117	2298	1562
合计	120591	31494	11792	8605	11039	3967	17854	18327	11060	6453

注：2005年起，丽水市地税部门征收工伤保险费。

五、生育保险费

生育保险费是指参加生育保险的用人单位按照规定的比例缴纳的费用。自由职业者可自行缴纳生育保险费。

1994年12月，劳动部发布《企业职工生育保险试行办法》，自1995年1月1日起试行。生育保险费以企业工资总额为计费依据，费率最高不超过1%。2005年3月，省政府《浙江省生育保险暂行规定》，确定费率为0.5%—1%。丽水市本级单位按照全部职工工资总额0.6%缴纳。是年起，丽水市生育保险费由地税部门征收。2018年8月，市本级生育保险缴费比例调整为0.9%。

2005—2018年，丽水市征收生育保险费4.90亿元，其中市级2.01亿元。

2005—2018年丽水市生育保险费收入一览表

表2－8－5　　单位：万元

年份	合计	市级	青田	云和	龙泉	庆元	缙云	遂昌	松阳	景宁
2005	180	147	0	3	5	4	0	13	0	8
2006	386	125	68	10	13	21	52	58	14	25
2007	821	367	108	13	16	21	138	70	43	45
2008	1142	552	119	21	19	27	209	69	78	48
2009	1488	649	142	72	22	32	293	79	85	114
2010	1813	764	183	77	25	53	374	107	108	122
2011	2416	1035	220	94	42	57	468	135	138	227
2012	3126	1398	257	123	102	81	587	145	183	250
2013	3828	1662	314	139	131	103	733	165	256	325
2014	4621	1884	364	159	278	184	825	234	343	350
2015	6058	2168	645	412	336	294	920	472	422	389
2016	6851	2630	718	416	464	382	783	316	653	489
2017	7468	2917	797	378	498	421	823	344	744	546
2018	8838	3816	887	420	547	465	905	384	812	602
合计	49036	20114	4822	2337	2498	2145	7110	2591	3879	3540

注：2005年起，丽水市地税部门征收生育保险费。

第二节　政府性基金

丽水市征收的政府性基金项目主要有国家能源交通重点建设基金、国家预算调节基金、教育费附加、粮食补偿金、农村教育事业费附加、水利建设专项资金、文化事业费、残疾人就业保障金和地方教育附加等。

一、教育费附加

教育费附加是专项用于发展地方教育事业的一项政府性基金。

1991—2018年，丽水市依据1986年4月国务院颁布的《征收教育费附加的暂行规定》，征收教育费附加。教育费附加以纳税人实际缴纳的产品税、增值税、营业税“三税”税额为计征依据，附加率2%，由税务部门随同“三税”征收。1994年1月，分税制改革后，教育费附加改按增值税、消费税、营业税“三税”税额计征，附加率调整为3%。根据分税制税种和征收主体划分，教育费附加按所属税种分别由国税部门、地税部门征收。

1991—2018年丽水市教育费附加收入一览表

表2-8-6 单位：万元

年份	合计	市本级	莲都	青田	云和	龙泉	庆元	缙云	遂昌	松阳	景宁
1991	343	0	72	36	21	32	37	41	22	59	23
1992	430	8	76	48	42	38	56	42	24	59	37
1993	578	31	128	72	56	56	42	80	40	31	42
1994	774	50	181	86	52	65	79	98	73	52	38
1995	1094	73	209	159	74	73	112	185	91	51	67
1996	1341	86	254	248	80	101	111	204	117	57	83
1997	1590	102	331	222	104	144	87	226	119	93	162
1998	1721	126	379	159	122	144	92	291	134	107	167
1999	2331	164	719	170	177	181	100	300	194	127	199
2000	2996	203	964	215	236	245	110	431	243	137	212
2001	3762		1381	275	291	293	130	541	289	205	357
2002	4561		1355	338	391	406	170	647	499	267	488
2003	5368		1422	480	405	426	192	918	662	267	596
2004	6503		1704	928	467	496	216	890	810	328	664
2005	8205		2119	1517	619	606	288	1092	841	444	679
2006	8568		2461	1548	576	634	297	1236	831	470	515
2007	9621		3049	1575	572	717	342	1558	903	511	394
2008	10293		3123	1597	604	822	339	1787	943	638	440
2009	11412		3729	1969	693	801	355	1916	927	599	423
2010	15395		4825	2615	904	1136	465	2512	1334	1016	588
2011	18234		5626	3027	943	1471	589	3008	1473	963	1134
2012	20449		6965	3301	1207	1561	689	2929	1551	901	1345
2013	21050		7253	3184	1372	1515	749	3155	1496	1051	1275
2014	22044		7846	3244	1347	1577	837	3219	1621	1167	1186
2015	22669		8762	3252	1297	1480	931	3049	1586	1159	1153
2016	24030		9528	3312	1483	1505	1045	2952	1615	1277	1313
2017	25903		9411	3472	1479	1754	1191	3322	2387	1490	1397
2018	32000		10729	4810	1706	2025	1334	4318	3354	1768	1956
合计	283265		95444	41859	17320	20304	10985	40947	24179	15294	16933

注：2001年起，市本级和莲都区数据汇总为市级数据。除100%归省里的教育费附加外，市、区的85%、县（市）的90%归地方财政，构成地方财政收入。

1995年1月，附加率调整为3.5%。1996年12月，外商投资企业计征额按税额乘中方投资比例，由中方负责缴纳。1997年1月，附加率调整为4%。2005年10月，根据《国务院关于修改〈征收教育费附加的暂行规定〉》，停止征收外商投资企业教育费附加，附加率调整为3%。2010年，执行《国务院关于统一内外资企业和个人城市维护建设税和教育费附加制度的通知》，内外资企业统一征收教育费附加，附加率为3%。

1991—2018年，丽水市地税部门征收教育费附加28.33亿元，其中市级9.54亿元。

二、地方教育附加

地方教育附加是国家为实施"科教兴省"战略，增加地方教育资金投入，促进地方教育事业发展而开征的一项地方政府性基金。

2006年6月，根据财政部《关于同意浙江省征收地方教育附加的复函》，浙江省政府出台《关于开征地方教育附加的通知》，自5月起在全省开征地方教育附加。在浙江省境内除外商投资企业和外国企业外，所有缴纳增值税、营业税、消费税"三税"的单位和个人为征收范围，以单位和个人实际缴纳的增值税、营业税、消费税"三税"税额为计征依据，附加率2%。地方教育附加按所属税种分别由国税部门、地税部门征收。

2006—2018年，丽水市地税部门征收地方教育附加16.03亿元，其中市级5.60亿元。

2006—2018年丽水市地方教育附加收入一览表

表2-8-7　　单位：万元

年份	合计	市级	青田	云和	龙泉	庆元	缙云	遂昌	松阳	景宁
2006	2854	861	520	224	191	96	433	244	142	143
2007	6841	2243	1097	386	490	228	1087	711	335	264
2008	7358	2371	1116	413	559	227	1258	691	427	296
2009	8134	2786	1416	468	546	238	1316	667	406	291
2010	10820	3571	1843	610	771	315	1697	937	680	396
2011	12112	3738	2016	630	980	389	1988	979	635	757
2012	13630	4651	2217	806	1041	456	1935	1030	597	897
2013	14036	4844	2123	919	1010	500	2093	997	701	849
2014	14718	5256	2170	899	1048	557	2140	1079	778	791
2015	15152	5854	2168	865	994	620	2031	1078	773	769
2016	16044	6369	2207	989	1012	699	1965	1077	851	875
2017	17254	6267	2314	986	1168	794	2217	1592	994	922
2018	21361	7184	3206	1137	1349	885	2879	2236	1179	1306
合计	160314	55995	24413	9332	11159	6004	23039	13318	8498	8556

三、农村教育事业费附加

农村教育事业费附加是向农业、乡镇企业等农村集体经济组织征收的教育专项资金。

1991年起，丽水地区依照1984年12月国务院印发的《筹措农村学校办学经费的通知》，继续征收农村教育事业费附加。根据省政府印发的《关于进一步加强农村教育事业费附加征收和管理工作意见的通知》，对设在乡镇（不包括县城）范围内的乡镇、村办工业企业（包括外商投资企业、联营企业、个体企业），征收农村教育事业费附加。农村教育事业费附加按销售收入（外商投资企业计征额按销售总额乘中方投资比例确定，由中方负责缴纳）计征，附加率0.4%—1%。农村教育事业费附加由基层税务所会同有关部门征收。2005年8月，停止征收外商投资企业农村教育事业费附加。2006年5月，全省停止征收农村教育事业费附加。

四、国家能源交通重点建设基金

1991—1995年，丽水地区依照1983年1月起施行的国务院《国家能源交通重点建设基金征集办法》，由税务部门征收国家能源交通重点建设基金。征集范围：地方财政预算外资金；行政事业单位预算外资金；国营企业及其他部门提取各项基金和税后留利；其他没有纳入预算管理的资金；城镇集体企业缴纳所得税后的利润。按当年收入额计征，征集率为10%，后经多次调整。1995年1月，对非国有企业免征国家能源交通重点建设基金，以前年度欠缴的，按规定补缴。1996年1月，停止征集国家能源交通重点建设基金。

1991—1995年，丽水地区征集国家能源交通重点建设基金158万元，其中1991年75万元，1992年46万元，1993年35万元，1994年2万元。

五、国家预算调节基金

1991—1995年，丽水地区依照1989年1月起施行的国务院《国家预算调节基金征集办法》，征集国家预算调节基金。按照规定对国营企业、事业单位、机关团体、部队和地方政府的各项预算外资金，集体企业、私营企业及个体工商户缴纳所得税后的利润，按10%计征国家预算调节基金。国家预算调节基金由税务部门征收。免征项目：农业税附加；中小学学杂费；勤工俭学收入；高等院校和中专、技工学校基金；企业大修理基金；煤矿维简费；林业部门育林基金。1995年1月，对非国有企业免征国家预算调节基金，以前年度欠缴的，按规定补缴。1996年1月，停止征收国家预算调节基金。

1991—1995年，丽水地区征集国家预算调节基金1711万元，其中地区本级42万元。

六、粮食补偿金

1991—2001年，丽水地区根据1989年6月省政府印发的《关于开征粮食补偿金的通知》，征收粮食补偿金。粮食补偿金由税务部门征收。除财政拨款的行政、事业单位和已缴纳粮食附加税的乡镇村工业、建筑、交通、运输企业外，凡全民所有制和城镇集体所有制企业、城镇私营企业、外商投资企业和其他乡镇村企业，实行企业化管理全民和集体所有制的事业单位，非农村户口个体工商户均要缴纳粮食补偿金。征集范围的企业、事业单位，按在册职工人数每人每月3元缴纳，个体工商户按从业人员每人每月5元缴纳。2001年2月，停止征收粮食补偿金。

七、文化事业建设费

1997年7月，财政部、国家税务总局《关于印发〈文化事业建设费征收管理暂行办法〉的通知》，决定开征文化事业建设费。依照《中华人民共和国营业税暂行条例》缴纳“娱乐业、广告业”营业税的单位和个人，为文化事业建设费缴纳义务人，费率3%，按缴纳娱乐业、广告业营业税的营业额计算应缴费额。随同“娱乐业、广告业”营业税由地税部门征收。1998年1月起，对缴纳“娱乐业、广告业”营业税的外商投资企业、外国企业和外籍个人，缴纳文化事业建设费。2003年，受“非典”疫情影响，丽水市在5月1日至9月30日期间，“娱乐业”纳税人免征文化事业建设费。2016年5月，随着“营改增”改革的推进，财政部、国家税务总局对有关文化事业建设费征收管理政策作出调整，《文化事业建设费征收管理暂行办法》同时废止。

1998—2016年，丽水市征收文化事业建设费7030万元，其中市级4128万元。

八、地方水利建设基金

1993年12月，省政府印发《关于水利建设专项资金征集办法的通知》，在全省范围内开征水利建设专项资金，自1994年1月1日起施行。水利建设专项资金由税务部门征收。水利建设专项资金按应缴纳单位和个人上年度销售收入或营业收入、利息收入、保费收入实绩全额计征。对新办生产经营单位和个体工商户，可按当年收入实绩为征集依据，第二年起按上年收入实绩为征集依据。工交、电力、邮电、铁路、烟草、建筑等生产性企业按销售额或营业额2‰征集；商业、供销、物资、医药、外贸、旅游、饮食服务性企业，按销售额或营业额1‰征集；金融企业按贷款利息收入2‰、保险企业按财产保费收入1‰征集；私营企业和个体工商户按销售额或营业额3‰征集；证券业务部门证券交易手续费和卖单收入，暂按2‰征集。

1994年，丽水地区征收水利建设专项资金108万元，其中地区本级6万元。1999年1月，水利建设专项资金征收标准调整为：凡有销售收入或营业收入的企事业单位及个体经营者，按上年销售收入或营业收入1‰征集；银行（含信用社）按上年利息收入0.6‰征集；保险公司按上年保费收入0.6‰征集；各类信托公司、财务公司等非银行金融机构按上年业务收入1‰征集。全年征集水利建设专项资金821万元，其中地区本级34万元。

2011年，丽水市为帮扶企业发展，全市减免水利建设专项资金3752万元，惠及企业859户，其中市级2684万元，惠及企业505户。8月，浙江省将水利建设专项资金改为地方水利建设基金，征收标准同1999年。当年全市地方水利建设基金收入1.44亿元，其中市级3729万元。

2014年，丽水市首次对规模以上企业减半征收地方水利建设基金。全市征收地方水利建设基金1.90亿元，其中市级5676万元。2015年，全市减免地方水利建设基金3267万元，惠及企业952户，其中市级1954万元，惠及企业574户。全年全市征收地方水利建设基金1.89亿元，其中市级6032万元。2016年11月，浙江省暂停征收地方水利建设基金。

1994—2018年，丽水市征收地方水利建设基金15.46亿元，其中市级4.16亿元。

1994—2018丽水市地方水利建设基金收入一览表

表2－8－8 单位：万元

年份	合计	市本级	莲都	青田	云和	龙泉	庆元	缙云	遂昌	松阳	景宁
1994	108	6	49	0	0	0	26	4	0	23	0
1995	514	22	117	48	53	59	42	60	69	32	12
1996	587	26	117	67	30	76	52	66	92	39	22
1997	634	25	129	52	33	82	63	67	100	58	25
1998	713	29	135	54	44	89	58	87	115	62	40
1999	821	34	135	69	49	88	63	82	131	83	87
2000	920	34	141	159	51	120	48	97	151	64	55
2001	1213	179		159	89	129	57	111	190	103	196
2002	1519	182		292	108	197	82	127	308	127	96
2003	2056	229		391	101	235	111	139	442	159	249
2004	2896	269		708	143	286	118	312	620	193	247
2005	3859	500		1080	152	335	154	351	625	229	433
2006	5025	860		1266	229	410	184	574	840	322	340
2007	7519	1846		1441	263	540	273	1120	1107	537	392
2008	8461	2002		1437	371	577	259	1469	1258	712	376
2009	7612	2005		1375	277	631	263	1171	980	574	336
2010	10863	2769		1955	423	910	357	1884	1299	835	431
2011	14366	3729		2384	524	1198	537	2156	1495	1065	1278
2012	16130	4526		2872	823	1191	538	2149	1515	1069	1447
2013	17899	5207		3132	820	1286	473	2531	1642	1233	1575
2014	18974	5676		3232	767	1389	690	2512	1913	1274	1521
2015	18914	6032		3342	823	1171	693	2543	1762	1214	1334
2016	12891	3907		1712	659	903	655	1568	1386	964	1137
2017	–47	576		–215	–98	–30	–45	–79	–84	–41	–31
2018	154	111		3	2	1	27	0	9	0	1
合计	154601	41604		27015	6736	11873	5778	21101	17965	10930	11599

注：2001年起，市本级和莲都区数据汇总为市级数据。分成比例为市、县收入85%归地方，15%归省；区收入15%归省，40%归市，45%归区。

九、残疾人就业保障金

残疾人就业保障金是为保障残疾人权益，由未按规定安排残疾人就业的机关、团体、企业、事业单位和民办非企业单位缴纳的资金。

2002年1月，丽水市辖区内机关、团体、事业、企业单位，城乡经济组织，中央、省属单位，外地驻丽机构，凡安排残疾人就业达不到单位平均职工人数1.5%的，均纳入残疾人就业保障金征收范围。征收标准为：（年平均职工人数×1.5%-已安置残疾人数）×上年度本地区职工平均工资×100%。残疾人就业保障金由地税部门代为征收。

2015年9月，财政部、国家税务总局、中国残疾人联合会《残疾人就业保障金征收使用管理办法》规定，残疾人就业保障金由所在地地税局征收。

2003—2018年，丽水市征收残疾人就业保障金7.16亿元，其中市级3.03亿元。

2003—2018年丽水市残疾人就业保障金收入一览表

表2-8-9　　单位：万元

年份	合计	市级	青田	云和	龙泉	庆元	缙云	遂昌	松阳	景宁
2003	472	279	0	0	0	99	0	94	0	0
2004	1015	463	124	0	73	121	0	109	81	44
2005	1513	536	139	39	79	108	277	126	110	99
2006	1694	661	229	41	72	81	301	125	111	73
2007	2068	809	290	57	121	80	379	142	108	82
2008	2387	870	376	90	137	129	400	168	109	108
2009	2487	988	303	129	145	136	358	188	138	102
2010	3070	1310	372	158	182	131	413	200	156	148
2011	3894	1868	344	143	251	133	487	324	175	169
2012	4656	2151	391	192	362	128	588	347	249	248
2013	5280	2423	472	202	384	150	707	393	273	276
2014	6025	2850	541	219	457	168	754	432	304	300
2015	6119	2855	500	266	485	181	760	441	302	329
2016	6220	3004	516	240	456	181	707	449	295	372
2017	10914	4198	1500	667	866	430	1478	511	497	767
2018	13767	5027	1608	733	1354	615	1873	975	762	820
合计	71581	30292	7705	3176	5424	2871	9482	5024	3670	3937

注：分成比例市收入95%归市，5%归省；县收入90%归县，5%归市，5%归省；区收入85%归区，10%归市，5%归省。

第九章　税收征收管理

税收征收管理，是税务机关根据国家税收法律法规规定，对纳税人依法征税和税务监督管理的总称。税收征收管理的内容主要包括制定和实施税收征管方式、税务登记、纳税申报、税款征收、发票管理、税源管理、纳税服务等各项制度。

随着改革开放的深入和社会主义市场经济的发展，税收制度不断完善，税收征管的模式不断变革。1993年1月，丽水地区施行《税收征收管理法》。8月起，施行国务院《中华人民共和国税收征收管理法实施细则》（简称《税收征收管理法实施细则》），和此后修订的《税收征收管理法》及其实施细则。1996年起，实行以办税大厅为标志的纳税人自行申报纳税制度，取消专管员管户制度。2003年，建立“以纳税申报为基础，以计算机网络为依托，以新组织体系和社会化税收保障网络为保证，集中办税、优质服务、科学管理、重点稽查相结合”的税收征管新模式；1999年起，丽水地区地税部门以信息化建设提升征管水平和效率，先后推广应用浙江地税信息系统（1998版、2000版、2006版、龙版）以及“金税三期”税收征管软件，逐步实现地税征管由手工操作向全面电算化转变。

第一节　征管改革

1991年，丽水地区延续税务专管员管户制度为核心的税收征管模式。1992年，按省财政厅、省税务局统一部署，开展“两同步”“三结合”改革，即税收征管改革与税收会计改革同步，税收征管改革、税收会计改革与开展电子计算机应用相结合的改革工作，税收征管由手工操作向计算机操作转变。

1994年1月，实施分税制改革，划分中央税、地方税和中央地方共享税，分设中央税收和地方税收两套征收管理体系。9月，地区税务局分设为地区国税局和地区地税局，与地区财政局一套班子三块牌子合署办公。1995年，探索建立“申报、代理、稽查”三位一体（建立纳税申报制度，推行税务代理制度，建立严格的税务稽查制度）的税收征管模式，撤销乡镇税收延伸二级所的征管机构。1996年，取消专管员管户制度，实现由“管户制”向“管事制”转变。

1997年9月，丽水地区国地税机构进一步分设，国税机构实行国家税务总局垂直管理，地税机构实行省以下垂直管理。2000年，地区地税局浙江地税信息系统（1998版）征管软件全面上线运行。8月，市地税局制定《丽水市地税征管社会化实施意见》，建立完善税收征收、管理、服务和保障社会化四个网络。10月，推行征管改革“三到位”（地税征管新模式在城乡落实到位，浙江地税信息系统在全省应用到位，地税征管现代化与征管社会化有机结合逐步到位）。12月，实现征管改革“三到位”的要求和“两少三高”（地税征收机构少，征收人员少，地税系统干部的政治业务素质高，征管装备水平高，干部的工作生活条件水平随着征税成本的下降有所提高）的目标。是年年末，全市设有11个征管分局、16个中心税务所，比1997年机构进一步分设后的71个减少44个。

2001年10月，丽水市推广应用浙江地税信息系统（2000版）征管软件。2002年12月，市地税局导入ISO 9000质量管理体系，为全省地税系统第一批12家试点单位之一，编制税务登记、发票管理、纳税服务等14类税务管理事项作业指导书100个，建立地税管理质量标准体系，全面规范和持续改进地税管理，并根据持续改进的理念，后对ISO 9000质量管理体系标准进行多次改进完善。2003年8月，推行申报缴库网络化，实现税银库一体化，实时扣缴税、费、基金。9月，对地方税收征管过程中与纳税人有关的涉税事项实行全程服务制度。2004年4月，通过现代地税征管新框架和信息化建设三年规划考核验收。8月，推广应用浙江地税因特网办税服务系统（简称“网税系统”），实行网上申报。2006年，应用税源间接控管平台，逐步形成“数据监控、管理精细、责任到岗”的税源管理工作机制，实施分行业、分税种的税源管理办法。

2007年7月，丽水市推广应用浙江地税信息系统（2006版）征管软件；2008年12月，推广应用浙江地税信息系统（2006版）征管软件快捷查询管理软件；2009年5月，推广应用浙江地税信息系统（2006版）征管软件不动产建筑业税收项目管理软件；2010年7月，试用契税、耕地占用税“地方两税”征收软件。应用CA证书办理涉税事项，方便纳税人办税，提升电子申报质量。

2011年，丽水市推进地税信息化“大集中”工程建设，加强数据清理，全市清理数据18万条，其中市级2万余条。2012年，推广应用浙江地税信息系统（龙版）征管软件。开展营业税改征增值税（简称“营改增”）试点。

2014年，丽水市在全省率先开展办税服务厅弹性工作制试点。2015年，开展营业税纳税人专项辅导清理。全年全市清理户数1374户，补缴税费收入1.12亿元，其中市本级清理户数238户，补缴税费收入3231万元。协同推进“五证合一”商事登记制度改革和“一照一码”工作。继续深化个体户转企业的“个转企”工作，开展“个转企”百日专项行动。全市累计完成“个转企”6667户，办理税务登记5918户，登记率89%，其中市本级累计完成“个转企”792户，办理税务登记709户，登记率90%。全面实行以“亩产税收”论英雄的城镇土地使用税和房产税政策。全年全市减免房产税、城镇土地使用税9900万元，其中市本级减免6400万元。开展国地税全面协作，明确37项合作事项责任分工。2016年5月起，全面推行“营改增”试点方案，当年全面实现“营改增”任务。

2016—2018年，落实信息化管理要求，做好“四大系统”（金税三期并库、ITS、城乡居民两费、电子税务局改造版）的上线应用及运行维护。2018年6月，全市地税系统有税务分局20个，办税服务厅13个。7月，丽水市国地税机构合并，丽水市税收征管进入新的阶段。

第二节　征收管理

税收征收管理主要包括税务登记、纳税申报、税款征收、税款缴库、发票管理等。

一、税务登记

1991—1993年，丽水地区直属企业按属地原则，由丽水市（县级）税务局办理税务登记。1994年，实行分税制改革，设立地区国税局直属分局和地区地税局直属分局。地区直属企业由直属分局办理税务登记。

2000年8月，市地税局第一征收管理分局负责市属行政、企事业单位，无主管部门的各类企业（私营企业、合伙企业），外来经营企业的税务登记和注销工作。市地税局第二征收管理分局负责莲都区属行政、企事业单位，中央、省属企业，城乡个体工商户，缴纳摩托车车船使用税个人的税务登记和注销工作。

2001年，市政府成立丽水市行政审批中心，市区范围内所有纳税人的税务登记集中在市行政审批中心地税办证窗口办理；税务登记变更和注销工作仍在税务征收管理分局办理。2006年9月，市地税局、市国税局实行联合办理税务登记（换证）。10月，在市行政审批中心实现工商、质监、国税、地税四部门联合办证。2007年，市行政审批中心地税局办证窗口，增加税务登记变更工作。

2010年年末，全市税务登记11.27万户，其中国有企业3253户，集体企业722户，股份合作企业845户，联营企业13户，股份公司5132户，私营企业1万户，港澳台投资企业147户，个体经营9万户。市级税务登记2万多户。

2015年6月，丽水市实施企业的营业执照、组织机构代码证、税务登记证、社会保险登记证、统计登记证“五证合一，一照五码”登记制度，营业执照加载五个证照号码，即“一照五码”的登记模式；10月起，开始实施“五证合一，一照一码”登记模式，将原有“一照五码”模式改为只加载统一代码即“一照一码”的登记模式。年末，全市税务登记19.60万户，其中国有企业968户，集体企业739户，股份合作企业1719户，联营企业17户，有限责任公司1.37万户，股份有限公司646户，私营企业1.98万户，港澳台投资企业110户，个体经营15.17万户。市级税务登记4.36万户。2018年年末，全市税务登记25万户。

二、纳税申报

1995年前，与税收专管员管户制度相对应，丽水地区纳税申报由税收专管员受理并进行税款征收。1996年，丽水地区确立“自行申报，优化服务，集中征收，重点稽查”的新征管格局，实行集中公开办税。全区建立30个办税大厅，90%的企业和部分个体工商户自行上门申报纳税。地区国税局、地区地税局建立纳税人、扣缴义务人办税员制度，企业纳税申报工作由办税员办理。

2001年9月，丽水市根据新修订的《税收征收管理法》，个体工商户实行简易申报、简并征期等纳税申报方式。2003年，推行网上申报试点。2005年年末，全市地税系统企业实行网上申报

6798户。此后全面实行网上申报。

2010年，丽水市本级试行由省数字认证中心核发的数字证书（简称CA证书）办理涉税事项，CA用户按规定成功办理网上纳税申报后，不再向主管税务机关报送相应的纸质申报资料。2018年7月，国地税机构合并，纳税人统一向合并后的税务部门纳税申报。

三、税款征收

1993年1月，丽水地区施行《税收征收管理法》，纳税人未按规定期限缴纳税款的，扣缴义务人未按规定期限解缴税款的，税务机关除责令限期缴纳外，从滞纳税款之日起，按日加收滞纳税款2‰的滞纳金。1995年，开展个体税收“五单工程”（单设机构、单定目标、单列计划、单独统计、单独考核）质量考评。并对城区歌舞厅定额税收实行统一管理。1997年，开展个体私营业户建账、查账核实征收试点。1998年，地区地税局提出地税征管“抓重点、破热点、清死角”的工作要求，加强企业所得税和个人所得税征管，组织开展纳税人征管户管资料清理整顿，当年全区清理出漏征漏管户4012户，查补税收罚款等105万元。是年，对账证不健全或未建账证单位和个人货运车辆税收实行定额加发票征收，对定额征收税款的营运车辆所得税的预征率全区统一规定为2%。

2000年，丽水市根据“分级定位、量化定额”的管理要求，制定定期定额纳税人基础定额，对市区实行定期定额征收的纳税人定额进行重新核定。2001年4月，调整娱乐业和社会服务业中网吧税收基础定额从原来每月每台电脑250元减至200元；调整营运车辆税收的基础定额，并按综合税率5.33%征收。5月起，按照新修订的《税收征收管理法》规定，对纳税人未按规定期限缴纳的税款，按日加收0.5‰的滞纳金。6月，加强房地产市场税收管理，纳税人未提供实际成交金额或提供的成交金额明显偏低的，可按规定的基础计税价格计征。10月，市地税局印发《丽水市地方税收定期定额管理暂行办法》，对定期定额管理的业户的定期定额评定实行“分级定位、量化定额、民主评议、系数调整”（简称“三等九级”）的办法。12月，规范本市跨县（市）从事生产、经营纳税人外出经营的税收管理。2002年4月，对实行定期定额征收的出租营业用房，按地段分类以间为单位核定计税依据。

2004年，丽水市将货物运输业纳税人分为自开票纳税人和代开票纳税人。代开票纳税人的营业定额由税务部门核定，市运管处代征税款，丽水国立税务师事务所代开货物运输发票。7月，调整市本级货运车辆的税收定额和所得税预征率，实行“双定”征收的货运车辆核定营业额调整为货车每月每吨1200元，货运出租车每辆每月2000元；所得税预征率（个人所得税或企业所得税）为3.30%。调整市本级从事工业生产（加工）类行业、商业类行业、修理修配加工类行业定期定额纳税户定额方式和定期定额核定标准。12月，委托各街道办事处征收房屋租赁业（营业用房）税收；委托丽水市公安局交警支队代征市区车船使用税。

2005年，丽水市实施欠税公告办法，规定欠税公告的形式、地点、时间等，以督促纳税人自觉缴纳欠税，防止新欠。实行房地产交易的地方税和“农业两税”共同管理，一体化征收。同年，对账证不健全的单位转让房地产和个人转让非普通住宅的所得税预征率由2%调整为1%；转让房地产的单位和转让非普通住宅的个人应缴纳的土地增值税预征率由2%调整为3%。市本级客运车辆所得税预征率由2%调整为1%。

2007年，采用“参数定税法”核定个体工商户定额。规范医疗卫生机构的税收征收管理。2009年1月，调整部分行业个人所得税附征率，批发和零售业中大宗商品从1%调整为0.5%，小宗商品和采矿业、制造业、加工业、修理修配业从2%调整为1%。

2011年，丽水市开展纳税评估，加强税源监控管理。组织开展房产税税源清查，完善充实税源数据库。完善非房地产开发项目办理房产证“先税后证”长效机制，明确规定企业厂房建设在建工程转固定资产必须取得税务发票，推进社会化的综合治税管理。完善土地契税、耕地占用税“先税后证”工作机制，加强地方两税征管。全市入库“契耕”两税7亿元，增长40%，其中市级4.28亿元，增长95%；全市入库自然人股权转让个人所得税1.16亿元，其中市级1463万元。全市清收欠税1.97亿元，其中市级1.42亿元。2012年，强化分税种管理，完善企业新建房建筑业税收“先税后证”控管协作机制，全年市本级审核64户，补缴入库营业税383万元；加强股权转让个人所得税征管，全市入库自然人股权转让个人所得税9438万元，其中市本级1928万元。全市共清收欠税1.38亿元，其中市级7157万元。

2013年，丽水市将除商品房、农民个人新建住房以外的所有新建房项目均纳入建筑业税收协税范围，全年全市地税部门共审核336户，审核金额15.32亿元，补缴营业税1693万元，其中市本级审核85户，审核金额7.49亿元，补缴营业税504万元；全市通过纳税评估共组织入库税（费）款及滞纳金1213万元；全年市本级累计股权转让企业294户，征收个人所得税8059万元；加强房地产企业欠税清缴，全市共清收各类欠税8869万元，其中市级5535万元。

2014年，丽水市调整市级个体餐饮业、旅店业的定额参数体系和纳税定额，涉及纳税人3112户，实现个体定额动态管理。依托浙江地税信息系统（龙版）征管软件功能模块，加强重点税源监控和税种管理，开展征管工作基本状况和风险指向分析，全面考评征管工作绩效，强化薄弱环节税收征管。全年完成36个房地产开发项目的清算审核，清算金额82亿元，清算项目入库土地增值税1.17亿元；全市企业所得税汇算清缴2.89亿元，其中市级1.55亿元；全市自然人股权转让1329户，入库个人所得税2362万元；企业以资本公积、盈余公积、未分配利润等转增股本补缴个人所得税5508万元；全市清理各类欠税3.39亿元，其中市级9306万元。

2015年，丽水市加强税收风险管理，全年9个风险管理项目，共入库税费1.82亿元。全市清理欠税3.23亿元，其中市级6961万元。2018年，结合省税务局统一税收征管方案，改进税源管理方式，统一税收风险管理模式，优化税收风险管理运行机制，不断健全分类分级管理，改革税收管理员制度，优化和完善征管机构职能配置，推进税收征管方式转变。

四、发票管理

1993年，丽水地区施行国务院颁布的《中华人民共和国发票管理办法》，开始印制新版发票（增值税专用发票除外），使用全国统一发票监制章和发票联底纹版。丽水地区的发票定点印刷厂每年由省税务局确定。1995年，按规定缴纳增值税的工业、商业、修理加工业，其使用的普通发票套印“浙江省丽水地区国家税务局监制”章；缴纳营业税的交通运输业、建筑安装、饮食、旅馆服务业，其使用的普通发票套印“浙江省丽水地区地方税务局监制”章。3月，对全区普通发票实行统一管理，各类普通发票按照省局确定的式样，统一审批、统一印刷、统一名称和字轨。

1998年，省地税局编印《浙江省地方税收发票样本》，按行业和用途把发票分为11类56种，使用新的防伪措施印制发票，原旧版发票使用到1998年年末。1999年3月，规定需要使用收款收据的企业须向主管地税机关领购。

2002年5月，市地税局制定《丽水市地方税收发票管理实施办法》，对全市各级地方税务机关及单位和个人印制、领购、开具、取得和保管发票进行规范。2003年，国家税务总局启用公路、内河货物运输统一发票。取消全国联运发票、公路货物运输发票、公路集装箱专用发票、水路货运专用发票等。市地税局取消市运管处对行业运输发票的委托管理。

2004年，丽水市启用全国统一的12位发票分类代码和8位发票号码，不符合规定的旧版发票使用至2005年3月末。2005年5月，规范地方税收代开发票的管理。2006年，启用新版2005年版普通发票。2009年，对纯地税行业的个体工商户税收实行分类管理，规定大户和中户使用电脑开具发票，不再使用定额发票。

2010年，丽水市推广应用电脑版普通发票，范围扩大至“流转税以营业税为主，实行查账征收方式的纳税人和流转税以营业税为主，实行定期定额征收方式，核定的月经营额在1万元以上的纳税人”。2011年，全面推广应用网络发票。

2014年1月，丽水市实施国家税务总局颁发的《税收票证管理办法》，集中收回视同现金管理的旧版税收票证进行统一销毁，其他旧版税收票证各地自行销毁，所有销毁材料进行档案留存。2015—2018年，集中收缴旧版印花税票。2015年，全市收回旧版印花税票50.63万张。2018年，国地税机构合并后，统一税收发票管理办法。

第三节　税源管理

税源管理，是对税收课征对象的源泉管理，是税收征管的基础，包括税源培植、监控和预测等。丽水市根据不同时期税源的发展变化，开展税源调查，开辟和保护税源，加强税源的监控和管理。

一、综合性税源管理

综合性税源管理是相对于单一税种专业化税源管理而言，即在一个税务机关管辖范围内，对税源进行综合性管理与考核，各税统管，有利于发挥整体优势和统一考核标准，以考评干部的管理水平和业绩。

1991年起，丽水地区延续执行1989年12月国家税务局《关于全国税收征管改革的意见》，基层税务机关逐步实现税源管理、税款征收、纳税检查、违章处理等项征管业务处理微机化，县以上税务机关逐步形成联网。全区初步建立税收分析、纳税评估、税源监控和税务稽查的互动机制，强化重点税源监控。加强税收经济分析和企业纳税评估，提高税收征收率。至1996年，税收管理员工作初步实现了“管户”与“管事”相结合，属地管理与按纳税人规模、行业、区域分类管理相结合的税源管理方式。

1998年1月，丽水地区贯彻省地税局《浙江省深化地方税收征管改革方案》，逐步建立和完善征管信息管理广域网络系统，把纳税申报、纳税信息查询、税源调查等全面纳入计算机管理。

2005年10月，市地税局贯彻省地税局《关于加强税源管理工作的若干意见》，统一思想认识，强化税源管理；重视数据管理，共享税源信息；明晰职责分工，形成管理合力；科学规范控管，加强制约监督。同年，贯彻省地税局《关于调整地税基层分局内部机构设置的实施意见》，探索税源管理模式转换，强化税源间接控管。

2006年1月，市地税局制定《关于加强税源管理工作的实施意见》，明确工作职责，落实工作措施，建立监督机制，开展税源调查。4月，根据省地税局《关于进一步落实“税源间接控管”要求的通知》，成立“税源间接控管平台”试点工作领导小组，建立“人对事、事对户”的日常税源间接控管模式，“税企联系制度”停止执行，税务管理从直接管理转变为间接控管，把握案头分析监控和实地核查两种工作方式及人员分工。同年，执行省地税局《日常税源管理下户工作规范（试行）》《信息采集维护管理工作规范（试行）》《税务登记注销工作规范（试行）》等制度，为税源间接控管模式提供了制度保障。

2007年1月，丽水市执行省地税局《非正常户管理工作规范（试行）》，对已办理税务登记的纳税人未按照规定的期限申报纳税的，税务机关责令其限期改正；逾期不改正的，税务机关派员实地核查；查无下落并且无法强制其履行纳税义务的，认定为非正常纳税户。税务机关除了对被认定为非正常户的纳税人停止供应发票外，还通过多种方式查找非正常户的法定代表（负责）人、投资人和合伙人，依法督促其改正，以避免税款的流失，尽量减少非正常户。

2010年11月，市地税局印发《日常税源管理案头分析工作办法》，结合“税源间接控管”要求，以案头分析为重心，深化信息资源利用，促进日常税源管理科学化、精细化，提高税源管理质量和效率。

2011年7月，市地税局印发《关于认真贯彻落实税源监控分析管理办法的意见》，结合实际，制订方案，完善制度，细化管理，及时总结，持续提高管理水平，定期或不定期向全市通报开展税源监控分析工作。

2014年9月，市地税局组织开展优质税源培育工作，制定《丽水市地税系统培育涵养地方优质税源实施方案》《丽水市地税系统优质税源培育对象优选方案（试行）》。10月，经定性指标和定量指标优选、成长性预测分析，丽水市确定浙江艾莱依羽绒制品有限公司等40家企业为市地税系统优质税源培育对象。是年，执行省地税局《浙江省地税系统税收计财工作质量考核办法》等制度，细化、完善实地核查管理、日常风险管理、“双定户”管理、非正常户管理、纳税人信用等级管理、不动产及建筑业项目纳税人认定等税源管理模块。

2017年7月，为加强税源管理方面的国地税合作，市地税局、市国税局印发《关于深化国地税合作进一步加强税源管理的实施方案》，加强组织领导，明确总体要求，梳理完善了“资源共用、信息共享、税源共育”等十个方面具体任务，并逐条分解落实。2018年，随着机构改革推进，地税部门税源管理职能向税务部门过渡。

二、重点税源监控

重点税源监控是通过建立税源数据库，对企业生产经营和税源税收情况进行管理的一种方式，有效掌握经济税源变动情况，是组织税收收入的基础性工作，为分析微观经济与宏观经济内在关系提供客观依据。

1996年，地区国税局、地区地税局确定各县（市）重点税源情况企业名单。1999年，按照国家税务总局税收计划管理规定，建立重点税源监控数据库。2000年起，重点税源数据报送省地税局由季报改为月报。2001年，市地税局根据省地税局《重点企业税源监控数据库暂行办法》等文件规定，结合市本级税源实际，决定对2000年度缴纳地方各税收入在20万元以上的企业进行重点税源监控，确定市本级重点税源监控企业114家，其中市级重点税源监控企业46家，省地税局监控重点税源企业14家。2002年，构建国家税务总局、省地税局、市地税局、县（市）地税局、地税分局五级重点税源监控数据库，依托ISO 9000质量管理体系，由浙江地税信息系统（2000版）生成重点税源数据，通过建立分级税源管理制度、税源分析模型、税源分析体系等，完善重点税源管理工作，为组织收入和征管服务奠定基础，实现从最初由纳税人手工填报重点税源监控报表，到纳税人通过软盘存储传递电子报表，再发展到通过电子方式报送报表。

2003年，市地税局确定全市省级重点税源监管企业156家。2005年，实行网上申报方式，直接通过网上申报平台填报重点税源报表。根据省地税局《浙江地税系统重点企业税源监控管理办法》等有关规定，结合丽水市实际，确定全市范围内市级重点税源监控企业522家，其中省级重点税源监控企业157家。2006年，市级重点税源监控企业593家，其中省级重点税源监控企业164家，税源监控面32.71%。2007年，市级重点税源监控企业608家，其中省级以上重点税源监控企业173家，税源监控面39.94%。2008年，省级重点税源监控企业198家，税源监控面38.65%。市财税培训中心举办《重点税源监控实务》培训班。2009年，省级重点税源监控企业208家，税源监控面38.47%。2010年，市级以上监控的重点税源企业572家，税源监控面53%。年末，各级监管的重点税源企业1770家，入库税款16.83亿元，占全市地税收入62%。

2011年，市地税局在市区范围内开展经济税源调查，调查范围涉及建筑业、房地产业等12个大类行业，以及城镇土地使用税、房产税、不动产和建筑业等三项税源管理情况，调查企业365家。通过调查，加强收入预测和分析，制定日常和定期相结合的预测制度，建立数据采集、分析利用和报告制度，加强重点税源管理，确保省级监控以下重点税源资料的真实、准确和完整。全市重点税源监控企业1512家（含中央企业51家，省企业155家），监控面60%，其中市级290家（含中央企业20家，省企业62家），监控面60%。

2012年，市地税局执行省地税局新修订的《浙江省地税系统重点税源监控管理办法》。全市重点税源监控企业2243家（含中央企业65家，省企业148家），监控面72%，其中市级700家（含中央企业23家，省企业56家），监控面73%。

2013年，市地税局执行国家税务总局印发的《重点税源监控工作规程》。全市重点税源监控企业1684家（含中央企业67家，省企业174家），监控面68%，其中市级462家（含中央企业23家，省企业57家），监控面73%。

2014年，全市重点税源监控企业1681家（含中央企业73家，省企业179家），监控面68%，其中市级256家（含中央企业21家，省企业60家），监控面75%。企业税收调查229家，大企业税收调查16家。2015年，全市重点税源监控企业1676家（含中央企业88家，省企业173家），监控面62%。2016年，全市重点税源监控企业1739家（含中央企业78家，省企业181家），监控面68%。

2017年起，重点税源监控企业统计职能划转至市国税局。

第四节　纳税服务

纳税服务始于纳税人需求，基于纳税人满意，终于纳税人遵从。丽水市地税部门根据不同时期税收管理的实际，确定纳税服务内容和形式，构建纳税服务平台。帮助纳税人建立健全规章制度，解决纳税人在会计核算、纳税申报和企业管理中的实际问题，提高纳税人的会计核算水平。在信息服务、咨询服务、办税服务、援助服务、维权服务等领域，为纳税人提供规范、全面、便捷、经济的纳税服务。

一、纳税服务内容

纳税服务内容主要有纳税辅导、税务代理、服务承诺、纳税信用等级评定、纳税服务规范、纳税服务评价、社会化服务等方面。1991年，丽水地区各级税务机关有针对性地帮助纳税单位的财会人员和办税人员，熟悉和掌握有关税收政策法令和纳税手续，包括纳税意义、纳税范围、适用税率等9个方面的纳税辅导。1993年9月，全区执行《浙江省税务代理试行办法》，由社会中介机构依照税法规定，开展税务代理工作。1994年，地区地税局执行《浙江省税务代理试行办法》和国家税务总局《关于开展税务代理试点工作的通知》，设置丽水地区税务师资格审查委员会和日常办事机构，负责组织丽水地区税务师资格考试，组织申报税务代理机构等。1995年4月，试行《浙江省税务师资格审查委员会工作规则》，加强对税务代理业的领导和管理。同年，印发《关于发展税务代理若干问题的规定的通知》，规范社会中介代理机构的税务代理行为，促进行业健康发展。1999年1月，印发《丽水市地税系统服务承诺制度》，对服务环境、服务内容、服务标准实施承诺制管理。

2001年11月，市地税局对纳税事项推行全程服务、政务公开、全程办理和即时监督的工作制度。2002年6月，实施《纳税人纳税信誉等级评定管理办法（试行）》，评定纳税人在年度内对税收法律法规、规章制度等五方面的遵从情况，对无税收违法行为（或虽有违法行为但情节显著轻微，没有受到行政处罚）、纳税申报率100%、税款入库率100%的，评定为A级纳税信誉。8月，深化“全程服务”工作，对涉税事项统一服务规范。2003年4月，执行国家税务总局《关于加强纳税服务工作的通知》，实现全市范围的涉税事项文书流转审批和监督；实行涉税事项网上统一受理和市县二级网上审批。2004年7月，推行首问责任人制度、窗口一次性告知制度、来信来访管理制度、税企联系制度、文明服务用语和忌语制度等5项纳税服务制度。2005年10月，执行国家税务总局《纳税服务工作规范（试行）》，税收管理员对普通纳税人及时进行办税辅导；

对纳税信用等级较低的纳税人，给予重点办税辅导。11月，明确各级税务机关和税务人员的纳税服务基本行为准则。

2007年1月，市地税局执行《浙江地税纳税服务工作规范（试行）》，全市各级地税机关建立健全纳税服务质量考核机制，实行定量考核和定性考核、定期考核与日常考核相结合；将纳税服务作为税收工作年度岗位责任制考核的重要内容，进行分级考核，建立健全纳税人及社会各界对纳税服务工作的评议评价制度，每年至少组织一次纳税服务评议评价。8月，印发《关于落实"两个减负"优化纳税服务工作的意见》，对纳税人办理涉税事项所需资料，实行"一次性"告知；资料齐全的涉税事项予以"一次性"办结；能够即时办结的涉税事项予以即时办结；不能够即时办结的涉税事项，实行全程服务并限时办结。是年，市地税局获全省地税系统纳税人满意度调查第二名。

2009年9月，市地税局印发《关于进一步优化纳税服务工作的意见》，修订全程服务项目，形成与税收综合征管软件相配套的《丽水市全程服务项目一览表》，将全市涉税事项分类管理。执行省地税局《浙江地税纳税服务志愿者管理办法（试行）》和《关于推广杭州市"纳税人之家"服务活动的通知》，开展社会化服务。是年，省地税局引入第三方机构对全省地税系统纳税人满意度、纳税人需求进行调查暗访和评价，掌握基层纳税服务工作情况，公布调查结果，并印发《纳税服务之星考评办法（试行）》，各级地税机关开展"纳税服务之星"考评工作。12月，市地税局执行国家税务总局《关于纳税人权利与义务的公告》，落实纳税人14项权利和10项义务。市地税局于2009年、2011年两次获全省地税系统纳税人满意度调查第一名。

2015年，市地税局联合市国税局发文，明确范围标准，引导鼓励纳税人涉税鉴证业务。按照中共十八大提出的加强和创新社会管理，改进政府提供公共服务方式等要求，继续扶持、鼓励中介机构发展，发挥税务师事务所等中介组织作用，通过引导、鼓励等方式推动纳税人通过委托专业的中介机构办理涉税鉴证业务或涉税事务，以减少或降低企业涉税风险，保障纳税人权益，形成协同共治的工作局面。2018年，推动各项减税降费新政落地到位，构建多重宣传阵地，开展精准纳税辅导，加强大厅现场管理三大改革措施落地见效。

二、纳税服务形式

纳税服务形式主要有公开办税、税法宣传、窗口服务、上门服务、税企联系制度、来信来访管理、文明服务用语忌语等。2000年，市地税局编印《丽水市基层地税征管机构管理服务制度汇编（示范本）》，开展"地税征管规范化服务"活动。2002年，深化"全程服务"工作，将"全程服务"制度作为统一的纳税服务品牌标志。2003年4月，公开纳税人的权利和义务、税收政策法规、管理服务工作规范、稽查工作规程、税务违法违章处罚标准、税务干部廉洁自律规定、受理纳税人投诉部门和监督举报电话、违反规定的责任追究等。2004年4月，市地税局将"一窗式"管理的理念和方法拓展到各税种和各涉税事项，实现"一窗受理、内部流转、及时审批、限时完成"。2005年8月，印发《丽水市纳税信用等级评定管理实施办法（暂行）》，市、县（市、区）地税局设立相应的纳税信用等级评定委员会；纳税信用等级设置A、B、C、D四个等级；对A（AA、AAA）级纳税人，给予两年内免除税务检查、授予纳税信用等级证书、定期上门纳税辅导等服务措施；对低等级纳税信用纳税人落实纳税辅导、重点监控等管理措施。是年，市地税局联合市国税局开展纳税信用等级评定，评出2004年度全市AAA级企业36户，AA级企业20户，A级企业144户，D级企业10户。此后每两年评定一次。

2006年12月，市地税局执行国家税务总局《关于进一步推行办税公开工作的意见》，公开办税包括纳税人的权利和义务、纳税服务工作规范、办税程序、征收管理、税务检查、税务行政许可项目和非许可税务行政审批项目、税务行政收费项目、税务行政处罚、举报投诉监督、税务机构和职责、税收法律救济、涉税认定结果和税务师事务所管理，接受广大纳税人和社会各界的监督。2007年10月，执行国家税务总局《关于落实“两个减负”优化纳税服务工作的意见》，建立和完善税源一体化管理的工作机制，对分税种税源管理任务通过税收征管辅助系统统一下达；对管理员下户事项进行清理和整合；开展综合性、全税种联合评估工作；对按照“一户式”电子档案管理要求采集的各项基础信息，不要求纳税人重复提供有关资料；完善网上申报，合理配置办税厅窗口。

2009年，市地税局开展帮扶企业“春雨”专项行动、“十项便民措施”“百场专题税企沟通会”“千名税干进千企”“网送税法连万家”等活动，帮助纳税人解难题、渡难关。印发《关于清理简并纳税人报送涉税资料有关问题的通知》，全市地税系统对纳税人依申请的涉税事项所报送的资料进行全面清理。组织税务干部走访企业，举办税企沟通会，落实税收优惠政策。2010年7月，举办“同心汇聚优化服务税企共建生态文明”主题论坛，开展税务干部走访企业、上门辅导生态文明建设相关税费优惠政策主题宣讲活动，结合“创先争优”活动，组织党员干部召开纳税服务座谈会，深入基层一线面对面征求部分纳税人对地税系统纳税服务的意见和建议，了解纳税人的真实需求及评价。成立纳税服务志愿者队伍，开展主题志愿纳税服务活动。建立“纳税人之家”，开展纳税人参事、民主评税、政策服务、税法援助和监督评议等活动。

2011年，市地税局开展以“志愿服务同心汇聚　扶残助残共享共赢”为主题的志愿纳税服务月活动，组织一个启动仪式、编写一本宣传册、走访一批福利企业、组织一次宣讲活动、建立一个长效机制等“五个一”系列活动，帮助残疾人和行动不便的纳税人解决涉税方面的实际困难。先后开展“新办企业办税辅导日”“重点税源企业座谈会”“值班分局长接待日”“专题税收政策宣讲日”等“四个日”活动，将每个季度最后一个月的18日定为“最新税收优惠政策宣讲日”。严格落实首问责任制、一次性告知制、补正承诺制以及限时服务、延时服务、提醒服务、预约服务、一窗式服务、一站式服务等工作制度，提升服务效能。开展以服务企业发展为主题的“纳税人之家活动”。结合建筑业税源调研税企座谈会、促进物流业发展政策宣讲会、扶持中小企业解困发展座谈会等主题活动，问计于纳税人，为企业排忧解难，共建和谐征纳关系。开展纳税人需求调查，通过邮寄、办税服务台、网络等形式发放纳税人需求调查问卷600份，回收各类有效问卷500多份，形成《丽水市本级纳税人需求调查报告》。

2013年，市地税局落实省地税局迎接全国纳税人满意度调查及民主评议行风“回头看”工作，开展第三方纳税人满意度调查整改、民主评议行风“回头看”、税收宣传月、“进村入企助推发展”等四项活动，累计发送短信8167条，电话访问6682户次，实地走访548户次，帮助解决问题125个，帮助企业落实融资3967万元，建立服务企业长效机制13项。

2015年，市地税局开展地税企业纳税信用成果社会化应用工作。5月，与市金融办、市银监局对接，谋划“银税互动”金融优惠贷款活动。6月，与市国税局、市建行达成“银税互动——税易贷”项目合作，签订三方合作协议，签订6家企业“税易贷”优惠贷款授权协议。8月，与市国税局、人行丽水市中心支行三方联合印发《关于推进小微企业“纳税信用贷”工作的意见》。10月，与市国税局、市银监局三方签署小微企业“银税互动”合作框架协议，建立联席会议制度，在各商业银行推行“纳税信用贷”工作，共同扶持小微企业转型升级，授信发放贷款2459万元，受惠小微企业28户。

2018年，市地税局开展优化税收营商环境活动，将1592户企业列入营商环境重点目标企业，并作为走访服务对象，问卷调查企业868户，开展大走访精准服务活动，为企业送政策、送服务、送温暖、解难题，提振企业发展信心。

三、纳税服务平台

纳税服务平台主要有办税服务厅、纳税服务热线和门户网站等。1996年12月，地区地税局执行国家税务总局《办税服务厅管理办法（试行）》，纳税人、扣缴义务人向税务机关申请办理的各类涉税事项，除法律法规另有规定的以外，由办税服务厅统一受理。办税服务厅推行办税公开，通过公告栏或电子显示屏、触摸屏等设施公开税收政策、办税程序、服务承诺、税务行政收费项目、税务违法处罚标准、办理时限、办公时间、咨询和投诉举报电话等应公开事项，提供导税服务、全程服务、限时服务、延时服务、预约服务、提醒服务，为纳税人、扣缴义务人办理相关的涉税事项。

2005年9月，市地税局印发《关于进一步优化纳税服务工作的意见》，办税服务厅负责为纳税人提供涉税服务，负责对外公布公告及宣传纳税服务热线资料的张贴与发放等；办税服务厅设置全程服务受理台、申报纳税窗口和发票管理窗口，依托信息技术开展多功能的“一窗式”服务。2007年，科学合理设置办税服务窗口，导入“一窗式”服务；各窗口前统一设置“一米线”，配备排队叫号系统；对外提供电子服务的仪器屏幕（触摸屏等），统一屏保用语。10月，执行国家税务总局《关于落实“两个减负”优化纳税服务工作的意见》，建立和完善税源一体化管理的工作机制，完善网上申报，合理配置办税窗口。设置纳税服务评价器，将评价结果纳入考核；建立办税服务厅工作暗访和评价机制。2008年3月，执行国家税务总局《关于统一使用办税服务厅标识有关问题的通知》，在全市地税系统统一推广应用办税服务厅标识，包括标识类别、组成元素、规格、材质、制作工艺及相关要求和标识应用场所。7月，全市办税服务厅推行“一窗通办”和“智能排队叫号系统”，将原办税服务厅“一台两窗”分别办理的涉税事项，统一调整到一个窗口办理，配备“智能排队叫号系统”，通过主叫排序呼唤纳税人到对应窗口办理业务。2013年，按照省地税局《推广应用办税服务厅综合管理系统的通知》《关于办税服务厅综合管理系统建设的补充通知》要求，进一步加强办税服务厅标准化、规范化、信息化建设。

2015年，省地税局确定在丽水市试点办税服务厅“弹性服务制”。4月，全市推行办税服务厅“弹性服务制”。10月，完成全市地税各办税服务厅“弹性服务制”软件2.0版安装，全市推行2.0版软件深化应用。是年，加强纳税服务平台整合，探索纳税个性化服务，建立纳税人之家、纳税服务志愿者、纳税人学校以及“四个日”主题纳税服务平台，全市组织纳税人之家活动22次，组织开展纳税服务志愿活动28次，举办纳税人学校培训80期，开展“最新税收优惠政策辅导日”活动37次，组织企业5481户，发放资料9656份。开展“新办企业办税辅导日”活动，组织举办培训87期。开展“值班分局局长接待日”活动，接待纳税人1261人次，解答问题358个。2018年5月，执行《省国税局、省地税局关于全面推进“一窗通办”工作的通知》，对纳税人办税不再区分国地税业务，全面落实关于“一窗通办”的工作要求，除专业窗口外的综合窗口均采用“一窗一人一机两系统”等形式，能够办理国地税主要涉税业务。率先在全省范围内实现办税服务厅“一窗通办”全覆盖，办税提速50%以上，确保纳税人“进一个厅、取一个号、到一个窗、办全业务”。完善办税服务厅业务规范，编制“一窗通办”操作指南、常见问题汇总等资料，为窗口人员业务操作提供规范化范本。是年，根据省地税局要求，更新、规范、梳理“最多跑一次”事项清单及办税指南，形成10个主项，146个子项，最大限度规范窗口业务办理，最大限度减轻纳税人办税负担，全市实现100%税务事项“最多跑一次”，93%税务事项“网上办”，主要税务事项“移动办”。2005—2018年，市地税局办税服务厅先后8次荣获“全国巾帼文明岗”“全国文明单位”“省巾帼文明示范岗”“省青年文明号”“市模范集体”等荣誉称号。

2002年10月，浙江地税语音特服热线电话“12366”在丽水市正式开通。2004年3月，市地税局执行省地税局《关于进一步做好“12366”纳税服务热线建设工作的通知》，实施“12366”热线系统软件升级、语音服务中心制度建设、系统维护和“12366”的宣传工作等。是年，“12366”服务热线接受电话咨询426人次。2006年，浙江地税“12366”语音特服系统在丽水地税网站编发纳税人关心的热点问题。2008年，完成“12366”全国税务系统专用码号资源在丽水市通信管理备案工作，与中国移动、中国联通公司协商扩大短信发送量。2010年，确定集财政、地税于一身，融政策咨询、办事指南、投诉举报于一体的“丽水财税‘12366’语音特服系统”建设总体方案。2011年6月，丽水“浙江财税‘12366’”语音特服系统与全省同步成功升级。并对“12366”知识库进行更新，先后对浙江地税信息系统（龙版）上线公告及相关知识、社保费征缴、二手房交易税费征缴、门征开票征税等业务增加知识点35个，修改知识点7个，确保知识库准确有效。是年，“12366”服务热线接受咨询电话4360人次。2012年，远程坐席接通率、一次性解决率、满意度、规范度等指标均保持省内较高水平，纳税人普遍反映较好，实现了“有问必答，来电必复，件件有落实，事事有回音”的工作要求。“12366”转接工单处理及时率全部达到100%；远程电话接通率稳居全省前两名；规范用语抽检综合规范度达到100%；远程业务一次性解决率92.11%，位居全省第一。2017年7月，丽水“浙江财税‘12366’”语音特服系统全面升级，正式切换启用国家税务总局热线系统，全年接受电话咨询1.65万人次。2004—2018年，“12366”服务热线共接受电话咨询9.35万人次。

第十章　税收检查

税收检查，是税务机关依法对纳税人、扣缴义务人和其他税务当事人履行纳税义务、扣缴义务及税法规定的其他义务等情况进行的检查和处理。1991—2018年，丽水市依照《税收征收管理法》《税务稽查工作规程》等税收法律法规和制度，建立健全税务检查机构，制定和完善《丽水市地方税务局稽查局税务稽查预案工作制度（试行）》《丽水市地税局涉税举报案件管理工作制度》等各项制度，组织开展各类税收检查，严厉打击税收违法犯罪活动，维护税收秩序，堵塞税收漏洞，防止税收流失。

1991起，丽水地区延续开展税收财务物价大检查。1993年起，组建税务稽查支队（分局）等专门机构，建立税务稽查制度，开展税务稽查，同时继续开展一年一度的税收财务物价大检查，税务稽查与大检查并行模式延续至1997年年末。1997年9月，丽水地区国地税机构进一步分设，地区地税稽查部门独立行使地方税收稽查职能。2000年7月，丽水撤地设市后，设立市地税稽查局及所属县（市）稽查机构，莲都区不设税务机构，市、区地方税收由市级统一稽查。至2018年7月，丽水市国地税稽查机构和职能合并。

第一节　税务检查机构

一、税务检查站

丽水地区各县（市）于20世纪80年代中期设立税务检查站，为负责货运流动税源管理的税务派出机构。1992年10月，全区13个税务检查站全部撤销。

二、人民检察院税务检察室

丽水地区财税系统于1988年起设立人民检察院税务检察室。税务检察室为人民检察院驻同级财税机关的派出机构，税务检察室负责人由人民检察院任命。1999年，撤销丽水地区人民检察院税务检察室。

三、公安局驻地税局联络室

1999年，地区公安局驻地区地税局联络室成立。2000年7月后，更名为市公安局驻市地税局联络室。联络室为公安机关在税务机关的派出机构，由公安机关经济侦查部门和税务稽查部门联合组成，业务上接受公安机关和税务机关双重领导。该机构延续至2018年7月市国地税机构合并为止。

四、税收财务大检查办公室

丽水地区税收财务大检查办公室（简称大检办）于1985年9月成立，负责组织实施全区税收财务物价大检查工作。各县（市）财税局设立的检查科，负责辖区内税收财务大检查日常工作和群众举报案件的查处。1998年，全区取消税收财务物价大检查，2001年7月，市税收财务大检查办公室撤销。

五、税务稽查支队（分局）

1993年9月，地区税务稽查支队成立，1994年7月，增挂地区税务稽查分局牌子，为隶属地区税务局副县（处）级单位，除延续大检办的工作职责外，增加对外税收检查的职能。各县（市）局组建税务稽查大队（分局），工作职责范围与地区局相同。

1997年9月，国地税机构进一步分设，地区地税局税务稽查支队（分局）成立，负责地区本级地方税收检查。稽查局内设的综合科，负责稽查选案。各县（市）地税局相应设立税务稽查大队（分局），负责辖区的地方税收检查，业务上接受地区地税局税务稽查支队（分局）指导，全区形成“两级稽查”模式。1998年11月，地区地税局税务稽查支队（分局）更名为地区地税局稽查局。

六、税务稽查局

2000年7月，丽水撤地设市，地区地税局稽查局更名为市地税局稽查局，其机构级别不变。2002年，市地税局稽查局内设综合科、检查科、案审科、执行科，实行检查业务的归口管理。2007年，市地税局稽查局检查科分设检查一科、检查二科、检查三科。

2017年，丽水市地税稽查体制改革，撤销8个县（市）地税局稽查局，各县（市）地税局稽查局整体划转市地税局稽查局，并在8个县（市）设立市地税局稽查分局，全市实行市县（市）“一级稽查”模式。2018年7月，丽水市国地税稽查机构合并。

七、税收违法案件举报中心

1998年7月，根据《浙江省地方税务局稽查总队关于设立“税务违法案件举报中心”的函》，地区地税局成立税务违法案件举报中心，举报中心设在稽查局，并配备举报接待室。2000年7月后，更名为市地税局税务违法案件举报中心。2013年3月，市地税局设立稽查局税收违法案件举报中心，负责受理单位和个人检举税收违法案件。

八、税务案件审理委员会

1998年，地区地税局大要案审理委员会成立；2003年3月，变更为市地税局重大税务案件审理委员会（简称案审委），负责重大税务案件的审核并作出处理、处罚决定。案审委主任由地税局局长兼任，成员由地税局副职领导和有关业务处室负责人组成，案审委下设办公室，负责审理委员会日常工作，办公室设在政策法规处。各县（市）地税局案审委相继成立。

第二节　税收财务物价大检查

1991—1997年，丽水地区延续实行税收财务物价大检查工作制度，开展一年一度的税收财务物价大检查工作（1991年为税收财务大检查），对各类违反财经纪律、税务法律法规及举报案件等实施监督检查。

一、大检查范围

大检查范围包括国营企业、集体企业、私营企业、企业集团、行政事业单位和社会团体及个体工商户。各年度大检查的范围，根据实际有所调整。自1998年全区取消税收财务物价大检查后，税务检查职能改由税务稽查支队（分局）承担。

二、大检查内容

大检查的主要内容包括偷税、漏税、欠税、包税、越权擅自减免税及退税，骗取出口退税的违法行为；违反发票管理的违法行为；不按规定申报缴纳个人所得税的违法行为；挤占成本费用，虚报亏损，侵占截留应交利润的行为；公款私存，私设“小金库”，截留、挪用、侵占、私分国家资财的行为；擅自购买专控商品等挥霍国家资金的行为；将全民所有制的资金转为集体或个人所有，或将预算内资金转为预算外资金的行为；以及乱收费、乱罚款、乱摊派；滥发奖金补贴等。

三、大检查实施

大检查分为宣传发动、单位自查、重点检查和总结整改四个阶段，采取自查（1996年取消自查）、互查和重点检查相结合的方法，点面结合，突出重点，兼顾一般。1991—1997年，丽水地区每年开展大检查，查获违规违纪金额1.12亿元，查补入库1.02亿元，收回欠缴税款221万元。通过监督检查和整改，严厉打击各类违规违纪行为，维护财经纪律，堵塞收入漏洞，防止流失，发挥税务检查的积极作用。

第三节　税务稽查

1993年9月，地区税务局正式建立税务稽查制度。1994年起，地区地税局稽查部门依照《税收征收管理法》《税务稽查工作规程》，组织开展税务稽查。1997年，查处案件实行稽查选案、检查、审理环节三分离。2002年起，市地税局稽查局实行选案、检查、审理、执行四分离模式，进一步明确了税务稽查综合选案和立案、涉税检举案件管理、税务稽查检查、税务案件审理、税务稽查执行、税务稽查案件复查、税务稽查案卷管理、税务稽查案件协查、管查互动等稽查工作职责，提高税务稽查效率。

一、税务稽查综合选案和立案

（一）选案立案管理

1998年，地区地税局成立稽查选案领导小组。2002年3月，市地税局成立选案工作委员会（简称“选案委”），下设办公室（简称“选案办”），由市地税局分管局领导任选案委主任。2006年3月，调整选案委成员，由市地税局局长任主任。选案委负责稽查选案的总体思路，组织协调与税务稽查选案有关的工作，讨论、审定日常稽查的检查对象的产生和责成自查转重点检查案源的审批工作。选案办负责调查研究并征求意见建议；拟订年度日常稽查选案计划，并提请选案委审定；收集、汇总、筛选日常稽查、责成自查转重点检查的案源信息，拟制税务检查对象的备选名单，提请选案委审批，制发《税务稽查任务通知书》；定期提请召开选案委会议，反馈稽查信息，研究落实以查促收、以查促管等工作措施。选案办、稽查部门根据各自分工利用人工选案或计算机选案分析系统，筛选出各类指标异常的纳税人及扣缴义务人，确定立案稽查，制作《税务稽查任务通知书》向稽查局下达检查任务。2010年1月，丽水市施行国家税务总局修订的《税务稽查工作规程》，由选案部门通过多种渠道获取案源信息，合理、准确地选择和确定稽查对象，并对税收违法案件查处情况进行跟踪管理。2017年1月，市地税局稽查局设立案源管理科（举报中心），负责对各类涉税数据、信息和线索收集汇总，建立案源信息库。

（二）检举案件管理

税收违法案件检举，是税务稽查重要的案件来源渠道。1991年起，依照《税收征收管理法》《税务机关查处税务案件办法（试行）》，对举报税务违法行为的有功人员，税务机关根据举报人员贡献大小，按规定给予奖励。1995年12月，按照国家税务总局《税务稽查工作规程》规定，公民可书面或口头举报税务违法案件，受理口头举报（含电话举报）应作笔录或录音，举报者不愿公开其情况的，应为其保密，对举报税务违法行为的有功人员按规定给予奖励。1999年1月，执行国家税务总局修订的《税务违法案件举报奖励办法》，对举报有功单位和个人，在案件查处后，按实际追缴税款的5%以内计发奖金，没有应纳税款的，按实际追缴罚款的10%以内计发，每案限额10万元以内。2001年，市地税局稽查局制定《涉税举报案件管理工作制度》；2002年，制定《举报中心工作操作办法》，举报中心承办涉税检举案件的管理工作，包括受理、登记、转办、跟踪、掌握检举案件的查办情况，上报、通报举报中心工作开展情况，及时兑付举报有功单位、人员奖励。2003年，市地税局制定《丽水市地税局涉税举报案件管理工作制度》，统一涉税举报的受理范围、处理程序等。实名检举与匿名检举均予以受理，来访检举采用口述形式（含电话举报）的，制作《检举税收违法行为记录单》记录检举情况。2006年3月，执行《浙江省地税系统稽查下查一级管理实施办法（试行）》，对下查一级署名举报案件予以奖励，由稽查局按规定支付。10月，执行《浙江省地税系统涉税检举案件分类管理暂行办法》，举报中心在受理检举案件之日起5个工作日内完成案件分类，对检举案件分为一类、二类、三类、转办案件或暂存待查进行处理。2017年1月，由市地税局稽查局案源管理科（举报中心）负责检举案源处理，稽查分局不承担涉税检举事项的管理职能。1991—2018年，市地税局受理检举税务违法案件924件，查补金额5602万元，兑付举报奖金12.29万元。

二、税务稽查检查

（一）稽查检查管理

1994年，丽水地区税务稽查以实施实地检查为主，结合日常检查、专项检查、专案检查等多种形式开展。1995年12月，按照《税务稽查工作规程》规定，对涉税案件检查制发书面通知，实施税务检查须2人以上并出示检查证件，根据法定程序采取询问情况、调账检查和实地检查等形式，检查完毕，制作《税务稽查报告》《税务稽查底稿》，与其他证据资料一并提交审理。不需立案查处的一般税收违法案件，制作《税务处理决定书》，报经批准后作出处理决定。1998年1月，对省内外各级税务稽查部门和各地公安、检察、法院等部门来人、来函要求协查的涉税案件予以协查。2010年1月，市县国地税稽查局对同一被查对象实施联合检查，出示各自税务检查证和《税务检查通知书》，分别作出处理决定。县（市）重大税收违法案件可报请市稽查局查处。2013年，市地税局稽查局制定《税收专项检查试行“三集中一分级”模式实施方案》，实行集中检查。2017年1月，根据《全国税务稽查规范1.0版》规定，在实施检查、中止检查、终结检查、制作稽查工作底稿、补证或补充调查等各环节进行细化管理。是年，制定《丽水市地税系统稽查体制改革试点工作实施方案》，实行市县“一级稽查”模式，加强国地税稽查协作，试行国地税联合检查模式。2018年，在“三集中一分级”模式的基础上，进一步整合稽查资源，集中处理大要案、开展重点行业专项检查、重点税源企业检查。丽水地税创新稽查模式，向全省推广。

（二）专项检查

专项检查，是税务机关根据特定目的在一定时期内对相关行业或领域的纳税人、扣缴义务人履行纳税义务、扣缴义务和税法遵从情况所进行的检查。1997—2018年，根据国家税务总局、省地税局统一部署，丽水市每年开展专项检查。专项检查实行计划指标管理，分指令性检查项目和指导性检查项目，指令性检查项目为省市县统一组织，统一实施；指导性检查项目可由市县结合当地情况、税源状况、检查频率等选择性开展检查。丽水市专项检查项目主要有房地产业、建筑业、金融保险业、商贸工业制造业，资本交易项目（股权转让）、高收入行业、各类服务业等。

（三）联合检查

联合检查，包括国地税联合检查和税务部门会同有关部门联合检查。1995年，丽水地区稽查部门配合“金华税案”检查，加强对增值税专用发票的使用管理检查，配合公安、检察等有关部门查处伪造、倒卖、盗窃、虚开代开增值税发票和骗取出口退税，堵塞税收漏洞。是年，全区查处虚开代开增值税发票价税合计200万元以上大要案15件，移送检察机关12件，结案6件，起诉1件，拘捕1人，挽回损失4560万元，没收非法所得81万元。2010年，市地税局会同市国税局、市公安局联合开展整治虚假发票“买方市场”，建立专项整治定期三方联席会议制度，实行统一部署，将发票检查作为税收检查的重点内容，确保“查账必查票，查案必查票”。市本级以交通运输业、旅游业为切入点，从核算中心原始凭证中查找假发票，对涉案出票企业进行突击检查，全市查处涉案企业42户，查获假发票5956份，涉案金额779万元，查补税款26万元。

（四）专案检查

专案检查，包括上级交办案件，有关部门移送转办案件，群众举报案件及协查案件。2009

年，丽水市加强区域税收专项整治，共查处11起假发票案件，没收假发票684份。4月，市国税局、市地税局在收集“代开发票”名片的基础上，以经济犯罪情报线索予以立案，成立公安、地税、国税、人行四部门组成的专案组，利用信息线索进行技术分析。6月，抓获犯罪嫌疑人3名，查获便携式电脑2台、针式打印机1台、印章6枚，已开具发票18份、票面金额323万元，缴获空白增值税普通发票、货物销售发票、地税统一代开发票和建筑业统一代开发票144份（无限额），手机7部、手机卡10张、社会人员“代开发票”名片1万余张。这是全市最大的打击假发票犯罪案件。

三、税务案件审理

税务案件审理，是指税务稽查机构对立案查处的各类税务违法案件在实施稽查完毕的基础上，由案审部门审查鉴别证据、分析认定案件性质，制作《稽查审理报告》《税务处理决定书》《税务稽查结论》的活动过程。案审委负责重大涉税案件会审，稽查局案审科负责一般税务案件的审理及需提交案审委审理案件的提请，实行案审委、案审科两级审理制度。2001年，市地税局稽查局执行省地税局《浙江省地税案件审理分级管理暂行办法》，并制定《丽水市地税稽查审理工作制度》等操作办法。2004年，制定《案件审理底稿操作办法》《税务行政处罚事项告知反馈制度》等，完善案件审理内部流程。

（一）一般税务案件审理

一般税务案件由稽查局案审部门审理，必要时组织会审。经审理，对于事实清楚、证据确凿、符合法律程序、文书规范齐全的案件，制作《税务稽查审理报告》，报请审批执行。发现事实不清、证据不足或手续不全的案件，进一步查实补证。

（二）重大税务案件审理

1998年起，丽水地区依照《税收征收管理法》《税务稽查工作规程》《重大税务案件审理办法》《浙江省地税系统重大税务案件审理暂行办法》有关规定，对达到大要案标准的，填制《重大税务案件审理提请书》，提请案审委对重大税务违法案件予以审理。2002年，市地税局确定对单位查补税款在30万元以上的案件，个人查补税款在10万元以上的案件，非法印制、伪造、倒卖、盗窃发票300份以上的案件，需移交司法机关追究刑事责任的案件，情况比较复杂、定性有困难的疑难案件由案审委审理。2007年8月，执行省地税局《关于进一步加强重大税收违法案件管理工作的意见》，重新确定重大案件标准，实行分类管理。对重大税收违法案件，按查办形式分为组织查办案件和督促查办案件，其中市地税局组织查办的案件，包括市委、市政府、市纪委、省地税局等上级机关批办的案件；市地税局领导批办案件，包括在全市范围内有重大影响的案件，涉嫌偷税、逃避追缴欠税案件，税款数额在500万—1000万元的案件，抗税案件，非法出售、伪造、擅自制造、倒卖、盗窃发票2000份至5000份（或税收通用完税证100份至200份）的案件。2014年，省地税局调整重大税务案件的标准为单位查补税款在50万元以上的案件，个体工商户、个人查补税款在10万元以上的案件；非法出售、伪造、擅自制造、倒卖、盗窃发票300份以上（税收通用完税证50份以上）的案件；抗税案件；稽查局初步认定达到涉嫌危害税收征管犯罪的标准，拟移送公安机关追究刑事责任的案件；上级指定查处的涉税案件；案审委认为其他需要审理的案件。该标准执行至2017年。案审委审理的重大税务案件实行集体决策、公开透明、规范操作、简化程序，所有案件全部纳入浙江地税信息系统（2006版）。1994—2018年，全市共审理重大税务违法案件229件，其中移送司法机关案件70件。

（三）税务行政处罚听证

根据国家税务总局1996年10月施行的《税务行政处罚听证程序实施办法（试行）》和省地税局2003年4月施行的《浙江省地税系统重大税务案件审理暂行办法》等规定，市地税局对公民作出2000元（含）以上罚款或者对法人、组织作出1万元（含）以上罚款的行政处罚之前，送达《税务行政处罚事项告知书》，当事人要求听证的，税务机关应在收到当事人听证要求后15日内举行听证会，并在会前7日内送达《税务行政处罚听证通知书》，除涉及国家、商业秘密或者个人隐私外，听证会公开进行，听证由记录员写成笔录，听证结束后，听证主持人将听证情况和处理意见报告税务机关负责人。2003年7月，市地税局首次税务行政处罚听证会由市案审办按规定举行。2017年1月，按《全国税务稽查规范1.0版》规定，实施集中审理的税务案件，由制发税务违法案件决定文书的稽查机构举办听证。

四、税务稽查执行

税务稽查执行是指税务稽查机关将需由纳税人履行的各类税务稽查处理、处罚文书送达纳税人，督促纳税人依法履行税务处理、处罚决定和必要时采取税收保全、税收强制措施的活动的全过程。依据国家税务总局2005年7月施行的《纳税担保试行办法》，国家税务总局、公安部1996年12月施行的《阻止欠税人出境实施办法》，省国税局、省地税局1997年6月施行的《浙江省税务稽查执行工作制度（试行）》等有关规定，在案件执行时，将《税务行政处理决定书》《税务行政处罚决定书》等送达被执行人，并拟制《案件执行报告》；委托案件辖地稽查局执行的案件，由其送达《税务行政处理决定书》《税务行政处罚决定书》等，负责执行税款入库和《案件执行报告》的制作。对当事人未按规定的期限缴纳税款及滞纳金（含担保），当事人有逃避纳税义务行为，采取税收保全措施；在责令缴纳应纳税款的期限届满仍未缴纳税款，未取得营业执照从事生产经营的纳税人，税务机关扣押其商品、货物后15日内仍不缴纳税款的，税务机关可采取税收强制措施；经税务机关同意或确认，纳税人或其他当事人可以保证、抵押、质押的方式，为纳税人应缴纳的税款及滞纳金提供担保，税务机关自纳税人缴清税款及滞纳金之日起3个工作日内解除纳税担保，未在规定期限缴清税款、滞纳金的，税务机关在期限届满之日起15日内书面通知纳税担保人，其自收到纳税通知书之日起15日内缴纳担保的税款、滞纳金，逾期仍未缴纳的，报经批准，税务机关依法拍卖、变卖抵押物，以抵缴税款及滞纳金；对欠税人未按规定结清应纳税款又未提供纳税担保且准备出境的，税务机关依法向欠税人申明不准出境，对已取得出境证件执意出境的，税务机关可按规定的程序函请公安机关办理边控手续，阻止其出境。

1994—2018年，丽水市地税稽查部门开展税务稽查4.91万户，查补收入11.18亿元。

1994—2018年丽水市地税局稽查情况一览表

表2－10－1

年份	主要专项检查项目	检查户数（户）	查补收入（万元）
1994	各类偷漏抗税案件检查	2492	863
1995	增值税及专用发票专项检查	6789	1532
1996	增值税及专用发票专项检查	1150	2138
1997	房产税、个税专项，建筑业、娱乐业、餐饮业专项	13612	535
1998	企业所得税、行政事业单位房产税、个税专项，建筑业，金融保险业，饮食业	5044	932
1999	个税专项，发票专项，饮食业，律师、会计师事务所等中介机构	1613	1968
2000	房地产业，建筑业，租赁业，邮电通信，报社电视台	618	1028
2001	宾馆业，餐饮业，律师业及高收入行业	2227	1927
2002	房地产业，建筑业，租赁业，邮电通信业，高收入行业	4521	2030
2003	电力、小水电，房地产业，邮电通信业，拍卖行业，部分工业企业	939	2176
2004	房地产及建筑安装业，高收入行业税收专项及高收入个人个税	821	3437
2005	部分制造业，广告业，住宿业，房屋租赁	699	1789
2006	制造业，广告业，住宿业，房屋租赁	772	1943
2007	房地产及建筑业，食品药品工业，全国重点企业，金融保险业，高收入行业	870	2209
2008	房地产及建筑业，金融保险业，工业企业，烟草企业，宾馆业，广告业	1123	3161
2009	建筑业，营利性医疗机构，教育培训，大型连锁超市，总局定点联系企业	734	6066
2010	房地产业（房屋中介），建筑业，交通运输业，市级重点税源企业	638	6678
2011	资本交易项目，建筑业，广告业，交通运输业，地方金融业，高收入行业	670	2759
2012	资本交易项目，工业和商贸企业，全国重点企业，省内重点税源企业	820	4665
2013	工业和商贸企业，房地产及建筑业，非学历教育培训，高收入行业	766	5520
2014	房地产及建筑业，股权转让，工业和商贸企业，非学历教育培训	771	9378
2015	资本交易，房地产及建筑业，教育培训，旅店业，中介服务	863	8121
2016	劳务派遣行业，总局、省局重点税源企业，三集中一分级专项	323	12093
2017	集团企业，企业股票转让，市重点企业双随机抽查，国地税联合检查	198	15724
2018	省局、市局重点税源企业双随机抽查，国地税联合稽查	20	13159
合计	—	49093	111831

注：①本表检查户数和查补收入包括所有检查项目。

②1997年户数中个人所得税专项检查11533户。

③2018年7月国地税合并，检查户数为1—7月地税重点检查户。

第十一章　税收计划、会计、统计及票证

税收计划、会计、统计、票证工作，是税收工作的重要组成部分，是组织各项税收收入必不可少的工具。税收计划是依据丽水市国民经济发展有关指标和财政预算安排，应用基数法和地区生产总值平均税收负担率进行编制。税收会计、统计工作主要反映税款的应征、征收、减免、提退、欠税、解缴、入库全过程，并运用各种统计方法，分析税源发展变化情况，反映税收政策的实施效果。

第一节　税收计划

税收计划包括税收计划的编制、分配与落实，税收计划执行情况的检查与分析，税收收入预测等。省地税局按当地实际情况分市、县下达税收计划，市、县地税局再向各基层税务机关分配落实。

一、税收计划编制

1991—1996年，丽水地区执行省税务局（省地税局）税收计划相关管理规定，加强税收计划管理，编制方法由20世纪70年代按产品产量计划计算，逐步发展为“基数、系数和特殊因素”的编制方法。1994年起，税收计划遵循“坚持党和国家的方针、政策；从经济到税收；实事求是，从实际出发；积极可靠、统筹兼顾”的原则，沿用“基数法”编制。1997年起，编制方法改为试行与国内生产总值挂钩的办法，即“GDP税收负担率法”，主要有“弹性系数法”和“税收负担率法”两种方式。

1998年，丽水地区执行《浙江省地方税务系统税收计划、会计、统计工作制度实施办法》，按照现行税收政策，以国民经济和社会发展计划为基础，结合市场经济的发展变化情况进行税收计划编制。税收计划分年度计划和季度执行计划，采取“一上一下”的编制程序。年度计划一经确定，一般不做调整，如遇特殊情况，可向省地税局申报调整意见；季度执行计划不作调整，如确因税源发生变化影响计划完成的，在季度税收计划执行情况分析报告中加以分析说明。

2002年，市地税局按照《浙江省地税系统税收计划管理业务工作规程》的税收计划编制原则，明确编制步骤，开展税收计划编制工作。市地税局年度税收计划编制于每年12月开展，根据基层税务机关基于本辖区税源分析上报的下一年度税收收入预测汇总数，结合上期税收计划执行情况、计划期内影响税收收入以及同级财政预算等因素，编制《税收收入计划建议数上报表》；经市地税局局务会议审议通过上报省地税局；待省地税局下达税收计划后，提出本年度计划分配建议，即编制《税收收入计划表》；经市地税局局务会议确定后，正式下达税收收入计划，必要

时召开会议加以落实。季度执行计划由市地税局基于基层税务机关上报的《季度（分月）税收执行计划表》，结合年度税收计划和税收计划执行情况核定，作为指导性意见由基层税务机关落实执行。

2007年，市地税局调整税收计划编制规定。基层税务机关需结合本辖区税源分析与前三年的税收收入测算下一年度税收收入；原市地税局局务会审议的事项改由市地税局局长办公会议审议。2012年起，市地税局执行《浙江省地税系统税收计划管理办法》，税收计划编制分为中长期税收收入规划（一般为3—5年）编制和年度税收收入计划编制。2013年，原由市地税局局长办公会议审议的事项同时由市地税局局长或分管计财处的局领导在浙江地税信息系统（龙版）审批。截至2018年，每年完成税收计划的编制、分配与落实工作。

二、税收计划执行

1998年，地区地税局加强税收计划执行情况检查，按旬掌握收入进度；按月进行分析，通报收入情况；按季、按年做出计划执行情况检查报告。2002年，市地税局认真落实税收计划执行情况检查与分析。市地税局、各县（市）地税局按旬编制《税收旬报》，分别于旬后2日、旬后1日上报上级地税部门，后每年11—12月改为编制《税收五日报》上报；各县（市）地税局按月编制《税收快报》，于每月2日上报市地税局，市地税局汇总所属县（市）报表后，于每月3日上报省地税局；月度终了后，各县（市）地税局编制《税收收入增减因素分析表》和《税收收入分析表》上报市地税局，市地税局编制《税收计划执行情况表》及执行情况报告，分发相关单位和部门。各税务机关必要时可召开税收收入分析会议。市地税局按季汇总基层税务机关上报的税收收入预测材料，并对全年收入进行全面预测，编制《税收收入预测情况表》上报省地税局；市地税局按季、按年汇总基层税务机关上报的分析材料，撰写税收计划执行情况报告分送有关局领导审核后上报省地税局。

2004年，丽水市执行市级和县（市）级税务机关收入分析直报制度，月度营业税、企业所得税、个人所得税、城市维护建设税收入增减幅度超过50%的县（市）地税局和增减幅度超过30%的市地税局，于每月6日前将该收入增减的主要原因报省地税局，通过省地税局网络上报国家税务总局。2007年，市地税局建立税收收入分析档案，汇总基层税务机关的月度、半年度、年度税收收入预测数据，按半年编制《上半年税收收入预测表》，按年编制《税收收入预计完成情况表》，按月、按季、按年撰写税收收入分析报告，并分别在规定时间内上报省地税局。2013年，定期或不定期选取优秀税收收入分析报告，上传至浙江地税信息系统（龙版）的优秀报告库，实现分析资料共享。2015年，成立深化税收分析工作领导小组及其办公室，办公室设在市地税局计划财务处。截至2018年，市地税局每年开展税收计划执行情况分析，做好税收分析预测工作，提高组织收入的前瞻性、主动性。

三、税收计划考核

市地税局根据省地税局分级管理、逐级考核的方法，对所属县（市）地税局进行考核。1991—1998年，地区地税局（地区税务局）按相应年度的税收计会统同工种竞赛考核办法，开展考核工作。1999年，制定《丽水地区地税系统税收计会统工作竞赛考核办法》。2002年，市地税局印发《丽水市地税系统税收计会统工作竞赛考核办法》，按月考核、按季通报、按年评比，依据全年总得分评出优胜单位。市地税局计财处视省地税局和市地税局工作布置情况，可以相应增加考核内容和评分标准。至2017年，每年进行考核通报。

第二节　税收会计

税收会计是运用会计方法和手段，对税收业务进行全面、综合、连续、系统地核算反映与监督的税收管理活动。主要任务是组织税收会计核算，记录和反映税收业务活动，提供税收会计信息；加强税收缴库、退库、调库业务管理，保障税款安全；实施税收会计监督，规范税收业务行为；开展税收会计分析，反映税收、经济运行情况，服务税收决策。

一、税款入库与退付

税款入库　税务机关征收的各项税款和各项基金等收入必须按照有关规定及时缴入国家金库，税收会计不直接办理征收业务。

20世纪90年代起，丽水地区采取计算机处理税收征管，纳税人填报纳税申请表，由征管大厅计算机开票，再由纳税人缴入国库经收处。对当地没有国库经收处或者一些零星小额税款，税务机关填发完税证自收自缴，或委托代征代扣单位代征、代扣代缴。1996年，地区地税局执行《税收票证管理办法》关于自收税款限期限额的规定。税务部门的征收人员限期10天，限额2000—5000元；在征期内税款集中，限期3天，限额由各市（地）、县（市）地税局自行规定；代征代扣单位限期10天，限额2000元；对山区海岛、边远地区交通不便的，专管员和代征单位自收税款限期适当放宽，但不超过1个月。当地没有国库经收处，而信用社有条件办理税款存款业务的，自收税款和代征税款当日存入信用社，按规定的期限、额度办理票款结算手续，税款不得存入私人账户。存入信用社的税款，只能划解，不能提取现金。没有条件办理税款划解的信用社，专管员按限期、限额的规定，自带信用社的转账支票，向税务所办理票款结报。

2001年4月，市地税局征管二分局开展“税银联网、自动扣缴”试点工作，对城区、水阁镇、联城镇、富岭乡所有双定纳税户实行“税银联网、自动扣缴”缴税方式。2004年12月起，市地税局逐步推广“一户通”电子缴税业务，并报人民银行丽水市中心支行备案，运用税银库联网的“一户通”系统平台，采用同城特约委托收款业务电子转账方式实现地方税、费、基金的征缴入库。

2010年，市地税局执行国家税务总局《关于严格执行税收票款管理制度的通知》，明确各级税务机关、代征单位征收的各项税款，必须及时足额缴入国库，不得积压、挪用和截留。当地设有国库经收处的，所征税款和结报的税款必须于当日划解入库，当日不能划解的，最迟于次日划解入库；当地未设国库经收处和代征税款的，按“限期限额”规定结报并汇解入库。代征单位代征税款结报期限最长不超过1个月，金额最高不超过5万元。2014年，按照省地税局《关于明确〈税收票证管理办法〉若干问题的公告》规定，税务机关的门征税款、应用省局代征软件的代征单位征收的税款应按日办理解缴入库。未使用代征软件的代征单位征收的税款结报期限最长不得超过30天，额度最高不得超过20万元，并以期限或额度条件先满足之日为准。

税款退库　税款提退核算内容包括计算失误的错征税款；属政策规定的出口退税，减免退税，减税还贷退库；属所得税汇算清缴和增值税等结算退库；属代征代扣税款提取手续费和违章案件提奖，以及集贸市场税收分成退库等。

1993年，丽水地区执行《税收征收管理法》及其实施细则规定，纳税人超过应纳税额缴纳的税款，税务机关发现后应当立即退还；纳税人自结算缴纳税款之日起3年内发现的，可以向税务机关要求退还，税务机关查实后立即退还。1996年起，小额退税由基层税务所所长批准，在自收税款内退还，每次批准额度为100元以下。一般退税由退税单位或个人提出申请，按照审批权限，由县（市）税务局局长签具意见后，通过国库办理退还。办理申请退税期限自征收之日起1年内；已批准的退税自通知之日起1个月内有效，逾期不予办理。

2001年，丽水市执行修订的《税收征收管理法》。2002年，执行国务院修订的《税收征收管理法实施细则》。税务机关发现纳税人多缴税款的，自发现之日起10日内办理退还手续；并加算银行同期存款利息，不包括依法预缴税款形成的结算退税、出口退税和各种减免退税。纳税人自结算缴纳税款之日起3年内发现多缴税款的，可以向税务机关要求退还多缴的税款并加算银行同期存款利息，税务机关自接到纳税人退还申请之日起30日内及时查实并办理退还手续。当纳税人既有应退税款又有欠缴税款的，税务机关可以将应退税款和利息先抵扣欠缴税款；抵扣后有余额的，退还纳税人。对于已经入库的多征多缴税款，因涉及从国库中退库的问题，不受前面关于退税的时限和要求的限制，依照法律和行政法规中有关国库管理的规定退还。基层税务机关当日自收税款入库前，纳税人申请退税，经审查属实，可将多收税款及时退还，并收回原纳税凭证（税票收据联）与报账联、存根联一并作废。通过金库办理退税，已经批准的退税，从批准通知书送达之日起1个月内有效，逾期税务机关不得再办理退税手续。

2003年，市地税局制定《丽水市本级地税税款退库管理试行办法》，适用于市地税局从市金库办理地税税款（含基金、费等各项收入）退库的事项。税款退库纸质程序与电子程序同步进行，其中电子程序通过浙江地税信息系统涉税文书模块进行。2014年起，若纳税人发现多缴税款要求退还，需下户核实的，税务机关应当自接到纳税人退还申请之日起30日内查实并办理退还手续；不需下户核实的，税务机关应当自接到纳税人退还申请之日起20日内办理退还手续。

二、会计核算

税收会计核算应当坚持客观性、相关性、连续性原则，以实际发生的税收业务为依据，收集和填制会计凭证，登记会计账簿，编制会计报表，对申报、查补、评估、征收、减免、缓征、缴库、退库、调库等税收业务进行全面的记录和反映。税收会计凭证分为原始凭证和记账凭证；税收会计账簿包括总账、明细账、日记账和其他辅助性账簿；税收会计报表一般包括日报、月报、年报等。

1991—1993年，税收会计核算普遍采用“收付记账法”。1991年，税收会计月、季（年）报表共12种。1994年，全区全面实行新会计制度，在税收会计核算方法上采用“借贷记账法”，由单式记账法改为复式记账法，核算范围从征收环节扩大到申报环节。

1996年，地区地税局执行省地税局《税收会计核算实施细则》《税收会计核算工作规程》和《税收会计核算各岗位工作职责》，推行税收会计改革，将税款应征、减免、欠缴全部纳入税收核算，按纳税人设置分户账，全面反映和监控每个纳税人的税款申报、缴纳、减免和欠缴情况。运用TPS系统录入数据进行汇总加工，CRPG系统实现报表上报。电算化逐渐取代传统的手工方式核算，报表审核、修改仍由人工操作，以软盘和纸质报表进行数据汇总和报表上报。应用ZTAX系统，运用电脑技术开票，对入库数据进行单税票手工销号。税收会计核算基本实现电脑加工数据并产生凭证、账册及报表。是年，税收会计月（年）报表调整为《税收资金平衡月报表》《应征、欠缴、在途、查补税金明细月报表》《入库税金明细月报表》《减免税金明细月报表》《提退税金明细月报表》等5种。

1999年，地区地税局启用浙江地税信息系统（1998版）征管软件，税收会计核算全过程实现电算化。9月，启用省地税局开发的CTRS税务报表处理系统，从报表系统维护、报表定义、数据采集、报表查询与修改、报表汇总、舍位平衡、报表打印、批量处理和报表加工等九个方面，改进税收会计报表的处理。税收会计统计报表中《应征、欠缴、在途、查补税金明细月报表》，改为《应征、欠缴、呆账、在途、查补税金明细月报表》。2002年，执行省地税局新修订的《税收会计核算管理实施细则》和税收会计统计报表制度，县（市）级税务机关为一级核算单位。调整后的税收会计报表共8种，其中《应征、待征、在途税金明细月报表》改为《应征税金明细月报表》和《待征税金变动情况月报表》，《查补税金明细年报表》改为《查补税金及税款滞纳金、罚款收入明细月报表》。

2005年，市地税局启用自动对账销号系统。2006年，税收会计月（年）报表增至12种，新增《税务代保管资金明细报表》《多缴、待解、在途、待处理损失税金及损失税金核销明细月报表》。2010年6月，契税和耕地占用税征管职能由财政部门划转地税部门，浙江地税信息系统（2006版）征管软件可反映契税和耕地占用税入库数。启用省地税局开发的TRAS税务报表处理系统，从报表系统维护、报表定义、数据采集、报表查询与修改、报表汇总、舍位平衡、报表打印、批量处理和报表加工等方面进一步改进税收会计报表的处理质量。该系统一直沿用至2018年。税收会计月（年）报表删除《税务代保管资金明细报表》后，调整为11种。

三、会计监督

税收会计监督应当对税收业务进行事前、事中和事后的全面监督，可以采用日常案头监督方式或专项检查监督方式。

1999年，地区地税局开展税收票款和税收会计达标考核验收工作。2001年，市地税局开展税收票据和税收会计核算检查。2003年，开展税收会计核算和税收票款检查。2012年，开展税收会计核算和票款管理重点检查。2013—2018年，开展税收会计核算和票款管理检查。

第三节　税收统计

税收统计是社会经济统计的重要组成部分，是从税收经济现象的数量方面反映税收活动及所涉及的社会经济活动情况的专业统计。

1993年前，税收统计主要反映税收经济类型、分行业、分税目征收税额，包括减免税、以税还贷、纳税户数、税务经费和代征手续费提支等20多种税收统计报表。1994年，实行分税制财政体制，税制、税种变化较大，原有会计统计体系设置已不适应财税体制改革需要，行业、经济类型等划分作了相应调整，行业划分为农林牧渔业、采掘业、制造业、电力煤气及水生产和供应业、建筑业、地质勘查业、水利管理业、交通运输仓储及邮电通信业、批发零售及贸易餐饮业、金融保险业、房地产业、社会服务业、科教卫生业、其他行业。经济类型分为国有经济、集体经济、私营经济、个体经济、联营经济、股份经营、外商投资经营、港澳台投资经营、其他经济共9类。

1996年起，丽水地区税收统计报表由按征收数统计调整为按入库数统计。1998年，统计报表种类、表式和指标口径有所调整，报送的统计报表有10种。1999年，调整行业分类，行业划分为制造业、采掘业、电力煤气及水生产和供应业、建筑业、交通运输仓储及邮电业、批发零售业、金融业、信息传输、计算机服务和软件业、住宿和餐饮业、文化体育和娱乐业、租赁和商务服务业、房地产业、其他行业共13大类。企业经济类型改按工商行政管理部门登记注册类型统计，增加到11类，分别为国有企业、集体企业、股份合作企业、联营企业、有限责任公司、股份有限公司、私营企业、外商投资企业、港澳台投资企业、个体企业、其他企业。

2001年，各类税收季报表改为月报表。统计报表新增《税收收入分产业统计月报总表》，报表项目及相关填报口径有所调整。2002年，统计报表中的“股份公司”栏分设为“有限责任公司”和“股份有限公司”两栏。《企业所得税分企业类型统计月报表》新增“国有商业及政策性银行”项目，统计四大国有商业银行和3家政策性银行缴纳的所得税。2005年，《税收收入分产业统计月报总表》《税收收入分企业类型统计月报总表》《营业税分企业类型统计月报表》《税收欠税分项目统计月报表》增加“住宿和餐饮业”“文化体育和娱乐业”“国有控股”等栏目。2006年，新增《减免税金分行业统计月报表》和《减免税金分企业类型统计月报表》；《税收收入分产业统计月报总表》改为《税收收入分产业分主要行业统计月报总表》。

2008年，税收会计统计报表中“企业所得税”“外商投资企业和外国企业所得税”合并为“企业所得税”项目；消费税、营业税的分企业类型统计月报表改为增值税、消费税、营业税分行业分企业类型统计月报表，规范并细化行业项目设置；增设《营业税分税目分企业类型统计月报表》；《涉外税收税额统计月报表》改为《涉外税收分行业分税种统计月报表》，增设“城镇土地使用税”栏目。2009年，增设《企业所得税分行业入库类型统计月报表》等3张统计月报表。2010年，税收统计报表共20种。税收会统报表中的“房产和城市房地产税”项目改为“房产税”项目；取消《税务代保管资金明细月报表》；增设《县级税收收入分行业分税种统计年报表》《县级税收收入分企业类型统计年报表》。2011年，调整企业经济类型分类为国有企业、集体企业、股份合作企业、联营企业、股份公司、私营企业、外商投资企业、港澳台投资企业、个体经营和其他企业。该分类标准沿用至2018年。

第四节　税收票证

税收票证是税务部门征收税款使用的专用凭证，是纳税人实际缴纳税款或收取退还税款的法定证明。

一、票证种类

税收票证按性质分完税凭证、处罚凭证、管理凭证三大类，包括纸质形式和电文数据形式，其中电文数据税收票证是指通过横向联网电文缴税系统办理税款的征收缴库、退库时，向银行、国库发送的电文缴款、退款信息。

1994年，根据国家税务总局关于统一税收票证种类和式样的要求，省地税局在1993年前原票证的基础上，废除各税专用缴款书，增加税收定额完税证等，按照不同的用途归并成17种票证，分别为税收缴款书、出口产品税收专用缴款书、固定资产投资方向调节税专用缴款书、税收汇总专用缴款书、税收完税证、税收定额完税证（1元、5元、10元、50元共4种面额）、代扣代收税款凭证、税收罚款收据、税收收入退还书、小额税款退税凭证、出口产品完税分割单、固定资产投资方向调节税零税率项目凭证、税票调换证、纳税保证金收据、印花税票销售凭证、车船使用税使用标志和免税标志、印花税票等。1998年，国家税务总局统一制定23种税收票证，将税收缴款书变更为税收通用缴款书，税收完税证变更为税收通用完税证，增加税收转账专用完税证。

2002年12月，为适应电子缴税方式改革的需要，国家税务总局统一推出税收电子转账专用完税证。2003年3月，省地税局明确，对实行银税库联网电子扣缴税款的，使用税收电子转账专用完税证。市地税局于2007年12月启用该完税证。2008年10月，国家税务总局发行2008年版印花税票。2010年年末，税收票证共16种，分别为税收通用缴款书、税收汇总专用缴款书、税收通用完税证、个人所得税完税证明、税收转账专用完税证、税收电子转账专用完税证、税收定额完税证（1元、5元、10元、50元共4种面额）、代扣代收税款凭证、税收罚款收据、税收收入退还书、小额税款退税凭证、税票调换证、税务代保管资金收据、印花税票销售凭证、委托代征报酬领取凭证、印花税票一套9枚（1角、2角、5角、1元、2元、5元、10元、50元、100元）。

2014年1月起，丽水市施行国务院修订的《税收票证管理办法》。税收票证包括税收缴款书、税收收入退还书、税收完税证明、出口货物劳务专用税收票证、印花税专用税收票证以及国家税务总局规定的其他税收票证。税收缴款书有税收缴款书（银行经收专用）、税收缴款书（税务收现专用）、税收缴款书（代扣代收专用）、税收电子缴款书。税收收入退还书包括税收收入退还书、税收收入电子退还书；出口货物劳务专用税收票证有税收缴款书（出口货物劳务专用）、出口货物完税分割单；印花税专用税收票证有印花税票和印花税票销售凭证；税收完税证明有税收完税证明（表格式）、税收完税证明（文书式）。2015年11月，国家税务总局规定不得再使用88/89版印花税票，各地须将88/89版（含1990年印制）全部上缴总局销毁。2018年年末，税收票证包括税收缴款书（银行经收专用）、税收缴款书（代扣代收专用）、税收缴款书（税务收现专用）、税收收入退还书、印花税票（1元、2元、5元、10元、50元、100元）、印花税票销售凭证

（征退凭证）、税收完税证明（表格式）、税收完税证明（文书式）、税务代保管资金专用收据。

二、票证管理

各级地方税务机关必须对税收票证的设计、印制、领发、保管、填用、结报缴销、作废、停用、盘点、损失处理、销毁、核算、审核、检查和处罚等各个环节严格管理，其中税收通用完税证、税收定额完税证、税收罚款收据、代扣代收税款凭证、税票调换证、印花税票及票证专用章戳视同现金管理。

1998年，地区地税局执行省地税局《浙江省地税系统税收票证管理实施办法》。2005年，市地税局执行《浙江省地方税务局关于进一步加强税收票证管理的通知》，印发《丽水市地方税务局关于进一步加强税收票证管理的补充通知》。2010年，执行省地税局新修订的《浙江省地税系统税收票证管理实施办法》。2014年，执行国家税务总局《税收票证管理办法》。2018年，执行《国家税务总局关于明确税收票证管理有关事项的通知》。

票证设计和印制　税务与国库联网计算机专用缴款书、税收转账专用完税证（基本项目内容由国家税务总局确定）和税收定额完税证式样由省地税局确定。其他税收票证的格式、规格、联次及各联颜色、用途、项目内容和票证字号的编制方法均由国家税务总局统一制定；票证栏目尺寸、字体规格及计税栏下留多少空行等，由省地税局确定。印花税票由国家税务总局统一印制，其他各种税收票证均由省地税局统一印制。征税专用章、退库专用章由国家税务总局统一制定式样，由省地税局统一刻制，印花税收讫专用章由省地税局统一制定式样，授权各市、县（市）地税局刻制，并留底归档备查。

票证领发　各县（市）地税局按年编报“税收票证领用计划表”，于年度终了前一个月内上报市地税局，市地税局汇总后于次年1月上旬上报省地税局。税收票证领取应使用税收票证专用车，派票证管理人员领取或发送，不得委托他人捎带或代领，更不得用包裹、信件邮寄。市地税局向省地税局领取印花税票时，凭单位介绍信，派两人和专车领取。各地领发税收票证时，由领、发人员当面共同清点领发数量和号码，双方清点核对无误后，在“票证领用单”或“交接清单”上登记各种票证的数量，字轨和起止号码、领发时间，加盖领发机关及领、发人员印章，领、发各执一联，作为登记票证账簿的原始凭据。税务人员、扣缴义务人和代征代售单位（人）向基层税务机关领取票证时，持“票款结报手册”领取，领发的票证清点完毕后，领、发双方交换结报手册互为对方登记领发票证种类、数量、字轨号码及领发时间，在手册上双方共同签章。一般每次核发不得超过一个月的使用量。

票证保管　票证主管人员负责票证保管，县以上地税机关设置具有安全条件的票证专用库房和专用箱柜；基层税务所、组（征收点）、扣缴义务人和代征代售单位（人）配备票证保险专用箱柜；税务人员和代征单位经办人员外出使用票证要有票证专用包袋，妥善保管。票证管理人员和用票人员要经常检查票证安全情况，做好防盗、防火、防潮、防虫蛀、防鼠咬和防丢失。税务人员和代征单位经办人员外出办理征收税款时，要做到票不离身，不准带票走亲访友。门征的票证设专用柜（箱）或专用抽屉加锁，做到人离锁落。领用票证的扣缴义务人和代征代售单位的票证管理人员、税务人员、代征单位经办人员和代售人员发生工作调动，以及扣缴义务人和代征代售单位（人）终止税款征收业务时，将所经管的票证、账簿等资料交接清楚，造册登记，交接双方共同签章，经地税机关领导审查核准，才能离岗。已填用的票证（作会计凭证的除外）和作废、停用及损失上缴的票证，按一定方法整理、装订登记造册，连同票证账簿和票证报表按规定保管要求移送归档，按规定年限妥善保管。保管期限分别为税收通用完税证存根联3年、报查联10年；印花税票销售凭证、税票调换证2年；其他税收凭证存根联2年，报查联、回执联10年；票证移交清册、票证销售清册10年；票证账、簿、册7年。

票证填用　票证使用人员在启用票证前，先检查票证封签是否完整，有否缺页或重号、漏号等情况。发现问题要及时向票证主管人员及有关领导说明情况，并办理核销或缴销。专票专用，先领先用，顺序填开。各种税收票证均应按规定的使用范围填用，不得互换使用。税收票证分纳税人、分次填开。每个纳税人每次缴纳税款都必须填开票证，不得几个纳税人合开一张票证；同一纳税人缴纳同一种税款，如税款不是同一所属时期的，应分别按各个所属时期填开票证。税票的填写可一票多税，但在票证上按税种分行填写，以便按税种分别缴库。

票证结报缴销　税务人员、扣缴义务人和代征代售单位（人），按规定要求和期限，持已填用的税收通用完税证、代扣代收税款凭证（包括代扣代收税款报表）及作废、停用、损失的票证和空白税收通用完税证、代扣代收税款凭证连同所收税款或税款专户存折和票款结报手册向税收会计办理结报和缴验手续，并在结报手册上相互签章。缴销的票证要及时清点号码是否顺序连号，发现跳号要及时查明原因。作废票证要全份上缴。基层地税机关应将填票人员结报缴销的票证，按月向县（市）局办理票证缴销手续。

票证销毁　销毁票证包括已填用票证存根联和报查联（作会计凭证的除外）、填用作废的全份票证、印刷不合格票证、停用票证、损失残票、损失后追回票证，以及印发税务机关规定要求销毁的票证等。已使用票证存根联和报查联应在规定保管期满后销毁。未使用的印花税票需要销毁的，逐级上缴由省地税局负责销毁。未填用的视同现金管理的票证需要销毁时，由两人以上共同清点，编造销毁清册，报经市（地）地税局领导批准，指派专人复点监督销毁。其他各种票证需要销毁时，销毁清册一份作票证开出的记账凭证，一份送本单位档案室留存，一份报省地税局备案。

票证检查　2000年，市地税局根据省地税局《浙江省地税系统税收票证管理实施办法》，结合市本级税收票证管理实际，开展税收票证检查，提出各基层单位每季度必须进行一次全面票证清查，并上报清查情况。2005年，按省地税局要求，市地税局开展税收票款检查工作，分自查、复查、重点检查三个阶段，其中重点检查阶段工作由省地税局实施。2006年7月，按省地税局关于税收票证和税款缴库专项检查工作的要求，基层地税分局全部进行全面自查。

2015年，市地税局印发《丽水市地方税务局税收票证检查办法》，明确检查方式分自查、互查、复查及定期与不定期检查等。市地税局每年组织一次对县（市）地税局的票证抽查工作，县（市）地税局对基层分局、代征单位的票证检查每年不少于两次，并建立通报和责任追究制度。2017年，开展税收票证专项检查，分自查、复查、抽查三个阶段。4—5月，全市19个基层税务分局开展自查，自查面100%；5—6月，市本级及各县（市）地税局进行复查，复查面100%；6—7月，市地税局成立票证专项检查组，抽查市地税局一分局、二分局和三个县局，抽查面50%。

1991—1993年丽水地区分税种收入一览表

表2－11－1　　　　单位：万元

税　　种	1991年	1992年	1993年	合计
产品税	3490	3567	4677	11734
增值税	6332	7630	13175	27137
营业税	6316	7126	9902	23344
工商统一税	3	36	336	375
集体企业所得税	754	516	274	1544
城市个体工商业户所得税	329	379	461	1169
个人收入调节税	21	12	17	50
私营企业所得税	10	15	15	40
城市维护建设税	716	814	1038	2568
车船使用税	76	80	93	249
房(地)产税	412	543	495	1450
城镇土地使用税	195	182	218	595
屠宰税	60	56	46	162
牲畜交易税	2	1	2	5
资源税	0	0	3	3
国营企业所得税	2903	3131	2484	8518
国营企业奖金税	12	5	6	23
国营企业工资调节税	34	27	11	72
事业单位奖金税	1	2	2	5
集体企业奖金税	8	4	3	15
印花税	75	91	78	244
固定资产投资方向调节税	9	39	121	169
建筑税	6	0	0	6
盐税	1	7	0	8
滞纳金罚款	622	333	64	1019
税收收入合计	22387	24596	33521	80504

1994—2018年丽水市地税分税种收入一览表

表2－11－2

单位：万元

年份	税收收入合计	增值税	营业税	企业所得税	个人所得税	资源税	城市维护建设税	房产税	印花税	城镇土地使用税	固定资产投资方向调节税	屠宰税	土地增值税	车船使用税	烟叶税	耕地占用税	契税	环境保护税	其他税收
1994	12306	0	5947	2268	1015	59	1192	721	116	237	234	95	0	117	—	0	0	—	305
1995	17185	0	8571	3339	1337	71	1468	860	107	195	236	157	6	144	—	0	0	—	694
1996	23455	0	11873	5016	1876	122	1805	977	168	197	334	195	17	144	—	0	0	—	731
1997	27516	0	13837	6740	2529	79	1765	1247	111	207	367	238	23	109	—	0	0	—	264
1998	31406	0	15605	6056	3486	76	3251	1540	135	238	578	244	28	169	—	0	0	—	0
1999	36647	0	18215	7423	5112	99	2951	1619	180	200	279	262	34	273	—	0	0	—	0
2000	46735	0	21617	12288	6386	84	3491	1718	250	215	33	289	43	321	—	0	0	—	0
2001	80547	0	29379	31098	12376	128	4390	1948	282	213	－15	179	140	429	—	0	0	—	0
2002	95978	0	44742	23564	17216	120	5934	2720	403	292	—	—	398	589	—	0	0	—	0
2003	114229	0	52266	27389	22742	120	6516	2973	659	288	—	—	519	757	—	0	0	—	0
2004	135116	0	56304	32292	29977	162	7840	4434	1155	415	—	—	1613	924	—	0	0	—	0
2005	159104	0	60076	37384	38041	273	10191	5576	1375	1066	—	—	3962	1160	—	0	0	—	0
2006	200934	0	77603	40006	48040	1815	12892	7507	2088	1946	—	—	7770	1037	230	0	0	—	0
2007	263130	0	106585	46885	61529	1983	17405	8687	3074	2680	—	—	12711	1459	132	0	0	—	0
2008	273058	0	97256	48370	69280	2421	18674	11013	3873	8377	—	—	10604	2936	254	0	0	—	0
2009	273245	0	100348	45450	67737	1610	21406	12237	3990	10447	—	—	6288	3428	304	0	0	—	0
2010	382055	0	131101	45865	80835	2238	27788	14068	6176	10229	—	—	9402	4317	145	8649	41242	—	0
2011	479931	0	155203	59637	98741	2899	33400	17405	6584	13175	—	—	18009	4798	62	15858	54160	—	0
2012	517570	0	180634	61703	102088	2841	37555	20103	7592	14163	—	—	21425	6085	30	30836	32515	—	0
2013	596169	0	194826	69258	109122	3875	39698	21676	8151	15095	—	—	36379	6980	33	37632	53444	—	0
2014	670936	0	212395	98159	124790	4457	41556	25764	10311	17418	—	—	39554	8195	35	33750	54552	—	0
2015	738520	0	219726	100876	139364	5347	43158	26771	11917	25339	—	—	40238	9429	18	64368	51969	—	0
2016	724986	8972	135598	112019	149646	4044	46400	29003	10641	26509	—	—	49914	10583	9	79878	61770	—	0
2017	656842	22413	2714	127748	157508	4273	49525	34538	11379	25209	—	—	74243	12054	7	47540	87691	—	0
2018	739162	26296	4160	122508	186640	6397	60211	29586	12790	30914	—	—	84320	12743	9	48555	113462	571	0
合计	7296762	57681	1956581	1173341	1537413	45593	500462	284691	103507	205264	2046	1659	417640	89180	1268	367066	550805	571	1994

注：2010年之前契税、耕地占用税在农业四税中统计。2016年全面“营改增”后的增值税是根据《国家税务总局关于营业税改征增值税委托地税机关代征税款和代开增值税发票的公告》（总局2016年第19号），由地税部门代征的税款。

1991—2018年丽水市地税税收收入一览表

表2－11－3 单位：万元

年份	合计	市本级	莲都	青田	云和	龙泉	庆元	缙云	遂昌	松阳	景宁
1991	22387	1174	4600	2590	1040	3350	1545	2745	2617	1922	804
1992	24596	1296	4986	2805	1250	3569	1683	3083	3000	2023	901
1993	33521	1799	6451	3793	1689	4390	2437	4838	3930	2961	1233
1994	12306	980	3593	805	880	1848	614	1137	1371	583	495
1995	17185	1575	4706	1592	1189	2295	810	1642	1946	837	593
1996	23455	1961	6436	3023	1432	2578	1012	2340	2779	922	972
1997	27516	2681	6799	3484	1529	2514	1324	2978	3311	1435	1461
1998	31406	2516	7713	3964	1896	2884	1411	3877	3624	1704	1817
1999	36647	2925	9388	4478	2176	3147	1551	4375	4555	2077	1975
2000	46735	4835	10944	5755	2500	3969	1995	5622	5946	2853	2316
2001	80547	26143		9883	4860	6866	3148	10007	10216	4982	4442
2002	95978	33270		12245	5199	8088	3606	11411	11125	5735	5299
2003	114229	37187		16951	6630	9330	4719	13096	13043	7054	6219
2004	135116	42821		22031	7085	10635	4798	15345	16572	8883	6946
2005	159104	49304		29582	7833	11964	5624	16758	19335	10014	8690
2006	200934	68677		37410	10298	14478	7084	20271	21050	12452	9214
2007	263130	100058		45958	12997	17808	9692	27240	22683	15284	11410
2008	273058	96022		51606	14864	19272	8900	28071	24993	16024	13306
2009	273245	97873		51682	13631	19146	8760	25157	28557	13808	14631
2010	382055	142276		59770	16943	30161	12047	41990	35540	18798	24530
2011	479931	195238		67970	18819	37147	14840	50052	38350	21985	35530
2012	517570	206150		71745	21203	40402	16795	56298	41792	25071	38114
2013	596169	231469		86258	23794	48002	19617	65320	45177	31487	45045
2014	670936	267264		90221	26222	55261	23942	72193	48469	35009	52355
2015	738520	293740		97058	30697	61416	27219	74723	55297	39811	58559
2016	724986	295511		85653	28100	60713	29165	72856	52593	41884	58511
2017	656842	274090		78598	23600	55310	24996	69086	42851	36602	51709
2018	739162	304287		90980	25759	57757	31120	83109	51158	40587	54405
合计	7377266	2848738		1037890	314115	594300	270454	785620	611880	402787	511482

注：2001年起，市本级和莲都区数据汇总为市级数据；2010年起，包括契税和耕地占用税。

第十二章　税费减免

税收减免，是根据国家一定时期的政治、经济、社会政策要求，对生产经营活动中某些特殊情况给予减轻或免除税收负担，对某些纳税人和征税对象采取减少征税或者免予征税的特殊规定，其中，减税是对应征税款依法减少征收，免税是对应征税款全部免除纳税义务。规费（基金）减免，是依照法律法规和规章制度，对某些缴费人应缴规费（基金）减少征收或者免于征收的优惠。丽水市减免的主要有社会保险费、教育费附加、地方教育附加、水利建设专项资金等(在规费基金章节中叙述)。

1991—2018年，丽水市先后执行国家对新办企业、福利企业、高新技术企业、残疾人就业、再就业扶持、涉外企业、第三产业、公益事业、农林牧水（养殖）项目及老、少、边、穷地区的税收减免政策。通过各类税收优惠政策的实施和税费减免，调节收入分配，促进地方经济的良性循环和发展。其间，全市减免税108.29亿元，其中土地增值税12.09亿元，企业所得税28.30亿元，营业税16.02亿元，城镇土地使用税5.51亿元，房产税5.20亿元，个人所得税3.97亿元，城建税9706万元，其他税收36.23亿元。

第一节　新办企业税收减免

1991—1994年，丽水地区新办独立核算咨询业（包括科技、法律、会计、审计、税务等咨询业)、信息业、技术服务业企业或经营单位，自开业之日起，第一年至第二年免征企业所得税；新办独立核算交通运输业、邮电通信业企业或经营单位，自开业之日起，第一年免征企业所得税，第二年减半征收企业所得税；新办独立核算公用事业、商业、物资业、对外贸易业、旅游业、仓储业、居民服务业、饮食业、教育文化事业、卫生事业企业或经营单位，自开业之日起，报经主管税务机关批准，可减征或者免征企业所得税一年。

新办城镇劳动就业服务企业，凡当年安置待业人员（凭待业证或卡）超过企业从业人员总数60%的，经主管税务机关审查批准，可免征企业所得税三年；免税期满后，企业当年新安置待业人员占企业原从业人员总数30%以上的，经主管税务机关审核批准，可减半征收企业所得税两年；对新办特殊食品工业企业，1995年年底以前免征企业所得税一年；对新办饲料工业企业，1995年底以前免征企业所得税。1998年，全地区减免新办企业所得税17万元。2001年，全市减免新办企业所得税860万元。

2008年2月，丽水市执行财政部、国家税务总局《关于企业所得税若干优惠政策的通知》，新办软件生产企业经认定后，自获利年度起，第一年至第二年免征企业所得税，第三年至第五年减半征收企业所得税。2009年，对2008年12月31日前新办的政府鼓励的文化企业，自工商注册登记之日起，免征三年企业所得税，享受优惠期限至2010年12月31日。

2011年1月，丽水市执行财政部、国家税务总局《关于进一步鼓励软件产业和集成电路产业发展企业所得税政策的通知》，新办集成电路设计企业和符合条件软件企业，经认定后，在2017年12月31日前，自获利年度起计算优惠期，第一年至第二年免征企业所得税，第三年至第五年按照25%的法定税率减半征收企业所得税，并享受至期满为止。至2018年，仍执行该优惠政策。

第二节　福利企业税收减免

1991—1993年，丽水地区对福利生产单位安置盲、聋、哑、残疾人员总数35%以上，免征所得税；比例超过10%未达35%的，减半征收所得税；新办福利生产单位，免征所得税1年。

1994年1月起，丽水地区执行财政部、国家税务总局《关于企业所得税若干优惠政策的通知》和国家税务总局《关于民政福利企业征收流转问题的通知》，安置“四残”人员占企业生产人员50%（含）以上的民政福利工业企业，其生产增值税应税货物，采取先征税后返还的办法，给予返还全部已纳增值税的照顾；安置“四残”人员占企业生产人员35%以上，未达到50%的民政福利工业企业，其生产销售的增值税应税货物，可给予部分或全部返还已征增值税照顾，企业应先按规定纳税，全年发生亏损的，年底向当地主管税务机关提出申请，由县级主管税务机关审批返还；安置“四残”人员占企业经营人员35%（含）以上的民政福利企业，其经营属于营业税“服务业”税目范围内（广告业除外）的业务，免征营业税。对民政部门举办的福利工厂和经民政部门鉴定的（包括街道、乡镇办的）非中途转办的社会福利生产单位，凡安置“四残”人员占生产人员总数35%（含）以上的，暂免征收企业所得税；凡安置“四残”人员占生产人员总数的比例超过10%未达到35%的，减半征收企业所得税。1998年，全地区减免福利企业税收4万元。

2007年7月，丽水市执行财政部、国家税务总局《关于促进残疾人就业税收优惠政策的通知》，按实际安置每位残疾人每年可退还的增值税或减征的营业税的具体限额，由县级以上税务机关根据单位所在区县（含县级市）适用的经省级政府批准的最低工资标准的6倍确定，但最高不得超过每人每年3.5万元。单位支付给残疾人的实际工资可在企业所得税前据实扣除，并可按支付给残疾人实际工资的100%加计扣除。2008年，全市减免福利企业税收222万元。

2014年6月，丽水市调整安置残疾人就业单位城镇土地使用税定额减征标准。自2014年7月1日起，对在一个纳税年度内月平均实际安置残疾人就业人数占单位在职职工总数的比例高于25%（含）且实际安置残疾人人数高于10人（含）的单位（包括福利企业、盲人按摩机构、工疗机构和其他单位），报经地税部门批准，可享受按年平均实际安置人数每人每年定额2000元减征城镇土地使用税的优惠，减征的最高限额为本单位当年应缴纳的城镇土地使用税税额。

2016年5月，丽水市执行财政部、国家税务总局《关于促进残疾人就业增值税优惠政策的通知》，对安置残疾人的单位和个体工商户，满足享受税收优惠政策条件的，实行由税务机关按纳税人安置残疾人的人数，限额即征即退增值税的办法。至2018年，仍执行该税收优惠政策。

第三节　老少边穷地区税收减免

1991—1993年，丽水地区根据国家税务局《关于清理整顿和严格控制减税免税的具体实施意见》，对老、少、边、穷地区乡镇企业，按统一规定减免税期满后纳税仍有困难的，报经批准，可再给予不超过一年的减税或免税照顾。

1994年1月，丽水地区执行财政部、国家税务总局《关于企业所得税若干优惠政策的通知》，对国家确定的“老、少、边、穷”地区新办企业，经主管税务机关批准后，可减征或免征企业所得税3年。1995年1月，浙江省政府《关于在景宁畲族自治县实施企业所得税优惠政策的通知》规定，凡在景宁畲族自治县范围内新办的企业，从开业之日起，可免征企业所得税五年；对景宁畲族自治县少数困难的老企业，按规定纳税确有困难的，经批准可酌情给予一至二年减征或免征企业所得税的照顾；投资方从在景宁畲族自治县所办的联营企业中分得的税后利润，回原地后不再补交企业所得税；景宁畲族自治县的企业从外地（包括经济特区和上海浦东新区）分回的税后利润，经批准可不再补交企业所得税；除上述优惠政策外，现行企业所得税优惠政策可以同时享受。但在具体执行时，可选择适用其中一项最优惠政策，不得两项或几项优惠政策累加执行。

1997年，丽水地区执行国家税务总局《关于集体金融企业企业所得税减免审批权限的通知》，明确集体金融企业企业所得税减免税审批权限，凡集体金融企业遇风、火、水、震等严重自然灾害和在国家确定的“老、少、边、穷”地区新办集体金融企业，年度减免企业所得税额在100万元（含）以上的，经省国税局审核同意，报经国家税务总局审批后执行。

2008年9月，省财政厅、省国税局、省地税局《关于对景宁畲族自治县的企业实行企业所得税优惠政策的通知》规定，凡在景宁畲族自治县注册的新办企业，给予三至五年减征或免征地方分享部分企业所得税；对景宁畲族自治县少数困难的老企业，按规定纳税确有困难的，经批准可以酌情给予一年减征或免征属于地方分享部分企业所得税的照顾；上述所得税优惠政策由景宁畲族自治县税务主管机关审批。

2015年8月，按照省政府《关于对景宁畲族自治县企业所得税优惠政策的复函》，对在景宁畲族自治县注册的新办企业和已认定且税收优惠政策未到期的企业，实行自注册之日起十年内减征或免征地方分享部分企业所得税的优惠政策。至2018年，仍执行该税收优惠政策。

第四节　高新技术企业、技术转让税收减免

1994年1月，丽水地区执行财政部、国家税务总局《关于企业所得税若干优惠政策的通知》，企业事业单位进行技术转让，以及在技术转让过程中发生与技术转让有关的技术咨询、技术服务、技术培训所得，年净收入在30万元以下的，可报经地区税务局批准，暂免征收所得税；超过30万元的部分，应按规定征收企业所得税。对技术转让有关收支应单独核算，否则应按规定征收企业所得税。

1999年5月，丽水地区执行《关于促进科技成果转化有关税收政策的通知》，对科研机构和高等学校的技术转让收入免征营业税，科研机构和高等学校服务于技术成果转让、技术培训、技术咨询、技术服务、技术承包所取得的技术性服务收入暂免征收企业所得税。7月，科研机构、高等学校科技成果以股份或出资比例等形式给予个人奖励，获奖人在取得股份、出资比例时，暂不缴纳个人所得税。2005年，全市减免高新技术企业税收38万元，2006年，全市减免高新技术企业税收4809万元。

2007年3月，丽水市对国家需要重点扶持的高新技术企业，减按15%的税率征收企业所得税。12月，对一个纳税年度内，居民企业技术转让所得不超过500万元的部分，免征企业所得税；超过500万元的部分，减半征收企业所得税。

2015年1月，丽水市执行财政部、国家税务总局《关于高新技术企业职工教育经费税前扣除政策的通知》，对高新技术企业发生的职工教育经费支出，不超过工资薪金总额8%的部分，准予在计算企业所得税应纳税所得额时扣除；超过部分，准予在以后纳税年度结转扣除。10月，执行国家税务总局《关于许可使用权技术转让所得企业所得税有关问题的公告》，居民企业转让五年（含）以上非独占许可使用权取得的技术转让所得，纳入享受企业所得税优惠的技术转让所得范围。居民企业的年度技术转让所得不超过500万元的部分，免征企业所得税；超过500万元的部分，减半征收企业所得税。至2018年，仍执行该税收优惠政策。

第五节　就业再就业税收减免

就业再就业税收减免政策包括残疾、孤老人员就业减免政策，军转干、随军家属、退役士兵就业减免政策，再就业减免政策等方面。

一、残疾、孤老人员就业减免政策

1994年1月，残疾人个人为社会提供的劳务免征营业税。5月，对残疾人个人提供的加工、修理修配劳务免征增值税。7月，对残疾、孤老人员和因严重自然灾害造成重大损失的个人，每年应纳税额在5000元（含）以内的，给予减征个人所得税照顾，其减征期限和幅度由县（市）税务局确定；上述人员每年应纳税额超过5000元的，需减征个人所得税的应报市（地）税务局审批。2001年，残疾人员兴办或参与兴办个人独资企业和合伙企业，残疾人员取得的生产经营所得，符合省政府规定的减征个人所得税条件的，经本人申请、主管税务机关审批，可按省政府规定减征的范围和幅度，减征个人所得税。2009年4月，对残疾、孤老人员和烈属所得及因严重自然灾害造成重大损失的个人所得，年应纳税额在2000元（含）以内，据实减征个人所得税；应纳税额在2000—5000元（含）部分，减征50%个人所得税；超过5000元部分，原则上不再减征。是年，全市减免残疾人就业税收28万元。2014年，全市减免残疾人就业税收218万元。

二、军转干、随军家属、退役士兵就业减免政策

自主择业的军队转业干部减免政策　2001年8月，从事个体经营的军队转业干部，经主管税

务机关批准，自领取税务登记证之日起，三年内免征营业税和个人所得税；为安置自主择业的军队转业干部就业而新开办的企业，凡安置自主择业的军队转业干部占企业总人数60%（含）以上的，经主管税务机关批准，自领取税务登记证之日起，三年内免征营业税和企业所得税。2003年5月，丽水市执行财政部、国家税务总局《关于自主择业的军队转业干部有关税收政策问题的通知》，本通知生效前，已经从事个体经营的军队转业干部和符合本通知规定条件的企业，如果已经按规定享受了税收优惠政策，可以继续执行到期满为止；如果没有，可自本通知生效之日起，三年内免征营业税、个人所得税、企业所得税。

随军家属就业减免政策　2000年1月起，为安置随军家属就业而新开办的企业，随军家属必须占企业总人数的60%以上，自领取税务登记证之日起，三年内免征营业税、企业所得税；对从事个体经营的随军家属，自领取税务登记证之日起，三年内免征营业税和个人所得税。每一随军家属只能按上述规定，享受一次免税政策。2014年7月，丽水市执行省政府、省军区《关于批转省人力社保厅省军区政治部〈浙江省军人随军家属就业安置实施办法〉的通知》，为安置随军家属就业而新办的企业，安置随军家属人数占企业人数60%以上，自领取税务登记证之日起，三年内免征营业税。随军家属创办的符合税法规定条件的小型微利企业，可按有关规定享受企业所得税减免政策。

退役士兵自谋职业减免政策　2004年，为安置自谋职业的城镇退役士兵就业而新办的服务企业（除广告业、桑拿、按摩、网吧、氧吧外）当年新安置自谋职业的城镇退役士兵达职工总数30%以上，并与其签订一年以上期限劳动合同的，经县级以上民政部门认定，税务机关审核，三年内免征营业税及附征的城市维护建设税、教育费附加和企业所得税；对自谋职业的城镇退役士兵从事个体经营的（除建筑业、娱乐业以及广告业、桑拿、按摩、网吧、氧吧外），自领取税务登记证之日起，三年内免征营业税、城市维护建设税、教育费附加和个人所得税。2014年4月，自主就业退役士兵从事个体经营的，在三年内按每户每年8000元为限额依次扣减其当年实际应缴纳的营业税、城市维护建设税、教育费附加、地方教育附加和个人所得税。限额标准最高可上浮20%，浙江省定额标准为每户每年9600元。对商贸企业、服务型企业、劳动就业服务企业中的加工型企业和街道社区具有加工性质的小型企业实体，在新增加的岗位中，当年新招用自主就业退役士兵，与其签订一年以上期限劳动合同并依法缴纳社会保险费的，在三年内按实际招用人数予以定额依次扣减营业税、城市维护建设税、教育费附加、地方教育附加和企业所得税优惠。定额标准为每人每年4000元，最高可上浮50%，浙江省定额标准为每人每年6000元。税收优惠政策执行期限为2014年1月1日至2016年12月31日。未享受满三年的，可继续享受至三年期满。2017年6月，依照财政部、国家税务总局、民政部《关于继续实施扶持自主就业退役士兵创业就业有关税收政策的通知》，原扣减营业税改为扣减增值税，税收优惠政策执行期限为2017年1月1日至2019年12月31日，未享受满三年的，可继续享受至三年期满。

三、再就业减免政策

再就业减免政策　2013年1月，丽水市执行财政部、国家税务总局《关于下岗失业人员再就业有关税收政策问题的通知》，在当年新招用下岗失业人员达职工总数30%（含）以上，并与其签订三年以上期限劳动合同的企业中，经劳动保障部门认定，税务机关审核，对新办服务型企业（除广告业、桑拿、按摩、网吧、氧吧外）三年内免征营业税、城市维护建设税、教育费附加和企业所得税；对新办商贸企业（从事批发、批零兼营以及其他非零售业务的商贸企业除外）三年内免征城市维护建设税、教育费附加和企业所得税。对下岗失业人员从事个体经营的（除建筑业、娱乐业以及广告业、桑拿、按摩、网吧、氧吧外），自领取税务登记证之日起，三年内免征营业税、城市维护建设税、教育费附加及个人所得税。执行期限至2005年12月31日。是年，全市减免再就业税收11万元。2014年1月，执行省国税局、省地税局、省劳动和社会保障厅《关于转发促进下岗失业人员再就业税收优惠的通知》，对上述享受税收优惠政策的新办服务型企业、商贸企业与下岗失业人员签订劳动合同的期限由三年以上调整为一年（含）以上，并享受相应期限政策优惠。

2006年1月，调整下岗失业人员再就业税收优惠政策。对商贸企业、服务型企业（除广告业、房屋中介、典当、桑拿、按摩、氧吧外）、劳动就业服务企业中的加工型企业和街道社区具有加工性质的小型企业实体，在新增加的岗位中，当年新招用持再就业优惠证人员，与其签订1年以上期限劳动合同并依法缴纳社会保险费的，按实际招用人数予以定额依次扣减营业税、城市维护建设税、教育费附加和企业所得税优惠。定额标准为每人每年4000元，可上下浮动20%，浙江省定额标准为每人每年4800元。对持再就业优惠证人员从事个体经营的（除建筑业、娱乐业以及销售不动产、转让土地使用权、广告业、房屋中介、桑拿、按摩、网吧、氧吧外），按每户每年8000元为限额，依次扣减其当年实际应缴纳的营业税、城市维护建设税、教育费附加和个人所得税。

延长下岗失业人员再就业减免政策　2009年3月，财政部、国家税务总局印发《关于延长下岗失业人员再就业有关税收政策的通知》，对持再就业优惠证人员从事个体经营（除建筑业、娱乐业以及销售不动产、转让土地使用权、广告业、房屋中介、桑拿、按摩、网吧、氧吧外）的，在三年内按每户每年8000元为限额依次扣减其当年实际应缴纳的营业税、城市维护建设税、教育费附加和个人所得税。对商贸企业、服务型企业（除广告业、房屋中介、典当、桑拿、按摩、氧吧外）、劳动就业服务企业中的加工型企业和街道社区具有加工性质的小型企业实体，在新增加的岗位中，当年新招用持再就业优惠证人员，与其签订一年以上期限劳动合同并依法缴纳社会保险费的，在三年内按实际招用人数予以定额依次扣减营业税、城市维护建设税、教育费附加和企业所得税优惠。定额标准为每人每年4000元，可上下浮动20%，浙江省定额标准为每人每年4800元。税收优惠政策的审批期限为2009年1月1日至12月31日，后继续执行至2010年12月31日。2014年4月起，对持就业失业登记证人员从事个体经营的，在三年内按每户每年8000元为限额依次扣减其当年实际应缴纳的营业税、城市维护建设税、教育费附加、地方教育附加和个人所得税。限额标准最高可上浮20%，浙江省定额标准为每户每年9600元。对商贸企业、服务型企业、劳动就业服务企业中的加工型企业和街道社区具有加工性质的小型企业实体，在新增加的岗位中，当年新招用在人力资源社会保障部门公共就业服务机构登记失业一年以上且持就业失业登记证人员，与其签订一年以上期限劳动合同并依法缴纳社会保险费的，在三年内按实际招用人数予以定额依次扣减营业税、城市维护建设税、教育费附加、地方教育附加和企业所得税优惠。定额

标准为每人每年4000元，最高可上浮30%，浙江省定额标准为每人每年5200元。税收优惠政策执行期限为2014年1月1日至2016年12月31日。未享受满三年的，可继续享受至三年期满。2015年，全市减免再就业税收149万元。

第六节　第三产业及公益性事业税收减免

1992年起，丽水地区由主管工会拨付或差额补贴工会经费的全额预算或差额预算单位，可比照财政部门拨付事业经费的单位，其自用的房产、车船、土地免征房产税、车船使用税和土地使用税。1994年，对财政部门拨付的宣传、文化事业单位，自用的房产、车船、土地，免征房产税、车船使用税和土地使用税。

2000年1月，丽水市执行省地税局《关于高校后勤社会化改革有关税收政策的通知》，对高校后勤实体，经主管地税机关核准，免征城镇土地使用税和房产税。7月，执行财政部、国家税务总局《关于医疗卫生机构有关税收政策的通知》，对非营利性医疗机构自用房产、土地、车船免征房产税、城镇土地使用税和车船使用税；对营利性医疗机构执业登记之日起，三年内给予下列优惠：对其取得的医疗服务收入免征营业税；对其自产自用的制剂免征增值税；对其自用的房产、土地、车船免征房产税、城镇土地使用税和车船使用税。8月，执行省地税局《关于加强浙江省青少年宫建设和管理工作的若干规定》，对公益性青少年活动场所，经主管税务机关核准，暂免征收所得税；报经主管地税机关批准，免缴房产税、土地使用税和车船使用税。按照省地税局《关于医疗卫生机构有关税收政策的通知》，对疾病控制、妇幼保健等卫生机构自用房产、土地、车船，经主管地税机关核准，免征房产税、城镇土地使用税和车船使用税。10月，执行财政部、国家税务总局《关于对老年服务机构有关税收政策问题的通知》，对政府部门和企事业单位、社会团体以及个人等社会力量投资兴办的福利性、非营利性的老年服务机构，暂免征收企业所得税，以及老年服务机构自用房产、土地、车船的房产税、城镇土地使用税、车船使用税。

2001年，丽水市执行财政部、国家税务总局《关于调整住房租赁市场税收政策的通知》，按政府规定价格出租的公有住房和廉租住房，包括企业、自收自支事业单位向职工出租的单位自有住房；房管部门向居民出租的公有住房；落实私房政策中带户发还产权并以政府规定租金标准向居民出租的私有住房等，经主管地税机关核准，暂免征收房产税、营业税；个人按市场价格出租的居民住房，其应缴纳的营业税暂减按3%的税率征收，房产税暂减按4%的税率征收。非营利性科研机构自用房产、土地，免征房产税、城镇土地使用税。教育发展公司，经主管地税机关批准，免征房产税；按税收管理权限报批，免征城镇土地使用税。

2003年5月，市地税局制定《丽水市本级受“非典”[①]影响突出行业税收优惠政策具体措施》，对从事饮食业、旅店业、娱乐业、出租车、美容美发等行业实行定期定额“双定”征收的

①非典指重症急性呼吸综合征(SARS)，别名为传染性非典型肺炎，为一种由SARS冠状病毒引起的急性呼吸道传染病。

纳税人，税收定额统一下调50%。对府前等菜市场实行“双定”征收的纳税人，税收定额统一下调60%。7月，丽水市执行财政部、国家税务总局《关于被撤销金融机构有关税收政策问题的通知》，被撤销金融机构清算期间自有的或从债务方接收的房地产、车辆，免征房产税、城镇土地使用税和车船使用税。

2004年1月，丽水市执行财政部、国家税务总局《关于教育税收政策的通知》，国家拨付事业经费和企业办的各类学校、托儿所、幼儿园自用房产、土地，免征房产税、城镇土地使用税。4月，执行省政府办公厅《关于扶持农村信用社发展有关政策的通知》，对信用社抵债房产，经税务机关确认，在闲置期间，暂不征收房产税；抵债房产出租收入，经税务机关批准，减征或免征房产税。8月起，对军队空余房产租赁收入暂免征营业税、房产税。

2005年，丽水市对由财政部门拨付事业经费的文化单位转制为企业的，其自用房产、土地和车船免征房产税、城镇土地使用税和车船使用税。执行期限为2004年1月1日至2008年12月31日。对转制科研机构从转制注册之日起免征企业所得税、城镇土地使用税、房产税，五年期满后，省定的转制科研机构可再延长二年。

2006年，丽水市从高校后勤管理部门剥离的、进行独立核算并具有法人资格的高校后勤经济实体自用的房产、土地免征房产税和城镇土地使用税。对农民专业合作社经营用房，免征房产税和城镇土地使用税；对农村纪念馆、博物馆、文化馆、美术馆、展览馆、书（画）院、图书馆、文物保护单位和省级政府以上批准的爱国主义教育基地、少年儿童活动中心及公益性未成年人校外活动场所举办的文化活动收入，免征营业税、城市维护建设税、教育费附加和地方教育附加；对农村各类公益性文化体育场馆的自用房产和土地，免征房产税和城镇土地使用税，对其“以租养馆”的出租房产和土地，纳税确有困难的，经主管地税机关批准，可减免房产税和城镇土地使用税；对农业科技企业和农民个人从事技术转让、技术开发和与之相关的技术咨询、技术服务业务取得的收入，免征营业税、城市维护建设税、教育费附加和地方教育附加；对农村托儿所、幼儿园、养老院、残疾人福利机构取得的劳务收入，免征营业税、城市维护建设税、教育费附加和地方教育附加，其自用房产、土地、车船可免征房产税、城镇土地使用税和车船使用税。

2008年，廉租住房经营管理单位按照政府规定价格、向规定保障对象出租廉租住房的租金收入，免征营业税、房产税；对个人出租住房取得的所得减按10%的税率征收个人所得税；对个人出租、承租住房签订的租赁合同免征印花税；对个人出租住房，不区分用途，在3%税率的基础上减半征收营业税，按4%的税率征收房产税，免征城镇土地使用税；对企事业单位、社会团体以及其他组织按市场价格向个人出租用于居住的住房，减按4%的税率征收房产税。承担地方粮、油、棉、糖、肉等商品储备任务的地方商品储备管理公司及其直属库经营上述地方储备商品业务自用的房产、土地，免征房产税、城镇土地使用税。执行期限至2008年12月。

2009年1月，经营性文化事业单位转制为企业，自转制注册之日起免征企业所得税；财政部门拨付事业经费的文化单位转制为企业，自转制注册之日起对其自用房产免征房产税。执行期限至2013年12月31日。对高校学生公寓免征房产税。对商品储备管理公司及其直属库承担商品储备业务自用的房产、土地，免征房产税、城镇土地使用税。

2010年，丽水市为支持公共租赁住房建设和运营，对公租房建设用地及公租房建成后占地免征城镇土地使用税；对公租房经营管理单位建造公租房涉及的印花税予以免征；公租房经营管理单位购买住房作为公租房，免征契税、印花税；对公租房租赁双方签订租赁协议涉及的印花税予以免征；对企事业单位、社会团体以及其他组织转让旧房作为公租房房源，且增值额未超过扣除项目金额20%的，免征土地增值税；企事业单位、社会团体以及其他组织捐赠住房作为公租房，符合税收法律法规规定的，捐赠支出在年度利润总额12%以内的部分，准予在计算应纳税所得额时扣除；经营公租房所取得的租金收入，免征营业税、房产税。

2014年8月，丽水市调整公共租赁住房税收优惠政策，对公共租赁住房建设期间用地及公共租赁住房建成后占地免征城镇土地使用税；对公共租赁住房经营管理单位免征建设、管理公共租赁住房涉及的印花税。执行期限为2013年9月28日至2015年12月31日。2015年12月，执行财政部、国家税务总局《关于公共租赁住房税收优惠政策的通知》，继续对公共租赁住房建设和运营给予税收优惠。执行期限为2016年1月1日至2018年12月31日。

第七节　农林牧水（养殖）税收减免

1996年1月，丽水地区国有农口企事业单位从事种植业、养殖业和农林产品初加工业取得的所得暂免征收企业所得税。1998年10月，地区农业系统的种子公司（站）生产、加工、经营种子所得暂免征收企业所得税。1999年，农林牧渔业用地和农民居住用房屋及土地，免征房产税和城镇土地使用税。

2001年，丽水市执行财政部、国家税务总局《关于国有农口企事业单位征收企业所得税问题的通知》，对包括国有企事业单位在内的所有企事业单位种植林木、林木种子和苗木作物，以及从事林木产品初加工取得的所得暂免征收企业所得税。经全国农业产业化联席会议审查认定的重点龙头企业从事种植业、养殖业和农林产品初加工业取得的所得，暂免征企业所得税。

2006年8月，丽水市执行省地税局《关于支持社会主义新农村建设有关税收政策的通知》，对从事农业机耕、排灌、病虫害防治、植保、农牧保险以及相关技术培训业务，家禽、牲畜、水生动物的配种和疾病防治所取得的收入，免征营业税、城建税、教育费附加和地方教育附加；对农村为农业生产产前、产中、产后服务的行业，即乡、村的农技推广站、植保站、水管站、林业站、畜牧兽医产站、水产站、种子站、农机站、气象站以及农民专业技术协会、专业合作社，对其提供的技术培训等技术服务或劳务所取得的收入，暂免征收企业所得税；对省级骨干农业龙头企业从事种植业、养殖业和农林产品初加工业取得的所得，可暂免征收企业所得税；省级骨干农业龙头企业和经县级以上各级政府确认的重点农业龙头企业，以及以社员自产自销为主要经营方式的农民专业合作社，报经主管地税机关批准，可减免水利建设专项资金；对为农村提供垃圾处理、污水处理、保洁服务取得的劳务收入，免征营业税、城建税、教育费附加、地方教育附加和水利建设专项资金；对农村、农场和农民个人将土地使用权转让给农业生产者用于农业生产，或将土地承包（出租）给个人或公司用于农业生产，收取固定承包金（租金），免征营业税、城建税、教育费附加和地方教育附加。对农民个人因交通、城市建设等被征用农业用地而取得经济补偿的收入，免征营业税、城建税、教育费附加和地方教育附加；对农民专业合作社社员从农民专业合作社取得的自产自销农产品收入，暂不征收个人所得税。

2008年1月，丽水市施行《企业所得税法实施条例》，对企业从事蔬菜、谷物、薯类、油料、豆类、棉花、麻类、糖料、水果、坚果的种植，农作物新品种的选育，中药材的种植，林木的培育和种植，牲畜、家禽的饲养，林产品的采集，灌溉、农产品初加工、兽医、农技推广、农机作业和维修等农、林、牧、渔服务业项目，远洋捕捞项目的所得，免征企业所得税；对企业从事花卉、茶以及其他饮料作物和香料作物的种植，海水养殖、内陆养殖项目的所得，减半征收企业所得税。

2010年1月，丽水市以“公司+农户”经营模式从事农、林、牧、渔业项目生产的企业，可以享受减免企业所得税优惠政策。2011年1月，企业将购入的农、林、牧、渔产品，在自有或租用的场地进行育肥、育秧等再种植、养殖，经过一定的生长周期，使其生物形态发生变化，且并非由于本环节对农产品进行加工而明显增加产品使用价值的，可视为农产品的种植、养殖项目享受相应的税收优惠。2018年12月，丽水市施行新修订的《企业所得税法》，对企业从事农、林、牧、渔业项目的所得，可以免征、减征企业所得税。

1991—2018年丽水市减免税一览表

表2-12-1 单位：万元

年份	合计	营业税	企业所得税	个人所得税	城建税	房产税	城镇土地使用税	土地增值税	其他税收
1991	2281	494	78	0	0	0	0	0	1709
1992	2540	476	154	0	0	0	11	0	1899
1993	2707	449	247	0	0	0	6	0	2005
1994	627	14	139	0	21	0	0	0	453
1995	417	10	17	0	11	0	0	0	379
1996	1451	1	104	0	12	0	0	0	1334
1997	69	—	40	0	21	8	0	0	0
1998	80	4	28	0	44	4	0	0	0
1999	379	62	264	0	45	8	0	0	0
2000	1459	103	1214	11	30	101	0	0	0
2001	2009	266	1416	3	191	133	0	0	0
2002	8555	553	7763	4	127	108	0	0	0
2003	8048	234	7147	17	132	517	1	0	0
2004	16993	966	15712	73	150	92	0	0	0
2005	20007	1405	17987	119	161	335	0	0	0
2006	19362	1255	17859	117	34	61	36	0	0
2007	9433	312	8370	94	12	615	30	0	0
2008	19967	561	16518	101	31	529	2225	0	2
2009	12110	581	9702	129	18	570	1110	0	0
2010	23894	3426	14207	736	227	1491	2704	1034	69
2011	20903	5807	7499	1189	414	1884	2660	1327	123
2012	43218	11772	9224	3035	511	2159	2845	4024	9648
2013	84534	34562	6414	6433	1806	3963	4917	9538	16901
2014	69694	31298	5029	6310	2013	3815	5088	4954	11187
2015	130206	42741	29571	8111	2395	5388	4802	10501	26697
2016	168591	22849	35714	7286	1300	8211	7768	29700	55763
2017	212371	—	35787	4420	—	8475	8870	41061	113758
2018	200957	—	34762	1498	—	13546	12021	18797	120333
合计	1082862	160201	282966	39686	9706	52013	55094	120936	362260

注：1991—1996年，“其他税收”为产品税、消费税、增值税（1994年取消产品税，同时开征增值税、消费税）。1997年机构改革后，不包括国税部门管理的税种。2012—2018年，“其他税收”数据主要为营业税改征增值税（12.58亿元）、耕地占用税（4.19亿元）、契税（17.49亿元）。

第三篇

组织机构和行政事务

概　述

丽水市财税部门坚持以马克思列宁主义、毛泽东思想、邓小平理论、“三个代表”重要思想、科学发展观、习近平新时代中国特色社会主义思想为指导，不断提高“依法理财治税”的能力和水平，为丽水经济社会发展作出应有贡献。丽水市财税部门秉承“工匠精神”，将专业技能作为看家本领，全体财税干部职工坚持“财为政服务”，推进财税事业高质量发展，为丽水经济社会发展提供保障；坚持强化“两个责任”，严格落实党风廉政建设责任制，推进惩防体系建设；坚持依法理财治税，加强财税法治建设，优化财税服务，树立财税部门良好形象。1991—2018年，丽水市财税系统先后荣获全国、全省、全市诸多先进荣誉，涌现一大批国家级、省级、市级、县级先进工作者。深化财税机构改革，主动适应财税改革新形势，财税组织机构不断完善。1991—1993年，丽水地区设立地区财政局、地区税务局，实行两块牌子一套班子运行。1994年，分设地区国税局和地区地税局，合署办公。1997年9月，地区国税局与地区地税局机构进一步分设，办公地点分开。2018年7月，市国地税机构合并，设立国家税务总局丽水市税务局，市财政局与市税务局分设。按照“三定方案”调整财税职能和内设机构，干部选拔任用引入“民主、公开、公平、竞争”机制，加强财税干部队伍建设，以“学历高层次、知识复合型、业务过得硬、结构多元化”为目标，加强财税干部教育培训工作，财税干部综合素质不断提升。加强文秘管理、督查督办、信息公开、建议提案办理、信访处理、财务管理、后勤管理、档案管理等，保障各项工作正常运行。加强财税信息化、数字化建设，实现省、市、县（市、区）各级财税部门之间及财税部门与市区各行政企事业单位间的计算机联网，浙江地税信息系统（龙版）全面上线，公文处理系统实行无纸化办理。各群团组织团结在党组织周围，围绕财税中心工作，发挥桥梁纽带作用，联系职工、教育职工、维护职工合法权益；推动财税文化建设，广泛开展文体活动，极大地丰富和活跃广大财税干部职工的文化生活。各学术团体坚持“双百”“双为”方针，坚持为经济建设服务，为纳税人服务，为财税中心工作服务；广泛开展财税科研活动，深入开展学术交流，为助力财税改革发展作出积极的贡献。

本篇主要记载中共丽水市财税局组织、行政管理机构、行政事务管理、人事教育、财税法治建设、信息化建设、群众团体、学术团体、荣誉等内容。

第一章　中共丽水市财税局组织

丽水市财税部门充分发挥党组织的领导作用，增强政治意识、大局意识、核心意识、看齐意识，坚定道路自信、理论自信、制度自信、文化自信，坚决维护习近平总书记党中央的核心、全党的核心地位，坚决维护党中央权威和集中统一领导，切实加强党的政治建设，引领丽水财税改革发展方向。局党组贯彻执行党的路线、方针、政策和市委、市政府的各项战略部署，推进改革、发展、稳定大局；紧紧围绕党委、政府中心工作，创造性地做好财税工作，为促进经济发展、民生改善、生态文明建设提供财力保证；引导鼓励基层党组织开展学习教育活动，发挥基层党支部的战斗堡垒作用和党员的先锋模范作用。

第一节　局党组

一、组织建设

1991年1月，丽水地区财税局分设为丽水地区财政局、丽水地区税务局，设中共丽水地区财政税务局党组。1994年9月，地区税务局分设为地区国税局和地区地税局，和地区财政局合署办公，地区财政局、地区国税局、地区地税局为同一个党组，仍设中共丽水地区财政税务局党组。

1997年9月，地区国地税机构进一步分设，中共丽水地区财政税务局党组分设为中共丽水地区财政局、地税局党组和中共丽水地区国家税务局党组。2000年7月，中共丽水地区财政局、地税局党组更名为中共丽水市财政局、地税局党组。2018年7月，国地税机构合并，市国税局、市地税局合并为国家税务总局丽水市税务局，市财政局与市税务局分设，设立中共丽水市财政局党组。2018年年末，中共丽水市财政局党组下辖机关党委及7个党支部，共有党员168人。

二、主要工作及作用发挥

1991—2018年，丽水市财税局党组根据《中国共产党章程》规定，负责贯彻执行党的路线、方针、政策，讨论和决定本单位的重大问题，做好党员干部管理工作，团结非党干部和群众，完成党和国家交给的任务。认真落实市委、市政府的各项战略部署，创造性地做好财税工作，为丽水经济社会发展提供财力保证。积极指导机关及下属单位党组织建设，发挥党组领导核心作用。

1993年，地区财政税务局党组就“分税制”财政体制改革“两税”基数问题，先后六次召集各县（市）财政局主要领导座谈，研究预测改革方案，分析“分税制”改革对地方财政产生的影响，统一思想，既要打足“两税”基数，确保中央税收返还有一个合理的更有利于地方财政的基数，又要规避改革后由于两税收入超高增长给地方财政可能带来的风险。

1995年，为解决“分税制”改革后地区财政仍存在的各种矛盾和困难，地区财政税务局党组在深入调研的基础上，积极争取到省财政体制方面的支持。省财政厅确定丽水地区本级财政补助与全区9个县（市）地方财政收入增长挂钩，即“收一块、挂一块”财政政策。鉴于丽水地区各县（市）及其他欠发达县（市）财政的实际情况，省财政厅制定出台“两保两挂”政策。

1997年，地区财政税务局党组根据省国税局、省地税局关于全省市（地）、县（市）国地税机构进一步分设的指示精神，召集全区各县（市）财政局、国税局、地税局主要领导和分管领导，研究制定分设方案，部署分设工作，指导各县（市）分设工作的顺利开展。为做好地区本级的分设工作，就内部机构设置、人员划分、财产分割、业务衔接等问题进行研究并作出决议，并召开全体干部动员大会和中层干部会议，统一思想。1997年9月，全区圆满完成国地税机构进一步分设工作。

1998年1月，制定《丽水地区财政局、地税局党组会议制度及议事规则》，包括党组会议召开时间、会议议题确定、议题预告、主办意见、民主讨论、决议形成等制度性规则，提高了会议议事质量和办事效率。

1999年10—12月，贯彻落实中央精神和丽水地委部署，地区财政局、地税局党组组织开展以县处级以上领导为对象的“讲学习、讲政治、讲正气”的党性党风教育。

2000年，市财政局、地税局党组组织开展“三个代表”重要思想、“致富思源，富而思进”学习教育活动。7月，丽水撤地设市后，为做好新旧财政体制衔接，市财政局、地税局党组及时向省财政厅提出调整意见，要求在原有“两保两挂”基础上，增加挂钩补助基数，同时保留与原8个县（市）（不含莲都区）挂钩分成办法，获省财政厅同意。

2001年，加强财税机关的思想、作风、制度和组织建设，进一步树立财税机关在人民群众中的良好形象，不断开创财税工作新局面。

2002年1月，研究贯彻落实《国务院关于印发所得税收入分享改革方案的通知》精神；研究制定《丽水市事业单位养老保险试行办法》《丽水市本级医疗保险和医疗管理试行办法》《丽水市城市居民最低生活保障实施办法》，研究社保资金筹措办法。

2003年1月，研究丽水市直实行“同城同待遇”政策，机关事业单位工作人员、离退休人员、企业离休干部生活补贴、岗位补贴、目标考核奖按省定标准的80%执行。各县（市、区）相继实施。6—12月，组织开展深入学习贯彻“三个代表”重要思想活动，切实体现立党为公、执政为民的本质要求，大力弘扬求真务实的精神。

2004年3—12月，组织开展机关效能建设，进一步转变机关职能、规范机关行为、提高工作效率。

2005年，组织开展保持共产党员先进性教育活动。通过活动，增强党组织创造力、凝聚力、战斗力，提高党组织和党员服务群众、服务纳税人的行动自觉。

2007年，组织开展“作风建设年”活动，增强高效、廉洁、求真、务实的优良作风。组织开展中层干部竞争上岗和一般干部双向选择，全局共80位干部（其中科级干部31人）进行交流，交流面为39%。

2008年3月，组织开展“加快创业创新、建设生态文明、推进丽水新跨越”解放思想大讨论活动。建立丽水市直多渠道筹措社会保障资金机制，明确资金来源为国有资产收益、国有土地有偿使用收入、政府统筹预算外资金等。

2009年3—8月，组织开展深入学习实践“科学发展观”活动。围绕党员干部受教育、科学发展上水平、人民群众得实惠，构建有利于科学发展的体制机制，促进社会和谐稳定，使党的工作和党的建设更加符合“科学发展观”的要求。

2010年，根据市委《关于推进学习型党组织建设的实施意见》，推进学习型党组织建设，建立健全党组理论学习中心组学习制度、党员干部集中夜学制度和新任干部学习培训制度。

2011年，深入推进“创先争优”活动。把基层党组织和党员公开承诺作为“创先争优”活动的一项重要内容，指导各党支部做好党组织和党员公开承诺；指导和推进基层党组织和党员开展“创先争优”活动。

2012年，贯彻落实中共十七届六中全会和中共十八大精神。完善党支部理论学习、思想政治工作、“三会一课”[①]、党员发展、民主评议党员、党风廉政建设等制度。组织开展省级文明单位创建工作，2013年1月，市财政局、市地税局被省委、省政府命名为浙江省文明单位。

2013年，以提高党员政治素养为目标，着力强化党的思想理论建设。通过微型党课比赛、知识竞赛、宣讲等形式组织开展中共十八大精神学习交流活动。建立健全领导干部带头学习制度、党员干部政治业务轮训制度等，制订学习计划，部署党员学习任务，加强党员干部职工的政治理论学习，扎实推进学习型党组织建设。

2014年，深入开展党的群众路线教育实践活动，加强机关作风建设，聚焦“四风”问题，开展“严纪律、正作风、作表率”集中行动。

2015年，市财政局、地税局党组组织开展“三严三实”（严以修身、严以用权、严以律己，谋事要实、创业要实、做人要实）专题教育。深化习近平总书记系列重要讲话精神的学习教育，加大党员教育培训工作的力度。开展党建考核，把党组织班子建设情况、“三会一课”、党费交纳等经常性管理工作纳入网上考核系统。

2016年，学习贯彻中共十八大及十八届历次全会精神和习近平总书记系列重要讲话精神，开展“两学一做”学习教育，结合财政地税工作实际，开展支部学习、微党课比赛等活动，在“营改增”“金税三期”上线、创建全国文明城市等急难险重的工作中，通过亮党员身份、建立党员突击队等形式，发挥党组织的战斗堡垒作用和党员的先锋模范作用。

2017年，学习贯彻中共十九大精神，修订完善日常学习制度，着重加强党章党规党纪和财税体制改革等方面的学习教育。推进“两学一做”学习教育常态化制度化，围绕“五型”党支部[②]创建，开展多种形式“七个一”党建系列活动。组织开展全国文明单位创建工作，是年11月，市财政局、市地税局被中央文明委命名为全国文明单位。

2018年，以“大学习大调研大抓落实”为载体，深入学习中共十九大精神，开展系列主题宣讲活动，开展宗旨教育、理想信念教育以及党风党纪、廉政法规和从政道德教育。

---

① “三会一课”指定期召开党支部党员大会、支部会、党小组会，按时上党课。

② “五型”党支部指学习型、服务型、效能型、创新型、廉洁型党支部。

1991—2018年中共丽水市财税局党组负责人一览表

表3-1-1

姓 名	组织名称	职 务	任职时间
吴树奎	中共丽水地区财政税务局党组 中共丽水地区财政税务局党组 （地区财政局、地区国税局、地区地税局） 中共丽水地区财政局、地税局党组 中共丽水市财政局、地税局党组	党组书记	1990.12—1994.9 1994.9—1997.9 1997.9—2000.7 2000.7—2001.3
何赤峰	中共丽水市财政局、地税局党组	党组书记	2001.3—2012.4
陈志雄	中共丽水市财政局、地税局党组	党组书记	2012.4—2015.4
刘志伟	中共丽水市财政局、地税局党组	党组书记	2015.4—2017.5
张少荣	中共丽水市财政局、地税局党组 中共丽水市财政局党组	党组书记	2017.5—2018.11 2018.11—2019.1
吴利文	中共丽水地区财政局、地税局党组 中共丽水市财政局、地税局党组	党组副书记	1998.11—2000.7 2000.7—2000.9
王 刚	中共丽水市财政局、地税局党组	市国资委党组书记、主任 兼市财政局、地税局党组副书记	2011.11—2014.12
甄荣泗	中共丽水市财政局、地税局党组	党组副书记、纪检组长	2013.5—2015.2
吕建富	中共丽水地区财政税务局党组 中共丽水地区财政税务局党组 （地区财政局、地区国税局、地区地税局）	党组成员	1983.9—1994.9 1994.9—1997.9
丁业和	中共丽水地区财政税务局党组	党组成员	1984.8—1993.4
周生弟	中共丽水地区财政税务局党组 中共丽水地区财政税务局党组 （地区财政局、地区国税局、地区地税局）	党组成员	1991.6—1994.9 1994.9—1997.9
袁荣祥	中共丽水地区财政税务局党组	党组成员	1992.7—1992.11
陈宝洪	中共丽水地区财政税务局党组 （地区财政局、地区国税局、地区地税局） 中共丽水地区财政局、地税局党组 中共丽水市财政局、地税局党组	党组成员、纪检组长 党组成员 党组成员	1995.6—1996.3 1998.1—2000.7 2000.7—2002.12
饶鸿来	中共丽水地区财政税务局党组 （地区财政局、地区国税局、地区地税局） 中共丽水地区财政局、地税局党组 中共丽水市财政局、地税局党组	党组成员	1995.9—1997.9 1997.9—2000.7 2000.7—2001.10

续表3－1－1

姓 名	组织名称	职 务	任职时间
崔 军	中共丽水地区财政税务局党组（地区财政局、地区国税局、地区地税局） 中共丽水地区财政局、地税局党组 中共丽水市财政局、地税局党组	党组成员	1997.1—1997.9 1997.9—2000.7 2000.7—2014.4
李 嫔	中共丽水地区财政局、地税局党组 中共丽水市财政局、地税局党组	党组成员、纪检组长	1998.11—2000.7 2000.7—2013.4
孙天宇	中共丽水市财政局、地税局党组	党组成员	2000.10—2011.5
谢志伟	中共丽水市财政局、地税局党组	党组成员	2001.12—2009.5
程定飞	中共丽水市财政局、地税局党组	党组成员	2001.12—2004.11
刘小平	中共丽水市财政局、地税局党组	党组成员	2002.12—2018.11
潘建青	中共丽水市财政局、地税局党组	党组成员	2004.8—2005.10
魏叶华	中共丽水市财政局、地税局党组 中共丽水市财政局党组	党组成员	2005.10—2018.11 2018.11—
叶如华	中共丽水市财政局、地税局党组	党组成员	2006.1—2016.7
陈建全	中共丽水市财政局、地税局党组	党组成员	2006.1—2008.11
叶芳儿	中共丽水市财政局、地税局党组 中共丽水市财政局党组	党组成员	2006.1—2018.11 2018.11—
罗高阅	中共丽水市财政局、地税局党组	党组成员	2009.6—2013.11
杨文清	中共丽水市财政局、地税局党组	党组成员	2011.8—2016.2
江 杰	中共丽水市财政局、地税局党组	党组成员	2013.5—2018.11
易远明	中共丽水市财政局、地税局党组 中共丽水市财政局党组	党组成员	2013.11—2018.11 2018.11—
李 萌	中共丽水市财政局、地税局党组	党组成员、纪检组长	2015.2—2017.5
蔡焕义	中共丽水市财政局、地税局党组	党组成员	2016.10—2018.11
张 栋	中共丽水市财政局、地税局党组 中共丽水市财政局党组	党组成员	2016.12—2018.11 2018.11—
任 颐	中共丽水市财政局、地税局党组	党组成员	2017.4—2018.4
詹锡根	中共丽水市财政局、地税局党组	党组成员	2017.5—2018.7
阮美莲	中共丽水市财政局、地税局党组 中共丽水市财政局党组	党组成员	2017.12—2018.11 2018.11—

第二节 纪检监察

一、组织建设

1991年，地区财政局、地区税务局增设监察科（1996年改名监察室）。1995年，地区财政局、地区地税局设纪检组。1999年4月，根据中共丽水地委、地区行署《关于同意建立地区纪委、监察局派驻地直单位纪检组、监察室及对派驻纪检组、监察室有关问题暂行规定的批复》，在地区财政局、地区地税局设纪检组、监察室。2006年，丽水市实行市纪委、市监察局派驻（出）纪检监察体制，局纪检组履行纪检、监察两项职能。全市各县（市、区）财政局、地税局相继设立纪检监察派驻机构。2015年年末，全市财政地税系统有纪检监察干部33人。2016年，深化纪检监察体制改革，纪检组人员编制、人事任免、工资待遇逐步从财政分离，过渡到纪检监察部门。

二、党风廉政建设

1991年以来，全市财税系统围绕改革、发展、稳定大局，坚持深化财税管理体制改革，坚持完善反腐倡廉领导体制和工作机制，加强党员干部政治思想建设。1996年4月起，地区财政局、地区国税局、地区地税局实施监督员制度，首次聘请兰光谅等22名行风建设监督员，聘期两年，后形成制度，每隔二至五年聘任一次，至2018年共有七批101人次受聘于市财政地税系统党风（行风）建设监督员。1997年，开展党性党风教育活动和“奉献于事业、服务于人民”主题教育活动。同年8月，贯彻反对奢侈浪费八项规定，全面推行财务公开，清理公费购买手机行为。地区财政局、地区国税局、地区地税局共清理手机66只，其中特殊岗位保留7只，个人折价购买59只，收回资金5.59万元。

1999年6月，地区财政局、地区地税局成立党风廉政建设责任制和反腐败工作领导小组，实行“一把手”负总责，分管领导分工负责的领导机制，履行“一岗双责”。

2000年6月，地区财政局、地区地税局领导与科室负责人签订党风廉政建设责任书，此后每两年一签。2003年7月，开展“廉洁从政、艰苦奋斗”主题教育活动，制定《加强公务用车管理、坚决纠正违反规定驾驶公车的规定》。2004年，贯彻落实《浙江省财政地税系统反腐倡廉防范体系实施细则（试行）》《浙江省财政地税系统工作人员禁令》《浙江省财政厅效能告诫制暂行办法》，制定《丽水市财政地税系统“四条禁令”和科级干部诫勉谈话制度》。2005年12月，制定《丽水市财政局地税局2005—2007年教育、制度、监督并重的惩治和预防腐败体系实施办法》。

2006年5月，组织开展社会主义荣辱观教育活动，8—12月，开展“德治与法治并举”主题教育活动。2010年3—12月，组织开展“讲党性、重品行、作表率”活动，着重解决党员干部在党性、作风、能力方面存在的突出问题。

2011年，全市财政地税系统开展违法违纪案件整理工作。贯彻《干部利益冲突暂行办法》，规范干部从政行为。开展干部集资行为专项治理活动，291位干部职工上报自查自纠结果，未发现有违规集资行为。2012年，全面落实2008—2012年惩防体系工作规划要求，制定廉政风险防控示范点建设实施方案，构建廉政风险防范制度。同年4月，制定内部审计工作制度，推进内部审计工作规范化、科学化。

2013年，以“作风建设提升年”为抓手，加强内控机制建设，通过梳理权力、排查风险、规范流程、强化操作等程序，规范机关权力运行，完善权力防控管理办法。实施廉政档案制度，加强党员干部的监督。2014年，开展“严纪律、正作风、作表率”集中行动，坚决纠正“四风”方面存在的突出问题，整治“酒局”“牌局”。加强对领导干部廉洁自律情况监督检查，落实科级干部重大事项报告制度，市局29位正科级干部填写正科级干部廉政情况登记表，报告重大事项，开展个人党风廉政风险自查。

2015年，强化党风廉政建设主体责任，落实党组书记第一责任人责任，按照“一岗双责”要求，严格执行“三书两报告”制度。深化行政审批制度改革，建立权力清单制度。强化风险预警控制，依托“数字财政”平台和浙江地税信息系统（龙版），实现业务流程与风险防控深度融合，加大科技防控含量。完善廉政风险防控考核办法，将考核结果与干部选拔、任用等相结合，推动风险防控长效机制建设。

2016年，开展“为官不为”专项治理检查，梳理“为官不为”整治情况自查表和自查报告，坚决整治“为官不为”行为。组织全局党员观看警示教育片《镜鉴——衡阳、南充违反换届纪律案件警示录》《永远在路上》。举办全市财政地税系统党群和纪检监察干部业务培训班。2017年，针对违规收送礼品、公车私用、违规参加“两局”的现象，组织党员干部赴市看守所开展警示教育；同年6月，组织全市财政地税系统各单位负责党风廉政建设分管领导参加全省纪检监察培训班。2018年，全市财政地税系统执行“六严禁、十不为”的工作禁令；开展“基层财税领域群众反映强烈的不正之风和腐败问题”专题调研；根据市委机关党工委“转作风、强保障、促赶超”作风建设专项行动要求，开展“四风”问题及“为官不为”问题自查；开展领导干部违规借贷专项检查，检查中未发现存在问题。

第三节　机关党委

一、组织建设

1991—1994年，丽水地区财政税务局机关设党支部1个，1994年年末，有党员27人。1995年2月，中共丽水地直机关工作委员会批复，成立中共丽水地区财政税务局总支部（简称党总支），下辖第一党支部、第二党支部。党总支委员会由吕建富、丁业和、郭岩然、陈宝洪、崔军等人组成，吕建富任党总支部书记。1997年4月，中共丽水地直机关工作委员会批复，增设中共丽水地区财政税务局第三党支部。1998年5月，中共丽水地直机关工作委员会批复，中共丽水地区财政税务局总支部委员会由陈宝洪、汤陈联、饶鸿来、郭岩然、宋丽芬5人组成，陈宝洪任党总支书记，汤陈联任党总支副书记。

2001年10月，撤销中共丽水市财政税务局机关党总支，建立中共丽水市财政局地税局直属机关委员会（简称局直属机关委员会），下辖8个党支部。局直属机关委员会由李嫔、周少华、江杰、刘志伟、程定飞组成，李嫔任书记，周少华任副书记。增设第九党支部和会计核算中心党支部。2009年5月，局直属机关委员会组成人员调整为李嫔、方伟英、张智明、林华、陈丽慧，李嫔任书记，方伟英任副书记。2010年6月，丽水市直机关党工委批复，季飞云任局直属机关委员会委员，免去张智明的局直属机关委员会委员职务。2010年年末，局机关（包括下属单位）共有党员194人。2011年，局机关党委开展“规范化党支部”创建活动，严格规范局机关党支部各项工作，9个机关党支部和万邦天义会计师事务所党支部、佳信会计师事务所党支部通过市直机关党工委组织的“规范化党支部”复审。2015年，局机关党委采取“公推直选”方式健全各党支部班子，全年6个党支部开展班子成员增补工作，共增补书记4名、委员4名。

2017年，丽水市实施地税系统稽查体制改革，设立市地税局稽查局党总支，在机关设立中共丽水市地税局稽查局党支部，并在各县（市）稽查分局单独设立党支部。同年10月，局机关党委下设丽水市金融投资控股有限责任公司党支部。2016—2018年，因巡察整改、人事变动、机构改革等原因，局机关党委未进行换届。2018年10月，财税机构改革到位后，为保障局机关党建工作正常运转，经请示上级党委，由专职副书记程军牵头，临时组建局机关党委负责党建事务。12月，市直属机关工委批复，成立中共丽水市财政局直属机关委员会，撤销局直属机关委员会。年末，市财政局机关党委下辖党支部7个，党员168人。

丽水市财税局直属机关党委历任负责人一览表

表3－1－2

姓　名	职　　务	任职时间
吕建富	党总支书记	1995.2—1998.5
陈宝洪	党总支书记	1998.5—2001.10
李　嫔	机关党委书记	2001.10—2013.5
甄荣泗	机关党委书记	2013.5—2015.10
江　杰	机关党委书记	2015.10—2018.10
周少华	专职副书记	2001.10—2009.5
方伟英	专职副书记	2009.5—2012.12
朱　丹	专职副书记	2012.12—2017.4
程　军	专职副书记	2017.12—

二、党建活动

建设学习型党组织　局机关党委自成立以来，完善学习制度，落实“三会一课”和党内学习“三三制”，不断丰富党员学习教育方式和载体。2009年，举办“心中的丰碑”演讲比赛。2011年，组织“庆祝中国共产党成立90周年”书法摄影比赛，参加全市党史知识竞赛、“深入开展创先争优，争当人民满意公务员”主题演讲比赛及“重走红军路、追寻红色记忆、慰问老党员”党史教育实践活动等，局机关党委“以‘四化’打造学习型党组织”的做法，被评选为全市“学习型党组织建设最佳典型案例”。2012年，开展“我们的价值观”大讨论以及主题演讲、征文比赛，组织局机关及基层党组织负责人、优秀共产党员赴湖南红色教育基地学习考察，组织青年党员到遂昌县红色古镇王村口开展“红色之旅”活动。2013年，举办市直财贸系统微型党课比赛和全市财政地税系统“践行财税文化，共铸中国梦想”主题演讲选拔赛，参加丽水市直单位青年党员中共十八大精神知识竞赛。2014年，开展“读书思廉”“家庭助廉”“书信劝廉”及征文评选活动。2016年，举办财贸系统微型党课比赛。2018年，参加市直机关党工委微党课比赛，组织全局党员干部赴嘉兴南湖、党务干部赴景宁大漈乡开展现场教育活动。

建设服务型党组织　每年“七一”和春节前夕，局机关党委组织党员干部走访慰问社区、农村困难群众；开展“党员服务一条街”活动，宣传财税政策法规知识；参与“我为七一献热血”活动。2015年以来，全局党员志愿服务活动更加规范化、多样化，先后开展“两报到一注册”“系统联动”“微心愿”“闪光言行”“老干部红领先锋”“我是志愿者，我为示范街代言”“G20平安志愿者巡防值班”“全国文明城市创建文明督导”“创文明城市志愿服务行动月”及助农“双千行动”等服务项目，坚持帮扶遂昌3个结对村、莲都东升和大水门两个社区的30余名老党员和困难群众。

建设创新型党组织　2001年7月，组织全体党员干部集中收看“庆祝中国共产党建党80周年大会”实况直播。2010年，组织开展勤政廉政专题教育和“讲党性、重品行、作表率”专题活动。2011年7月，组织开展庆祝中国共产党成立90周年系列活动，举办“艰苦卓绝、光辉灿烂的90年”专题党课等。2012年，开展“基层组织建设年”活动，局机关党委被市委授予“2011—2012年创先争优先进基层党组织”称号。2014年，局机关党委课题组报送的《财税机关“党建带三建”模式的探索与思考》获全市党建论文一等奖。2017年，牵头国税、地税党建合作项目，开展税企党建共建、“税务青年成长大课堂”等系列活动，举办全市财政地税、国税党务和纪检监察干部培训班。2018年，开展移风易俗推进工作、大学习大调研大抓落实和党建业务双提升活动，按要求组织补交党费专项审计检查，局机关党委被市直机关党工委授予“2016—2017年度先进基层党组织”称号，市财政局、市地税局“五型”党支部党建工作被评为“丽水市机关党建优胜品牌”。

第二章 行政管理机构

随着全国改革开放进程的不断深入，丽水地区财税体制亦随之调整。1994年，全国实行分税制财政管理体制改革，丽水地区财税机构也进行一系列改革。1996年、1997年、2001年、2011年、2018年，全国先后5次进行机构改革，丽水市财税部门相应进行内设机构的重新设置和调整。

第一节 市财税局

1991年1月，丽水地区财税局分挂“丽水地区财政局”“丽水地区税务局”两块牌子，实行一套班子合署办公。1994年9月，地区税务局分设为地区国税局和地区地税局，与地区财政局一套班子三块牌子合署办公。下设地区国税局直属分局、地区地税局直属分局。各县（市）财政局、国税局、地税局，实行一套班子三块牌子合署办公。1997年7月，省编委批复同意设立丽水地区国有资产管理局（副县级），9月，地区编委同意地区财政局增挂地区国有资产管理局牌子。同月，全区国地税机构进一步分设。地区国税局在机构、编制、经费、干部任免等实行垂直管理，地区地税局实行双重管理。同时，办公地点分开。

1991—2018年丽水市财税局历任行政领导任职一览表

表3-2-1

姓名	单位	职务	任职时间
吴树奎	地区财政局、地区税务局 地区财政局、地区国税局、地区地税局 地区财政局、地区地税局 市财政局、市地税局 市财政局、市地税局	财政局、税务局局长 财政局、地税局局长 财政局、地税局局长 财政局局长 地税局局长	1990.12—1994.9 1994.9—1997.9 1997.9—2000.7 2000.7—2001.3 2000.7—2001.4
何赤峰	市财政局、市地税局 市财政局、市地税局	财政局局长 地税局局长	2001.3—2012.5 2001.4—2012.8
陈志雄	市财政局、市地税局 市财政局、市地税局	财政局局长 地税局局长	2012.5—2015.5 2012.8—2015.5
刘志伟	市财政局、市地税局 市财政局、市地税局	财政局局长 地税局局长	2015.5—2017.5 2015.5—2017.12
张少荣	市财政局、市地税局 市财政局、市地税局 市财政局	财政局局长 地税局局长 局长	2017.5—2018.7 2017.12—2018.7 2018.7—2019.1

续表3-2-1

姓名	单位	职务	任职时间
吕建富	地区财政局、地区税务局 地区财政局、地区国税局、地区地税局	财政局、税务局副局长 国税局局长、财政局副局长	1989.12—1994.9 1994.9—1997.9
袁荣祥	地区财政局、地区税务局	财政局、税务局副局长	1992.6—1992.11
周生弟	地区财政局、地区国税局、地区地税局	国税局副局长	1994.9—1997.9
崔军	地区财政局、地区国税局、地区地税局 地区财政局、地区地税局 市财政局、市地税局 市财政局、市地税局	财政局、地税局副局长 财政局、地税局副局长 财政局副局长 地税局副局长	1995.7—1997.9 1997.9—2000.7 2000.7—2014.5 2000.7—2014.3
陈宝洪	地区财政局、地区地税局 市财政局、市地税局	财政局副局长 财政局副局长	1998.1—2000.7 2000.7—2002.12
吴利文	地区财政局、地区地税局 市财政局、市地税局	财政局、地税局副局长 财政局、地税局副局长	1998.11—2000.7 2000.7—2000.9
孙天宇	市财政局、市地税局	财政局副局长	2000.9—2011.5
刘小平	市财政局、市地税局 市财政局、市地税局 市财政局、市地税局	财政局副局长 财政局、地税局副局长 地税局副局长	2002.12—2014.11 2014.11—2016.12 2016.12—2018.7
潘建青	市财政局、市地税局	财政局副局长	2004.8—2005.10
魏叶华	市财政局、市地税局 市财政局	财政局副局长 副局长	2005.10—2018.7 2018.7—
叶如华	市财政局、市地税局	地税局副局长	2005.10—2016.8
陈建全	市财政局、市地税局	财政局副局长	2006.1—2008.11
季建标	市财政局、市地税局	财政局局长助理(挂职)	2007.12—2008.11
陈肇平	市财政局、市地税局 市财政局	财政局副局长 副局长	2011.7—2018.7 2018.7—
叶芳儿	市财政局、市地税局 市财政局	财政局总会计师 总会计师	2011.7—2018.7 2018.7—
杨文清	市财政局、市地税局	地税局副局长	2011.7—2016.2
袁健	市财政局、市地税局	财政局局长助理(挂职)	2012.8—2013.8
江杰	市财政局、市地税局 市财政局、市地税局	地税局总会计师 地税局副局长	2013.4—2016.10 2016.10—2018.7
蔡焕义	市财政局、市地税局	地税局总会计师	2016.10—2018.7
张栋	市财政局、市地税局 市财政局	财政局副局长 副局长	2016.12—2018.7 2018.7—
任颐	市财政局、市地税局	财政局副局长(挂职)	2017.4—2018.4

1991—2018年各县（市、区）财税局历任主要负责人任职一览表

表3-2-2

县(市、区)局	姓　名	任　期
丽水市(县级)局 (2000.7前) 莲都区局 (2000.7后)	陈小毛	1987.5—1996.5
	章克肖　党组书记	1990.6—1993.7
	吴新民	1996.5—2001.8
	王柏林　党组书记	2001.8—2007.3
	叶欣华	2002.6—2010.1
	赖志平	2010.1—
开发区局	金雄鸥	2005.12—2013.1
	韦恩军	2013.1—2016.3
	吴群良	2016.3—2017.9
	陈卫媛	2017.9—2018.7
青田县局	陈培山	1987.6—1993.4
	孙天宇 党组书记	1993.6—1998.1 1998.1—1999.6
	潘建青	1998.4—2004.8
	陈景荣　党组书记	2004.8—2010.2
	朱秀雄	2004.8—2011.12
	周　雄	2011.12—2013.11
	周冠华	2013.11—
云和县局	范向东	1990.7—2001.11
	李奋平	2001.11—2005.7
	柳少康	2005.7—2012.5
	柯志宙	2012.5—2016.2
	柳成东	2016.2—
龙泉市局	郑贤楷	1991.1—1992.8
	徐建新	1992.10—1995.12 1998.5—2007.5
	楼志喜	1996.5—1998.5
	刘志伟　党组书记	2007.4—2010.2
	吴旭文	2007.7—2010.7
	吴建春　党组书记	2010.2—2011.4
	徐东华	2011.4—2015.12
	吴小波	2015.12—

续表3-2-2

县(市、区)局	姓　名	任　期
庆元县局	周少华	1988.2—1993.6
	徐宇平	1993.6—1997.6
	吴远龙	1997.6—1999.7
	吴荣伟	1999.7—2007.4
	刘义平	2007.4—2011.4
	江旭奎　党组书记	2009.12—2013.11
	刘高深	2011.4—2016.9
	叶华成	2016.9—2018.12
	吴秋标	2018.12—
缙云县局	吕土根	1990.6—1999.7
	周静知	1999.8—2006.10
	徐　山　党组书记	2001.12—2003.6
	丁秋红　党组书记	2003.6—2006.3
	陈贵长	2007.5—2015.6
	蒋根阳	2015.8—2018.2
	张爱明	2018.2—
遂昌县局	包志华	1987.9—1998.11
	翁小瑜 党组书记 履行党组书记职责	1998.11—2006.11 2006.11—2010.11 2010.11—2012.2
	季培希　党组书记	1998.5—2005.10
	刘为民　党组书记	2005.10—2006.11
	赵文明	2007.1—2012.5
	周瑞琛	2012.5—2015.6
	刘旭萍　党组书记	2013.4—2014.9
	张仪辉	2015.6—2017.4
	朱永平　党组书记	2015.5—2015.12
	方建雄	2017.4—
松阳县局	邹爱兰	1990.8—1997.11
	周星龙	1997.12—2000.12
	单国亮	2001.9—2007.5
	毛建南	2007.5—2010.1
	林开武	2010.1—2015.1
	温小运	2015.1—2017.1
	李剑飞	2017.1—
景宁畲族自治县局	郑马隆	1984.10—1993.6
	梅　慧	1993.6—2000.3
	潘晓泉	2000.3—2005.10
	季晓伟	2005.10—2012.4
	叶　峰	2012.4—

2000年7月，丽水撤地设市，地区财政局更名为市财政局，原丽水市（县级）财政局更名为莲都区财政局。撤销地区地税局、原丽水市（县级）地税局，成立市地税局。原丽水市（县级）地税和稽查机构的所属人员及编制共108人同时划入新成立的市地税局。2001年7月，根据市府办《关于印发丽水市财政局、地方税务局职能设置、内设机构和人员编制规定的通知》，设置市财政局、市地税局，不再保留丽水市国有资产管理局，其职能并入市财政局。2018年7月5日，市国税局、市地税局合并为国家税务总局丽水市税务局，并正式挂牌成立；7月20日，各县（市）国税局、地税局合并统一挂牌。

第二节　内设机构

1991年，地区财政局设9个科室：预算科、办公室、农财科、企财科、资金管理科、综合计划科、会计事务管理科、监察科、教育科；地区税务局设4个科室：办公室、税政科、计会科、稽征管理科。1993年8月，地区税务局增设涉外税政科，与税政科合署办公。

1996年9月，根据地区行署办公室《关于印发丽水地区财政局、丽水地区地方税务局职能配置、内设机构和人员编制方案的通知》，地区财税局设13个职能科室：办公室（法制科）、人事教育科、监察室（纪检组）、预算科、行政事业财务科（社会保障科）、农业和农业税收管理科、企业科、综合计划科、会计事务管理科、基本建设科、税政科、征收管理科、计划财务科。保留地区税收财务大检查办公室、地区控制社会集团购买力办公室，地区农业综合开发办公室设在财政局。同年，设立办税服务厅。

1999年8月，丽水地区预算外资金管理中心正式挂牌成立，与综合计划科合署办公。

2000年7月，市财政局、市国资局、市地税局设22个职能科室：办公室、人事教育科、监察室、法制科、预算科、行财科、社保科、企财科、外经科、农业科、农业税收管理科、基建科、综合科、会管科、监督科、控办、资本金管理科、财产评估科、资本金统计评价科、税政科、征管科、计财科。

2001年7月，根据市府办《关于印发丽水市财政局、地方税务局职能设置内设机构和人员编制规定的通知》，取消市税收财务大检查办公室，保留市控制社会集团购买力办公室、市政府采购办公室、市农业综合开发办公室、市清产核资办公室。市财政局、市地税局设17个职能科室：办公室、预算科（国库科）、综合计划科、会计管理科、行政事业科、社会保障科、农业科、农业税收征收管理科、经济建设科、国有资产企业管理科、监督检查科、税政管理科（涉外税收管理科）、征收管理科、计划财务科、政策法规科、人事教育科、纪检监察室。是年12月，以上各职能科改设处。

2002年2月，市财政局国有资产企业管理处增挂丽水市财务总监管理中心牌子。2003年8月，市地税局增设规费管理处。2005年6月，市财政局原合署办公的预算处（国库处）分设为预算处、国库处。10月，市财政局监督检查处增挂绩效评价处牌子。2008年6月，丽水市农业综合开发办公室改为市财政局内设处室。2010年6月，市财政局增设资产管理处。

1991—2018年丽水市财税局内设处室历任负责人一览表

表3-2-3

部　　门	姓　名	职　　务	任职时间
办公室(秘书科)(2011年9月，设科研处，合署办公；2017年10月，增挂督察内审处牌子)	周生弟	主任	1989.12—1994.6
	陈宝洪	主任	1994.6—1995.6
	饶鸿来	主任	1995.10—1997.12
	谢银凤	主任	1997.12—2001.7
	程定飞	主任	2001.7—2004.12
	叶芳儿	副主任 主任	1997.10—2004.12 2004.12—2012.12
	留培杨	副主任 主任	2003.7—2006.12 2012.12—2014.9
	蔡焕义	主任	2015.11—2017.3
	阮美莲	副主任 科研处处长 主任	2009.12—2013.12 2012.12—2013.12 2017.3—
	郭岩然	副主任	1991.5—1994.6
	张博兴	副主任	1994.2—1997.9
	李菊凤	副主任	1994.7—1998.1
	李益民	副主任	1996.4—1997.9
	张智明	副主任	1999.8—2006.4
	方伟英	副主任	2004.12—2009.12
	桑雪文	副主任	2007.1—2012.12
	刘克华	副主任	2012.12—2016.5
	邱　琳	副主任	2012.12—2017.3
	毛云保	副主任	2016.5—2018.5
	吴　龙	副主任	2016.6—
人事教育处(科)	周生弟	负责人(兼)	1989.12—1994.6
	郭岩然	副处长 处长	1994.6—1995.4 1995.4—1997.12
	饶鸿来	处长	1997.12—2001.10
	谢志伟	处长	2001.10—2009.8
	罗高阅	处长	2009.8—2013.12
	易远明	处长	2013.12—
	蓝玉奇	副处长	1996.4—1997.9
	程　军	副处长	2012.12—2017.12
	练素红	副处长	2016.6—

续表3－2－3

部门	姓名	职务	任职时间
纪检监察室(科)	周生弟	负责人(兼)	1989.12—1994.6
	郭岩然	主任(兼) 主任	1994.6—1997.12 1997.12—2000.6
	林　华	主任	2000.9—2006.4
	张智明	主任	2006.4—2010.4
	季飞云	主任	2010.4—2015.12
	钟小雄	副主任	1997.9—2000.7
政策法规处(科)	叶芳儿	处长	2002.2—2006.4
	潘志伟	处长	2006.4—2012.12
	周蕴华	处长	2012.12—2017.3
	何俏俐	处长	2017.3—
	麻红萍	副处长	2001.8—2006.4
信息化管理处 (2013年2月成立)	练俏骏	处长	2013.12—2014.12
	邱　琳	处长	2017.3—2018.6
	严水英	处长(挂职)	2018.6—
预算(国库)处(科) (2005年6月分设为预算处、国库处,2011年5月成立总预算局)	陈炜平	处长	1989.12—1994.6
	赵葛周	处长	1994.6—2001.7
	魏叶华	副处长(主持工作) 处长	2001.7—2001.12 2001.12—2006.4
	张　栋	副处长 处长 局长(高配副处级)	2001.8—2005.5 2006.4—2011.7 2011.7—2013.12
	阮美莲	局长	2013.12—2017.3
	占雅静	局长(高配副处级)	2017.3—2018.8
	谢银凤	副处长	1996.11—1997.12
	丁硕科	副局长	2012.12—2013.12
	王巧平	副局长	2013.12—2015.11
	孙海敏	副局长	2015.12—2017.3
债务管理处 (2016年4月成立)	孙海敏	副处长(兼) 处长	2016.6—2017.3 2017.3—
国库处(2005年成立) (2011年5月成立预算执行局)	朱金山	副处长 处长(局长)	2005.9—2007.12 2007.12—2012.12
	蔡溢洋	局长(2015.2高配副处级)	2012.12—
	郑丽娟	副处长	2009.12—2012.12
	孙海敏	副局长	2012.12—2015.12
	翁傅华	副局长	2015.12—

续表3－2－3

部门	姓名	职务	任职时间
财政监督检查处(科)（2005年10月绩效评价处挂牌；2011年5月成立财政监督局，绩效管理处挂牌）	肖荣	副处长 处长	2000.12—2004.3 2004.3—2006.8
	彭华	处长	2006.12—2007.11
	余小平	处长 兼绩效评价处处长	2007.12—2012.12
	方伟英	局长 局长兼绩效管理处处长 （2013.7高配副处级）	2012.12—2013.4 2013.4—
	郑旭伟	副局长	2012.12—
行政事业处(科)	刘松文	处长	2001.7—2004.12
	樊必成	副处长 处长	2001.7—2004.12 2004.12—2005.5
	张栋	副处长 处长	2005.5—2005.12 2005.12—2006.4
	汤延武	处长	2006.4—2015.11
	占雅静	处长	2015.11—2017.3
	陈丽慧	处长	2017.3—
经济建设处(科)（2016年1月外债金融处挂牌）	谢银凤	副处长(兼)	1996.10—1997.12
	李小涛	副处长(主持工作) 处长	1997.10—2001.12 2001.12—2004.12
	刘松文	处长	2004.12—2008.1
	徐佳	副处长 副处长(主持工作) 处长	2004.12—2008.1 2008.1—2008.12 2008.12—
	范成成	副处长	2007.12—2012.12
	刘云	副处长	2010.8—2015.11
	江潮	副处长	2012.12—
	张芳	副处长	2015.12—
社会保障处(科)	黄成良	副处长 处长	1995.9—1997.12 1997.12—2001.7
	谢银凤	处长	2001.7—2001.9
	郑伟	副处长 处长	2001.9—2001.12 2001.12—2006.12
	留培杨	副处长(主持工作) 处长	2006.12—2007.12 2007.12—2012.12
	金存高	处长	2012.12—
	刘伟君	副处长	2006.4—2009.12
	周蕴华	副处长	2009.12—2012.12
	李周敏	副处长	2012.12—2015.11
	张奕祎	副处长	2016.6—

续表3-2-3

部门	姓名	职务	任职时间
农业处(科) (基层财政处) (农业税收征收管理处)	王祖平	副处长	1991.5—1995.4
		处长	1995.4—1997.8
	吴春琼	副处长	1997.6—1997.12
		处长	1997.12—2004.12
	李小涛	处长	2004.12—2012.12
	朱金山	处长	2012.12—
	戴小杰	副处长	2006.4—2010.1
企业处(科) (2011年9月， 外债金融处挂牌； 2016年1月， 改挂经济建设处)	赵葛周	处长	1989.10—1994.6
	陈炜平	处长	1994.6—1997.10
	刘松文	副处长	1996.4—2000.5
		处长	2000.5—2001.7
	余小平	处长	2001.7—2007.12
	麻红萍	副处长	2008.1—2008.12
		处长	2008.12—2013.12
	范成成	副处长	2012.12—2013.12
		处长	2013.12—2017.3
	周蕴华	副处长	2006.4—2009.12
		处长	2017.3—
	陈灵光	副处长	1989.1—1990.1
	汤延武	副处长	2001.8—2006.4
	周晓春	副处长	2009.12—2012.12
	丁　勇	副处长	2017.3—
综合处(科) (1990年9月成立国债服务部， 2002年2月撤销； 2002年单设预算外资金管理中心)	陈灵光	副处长	1994.3—1995.4
		处长	1995.4—2001.7
	黄成良	处长	2001.7—2006.12
	郑　伟	处长	2006.12—2015.11
	汤延武	处长	2015.11—
会计处(科) (1999年11月成立注册会计师服务中心，2020年1月撤销)	蔡溢洋	副处长	1996.4—2000.4
		处长	2000.4—2001.7
	陈　颉	处长	2001.7—2004.11
	吴春琼	处长	2004.12—2013.12
	周晓春	处长	2015.11—
	叶志明	副处长	1991.5—1996.10
控办 政府采购办 (1999年11月成立) 政府采购监管处 (2008年10月成立)	杨伯高	正科级协理员	1991.5—1998.8
	李菊凤	负责人	1998.1—2001.7
		主任	2001.7—2007.12
	管伟春	主任	2007.12—2012.12
	李小涛	处长	2012.12—
	赵　晔	副处长	2016.6—

续表 3-2-3

部门	姓名	职务	任职时间
农业综合开发办公室（1996年9月，地区农发办设在市财政局；2008年6月改设为内设处室；2019年2月整体划转市农业农村局）	金宝林	具体工作负责人 副主任（正科）	1996.9—2008.7 2008.7—2013.12
	陈丽慧	副主任（正科）	2013.12—2017.3
	范成成	主任	2017.3—
资产管理处（2010年6月成立）	陈　磊	处长	2010.8—2016.10
	张剑飞	处长	2016.10—2018.1
	王　华	副处长（主持工作）	2018.1—
	郑强立	副处长	2018.1—
税政管理处（科） 外税处（科） 农业税收政策管理处（2010年6月至2011年9月） 税政管理一处（2011年9月成立）	汤陈联	处长	1989.1—1991.4
	崔　军	处长	1991.4—1993.4
	周学军	处长	1993.5—1997.7
	江　杰	副处长 处长	1996.4—1997.12 1997.12—1998.6
	赵葛周	处长	2001.7—2009.5
	叶英东	副处长 处长	2008.10—2009.12 2009.12—2012.12
	郑丽娟	处长	2012.12—2018.7
	郑　伟	副处长	1998.6—2001.9
	陈宝山	副处长	2012.12—2015.11
	戴小杰	副处长	2010.1—2012.12
税政管理二处（2011年9月成立）	戴小杰	处长	2012.12—2015.11
	陈宝山	处长	2015.11—2018.7
	何芙群	副处长	2017.3—2018.7
计划财务处（科）	汤陈联	处长	1989.1—1993.4
	林秀琴	副处长 处长	1993.6—1995.1 1995.1—1997.9
	蔡溢洋	处长	2001.7—2012.12
	刘古草	处长	2012.12—2018.7
	魏叶华	副处长（主持工作）	1997.10—2001.7

续表3-2-3

部门	姓名	职务	任职时间
征收管理处(科)	祁朝晖	副处长 处长	1992.2—1995.3 1995.3—1997.12
	金存高	副处长(主持工作) 处长	1998.6—2001.12 2001.12—2004.12
	陈炜平	处长	2004.12—2015.11
	刘 云	处长	2015.11—2018.7
	刘伟君	副处长	2009.12—2012.12
	汤桔红	副处长	2012.12—2016.9
	夏柏峰	副处长	2016.12—2018.7
规费管理处(局) (2003年8月成立) (2011年9月改为局)	金存高	处长	2004.12—2012.12
	叶英东	局长	2012.12—2015.11
	李周敏	局长	2015.11—2018.7
纳税服务处 (2011年9月成立)	刘伟君	处长	2012.12—2018.7

注：2001年12月始，科均改为处，行政级别不变，为统一简便，此前均以处称谓。

2011年5月，市财政局设总预算局、预算执行局、财政监督局（绩效管理处），主要领导可高配副处级。同时撤销预算处、国库处、监督检查处（绩效评价处）。9月，根据市府办《关于印发丽水市财政局丽水市地方税务局主要职责内设机构和人员编制规定的通知》，市财政局、市地税局设23个职能处室：办公室（科研处与其合署）、政策法规处（挂行政审批处牌子）、总预算局、行政事业处、预算执行局、综合处、农业处（挂基层财政管理处牌子）、企业处（挂外债金融处牌子）、社会保障处、经济建设处、资产管理处、财政监督局（挂绩效管理处牌子）、会计处、政府采购监管处、市农业综合开发办公室、税政管理一处、税政管理二处、规费管理局、征收管理处、计划财务处、纳税服务处、人事教育处、纪检监察室，另设机关党委。

2013年2月，市财政局、市地税局增设信息化管理处。2015年7月，撤销纪检监察室，原在纪检监察室挂牌的审计室改为在办公室挂牌。2016年1月，市财政局在企业处挂牌的外债金融处牌子调整为在经济建设处挂牌。4月，市财政局增设债务管理处。2017年10月，市财政局、市地税局办公室（科研处）增挂督察内审处牌子。

2018年7月，机构改革后，市财政局设18个职能处室：办公室（科研处与其合署，挂督察内审处牌子）、人事教育处、政策法规处（挂行政审批处牌子）、信息化管理处、总预算局、债务管理处、预算执行局、财政监督局（挂绩效管理处牌子）、行政事业处、经济建设处（挂外债金融处牌子）、社会保障处、农业处（挂基层财政管理处牌子）、企业处、综合处、会计处、政府采购监管处、农业综合开发办公室、资产管理处，另设机关党委。

第三节　直属机构

一、税务稽查机构、税务直属分局、第一税务分局、第二税务分局

1993年9月，地区税务稽查支队成立，为副县级单位，隶属地区税务局。1994年7月，地区税务稽查支队增挂地区税务稽查分局牌子。1997年9月，国地税机构进一步分设后，更名为地区地税局稽查支队（分局）。1998年11月，地区地税局稽查支队（分局）更名为地区地税局稽查局。1999年6月，地区地税局直属分局更名为地区地税局直属征管分局。

2000年7月，地区地税局稽查局随市地税局更名，其机构级别不变。8月，根据省地税局对地税机构调整的批复，成立市地税局稽查局、征管一分局、征管二分局。2010年，市地税局设稽查局、第一税务分局、第二税务分局3个直属机构。

2017年4月，实行稽查体制改革，各县（市）地税局稽查局整体划转至市地税局稽查局，并在各县（市）地税局设置稽查分局。县（市）按地税所专项行政编制数的10%上划到市地税局，共77人。

1993—2018年丽水市地税稽查机构历任负责人一览表

表3－2－4

姓　名	职　　务	任职时间
周生弟	稽查支队队长	1993.11—1997.9
江　杰	副局长 局长	1998.6—2002.4 2002.4—2013.4
潘志伟	副局长 副局长(主持工作)	2012.12—2013.6 2013.6—2014.8
詹锡根	局长	2014.8—2018.7
阮胜裕	队长助理	1995.1—1997.9
陈　颉	副局长	2000.4—2001.7
戴小杰	副局长	2002.4—2006.4
陈炜平	副局长	2003.3—2004.12
叶英东	副局长	2004.12—2006.12
林　华	副局长	2006.5—2007.12
黄成良	副局长	2006.12—2012.12
刘松文	副局长	2008.1—2011.8
桑雪文	副局长	2012.12—2018.7

续表3-2-4

姓　名	职　　务	任职时间
叶　菲	副局长	2013.12—2018.7
曾阳军	副局长	2017.3—2018.7
吕晓晖	缙云分局局长	2017.4—2018.7
张坛火	遂昌分局局长	2017.4—2018.7
杨　阳	松阳分局局长	2017.4—2018.7
周晓鸣	云和分局局长	2017.4—2018.7
陈　伟	景宁分局局长	2017.4—2018.7
章作国	青田分局局长	2017.10—2018.7
方　辉	龙泉分局局长	2017.10—2018.7
苏积峰	庆元分局局长	2017.10—2018.7

1988—2000年丽水地区税务局直属分局历任负责人一览表

表3-2-5

姓　名	职　务	任职时间
吴树奎	局长(兼)	1988.10—1988.12
吕建富	副局长 局长	1988.10—1988.12 1988.12—1989.12
丁业和	局长	1989.12—1993.4
崔　军	局长	1993.4—1995.7
刘小平	副局长 副局长(主持工作) 局长	1993.5—1995.7 1995.7—1996.4 1996.4—1997.10
刘志伟	副局长 副局长(主持工作) 局长	1997.3—1997.10 1997.10—2000.5 2000.5—2000.9
姚国华	副局长	1992.4—1992.12

2000—2018年丽水市地税局第一税务分局历任负责人一览表

表3－2－6

姓　名	职　　务	任职时间
刘志伟	局长	2000.9—2001.9
叶如华	局长	2001.9—2005.10
蔡焕义	副局长 副局长（主持工作） 局长	2004.12—2006.1 2006.1—2007.12 2007.12—2012.12
林　华	局长	2012.12—2015.11
戴小杰	局长	2015.11—2018.7
彭　华	副局长	2002.4—2006.12
陈国伟	副局长	2005.12—2008.10
叶英东	副局长	2006.12—2008.10
朱　丹	副局长	2008.10—2012.12
吴群良	副局长	2008.10—2013.12
曾阳军	副局长	2012.12—2017.3
毛伟军	副局长	2013.12—2018.7
吴　龙	副局长	2016.6—2016.11
梅　锋	副局长	2017.11—2018.7

2000—2018年丽水市地税局第二税务分局历任负责人一览表

表3－2－7

姓　名	职　　务	任职时间
叶如华	局长	2000.7—2001.9
刘志伟	局长	2001.9—2006.10
麻红萍	副局长 副局长（主持工作）	2006.4—2006.10 2006.10—2007.12
林　华	局长	2007.12—2012.12
蔡焕义	局长	2012.12—2015.11
叶英东	局长	2015.11—2018.7
潘志伟	副局长	2001.8—2006.4

续表3－2－7

姓　名	职　　务	任职时间
刘古草	副局长	2005.12—2012.12
朱　丹	副局长	2007.1—2008.10
陈国伟	副局长	2008.10—2013.12
蓝周华	副局长	2012.12—2018.7
王　华	副局长	2013.12—2018.1
梅　锋	副局长	2016.6—2017.11

二、信息中心

1998年11月，地区地税局信息中心成立，为地区地税局直属事业单位。1999年4月，地区财政局、地区地税局培训中心增挂计算机信息中心牌子。2002年2月，信息中心单设，为隶属市财政局、市地税局的科级全额拨款事业单位。2005年12月，市编委确定信息中心为社会公益类纯公益性事业单位。

2018年，根据《丽水市机构编制委员会关于整合首批市本级信息中心的通知》，撤销市财政局、市地税局信息中心。

三、财税培训中心

丽水地区财税干部学校成立于1981年。1995年9月，丽水地区税务干部培训中心成立。1997年，增设丽水地区财税培训中心，与丽水地区财税干部学校两块牌子一套人马，为地区财政局下属全额拨款的科级事业单位。2005年12月，市编委确定财税培训中心为社会公益类纯公益性事业单位。2013年2月，丽水市财税咨询服务中心成立，挂靠市财税培训中心。

四、预算会计核算中心（财政国库支付中心）

2000年11月，丽水市预算会计核算中心成立，为市财政局下属全额拨款事业单位。2001年5月，市编委《关于核定丽水市预算会计核算中心编制的批复》，暂定事业编制依照国家公务员制度管理，由市财政局代为管理；10月，市编委确定市预算会计核算中心为市财政局下属正科级事业单位。2008年10月，在市预算会计核算中心的基础上设立市财政国库支付中心，暂保留市预算会计核算中心的牌子。

五、财政项目预算审核中心

2001年10月，丽水市财政投资工程预决算评审中心成立，为市财政局所属科级全额拨款事业单位。2005年12月，市编委确定财政投资工程预决算评审中心为社会公益类纯公益性事业单位。

2006年9月，丽水市财政投资工程预决算评审中心更名为丽水市财政项目预算审核中心。2009年8月，经人事部门批准，市财政项目预算审核中心改为参照公务员法管理的事业单位。

六、非税收入管理中心

1999年8月，丽水地区预算外资金管理中心正式挂牌成立，与地区财政局综合科合署办公。2002年2月，丽水市预算外资金管理中心单设，为隶属市财政局的科级全额拨款事业单位。2005年12月，市编委确定预算外资金管理中心为监督管理类事业单位。2011年6月，经人事部门批准，市预算外资金管理中心改为参照公务员法管理的事业单位。2015年10月，市预算外资金管理中心更名为市财政局非税收入管理中心。

七、财务总监管理中心

2001年起，根据市政府5号令《丽水市市属国有企业（单位）财务总监委派制试行办法》，市财政局向市本级国资营运机构和政府性投资项目派驻财务总监。2002年2月，市财政局国有资产企业管理处增挂市财务总监管理中心牌子。2004年12月，财务总监管理中心改由市财政局下属的丽水市非经营性国有资产管理办公室负责。2010年6月，市财政局增设资产管理处，财务总监管理工作由资产处负责。2011年8月，丽水市编委批复设立市财务总监管理中心，为市财政局下属正科级公益一类事业单位。2014年3月，增挂市国有资产管理中心牌子。2015年10月，增挂市政府和社会资本合作（PPP）指导服务中心牌子。

八、市级部门预算编制中心

2011年8月，丽水市市级部门预算编制中心成立，为市财政局所属科级全额拨款事业单位。2012年11月，经浙江省公务员局批准，丽水市市级部门预算编制中心改为参照公务员法管理的事业单位。

九、道路交通事故社会救助基金管理中心

2013年8月，丽水市道路交通事故社会救助基金管理中心成立，为市财政局下属正科级公益一类事业单位，负责市本级道路交通事故社会救助基金筹集、使用和监督管理。12月，正式登记注册，开设基金专户。

十、政府采购中心

2002年6月，丽水市政府采购中心成立，为市财政局下属正科级事业单位，12月，调整为市发展计划委员会管理。

十一、非经营性国有资产管理办公室

2002年8月，丽水市国有资产管理办公室成立，为市财政局下属科级全额拨款事业单位（依照国家公务员制度管理）。2006年4月，因市国有资产管理体制调整，更名为非经营性国有资产管理办公室。2010年6月，市编委发文撤销该单位，其所承担行政职能划归市财政局。

1991—2018年丽水市财税局其他直属单位历任负责人一览表

表3－2－8

机构名称	姓　名	职　　务	任职时间
信息中心 （2002年单设）	魏叶华	副主任（主持工作）（兼）	1999.7—2002.7
	项　武	副主任 主任	2002.7—2005.7 2005.7—2013.9
	武威哲	副主任	2013.12—2015.11
	吴春明	副主任（主持工作）	2015.11—2018.8
财税培训中心 （原财税干校）	陈宝洪	校长	1988.5—1995.6
	张锦海	副校长	1988.12—1997.10
	张博兴	副主任	1995.1—1997.10
	周少华	副主任 主任	1997.11—1999.10 1999.10—2002.4
	周文琼	副主任 主任	2002.4—2005.7 2005.7—2017.3
	沈英华	副主任	2017.3—2017.10
	易远明	主任（兼）	2017.11—
财税咨询服务中心 （2013年2月成立）	章玲仙	副主任	2013.12—
财政项目预算审核中心 （2001年成立，2006年9月前为评审中心）	李小涛	主任（兼）	2002.1—2004.9
	练俏骏	副主任 主任	2004.9—2007.12 2007.12—2013.12
	张剑飞	副主任	2009.6—2012.12
	张　芳	副主任	2012.12—2015.12
	丁硕科	主任	2013.12—
	俞慧卿	副主任	2013.12—
	梅振通	副主任	2017.3—
财务总监管理中心 ［2002年2月，在企业处挂牌；2011年8月成立；2014年3月增挂市国有资产管理中心牌子；2015年10月增挂市政府和社会资本合作（PPP）指导服务中心牌子］	余小平	主任（兼）	2002.3—2004.12
	陈　磊	副主任（兼） 主任（兼）	2004.12—2006.6 2006.6—2012.12
	张剑飞	主任（兼）	2012.12—2018.1
	张　芳	副主任（主持工作）（兼）	2018.1—

续表3－2－8

机构名称	姓　名	职　　务	任职时间
预算会计核算中心 （2008年10月在预算会计核算中心的基础上设立财政国库支付中心）	樊必成	副主任（主持工作） 主任	2000.12—2004.3 2004.3—2004.8
	朱金山	副主任 副主任（主持工作）	2004.3—2004.8 2004.8—2005.9
	陈丽慧	副主任 主任	2004.8—2007.12 2007.12—2013.12
	吴群良	主任	2013.12—2016.5
	刘克华	副主任（主持工作） 主任	2016.5—2017.3 2017.3—
	王巧平	副主任	2008.5—2012.12
	邱　琳	副主任	2012.12—2013.12
	翁傅华	副主任	2012.12—2015.12
	赵　晔	副主任	2013.12—2016.6
	王　珏	副主任	2016.6—
	王　俏	副主任	2017.3—
道路交通事故社会救助基金管理中心（2013年8月成立）	陈国伟	主任（兼）	2013.12—
市级部门预算编制中心 （2011年8月成立）	周晓春	主任	2012.12—2015.11
	王巧平	副主任 主任	2012.12—2013.12 2015.11—
	黄丽蓉	副主任	2013.12—
非税收入管理中心 （2002年2月单设，2015年10月前为预算外资金管理中心）	黄成良	主任（兼）	2002.2—2006.12
	郑　伟	主任（兼）	2006.12—2012.12
	占雅静	主任	2012.12—2015.11
	何俏俐	主任	2016.2—2017.3
	朱　丹	主任	2017.3—
政府采购中心	陈　磊	副主任（主持工作）	2002.6—2002.11
非经营性国有资产管理办公室 （2002年8月成立，2006年4月前为国有资产管理办公室，2010年撤销）	余小平	副主任（主持工作）（兼）	2002.11—2004.12
	陈　磊	副主任 副主任（主持工作）（兼） 主任（兼）	2002.11—2004.12 2004.12—2005.7 2005.7—2010.8

第四节　派驻机构（干部外派挂职）

一、派驻机构

1987年，省财政厅在各市（地）财政局设中央企业财政驻厂员组。是年，财政部驻浙江省财政厅中央驻厂员处设丽水组（科级）。1995年1月，更名为财政部驻浙江省财政监察专员办事处丽水组（副处级），实行垂直管理。1989年1月至1993年4月，周学军任组长。1993年4月至1996年3月，汤陈联任组长（正科）。1996年3月至1998年8月，汤陈联任组长（副处）。1998年8月，根据省财专办《关于进一步理顺各市地财政监察专员办事组管理体制问题的通知》精神，撤销省财专办丽水组。

1988年，丽水地区本级及各县（市）人民检察院税务检察室成立，隶属两级检察院派出机构，实行检察院和税务局双重领导，1999年撤销。

1999年，地区公安局驻地区地税局联络室成立，至2018年7月国地税机构合并。

二、干部外派挂职

丽水市财税局坚持在基层一线工作中培养、磨炼干部，每年选派财税干部参与重大事项、重要工作，并把交流挂职作为锻炼财税干部的重要平台。1991—2018年，共选派财税干部56人次（外派时间一年以上，下同），选派干部开拓进取，深入实际，奋发有为，创新实践，在各个岗位做出了积极的贡献，充分体现财税部门及财税干部的担当作为和优良作风。

18名干部先后到乡镇、街道、村挂职，配合当地开展党的群众路线教育、“驻乡进村，组团服务”深入解决“三农”问题及落实下山脱贫，促进产业发展，帮扶农村基础设施建设，化解上访难题等。

“驻乡进村，组团服务”遂昌工作组围绕市委“135”工程①，于2009年10月至2014年间联系遂昌县黄沙腰镇9个行政村，市财政局、市交通局共帮扶资金1700多万元（含道路、防洪堤等项目资金）。通过帮扶，农村居民人均收入从5000元增至1.01万元；通过深入调研，千方百计地做好劝访、感化、维稳工作，稳妥破解了黄沙腰镇上定村上访难题，成功化解了进京上访事件，维护了正常的秩序和社会稳定；扶贫助困送温暖，市财政局、市交通局领导每年多次深入联系村开展扶贫助困活动，发送慰问金17.50万元。

选派5名干部参加滩坑电站移民、市区旧城改造、后甫拆迁、古城项目征迁、大溪工程治理等重大项目建设。同时，选派大批干部参与市文明城市创建、市委巡察等重要工作，选派干部做了大量工作，获得了市领导的充分肯定。选派多名干部到企业挂职，为促进企业创新发展出谋献策；选派干部到房监办及房地产企业挂职，为稳定房地产市场和帮助房地产企业化解债务作出艰苦努力；选派干部到省财政厅、省地税局挂职，积极参与浙江地税信息系统（2006版、龙版）、

---

①“135”工程指丽水市委、市政府部署，用3年时间，培育100个中心村，转化300个后进村，创建500个生态文明村，通过打造“135”工程，推动新农村发展。

“金税三期”开发应用、省地税局“大集中”工程、国地税业务差异整理等；选派干部到县（市、区）财政局、市招商局挂职。

2010年8月，选派1名干部援疆3年，担任阿克苏地区新和县指挥部产业发展组副组长及新和县财政局副局长，为当地产业发展付出了艰辛的努力，获得当地干部群众的肯定。2018年4月，选调5名干部参与市区城中村改造专项重点工作，千方百计做好融资保障和财务管理工作，为城中村改造项目顺利进行做出了积极的贡献。

1991—2018年丽水市财税局外派干部一览表

表3－2－9

序号	姓 名	外派时所在单位及任职	外派（挂职）单位及职务	外派起止时间
1	蔡溢洋	地区财税局综合科科员	云和县石塘财税所	1990.4—1991.4
2	刘松文	地区财政局企财科科员 市财政局行政事业处处长	景宁畲族自治县沙湾镇镇长助理 青田县滩坑水电站移民工作	1991.4—1992.4 2004.2—2005.2
3	张 栋	市财政局行政事业处副处长 党组成员、市财政局副局长	莲都区大港头镇大港头村农村指导员 市城中村改造融资保障组组长	2004.3—2005.6 2018.4—
4	桑雪文	市地税局副主任科员	青田县东源镇五星村农村指导员	2004.4—2005.6
5	彭 华	市地税局一分局副局长	遂昌县妙高镇源口村农村指导员	2005.7—2006.6
6	周春芳	市预算会计核算中心副主任科员	青田县东源镇五星村农村指导员	2005.7—2006.6
7	叶英东	市地税局稽查局副局长	莲都区大港头镇大港头村农村指导员	2006.7—2007.6
8	钟建伟	市财政局综合处科员	景宁畲族自治县澄照乡金丘村农村指导员	2007.9—2008.9
9	刘伟君	市财政局社保处副处长 市地税局征管处副处长	市旧城改造指挥部工作组 丽水市后甫拆迁工作组	2008.8—2010.1 2010.6—2011.12
10	厉子良	市地税局二分局副主任科员	市经贸委“三农”工作组	2009.5—2015.6
11	余小平	市财政局副调研员	遂昌县黄沙腰镇工作组组长	2009.9—2014.3
12	金黎德	市地税局一分局办公室主任 市地税局一分局管理三科主任科员	遂昌县黄沙腰镇工作组指导员 遂昌县大柘镇梭溪桥村、柘溪下村、车前村指导员	2009.3—2014.3 2014.3—2015.3
13	占 勇	市地税局二分局风管科主任科员	遂昌县黄沙腰镇工作组指导员	2009.9—2014.3
14	王 琴	市财务总监管理中心财务总监	银泰房地产公司资产监督清算组	2008.9—2011.12
15	赵 基	市财税培训中心干部	莲都区太平乡副乡长	2010.1—2011.1
16	张 健	市地税局稽查局检查一科主任科员	万松房地产清算工作组	2010.4—2011.10
17	赵葛周	市财政局副调研员	同心房产帮扶工作组	2010.4—2011.5

续表3-2-9

序号	姓 名	外派时所在单位及任职	外派(挂职)单位及职务	外派起止时间
18	赵绍平	市地税局稽查局检查三科副主任科员	株州银泰工作组 市房监办监督管理处处长(2013年6月起)	2010.7—2011.8 2011.8—2014.8
19	刘　云	市财政局经建处副处长	援疆—阿克苏地区新和县指挥部产业发展组副组长(主持工作)兼任新和县财政局副局长	2010.8—2013.8
20	章玲仙	市财税志办公室干部	莲都区财政局局长助理 莲都区国资公司副总经理	2011.8—2012.12 2013.1—2013.12
21	翁傅华	市财政局、市地税局法规处科员	龙泉市础石乡乡长助理	2011.8—2013.8
22	李周敏	市地税局稽查局执行科科长	市征迁办古城项目组	2012.7—2013.9
23	张剑飞	市财务总监管理中心主任	市招商局外资招商局副局长 市金控公司监事、监事会召集人	2014.10—2015.10 2015.11—2018.3
24	占雅静	市预算外资金管理中心主任	莲都区白云街道党工委副书记 莲都区雅溪镇镇长	2012.12—2013.12 2013.12—2015.1
25	阮美莲	市财政局、市地税局科研处处长、办公室副主任 市财政局总预算局局长	市大溪治理工程指挥部 市金控公司董事 莲都区大港头镇党委副书记	2013.9—2014.9 2015.11—2018.3 2016.4—2017.4
26	季圣康	市地税局二分局办税服务科科员	市委党的群众路线教育实践活动办	2013.12—2016.6
27	王丽芬	市财政局企业处副主任科员	市房监办企发办	2014.3—2017.2
28	杨文清	市财政局、地税局党组成员,市地税局副局长	缙云县地税局副局长	2014.11—2016.2
29	张　芳	市财政预算审核中心副主任	遂昌县大柘镇梭溪桥村、车前村第一书记,大柘镇党委副书记	2015.1—2016.12 2015.3—2016.2
30	范成成	市财政局企业处处长	市金控公司董事	2015.11—2018.3
31	胡　慧	市财政局经建处副主任科员	市金控公司董事	2015.11—2018.3
32	徐王君	市财政局资产管理处副主任科员	市金控公司监事	2015.11—2018.3
33	丁　勇	市财政局企业处科员	市金控公司监事	2015.11—2018.3
34	黄丽莉	市金控公司副总经理	杭州括苍公司副总经理	2016.4—2017.4
35	蓝周华	市地税局二分局副局长	龙泉市安仁镇党委副书记	2016.4—2017.4

续表3-2-9

序号	姓 名	外派时所在单位及任职	外派(挂职)单位及职务	外派起止时间
36	易远明	市财政局、地税局党组成员，人教处处长	云和县地税局副局长	2016.6—2018.7
37	吴永丽	市财政国库支付中心综合科负责人	市创建全国文明城市办公室综合处	2016.6—2018.2
38	徐碧霞	市财政局副主任科员	市金控公司风控部部长	2016.6—
39	詹　翔	市财政局副主任科员	市金控公司综合部部长	2016.6—
40	林　华	市地税局副调研员	遂昌县大柘镇柘溪下村、车前村、梭溪桥村农村指导员	2017.1—2018.12
41	邱　琳	市财政局信息化管理处处长	青田县仁宫乡党委副书记、乡长	2018.6—
42	胡正圆	市财务总监管理中心财务总监	市城中村改造综合组财务	2018.4—
43	徐玲玲	市财政国库支付中心科员	市城中村改造综合组出纳、文书	2018.4—
44	孙海敏	市财政局债务管理处处长	市城中村改造指挥部融资处处长	2018.4—
45	何　宁	市财政局经建处副主任科员	市城中村改造指挥部融资保障组	2018.4—

注：外派干部统计到2018年12月，外派时间一年（含）以上。

第五节　其他机构

一、财务开发公司

1992年7月，丽水地区财务开发公司成立，性质为股份制企业，隶属于地区财政局。2001年年末，丽水市财务开发公司划归市国有资产经营有限公司管理，与市财政局脱钩。2008年12月，撤销丽水市财务开发公司。

二、会计师事务所

1989年3月，地区财政局下设地区会计师事务所，为自收自支事业单位。1999年11月，撤销地区会计师事务所，改制为有限责任公司性质的会计师事务所。

三、东方农业发展有限公司

1989年3月，丽水地区东方农业发展有限公司成立，隶属于地区财政局。2000年3月，与地区财政局脱钩改制。

四、花园大酒店

1997年1月，丽水地区花园大酒店经工商注册登记成立，为地区财政局下属国有企业。2003年9月，改制解散。

五、税务师事务所

1995年7月，省国税局、省地税局批复设立丽水地区税务师事务所。1997年9月，国地税机构进一步分设后，原地区税务师事务所也相应分设。1998年1月，丽水地区第一税务师事务所成立，隶属地区地税局，2000年2月，改制为丽水国立税务师事务所有限公司。

六、国有资产经营有限公司

1998年7月，经地区行署批转，丽水地区国有资产投资经营公司成立，隶属于地区财政局，后更名为丽水市国有资产经营有限公司。2009年6月，以该公司为主体组建丽水市城市建设投资有限责任公司，出资人变更为市国资委。

2000—2009年丽水市国有资产经营有限公司历任负责人一览表

表3－2－10

姓　名	职　　务	任职时间
余小平	总经理	2000.2—2001.9
陈炜平	总经理	2001.9—2002.12
夏海国	总经理	2002.12—2004.6
程定飞	董事长、总经理	2004.11—2009.7

七、金融投资控股有限责任公司

2015年8月，丽水市金融投资控股有限责任公司成立，为丽水市人民政府批准设立的国有企业，注册资本1.08亿元，隶属市财政局，公司内设综合部、业务部、风控法务部，员工10人。公司主要职能是代表市政府参与各类投资，包括政府性股权投资基金、金融股权投资、资产管理等。全资、参股企业有丽水市政策性融资担保有限公司、浙江丽水生态经济产业基金有限公司、浙江遂网电子商务有限公司3家。2018年年末，公司总资产7.11亿元，净资产6.70亿元。

2017年9月28日，浙江丽水生态经济产业基金有邦新材料投资签约仪式举行（市财政局档案室提供）

2015—2018年丽水市金融投资控股有限责任公司历任负责人一览表

表3-2-11

姓　名	职　　务	任职时间
陈　磊	董事长、总经理	2015.11—2016.7(挂职) 2016.7—
黄丽莉	副总经理	2016.11—

八、政策性融资担保有限公司

2017年12月，丽水市政策性融资担保有限公司成立，为市政府批准设立的国有企业，注册资本1.50亿元，2018年6月正式运营，隶属市财政局。公司内设综合部、财务部、业务部、风险法务部，员工11人。公司主要职能是为缺乏抵押物、自身成长性良好及符合信贷支持条件的小微企业和“三农”项目融资提供担保增信服务。2018年年末，公司在保户数21户，在保余额5120万元，公司总资产1.51亿元，净资产1.50亿元。

2018年6月20日，丽水市政策性融资担保有限公司开业暨项目合作签约仪式上，副市长徐光文向公司负责人胡荣炎授印（市财政局档案室提供）

2018年丽水市政策性融资担保有限公司负责人一览表

表3-2-12

姓　名	职　　务	任职时间
胡荣炎	董事长、总经理	2018.7—
陈丽青	副总经理	2018.5—

第三章　行政事务管理

行政事务管理主要是文秘管理、档案管理、信访处理、督查督办、建议提案办理、财务管理、后勤管理等，起着承上启下、综合协调、参谋助手、督促检查和服务保障作用。各个时期，丽水市财税局切实加强行政事务管理，先后组织制定了《丽水市财政局、地税局工作规则》《机关公文处理办法》《信息宣传考核办法》《档案管理制度》《财务管理制度》《建议提案办理工作规程》等系列制度，有效地保证了全局工作的高效运转，为创一流工作效率奠定了基础。

第一节　文秘管理

一、公文处理

1994年，地区税务局分设为地区国税局和地区地税局，税务发文字号由“浙丽地税××”分别改为“浙丽地国税××”“浙丽地地税××”两种。1997年，国地税机构进一步分设，“浙丽地国税××”的发文字号在本单位不再使用。2000年，丽水撤地设市，财政发文字号由“丽地财××”改为“丽财××”，地税发文字号由“浙丽地地税××”改为“丽地税××”。

2001年4月，市财政局、市地税局正式应用ODPS公文处理系统，公文处理开始实行网络化管理，除涉密文件外，局收发文在网上实行无纸化办理。2001年，贯彻《国家行政机关公文处理办法》，先后制定局机关公文会办工作规则、公文收文处理规则等，规范公文管理。2005年6月，为提高办文效率，对一些需报经市政府审批的财政、税收业务工作事项，以及需报经局领导审批的内部事项，实行工作底稿制度，工作底稿视同公文管理。2013年12月，正式上线FTOA3.0办公自动化系统。2016年3月，贯彻执行《中共中央办公厅国务院办公厅关于印发〈党政机关公文处理工作条例〉的通知》《浙江省财政厅机关公文处理办法》《浙江省地税机关公文处理办法》，修订完善《丽水市财政局地税局机关公文处理办法》《公文处理规则》，对公文种类、公文格式、行文规则、收发文办理、电子公文处理等作出具体规定，促进公文管理规范化、制度化、科学化。

1991—2018年，市财税局共处理外收文13.12万件，发文1.42万件。

1991—2018年丽水市财税局公文收发一览表

表3－3－1　　　　单位：件

年份	外收文	局发文	年份	外收文	局发文
1991	1590	275	2006	5838	611
1992	1395	240	2007	6326	623
1993	1511	210	2008	6085	679
1994	1530	226	2009	6137	632
1995	1631	175	2010	7227	730
1996	1294	401	2011	7476	668
1997	2573	327	2012	7545	694
1998	1975	347	2013	7337	709
1999	2159	443	2014	8381	572
2000	2282	320	2015	9240	534
2001	1417	335	2016	6308	743
2002	1567	604	2017	10000	744
2003	3522	520	2018	9556	543
2004	4366	661	合计	131166	14216
2005	4898	650	—	—	—

二、信息工作

市财政局、市地税局的信息工作由办公室负责，发挥着展示单位形象、推动财税工作、提供参谋参考、促进交流互鉴等作用。主要包括简报编发；向财政部、国家税务总局，省财政厅、省地税局，市委、市政府，新闻媒体等相关部门报送信息。

1997年，地区财政局、地区国税局、地区地税局对全区财税系统以及各处室（单位）进行信息考核。2003年3月，修订市财政局、市地税局信息新闻宣传报道工作考核评比办法，对市局各处室（单位）、各县（市、区）局进行考核。2010年2月，修订信息新闻宣传工作考核评比办法，主要考核各县（市、区）局、市局各处室（单位）开展财政地税信息新闻宣传工作情况，包括领导重视程度、基础建设情况、信息新闻宣传任务完成情况和信息新闻宣传工作质量等。考核时限为各年度1月1日至12月31日。

2011年度信息工作获省地税局一等奖（第二名），2012年度、2015年度获市委办一等奖（第二名），2017年度、2018年度获省财政厅一等奖（第二名），2018年度获市府办一等奖（第三名）等。2018年，编发专报30篇，国务院办公厅录用2篇，财政部录用6篇，省政府录用7篇，获省政府、省财政厅及市委、市政府主要领导批示6篇。

1991—2018年，每年编发工作简报20—60期不等。20世纪90年代，编发《财税简讯》，后更名为《财税信息》。2004年，《财税信息》更名为《丽水财税信息》。2013年，更名为《丽水财税工作简报》。2018年，更名为《丽水财政工作简报》。

1993—2018年丽水市财税局信息工作获奖一览表

表3-3-2

年份	获奖及表彰情况
1993	省财政厅信息工作先进、省税务局信息工作先进、地区行署三等奖
1994	省财政厅信息工作先进、省税务局三等奖、地区行署三等奖
1995	—
1996	地区行署三等奖
1997	省财政厅三等奖
1998	省财政厅三等奖、省地税局三等奖
1999	省财政厅一等奖、省地税局三等奖
2000	省财政厅二等奖、省地税局三等奖
2001	省财政厅三等奖
2002	省财政厅二等奖、省地税局三等奖、市委办三等奖、市府办信息工作先进
2003	省财政厅一等奖、省地税局二等奖、市委办三等奖、市府办信息工作先进
2004	省财政厅三等奖、省地税局三等奖、市府办信息工作先进
2005	省财政厅二等奖、省地税局三等奖、市委办三等奖、市府办信息工作先进
2006	省财政厅三等奖、省地税局三等奖、市委办二等奖、市府办信息工作先进
2007	省财政厅二等奖、省地税局三等奖、市委办二等奖、市府办信息工作先进
2008	省财政厅三等奖、省地税局二等奖、市委办二等奖、市府办信息工作先进
2009	省财政厅二等奖、省地税局二等奖、市委办一等奖、市府办二等奖
2010	省财政厅二等奖、省地税局一等奖、市委办二等奖、市府办二等奖
2011	省财政厅三等奖、省地税局一等奖、市委办二等奖、市府办二等奖
2012	省财政厅三等奖、省地税局一等奖、市委办一等奖
2013	省财政厅三等奖、省地税局二等奖
2014	省财政厅二等奖、省地税局年度信息工作成绩较突出单位、市委办二等奖、市府办三等奖
2015	省财政厅二等奖、省地税局二等奖、市委办一等奖、市府办二等奖
2016	省财政厅二等奖、市府办二等奖
2017	省财政厅一等奖
2018	省财政厅一等奖、市府办一等奖

第二节　督查督办

列入督查督办范围的为上级和本局领导重要批示和交办事项，本局承办的人大代表建议和政协委员提案，各类征求意见稿，局长办公会议、局务会议作出的重要工作部署或需要贯彻落实的事项，其他需要督办的事项等。

局办公室负责督查工作总协调，具体负责涉及本局督查事项的接收、回复、催报等工作。其他处室（单位）负责相关督查件的具体办理，提出答复处理意见。所有督查件（人民来信另有规定）由局办公室统一登记、编号，纸质形式的以督查登记簿登记，电子形式的进入公文处理系统进行电子登记。各处室（单位）自行收到的督查督办件在办理之前必须先送局办公室登记、编号，经规定程序后再进行办理。凡属督查督办的事项，由局办公室收发人员登记、编号、填写《丽水市财政局地税局督查督办单》—由办公室主任根据部门承担的职能提出拟办（立项）意见—局长批示（或送分管局长批办）—办公室督办—相关处室具体办理—办公室审核评估（不符合要求的退回承办部门补办或重办）—将书面办理意见送分管局长审核同意—局长审签—交办公室汇总盖章办理答复—办公室归档。

2003年9月，制定实施《丽水市财政局地方税务局机关督查工作规程》，对督查督办工作实行规范化、制度化管理，并对督查督办件的办理提出时限和要求。2005年1月，印发《关于进一步规范领导批示件办理工作的函》，明确领导批示件的范围、办理时限、反馈和督查落实等事项，规范领导批示件办理工作。2013年10月，制定印发《丽水市财政局地税局领导批示件、督查督办件办理工作制度》。2003—2010年，共办理督查督办件1737件，其中2003年137件、2007年184件、2010年355件。2011—2018年，共办理5948件，其中2015年900件、2017年911件、2018年1052件。

第三节　政府信息公开

2008年4月，贯彻《中华人民共和国政府信息公开条例》，成立市财政局、市地税局政府信息公开领导小组及其办公室，制定政府信息公开目录、指南、保密审查办法、主动公开发布审核管理办法、依申请公开工作规程等。公开目录分七大类：机构职能，财政政策法规文件，税收政策法规文件，规划计划，财政业务，税收业务，工作动态。主动公开的政府信息，主要通过“丽水财税网”公开。2011年，在市府办对市直部门开展的政府信息公开网上日常监测中，以98分的成绩获总分第一名。2008—2018年，局机关主动公开政府信息1427件，办理依申请公开33件。

第四节　建议、提案办理

市财政局、市地税局承办的人大代表建议、政协委员提案办理实行“分级负责、归口管理”原则，根据职能分工负责建议、提案分办、催查办和答复件的统一办理；各承办处室（单位）负责建议、提案的具体办理，包括与代表、委员沟通，部门之间联系协调，研究处理办理意见，答复件的草拟等工作。

2001—2018年丽水市财税局人大代表建议、政协委员提案办理情况一览表

表3－3－3

年份	人大代表建议							政协委员提案							合计（件）
	主办（件）	会办（件）	小计（件）	面商（件）	面商率（%）	解决（件）	解决率（%）	主办（件）	会办（件）	小计（件）	面商（件）	面商率（%）	解决（件）	解决率（%）	
2001	32	—	32	13	41	11	34	22	—	22	13	59	8	36	54
2002	14	20	34	9	64	7	50	23	1	24	17	74	11	48	58
2003	16	5	21	8	50	7	44	12	4	16	11	92	7	58	37
2004	9	7	16	7	78	5	56	14	22	36	13	93	4	29	52
2005	5	9	14	5	100	3	60	12	26	38	9	90	8	80	52
2006	10	23	33	10	100	5	50	12	37	49	12	100	7	58	82
2007	7	12	19	7	100	6	86	18	34	52	18	100	14	78	71
2008	6	20	26	6	100	3	50	17	71	88	17	100	12	71	114
2009	2	2	4	2	100	0	0	8	54	62	8	100	7	86	66
2010	3	5	8	3	100	1	33	11	32	43	11	100	7	64	51
2011	4	19	23	4	100	3	88	4	54	58	4	100	4	100	81
2012	2	12	14	2	100	1	50	11	85	96	11	100	8	72	110
2013	5	34	39	5	100	3	60	11	58	69	11	100	9	82	108
2014	2	30	32	2	100	2	100	8	46	54	8	100	7	88	86
2015	2	25	27	2	100	1	50	4	56	60	4	100	3	75	87
2016	6	24	30	6	100	5	83	8	37	45	8	100	7	88	75
2017	3	36	39	3	100	2	67	6	74	80	6	100	6	100	119
2018	5	61	66	5	100	5	100	5	84	89	5	100	5	100	155
合计	133	344	477	99	74	70	53	206	775	981	186	90	134	65	1458

2003年6月，制定《丽水市财政局地方税务局人大代表建议、政协委员提案办理工作规则》，明确建议、提案办理程序：局办公室将办理件分办各承办处室（单位）—各承办处室（单位）确定具体经办人—处室（单位）负责人及经办人员研究办理件具体内容并对有关问题进行调研—提出初步答复意见（重要问题需向局主要领导或分管领导汇报）—与代表、委员进行联系沟通—将与代表、委员取得共识后的答复件初稿通过公文处理系统交办公室—办公室审核—分管局长审签—局长审批—答复代表、委员—归档，并抄送承办处室（单位）。所有建议、提案均在60日内办结。2007年起，主办的建议、提案按照“四率、三办、四关”要求办理，“四率”，即沟通率100%，面商率100%，办结率100%，代表、委员满意率100%。“三办”，即条件具备的立即办，条件欠缺的积极办，条件确实不具备的耐心办。“四关”，即办理之前把好调研关，办理中把好沟通关，答复时把好格式关，过程中把好期限关。2016年，修订《丽水市财政局地方税务局人大代表建议和政协委员提案办理工作规则》。

2001—2018年，市财政局、市地税局组织办理建议提案1458件，其中主办339件、会办1119件，均按时办结，主办件面商率84%，问题解决率60%，基本满意率100%，主办件满意率100%。

第五节　信访处理

1991年以来，地区财政局、地区税务局重视群众来信来访工作。2000年撤地设市后，市财政局、市地税局的信访工作在规范管理中得到加强。

2002年4月，根据《浙江省信访条例》规定，制定《丽水市财政局地税局信访工作规则》，明确信访事项的受理范围：上级机关交办或本级党政领导批办的信访事项，检举、揭发、控告财税工作人员违法乱纪的信访件，对财税政策的重要意见和建议、重大政策出台的反馈性意见，对财税工作人员的批评、建议和要求，群众对严重侵害自身合法权益行为的申诉、控告，举报偷、逃税案件和违反财经纪律的案件，信访人不服下级财税机关的处理、继续向本机关反映的事项，其他信访事项。

来信来访处理实行“分级负责，归口办理”“谁主管谁负责”，按照“公平、效率、实事求是解决问题”的原则，分党政纪律、行政管理、涉税案件三大类处理。明确信访事项的受理机构：涉及党政纪律和工作人员违法乱纪问题的案件、来信、上访，由局监察室接待、受理并按程序办理；涉及财税行政管理的事项，由局办公室受理并负责按程序办理；涉税举报案件直接寄地税举报中心的，由举报中心受理并按规定程序办理；涉税举报案件直接寄市局或局领导的，可先由办公室受理，再根据局领导批办意见按规定程序办理；信访件直接寄处室的，有关处室应及时将信访件交受理机构签收，再按规定程序办理；信访件直接寄征管局或以口头、电话等形式向征管局举报的有关税务登记、定额管理等征管事项，征管局能直接办理的，在规定时限内及时办理，办结后，年终统一将电话记录和办理结果报送局受理机构汇总备案。

信访事项的办理程序为收到人民来信及上级部门和有关部门转来的信访材料，视同收文，由受理机构（办公室、监察室、举报中心）填写《丽水市财政局、地方税务局群众来信交办及反馈单》，与来信一起送局领导签批后，在群众来信登记簿中编号登记，根据批转意见交职能处室（局）办理。受理机构根据拟办的时间要求进行督查督办。承办处室（局）在规定时间内提出承办意见并及时办理完毕，将办理结果交信访事项的受理机构。受理机构将办理结果反馈交办领导签署意见后反馈反映人并归档。市政府“12345”便民电话或其他口头举报电话举报的事项，应认真做好记录和登记工作，按“12345”便民电话工作规定程序办理。举报中心受理的群众举报，按《全省地税系统税务违法案件举报中心工作操作办法》规定办理。

2004年，丽水财税网设立“局长信箱”，受理投诉举报。2016年，修订《丽水市财政局地税局信访工作规则》。

2001—2018年，市财政局、市地税局办理信访485件，其中2001年36件、2002年35件、2003年92件、2004年47件、2005年32件、2006年36件、2007年23件、2008年40件、2009年13件、2010年21件、2011年23件、2012年20件、2013年19件、2014年17件、2015年11件、2016年3件、2017年14件、2018年3件。

第六节　财务管理

财务管理主要包括财政经费管理和地税业务经费管理。

财政经费管理。包括本单位预算经费的管理与汇总，编报年度部门预、决算，指导、监督和管理市局所属二级会计核算单位财务。2002年，市财政局、市地税局下属7个二级核算单位向会计集中核算制度过渡。2004年始，根据预算改革的要求，开始全面编制部门预算。

地税业务经费管理。1997年，根据省地税局税务经费管理办法的规定，编报税务经费年度预算、决算。2009年1月，地税业务经费正式纳入市预算会计核算中心管理，2008年以前的税务经费结余仍留地税账户，2009年起，预算安排的税务经费全部纳入市预算会计核算中心管理，由市地税局计财处办理申拨业务。

第七节　后勤管理

一、办公业务用房

1982—1996年，丽水地区财税局办公楼及附属财税培训中心（财税干校）坐落灯塔街177号。该综合楼于1981年3月竣工，造价27万元，1997年国地税机构分设，划归地区国税局。1991年，坐落丽营弄直属分局办公用房，地区物资局以50万元价格转让给地区财政局。1994年1月，筹建丽阳路568号地区财税综合大楼，1995年12月竣工，1996年9月投入使用，建筑面积6676平方米，总造价1700万元（包括征地费用等），国地税机构分设后划归地区财政局、地区地税局。1998年，税务分局、财务开发公司、会计师事务所联合购置解放街513号，用于预算外资金管理中心、税务稽查局及直属一分局办公，会计师事务所改制清算后上交地区财政局，财务开发公司从工科所购置办公用房，建筑面积3249平方米，总价430万元。

2000年撤地设市后，莲都区财政局划归市财政局的房产：中山街563—575号店面房7间，计235平方米；莲都区酱园弄泥木结构旧房一栋，建筑面积556平方米；原丽水市财税局收购丽水家具厂旧厂房，面积4892平方米；碧湖中心税务所，办公用房建筑面积332平方米，宿舍建筑面积503平方米；曳岭税务所，办公及宿舍用房建筑面积1029平方米。相关经费上划市财政局、市地税局1380万元。

2002年，立项筹建北苑路190号综合办公大楼，2004年3月18日动工，2006年9月20日竣工，2007年2月投入使用，大楼由中国华西工程设计总公司（集团）设计，浙江省浙南综合工程勘察院勘察，丽水市处州监理有限公司监理，宁波建工集团股份有限公司总承包。大楼用于市财政局、市地税局及下属单位办公和服务，占地面积14974平方米，建筑总面积25352.15平方米（其中地下室面积3080.33平方米），主楼15层，地下1层，建筑高度63.80米，总造价9153.21万元。项目资金来源：盘活原机关资产3000万元，历年省补助资金6500万元，地方财政投入815.95万元，结余1162.74万元上缴财政。大楼工程获2007年度“钱江杯”“鲁班杯”优质工程奖。

2018年，国地税征管体制改革，根据《丽水市人民政府关于同意国地税征管体制改革后市财政、地税资产划分方案的批复》，将遗留的曳岭税务所办公楼、碧湖税务所办公楼各1处整体无偿划转至税务局，坐落北苑路190号的综合办公用房按财政、地税原实际占有使用进行分配，并析产办证，使用面积财政6320.04平方米，税务6390.63平方米，附属、设备用房等公用部分由双方共享共用377.04平方米。

二、职工住宅

1993年，地区财政局、地区税务局63套职工住宅用房参加房改，按房改政策，以标准价出售给干部职工个人。1997年，国地税机构进一步分设，对尚未分配的住房按6∶4的比例分配，即财政局地税局60%，国税局40%。划归地区财政局、地区地税局的住房有灯塔小区11幢103室，使用面积48平方米；丽营弄宿舍1套，使用面积48平方米；上真殿弄2幢403室，使用面积30平方米；灯塔街175号住房一套，使用面积86平方米。2018年，根据《丽水市人民政府关于同意国地税征管体制改革后市财政、地税资产划分方案的批复》，上真殿弄、丽营弄、灯塔小区宿舍等6处房产，产权交由市机关事务局统一调剂使用和管理。财政地税交流干部确有需求的，向市机关事务局提出申请，根据市直房产管理有关规定另行安排。

三、盘活资产筹集资金

2004年后，丽阳路568号原丽水地区财税综合大楼、解放街513号市预算外管理中心、丽水家具厂旧厂房、丽营弄地区财税局直属分局办公用房、酱园弄泥木结构旧房、中山街店面房、曳岭税务所部分房产等共计16347平方米、原值2825万元，先后通过国资公司收储或自行处置转让，所得款项3000万元全部用于北苑路190号新财税大楼建设。

四、后勤服务

市财政局、市地税局机关后勤服务统一归口局办公室管理，主要负责局机关的车辆管理、会议服务，以及大楼的物业管理等。2007年2月，搬迁至北苑路190号新办公大楼，办公大楼物业通过政府采购外包，丽水市莲城酒店物业服务有限公司承包，下设保卫部和清洁部，负责大楼日常的安全保卫、卫生清洁以及会务等综合服务。开办员工食堂，实行独立核算，并视亏损情况，由行政经费或职工福利费给予适当补助。

2004年起，局机关公务用车实行统一管理，统一调度，基层单位公务用车委托基层单位管理和调度，基层单位车辆经费实行年度包干使用。建立车辆档案，对车辆购置、保养和报废等实行全过程管理，定点维修保养，逐年记入管理档案。2018年年末，公车改革后保留的6辆一般执法执勤用车，于国地税征管体制改革时均划归市税务局，市财政局名下无公务用车。

第八节　档案管理与服务

1991年，地区财政局、地区税务局机关综合档案室编制年度案卷目录、全引目录、文号、卷号、专题目录等多种检索工具，1991—2001年，所有文书档案均可按目录检索；2002年后，所有文书档案可全文检索，实现档案查询检索自动化。

1997年，地区财政局、地区地税局档案目标管理工作达地区一级标准；1998年1月，通过验收达省二级标准；2011年，通过省一级档案目标管理认定。

1998年，利用档案资料编写中华人民共和国成立50周年丽水地区财税发展图片资料；2007年，编写《丽水地税事业十年发展回眸（1997—2006）》；2008年，编写《改革开放三十年丽水财税发展研究》。

2002年12月，制定实施档案责任制度、文书立卷归档制度、资料借阅制度、保密制度、统计制度、库房管理制度，配备专职档案员，档案员负责档案接收、整理、立卷、归档和保管工作，借阅档案经批准后均需登记，定期开展档案统计分析，加强档案库房防火、防光、防盗、防潮、防虫、防尘、防鼠、防高温。使用中软办公自动化档案管理系统，实现公文处理系统与档案管理系统有效结合，对公文处理系统办结的公文直接进行归档管理，可通过查找“关键词”“责任者”“发文日期”等方式快速、简便查询文件；改变以往传统档案管理以“卷”为单位的保管方式，实行档案管理以“件”为基本单位，档案目录除录入档案管理系统外，还制作纸质目录一式两套，本局发文、联合发文制作备查卷；文件录入管理，可通过扫描和直接从公文处理系统调存两种录入方式。

2018年1月，市财政局、市地税局筹建丽水市财税陈列馆，8月着手布展，11月28日正式开馆，财税陈列馆设市财政局一楼，馆内面积约350平方米，设财税大家庭、领导关怀、历史沿革、财税发展、荣誉展示、县（市、区）展区等十多个展区，以视频、图文及实物等方式，展示丽水财税发展历程，展出财税史料500余件，馆藏史料2000余件，陈列馆成为全市财税干部教育培训基地，面向社会公众开放。设立“且停停”图书室，由局档案室负责管理，持续开展“书香财税、共享悦读”主题读书日活动，丰富干部职工精神文化生活。年末，市财政局档案室库房面积288平方米，密集架455立方米，档案资料整理室、档案查阅室各一间。室藏档案125479件（卷、册），其中文书类档案61651件（卷、册），业务类档案54600件（卷），会计类档案8122件（册），科技类档案241卷，特种载体类档案865件（册、个）。

第四章　人事教育

丽水市财税部门人事、教育工作主要体现在人员配备、干部选拔任用和教育培训等。人员配备按“三定”方案以及具体工作职能的调整进行；干部选拔任用推行“民主、公开、公平、竞争”机制；全市财税系统干部教育通过制订培训规划，在不同时期开展了以提升能力素质为核心的岗位培训，有效地提高了人员素质。

第一节　人事管理

一、人员配备

财税部门属政府行政序列，其工作人员系国家干部（不含工勤人员和聘用人员），实行公务员制度。

1991年年末，丽水地区财税干部1573人，工勤人员35人，聘用人员379人，其中男1482人，女505人；本科37人，大专458人，高中专1241人，初中及以下251人；中共党员577人，共青团员929人；具有中级职称25人，聘用人员逐年解聘。直属单位编制76人，其中行政编制32人，事业编制44人。1997年国地税机构进一步分设，实行干部分流。

2010年年末，丽水市财政、地税干部1658人（含工勤人员71人），其中男1049人，女609人；研究生12人，本科1116人，大专380人，中专63人，高中及以下87人；中共党员995人，共青团员111人；具有高级职称81人，中级职称510人。

2015年年末，全市财政、地税干部1881人（含工勤人员64人），其中男1101人，女780人；研究生27人，本科1469人，大专321人，中专64人；中共党员1155人，共青团员201人；具有高级职称79人，中级职称498人。

2018年，国地税征管体制改革，国地税机构合并。全市划转税务部门公务员620人、事业人员10人、工勤人员9人、编外人员155人、退休干部78人，其中市本级划转公务员208人、工勤人员2人、编外人员61人、退休干部2人。年末，全市财政系统干部职工1251人（含工勤人员48人），其中市财政局136人，各县（市、区）局794人，乡镇财政所321人；男658人，女593人；研究生20人，本科981人，大专206人，中专44人；中共党员781人，共青团员147人；具有高级职称54人，中级职称289人。

1991—2018年丽水市财政地税系统干部职工一览表

表3-4-1　　单位：人

年份	全市合计(局/乡镇)	性别		行政职别				分布		学历					政治面貌				专业职称		聘用人员
		男	女	处级	科级	干部	工勤	市级	县级	研究生	本科	大专	中专	高中以下	党员	团员	民主党派	群众	高级	中级	
1991	1987	1482	505	2	56	1515	35	76	1532	0	37	458	626	866	577	929	4	477	0	25	379
1992	1862	1401	461	2	54	1566	33	79	1576	0	49	560	467	786	578	703	5	576	0	43	207
1993	1843	1336	507	2	59	1619	54	83	1651	0	55	550	599	639	571	609	6	657	3	163	109
1994	1971	1448	523	3	54	1721	48	82	1744	0	54	590	668	659	603	664	5	699	2	245	145
1997	1088	—	—	—	—	—	—	55	1033	—	—	—	—	—	—	—	—	—	—	—	—
1998	1171	847	324	5	77	1031	52	78	1093	0	60	439	488	184	502	241	3	425	2	278	6
1999	1095	797	298	5	61	971	58	68	1027	0	63	485	117	430	505	156	3	431	2	272	—
2000	1093	795	298	5	66	963	59	174	919	0	77	505	103	408	568	145	13	367	4	298	—
2001	926/191	815	302	5	68	984	60	226	891	2	104	616	271	124	598	104	4	411	4	302	—
2002	944/176	806	314	11	155	891	63	235	885	2	134	665	209	110	611	95	4	410	5	299	—
2003	1046/104	809	341	6	94	986	64	249	901	2	241	687	136	84	653	67	6	424	5	347	—
2004	1171/110	862	419	7	91	1103	80	324	957	2	359	725	107	88	707	97	6	471	32	365	—
2005	1216/97	869	444	10	91	1126	86	327	986	4	730	435	66	78	723	109	7	474	42	392	—
2006	1226/125	904	447	9	95	1161	86	328	1023	10	806	409	60	66	762	75	17	497	52	457	—
2007	1315/113	936	492	12	495	836	85	340	1088	10	911	386	59	62	811	92	17	508	54	518	—
2008	1325/91	917	499	11	511	807	87	346	1070	8	985	313	56	54	801	98	12	505	73	494	—
2009	1350/94	924	520	14	553	804	73	354	1090	8	1040	293	54	49	824	101	16	503	80	492	—
2010	1460/198	1049	609	15	598	974	71	357	1301	12	1116	380	63	87	995	111	19	533	81	510	—
2011	1505/195	1064	636	15	600	1013	72	363	1337	15	1175	360	55	95	1004	139	18	539	79	503	—
2012	1486/200	1054	632	18	612	985	71	317	1369	25	1241	333	45	42	1029	153	18	486	109	495	—
2013	1501/253	1071	683	21	597	1067	69	287	1467	22	1316	334	38	44	1093	162	19	480	82	499	—
2014	1535/306	1087	754	19	583	1172	67	283	1558	28	1407	337	69	0	1140	175	18	508	80	507	—
2015	1554/327	1101	780	19	580	1218	64	285	1596	27	1469	321	64	0	1155	201	17	508	79	498	—
2016	1559/324	1096	787	22	571	1230	60	286	1597	35	1481	308	59	0	1143	211	18	511	88	489	—
2017	1579/324	1091	812	22	577	1248	56	334	1569	34	1539	285	45	0	1159	211	17	516	81	465	—
2018	930/321	658	593	12	290	901	48	136	1115	20	981	206	44	0	781	147	8	315	54	289	—

注：①1997年后，不含全市国税系统人员数。

②“行政职别”和“分布”栏人员总数不包括聘用人员。

③1995—1997年，有关数据缺失。

④2018年年末为财政系统人员数。

二、干部管理

1994年国地税机构分设后，全省地税系统实行上级地税局与同级地方党委双重领导，并以上级地税局为主的管理体制。各市地税局局长、副局长（含稽查支队长），由省地税局商市委组织部提出人选，共同考察，并征得同级地方党委同意后，由省地税局审批任免。县（市）地税局局长由市地税局商县（市）委组织部提出人选，共同考察，并征得同级地方党委同意后，报省地税局审核书面同意后，由各市地税局审批任免。县（市）地税局副局长（含稽查大队长）由各市地税局商县（市）委组织部提出人选，共同考察，并征得同级地方党委同意后，由市地税局审批任免。市和县（市）地税局局长一般由同级财政局局长兼任。

市财税局处室（直属单位）负责人在不同时期采取不同的方式产生，2000年以后，主要通过民主推荐、竞争上岗、组织考察、公示、局党组集体研究产生。

第二节　教育培训

一、干部职工学历教育

1991年，地区财政局、地区税务局制定《丽水地区财税系统“八五”成人教育发展规划》，提出“八五”期间（1991—1995年）学历教育的目标和任务。

1992年，组织开展财税干部大中专自学考试，全区15名学员取得函大（大专）毕业证书。有67人获得自学考试中专毕业文凭，120人获大专毕业文凭。

1994年年末，丽水地区财税系统具有中专以上学历1312人，占总人数的66.57%；中级以上职称247人（含高级职称2人），占总人数的12.53%。

1998年，地区财政局、地区地税局制定《丽水地区财政地税系统1998—2000年干部教育培训规划》，提出1998—2000年财政地税系统干部教育培训的目标，继续提高干部队伍学历水平。2000年年末，全市财政地税系统具有中专以上学历685人，占总人数的62.67%；中级以上职称302人（含高级职称4人），占总人数的27.63%。

2001年，市财政局、市地税局制定《丽水市财政局、地税局公务员教育培训管理暂行办法》，提出“学历高层次、知识复合型、业务过得硬、结构多元化”的干部队伍培养目标，明确公务员在45周岁以下应通过自考、函授、远程教育等业余学习取得大专及以上学历。

2006年起，按照省财政厅、省地税局干部教育培训目标，以丽水市干部信息库为平台，鼓励具有大专以上学历的人员参加第二学历（学位）教育。

2011—2015年，市财政局、市地税局鼓励干部通过多种形式提升学历，增强专业技能，组织干部职工参加会计从业资格证书考试和会计专业技术职称考试。2015年年末，市财政地税系统本科以上学历1496人，占总人数的79.53%；中级以上职称577人（含高级职称79人），占总人数的30.68%，其中市财政局、市地税局本科以上学历258人，占市本级总人数的91%；中级以上职称153人（含高级职称23人），占市本级总人数的54%。

2018年年末，丽水市财政系统本科以上学历1001人，占总人数的80.02%；中级以上职称343人（含高级职称54人），占总人数的27.42%，其中市财政局本科以上学历131人，占市本级总人数的96%；中级以上职称69人（含高级职称13人），占市本级总人数的51%。

二、干部职工岗位培训

“九五”期间（1996—2000年），丽水地区财税部门干部培训的主要任务转为普及型培训，主要内容为财政、税收、会计和计算机基础知识普及。1996年，举办全区财税所长培训班，共74人参加培训。2000年前，各县（市）局领导干部每年脱产学习不少于30天；中层干部三年期间脱产学习不少于30天。要求全体财政地税干部熟练掌握和运用计算机知识和岗位专业知识，45岁以下干部计算机初级持证率100%；35岁以下干部计算机二级持证率85%。

2004年，市财政局、市地税局鼓励职称考试，利用业余时间取得会计师、经济师、工程师、高级程序员、注册会计师、注册税务师、律师等职称和执业资格，以及取得技工等专业技能资格证书。干部培训向专业培训过渡，从思想道德、理论修养、专业技术、工作能力和心理素质等方面加强干部的教育培训。“十五”期间（2001—2005年），组织各类培训班60多期，培训干部1万多人次。

“十一五”期间（2006—2010年），市财政局、市地税局每年制订教育培训计划，从岗位需求和干部实际出发，以“提升能力、学以致用”为导向，以提升能力素质为核心，开展分层次、分专业岗位培训、知识更新培训、普法培训、廉政教育培训、新录用公务员任前培训、领导干部任职培训、财税干部综合素质培训等。

“十二五”期间（2011—2015年），市财政局、市地税局加大教育培训力度，通过“走出去、请进来、自己讲”相结合等方式，积极探索具有丽水财税特色的培训模式。加强政治教育，开展分层次、分类别系列教育培训，组织岗位练兵、业务比武，组织实施培新计划，开展师徒结对，打造高素质专业化干部队伍。2011年，组织参加全国企业所得税政策业务知识考试，丽水市获全省地税系统第一名，14人进入全国企业所得税业务人才库，占全省地税系统入库人数的54%。2015年，组织全市财政地税系统干部业务素质提升培训班22期，培训人数1400人次。完成省厅对教育培训检查考核及全省教育培训交流观摩活动，考核成绩获全省财政系统第二名。组织全市117人参加全省地税系统税收业务知识统一考试，全市5个专业共8人分别进入全省前十名，全市税政业务、计财业务成绩列全省第一。“十二五”期间，共组织各类培训班158期，培训干部1.20万人次。

2016—2018年，市财政局、市地税局制定执行“十三五”干部教育培训整体规划，树立大教育培训理念，规范办班管理，提升教育培训质效，举办各类培训班72期，培训干部6021人次。2017年，开展纳税服务和“金税三期”练兵比武，丽水市地税系统1人代表省地税局参加国家税务总局比武，获全国税务系统纳税服务业务比武第三名。组织全市地税系统“金税三期”业务全员培训，共培训干部职工近600人次，获全省比武三等奖。是年，制定《丽水市财政地税系统以师带徒管理办法》，并开展全系统十佳好师徒评比。2018年，丽水市财政局获全省财政系统教育评估优秀单位称号。

三、农村财会人员培训

2010年4月，市财政局根据《浙江省财政厅关于开展农村财会人员财政支农政策培训工作的通知》要求，成立丽水市农村财会人员财政支农政策培训工作领导小组，由丽水市财税培训中心具体负责全市财政支农政策培训日常工作。

2009—2011年，开展首轮培训。2012年，丽水市获全省首轮农村财会人员财政支农政策培训一等奖，并开始进入常态化培训。

全市财政支农政策培训工作围绕乡村振兴战略等要求，以需求为导向，培训对象以村干部、村报账员、村账乡镇代理中心会计人员为主，并积极向大学生村官、村经济合作社负责人和会计、农业龙头企业成员、行政村村监委、种植养殖大户、农村职业学校学生、家庭农场主、下山脱贫农民等群体拓展。在培训方式上，除采用集中培训、点单培训、送教下乡、走入校园、网上培训等形式外，还积极开拓培训思路，与丽水农民学院、农业和农村工作办公室等部门协调配合，实现资源共享。

2009—2018年，全市财政支农政策培训3.03万人次。

1998年7月，地区地税局举办第一期全区地税系统股（所）长培训班（市财政局档案室提供）

第五章　财税法治建设

财税法治建设围绕财税规范性文件管理、财税法治宣传教育、财税执法监督检查、推行行政执法责任制等方面开展。1996年9月，地区财税局内设办公室（法制科），加强财税法制宣传教育，并重视税收执法和执法督查工作。2002年，市财政局、市地税局及各县（市、区）局均设立政策法规处（科），配备专职法制干部，聘请法律顾问。经过多年的普法教育培训，全市财税干部的法律意识明显增强，执法水平不断提高。2006年，市财政局、市地税局获“四五普法全国先进单位”称号。

第一节　规范性文件管理

本单位行政规范性文件，是指市财政局、市地税局依据法定权限和程序单独或牵头会同有关部门制定并公布的，涉及不特定公民、法人或者其他组织的权利义务，在辖区内具有普遍约束力并在一定时期反复适用的作为财政、地税行政管理依据的文件。

一、文件制定和清理

2001年，市财政局、市地税局制定《机关公文会办工作规则》，规范性文件实行会签制度。2002年，单独设置法制机构，确定专人负责规范性文件审查会签工作。开展规范性文件和政策措施清理，共清理出1986—2001年的规范性文件和政策措施100份，保留33份，废止64份，修改3份，于年底重新发文公布。2003年，严格执行规范性文件备查备案制度。按季度将规范性文件上报省厅省局和市政府备案，同时对各县（市）局上报备案的规范性文件及时进行审查。

2006年，丽水市财政局按照“一项财政专项资金，一个管理办法”的要求，执行行政规范性文件审查会签制度，审核各项财政资金管理办法，规范财政专项资金分配和使用管理。2007年，制定《丽水市财政局、地方税务局规范性文件会签及备查备案管理办法》，规定未经法规部门审查或会签的规范性文件一律不得出台。建立规范性文件审核工作底稿制度，实行初审、复审两级审核制度。2007—2008年，开展规范性文件清理，清理1994年以来的规范性文件，全文废止89份（财政36份、地税53份），部分条款废止3份（地税）。

2011年，修订完善《丽水市财政局、地方税务局规范性文件备案审查管理办法》。2012年，开展规范性文件清理，共清理2000年以来规范性文件142份（财政89份、地税53份），其中保留115份，全文废止20份，部分条款废止7份。2013年，市财政局、市地税局执行市政府行政规范性文件统一登记、统一编号、统一发布的“三统一”制度，市局法规处负责规范性文件的统一登记，统一编号工作（报市政府法制办统一登记编号），市局办公室负责规范性文件的公布工作。

制定《关于进一步加强规范性文件管理的实施意见》，对规范性文件的认定标准、起草、合法性审查、局领导集体审议、登记、编号、发布、备案、归档等作出具体规定。

2016年，市财政局、市地税局开展省级行政规范性文件管理示范点创建工作，制定《丽水市财政局、地方税务局创建省级行政规范性文件管理示范点工作方案》，并下发《关于进一步明确行政规范性文件管理相关问题的通知》，完善规范性文件清理工作常态化、落实规范性文件“三统一”制度、严格执行合法性审查流程、评估社会稳定风险等9方面制度流程，年末，成功创建省级行政规范性文件示范点。2017年年末，经清理，市财政局、市地税局确认现行有效的规范性文件98份。2018年年末，市财政局现行有效规范性文件89份。2001—2018年，共制定规范性文件208份，均严格进行合法性审查，并及时报送备案。

二、文件评估

2007年，市财政局、市地税局开展规范性文件政策评估评价工作试点，重点对税收定期定额管理制度、开发区房产税、城镇土地使用税征管情况、财政扶持资金的使用绩效等政策执行情况进行跟踪评估，并根据评估情况对相关政策进行调整完善。2008年，重点对市直惠民医院专项资金管理办法、市直政府性投资项目建设资金直接拨付试行办法、社会保险费单位申报缴纳管理办法、市本级地方税收代开发票管理办法、政府采购协议供货规定、土地使用税税额调整等相关政策执行情况进行跟踪评价，并根据评估情况对相关政策进行了调整完善。

2010年，制定《丽水市财政局、地方税务局规范性文件评估暂行办法》，开展规范性文件定期评估评价工作。明确规范性文件评估的对象为因经济社会发展和公共管理需要，需对规范性文件实施效果进行评估的；所依据的法律、法规、规章和政策规定有重大修改和调整的规范性文件；人大代表议案、政协委员提案或其他公民、法人、组织提出较多意见，或信访、行政复议、行政诉讼工作中涉及集中的规范性文件；按照上级政府或部门需求需进行评估的；发布施行时间较长的规范性文件；其他应当评估的规范性文件。规范性文件评估的主要内容为合法性、合理性、协调性、操作性、规范性、完善性、实施效果。规范性文件评估的主体为市局法规处，负责规范性文件实施效果评估的组织、协调、指导和监督工作。具体实施按照“谁制定实施，谁评估完善”的原则，由规范性文件的原起草处室（局、分局）或主要实施处室负责。

2011年，市财政局、市地税局组织开展《丽水市地方税收发票管理实施办法》《丽水市直农业综合开发资金和项目管理制度》等11个规范性文件评估工作，经评估分析，总体情况良好。

第二节　财税法治宣传教育

财税法治宣传是推进依法理财治税的重要手段。财税法治宣传的内容包括财政、税务、会计的性质意义、法律法规、政策等。通过电视、广播、报纸、网络等载体，以举办财税知识讲座、发放宣传资料等形式开展集中宣传、日常宣传和重大宣传。

1991年，丽水地区税务局举办“税务之声文艺专场”巡回演出，由丽水市越剧团承办，在全区巡演38场，受众4万余人，编印《税法知识汇编》7500册；组织全区企业厂长、经理、财务人员2万多人参加税法知识全国统考，平均成绩92分；组织税法知识竞赛，全区10个代表队参加；举行全国珠算知识竞赛丽水地区赛区选拔决赛，丽水市（县级）队、遂昌县队、地区农行队分获前3名；举办“税务杯”摄影艺术大奖赛；发放《全国税法宣传手册》2万余册、录像带20套、宣传图片1500套。

1992年，国家税务局确定4月为全国第一个税收宣传月。全区财税系统围绕“税收与发展”主题，开展“税收带来祖国美”书法美术摄影比赛，参赛作品1500幅，送省参评作品30幅，获省三等奖以上作品18幅。1993年，围绕“税收与改革”主题，全区税务系统开展第二个税收宣传月活动。组织税务干部开展“税收宣传一条街”活动，获省税务局最佳奖。召开全区纳税先进单位和办税先进个人表彰大会，地区烟草公司等46个纳税单位和陈惠娟等31位办税人员受表彰。开展《企业财务通则》《企业会计准则》及分行业财务制度、会计制度宣传培训，全区培训6600人次，发放培训宣传资料10万余册。1994年，开展“新税法宣传咨询日”活动。在全省新会计知识大赛中，丽水地区吕建勇获一等奖。1996年，围绕“税收征管与市场经济”主题，全区税务系统开展第五个税收宣传月活动。地委书记陈仲方，地委副书记、地区行署专员徐培金为税收宣传题词。《丽水日报》《丽水青年报》《丽水晚报》《丽水电视周报》开辟税收宣传专栏，丽水电台开播“税收之声”，举办税收谜语有奖知识竞赛，召开纳税大户表彰大会。1997年，围绕“税收与文明”主题，全区地税系统开展第六个税收宣传月活动。利用报刊、电视、广播、文艺演出等宣传税收知识；举办全区税收知识竞赛，共10个代表队参加，地区直属分局代表队获团体第一名。举办“税系万家”文艺晚会，发放税收宣传资料1300多份。地区实验学校成立丽水地区少年税校。1998年，围绕“税收征管与依法治国”主题，全区地税系统开展第七个税收宣传月活动。举办全区财税系统文艺调演，参加调演节目16个；组织500余名税务干部和少年税校学生开展税法宣传；举办全区地税知识竞赛和有奖征文活动；向地区五大班子领导赠送税收宣传资料。1999年，围绕“依法治税、强国富民”主题，开展第八个税收宣传月活动。组织200余名税务干部开展税收宣传咨询活动，分发税收宣传资料近2万份；《丽水日报》专版刊登税法宣传内容；开展税收知识竞赛；举办“丽水地区财税50年”图片展。

2000年，围绕“税收与未来”主题，全区地税系统开展第九个税收宣传月活动。召开地直纳税人先进表彰会和税企恳谈会，举办办税员协会培训班，开展送温暖、送政策活动，举办地直部门负责人财税知识讲座、大中专院校及中小学生税收知识讲座、中小学生税收有奖征文活动。开展新《中华人民共和国会计法》宣传咨询。在全国会计知识大赛丽水赛区选拔赛中，章志林、刘传卫、孙晶华、卢剑江分获前4名，代表丽水地区参加全省大赛。2001年，围绕“税收与公民”主题，开展第十个税收宣传月活动。《丽水电视报》设“丽水地税之窗”专栏；召开市直党政部门领导地税专题座谈会和纳税大户表彰大会，开展税收知识咨询活动。举办以“税收与公民”为主题的税收宣传文艺巡回演出，举办“税收与公民”大型文艺晚会，总政歌舞团著名演员谭晶，省军区文工团、省武警文工团、浙江歌舞团加盟演出。在全市地税系统组织开展税收法制培训六期近600人。2002年，围绕“诚信纳税、利国利民”主题，开展第十一个税收宣传月活动。《处州晚报》设“地税天地”税收宣传专版，莲都区广电中心设“地税之声”栏目，丽水电视台经济频道设《诚信纳税》访谈节目。开展《中华人民共和国政府采购法》宣传，全市发放宣传手册5000

余册。

2003—2006年，围绕“依法诚信纳税、共建小康社会”主题，全市地税系统每年组织开展税收宣传月活动。2003年，市地税局举办“依法诚信纳税、共建小康社会”税收宣传联谊晚会，获省地税局税收宣传优秀项目；组织“税收宣传进社区”税法咨询和“税法知识百题竞赛”活动，分发税收宣传资料3000余份。2004年，举办“水·税·源——中学生未来宣言大型主题活动”，组织中学生开展诚信纳税采访、“护税漂流瓶”“护税林”等系列活动；向政协委员发放税收宣传资料；开展“全国税法宣传咨询日——‘12366’与您面对面”活动；市地税局、市教育局联合在莲都区外国语学校举办“税收带来家乡美”全市中小学生书画比赛，获省地税局税收宣传优秀项目。在“展行业风采、树丽水形象”行业优质服务竞赛活动中，市地税局获市级优质服务先进窗口行业和单位第一名。2005年，组织开展“家·税·情‘我与地税’”系列活动；举办“诚信纳税、优化服务、共建和谐”百名厂长（经理）税法宣讲活动。市财政局组织开展纪念《中华人民共和国会计法》实施20周年系列活动。2006年，制定实施《丽水市财政局、地税局法制宣传教育第五个五年规划（2006—2010年）》。举办“星·税·缘”——寻找地税形象使者及“我与税收”“我与地税”“地税风采”等系列活动。

2007年，围绕“依法诚信纳税、共建和谐社会”主题，全市地税系统开展第十六个税收宣传月活动。《丽水日报》开设“十年地税工作回眸”专题报道，开设“纳税警示录”曝光栏，曝光涉税典型案例3个，以案说法；开展“税收关注民生、关爱低收入家庭”送温暖、送政策活动，干部职工捐款5.15万元，资助27户困难家庭，获省地税局税收宣传优秀项目。

2008—2013年，围绕“税收·发展·民生”主题，全市地税系统每年组织开展税收宣传月活动。2008年，市地税局面向全市征集“优化地税服务、支持创业创新”金点子53个；开展“税源·家园”“党员服务一条街”“少年税校”等系列活动。6月，市财政局、市地税局建立法制员（普法联络员）工作制度，明确局内各处室（单位）主要负责人为依法行政工作第一责任人，每个部门按工作需要至少确定一名法制员，2013年，作出调整，共36人。2009年，以帮扶企业为重点，加强税费优惠政策宣传。开展“企业减负‘春雨’专项行动”，向全市5000家企业邮寄“幸运邮天下”明信片。2010年，向全市3000户重点企业、15000户个体工商户和居民家庭邮寄税收宣传信函；举办“撤地设市十周年——地税印象”主题征文、摄影，中小学生税收宣传漫画大赛，“和谐税企”联谊会，“税企互动话和谐、同心携手促发展”等系列活动。“税收·发展·民生”主题活动获省地税局税收宣传优秀项目，《税收宣传月活动系列报道》获省地税局税收宣传好新闻。2011年，制定实施《丽水市财政局地方税务局法制宣传教育第六个五年规划（2006—2010年）》，明确法制宣传工作的指导思想、主要目标、范围对象、工作要求和组织领导。2012年，结合“法律六进”活动，开展法制培训，全市6000人参加财政部组织的财政“六五”普法知识竞赛，提高干部队伍的法制素养，提高全社会的财税法律遵从度。2013年，强化财税干部特别是领导干部带头学法，增强宪法和法律意识。发挥法律专业人才在重大案件审理、执法问题研究、法律咨询服务等方面的作用，通过案件研讨、案卷评查、法制培训等途径，提高各级地税机关法制水平。

2014年，围绕“便民春风办税”主题，全市地税系统开展第二十三个税收宣传月活动。开展

“以税说事（法）”税收动漫创作、“便民办税春风行动”“税法宣传直通车”“我是税法达人”税法知识有奖问答等活动。2015年，围绕“新常态、新税风”主题，全市地税系统开展第二十四个税收宣传月活动。组织开展“税收连接中国梦”“地税助力新发展”“绿水青山，地税同行”等宣传活动。组织学习宣传新修订的《中华人民共和国宪法》《中华人民共和国预算法》《中华人民共和国行政诉讼法》《中华人民共和国政府采购法实施条例》等法律法规。组织参加全省财政系统开展的新预算法动画微电影剧本征集活动，报送动画作品9部、微电影剧本8部，经省财政厅评选，获二等奖1部，三等奖2部。完成“六五”普法法治宣传教育考核验收。

2016年，围绕“聚焦营改增试点、助力供给侧改革”主题，全市地税系统开展第二十五个税收宣传月活动。制定实施《丽水市财政局地方税务局法治宣传教育第七个五年规划（2016—2020年）》，成立市局“七五”普法规划领导小组。组织“税收直通车”“模范纳税人”微信主题宣传、制作《法治财税　阳光行政》专题视频宣传片，组织人员进社区、学校宣传财税改革发展相关法律法规，营造税收法律氛围。

2017年，围绕“深化税收改革、助力企业发展”主题，全市地税系统开展第二十六个税收宣传月活动。开展“民营企业共话税收”“深化‘放管服’为企业添活力”“税收优惠助推企业发展”“人人参加法治宣传，共创全国文明城市”“财税法治宣传进小区”等活动，编印“七五”普法宣传册。组织开展“我与宪法”优秀微视频作品征集展播活动，报送作品11部，市局《实现税收法治　彰显宪法精神》获司法部、全国普法办“我与宪法”优秀微视频作品优秀奖。

2018年，围绕“优化税收营商环境、助力经济高质量发展”主题，全市地税系统开展第二十七个税收宣传月活动。组织开展企业诚信守法经营、“互联网+法治文化”等活动。开展案例征集工作，编辑以案释法典型案例普法宣传册。创作拍摄微视频《传承》通过司法部“我与宪法”微视频大赛初评，并入围2018年浙江省“我与宪法”微视频征集展播活动优秀作品，获二等奖。

第三节　行政执法责任制

2002年，根据市政府部署要求，市财政局、市地税局开展审批制度改革，共保留各类审批事项14项，比上轮审改减少14项，削减50%。其中审批事项4项，削减12项，核准事项5项，削减1项，审核事项5项，削减1项，各类审批事项的平均审批时限提速35%。是年，市财政局、市地税局取得行政执法证160人，做到所有执法人员持证上岗亮证执法。2003年，开展第二轮审批制度改革，简化审批环节，优化审批程序，缩短审批时限。经市政府公布保留的审批事项4项，核准事项4项，审核事项6项，备案事项9项，不列入审批事项6项。2004年，贯彻实施《中华人民共和国行政许可法》，制定相关配套制度，对依法行政、依法理财治税提出更高要求。

2006年4月，市财政局、市地税局制定《关于全面推行行政执法责任制的工作方案》，明确指导思想、工作目标和实施步骤。成立依法行政工作领导小组及其办公室，在各处室和基层单位设立行政执法责任制工作联络员。全面梳理行政执法依据，明确行政执法主体、职责、权限和责任，分解执法职权，确定执法责任。确定市财政局行政执法事项183项，其中行政许可2项，行政监管23项，行政处罚129项，行政强制7项，行政确认4项，行政征收5项，其他具体行政执法职权10项，受委托的执法事项3项；市地税局执法事项178项，其中行政许可4项，行政监管32项，行政处罚60项，行政强制12项，行政确认19项，行政征收25项，行政给付4项，其他具体行为22项。

2007年10月，市地税局成立税收执法责任制领导小组及责考办、追究办。12月，制定《关于贯彻落实税收执法责任制“两个办法”工作实施方案》《行政执法责任制考核评议暂行办法》等规范性文件。2008年1月，印发《税收执法过错责任追究暂行办法》，制定《税收执法责任制事项考核计分标准》，依托浙江地税信息系统（2006版）和ISO 9000质量管理体系，实现“人机结合”的考核模式，地税所有行政执法职能全部进入系统运行，通过系统设定对业务流程、岗位职责、审批权限、环节设置、监督制约实行统一管理和控制，推动行政执法责任制的落实。

2009年，市财政局、市地税局开展规范财税权力运行工作，以财政分配管理监督类、税收征收管理类、行政管理类和其他类四类权力为对象，建立规范完善的财税权力运行和监控机制。2010年，为规范和正确行使税务行政处罚裁量权，保护行政相对人的合法权益，市地税局制定《规范税务行政处罚裁量权实施办法》《行政处罚裁量权执行标准》，贯彻省财政厅规范行政处罚裁量权要求，压缩财税权力运行弹性空间，规范行使行政处罚裁量权。2011年，市财政局、市地税局结合深化作风建设和行风民主评议活动，对进入市政府审批中心的5项行政许可项目，21项非行政许可（细分项目为99项）审批事项提质提速，21个有法定时限的事项中，14个事项承诺时限快于法定时限，承诺时限比法定时限减少221个工作日，提速39%。

2013年，结合省地税局对市地税局的执法责任制考核指标，市地税局对县（市）地税局及所属地税分局、稽查局在浙江地税信息系统（龙版）中设置《执法责任制考核方案》，由市局分别对县（市）局和市局第一税务分局、第二税务分局、稽查局进行考核，依托信息化、数据大集中，加强执法过程的质量考核。2014年，贯彻市政府“四张清单一张网”工作要求，通过前后三轮清理和修订，财政地税权力事项由346项减少为141项，减少59%，达到权力事项缩减50%以上目标，并在浙江政务服务网向社会公布。2015年，制定《行政审批简政放权转变职能工作方案》，深化行政审批改革。实行审批事项清单管理，全面取消“非行政许可审批”事项，所有审批项目在网上公布。将财政地税审批事项全部纳入市行政审批系统，完成省市县三级目录的比对，调整权力事项信息。制定《丽水市财政局地税局关于全面推进依法行政的实施意见》，推进依法行政工作。

2016年4月，市财政局、市地税局制定《创建依法行政示范单位实施方案》，成立创建依法行政示范单位工作领导小组，全面推进示范创建工作。同年11月，通过考核验收，被市政府命名为丽水市依法行政示范单位。推行行政执法公示制度，市地税局的权力清单、责任清单、执法主体、执法依据、职责权限、执法程序、行政管理相对人的权力、执法结果、救济方式、其他行政执法信息9方面内容进行公示，规范权力运行监控机制，提高税务执法工作透明度。2017年，市财政局、市地税局落实行政执法公示制度、行政执法全过程记录制度、重大行政执法决定法治审核办法三项制度，有效规范行政执法行为，促进严格、规范、公正、文明执法。

2018年，市财政局制定《丽水市财政系统落实“谁执法谁普法”普法责任制实施方案》，促进执法与普法有机融合，提高执法公信力。

第四节　执法检查和执法督查

1998年，地区地税局开展税收执法检查和执法监督工作，根据当年税收执法总体情况确定检查重点。1999—2002年，开展税收执法行为、涉税文件、税收征管规范、税收优惠政策落实情况检查。2003年，市地税局组织开展下岗失业人员再就业税收优惠政策、“非典”期间税费优惠政策、民营科技企业税收政策、《浙江省地税系统重大税务案件审理暂行办法》贯彻落实情况检查。2004—2005年，开展贯彻实施《中华人民共和国行政许可法》、税收优惠政策、税务稽查案件查处、税收征收管理情况检查。

2006—2008年，市地税局组织开展违规制定涉税文件、税收优惠政策、税收征收管理情况、税务案件查处、税款入库和积压、挪用、截留税款问题检查；市财政局组织开展贯彻落实《中华人民共和国政府采购法》、行政审批制度改革情况检查。2009年，开展有无越权违规制定涉税费文件、《营业税暂行条例》及《营业税暂行条例实施细则》贯彻落实情况检查。

2011年，修订完善《丽水市地方税务局规范税务行政处罚裁量权实施办法》，予以公告。加强执法监督，开展行政许可和行政处罚案卷自查，针对自查中发现的问题和薄弱环节，按有关规定整改落实。2012年，开展规范性文件评估工作。市地税局被省地税局评为2011年度全省地税系统依法行政先进单位。2013年，以提高执法水平、防范执法风险为目标，以税收执法督查、行政许可和行政处罚案卷评查等工作为抓手，加强对管理薄弱环节和风险点的日常监督检查。顺利通过省财政厅、省地税局和市政府依法行政考核验收。成立督查组，对龙泉、景宁、青田3个县（市）开展税收执法重点督查。2014年，强化财税执法监督，构建贯穿事前、事中、事后全过程监督管理机制。推进权力清单清理，修订财政地税权力事项，由346项减为141项，减幅59%，达到权力事项缩减50%以上目标。对松阳、庆元、云和3个县开展税收执法重点督查。

2015年，市财政局、市地税局制定行政审批简政放权转变职能工作方案，深化行政审批制度改革，财政地税审批事项全部纳入市行政审批系统，完成省市县三级目录比对，调整权力事项信息。利用信息化手段，开展全市税收执法自查督查。对云和、龙泉、景宁、松阳4个县（市）开展重点督查，提出督查意见22条。2016年，开展全市税收执法自查督查，对庆元、缙云2个县开展重点督查，提出重点督查意见9条。2017年，开展税收执法大督查和全市税收执法自查督查，对青田、云和2个县开展重点督查，提出重点督查意见12条。2018年，开展全市税收执法自查督查，国地税联合对青田、缙云2个县开展重点督查，提出重点督查意见5条。

第六章 信息化建设

丽水地区财税信息化建设起步于1987年的计算机应用工作。20世纪90年代，地区财税局和县（市）财税局计算机机房建设逐步完成，配置微机、调制解调器和UPS不间断电源，推进省财政厅开发的YSF财政总预算会计系统和预算单位会计核算系统在丽水地区本级和各县（市）的应用，成立财政系统计算机管理联络组和税务系统信息化领导小组，组织开展对财政税务人员的计算机应用培训，财税工作逐步走向电算化。2000年后，市财政局、市地税局先后完成省、市、县（市、区）各级财政地税部门之间及市财政地税部门与市、区各行政企事业单位间的计算机网络系统建设。2012年，推进数字财政建设，浙江地税信息系统（龙版）全面上线。2013年后，市财政局、市地税局先后完成金财工程一体化系统从小型机到PC服务器的迁移和数据库升级，上线“金税三期优化版”并优化完善，推进财税工作数字化转型升级。

第一节 财税信息化基础设施建设

1987—1988年，地区财税局依托省财政厅配发的微机、传真机等设备，地区财税局与省财政厅之间实现点对点联网通信。1989年，省财政厅向地区财政局和各县（市）财政局预算系统配发PSI286微机和打印机各1台，地区财政局组织开展对省财政厅开发的YSF财政总预算会计系统操作培训和部署应用。1991年，地区财政局、地区税务局和县级财税部门计算机机房建设完成，配置微机、调制解调器和UPS不间断电源，安装调试配套设备。1991—1996年，地区及县（市）财税部门均统一配备和应用单机设备，计算机系统普及到大部分财税所，实现上下级点对点的联网通信，用于报表的财务处理和上下级报表传输。

1998年，全区地税系统完成省地税局、地区地税局、县（市）地税局三级广域骨干网建设。2000年，三级骨干网络提速，省地税局至地（市）级局采用2M SDH数字电路，地（市）级局至各县（市）局采用256K帧中继电路。2000年7月，地区地税局和原丽水市地税局（县级）数据库整合合并。

2000年12月，市财政局、市地税局办公自动化ODPS系统上线试运行，2001年4月正式运行。该系统包括公文收发和档案管理功能，主要用于系统内部公文的起草、审核、签发和外部公文的收取、签批、分送以及公文的归档处理。2001年，市财政局、市地税局制定计算机机房管理、计算机设备管理、网络与信息安全管理、信息系统安全应用管理等制度。2003年，市财政局、市地税局改造部分通信线路（银行DDN线路和部分县市线路），更换通信质量不佳的线路和设备，与市政府审批中心联网。改造机房，添置4台服务器、3台交换机、2台路由器等设备，增设重要设备的冗余备份。制定故障管理、安全管理、数据管理、机房管理、应急管理、计算机资源管理、技术档案管理、网络管理等办法。建立机房值班制，实行AB角岗位管理，各岗位实行定期轮岗制度。2004年，市财政局、市地税局添置8台服务器机柜、更换UPS不间断电源，调整网络拓扑。完成因特网接入，对所有接入因特网的计算机采取双网卡双硬盘物理隔离措施，启用外网防火墙和入侵检测系统。开通财税外网网站（网址：www.lsds.gov.cn；www.lscz.gov.cn）。

2005年，市财政局、市地税局配置网络管理服务器，使网络故障点的确定更加及时，提高维护水平。完成市财税网站系统改建工程，财税网站并入市政府网站。2007年，完成局大楼机房搬迁和网络切换，建成400多平方米，包含小型机区、PC服务器区、网络设备间、终端监控室、精密空调区、UPS电源间及机房监控和门禁系统的信息机房，开通全市财政地税系统视频网络。2008年，市财政局、市地税局完成虚拟专网构建。2009年，丽水市地税广域网系统、公文处理系统、征管信息系统安全等级保护定级为2级，财税门户网站安全等级保护定级为1级，并报公安机关备案。浙江地税广域骨干网的各区间网络传输能力升级至4兆。2010年，市地税局制定地税网络与信息安全、浙江地税信息系统（2006版）技术、广域骨干网络系统、因特网办税服务系统等应急预案。

2013年，市财政局、市地税局完成综合办公平台FTOA升级。2015年，市地税局完成地税服务器虚拟化，改造地税业务专网。全局拥有400多平方米的A类中心机房，有30余台服务器、30余台网络安全设备以及UPS、消防等设备。有台式计算机300多台，打印机200台，Sybase、Oracle等多种大型数据库平台，HP—UX、AIX、Windows等多种操作系统平台，近20套财政、地税和综合管理软件。部署实施“金税三期‘一照一码’”外部数据联网系统市局前置数据库。做好基于“互联网+”的公众服务平台项目实施。

2017年，市财政局完成金财一体化系统从小型机到PC服务器的迁移以及数据库升级。2018年，市财政局推进数字财政建设，深化丽水财税“最多跑一次”信息服务网络支撑体系，完成局大楼外网Wi-Fi项目部署。市财政局、市地税局有台式计算机480余台、便携式计算机210余台、打印（复印）机400余台。7月，国地税机构合并，市财政局与市税务局分设。市财政局、市地税局进行资产分割，分割后，市财政局有台式计算机200余台、便携式计算机120余台、打印（复印）机160余台，市地税局有台式计算机280余台、便携式计算机90余台、打印（复印）机240余台，原信息机房及相关设备划归市地税局，市财政局的机房设备搬迁到市政府统一租建的市直单位ICT机房，市财政局机房有服务器26台，交换机15台，路由器3个，防火墙、日志审计等安全设备13台，存储设备1套。

第二节 财政业务软件推广应用

1987年，地区财税局开始应用财政部统一开发的通用报表处理软件GCRS，部分取代纸质报表和算盘手工操作。1990年，全地区财政预算系统统一实现计算机处理报表。1995年，成立丽水地区财政系统计算机管理联络组，负责本地区的计算机应用和管理工作。1995—1996年，随着计算机技术的发展，省财政厅开发出在Windows环境下的总预算会计、综合计划管理、财信会计软件、报表管理、财政周转金管理等一批应用软件，在丽水地区各级财政部门得到全面推广使用。其中总预算会计、财信会计软件推广到部分乡镇，起到计算机部分替代手工操作的作用。1996年，地区财政局开发的建筑工程预决算管理系统、通用工资管理系统参加浙江省财政系统第二届软件评比，分获一等奖、三等奖；是年10月，获丽水地区科技进步二等奖。1997年，国有资产管理计算机信息网络系统（NSMIS）投入运行，并实现与省、县（市）联网，初步建立信息网络的日常作业、运行、维护、管理的各项规章制度。

2001年，市财政局主要围绕金财工程十大软件开展推广应用。全市计算机应用工作逐步由单机版提升到网络化，部门单位间逐步采用接口方式实现信息共享。2002年，市财政局推广应用档案管理信息系统，初步建立财政地税系统安全防护体系。推广应用农业税征管信息系统。2003年，全市推广应用财政收入动态分析系统。2004年，全市财政系统推广应用财政综合办公平台、预算编制（部门预算）管理、预算指标管理、资金申拨管理、非税收入管理、农业税收征收管理、产权登记管理等软件。

2008年，市财政局推广使用金财工程一体化系统，并开展国库集中支付系统应用试点。2010年，市直222家行政事业单位全面应用国库集中支付系统。市财政局全面推广应用非税收入一体化软件。是年，全市基本建成业务标准统一、处理流程顺畅、操作功能完善、网络安全可靠、辐射各级财政部门和预算单位的一体化政府财政管理信息系统。

2011年，市财政局完成行政事业单位资产管理信息系统建设和推广应用。开展金财工程服务器市级集中建设试点，完成土地出让金收支系统应用试点。2012年，市财政局开展数字财政建设。自行开发“三公”经费监控预警系统，提前预警“三公”经费异常使用情况。2013年，完成金财一体化系统的数据库升级和数据迁移、集中支付系统和非税征管系统的版本升级，完成集中支付动态监控系统部署、客户端安全管理系统项目实施、财政项目管理综合平台开发测试。完成数字财政支出执行数据库试点实施部署、财政一体化软件中间件WebSphere升级、省级转移支付项目预算指标数据采集试点。

2015年，市财政局完成移动办公平台建设、市本级政务服务网统一支付平台试点、财政身份认证与授权管理系统（CA）安装实施部署。2016年，市财政局完成财政综合项目库管理系统、乡镇财政系统数据交换平台以及财政内部信息共享建设；完成多银行资金管理系统（MBS）、统一公共支付平台应用扩面推广。

2017年，市财政局完成内网政府采购系统、“政采云”平台上线推广工作，实现内网政府采购审批流程无纸化和合同备案电子化；完成集中支付电子化系统上线部署，实现实拨业务电子化、额度和清算业务电子化、支付业务电子化；完成国库动态监控系统、财政综合项目库管理系统、政府财务报告管理系统的上线推广；完成财政综合收入动态分析系统升级和金财一体化系统数据库迁移升级。2018年，市财政局完成非税收入综合管理平台、采购预算调整追加系统、金财工程辅助系统（经济科目调整）、用户账号管理系统、支付票据打印、用友核算、扶贫资金动态监控系统、“资产云”的上线推广；完成集中支付电子化电子凭证库2.0升级。

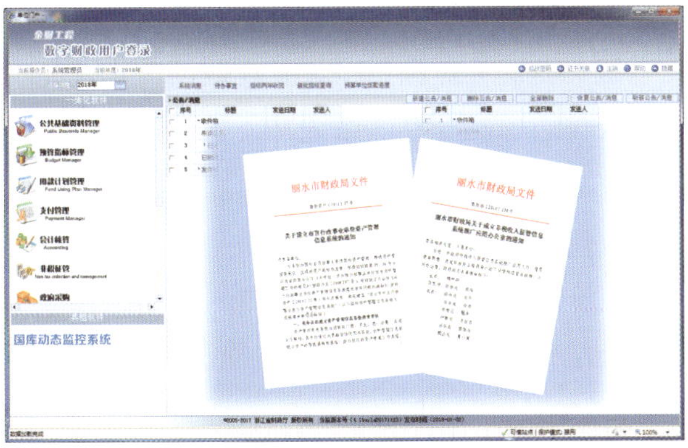

2008年，市财政局开始推广使用金财一体化系统（市财政局档案室提供）

2010年，举办全市国库集中支付及信息安全培训班（市财政局档案室提供）

第三节　地税业务软件推广应用

1997年，地区地税局成立全区地税系统信息化领导小组及其办公室，负责全区地税系统信息化工作。1998年，围绕“以申报纳税和优化服务为基础，以计算机网络为依托，集中征收，重点稽查”的征管改革模式推进计算机开发应用，并通过省地税局征管新模式的考核验收。1999年，地区地税局在丽水市（县级）、景宁畲族自治县、龙泉市3个县（市）地税局推广应用浙江地税信息系统（1998版），实现以计算机网络为依托，集中征收、重点稽查的地税征管模式。

2000年3月，地区地税局浙江地税信息系统（1998版）全面上线运行，并与银行、工商、技术监督、国税及其他行业部门协作，实现信息共享。2001年，市地税局完成浙江地税信息系统（1998版）向浙江地税信息系统（2000版）切换，开展数据清理。2002年，市地税局开通“12366”语音特服系统，为纳税人提供语音咨询服务。实现与市社保中心联网。

2003年，市地税局开展网上纳税申报试点。2004年，市地税局与市国税局联网，实现信息共享。完成网上纳税申报推广应用、残疾人就业保障金征管系统升级和全市应急处理中心数据上行。将工商数据导入浙江地税信息系统（2000版），征管局实现对漏征漏管户有效管理。2005年，市地税局全面推广应用“一户通”电子扣款方式。开发完成“社保费‘五费合征’申报征收”模块，实施“国库对账”外挂软件，弥补浙江地税信息系统（2000版）对“一户通”电子扣款方式支持不足的缺陷。2006年，市地税局推广应用税源间接控管软件、国地税联合办证系统、社保费“五费合征”系统。2007年，国地税联合办证系统升级，推广应用浙江地税信息系统（2006版）。

2008年，市地税局切换浙江地税信息系统（2006版）到高性能小型机，提高系统运行效率。开发使用车船税征收软件。2009年，市地税局开展不动产建筑业项目税收软件试点，开发电子批量退库，优化退库模式。推广应用远程纳税服务平台软件，共为纳税人提供服务1.1万余次，其中通过远程服务平台5000余次，电话咨询4000余次，上门服务2000余次。

2011年，市地税局完成远程纳税服务平台推广应用。2012年，浙江地税信息系统（龙版）全面上线运行。2013年，市地税局完成浙江地税信息系统（龙版）数据下行、契税数据转化、廉政风险防控模块上线。2014年，完成浙江地税信息系统（龙版）联合办证系统升级。2015年，市地税局开发办税服务厅“弹性工作制”软件。

2016年，市地税局完成“金税三期优化版”上线应用和丽水财税微信公众服务平台建设。完成营改增代征软件更新升级。“金税三期‘一照一码’”外部数据联网系统实施。2017年，市地税局完成与国土部门房产交易信息实时共享，实现不动产交易征税登记“最多跑一次”；完成丽水财税微信公众服务平台推广“互联网+税务”项目；实施地税“金税三期”数据和国税“金税三期”数据下行工作，深化“金税三期”数据应用分析。2018年，市地税局完成不动产交易审核管理系统建设，完善“金税三期”应用平台报表查询功能。

2001年，市地税局举办税友2000业务培训班（市财政局档案室提供）

第七章 群众团体

1991—2018年，丽水市财政地税系统群团组织得到加强。全市财政地税系统各级工青妇组织紧密团结在党组织周围，加强学习，提高认识，切实做好工青妇组织的自身建设；组织围绕财税工作大局，发挥优势，开拓创新，提高凝聚力，增强号召力，为丽水财税事业贡献智慧和力量；组织开展健康有益的文体活动，丰富广大财税干部职工的文化生活。各级工会组织有效地发挥了联系职工、教育职工、维护职工合法权益的作用；团组织在引导青年职工创先争优、开展志愿服务方面，发挥了先锋作用；妇联组织在组织巾帼建功、提升女职工素质方面发挥了积极作用。

第一节 工 会

一、组织建设

1995年，丽水地区财税局工会召开第四届会员代表大会，选举产生第四届工会委员会。

1998年，丽水地区财政局地税局工会召开第五届会员代表大会，选举产生第五届工会委员会。

2002年，丽水市财政局地税局工会召开第六届会员代表大会，选举产生第六届工会委员会。

2008年，丽水市财政局地税局工会召开第七届会员代表大会，选举产生第七届工会委员会。

2013年，丽水市财政局地税局工会召开第八届会员代表大会，选举产生第八届工会委员会。

2016年后，因人事调整、机构改革等原因，丽水市财政局地税局工会未进行换届选举。2016年4月，市地税局办税服务厅获“全国工人先锋号”称号。

2018年10月，财税机构改革到位后，为保障工会工作正常运转，经市财政局党组研究并报市直机关工委审批，成立丽水市财政局工会（临时），指定由副局长魏叶华代管、程军牵头工会全面工作，郑强立、李林峰、何韬、陈婧、赵珊为委员，郑旭伟为经审委主任、黄丽蓉为经审委副主任，协助开展工会各项工作。

二、组织活动

职工体育运动　丽水市财税局工会先后建立乒乓球、篮球、登山、瑜伽、太极拳等兴趣小组，营造全民健身氛围。1992年，组队参加浙江省财税系统篮球赛，8战8胜蝉联冠军。1993年，冠名举办“财税杯”第十届丽水地区地直机关体育运动会暨地直首届老年人运动会。1996年、2003年，先后举办全市财税系统乒乓球赛。1999年，举办全区财政、地税、国资系统“形象工程杯”篮球赛。2013—2014年，两次组队参加市直机关趣味运动会。2015年，组队参加浙江省健身气功分站赛（衢州赛区）获团体二等奖，在市健身气功站点联赛中获单项和团体两项冠军，组队参加全省财政地税系统运动会。2015年以来，先后举办财政地税系统运动会、趣味运动会，组队参加丽水半程马拉松赛、市直机关登山健步走等活动，增强财税队伍凝聚力，展示财税干部良好精神面貌。

各类文艺活动　1999年，举办“丽水地区财税50年”图片展，地区领导丁耀民、焦光华、钱成良、贾若忠、柯焕然、支存定等观展。2005年，选送小品《承诺》获全省财政地税系统第二届文艺调演二等奖。2009年，举办“颂歌献祖国”全市财政地税系统文艺调演，工会会员陈丽慧创作的《春润》获评2009“瓯江行”全国摄影大展特等佳作，《黄龙秋艳》获“仙都四季风光”摄影大奖赛季度赛冠军和全年总决赛冠军，入选“瓯江行”全国摄影大展。2013年，组建财贸系统合唱团，获首届丽水市合唱节银奖，2014—2015年，合唱团连续两年获金奖。2014年，“丽水市财税人摄影”团体获省第三届“优秀视觉艺术创作群体”奖。2016年，举办全市财政地税系统文艺会演，精选节目获全省财政地税系统文艺会演三等奖。2016年以来，先后举办系统演讲、朗诵比赛，组织参加市直“读经典传文化喜迎党的十九大”、“书香财税、共享悦读”主题读书日、“群心跟党走·天天读好书”等活动。

丽水市财税局工会历届负责人一览表

表3－7－1

届别	换届时间	主　席	副主席	委　　员	经审委主任	经审委委员
第一届	1984.9	高焕庭	丁业和	雷凤生　陈宝洪　徐欲沂　邱长源　王幼芬	—	—
第二届	1987.8	高焕庭	丁业和	雷凤生　王幼芬　吴晓兰　杨伯高	—	—
第三届	1990.8	周生弟	吴晓兰 周学军	刘松文　周　明　王幼芬　肖　荣	李卫红	朱　佳 刘志伟
第四届	1995.12	陈宝洪	周学军 王祖平	彭　荔　雷凤生　刘松文　周丽萍	—	—
第五届	1998.4	崔　军	谢银凤 刘松文	彭　荔　雷凤生　刘志伟　肖　荣	魏叶华	张　健 朱　佳
第六届	2002.8	李　嫔	张智明	李连春　宋丽芬　彭　华　程礼萍　戴小杰　潘志伟　吕丽仙	潘玲丽	柳乃华 徐　佳
第七届	2008.6	李　嫔	桑雪文	占雅静　刘杰伟　陈国伟　翁傅华　周晓春　留丽平　彭　荔	李连春	柳乃华 水旭辉
第八届	2013.6	甄荣泗	朱　丹	柳乃华　吕丽仙　冯月明　卢永红　练素红　徐碧霞　杜春平	刘克华	叶　婧 冯月明

关心关爱干部职工　2001年，根据市财政局、市地税局制定的《关于本局干部职工生病住院、婚丧事看望慰问的若干规定》，做好关爱干部职工工作。2015年，执行《丽水市财政地税局到龄退休职工关爱工作办法》，按规定组织全局干部职工体检、女职工妇检，对干部职工生活困难、生病住院、婚丧嫁娶等及时组织慰问，对干部职工出现家庭矛盾纠纷等情况，积极帮助劝

解、协调，对离退休老干部的生活给予更多关心和支持。切实做好职工疗休养工作。同年，执行《丽水市财政地税局疗休养办法》，组织干部职工开展疗休养活动。2018年，组织全局干部职工分批赴嘉兴市、湖州市、舟山市等地开展集中疗休养。

2018年，市财政局地税局工会组织干部职工开展文体活动（市财政局档案室提供）

2018年，市财政局地税局工会举办财税趣味运动会（市财政局档案室提供）

第二节　共青团

一、组织建设

2001年，市财政局、市地税局召开团员大会，选举樊必成为团支部书记，陈向阳为团支部副书记，谢芳、王华、胡蓓为团支部委员。

2002年，丽水市财政局地税局团总支正式成立。下辖6个团支部：第一支部由征管一分局、预算外资金管理中心、国立税务师事务所、财政预决算评审中心、稽查局和财税学会团员组成；第二支部由征管二分局团员组成；第三支部由预算会计核算中心团员组成；第四支部由国资营运公司团员组成；第五支部由花园大酒店团员组成；第六支部由局机关、信息中心、培训中心、注协、文印室、财务总监管理中心和政府采购中心团员组成。实有团员61人。

2004年，丽水市财政局地税局团总支召开第三届团员大会，选举产生第三届团总支委员会。

2007年，因花园大酒店、国资营运公司等单位相继脱钩，丽水市财政局地税局团总支下属原6个团支部调整为4个：第一支部由局机关各处室团员组成；第二支部由征管一分局团员组成；第三支部由征管二分局和稽查局团员组成；第四支部由预算会计核算中心团员组成。

2010年，丽水市财政局地税局团总支召开第四届团员大会，选举产生第四届团总支委员会，实有团员30人。2013年，丽水市财政局地税局团总支召开第五届团员大会，选举产生第五届团总支委员会，实有团员32人。

2016年，丽水市财政局地税局团总支召开第六届团员大会，选举产生第六届团总支委员会，实有团员30人。2018年10月，财税机构改革到位后，为保障团总支工作正常运转，经市财政局党组研究并报团市委批准，成立丽水市财政局团总支（临时），詹翔为团总支书记，负责团总支全面工作，胡怡虹、周宋毅为团总支副书记，谢森龙、石少华、徐晓翔、严扬扬为团总支委员，协助开展团总支各项工作。是年年末，实有团员22人。

共青团丽水市财政局地税局总支委历届负责人一览表

表3－7－2

届别	换届时间	书记	副书记	委　员
第一届	2001.9	樊必成	陈向阳	谢　芳　王　华　胡　蓓
第二届	2002.10	樊必成	陈向阳	谢　芳　王　华　胡　蓓
第三届	2004.11	吴丽梅	武威哲	钟李芬　吴　龙　余　艳
第四届	2010.8	占雅静	翁傅华	叶　婧　汪海芬　吴白璐
第五届	2013.9	毛云保	丁　勇	陈昊明　周函冰　黄彦杰　黄逸帆　蓝　静
第六届	2016.11	梅　峰	—	李亚曙　吴佳奇　柳易青　胡怡虹　黄彦杰　黄逸帆

二、组织活动

创先争优　2002年，市预算会计核算中心被认定为“省级青年文明号”，其所在的第三团支部被评为市直先进团组织。2004年，市财政局地税局团总支被团市委授予“五有团支部”称号，2005年被评为市直先进团组织。2006年，市预算会计核算中心被共青团中央授予“全国青年文明号”称号；市地税局办税服务厅被命名为“市级青年文明号”。2009—2010年，市地税局一分局被命名为“省级青年文明号”。2012年、2014年、2017年，市地税局办税服务厅3次被命名为“省级青年文明号”。

团建活动　2005年，组织团员青年参加市直机关团工委举办的共青团员意识主题教育活动系列比赛。2009年，举办首次“青春献财税”沙龙活动。2011—2018年，每年组织团员开展财税青年沙龙和青年素质拓展活动，组织团员参加团市委组织的趣味运动会等活动，丰富青年干部业余生活。

志愿服务　组织各类关心关爱活动，赴福利机构看望老人和儿童，资助莲都区太平乡困难学生，参与发起爱心捐助活动；与市看守所在押犯人结对，进行一对一帮教；组织团员青年走进白云社区，与重病卧床的67岁孤寡老人陈翠英结对，提供经常性的帮助和服务，组织团员青年参加“志愿服务一条街”活动，每年服务群众和困难党员100人次以上。2010年，结对帮扶丽水佳信会计师事务所、丽水新时代会计师事务所、浙江旭利合成革有限公司和中业阀门集团有限公司4家非公企业。2010年以来，根据团市委关于志愿服务活动有关要求，对志愿者队伍进行优化调整，组织青年干部20余人，制度化、常态化开展志愿服务活动，围绕创国家卫生城市、“五水共治”、全国文明城市创建等重大活动，积极开展宣传教育、文明创建、结对帮扶、绿色生态等志愿服务活动。

2017年5月4日，市财政局地税局团总支举行“五四”宣誓仪式（市财政局档案室提供）

第三节　妇委会（妇联）

一、组织建设

1996年，丽水地区财政局、地区国税局、地区地税局召开第一届妇女大会，选举产生第一届妇女委员会。

2002年，丽水市财政局、市地税局召开第二届妇女大会，选举产生第二届妇女委员会。

2008年，丽水市财政局、市地税局召开第三届妇女大会，选举产生第三届妇女委员会。

2014年，丽水市财政局、市地税局召开第四届妇女大会，选举产生第四届妇女委员会。

2016年后，因人事调整、机构改革等原因，未进行换届选举。2018年10月，财税机构改革到位后，为保障妇联工作正常运转，经市财政局党组研究并报市妇联批准，成立市财政局妇联，由何俏俐任妇联主任，负责妇联全面工作，练素红任妇联副主任，徐王君、刘玟冰、傅婕任妇联委员，组织开展妇联各项工作。

丽水市财税局妇委会历届负责人一览表

表3－7－3

届别	换届时间	主任	副主任	委　员
第一届	1996.9	李菊凤	—	魏叶华　潘玲丽　王幼芬　金丽虹
第二届	2002.7	潘玲丽	—	宋丽芬　朱　丹　徐禾青　周蕴华　张闽玲　洪　玫
第三届	2008.5	周蕴华	占雅静	潘玲丽　水旭辉　张奕祎　张闽玲　王丽芬
第四届	2014.2	朱　丹	卢永红	叶　婧　何芙群　叶双梅　练素红　张闽玲　吴晓静　洪　玫

二、组织活动

巾帼建功活动　1996年以来，局妇委会开展“巾帼文明示范岗”创建系列活动。2008年，市地税局第二税务分局获浙江省巾帼建功和双学双比活动协调小组“巾帼文明岗”称号。2012年，市地税局办税服务厅获“全国巾帼文明岗”荣誉称号。2013年，丽水市财政国库支付中心（市预算会计核算中心）获全国“三八红旗集体”、浙江省“二十佳巾帼文明岗”等荣誉称号。

妇女素质提升　每年组织参加全市庆祝“三八”国际妇女节纪念活动，邀请专家开展女性养生保健知识讲座、健康知识讲座、心理减压讲座等，开展“美丽丽人”素质培训、“美丽共建”实践活动。组织妇女干部参加市直机关趣味运动会、妇女大众广播体操比赛、全市气排球比赛等活动。

第八章 学术团体

1991—2018年，丽水市财政税务学会、丽水市会计学会、丽水市注册会计师协会、丽水市珠算协会、丽水市财政地税系统思想政治工作研究会、丽水市预算会计研究会、丽水市办税员协会、丽水市农村财政研究会充分发挥群众性学术团体的作用，为财税科研和学术交流作出贡献，助力财税改革与发展。

第一节 财政税务学会

1983年，丽水地区财政学会成立；1986年，改组为丽水地区财政税务学会，年末，所属9县（市）学会先后成立。丽水市财政税务学会是研究财政（包括财务）税务理论和财政税收政策的群众性社会学术团体。

1989年，丽水地区财政税务学会召开第二届会员代表大会。选举产生第二届理事会，理事21人，常务理事7人。会员549人，其中浙江省财政学会会员6人，浙江省税务学会会员21人。

1993年，经丽水地区计委批准，丽水地区财税咨询服务部成立，与财税学会合署办公，陈仕明兼服务部主任、法定代表人。

1995年，丽水地区财政税务学会在缙云县召开第三届会员代表大会。选举产生第三届理事会，理事44人，常务理事11人。共有会员966人。9月，地区财政局、地区国税局、地区地税局、地区财税学会联合印发《关于广泛发动群众开展群众性财税学术研究的意见》，对全区财税系统广泛发动群众、深入持久地开展财税科研活动提出意见。

2001年，丽水市财政税务学会在景宁畲族自治县召开第四届会员代表大会。选举产生第四届理事会，理事79人，常务理事20人。

2002年3月，市财政局、市国税局、市地税局、市财税学会建立《丽水市财税科研工作制度》，对制订财税科研工作计划、开展财税学会活动、加强重点课题研究、提高财税科研质量、加强财税科研基础建设、建立财税科研奖励制度等7个方面作出规定。

2006年，丽水市财政税务学会召开第五届会员代表大会。选举产生第五届理事会，理事102人，常务理事22人。2008年，丽水市财政税务学会第五届常务理事会研究决定，增补许祖元、叶绍忠、李卫红为第五届理事。

2010年年末，丽水市财政税务学会共有会员999人。同时为省财政学会理事5人；省税务学会会员20人（含常务理事2人，理事1人，名誉理事1人）；省国际税收研究会会员18人（含常务理事1人，理事1人）。

2013年，丽水市财政税务学会召开第六届会员代表大会。选举产生第六届理事会，理事107人，常务理事29人。

2015年2月，丽水市财政税务学会制定《财税科研工作和绩效考核暂行办法》，建立科研成果转化激励机制，强化基层学会工作管理考核。6月，市财政税务学会第六届理事会第一次常务理事会研究决定，陈志雄任名誉会长；增补刘志伟为第六届理事、常务理事、会长；江建强、杜永明、应苏仙为第六届理事、常务理事、副会长；李萌、易远明、詹锡根为第六届理事、常务理事；范成成、吴群良、丁硕科、陈国伟、章玲仙、周功平、蔡黎文、郑敏杰、林伟军、张仪辉、周冠华、温小运、罗江涛为第六届理事；罗海洪为第六届理事、常务理事、聘任为副秘书长。2017年8月，丽水市财政税务学会第六届常务理事会研究决定，增补张少荣为第六届理事、常务理事、会长。刘志伟不再担任会长、常务理事、理事。

2013年7月，丽水市财政税务学会第六届会员代表大会合影（市财政局档案室提供）

1988年，丽水地区财政税务学会创刊《学会通讯》，至1991年，共发刊42期。1992年，改版为《财税求是》，至1995年，共发刊16期。1996年，改版为《浙西南山区研究（财政税务版）》，至2003年，共发刊40期。2004年，改版为《丽水研究（财政税务版）》，至2018年，共发刊68期。1988—2018年，共发刊166期。

1991—2018年，丽水市财政税务学会会员撰写财税调研课题、论文9000多篇。报送省财政学会、省税务学会、省国际税收研究会、市社科联调研课题及丽水市财政税务学会调研成果转化课题610篇。获各类课题、论文奖496项，其中国家税务总局1项、省财政学会170项、省税务学会141项、省国际税收研究会23项、市政府51项、市社科联立项课题74项、丽水市财政税务学会调研成果转化课题36项。全市财政税务学会会员在国家、省、市财税刊物、经济杂志、报刊发表的课题论文3696篇，其中国家级342篇、省级1195篇、市级2159篇。

1992—2015年，丽水市财政税务学会连续12次获全市社会科学工作先进集体称号；2015—2016年，丽水市财政税务学会获全省财税调研先进集体称号；2017—2018年，丽水市财政税务学会获全省先进税务学会称号。同时，涌现了一大批先进工作者。

2018年年末，丽水市财政税务学会共有理事100人，常务理事14人，会员990人。

丽水市财政税务学会历任负责人一览表

表3－8－1

届别	换届时间	会长	副会长	秘书长	常务理事	理事
前　期	1983.12	金醒生	高焕庭　余传书	陈仕明	—	17人
第一届	1986.7	金醒生	高焕庭	陈仕明	7人	25人
第二届	1989.10	吴树奎	陈小毛	陈仕明	7人	21人
第三届	1995.9	吴树奎	吕建富　周生弟　崔　军	陈仕明	11人	44人
第四届	2001.9	何赤峰	吕建富　崔　军　周生弟　陈宝洪 张建军　孙天宇	吕土根	20人	79人
第五届	2006.9	何赤峰	张积康　周生弟　崔　军　张建军 孙天宇　李　嫔　阮胜裕　刘小平 尹苏平　柳一林　叶如华　陈建全	叶芳儿	22人	102人
第六届	2013.7 2015.6 2017.8	陈志雄 刘志伟 张少荣	李纪灵　崔　军　叶绍忠　李　嫔 刘小平　尹苏平　叶如华　柳一林 郑文峰　李卫红　谢　钦　叶芳儿 江　杰	余小平	29人 29人 14人	107人 115人 100人

第二节　会计学会

1983年，丽水地区会计学会成立，选举产生第一届理事会，理事33人，常务理事5人。会计学会是研究会计科学的群众性团体。

1987年，丽水地区会计学会召开第二届会员代表大会。选举产生第二届理事会，理事39人，常务理事7人。

1989年，丽水地区会计学会召开第三届会员代表大会。选举产生第三届理事会，理事16人，常务理事7人。

1990年年末，全区有省会计学会会员20人，地区会计学会会员143人，县会计学会会员1009人。

1992年，丽水地区会计学会被丽水地区社科联评为1991年度社会科学学会先进集体。

1993年，丽水地区会计学会召开第四届会员代表大会。选举产生第四届理事会，理事36人，常务理事9人。

1994年，丽水地区会计学会第四届第二次理事会增补郑承翠等9人为第四届理事会理事。是年，省会计学会授予丽水地区会计学会1994年度学会工作先进单位称号。

1995年，丽水地区会计学会被丽水地区社科联评为1992—1993年度社会科学学会先进集体。

1997年，丽水地区会计学会召开第五届会员代表大会，选举产生第五届理事会，理事44人，常务理事11人。是年，被丽水地区社科联评为1994—1995年度社会科学学会先进集体。

1998年，丽水地区会计学会被丽水地区社科联评为1996—1997年度社会科学学会先进集体。

2000年，丽水市会计学会被丽水市社科联评为1998—1999年度社会科学工作先进集体。

2002年，丽水市会计学会被丽水市社科联评为2000—2001年度社会科学学会先进集体。

2004年，丽水市会计学会被丽水市社科联评为2002—2003年度社会科学学会先进集体。

2007年，丽水市会计学会召开第六届会员代表大会。选举产生第六届理事会，理事52人，常务理事10人。

2008年，丽水市会计学会重新登记学会会员单位和会员，发展吸收新会员。

2013年6月，陈肇平任会长，不再担任副会长；魏叶华不再担任会长。

丽水市会计学会刊物自创刊以来历经多次改版。丽水地区会计学会于1984年8月创刊《处州会计》，共发刊22期，1990年6月停办。1990年9月始，丽水地区会计学会、丽水地区审计学会联合创办学会刊物《丽水财会与审计》，共发刊15期，1995年8月停办。1998年始，丽水地区社科联、丽水地区会计学会、丽水地区注册会计师协会联合创办《浙西南山区研究（财务会计版）》，共发刊11期。2004年始，丽水市社科联、丽水市会计学会、丽水市注册会计师协会联合创办《丽水研究（财务会计版）》，至2008年，共发刊6期，后停刊。

丽水市会计学会历任负责人一览表

表3－8－2

届别	换届时间	会　长	副会长	秘书长	常务理事	理事
第一届	1983.12	高焕庭	卢龙春	叶大芸	5人	33人
第二届	1987.6	高焕庭	卢龙春	叶大芸	7人	39人
第三届	1989.4	吴树奎	高焕庭	叶大芸	7人	16人
第四届	1993.10	吴树奎	高焕庭　卢龙春	叶志明	9人	36人
第五届	1997.12	崔　军	高焕庭　卢龙春	蔡溢洋	11人	44人
第六届	2007.3 2013.6	魏叶华 陈肇平	陈肇平　吴春琼	吴春琼	10人	52人

第三节　注册会计师协会

1996年，丽水地区注册会计师协会召开第一届会员代表大会。选举产生第一届理事会，理事18人，常务理事7人。注册会计师协会是由注册会计师行业、资产评估行业自愿组成，履行服务、监督、管理、协调职能的非营利性、行业性、自律性的社会组织。

1999年11月，经丽水地区编委批复同意，地区财政局设立丽水地区注册会计师服务中心，为下属科级自收自支事业单位，与丽水地区注册会计师协会合署办公。

2000年，丽水地区注册会计师协会召开第二届会员代表大会。选举产生第二届理事会，理事23人，常务理事9人。

2002年，丽水市注册会计师协会召开第三届会员代表大会。选举产生第三届理事会，理事32人，常务理事11人。

2008年，丽水市注册会计师协会召开第四届会员代表大会。选举产生第四届理事会，理事35人，常务理事11人。

2009年，成立中共丽水市注册会计师行业委员会。魏叶华任书记，吴春琼任副书记，詹东、朱佳、王正微任委员。行业党委下辖丽水万邦天义会计师事务所、丽水佳信会计师事务所、青田天威会计师事务所、丽水新时代会计师事务所、松阳神洲会计师事务所、遂昌大众联合会计师事务所、云和树信会计师事务所、缙云仙都会计师事务所8个党支部。丽水市注册会计师协会换发注册会计师非执业会员证书。2010年年末，全市共有注册会计师非执业会员160人，注册会计师行业党员55人。

2015年年末，全市有注册会计师会员236人，其中非执业会员132人。

2016年，增补周晓春为丽水市注册会计师协会秘书长，吴春琼不再担任秘书长。

丽水市注册会计师协会历任负责人一览表

表3－8－3

届别	换届时间	会长	副会长	秘书长	常务理事	理事
第一届	1996.8	吴树奎	崔　军　朱　佳	蔡溢洋	7人	18人
第二届	2000.3	吴树奎	吴利文　高焕庭	蔡溢洋	9人	23人
第三届	2002.8	陈宝洪	陈肇平　陈　颉	陈　颉	11人	32人
第四届	2008.12	魏叶华	詹　东　朱　佳	吴春琼 周晓春（2016.10）	11人	35人

2017年，中共丽水市注册会计师行业委员会召开第二次党员大会。选举产生第二届委员会，叶芳儿任书记，周晓春任副书记，朱佳任组织委员，詹东任纪检委员，王正微任统战委员，郑华民任宣传委员，王佩琅任青年委员。

2018年，成立中共丽水市注册会计师资产评估行业联合委员会。下辖8个党支部，有正式党员68人。年末，全市会计师事务所12家，有注册会计师会员271人，其中非执业会员166人。

第四节　珠算协会

1981年，丽水地区珠算协会成立。珠算协会是由珠算心算科研、教学和实务工作者自愿结成的专业性、科普性、非营利性的社会团体。

1992年，丽水地区珠算协会召开第二届会员代表大会。选举产生第二届理事会，理事33人，常务理事9人。

1996年，丽水地区珠算协会召开第三届会员代表大会。选举产生第三届理事会，理事35人，常务理事5人。

2002年，丽水市珠算协会召开第四届会员代表大会。选举产生第四届理事会，理事35人，常务理事5人。同年，开展珠心算教育和珠算定级工作。

2003年，全市通过普五级以上珠算技术等级鉴定86人；2004年，通过72人。

2005年，丽水市珠算协会组织7名选手参加全省儿童珠心算比赛，获特等奖、一等奖、二等奖各1名，市珠算协会获集体三等奖；组织珠算等级鉴定37人次。

2006年，丽水市珠算协会组织19名小选手参加浙江国际珠心算大赛暨第27届珠心算鉴定赛，荣获特等奖7人，获一等奖12人；市直确定蓓蕾幼儿园为珠心算教育活动实验单位。

2007年，丽水市珠算协会组织17名小选手参加浙江国际珠心算大赛暨第28届珠心算鉴定赛，荣获特等奖6人，获一等奖11人。

2009年，丽水市珠算协会组织发放珠算等级证书450本。

2019年4月，丽水市珠算协会注销。

丽水市珠算协会历任负责人一览表

表3－8－4

届别	换届时间	会长	副会长	秘书长	常务理事	理事
第一届	1981.7	程礼平	余传书　苏祖祥	王会林	—	12人
第二届	1992.11	吴树奎	葛国治　苏祖祥	陈炜平	9人	33人
第三届	1996.11	崔　军	苏祖祥　陈炜平	陈炜平	5人	35人
第四届	2002.4	陈宝洪	苏祖祥　陈　颉	陈　颉	5人	35人

第五节　思想政治工作研究会

1998年，丽水地区财政地税系统思想政治工作研究会成立。选举产生第一届理事会，理事58人，常务理事13人。思想政治工作研究会是受地区财政局、地区地税局党组领导的研究全区财政地税系统思想政治工作的群众性学术团体。同年，全区财政地税系统开展思想政治工作论文征集评选活动。

2003年，丽水市财政地税系统思想政治工作研究会在云和县召开第二届会员代表大会。选举产生第二届理事会，理事31人，常务理事8人。

2004年，丽水市财政地税系统思想政治工作研究会组织全市财税系统思想政治工作培训班；组织调研和论文评选，获全省财税系统政研论文二等奖1篇，三等奖3篇。

2008年，丽水市财政地税系统思想政治工作研究会召开第三届会员代表大会。选举产生第三届理事会，理事28人，常务理事8人。会员109人。全年，征集论文48篇，组织论文评选，评出一等奖3篇，二等奖6篇，三等奖10篇。此后，研究会未换届。

2018年8月，根据领导干部调整、干部兼职政策调整以及民政部门社团清理要求，丽水市财政地税系统思想政治工作研究会注销。

1998年9月，丽水地区财政地税系统思想政治工作研究会成立大会合影（市财政局档案室提供）

丽水市财政地税系统思想政治工作研究会历任负责人一览表

表3－8－5

届别	换届时间	会长	副会长	秘书长	常务理事	理事
第一届	1998.9	吴树奎	崔　军　陈宝洪	饶鸿来	13人	58人
第二届	2003.9	何赤峰	崔　军　李　嫔　谢志伟　程定飞　周少华	谢志伟	8人	31人
第三届	2008.12	何赤峰	崔　军　李　嫔　谢志伟　叶芳儿	谢志伟	8人	28人

第六节 预算会计研究会

1991年，丽水地区预算会计研究会成立。选举产生第一届理事会，理事26人，常务理事7人。预算会计研究会是进行预算会计科学研究的群众性学术团体，在地区财政局的指导下独立开展预算会计的学术研究活动。

1994年，丽水地区预算会计研究会召开第二届会员代表大会。选举产生第二届理事会，理事29人，常务理事9人。

2002年，丽水市预算会计研究会召开第三届会员代表大会。选举产生第三届理事会，理事33人，常务理事7人。

2005年12月，增补吕东华为丽水市预算会计研究会理事、秘书长，魏叶华不再兼任秘书长。

2008年，增补张栋为丽水市预算会计研究会秘书长，吕东华不再担任秘书长。

2014年，丽水市预算会计研究会召开第四届会员代表大会，选举产生第四届理事会，理事29人，常务理事7人。

2015年，丽水市预算会计研究会有会员109人。

2019年6月，丽水市预算会计研究会注销。

丽水市预算会计研究会历任负责人一览表

表3－8－6

届别	换届时间	会长	副会长	秘书长	常务理事	理事
第一届	1991.10	吴树奎	蔡人宅　陈炜平	陈炜平	7人	26人
第二届	1994.9	吴树奎	赵葛周	赵葛周	9人	29人
第三届	2002.5	何赤峰	魏叶华	魏叶华 吕东华(2005.12) 张　栋(2008.9)	7人	33人
第四届	2014.5	阮美莲	蔡溢洋　吴群良	周晓春	7人	29人

第七节 办税员协会

1998年，丽水地区办税员协会成立，召开第一届会员代表大会。选举产生第一届理事会，理事22人，常务理事8人。办税员协会是组织纳税人开展税收理论学术交流、开展税收业务培训咨询的群众性社会团体。

2002年，丽水市办税员协会召开第二届会员代表大会。选举产生第二届理事会，理事13人，常务理事6人。

2009年，丽水市办税员协会召开第三届会员代表大会。选举产生第三届理事会，理事13人，常务理事8人。

2017年11月，丽水市办税员协会注销。

丽水市办税员协会历任负责人一览表

表3-8-7

届别	换届时间	会长	副会长	秘书长	常务理事	理事
第一届	1998.8	崔　军	叶如华　金存高　刘志伟　程建敏　廖翊尧	金存高	8人	22人
第二届	2002.9	崔　军	金存高　程建敏　廖翊尧	金存高	6人	13人
第三届	2009.2	崔　军	陈炜平　廖翊尧　项焕杰　胡　宏　程建敏	陈炜平	8人	13人

第八节　农村财政研究会

1990年，丽水地区财政税务学会农村财政研究会召开第一届会员代表大会。选举产生第一届理事会，理事18人。丽水地区农村财政研究会隶属于丽水地区财政税务学会，为二级学会。是研究农村财政税收理论和政策的群众性团体。

1995年，丽水地区财政税务学会农村财政研究会召开第二届会员代表大会。选举产生第二届理事会，理事22人，常务理事7人。

2000年4月，丽水地区农村财政研究会由丽水地区财政税务学会二级学会转为一级学会。5月，丽水地区农村财政研究会召开第三届会员代表大会。选举产生第三届理事会，理事24人，常务理事7人。

2002年4月，丽水市农村财政研究会注销。

丽水市农村财政研究会历任负责人一览表

表3-8-8

届别	换届时间	会长	副会长	秘书长	常务理事	理事
第一届	1990.10	吴树奎	余传书　陈炜平　吴新民　孙天宇	余传书	—	18人
第二届	1995.1	吴树奎	王祖平	王祖平	7人	22人
第三届	2000.5	吴树奎	崔　军　吴春琼	吴春琼	7人	24人

第九章　荣　誉

本志入选荣誉范围：国家级荣誉（含部委办局、领导小组、委员会等）授予的先进。省级荣誉为省委、省人大、省政府、省政协及“四办”授予的先进；省级各类领导小组、委员会授予的先进；省财政厅、省地税局授予的各类综合性先进和专项工作个人三等功以上；省财政厅、省地税局与其他部门联合授予的各类先进。市级荣誉为市委、市人大、市政府、市政协授予的各类综合性工作先进。获先进主体是本单位、本单位干部职工。

第一节　集体荣誉

1991—2018年，丽水市财税局共获“全国再就业工作先进集体”等国家级荣誉11项、省级荣誉59项、市级荣誉42项。

1991—2018年丽水市财税局获国家级荣誉一览表

表3－9－1

序号	年份	获奖单位	荣誉称号	颁奖单位
1	2004	市财政局	全国再就业工作先进集体	国务院
2	2006	市预算会计核算中心	全国青年文明号	团中央
3	2006	市财政局	2001—2005年全国法制宣传教育先进单位	中宣部、司法部
4	2007	市财政局、市地税局	综合办公楼“中国建设工程鲁班奖”	建设部、中国建筑行业协会
5	2012	市地税局办税服务厅	全国巾帼文明岗	全国妇联、全国妇女“巾帼建功”活动领导小组
6	2013	市地税局一分局	全国税务系统先进集体	国家税务总局
7	2013	市财政国库支付中心	全国三八红旗集体	全国妇联
8	2016	市地税局办税服务厅	全国工人先锋号	中华全国总工会
9	2017	市财政局、市地税局	全国文明单位	中央文明委
10	2017	市财政局、市地税局	“我与宪法”微视频征集优秀奖	司法部、全国普法办公室
11	2017	市地税局	全国百佳国税地税合作市级示范区	国家税务总局

1991—2018年丽水市财税局获省级荣誉一览表

表3-9-2

序号	年份	获奖单位	荣誉称号	颁奖单位
1	1991	地区财政局	全省老干部工作先进集体	省委、省政府
2	1994	地区财政局	全省公费医疗管理先进单位	省财政厅、省卫生厅
3	1996	地区财政局	清产核资工作先进集体	省清产核资领导小组办公室
4	1998	地区大检查办公室	1997年度全省大检查工作先进集体	省大检查办公室
5	1999	地区财政局、地区地税局	1998年度财政地税工作管理先进局	省财政厅、省地税局
6	2001	市财政局	浙江省“三五”普法先进单位	省委、省政府
7	2002	市地税局第一征管局	巾帼文明示范岗	省巾帼建功活动协调小组
8	2002	市预算会计核算中心	青年文明号	团省委
9	2003	市财政局	清产核资工作先进集体	省清产核资领导小组办公室
10	2003	市地税局稽查局,第一、第二征管局	2002年度基层文明单位	省地税局
11	2005	市地税局稽查局、一分局	2003年度基层文明单位	省地税局
12	2005	市预算会计核算中心	巾帼文明示范岗	省巾帼建功活动协调小组
13	2005	市地税局办税服务厅	巾帼文明示范岗	省巾帼建功活动协调小组
14	2005	市地税局	基本养老保险征管先进单位	省地税局、省劳动和社保厅
15	2005	市财政局	全省扶助残疾人就业先进单位	省政府残疾人工作委员会
16	2005	市地税局一分局	全省地税系统先进集体	省人事厅、省地税局
17	2005	市地税局稽查局、一分局	2004年度基层文明单位	省地税局
18	2006	市财政局	省“十五”人口与计生先进集体	省人事厅、省人口与计生委
19	2006	市地税局稽查局、二分局	2005年度基层文明单位	省地税局
20	2006	市财政局	全省财政系统先进集体	省财政厅、省人事厅
21	2007	市地税局	纳税人满意度调查第二名	省地税局
22	2007	市地税局一分局、二分局	2006年度基层文明单位	省地税局
23	2007	市农村综合改革办公室	2006年度全省农综改革先进单位	省农综改革办
24	2008	市地税局办税服务厅	巾帼文明示范岗	省巾帼建功活动协调小组
25	2008	市地税局稽查局、一分局	2007年度基层文明单位	省地税局
26	2008	市地税局二分局	省级青年文明号	省青年文明号指导委员会
27	2009	市地税局	纳税人满意度调查第一名	省地税局
28	2009	市地税局稽查局、二分局	2008年度基层文明单位	省地税局

续表 3－9－2

序号	年份	获奖单位	荣誉称号	颁奖单位
29	2009	市地税局一分局	青年文明号	省地税局、团省委
30	2010	市财政局	全省效能建设创新创优先进典型	省纪委、监察厅、效能办
31	2010	市地税局	浙江地税质量管理奖	省地税局
32	2010	市地税局一分局、二分局	2009年度基层文明单位	省地税局
33	2010	市地税局一分局	青年文明号	省地税局、团省委
34	2011	市地税局	纳税人满意度调查第一名	省地税局
35	2011	市财政局	2006—2010年浙江省法制宣传教育先进单位	省委、省政府
36	2011	市地税局稽查局、二分局	2010年度基层文明单位	省地税局
37	2011	市财政局、市地税局	全省财税档案管理一级单位	省财政厅、省地税局、省档案局
38	2011	市财政局	第八届全国残运会参赛突出贡献	省委、省政府
39	2011	市地税局稽查局	地税系统先进集体	省地税局
40	2012	市财政局社保处	全省城乡居民社保工作先进单位	省政府
41	2012	市地税局办税服务厅	青年文明号	省青年文明号活动组委会
42	2013	市财政局、市地税局	浙江省文明单位	省委、省政府
43	2014	市财政局、市地税局	省巾帼建功活动先进集体	省巾帼建功活动协调小组
44	2014	市财政局、市地税局	省三届优秀视觉艺术创作群体	省文化厅
45	2014	市地税局	省地税目标责任考核优秀单位	省地税局
46	2014	市地税局办税服务厅	青年文明号	省青年文明号活动组委会
47	2015	市地税局	省地税廉政文化作品一等奖	省地税局
48	2015	市财政局	全省政府和社会资本合作示范市	省财政厅
49	2015	市财政国库支付中心	浙江省文明单位	省精神文明建设委员会
50	2016	市财政局、市地税局	省级行政规范性文件管理示范单位	省政府
51	2016	市地税局稽查局	全省地税系统先进集体	省人力社保厅、省地税局
52	2016	市地税局	“金税三期”推广集体嘉奖	省地税局
53	2017	市地税局	2016年度地税绩效考核优秀单位	省地税局
54	2017	市地税局	全国纳税人满意度调查工作三等功	省地税局
55	2017	市财政局	“十二五”残疾人工作先进集体	省政府残疾人工作委员会
56	2017	市地税局	支持浙商创业创新成绩突出单位	省地税局
57	2017	市地税局办税服务厅	青年文明号	团省委
58	2018	市财政局	全省“我与宪法”微视频大赛二等奖	省普法教育领导小组办公室
59	2018	市地税局	2017年度地税绩效考核优秀单位	省地税局

1991—2018年丽水市财税局获市级荣誉一览表

表3-9-3

序号	年份	获奖单位	荣誉称号	颁奖单位
1	1996	地区财政局	科技进步二等奖	地区行署
2	1998	地区财政局	地直部门工作目标责任制考核优秀	地区行署
3	2001	市财政局、市地税局	市直部门责任制考核优秀单位	市政府
4	2003	市财政局、市地税局	市直部门责任制考核优秀单位	市政府
5	2004	市预算会计核算中心	丽水市文明单位	市委、市政府
6	2004	市财政局、市地税局	市直部门责任制考核优秀单位	市政府
7	2004	市地税局	市级优质服务先进窗口	市纪委、市委组织部、市委宣传部
8	2005	市财政局、市地税局	市直部门责任制考核优秀单位	市政府
9	2006	市财政局、市地税局	市直部门责任制考核优秀单位	市政府
10	2007	市财政局	新农村建设先进单位	市委、市政府
11	2007	市财政局、市地税局	市直部门责任制考核优秀单位	市政府
12	2008	市财政局	新农村建设先进单位	市委、市政府
13	2008	市预算会计核算中心	丽水市模范集体	市政府
14	2008	市财政局、市地税局	市直部门责任制考核优秀单位	市政府
15	2009	市财政局	新农村建设先进单位	市委、市政府
16	2009	市财政局	创业创新年活动先进单位	市委、市政府
17	2009	市财政局、市地税局	市直部门责任制考核优秀单位	市政府
18	2010	市财政局、市地税局	丽水市文明单位	市委、市政府
19	2010	市财政局	新农村建设先进单位	市委、市政府
20	2010	市财政局、市地税局	综合考核优秀单位	市政府
21	2011	市财政局、市地税局	综合考核优秀单位	市委、市政府
22	2011	市财政局	新农村建设先进单位	市委、市政府
23	2011	市地税局一分局	市创建群众满意基层站所先进单位	市纪委、监察局、纠风办
24	2012	市财政局、市地税局	综合考核优秀单位	市委、市政府
25	2012	市财政局、市地税局	2010—2012年先进基层党组织	市委
26	2012	市财政局	新农村建设先进单位	市委、市政府
27	2013	市财政局	新农村建设先进单位	市委、市政府
28	2013	市地税局办税服务厅	丽水市模范集体	市政府
29	2014	市财政局、市地税局	综合考核优秀单位	市委、市政府
30	2014	市财政局	新农村建设先进单位	市委、市政府
31	2015	市财政局、市地税局	综合考核优秀单位	市委、市政府

续表3－9－3

序号	年份	获奖单位	荣誉称号	颁奖单位
32	2015	市财政局	新农村建设先进单位	市委、市政府
33	2015	市财政局（牵头单位）	第三届丽水市合唱节特金奖	市委宣传部等6部门
34	2016	市财政局、市地税局	综合考核优秀单位	市委、市政府
35	2016	市财政局	新农村建设先进单位	市委、市政府
36	2017	市财政局	新农村建设先进单位	市委、市政府
37	2017	市财政局、市地税局	综合考核先进单位	市委、市政府
38	2017	市财政局、市地税局	护航G20平安夺金鼎集体嘉奖	市政府
39	2017	市地税局一分局	创建全国文明城市集体三等功	市政府
40	2017	市地税局二分局	创建全国文明城市集体嘉奖	市政府
41	2017	市财政国库支付中心	创建全国文明城市集体嘉奖	市政府
42	2018	市财政局	综合考核优秀单位	市委、市政府

第二节　个人荣誉

1991—2018年，丽水市财税局共获国家级个人荣誉称号9人次、省级个人荣誉称号51人次。

1991—2018年丽水市财税局获国家级个人荣誉一览表

表3－9－4

序号	年份	获奖人	荣誉称号	颁奖单位
1	1995	金存高	1994年度税收财务物价大检查工作先进个人	国务院大检查办公室
2	1996	刘小平	1995年度税收财务物价大检查工作先进个人	国务院大检查办公室
3	1997	刘小平	1996年度全国税务系统“税收征管能手”	国家税务总局
4	1997	陈　颉	1996年度税收财务物价大检查工作先进个人	国务院大检查办公室
5	1997	汤陈联	1996年度税收财务物价大检查工作先进个人	国务院大检查办公室
6	1998	叶荣耀	全国清产核资工作先进个人	国务院清产核资领导小组办公室
7	2011	余小平	全国“小金库”治理先进工作者	中央“小金库”专项治理领导小组
8	2015	朱　丹	全国巾帼建功标兵	全国妇联
9	2016	陈　沛	全国财政系统“六五”法治宣传教育先进个人	财政部

1991—2018年丽水市财税局获省级个人荣誉一览表

表3-9-5

序号	年份	获奖人	荣誉称号	颁奖单位
1	1991	丁业和	全省税法宣传教育活动先进工作者	省税务局、省总工会、团省委、省妇联
2	1991	沈首华	全省税法宣传教育活动先进工作者	
3	1991	朱宝平	全省税法宣传教育活动先进工作者	
4	1991	汤陈联	全省税法宣传教育活动先进工作者	
5	1992	丁业和	全省税收财务物价大检查先进个人	省大检查办公室
6	1993	刘小平	全省税收财务物价大检查先进个人	省大检查办公室
7	1993	金存高	全省税收财务物价大检查先进个人	省大检查办公室
8	1994	王幼芬	全省财税系统先进工作者	省人事厅、省财政厅
9	1994	金存高	全省税收财务物价大检查先进个人	省大检查办公室
10	1995	刘小平	全省税收财务物价大检查先进个人	省大检查办公室
11	1995	金存高	全省税收财务物价大检查先进个人	省大检查办公室
12	1995	叶志明	全省先进会计工作者	省财政厅、省人事厅
13	1996	金存高	全省税收财务物价大检查先进个人	省大检查办公室
14	2003	朱金山	全省财政系统先进工作者	省人事厅、省财政厅
15	2004	李　嫔	2002—2003年浙江省职工思想政治工作先进个人	省思想政治工作研究会
16	2005	郑　伟	全省扶助残疾人就业先进个人	省政府残疾人工作委员会
17	2006	徐碧霞	2001—2005年全省财政法制宣传先进个人	省财政厅
18	2007	李小涛	全省千村示范万村整治工作先进个人	省委、省政府
19	2008	孙天宇	浙江省第十九届“绿叶奖”	省人民教育基金会、省教育厅
20	2010	何赤峰	浙江省民族团结进步模范个人	省政府
21	2010	江　杰	个人三等功	省地税局
22	2010	叶芳儿	全省财政系统先进工作者	省人力社保厅、省财政厅
23	2010	徐碧霞	全省财政“五五”法制宣传教育先进个人	省财政厅
24	2011	刘小平	全省“十一五”污染减排工作先进个人	省政府
25	2011	李　嫔	全省地税系统纪检监察工作先进工作者	省地税局

续表3-9-5

序号	年份	获奖人	荣誉称号	颁奖单位
26	2011	李　嫔	全省纪检监察工作嘉奖	省纪委、监察厅
27	2011	毛伟军	全省地税系统先进工作者	省人力社保厅、省地税局
28	2012	毛伟军	浙江地税大集中工程建设二等功	省地税局
29	2012	蓝周华	浙江地税大集中工程建设三等功	省地税局
30	2013	朱　丹	浙江省三八红旗手	省妇联
31	2013	郑强立	全省千村示范万村整治工作先进个人	省委、省政府
32	2013	叶荣伟	全省“人民满意的公务员”	省委组织部、省委宣传部、省公务员局、省人力社保厅
33	2013	朱奕霖	2012年度省级青年岗位能手	团省委
34	2015	季飞云	全省财政系统先进工作者	省人力社保厅、省财政厅
35	2015	朱　丹	省第十一届职工职业道德建设标兵个人	省职工职业道德建设指导小组
36	2016	朱　丹	浙江省优秀党务工作者	省委
37	2016	蔡焕义	全省地税系统先进工作者	省人力社保厅、省地税局
38	2016	雷　杰	全省地税系统先进工作者	省人力社保厅、省地税局
39	2016	齐晓云	2011—2015年全省法治宣传教育模范个人	省委办公厅、省政府办公厅
40	2016	毛云保	2015年度省级青年岗位能手	团省委
41	2016	陶　杰	纳税人满意度调查工作个人二等功	省地税局
42	2016	刘志伟	全省地税系统金税三期工程推广上线三等功	省地税局
43	2016	邹锦民	全省地税系统金税三期工程推广上线三等功	省地税局
44	2016	项伟平	全省地税系统金税三期工程推广上线三等功	省地税局
45	2017	吴　龙	浙江省党的十九大维稳安保工作先进个人	省委、省政府
46	2017	齐晓云	全省财政“六五”法治宣传教育先进个人	省财政厅
47	2017	张　芳	省优秀农村工作指导员	省委办公厅
48	2017	庄春阳	支持浙商创业创新工作成绩突出个人	省地税局
49	2017	庄春阳	全省营改增试点工作个人三等功	省地税局
50	2017	邹锦民	金税三期优化版推广三等功	省地税局
51	2018	叶锦菲	千村示范万村整治和美丽浙江建设突出贡献	省委、省政府

编后记

盛世修志，是服务当代、益于后代的千秋善举。继1995年10月首部《浙江省丽水地区财税志》由新华出版社出版后，2009年2月，市财政局、市地税局成立《丽水市财税志》编纂委员会，着手部署二轮修志工作。志书上限为1991年，下限至2018年。涵盖丽水市财税体制、财政收入支出、财会管理、税收征管、税务稽查、机构与人员、教育培训、财税科研及重要政策等相关内容。二轮修志力求客观、真实地记述和反映丽水财税各个历史阶段的发展历程，特别是改革开放以来丽水财税改革发展的实践，展现丽水财税在适应、促进和推动改革开放和社会主义现代化建设、新时代中国特色社会主义的历史潮流中，为全市经济社会的发展和进步作出的积极贡献。

《丽水市财税志（1991—2018）》编纂工作历经四个阶段。第一阶段：2009年2月至2010年12月，建立机构，落实修志。成立由局主要领导为主任、分管局领导为副主任，原局主要领导为顾问，有关处室（单位）主要负责人为成员的《丽水市财税志》编纂委员会。设立编辑部，实行主编负责制，负责志书编纂工作的综合协调、篇目拟定、检查督导、统稿审稿、编辑总纂、评议修改及送审等工作。编辑部在编纂委员会的领导下，在收集资料数据、反复研究、多次修改、广泛征求意见的基础上，认真做好志书编纂工作。第二阶段：2011年1月至2020年3月，凝心聚力，形成初稿。全局各处室（单位）共同参与编修工作，志书编纂任务分解落实到各有关处室（单位）。编辑部收集了大量数据资料，并分门别类进行了整理。其间，编辑部在丽水市地方志办公室专家的指导下，多次举办编纂知识培训班，就资料收集、资料长篇编写和初稿修撰进行培训，为完成志稿编修打下基础。在吴树奎、赵葛周、何和祥等老同志，汪海芬、章玲仙、潘玲丽、张奕祎等同志和各处室（单位）的共同努力下，至2015年年末，基本形成《丽水市财税志（1991—2015）》初稿，向全市财税系统及有关专家广泛征求意见，实施第一轮修改。2016年12月，为规范修志，以政府购买服务的方式，委托松阳县松州文史书社负责人汤陈生组织团队进一步修纂，形成经市局各处室（单位）初审的志稿。第三阶段：2020年4月至2021年6月，全面梳理，扩充完善。鉴于2018年国地税征管体制改革，财税机构发生重大变革，故将本志下限延至2018年年末，指定市财税学会余小平牵头，负责对已形成的初审志稿进一步扩充内容并完成落地。在市局领导的重视下，在吴树奎、何赤峰、陈志雄、刘志伟、张少荣等老领导的关心指导下，编辑部组织有关人员，扩充了志稿2016—2018年有关资料和数据，并对志稿进行全面梳理、修改完善、考订修正，增加相关内容、数据表格和图片，全面调整结构。修志过程中，充分吸收各县（市、区）局及市局各处室（单位）的审稿建议和意见。同时，继续委托松阳县松州文史书社汤陈生专业团队从专业方面进行修编，使志书内容更加完整规范，形成了《丽水市财税志（1991—2018）》修改稿。第四阶段：2021年7月至2022年9月，组织评审，正式出版。组织编纂人员对志书进行初步评审，对志书内容进一步修改，提交丽水市财政局各处室（单位）再审核，形成内部审核稿，并征求老领导和老同志意见。2021年7月，邀请浙江财经大学地方财政研究院、杭州市西湖区区志办、丽水市地方志办公室及财税部门等有关专家对审核稿进行评审。根据评审意见，再次组织人员进行编改，在编纂委员会全体同志的共同努力下，在编辑部全体同志辛勤耕耘下，以及方伟英、邱琳、何俏俐、刘古草、王俏、陈顺兴、郑强立、潘俊敏、徐碧霞、邹锦民、周春芳、金丽虹、徐王君、王红梅、叶颖辉、王启庆、胡文英等诸多同志的努力下，形成终审稿。2022年9月，组织专家终审并通过。根据专家组终审意见建议，修改完善终审稿。《丽水市财税志（1991—2018）》由方志出版社正式出版。全志以篇、章、节结构为主，内容包括财政、地方税务、组织机构和行政事务3篇36章及图片集锦、凡例、序、总述、大事记、编后记等，约70万字。

在志书编纂过程中，市财政局、市地税局领导高度重视，得到了崔军、孙天宇、李嫔、刘小平、叶如华、陈肇平、杨文清、江杰、甄荣泗、李萌、蔡焕义、易远明等领导的关心和支持。本志编纂委员会领导全程参与，指导编纂工作，提出指导性意见，并亲自修改志稿；全市财税系统诸多老领导、老同志以及有关地方文史专家对志稿提出了许多宝贵意见；同时，得到了各有关单位、专家的悉心指导。市地方志办公室领导在业务培训、篇目制定、行文规范、志稿审阅等各个环节提供了不少帮助；市档案馆等相关单位提供了大量的原始资料，并为查找、核实历史资料提供了极大便利；出版社及编校人员精心编校，确保本志书的正式出版。参与志书初审和评审的专家有余丽生、朱晓亮、田金友、吴树奎、孙天宇、朱放鸣、梅岳民、金存高、胡海瑞、叶少华等。在此，谨向在《丽水市财税志（1991—2018）》编纂出版过程中给予帮助和指导、做出贡献的各位领导、专家致以诚挚的谢意！

《丽水市财税志（1991—2018）》虽为尽心之作，但限于编纂经验不足，学识水平有限，差错和失误难免，恳请读者批评指正。

《丽水市财税志》编辑部

2022年9月